Die (Un-) Zulässigkeit von Online-Glücksspiel in Deutschland und die daraus resultierenden zivilrechtlichen Folgen

Europäische Hochschulschriften Recht

European University Studies in Law

Publications Universitaires Européennes de Droit

Band/Volume 6748

Tobias Redell

Die (Un-) Zulässigkeit von Online-Glücksspiel in Deutschland und die daraus resultierenden zivilrechtlichen Folgen

PETER LANG

Lausanne - Berlin - Bruxelles - Chennai - New York - Oxford

Tobias Redell

Die (Un-) Zulässigkeit von Online-Glücksspiel in Deutschland und die daraus resultierenden zivilrechtlichen Folgen

PETER LANG

Lausanne - Berlin - Bruxelles - Chennai - New York - Oxford

Bibliografische Information der Deutschen Nationalbibliothek
Die Deutsche Nationalbibliothek verzeichnet diese Publikation in der Deutschen Nationalbibliografie; detaillierte bibliografische Daten sind im Internet über http://dnb.d-nb.de abrufbar.

Zugl.: Köln, Univ., Diss., 2023

D 38
ISSN 0531-7312
ISBN 978-3-631-90567-8
E-ISBN 978-3-631-90646-0
E-ISBN 978-3-631-90647-7
DOI 10.3726/b21072

Verlegt durch:
Peter Lang GmbH, Berlin, Deutschland

info@peterlang.com http://www.peterlang.com/

Diese Publikation wurde begutachtet.

Die vorliegende Arbeit widme ich
meinen Eltern

Vorwort

Die vorliegende Arbeit beschäftigt sich mit einem Thema, das mir persönlich sehr am Herzen liegt. Noch während meiner Examenszeit bin ich auf den Themenkomplex der deutschen Online-Glücksspielregulierung gestoßen und war fortan für einige Jahre von der Komplexität, der Vielschichtigkeit, der Größe und den Auswirkungen der Thematik vollständig eingenommen. Dies gab mir den vordergründigen Antrieb diese Arbeit berufsbegleitend zu schreiben.

Vorneweg möchte ich meinem Doktorvater Herrn *Prof. Dr. Dr. h.c. Heinz-Peter Mansel* herzlichen Dank aussprechen. Bereits nach unserem ersten Gespräch war er von der Thematik begeistert und hat mich in meinem Vorhaben bestärkt. Sein Interesse und Engagement haben mich motiviert und bis zum erfolgreichen Abschluss der Arbeit begleitet. Er hat mir wertvolle Hinweise und Anregungen gegeben, die diese Arbeit inhaltlich und methodisch verbessert haben. Daneben hat er sich auch für persönliche Gespräche Zeit genommen, die ich sehr genossen habe und wofür ich mich gesondert bedanken möchte. Besonderer Dank gebührt darüber hinaus Frau *Prof. Dr. Dr. h.c. Barbara Dauner-Lieb* für die Erstellung des Zweitgutachtens.

Der größte Dank gilt jedoch meiner Familie. Besonders meinem Bruder und Kollegen *Patrick* bin ich unendlich dankbar. Seine fortwährende Unterstützung hat mich in unzähligen Stunden durch Höhen und Tiefen begleitet und in meiner akademischen Laufbahn maßgeblich geprägt. Ohne seine Hilfe hätte ich viele Meilensteine nicht erreicht. Daneben möchte ich meiner Frau *Linda* danken, die mir in allen Belangen meines Lebens eine treue Unterstützerin ist und stets an mich geglaubt hat (auch als ich noch bei meinen Eltern im Keller wohnte). Ihre Unterstützung hat mir immer wieder Kraft gegeben und mich dazu angespornt, meine Ziele zu erreichen. Tiefe Dankbarkeit gebührt schließlich meinen Eltern, die mir stets uneingeschränkte Unterstützung zuteilwerden ließen und mich auf meinem Weg zu dem Menschen begleiteten, der ich heute bin. Ihnen ist diese Arbeit gewidmet.

Köln, im April 2023
Tobias Redell

Inhaltsverzeichnis

Abkürzungsverzeichnis

Hinsichtlich der verwendeten Abkürzungen wird auf *Kirchner, Hildebert*, Abkürzungsverzeichnis der Rechtssprache, 9. Auflage 2018, Berlin, verwiesen. Nicht hieraus hervorgehende Abkürzungen, deren allgemeine Bekanntheit nicht unterstellt werden kann, werden gesondert erläutert.

Einleitung

Die nachfolgende Arbeit befasst sich mit der (Un-) Zulässigkeit von Online-Glücksspiel in Deutschland und den daraus resultierenden zivilrechtlichen Folgen. Im Kern geht es um die Regelungen des § 4 GlüStV 2012 und deren Auswirkungen auf die Rechtsverhältnisse zwischen den Beteiligten. Insbesondere wird geklärt, wie die in § 4 GlüStV 2012 enthaltenen Verbote zu verstehen sind und welche Ansprüche aus einem Verstoß der Online-Glücksspielanbieter und Zahlungsdienstleister hiergegen für die Spieler resultieren.

Hierzu erfolgt in einem Ersten Kapitel eine Einführung in das Thema. Dabei wird der Sachstand zum Online-Glücksspiel in Deutschland dargestellt; welchen Umfang es hat, wer die Beteiligten Parteien sind, welche Regelungen gelten und welche Rolle die Banken beim Online-Glücksspiel in Deutschland spielen. In einem Zweiten Kapitel folgen sodann Ausführungen zum rechtlichen Rahmen des Online-Glücksspiels in Deutschland. Neben einer ausführlichen Darstellung der Regelungen des GlüStV 2012, erfolgt zudem eine zusammenfassende Darstellung der deutschen (Online-) Glücksspielregulierung und deren Besonderheiten. Dabei wird u. a. auf das in Deutschland geltende Internettotalverbot eingegangen, warum Online-Sportwetten in Deutschland möglich sind, welche Regelungen im Bundesland Schleswig-Holstein gelten und welche Legalisierungswirkung Online-Glücksspiellizenzen aus dem europäischen Ausland in Deutschland zukommt. In einem Dritten Kapitel folgen sodann Ausführungen zu den zivilrechtlichen Auswirkungen der Regelungen des GlüStV auf die Beziehungen zwischen den Beteiligten. Dabei wird zunächst die Anwendbarkeit deutschen Rechts auf die grenzüberschreitenden Fälle des Online-Glücksspiels untersucht. Sodann werden die rechtlichen Beziehungen zwischen den Beteiligten dargestellt. Im Anschluss erfolgt eine ausführliche Auslegung der Verbote des § 4 GlüStV 2012 mit Blick auf einen etwaigen Verbotsgesetzcharakter nach § 134 BGB. Hiernach werden die Auswirkungen von Verstößen gegen die Verbote aus § 4 GlüStV 2012 auf die rechtlichen Beziehungen zwischen den Beteiligten beleuchtet. Hierbei werden insbesondere ein etwaiger Aufwendungsersatzanspruch der Zahlungsdienstleister für Zahlungen zum Zwecke des illegalen Online-Glücksspiels, eine mögliche Prüfpflicht der Banken hinsichtlich der Erforderlichkeit entsprechender Aufwendungen sowie mögliche Rückzahlungsansprüche der Spieler gegen die Anbieter illegaler Online-Glücksspiele bzw. gegen ihre Zahlungsdienstleister thematisiert. In einem Vierten Kapitel erfolgt sodann eine abschließende Zusammenfassung der erarbeiteten Ergebnisse.

Diese Arbeit wurde vor der planmäßigen Einführung des GlüStV 2021 verfasst. Entsprechende Neuerungen in Gesetzgebung und Rechtsprechung bleiben daher unberücksichtigt. Gleichwohl ist diese Arbeit auch im Zeitpunkt ihres Erscheinens unvermindert aktuell. Einerseits gelangen Tatbestände, die unter der Geltung des GlüStV 2012 verwirklicht wurden, erst heute zur Entscheidung durch die Gerichte. Andererseits bleibt die Mehrzahl der behandelten Problemlagen auch unter der Neufassung des GlüStV relevant, sodass sich die Ergebnisse dieser Arbeit in vielen Bereichen auch auf die Rechtslage nach Inkarafttreten des GlüStV 2021 übertragen lassen.

Nach Einreichung dieser Arbeit erschien die Dissertation von *Patrick Kemper*, Verbotenes Online-Glücksspiel und verbotene Zahlungen, 2022, welche hinsichtlich der behandelten Problemlagen und den hierzu entwickelten Ergebnissen Überschneidungen mit dieser Arbeit aufweist. Die Dissertation von *Kemper* konnte inhaltlich nicht mehr berücksichtigt werden, wurde allerdings für den Druck punktuell eingearbeitet. Es lassen sich folgende, mit dieser Arbeit übereinstimmende wesentliche Ergebnisse zusammenfassen: Online-Glücksspielverträge, die auf EU-Lizenzen basieren und mit Spielern in Deutschland abgeschlossen werden, sind nach anwendbarem deutschen Recht aufgrund des Verstoßes gegen das Internettotalverbot aus § 4 Abs. 4 GlüStV 2012 nichtig.[1] Spieler können hierdurch erlittene Verluste grundsätzlich von den Anbietern zurückverlangen.[2] Daneben ist auch das Mitwirkungsverbot aus § 4 Abs. 1 S. 2, 2 Hs. GlüStV 2012 als Verbotsgesetz i. S. d. § 134 BGB anzusehen, welches überdies kein behördliches Mitteilungserfordernis als ungeschriebenes Tatbestandsmerkmal erfordert und für die Banken eine Ausführungsbeschränkung gem. § 675o Abs. 2 BGB darstellt.[3] Im Unterschied zu dieser Arbeit kommt *Kemper* im Wesentlichen zu folgenden abweichenden Ergebnissen: Die Nichtigkeitsfolge von § 134 BGB i. V. m. § 4 Abs. 1 S. 2, 2 Hs. GlüStV 2012 setze dogmatisch bei der Zahlungsautorisierung gem. § 675j Abs. 1 S. 1 BGB an, wodurch ein

---

1 Zur Unwirksamkeit von Spielverträgen nach deutschem Recht, siehe *Kemper*, Verbotenes Online-Glücksspiel und verbotene Zahlungen, S. 160 ff.

2 Zur Rückforderung der geleisteten Spieleinsätze von den Anbietern, siehe *Kemper*, Verbotenes Online-Glücksspiel und verbotene Zahlungen, S. 184 ff.

3 Zum Verbotsgesetzcharakter des Mitwirkungsverbots, siehe *Kemper*, Verbotenes Online-Glücksspiel und verbotene Zahlungen, S. 234 ff.; zum fehlenden ungeschriebenen Mitteilungserfordernis, siehe *Kemper*, Verbotenes Online-Glücksspiel und verbotene Zahlungen, S. 67 ff.; zum Mitwirkungsverbot als Ausführungsbeschränkung gem. § 675o Abs. 2 BGB, siehe *Kemper*, Verbotenes Online-Glücksspiel und verbotene Zahlungen, S. 239.

Aufwendungsersatzanspruch der Banken gem. § 675u S. 1 BGB entfiele bzw. ein Rückerstattungsanspruch der Spieler gem. § 675u S. 2 BGB entstehe.[4] Hinsichtlich eines bereicherungsrechtlichen Anspruches sei beachtlich, dass auch die Spieler vom Adressatenkreis des Mitwirkungsverbots aus § 4 Abs. 1 S. 2, 2 Hs. GlüStV 2012 erfasst seien, sodass sich das Mitwirkungsverbot – als zweiseitig ausgestaltetes Verbot – zwar leichter als Verbotsgesetz i. S. d. § 134 BGB darstellen lasse, woraus aber ein i. R. v. § 817 S. 2 BGB zu berücksichtigender Gesetzesverstoß der Spieler resultiere.[5] Darüber hinaus sei eine teleologische Reduktion von § 817 S. 2 BGB im Ergebnis abzulehnen.[6] Hinsichtlich weiterer denkbarer Ansprüche der Spieler verweist *Kemper* zudem darauf, das Mitwirkungsverbot sei kein Schutzgesetz i. S. d. § 823 Abs. 2 BGB.[7]

4 Zur Nichtigkeit der Zahlungsaufträge und Autorisierungen, siehe *Kemper*, Verbotenes Online-Glücksspiel und verbotene Zahlungen, S. 241; zum Erstattungsanspruch gem. § 675u S. 2 BGB, siehe *Kemper*, Verbotenes Online-Glücksspiel und verbotene Zahlungen, S. 278 ff.

5 Zum Adressatenkreis des Mitwirkungsverbots, siehe *Kemper*, Verbotenes Online-Glücksspiel und verbotene Zahlungen, S. 52 ff.; zur Zweiseitigkeit des Mitwirkungsverbots, siehe *Kemper*, Verbotenes Online-Glücksspiel und verbotene Zahlungen, S. 235; zu § 817 S. 2 BGB wegen des Verstoßes des Spielers gegen das Mitwirkungsverbot, siehe *Kemper*, Verbotenes Online-Glücksspiel und verbotene Zahlungen, S. 191 ff.

6 Zur teleologischen Reduktion von § 817 S. 2 BGB, siehe *Kemper*, Verbotenes Online-Glücksspiel und verbotene Zahlungen, S. 197 ff.

7 Zum Mitwirkungsverbot als Schutzgesetz gem. § 823 Abs. 2 BGB, siehe *Kemper*, Verbotenes Online-Glücksspiel und verbotene Zahlungen, S. 288 ff. BGB.

Erstes Kapitel – Einführung

Glücksspiele erfreuen sich weltweit großer Beliebtheit. Bedeutsame Spielformen sind Lotterien, Wetten, Casino-Spiele und Geldspielgeräte.[8] Dabei unterliegt das Glücksspielrecht einem stetigen Wandel. Die sich dabei gebildeten politischen Lager sind seit der Jahrtausendwende zerstritten. Die eine Seite fordert hohen staatlichen Einfluss, betont die Gefahren des Glücksspiels und spricht von einer Glücksspielindustrie. Die andere Seite geht davon aus, dass Glücksspielprodukte gewöhnliche Dienstleistungen sind und am Markt frei verfügbar sein sollten. Diese Auseinandersetzung zieht sich von der Politik, über die juristische Fachliteratur, bis hin in die Gerichtssäle.[9] Bei der öffentlichen Diskussion geht es oftmals um Suchtthemen, Spielmanipulationen oder illegale Glücksspiele. Die staatliche Regulierung der Branche ist das Hauptthema der „Glücksspieldebatte".[10] Da die Digitalisierung auch beim Glücksspiel Einzug hält, erfassen die glücksspielrechtlichen Diskussionen seit einigen Jahren auch den Bereich der sog. Online-Glücksspiele. Glücksspiele die über den heimischen Computer, das Smartphone oder Tablet gespielt werden können. Hierbei wird über eine gesteigerte Gefährlichkeit der Spiele, fehlende Durchsetzungsmöglichkeiten von Verboten, die Wirksamkeit des Rechtsrahmens bzw. die angeblich fehlende Kohärenz der Regelungen über verbotene Online-Casinospiele und erlaubte Online-Sportwetten sowie autonom erteilte (schleswig-holsteinische) Online-Glücksspiellizenzen und deren Wirkung gestritten.[11] Der Online-Glücksspielmarkt hat in den letzten Jahren ein rasantes Wachstum erfahren. Die Bruttospielerträge im weltweiten Online-Glücksspielmarkt liegen 2020 bei schätzungsweise 54 Mrd. EUR. Bis 2023 wird ein Wachstum auf ca. 64,5 Mrd. EUR erwartet.[12] Eine hohe Innovationsrate, eine stetige Verfügbarkeit, Anonymität und die Möglichkeit, die Spiele von zu Hause aus oder nebenbei unterwegs zu spielen, machen das Online-Glücksspielangebot für Konsumenten besonders attraktiv.[13] Online-Glücksspiele werden regelmäßig von Anbietern aus dem

---

8 *Kleibrink/Köster*, Der Glücksspielmarkt in Deutschland, S. 10.

9 *Korte*, ZfWG 6/18, S. 507.

10 *Kleibrink/Köster*, Der Glücksspielmarkt in Deutschland, S. 10.

11 *Korte*, ZfWG 6/18, S. 507, 508.

12 *H2 Gambling Capital*, Bruttospielerträge im weltweiten Online-Glücksspielmarkt von 2003 bis 2017 und Prognose bis 2023, im Auftrag von bet-at-home.ag.

13 *Hörnle/Schmidt-Kessen*, ZfWG, Sonderbeilage 1/19, S. 22.

(europäischen) Ausland angeboten. Diese haben ihren Sitz überwiegend in Steueroasen wie Malta, Gibraltar oder der Isle of Man. Das grenzüberschreitende Angebot stellt die nationalen Glücksspielbehörden vor besondere Herausforderungen. Es gibt keine europaweit einheitliche Online-Glücksspielregulierung. Die jeweiligen nationalen Regelungen weichen teilweise stark voneinander ab. Dies erschwert eine Kooperation zwischen den jeweiligen nationalen Aufsichtsbehörden.[14] Die Möglichkeit von zu Hause aus oder mobil über das Smartphone oder Tablet zu spielen, lässt eine Integration des Online-Glücksspiels in den Alltag zu. Weltweit wächst der Anteil des sog. „Mobile-Gaming" an den Umsätzen im Online-Glücksspielmarkt. 2017 lag dieser bei 39 %. Für 2023 wird dieser Anteil auf 53 % prognostiziert.[15] Die ständige Verfügbarkeit von Online-Glücksspielen über die eigenen Endgeräte und deren Allgegenwärtigkeit führt zu einem veränderten Umgang mit dem Spielen um Geld. Unter anderem ist die Hemmschwelle zum Online-Glücksspiel durch den vereinfachten Zugang im Internet gesunken. Dies lässt berechtigte Fragen betreffend der Rechtslage und der Präventionsmaßnahmen zu.[16] Das rasante Wachstum und die Beliebtheit von Online-Glücksspielen resultiert aus den vielen Vorteilen, die das Spielen im Netz gegenüber dem terrestrischen Spiel, dem Spiel im Casino oder der Spielothek vor Ort, bietet. Das terrestrische Spiel ist auf eine Infrastruktur, einen physischen Raum und Personal angewiesen. Dies ist beim Online-Glücksspiel nicht der Fall. Investitions- und Unterhaltungskosten sind wesentlich niedriger, der physische Raum wird obsolet. Das erleichtert den Markteintritt, was die Anzahl der Anbieter erhöht. Die Wachstumsrate von Online-Glücksspielen wird zudem durch die zunehmende Liberalisierung des Marktzugangs, beispielsweise in Ländern wie der Schweiz, Großbritannien oder Malta, verstärkt.[17] Bei der Online-Glücksspielregulierung auf europäischer Ebene gibt es derzeit zwei grundlegende Modelle; Einerseits, wie in Deutschland, ein streng kontrolliertes Monopol eines Staates oder eines Veranstalters. Andererseits, wie z. B. in Großbritannien, können zugelassene private Anbieter ihre Dienste innerhalb eines regulierten Rahmens anbieten. Vor der systematischen Erschließung des Internets für das Glücksspiel gab es nur beschränkte Möglichkeiten zum grenzüberschreitenden

---

14 *Hörnle/Schmidt-Kessen*, ZfWG, Sonderbeilage 1/19, S. 22.

15 *H2 Gambling Capital*, Anteil des Mobile-Gaming an den Bruttospielerträgen im Online-Glücksspielmarkt weltweit in den Jahren 2008 bis 2017 und Prognose bis 2023, im Auftrag von bet-at-home.ag.

16 *Robin/Berger*, SuchtMagazin 6/15, S. 37.

17 *Robin/Berger*, SuchtMagazin 6/15, S. 37, 38.

Anbieten von Online-Glücksspieldiensten, sodass diese beiden Modelle innerhalb des Binnenmarkts nebeneinander existieren.[18]

A. Online-Glücksspiel in Deutschland

Die Rechtslage in Deutschland bezüglich des Online-Glücksspiels ist undurchsichtig. Zwar gilt ein grundsätzliches Verbot von Glücksspielen im Internet (sog. Totalverbots- oder Prohibitionsmodell). Dieses Verbot wird aber durch mögliche Sportwetten- und Lotterie-Konzessionen sowie vereinzelte landesrechtliche Konzessionen konterkariert. Auf der einen Seite entstehen dadurch regulierte legale „weiße Märkte", scheinbar legale „graue Märkte" und illegale „Schwarzmärkte".[19] Auf der anderen Seite führt dies, u. a. bestärkt durch aufwendige TV-Werbung zur besten Sendezeit oder mit prominenten Größen des Sports[20], zur Verwirrung beim Konsumenten hinsichtlich der Legalität des jeweiligen Glücksspiels. Neben dem regulierten Glücksspielmarkt gibt es auch Angebote im sog. nicht regulierten Markt. Darunter werden Anbieter verstanden, die möglicherweise eine Lizenz in einem anderen Land der Europäischen Union haben, jedoch über keine Glücksspielerlaubnis aus Deutschland verfügen.[21] Diese sind in Deutschland insofern illegal.

Die Präsenz von nicht regulierten Anbietern in Deutschland ist inzwischen derart gewachsen, dass sie deutschen Spielern den Eindruck der Legalität vermittelt. Die gesellschaftliche Toleranz gegenüber dem Online-Glücksspiel ist so weit fortgeschritten, dass sogar der Deutsche Fußball-Bund (DFB) langfristige Partnerverträge mit einem bekannten Wettanbieter geschlossen hat, der dem nicht regulierten Markt zuzuordnen ist.[22]

---

18 *Europäische Kommission*, Grünbuch Online-Glücksspiele im Binnenmarkt, S. 3.

19 *Hartmann/Barczak*, ZfWG 1/19, S. 8.

20 Etwa Ex-Fussball-National- und dreimaliger Welttorhüter des Jahres Oliver Kahn ist Tipico Sportwetten Markenbotschafter; Ex- Fussball-Nationalspieler und Weltmeister Bastian Schweinsteiger machte Werbung für die Deutsche Automatenwirtschaft (DAW); Olympia- und dreimaliger Wimbledon-Sieger Boris Becker machte Werbung für die Online-Plattform Pokerstars.de.

21 *Kleibrink/Köster*, Der Glücksspielmarkt in Deutschland, S. 10.

22 Vgl. *Steinmetz/Fiedler*, ZfWG 6/19, S. 456.

B. Zahlen

Das Online-Glücksspiel gilt seit Jahren als der am stärksten wachsende Bereich des Glücks- und Gewinnspielmarktes.[23] Der regulierte, legale Glücksspielmarkt in Deutschland setzte 2016 ca. 35 Mrd. EUR um und erwirtschaftete Bruttospielerträge, d. h. Spieleinsätze abzüglich der ausgezahlten Gewinne, von ca. 10 Mrd. EUR. Dabei wurden 5 Mrd. EUR Steuereinnahmen generiert. Die Anbieter des nicht regulierten Marktes erwirtschafteten 2016 Bruttospielerträge von ca. 2 Mrd. EUR.[24] 2018 lag der Bruttospielertrag im gesamten Glücksspielmarkt in Deutschland bei 13,9 Mrd. EUR. Davon entfielen ca. 2,6 Mrd. EUR auf den nicht regulierten Markt. Vom nicht regulierten Markt hatten den größten Anteil Sport- und Pferdewetten (1,1 Mrd. EUR), gefolgt von Online-Casinos (ca. 1 Mrd. EUR), Online-Zweitlotterien (360 Mio. EUR) und Online-Poker (95 Mio. EUR).[25] Die Online-Zweitlotterie „Lotto24 AG" hatte im Jahr 2018 596.000 Neukundenanmeldungen (2.169.000 Kunden insgesamt).[26] Die Verteilung der Glücksspielteilnahmen der deutschen Bevölkerung nach Vertriebswegen lag im Jahr 2017 bei 35 % der Befragten im Bereich des Online-Glücksspiels (32 % offline, 16 % beides, 33 % keine Teilnahme).[27] Dieser Trend scheint unaufhaltsam. Laut einer Stellungnahme der Fraktionen von CDU, B'90/Die Grünen, FDP und Abgeordneter des SSW vom 13.03.2019 zum Entwurf eines Gesetzes zur Übergangsregelung für Online-Casinospiele soll der unregulierte Markt, gemessen am Bruttospielertrag, seit den letzten 4 Jahren bundesweit um über 80 % gewachsen sein.[28] Quellen, welche dies belegen, sind jedoch nicht bekannt.[29] Während die Marktanteile des unregulierten (illegalen) Online-Glücksspiels steigen, ist gleichzeitig die Zahl polizeilich erfasster Fälle von illegalem Glücksspiel in Deutschland von 2.282 Fällen im Jahr 2000 auf 838 Fälle im Jahr 2018 erheblich gesunken.[30] Dies lässt sich möglicherweise damit erklären,

---

23 *Hartmann/Barczak*, ZfWG 1/19, S. 8, 10.

24 Kleibrink/Köster, Der Glücksspielmarkt in Deutschland, S. 10.

25 *Gemeinsame Geschäftsstelle Glücksspiel*, Jahresreport 2018 der Glücksspielaufsichtsbehörden der Länder, S. 4.

26 *Lotto24*, Geschäftsbericht 2018, S. 2.

27 *Handelsblatt Research*, Die Digitalisierung des Glücksspiels, S. 107.

28 LT.-Drs. 19/1343, S. 3.

29 Die Begründung wurde allerdings als ausreichend erachtet um in Schleswig-Holstein bereits erteilte Genehmigungen für die Veranstaltung und den Vertrieb von Online-Casinospielen in ihrer Gültigkeit längstens bis zum 30.06.2021 zu verlängern.

30 *Bundeskriminalamt*, PKS-Zeitreihen 1987 bis 2018, Grundtabelle, S.

dass keiner der Beteiligten ein Interesse daran hat, juristische Schritte einzuleiten, auch wenn die jeweilige Beteiligung möglicherweise illegal bzw. strafrechtlich relevant ist. Frei nach dem Motto „wo kein Kläger – da kein Richter". Auch die Zustimmung der Bevölkerung gegenüber einer strengen Online-Glücksspielregulierung scheint zu sinken. Laut einer Umfrage der Bundeszentrale für gesundheitliche Aufklärung (BZgA) befürworteten 2017 nur noch 53,4 % der Befragten ein Glücksspielverbot im Internet. 2011 lag dieser Wert noch bei 62,3 %.[31] Das könnte entweder für einen intrinsischen Wandel der Wertestruktur in der Gesellschaft hin zu einer Liberalisierung des Glücksspielrechts oder aber für einen Erfolg der hohen Frequenz an Werbekampagnen im Fernsehen sprechen. Es lässt sich in jedem Fall festhalten, dass es eine stetig steigende Zahl an Angebot und Nachfrage im Bereich des deutschen Online-Glücksspiels gibt.

I. Anbieter-Zahlen

Im Jahre 2017 sollen 3.613 Glücksspielwebseiten von 1.128 Unternehmen aus 128 Gerichtsbezirken abrufbar gewesen sein.[32] 2020 sollen es bereits 4.315 Webseiten sein. 1.056 von diesen Online-Glücksspiel-Seiten sollen dabei in deutscher Sprache sein.[33] Die umsatzstärksten Anbieter waren im Jahre 2017 die The Stars Group (Ilse of Man, Malta, Kanada; in Deutschland bekannte Marken: „PokerStars", „Full Tilt Poker"; 1,31 Mrd. USD), GVC Holdings (Isle of Man; in Deutschland bekannte Marken „bwin", „partypoker"; 1 Mrd. USD), Paddy Power Betfair (Malta, Irland; 1 Mrd. USD), Kindred Group (Malta; 841 Mio. USD), Playtech (Isle of Man; 807 Mio. USD), William Hill (Gibraltar, Vereinigtes Königreich; 691 Mio. USD), Betsson AB (Malta, Schweden; 454 Mio. USD) und 888 Holdings (Gibraltar; u. a. „888.com"; 427 Mio. USD).[34] Die Umsätze der Unternehmen haben sich drastisch gesteigert. Die in Deutschland verstärkt mit der Marke „bwin" tätige GVC Holdings vermeldete zwischen den Jahren 2017 und 2018 einen Anstieg des EBIDTA, d. h. des Unternehmensgewinns vor Steuern, Zinsen

---

31 *BZgA*, Glücksspielverhalten und Glücksspielsucht in Deutschland 2017, S. 195.

32 *Rock*, ZfWG, Sonderbeilage 3/18, S. 20; der Report der Glücksspielaufsichten der Länder spricht für 2017 von 1.012 illegalen deutschsprachigen Internetseiten, Jahresreport 2017 der Glücksspielaufsichtsbehörden der Länder, S. 12, abrufbar unter: https://innen.hessen.de/sites/default/files/media/hmdis/jahresreport_2017.pdf, zuletzt abgerufen am 11.06.2020.

33 Vgl. https://www.online.casinocity.com, zuletzt abgerufen am 24.01.2020.

34 *Staub/Dörr*, Online Casinos: Ein Blick hinter die Kulissen, S. 51 – die Angaben sind fälschlicherweise in EUR.

und Abschreibungen (operativer Gewinn), um 203 %.[35] Dabei erklärte der Konzern, dass die Geschäftszahlen vor allem aus den zusätzlichen Einnahmen des Online-Glücksspiel-Geschäfts resultieren. Zudem hätten im Bereich der Sportwetten die Wetteinsätze aufgrund der Fußballweltmeisterschaft in Russland um 18 % zugenommen.[36]

II. Suchtzahlen der Spieler

Mit Glücksspielen sind Gefahren und Risiken verbunden. Auch wenn Glücksspiel für den überwiegenden Anteil der Bevölkerung eine akzeptierte Form der Freizeitgestaltung darstellt, leidet ein statistisch gesehen beachtenswerter Prozentsatz der Spieler unter einem problematischen oder sogar pathologischen Glücksspielverhalten.[37] Das Suchtpotenzial von Glücksspielen wird je nach Spieleigenschaft unterschiedlich bewertet. Eine Kategorisierung erfolgt nach folgenden Merkmalen:

- Situative Merkmale: solche Merkmale, die den Zugang zu Glücksspielen bzw. die Umgebung, in der das Glücksspiel stattfindet, beschreiben;
- die Verfügbarkeit des Spiels und
- strukturelle Merkmale: Dabei geht es um die Gestaltung des Glücksspiels, wie Ereignisfrequenz, Auszahlungsintervalle, Licht-, Ton- und Farbeffekte. Hierbei erhöhen eine kurze Ereignisfrequenz, d. h. die Zeit, die zwischen Spieleinsatz und Auszahlung erfolgt, sowie die Einsatzgelegenheit das Gefährdungspotenzial.[38]

Die Ereignisfrequenz führt dazu, dass beispielsweise Online-Roulette aufgrund der Möglichkeit, in einem Spiel mehrere Einsätze zu tätigen, als suchtgefährdender gilt als etwa Online-Lose. Vor allem aber gelten Online-Glücksspiele wegen ihrer situativen Merkmale als problematisch, da sie eine hohe Verfügbarkeit aufweisen. Das eigene Smartphone wird stets mitgeführt. Zu Hause wartet in der Regel der Computer oder das Tablet. Die meisten Menschen haben somit die Möglichkeit, zu jeder Zeit von zu Hause oder unterwegs auf Online-Glücksspiele zuzugreifen. Es kann anonym und bargeldlos gespielt werden. Durch die permanente Verfügbarkeit sowie eine schwierigere Kostenkontrolle geht die Übersicht

---

35 Geschäftsbericht für das Jahr 2018 GVC Holdings PLC, 05.03.2019, S. 1.

36 Vgl. https://www.eu2007.de/gvc-holdings-konzern-vermeldet-umsatzplus-in-2018/, zuletzt abgerufen am 27.01.2020.

37 *Schenke*, ZfWG 03/04/15, S. 170.

38 *Robin/Berger*, SuchtMagazin 6/15, S. 37.

über die getätigten Spiele und Einzahlungen schnell verloren.[39] Viele Spieler machen ihre ersten Glücksspielerfahrungen zudem bereits im Jugendalter. Dabei ist der Schutz vor den negativen Folgen des Spiels nicht immer gewährleistet.[40] Laut der Forschungsstelle Glücksspiel der Universität Hohenheim sind insbesondere junge Männer der Altersgruppe der 14- bis 30-Jährigen, Personen mit niedrigem Bildungsstatus und Personen mit Migrationshintergrund sowie Erwerbslose besonders von einem problematischen Spielverhalten betroffen.[41] Man geht davon aus, dass das Hilfsangebot für Menschen mit pathologischem Glücksspielverhalten die Betroffenen nicht im ausreichenden Maß erreicht. Dabei sollen die unzureichende Verfügbarkeit des Hilfeangebots, Scham und die Angst vor Stigmatisierung, mangelnde Kenntnis der Angebote, mangelndes Problembewusstsein und der Glaube, das Problem allein lösen zu können, die Hauptprobleme sein.[42] Die Bundeszentrale für gesundheitliche Aufklärung (BZgA) führte eine Studie zur Häufigkeit problematischen Spielverhaltens in der deutschen Bevölkerung. Danach lag im Jahre 2017 der Anteil problematischer bis pathologischer Spieler bei Online-Casinoglücksspielen in Deutschland bei 26,9 %. Ein enorm hoher Wert, verglichen mit der Rate an problematischen Glücksspielern bei z. B. Online-Sportwetten, welcher bei 3,7 % lag.[43] *Banz* und *Becker* gehen für das Jahr 2017 von über einer halben Million deutscher Glücksspieler mit mindestens problematischem Glückspielverhalten aus.[44] Allerdings herrscht bei der Interpretation solcher Zahlen Uneinigkeit.[45] Der 4. Senat des Oberverwaltungsgerichts (OVG) Schleswig-Holstein z. B. bemängelt in seinem Beschluss vom 03.07.2019 (Az.: 4 MB 14/19), man könne aus dieser und anderen Studien derzeit keine verlässlichen Aussagen ziehen.[46] Dabei hat der erkennende Senat u. a. ausgeführt:

---

39 *Robin/Berger*, SuchtMagazin 6/15, S. 37, 38.

40 *Robin/Berger*, SuchtMagazin 6/15, S. 37.

41 *Becker/El Abdellaoui*, Entwicklung eines pathologischen Spielverhaltens, S. 72.

42 Bischof/Meyer, SUCHT 6/12, S. 369, 376.

43 Banz/Lang, BZgA-Studie: Glücksspielverhalten und Glücksspielsucht in Deutschland, S. 251.

44 *Banz/Becker*, ZfWG 3/4/19, S. 212, 215.

45 Vgl. *Banz/Becker*, ZfWG 3/4/19, S. 212 – *Banz* ist seinerseits Mitverfasser der BZgA-Studie. Laut *Banz* und *Becker* werden die Zahlen der BZgA etwa in Veröffentlichungen der ZfWG, die auf Gutachten im Auftrag der Verbände der Automatenwirtschaft basieren, nicht richtig verstanden und für weitreichende Interpretationen missbraucht.

46 OVG Schleswig-Holstein, Beschl. v. 03.07.2019 – 4 MB 14/19 – juris.

„Online-Glücksspiele sollen überhaupt erst in jüngerer Zeit eine größere Verbreitung erfahren haben, so dass das exakte Ausmaß der Sucht bei Online-Glücksspielen noch unklar sei und es noch einige Zeit dauern werde, bis sich im Zusammenhang mit diesen Spielen auftretende Probleme „epidemiologisch niederschlagen" würden. Die Prävalenzen seien gegenwärtig noch schwankend (Lischer a.a.O. S. 9). Laut BZgA sei die Nutzung von Casino-Spielen im Internet durch problematische oder pathologische Spieler in den vergangenen Jahren zwar moderater ausgefallen als jene von z. B. Geldspielautomaten, doch habe sich die Nutzung der verschiedenen Arten von Casino-Spielen durch problematische Spieler in der letzten Erhebung angeglichen (Lischer a.a.O. S. 10). Demgegenüber weist der Fachverband Glücksspielsucht e.V. in einer Stellungnahme gegenüber dem Schleswig-Holsteinischen Landtag vom 23. April 2019 unter Bezugnahme auf Erkenntnisse der BZgA-Studie darauf hin, dass der Anteil mindestens problematisch Glücksspielender in dem kleinen Teilnehmerfeld an Online-Casinospielen auffallend hoch sei (lt. Studie liege der Anteil bei 26,9 %; damit würde er im Vergleich zu anderen Spielarten die größte Gruppe bilden). Gerade diese Kombination von geringer Teilnahmeprävalenz und hohem Anteil problematisch Glücksspielender sei eines der Anzeichen für ein riskantes Glücksspiel (LT-Umdr. 19/2353 S. 2 mit Abb. 2)."[47]

Das Gericht erkennt zudem an, dass es aus dem Bereich der Suchtprävention und -bekämpfung auch anderslautende, weniger alarmierende Stellungahme geben würde. Betont aber auch, dass insgesamt Vorsicht geboten sei, weil es sich bei einigen Studien um Auftragsstudien aus der Glücksspielbranche handele.[48]

III. Steuereinnahmen des Staates

Der Online-Glücksspielmarkt ist auch für den deutschen Fiskus von großer Bedeutung. Hierzu führt *Dünchheim* Folgendes aus:

„Alle Dienstleistungen in Deutschland unterliegen – unabhängig davon, ob sie verboten sind oder nicht – in jedem Fall einer Steuerpflicht. Nach der europäischen Mehrwertsteuerrichtlinie werden elektronische Dienstleistungen einschließlich Glücksspielen und Lotterien seit 2015 nach dem Bestimmungsland besteuert. Sie unterliegen also der deutschen Umsatzsteuer."[49]

Online-Casino-Spiele, -Sportwetten, -Lotterien usw. sind damit grundsätzlich steuerpflichtig. Daher verwundert es nicht, dass gerade der fiskalische Aspekt des Glücksspiels für die Politik in der Diskussion um die Liberalisierung des Online-Glücksspiels von überragender Bedeutung ist. Allein die staatlichen Lotterien generieren erhebliche Finanzmittel.[50] Die staatlichen Anbieter von

47 OVG Schleswig-Holstein, Beschl. v. 03.07.2019 – 4 MB 14/19 –, Rn. 21, juris.
48 Vgl. OVG Schleswig-Holstein, Beschl. v. 03.07.2019 – 4 MB 14/19 –, Rn. 23, juris.
49 *Vetter*, ZfWG Sonderbeilage 2/18, S. 2, 4.
50 *Ennuschat*, ZfWG 1/19, S. 2, 3.

Lotterien haben eine Steuerbelastung von 16,66 % auf ihren Umsatz. Zusätzlich werden noch Abgaben für gemeinnützige Zwecke an die Länderhaushalte abgeführt. Damit entsteht insgesamt eine Abgabenlast von ca. 40 % des Umsatzes oder 79 % des Bruttospielertrages.[51] Die Lotteriesteuer erreichte 2017 einen Umfang von 1,8 Mrd. EUR. Addiert mit weiteren Abgaben für gemeinnützige Zwecke wurden insgesamt sogar 2,8 Mrd. EUR für das Gemeinwohl erwirtschaftet.[52] Jedes Jahr entgehen dem deutschen Staat Millionenbeträge an nicht abgeführten Steuern durch den unregulierten Markt. Allein durch sog. „schwarze Lotteriewetten" sind dem deutschen Fiskus im Jahr 2014 schätzungsweise 76 Mio. EUR an nicht abgeführter Umsatzsteuer entgangen. Dabei flossen ca. 400 Mio. EUR Wetteinsätze an Online-Glücksspielanbieter aus Malta, Gibraltar oder der Ilse of Man. Der Deutsche Lotto- und Totoblock hätte für Einsätze dieser Größenordnung insgesamt ca. 160 Mio. EUR für gemeinnützige Zwecke abführen müssen.[53] Im Jahr 2017 wurden im Rahmen des Angebots von Zweitlotterien sogar rund 220 Mio. EUR nicht abgeführt.[54] Die Lotterie-Anbieter könnten, anstelle des Betriebes einer illegalen Zweitlotterie, auch staatliche Lotterieprodukte legal als gewerblicher Spielevermittler anbieten. In diesem Fall werden die Einsätze an die staatliche Lotteriegesellschaft weitergeleitet. Bei diesem Modell erhält der Vermittler allerdings nur eine Provision in Höhe von ca. 6–8% der Einsätze. Bei Zweitlotterien hingegen einen Bruttospielertrag von etwa 50 % der Einsätze.[55] Die Motivation für den Betrieb von Zweitlotterien liegt somit auf der Hand und es überrascht nicht, dass Unternehmen wie ZEAL Networks aus Großbritannien (in Deutschland bekannt für die Marke „Tipp24") oder „Lottoland" aus Gibraltar deutsche Verbraucher mit aufwendigen (TV-) Werbekampagnen in den deutschen Medien zu ihren illegalen Zweitlotterieangeboten locken.[56] Hierzu führt *Willmroth* aus:

> *„Die [Anbieter von Zweitlotterien] machen ein sehr gutes, margenstarkes Geschäft. Sie sind auf den internationalen Finanzmärkten unterwegs mit Versicherungskonstrukten, die sie verkaufen und die bei Investoren sehr beliebt sind. Mit denen sichern sie ihre Jackpots ab. Man darf nicht den Fehler machen, die illegalen Online-Glücksspielanbieter zu unterschätzen. Wenn wir beim Beispiel Lottoland bleiben: Das ist ein hervorragend durchfinanziertes Unternehmen, das extrem schnell wächst und hunderte Millionen Euro Umsatz*

51 *Vetter*, ZfWG Sonderbeilage 2/18, S. 2, 7.
52 *Ennuschat*, ZfWG 1/19, S. 2, 3.
53 *Vetter*, ZfWG Sonderbeilage 2/18, S. 2.
54 *Becker/Wuketich*, ZfWG, Sonderbeilage 1/19, S. 7, 8.
55 *Becker/Wuketich*, ZfWG, Sonderbeilage 1/19, S. 7.
56 *Becker/Wuketich*, ZfWG, Sonderbeilage 1/19, S. 7.

macht. Und alles in einer Startup-Atmosphäre, mit modernsten IT-Produkten in Arbeitsumgebungen, die für gibraltarische Verhältnisse wirklich toll sind. […] Sie haben Geld, die nötige Ausdauer und die besten Anwälte. Und sie haben das erklärte Ziel, das deutsche Lotto-Monopol zu Fall zu bringen. Das sollte man nicht unterschätzen.“[57]

Bei Sportwetten fällt eine Steuer von 4,77 % auf den Umsatz an.[58] Hierbei werden aufgrund der großen Konkurrenz und einem dabei aufkommenden Preiswettbewerb kaum Gewinne gemacht. Die Gewinne werden eher beim Online-Casinoangebot gemacht. Das Sportwetten-Angebot soll also nur Kunden akquirieren, die Gewinne werden dann jedoch beim Online-Casino-Angebot gemacht.[59] Manch ein Anbieter hat aufgrund der 2012 neu eingeführten Wettsteuer seine (Sportwetten-)Aktivitäten auf dem deutschen Markt eingestellt. So auch der Sportwetten-Anbieter Paddy Power Betfair. Diesem droht gleichwohl eine Steuernachzahlung von 40 Mio. EUR für das Geschäftsjahr 2012.[60] Gleichzeitig sinken die Steuereinnahmen der Länder in Deutschland durch Abgaben der terrestrischen Glücksspielangebote. Die Anzahl steuerpflichtiger Unternehmen im Wett-, Toto- und Lotteriewesen in Deutschland hat im Zeitraum von 2002 bis 2017 abgenommen. Lag der Höchstwert 2006 noch bei 3.563 steuerpflichtigen Unternehmen, so lag dieser Wert 2017 nur noch bei 2.518 Unternehmen.[61] Dies lässt sich mit einem Wechsel der Spieler hin zum Online-Glücksspiel erklären. Es überrascht also nicht, dass der deutsche Staat hier eine Motivation zum Handeln sieht.

C. „weiße Märkte“, „graue Märkte“ und „Schwarzmärkte“

In Deutschland führt eine Mischung aus einem grundsätzlichen Internet-Glücksspiel-Verbot, einer konzessionierten Befreiung für Sportwetten und Online-Lotterien sowie einst in Schleswig-Holstein erteilter und unlängst verlängerter Glücksspielkonzessionen zu einer Zersplitterung des Marktes in einen „weißen Markt“, „grauen Markt“ und „Schwarzmarkt“.[62] Auf dem „weißen Markt“ sind die Beteiligten mit einer erforderlichen Erlaubnis deutscher Behörden legal tätig. 2016 umfasste der „weiße Markt“ insgesamt 51 Vermittler

57 *Vetter*, ZfWG Sonderbeilage 2/18, S. 2, 5.

58 *Vetter*, ZfWG Sonderbeilage 2/18, S. 2, 9.

59 *Becker/Wuketich*, ZfWG, Sonderbeilage 1/19, S. 7, 10.

60 Vgl. https://www.casino.org/de/nachrichten/paddy-power-soll-in-deutschland-40-millionen-euro-steuern-nachzahlen/, zuletzt abgerufen am 27.01.2020.

61 StBA, April 2019, Finanzen und Steuern-Steuerhaushalt 2018, S. 27.

62 *Hartmann/Barczak*, ZfWG 1/19, S. 8.

bzw. Veranstalter. Auf dem nicht regulierten „Schwarzmarkt" sind die Anbieter hingegen ohne eine erforderliche Erlaubnis deutscher Behörden, mithin illegal tätig. Hier werden im Wesentlichen Online-Casinospiele, -Poker, -Zweitlotterien und nicht genehmigte Sport- und Pferdewetten angeboten. Während der „weiße Markt" überwiegend terrestrisch abläuft, findet der nicht-regulierten Markt fast ausschließlich Online statt. Nur 16 % der Online-Umsätze lassen sich auf den regulierten „weißen Markt" zurückführen.[63] Innerhalb Europas haben sich Mitgliedsstaaten auch für Lizenzmodelle entschieden (z. B. Malta). Auch innerhalb Deutschlands gibt es Lizenzierungsmodelle für Online-Glücksspiele (Schleswig-Holstein). Immer wieder bieten ausländische Glücksspielanbieter mit diesen Lizenzen ihre Spiele auch in Deutschland bzw. in anderen Bundesländern außerhalb von Schleswig-Holstein an, ohne dass der deutsche Staat dies erlaubt hätte. Dieser Umstand lässt einen „grauen Markt" entstehen.[64]

I. Glücksspielstaatsvertrag

Den einheitlichen Rechtsrahmen in Deutschland bildet der Staatsvertrag zum Glücksspielwesen in Deutschland (kurz Glücksspielstaatsvertrag bzw. GlüStV 2012). Der GlüStV wird durch Ausführungsgesetze zum Glücksspielstaatsvertrag und jeweils 16 Landeslotterie-, Sportwetten-, Spielbank- und Spielhallengesetze ausgefüllt.[65] Der Regelungsbereich des GlüStV erstreckt sich nach § 3 GlüStV auf sämtliche öffentlich durchgeführte Wetten, Lotterien und sonstige Glücksspiele sowie Sport- und Pferdewetten.[66] Zudem wird die gewerbliche Spielvermittlung erfasst. Der GlüStV dient als Teil des Ordnungsrechts (der Länder) im Kern der öffentlich-rechtlichen Gefahrenabwehr.[67] Daneben treten glücksspielrechtliche Regelungen des Wirtschaftsrechts (des Bundes). Solche entstammen dem BGB, StGB, RWG und UWG. Diese Regelungen sollen in der Zielsetzung einer „aufstrebenden Wirtschaft" dienen. Die im Geltungsrahmen des repressiven Verbots aus § 4 Abs. 1, Abs. 4 GlüStV ausnahmsweise zugelassene Betätigung gilt dem Grundgedanken nach als „unerwünscht". Daraus resultiert, dass die Anbieter oder Vermittler keinen Rechtsanspruch auf Zulassung zu dieser Betätigung haben können (repressives Verbot mit Ausnahme- oder Befreiungsvorbehalt). Während die dem Wirtschaftsrecht des Bundes zugeordnete,

---

63 *Hartmann/Barczak*, ZfWG 1/19, S. 8, 10.

64 Vgl. *Hartmann/Barczak*, ZfWG 1/19, S. 8, 10.

65 *Gebhardt/Korte*, Glücksspiel, S. 183.

66 Vgl. *Engel/Hornuf*, Zeitschrift für Wirtschaftspolitik 1/11, S. 86.

67 *Gebhardt/Korte*, Glücksspiel, S. 183.

grundsätzlich zugelassene Betätigung als „erwünscht" gilt. Hier gewähren die Gewerbefreiheit sowie das Grundrecht auf Berufsfreiheit dem Einzelnen einen Anspruch, der nur im Einzelfall versagt werden kann (präventives Verbot mit Erlaubnisvorbehalt).[68]

Im Rahmen dieser Arbeit relevant sind vorwiegend die Regelungen des GlüStV 2012 bzw. dessen landesrechtliche Ausführungsgesetze. Insbesondere auf das Wechselspiel zwischen den Regelungen des GlüStV und jenen des BGB und StGB wird in den folgenden Kapiteln gesondert eingegangen.

II. Glücksspielmonopol

Der GlüStV enthält in § 4 Abs. 1 GlüStV einen Erlaubnisvorbehalt für öffentliche Glücksspiele. Danach dürfen öffentliche Glücksspiele nur mit staatlicher Erlaubnis veranstaltet oder vermittelt werden. In § 4 Abs. 4 GlüStV ist zudem das Totalverbot für Internetglücksspiele geregelt. Hiernach sind das Veranstalten und das Vermitteln öffentlicher Glücksspiele im Internet gänzlich verboten. Davon abweichend können die Länder gem. § 4 Abs. 5 GlüStV den Eigenvertrieb und die Vermittlung von Lotterien sowie die Veranstaltung und Vermittlung von Sportwetten im Internet erlauben. Daraus resultiert insgesamt ein staatliches Glücksspielmonopol. Dieses staatliche Alleinveranstaltungsrecht besteht in seinen Grundzügen jedoch nicht erst seit Inkrafttreten des GlüStV, sondern mit Unterbrechungen seit mehr als einem Jahrhundert.[69] Allerdings führt erst der heutige Grad an fortschreitender Globalisierung und Digitalisierung sowie der zunehmende Einfluss finanzstarker „Player" am Markt dazu, dass das Glücksspielmonopol hinterfragt wird. Der Staat scheint nicht mehr der einflussreichste Beteiligte zu sein.

III. Player am Markt – Anbieter aus Übersee; europäische Lizenzen aus Steueroasen

Die illegalen Online-Glücksspiel-Angebote erfolgen fast ausschließlich durch Anbieter mit Sitz im Ausland. Dies vornehmlich in Steuer- und Rechtsoasen wie Gibraltar, Malta und der Ilse of Man.[70] Von diesen Ländern beziehen die Anbieter sogleich ihre Lizenzen. In diesen EU-Mitgliedstaaten sind deren Angebote

---

68 *Gebhardt/Korte*, Glücksspiel, S. 184.

69 *Brugger*, Abbruch der Zahlungsströme als Mittel zur Bekämpfung unerlaubter Internetglücksspiele, S. 53.

70 *Ukrow*, ZfWG 3/4/2019, S. 223, 228.

also legal. Die in den Heimatstaaten der Online-Glücksspielanbieter erteilten Glücksspiel-Lizenzen entfalten in Deutschland jedoch keine Legalisierungswirkung.[71] Der EuGH hat in der Entscheidung *Markus Stoß* ausgeführt, dass wenn in einem Mitgliedstaat rechtmäßig ein staatliches Glücksspielmonopol errichtet worden ist, „jede Verpflichtung zur Anerkennung einer Erlaubnis, die privaten Veranstaltern mit Sitz in anderen Mitgliedstaaten erteilt wurde, allein aufgrund der Existenz eines solchen Monopols per se ausgeschlossen ist.“[72] Gleiches gilt für Lizenzen des Landes Schleswig-Holstein für eine Tätigkeit in den anderen Bundesländern.[73] Neben den in der Europäischen Union lizensierten Angeboten gibt es eine Vielzahl von Anbietern aus Übersee. Dazu zählen Länder wie Kanada und die USA. Diese sind naturgemäß nicht den europäischen Verbraucherschutzstandards unterworfen, anders wie es bei den innerhalb der EU niedergelassenen Anbietern der Fall ist. Die Möglichkeit, auf derartige Angebote auszuweichen, ist ein zentraler Einwand gegen das derzeitige Regelungskonzept durch den GlüStV. Etwa wird kritisiert, dass Anbietern und Spielern von Online-Glücksspielen keine Möglichkeiten oder Anreize geboten würden, vom grauen Markt in den legalen Markt überzusetzen.[74]

Die einflussreichsten Glücksspielunternehmen 2017 waren laut der jährlichen „Power 50“-Liste des Branchenmagazins eGaming Review der britische Online- und Sportwetten-Anbieter „bet365“[75] mit Sitz in Gibraltar, der irische Wettanbieter „Paddy Power Betfair“ mit Sitz in Dublin[76] und die GVC

---

71 *Rock*, Rdz, 2/20. S. 115, 115.

72 EuGH, Urt. v. 08.09.2010, Rs. C-316/07, C-358/07 bis C-360/07, C-360/07 und C-410/07 – *Markus Stoß*, Rn. 109, juris.

73 Vgl. OVG Saarlouis, Beschl. v. 17.7.2015 – 1 B 50/15; VG Berlin, Beschl. v. 17.9.2015 – 23 L 75.15, juris; OVG Berlin-Brandenburg, Beschl. v. 02.12.2016 – OVG 1 S 104.15; *Rock*, Rdz, 2/20. S. 115, 115.

74 *Schenke*, ZfWG 3/4/15, S. 170, 171.

75 Deren Gründerin und CEO Denise Coates gilt als eine der reichsten Menschen Großbritanniens. Im Geschäftsjahr 2018 erhielt sie ein Jahresgehalt von 323 Mio. Pfund. Das Magazin Forbes schätzte ihr Vermögen 2018 auf 4,6 Mrd. Dollar. Dem Unternehmen gehört u. a. die Anteilsmehrheit am Premier-League-Fußballclub Stroke City. Der Firmensitz wurde 2015 nach Gibraltar verlegt, https://de.wikipedia.org/wiki/Denise_Coates, zuletzt abgerufen am 28.01.2020.

76 Das Unternehmen fusionierte mit der in Deutschland beliebten „Poker Stars Group“ und gehört heute zum Firmenkonsortium der „Flutter Entertainment“. Die Fusion sollte einen der weltweit größten Glücksspielanbieter erzeugen. Dieser soll angeblich einen Gesamtwert von 11 Mrd. Euro haben, https://www.hochgepokert.com/2019/10/

Holdings[77] mit Sitz auf der Isle of Man.

IV. Probleme bei der Rechtsdurchsetzung gegenüber illegalen Angeboten ausländischer Anbieter

Da die Anbieter meist im Ausland sitzen und z. T. durch ausländische Jurisdiktionen oder anderer am Prozess Beteiligte geschützt werden, gestaltet sich eine Durchsetzung des Internetverbots aus § 4 Abs. 4 GlüStV als schwierig und ist lange unterblieben.[78] Lange bestanden entweder keine (aussichtsreichen) Zugriffsmöglichkeiten oder es fehlte schlichtweg an ausreichender Motivation.[79] Dies führte zur Kritik. So führte *Beeckmann* hierzu aus:

> *„Vollzugserfolge der zuständigen Ordnungsbehörden bei der Durchsetzung des Verbots für Internet-Glücksspiel sind bislang kaum zu verzeichnen und werden etwa auf parlamentarische Nachfragen auch eingestanden. Bereits im Januar 2010 hat der damalige Innenminister des Freistaats Thüringen in einer Konferenz in Brüssel wörtlich erklärt, dass das Internetverbot nicht wirklich funktioniere. Im selben Jahr haben Vertreter der Bezirksregierung Düsseldorf von der faktischen Unmöglichkeit der Verwaltungsvollstreckung gegenüber ausländischen Rechtsverstößen und von Umsetzungsproblemen der aufsichtführenden Behörden gesprochen."*[80]

Steinmetz und *Fiedler* merkten an:

> *„Erfolgreiches Financial Blocking durch die Zuständige Landesbehörde Niedersachsens ist indes bis mindestens 2015 nicht erfolgt. Diese Untätigkeit, die wesentlich zur heutigen Wirkungslosigkeit des deutschen GlüStV beiträgt, hat eine Reihe von Gründen, darunter die schwierige eindeutige Benennung von in Deutschland lizensierten Anbietern, welche durch Finanzinstitute und Zahlungsdienstleister bedient bzw. nicht bedient werden dürfen. […] Die Überwachung von Transaktionen, die im Zusammenhang mit Glücksspielen und ausländischen Anbietern stehen, wurde von den staatlichen Behörden auf die am Zahlungsverkehr Beteiligten abgewälzt. […] [Hier ist] ein Interessenkonflikt bei den beteiligten Finanzdienstleistern zu verzeichnen: Das Gewinnstreben dieser privaten Unternehmungen steht dem umsatzgefährdenden Maßnahmenvollzug entgegen."*[81]

02/poker-stars-und-die-paddy-power-betfair-gruppe-fusionieren/, zuletzt abgerufen am 28.01.2020.

77 In Deutschland vor allem bekannt durch die Marken „bwin" und „Partypoker".

78 Vgl. Stellungnahme des ULD SH, ZfWG 2/15, S. 121.

79 Vgl. *Rock*, ZfWG Sonderbeilage 3/18, S. 20, 22.

80 *Beeckmann*, ZfWG 2/15, S. 106, 110.

81 *Steinmetz/Fiedler*, ZfWG 6/19, S. 456, 457.

Der GlüStV liefert den Glücksspielaufsichtsbehörden mit § 9 Abs. 1 S. 3 Nr. 3 und 4 GlüStV die Möglichkeit, die Veranstaltung, Durchführung und Vermittlung von Glücksspielen und deren Bewerbung sowie die Durchführung von Zahlungsaktivitäten im Zusammenhang mit unerlaubten Glücksspielen durch die Zahlungsdienstleister und Banken zu untersagen.[82] Die Aufsichtsbehörden sind, anders als zuvor lange Jahre kritisiert, nunmehr nicht mehr inaktiv. Die Unterlassungsverfahren bilden heute den Hauptteil der glücksspielrechtlichen Judikatur der Verwaltungsgerichtsbarkeit.[83] Gleichwohl setzt die Anwendung dieser Vorschriften grundsätzlich voraus, dass unerlaubtes Glücksspiel durch die zuständigen Glücksspielaufsichtsbehörden festgestellt und den Anbietern bekanntgegeben wurde. Damit ist ein bestandskräftiger Verwaltungsakt der jeweils zuständigen Glücksspielaufsicht erforderlich. Ist dieser unanfechtbar geworden, kann die Glücksspielaufsicht entsprechende Unterlassungsverfügungen erlassen.[84] Neben den von *Steinmetz* und *Fiedler* erwähnten praktischen Problemen birgt das Verfahren somit die Gefahr, zeitintensiv zu sein. Darüber hinaus ist mit einer Untersagungsverfügung nicht sichergestellt, dass die ausländischen Unternehmen den Vorgaben der deutschen Glücksspielregulierung auch Folge leisten. Die Online-Angebote werden jedenfalls nicht weniger.

D. Erreichbarkeit nicht lizensierter Anbieter über den internationalen Zahlungsverkehr

Eine zentrale Rolle beim Online-Glücksspiel spielen Banken, Kreditkartenunternehmen und Internet-Bezahldienste. Da es sonst keine Möglichkeit für Spieler gäbe, Einsätze zu tätigen und Gewinnauszahlungen zu erhalten, ist ohne die Erreichbarkeit der Glücksspielanbieter über den internationalen Zahlungsverkehr ein (nicht reguliertes) Online-Glücksspiel-Angebot faktisch unmöglich.[85]

I. Rolle der Banken

In der Diskussion um illegales Online-Glücksspiel wird nur selten darüber aufgeklärt, dass Zahlungsdienstleister, welche die Zahlungen zwischen den Spielern und Online-Glücksspielanbietern abwickeln, an diesen selbst mitverdienen. Bereits die Umsatzzahlen der Online-Glücksspielanbieter bzw. die Marktgröße

---

82 *Steinmetz/Fiedler*, ZfWG 6/19, S. 456, 457.

83 Vgl. *Rock*, ZfWG 6/19, S. 427.

84 Vgl. Stellungnahme des ULD SH, ZfWG 2/15, S. 121.

85 *Steinmetz/Fiedler*, ZfWG 6/19, S. 456.

beim Online-Glücksspiel verdeutlicht, welche Summen tagtäglich transferiert werden müssen.[86] Für die deutschsprachigen Internetseiten sind Kreditkartenzahlungen, Überweisungen/Lastschriften und Internetbezahldienste wie PayPal, Klarna, Skrill und Paysafe die dominierenden Zahlungsarten. Dabei sind die Gebühren für eine Zahlungsabwicklung im Zusammenhang mit Online-Glücksspiel im Vergleich zur Zahlungsabwicklung in anderen Geschäftsfeldern überdurchschnittlich hoch.[87] Etwa erhebt die Postbank für das Bezahlen in Wettbüros, Casino-Betrieben und Lotteriegesellschaften mit der Postbank-Kreditkarte eine Gebühr von 2,5 % auf den Umsatz, mindestens aber 5,00 EUR pro Zahlung.[88] Die Commerzbank-Tochter Comdirect erhebt sogar 5 % Gebühr vom Umsatz für den Karteneinsatz in Spielkasinos, bei Lotteriegesellschaften und in Wettbüros.[89] Hinzu kommen können noch Vergütungen, die die Zahlungsdienstleister der Glücksspielanbieter für ihre Leistungen erhalten, wie etwaige Risikoaufschläge für überdurchschnittliche „Chargeback-Quoten“ (Stornierung der Kreditkartenzahlung) im Kreditkartengeschäft.[90] Dabei hat der Finanzskandal um die sog. „Paradise Papers“ das Ausmaß der Finanzströme zwischen Banken und den in Deutschland illegal operierenden Online-Glücksspielanbietern erst ans Licht gebracht.[91] *Steinmetz* und *Fiedler* führen zur Rolle der Zahlungsdienstleister aus:

> *„Neben der Ermöglichung des Spielbetriebs für Konsumenten kann das intransparente Konstrukt internationaler Glücksspielzahlungen nicht zuletzt der organisierten Kriminalität zur Geldwäsche dienen. Das Mitwirken deutscher Banken an der Zahlungsabwicklung stellt dabei wahrscheinlich eine Beihilfe zur Veranstaltung unerlaubten Glücksspiels oder gar den Straftatbestand der Geldwäsche dar.“*[92]

---

86 *Rock*, ZfWG Sonderbeilage 3/18, S. 20, 20.

87 Vgl. *Rock*, ZfWG Sonderbeilage 3/18, S. 20.

88 https://www.postbank.de/privatkunden/docs/Postbank-Preis-und-Leistungsverzeichnis-923-959-000-1019.pdf, zuletzt abgerufen am 29.01.2020.

89 https://www.comdirect.de/pbl/member/formcenter/DownloadPdfDocumentRH.do?&redirected=184301&ePdfInstance=507531&ePageId=cori7105&pdf=&name=&combined=true, zuletzt abgerufen am 29.01.2020.

90 *Rock*, ZfWG Sonderbeilage 3/18, S. 20, 20.

91 *Vetter*, ZfWG Sonderbeilage 2/18, S. 2.

92 *Steinmetz/Fiedler*, ZfWG 6/19, S. 456.

II. Unterscheidung Bank, Kreditkartenunternehmen, E-Geld-Zahlungsinstrumente

Wenn im Fortgang dieser Arbeit von Banken oder Zahlungsdienstleistern gesprochen wird, so soll dies ein generelles Synonym für alle beim Online-Glücksspiel verwendbaren Zahlungsinstrumente bzw. Zahlungsinstitute sein. Dahinter stehen verschiedene Konstrukte. Auf die Einordnung der beliebtesten Zahlungsinstrumente soll an dieser Stelle kurz eingegangen werden: Banken sind gem. § 39 Kreditwesengesetz (KWG) Unternehmen, die in Deutschland eine von der BaFin erteilte Banklizenz besitzen. Unter einer Banklizenz versteht man die Erlaubnis zum Betreiben von Bankgeschäften. Unterschieden wird zwischen Vollbanklizenzen und Teilbanklizenzen. Vollbanklizenzen ermöglichen die Vornahme von Bankgeschäften jeglicher Art. Teilbanklizenzen hingegen berechtigen nur zu bestimmen Geschäften.[93] Ursprünglich war die Erbringung von Zahlungsdiensten nur Kredit- und Finanzdienstleistungsinstituten nach den Vorschriften des KWG vorbehalten. Gem. § 1 KWG sind Kreditinstitute Unternehmen, die Bankgeschäfte gewerbsmäßig oder in einem Umfang betreiben, der einen in kaufmännischer Weise eingerichteten Geschäftsbetrieb erfordert. Als Bankgeschäfte erfasst werden u. a. Einlagengeschäfte, Kreditgeschäfte oder Depotgeschäfte.[94] Das 2009 eingeführte Zahlungsdiensteaufsichtsgesetz (ZAG) hat mit den Zahlungsinstituten eine neue Institutskategorie eingeführt. Seit Inkrafttreten des ZAG können Zahlungsdienste also auch von Zahlungsinstituten erbracht werden, die keine Banken sind. Gem. § 1 Abs. 1 ZAG zählen zu den Zahlungsinstituten neben Zahlungsdienstleistern, d. h. Zahlungsinstitute, die keine Banken sind und gleichwohl gewerbsmäßig oder in einem Umfang, der einen in kaufmännischer Weise eingerichteten Geschäftsbetrieb erfordert, Zahlungsdienste erbringen, auch E-Geld-Institute.[95] Für Nicht-Banken-Unternehmen ist hauptsächlich das Finanztransfergeschäft relevant, vereinfacht gesagt: das Entgegennehmen von Geldbeträgen und das Weiterleiten dieser an Dritte.[96] Unter den Online-Bezahlmethoden sind neben der (Sofort-)Überweisung, der Lastschrift und

---

93 Vgl. https://de.wikipedia.org/wiki/Banklizenz, zuletzt abgerufen am 30.01.2020.

94 Vgl. § 1 Abs. 1 KWG; Die EU-rechtliche Definition ist enger. Danach ist ein Kreditinstitut ein Unternehmen, das u. a. Einlagen entgegennimmt und Kredite für eigene Rechnung gewährt. Das EU-Recht geht also davon aus, dass beide Geschäfte kumulativ betrieben werden müssen, *Schäfer* in: *Boos/Fischer/Schulte-Mattler/Schäfer*, 5. Aufl. 2016, KWG § 1 Rn. 14.

95 Vgl. § 1 Abs. 1 S. 1 Nr. 1, 2 ZAG.

96 http://www.zag-recht.de/zahlungsdienste/zahlungsdienste.html, zuletzt abgerufen am 30.01.2020.

der Kreditkartenzahlung E-Geld-basierte Zahlungssysteme wie PayPal[97], Skrill, Paysafe und Klarna beliebt.[98] Solche Zahlungssysteme zeichnen sich dadurch aus, dass der Verwender das Geld an den Zahlungsdienstanbieter zahlt, der dieses dann unter Abzug einer Gebühr an den Empfänger weiterleitet.[99] Gem. § 1 Abs. 2 S. 2 ZAG ist E-Geld jeder elektronisch, darunter auch magnetisch gespeicherte, monetäre Wert in Form einer Forderung an den Emittenten, der gegen Zahlung eines Geldbetrags ausgestellt wird, um damit Zahlungsvorgänge im Sinne des § 675f Abs. 4 S. 1 Bürgerliches Gesetzbuch (BGB) durchzuführen, und der auch von anderen natürlichen oder juristischen Personen als dem Emittenten angenommen wird. In der Regel zeichnet sich E-Geld also dadurch aus, dass es erst gegen Zahlung eines Geldbetrags an den Nutzer ausgegeben wird. Dabei ist der Umtauschvorgang mit einer Einzahlung von Bargeld auf einem Girokonto vergleichbar, nur wird das E-Geld dann nicht auf einem Konto, sondern auf verkörperten E-Geld-Instrumenten oder elektronisch gespeichert. Zu den dabei verwendeten Guthabenträgern zählen neben der Geldkarte und der Prepaid-Kreditkarte auch die sog. Online-Wallet. Bei Anbietern wie Paysafe erhält der Kunde eine Zahlenkombination und einen PIN-Code. Damit können die Geldbeträge online abgerufen werden.[100] Alle E-Geld-Anbieter haben gemein, dass bei dem speziell für das Internet konzipierten E-Geld die elektronischen Werteinheiten auf Servern gespeichert werden.[101] Anders als diese Systeme funktionieren Direktüberweisungssysteme wie Giropay, Paydirekt und Sofort (früher Sofortüberweisung). Diese Systeme dienen nur als Intermediäre zwischen Zahlendem und seiner Bank (Zahlungsauslösedienste[102]). Hier hat der Direktüberweisungsanbieter als Dritter keinen Einfluss auf die Ausführung der Überweisung.[103] Vorteil speziell von Paysafe ist, dass damit eine vollständig

---

97 Seit 2019 hat PayPal begonnen, Online-Casinos von seinen Angeboten auszuschließen.

98 Vgl. *Schmalenbach*, Die Digitalisierung des Zahlungswesens, S. 17,18.

99 *Fröhlisch/Stariradeff*, NJW 2016, S. 353, 356.

100 *Schmalenbach*, Die Digitalisierung des Zahlungswesens, S. 22, 25.

101 *Harman*, BKR 2018, S: 457, 462.

102 a.A. *Linardatos*, MüKoHGB, Rn. 273, beck-online – Danach sei lt. hM Paydirekt eine Sonderfunktion des herkömmlichen Online-Kontos des kontoführenden Zahlungsdienstleisters und habe mit den Zahlungsauslösediensten von Drittdienstleistern nur gemeinsam, dass auch bei Paydirekt eine Online-Überweisung ausgeführt werde und dem Händler die Zahlung vorzeitig bestätigt werde. Im Unterschied zum Dienst der Zahlungsauslösedienste werde nach Registrierung bei Paydirekt das bestehende Zahlungskonto des Nutzers beim kontoführenden Zahlungsdienstleister unmittelbar mit dem Paydirekt-Zugang und der Paydirekt-Funktion verknüpft.

103 *Harman*, BKR 2018, S. 457, 458.

anonyme Zahlung möglich ist, sobald der Nutzer im Besitz der Zahlenkombination und der PIN-Nummer ist. Genereller Vorteil der Bezahlsysteme wie PayPal und Co. ist es, dass die getätigten Zahlungen sofort beim Empfänger gutgeschrieben werden und somit die übliche Banklaufzeit einer Überweisung entfällt.[104] Übertragen auf das Online-Glücksspiel bedeutet dies, dass der Spieler, trotz „Überweisung ins Ausland", ohne Wartezeit sofort mit dem Spielen beginnen kann und in diesem Stadium trotz Einzahlungsvorgang vollständig anonym bleiben kann. Gleichwohl ersetzen die Zahlungsdienste die Banken oder Kreditkarteninstitute der Spieler bzw. Glücksspielanbieter nicht. Bei der Transaktion über PayPal beispielsweise erhöht sich vielmehr die Zahl am Zahlungsvorgang Beteiligten um eine weitere Partei.[105]

104 https://de.wikipedia.org/wiki/PayPal, zuletzt abgerufen am 30.01.2020.
105 *Harman*, BKR 2018, S. 457, 462.

Zweites Kapitel – Rechtlicher Rahmen für Online-Glücksspiel in Deutschland

A. Glücksspielstaatsvertrag

Den Rechtsrahmen für das Online-Glücksspiel in Deutschland bildet der Staatsvertrag zum Glücksspielwesen in Deutschland in der Form des ersten Glücksspieländerungsstaatsvertrags vom 01.07.2012 (kurz: 1. GlüÄndStV oder GlüStV 2012).

I. Bundeseinheitliches Regelwerk

Der Glücksspielstaatsvertrag ist ein Vertrag zwischen den Bundesländern und adressiert zunächst die Landesgesetzgeber. Diese mussten die staatsvertraglichen Vorgaben in Landesausführungsgesetze umsetzen.[106] Die Gesetzgebungskompetenz der Länder zur Regelung des Online-Glücksspiels resultiert aus Art. 74 Abs. 1 Nr. 11, 72 Abs. 2 Grundgesetz (GG). Danach sind die Länder zum Erlass von Gesetzen im Bereich des „Rechts der Wirtschaft" regelungsbefugt, sofern nicht der Bund von seiner Gesetzgebungszuständigkeit durch Gesetz Gebrauch gemacht hat.[107] Für die Veranstaltung von Online-Glücksspielen lässt sich festhalten, dass der Bund von einer eigenen Kompetenz keinen Gebrauch macht.[108] Das GG zählt den Abschluss von Staatsverträgen zu den Instrumenten der formellen Kooperation zwischen den Bundesländern. Länderstaatsverträge

106 *Engel/Hornuf*, ZfW 1/11, S. 86, 89.

107 Wie weit dieser Kompetenztitel reicht ist str., vgl. *Korte*, ZfWG 6/18, S. 507, 510, der den Kompetenztitel nicht gleichermaßen für Veranstaltung und Vermittlung von Glücksspiel im Internet anwendet. Jedenfalls dürfte das „Recht der Spielhallen" eine Regelung des Online-Glücksspiels durch die Länder nicht ermöglichen. Lt. BVerwG, Pressemitteilung Nr. 108/2016 vom 16.12.2016 wurde das „Recht der Spielhallen" im Rahmen der Föderalismusreform I als ein überwiegend auf regionale Sachverhalte bezogener Bereich identifiziert. Einer so verstandenen Auslegung widerspricht die Reichweite des Online-Glücksspiels; nach a. A. fällt das Glücksspielrecht nach Art. 30, 70 GG über die Gesetzgebungskompetenz für das Recht der öffentlichen Sicherheit und Ordnung in die Zuständigkeit der Länder, *Diegmann/Hoffmann*, Praxishandbuch für das gesamte Spielrecht, S. 25, 26.

108 *Korte*, ZfWG 6/18, S. 507, 510; vgl. BVerfG, Urt. v. 28.03.2006 – 1 BvR 1054/01 –, BVerfGE 115, 276–320, Rn. 96, juris.

sind, anders als völkerrechtliche Verträge i. S. d. Art. 32 Abs. 3 und Art. 59 GG, in die föderale Struktur Deutschlands eingebunden und werden als interföderale Staatsverträge bezeichnet. Die Länder können aus diesem Grund nur solche Vereinbarungen treffen, für die ihnen nach dem GG die Gesetzgebungskompetenz zusteht.[109] Staatsverträge werden durch die Landesregierungen abgeschlossen. Die Befugnis zur Ratifizierung wird durch Zustimmung des Landesparlaments erteilt. Die Ratifizierung erfolgt durch die Regierungschefs. Um verbindliche Rechtswirkung zu entfalten, bedarf es einer Transformation in Landesrecht.[110] Die Umsetzung des Staatsvertrages erfolgt individuell. Dabei steht den Ländern ein gewisser Anpassungsspielraum zu.[111] Wird eine Ratifizierung abgelehnt, so hat dies keine Auswirkungen auf die Umsetzung des Staatsvertrages durch die anderen ratifizierenden Länder. In einem solchen Fall darf der Staatsvertrag dann nur im ablehnenden Bundesland nicht ratifiziert werden. Staatsverträge enden u. a. durch Zeitablauf, Abschluss eines Aufhebungs- bzw. Änderungsvertrages oder durch Kündigung. Einer Änderung oder Aufhebung des Vertrages müssen alle Vertragsparteien zustimmen.[112] Im Rahmen der Normenhierarchie gehen die Transformationsgesetze dem Landesverfassungsrecht nach. Im Verhältnis zum einfachen Landesrecht gilt der *lex posterior*-Grundsatz[113]. Es kann also zu landesinternen Kollisionsproblemen zugunsten später erlassener Landesgesetze mit glücksspielrechtlichem Bezug kommen. Dann ist das vom GlüStV abweichende Landesrecht landesintern zwar wirksam, aber auf zwischenstaatlicher Ebene als vertragswidrig anzusehen, sodass das Bundesland gegenüber den anderen Vertragspartnern verpflichtet ist, die Vertragswidrigkeit zu beseitigen.[114] Mit der aktuell geltenden Fassung des GlüStV 2012 haben sich alle Bundesländer auf ein bundesweit einheitliches Regelwerk geeinigt. Dieser Rechtsrahmen gilt bis zum Ablauf des 30.06.2021.[115]

---

109 *Wissenschaftlicher Dienst des Bundestages*, Staatsverträge zwischen den Bundesländern, Nr. 48/07, S. 1.

110 *Huber/Röll*, ZfWG 1/18, S. 9, 10.

111 Vgl. § 28 GlüStV.

112 *Wissenschaftlicher Dienst des Bundestages*, Staatsverträge zwischen den Bundesländern, Nr. 48/07, S. 2.

113 *Lex posterior derogat legi priori*, lat.: Das jüngere Gesetz hebt das ältere Gesetz auf.

114 *Huber/Röll*, ZfWG 1/18, S. 9, 10, 11, unter Verweis darauf, dass die Rechtsprechung (VG Frankfurt, Urt. v. 26.03.2015 – 10 K 2362/13.F; VG Darmstadt, 19.07.2017 – 3 L 3472/17.DA; VG Cottbus, Beschl. v. 02.10.2017 – 3 L 424/17) dies bisher angedeutet habe.

115 Vgl. § 35 Abs. 2 GlüStV.

II. Entstehungsgeschichte

Dem derzeit geltenden Rechtsrahmen liegt eine längere Entstehungsgeschichte zugrunde.

1. Regelungen auf Bundesebene

Ursprünglich bestanden in den Bundesländern verschiedene Rechtsgrundlagen für das Glücksspielrecht. Im Jahre 2004 hatten sich die Länder mit dem Lotteriestaatsvertrag erstmals auf einen einheitlichen Rechtsrahmen in Deutschland geeinigt.[116] Durch diesen Staatsvertrag haben die Länder „einen bundesweit einheitlichen Rahmen für die Veranstaltung, Durchführung und gewerbliche Vermittlung von Glücksspielen mit Ausnahme von Spielbanken geschaffen."[117] Er stellt den Vorgänger des Glücksspielstaatsvertrages dar. Der LottStV enthielt neben einem staatlichen Lotteriemonopol auch ein staatliches Sportwettenmonopol. Das Verbot des Internetvertriebs oder der Glücksspielwerbung im Fernsehen war hingegen noch nicht enthalten.[118] Mit dem *Sportwetten-/Oddset-Urteil* vom 28.03.2006 (Az. 1 BvR 1054/01) hat der 1. Senat des Bundesverfassungsgerichts (BVerfG) in Bezug auf die Regelung zur Umsetzung des LottStV im Land Bayern entschieden, dass das darin enthaltene staatliche Wettmonopol für Sportwetten in Bayern gegen die Berufsfreiheit aus Art. 12 Abs. 1 GG verstoße und somit verfassungswidrig sei. Das Sportwettenmonopol sei so ausgestaltet, dass eine effektive Suchtbekämpfung und Eindämmung der Spielleidenschaft nicht sichergestellt sei, wodurch ein Ausschluss privater Veranstalter ungerechtfertigt erscheine.[119] Der Gesetzgeber wurde dazu angehalten, den Bereich der Sportwetten bis zum 31.12.2007 neu zu regeln. Dabei könne ein verfassungsgemäßer Zustand unter Beibehaltung des staatlichen Wettmonopols dadurch erreicht werden, indem konsequent am Ziel der Bekämpfung von Wettsucht der Begrenzung der Wettleidenschaft gearbeitet werde, wobei sowohl eine Neuregelung durch den Bundes- als auch durch den Landesgesetzgeber in Betracht käme.[120] Als Reaktion darauf schufen die Bundesländer mit dem GlüStV einen

---

116 *Gebhardt/Korte*, Glücksspiel, 2. Aufl., S. 183.

117 BVerfG, Urt. v. 28.03.2006 – 1 BvR 1054/01 –, BVerfGE 115, 276–320, Rn. 8, juris.

118 *Fuchs*, Das neue Glücksspielrecht unter besonderer Berücksichtigung von Online-Glücksspielen, S. 27.

119 *Gundel*, ZUM 2010, S. 946, 947; siehe auch Zweites Kapitel, B., I., 4.

120 Vgl. BVerfG, Pressemittelung Nr. 25/2006 vom 28.03.2006; dem folgend auch BVerfG, Beschl. v. 14.10.2008 – 1 BvR 928/08; *Dietlein/Peters*, in: *Gebhardt/Korte*, Glücksspiel, S. 270.

neuen Regelungsrahmen, der den Vorgaben des Bundesverfassungsgerichts entsprechen sollte.[121]

2. GlüStV 2008

Zum 01.01.2008 trat sodann der Glücksspielstaatsvertrag (GlüStV 2008) in Kraft. Dieser trat an die Stelle des Staatsvertrages zum Lotteriewesen in Deutschland von 2004.[122] Neben dem staatlichen Glücksspielmonopol sah er erstmals auch ein totales Verbot der Veranstaltung oder Vermittlung von Glücksspielen im Internet vor. Auch hier dauerte es nicht lange, bis der Gesetzgeber durch die Urteile des EuGH vom 08.09.2010 *Carmen Media*[123], *Markus Stoß*[124] und *Winner Wetten*[125] unter Druck geriet.[126] Der EuGH entschied entsprechend seiner bisherigen Rechtsprechung, dass die Glücksspieltätigkeit zu Lasten der Dienstleistungs- bzw. Niederlassungsfreiheit eingeschränkt werden dürfe. Dies könne aus zwingenden Gründen des Allgemeininteresses, wie etwa der Suchtprävention, geboten sein und gelte nur, sofern diese Einschränkung dazu beitrage, die Wetttätigkeiten in kohärenter und systematischer Weise zu begrenzen.[127] Hieran zweifelte der EuGH in der Entscheidung *Carmen Media*. Im Kern führte das Gericht aus, ein Sportwettenmonopol in Schleswig-Holstein zur Vermeidung übermäßiger Ausgaben für das Spielen und zur Bekämpfung von Spielsucht werde als inkohärent und unsystematisch gelten müssen, wenn die Behörden einerseits mit einem Monopol die privaten Angebote strikt unterbinden und gleichzeitig u. a. selbst im Bereich der Automatenspiele eine Politik der Angebotsausweitung betrieben, obwohl Automatenspiele ein höheres Suchtpotenzial aufweisen würden als Sportwetten.[128] Im Rahmen der Entscheidung *Markus Stoß* führte der EuGH aus, ein nationales Gericht könne dann von einer fehlenden Kohärenz einer mit der Bekämpfung der Glücksspielsucht verbundenen

121 Vgl. *Engel/Hornuf*, ZfW 1/11, S. 86, 87.

122 Vgl. § 29 GlüStV 2008.

123 EuGH, Urt. v. 08.09.2010 – Rs. C-46/08– *Carmen Media*.

124 EuGH, Urt. v. 08.09.2010 – Verbund. Rs. C-316/07, C-358/07 bis C-360/07, C-409/07 und C-410/07– *Markus Stoß u. a.*

125 EuGH, Urt. v. 08.09.2010 – Rs. C-409/06– Winner Wetten.

126 Vgl. *Brock*, CR 8/11, S. 517, 518; zu den Wegweisenden Entscheidungen des EuGH, siehe Zweites Kapitel, B., I., 4., b).

127 EuGH, Urt. v. 08.09.2010 – C-316/07 – *Markus Stoß*, Rn. 88, juris; EuGH, Urt. v. 08.09.2010 – Rs. C-46/08 – *Carmen Media*, Rn. 55, juris.

128 EuGH, Urt. v. 08.09.2010 – Rs. C-46/08 – *Carmen Media*, Rn. 71, juris.

Monopolregelung für Sportwetten und Lotterien ausgehen, wenn die Monopolisten exzessive Werbung betreiben würden, die über das zur Kanalisierung des Spieltriebs unbedingt erforderliche hinausgeht, oder die zuständigen Behörden, im Hinblick auf andere Glücksspiele mit höherem Suchtpotential, die nicht unter das Monopol fallen und von privaten Veranstaltern betrieben werden dürfen, eine zur Entwicklung und Stimulation der Spieltätigkeiten geeignete Politik der Angebotserweiterung betreiben oder dulden würden.[129] *Winner Winner Wetten* stellte klar, dass die von nationalen Gerichten für unionsrechtswidrig erklärten Regelungen über ein staatliches Sportwettenmonopol aufgrund des Vorrangs des unmittelbar geltenden Unionsrechts auch nicht nur übergangsweise mehr angewendet werden dürften.[130] Die deutschen Gerichte, die in der Folge über die Frage der Unionsrechtmäßigkeit des Sportwettenmonopols zu entscheiden hatten, folgten dem Hinweis des EuGH. So entschied der 8. Senat des BVerwG in seinen Urteilen vom 20.06.2013 (Az.: 8 C 10/12; 8 C 12/12; 8 C 17/12), dass das Sportwettenmonopol in Nordrhein-Westfalen unionsrechtswidrig sei. Das Monopol habe nicht kohärent und systematisch zur Erreichung der Ziele der Suchtbekämpfung und des Jugend- und Spielerschutzes beigetragen und daher gegen die europarechtliche Niederlassungs- und Dienstleistungsfreiheit verstoßen. Das Sportwettenmonopol habe eher fiskalischen Interessen als der Suchtbekämpfung gedient.[131] Daraufhin entstand erneut Reformdruck.

3. 1. GlüÄndStV / GlüStV 2012

Diesem Reformdruck wurde durch die Einführung des ersten Glücksspieländerungsstaatsvertrages (kurz: 1. GlüÄndStV oder GlüStV 2012) Folge geleistet.[132] Dieser trat am 01.07.2012 in Kraft. Im Vergleich zum GlüStV 2008 wurden die Ziele der Glücksspielregulierung ergänzt.[133] Nunmehr sieht § 1 GlüStV eine Differenzierung der Maßnahmen für die jeweiligen Glücksspielformen vor. In § 1 S. 2 GlüStV heißt es jetzt:

---

129 Vgl. EuGH, Urt. v. 08.09.2010 – C-316/07 – *Markus Stoß*, Rn. 103, 106, juris; *Brock*, CR 8/11, S. 517, 518.

130 EuGH, Urt. v. 08.09.2010 – Rs. C-409/06 – *Winner Wetten*, Rn. 69, juris.

131 Vgl. BVerwG, Urt. v. 20.06.2013 – 8 C 10/12, Rn. 31, 32, 50, 66, juris.

132 Dem widersprechend sieht *Pagenkopf* den Grund für den 1.GlüÄndStV allein im bestimmungsgemäßen Auslaufen des GlüStV 2008, NJW 2012, S. 2918.

133 Vgl. *Banz/Becker*, ZfWG 3/4/19, S. 212.

„Um diese Ziele [des Staatsvertrages] zu erreichen, sind differenzierte Maßnahmen für die einzelnen Glücksspielformen vorgesehen, um deren spezifischen Sucht-, Betrugs-, Manipulations- und Kriminalitätsgefährdungspotentialen Rechnung zu tragen.“[134]

Eine für diese Arbeit sehr relevante Änderung erfuhr der GlüStV sodann durch § 4 Abs. 1 S. 2, 2 Hs. GüStV 2012. Danach ist nunmehr auch die Mitwirkung an Zahlungen im Zusammenhang mit unerlaubtem Glücksspiel verboten.[135] Die weitaus größere Reaktion auf *Carmen Media* und Co. dürfte jedoch die Öffnung des deutschen Glücksspielmarktes für Sportwettenanbieter darstellen. Mit § 10a GlüStV enthält der GlüStV 2012 nun die sog. „Experimentierklausel“ für Sportwetten. Danach dürfen für einen Erprobungszeitraum von sieben Jahren 20 Konzessionen zur Veranstaltung und Vermittlung von Sportwetten erteilt werden.[136] Der Inhaber einer solchen Konzession erhält zudem das Recht, abweichend vom grundsätzlichen Internet-Verbot des § 4 Abs. 4 GlüStV, Sportwetten auch im Internet zu veranstalten und zu vermitteln.[137] Eine weitere Neuerung ist, dass die Länder nach § 4 Abs. 5 GlüStV nunmehr, abweichend vom weiterbestehenden Internetverbot aus § 4 Abs. 4 GlüStV, „zur besseren Erreichung der Ziele des § 1“ den Eigenvertrieb und die Vermittlung von Lotterien sowie die Veranstaltung und Vermittlung von Sportwetten im Internet erlauben können. Damit ist auch das Internet-Verbot gelockert worden.[138] Mit dieser kontrollierten Öffnung des Vertriebsweges Internet durch den 1. GlüÄndStV sollte den unerlaubten Angeboten im Internet eine legale, sichere und den Spielerschutz gewährende Alternative gegenübergestellt werden.[139] Während also das Sportwettenmonopol und das Internet-Verbot durch den GlüÄndStV gelockert wurden, halten die Bundesländer weiterhin am grundsätzlichen Lottomonopol fest, welches allerdings für den Online-Vertrieb geöffnet wurde. Auch bleiben Online-Casino- sowie -Pokerspiele verboten.[140] Die Regelungen des GlüStV 2012 wurden in der Folge durch das BVerfG für den Bereich der Automatenspiele und durch das BVerwG für das Online-Verbot bestätigt. Damit wurde mit dem GlüStV 2012, zumindest

134 Gesetzestext von § 1 GlüStV 2012.

135 *Uwer/Koch*, in Becker/Hilf/Nolte/Uwer, Glücksspielregulierung, S. 58, 59; zu § 4 Abs. 1 S. 2, 2 Hs. GlüStV, siehe Zweites Kapitel, B., I., 3., b) und Drittes Kapitel, C., II.

136 Vgl. § 10a Abs. 2, 3 GlüStV; zur Experimentierklausel, siehe Zweites Kapitel, E., III.

137 *Brock*, CR 8/11, S. 517, 519.

138 *Pagenkopf*, NJW 2012, S. 2918, 2923.

139 *Ukrow*, ZfWG 3/4/19, S. 223, 225, 226.

140 Vgl. *Schenke*, ZfWG Sonderbeilage 1/19, S. 21, 22.

aus Sicht einzelner Stimmen in der Literatur, ein als kohärent zu bezeichnendes Gesetzeswerk geschaffen.[141]

Dennoch hat sich mit der sog. „Experimentierklausel" ein weiteres Problemfeld eröffnet; Aufgrund des Eilantrags eines Konzessionsbewerbers, der einen ablehnenden Bescheid erhalten hatte, gab die 5. Kammer des Verwaltungsgerichts (VG) Wiesbaden dem Land Hessen am 17.09.2014, unmittelbar nach Bestehen der ersten Auswahlrunde durch die anderen Bewerber, auf, das Konzessionsverfahren offen zu halten und zunächst keine Konzessionen zu erteilen (sog. „Hängebeschluss" des VG Wiesbaden, Az.: 5 L 1428/14. WI[142]).[143] Mit Beschluss vom 05.05.2015 (Az.: 5 L 1453/14.WI) entschied die erkennende Kammer des VG Wiesbaden im Anschluss, dass das dafür zuständige Land Hessen die Sportwetten-Konzessionen vorerst nicht vergeben dürfe. Zur Begründung führte das Gericht aus, die Ausschreibung sei nicht ausreichend transparent und diskriminierungsfrei. Die inhaltliche Gestaltung sei nicht rechtmäßig. Insbesondere der Prüfungsablauf und die Entscheidungsfindung seien nicht transparent und das Glücksspielkollegium habe sich nicht an die Vorgaben des GlüStV gehalten, da es seine Entscheidungen nicht schriftlich begründet habe. Zudem wurde die Verfassungsmäßigkeit des Glücksspielkollegiums in Frage gestellt.[144] Daraus ergebe sich ein Verstoß gegen die unionsrechtliche Dienstleistungsfreiheit. Zudem leide das Konzessionsverfahren an einem konzeptionellen Defizit. Als Kritikpunkt wurde angeführt, dass zwar das Sozialkonzept hinter dem Konzessionsverfahren, namentlich das öffentliche Interesse an der Bekämpfung von Spielsucht und der Bestrebung den Spieltrieb der Bürger in geordnete Bahnen zu lenken, von hervorgehobener Bedeutung sei, aber in der konkreten Ausgestaltung nicht zum Ausdruck käme. Ergänzend wurde angeführt, die gesamte oder jedenfalls die überwiegende Zeit der Experimentierphase müsse den Konzessionären zur Verfügung stehen und dürfe nicht dazu dienen, der Behörde ein Experimentieren zu ermöglichen, wie ein Konzessionsverfahren gestaltet und abgewickelt werden könne. Die siebenjährige Experimentierphase solle nur dazu dienen, die Folgen und Auswirkungen der Teilliberalisierung des

141 Vgl. *Ruttig*, ZfWG 6/18, S. 501 unter Verweis auf BVerfG, Urt. v. 07.03.2017 – 1 BvR 1314/12, ZfWG 2017, 253 und BVerwG, Urt. v. 18.10.2017 – 8 C 18/16, ZfWG 2018, 145; BVerwG, 18.10.2017 – 8 C 14/16, ZfWG 2018, 139; zu den kritischen Stimmen, siehe Zweites Kapitel, B., 4.

142 Bestätigt durch den VGH Hessen, Beschl. v. 07.10.2014 – 8 B 1686/14.

143 Pressemitteilung VG Wiesbaden vom 11.05.2015, Nr. 06/2015.

144 *Becker*, ZfWG 6/15, S. 410, 412 unter Verweis auf VG Wiesbaden, Beschl. v. 05.05.2015 – 5 L 1453/14.WI und VGH Kassel, Beschl. v. 16.10.2015 – 8 B 1028/15,

Glücksspielmarkts im Sportwettenbereich zu beobachten, sodass bewertet werden könne, ob an diesem Modell festgehalten werden könne oder ob eine andere Lösung besser zur Erreichung des Gemeinwohlziels geeignet sei.[145]

Endgültig besiegelt wurde das Schicksal des Sportwetten-Konzessionsverfahrens durch die EuGH-Entscheidung *Ince* vom 04.02.2016 (Rs. C-336/14), mit der der EuGH die Sanktionierung ausländischer Wettanbieter verboten bzw. auf ein absolutes Mindestmaß reduziert hat. Der Gerichtshof entschied, Art. 56 AEUV sei so auszulegen, dass Verstöße gegen den Erlaubnisvorbehalt aus § 4 Abs. 1 GlüStV nicht geahndet werden könnten, da das für eine Erlaubnis erforderliche Konzessionsverfahren von nationalen Gerichten als unionsrechtswidrig eingestuft wurde. Zudem verbleibe es faktisch beim ebenfalls für unionsrechtswidrig erklärten vormaligen Sportwettenmonopol, da in der Zwischenzeit keine Konzessionen an private Anbieter ausgegeben worden seien.[146] Eine Beibehaltung des unionsrechtswidrigen Sportwettenmonopols für eine Übergangszeit komme nicht in Frage.[147] Die Versagung einer Übergangszeit bewirke dabei aber nicht automatisch eine Verpflichtung zur Liberalisierung. Das Monopol könne, reformiert und in Einklang mit dem AEUV gebracht, neu eingeführt werden. Es müsse aber in jedem Fall das Diskriminierungsverbot und das Transparenzgebot beachtet werden.[148] Ein fiktives Erlaubnisverfahren für die Veranstaltung und Vermittlung von Sportwetten, bei dem für jeden Einzelfall geprüft werden soll, ob die privaten Marktteilnehmer die für die staatlichen Veranstalter geltenden Voraussetzungen erfüllen, solle wegen des Verstoßes gegen den Grundsatz der Rechtssicherheit keine Anwendung finden. Zudem könne man nicht davon ausgehen, dass ein solches fiktives Erlaubnisverfahren die von den nationalen Gerichten festgestellte Unionsrechtswidrigkeit innerstaatlicher Rechtsbestimmungen, mit denen ein staatliches Monopol auf die Veranstaltung und Vermittlung von Sportwetten eingeführt wurde, beheben könne.[149] Da der 1. GlüÄndStV hinsichtlich des unionsrechtswidrigen Sportwettenmonopols keine Abhilfe geschaffen habe, dürften zudem auch keine (strafrechtlichen) Sanktionen wegen einer nicht erfüllten Verwaltungsformalität verhängt werden. Schließlich sei die Erfüllung dieser Formalität unter Verstoß gegen das

---

145 *Beck-aktuell*, becklink 1038305, beck-online.

146 Vgl. EuGH, Urt. v. 04.02.2016 – C-336/14 – *Ince*, Rn. 95, juris.

147 Vgl. EuGH, Urt. v. 08.09.2010 – Rs. C-409/06 – *Winner Wetten*, Rn. 69, juris.

148 EuGH, Urt. v. 04.02.2016 – C-336/14 – *Ince*, Rn. 53, 54, juris.

149 EuGH, Urt. v. 04.02.2016 – C-336/14 – *Ince*, Rn. 59, 62, juris; Vgl. *Mosbacher*, in *Gebhardt/Korte*, Glücksspiel, S. 364.

Unionsrecht zuvor abgelehnt oder vereitelt worden.[150] Aus diesem Grund haben sich die Glücksspielbehörden der Länder auf Leitlinien zum Vollzug im Bereich der Sportwetten während des laufenden Konzessionsverfahrens, welche befristet das weitere Vorgehen gegen die Sportwettenanbieter steuern sollen, geeinigt.[151] Darin heißt es:

> *„Der Glücksspieländerungsstaatsvertrag hat das staatliche Sportwettenmonopol suspendiert und sieht eine Zulassung privater Anbieter vor. Wegen der Beschlüsse des VG Wiesbaden vom 05.05.2015[152] und des HessVGH vom 16.10.2015[153] kann das Konzessionsverfahren bis auf weiteres nicht abgeschlossen werden. Daher kann auch die Auswahlentscheidung bei weiterem Vorgehen im Vollzug nicht zu Grunde gelegt werden.*
>
> *[…]*
>
> *Nach der Judikatur des BVerwG (vgl. Urt. v. 16.05.2013 – 8 C 14.12 – juris Rn. 54 f.) kommt es für den Vollzug gegen unerlaubte Sportwettangebote auf das von der Untersagungsbehörde zu beurteilende Kriterium der offensichtlichen Erlaubnisfähigkeit an. Verbleibende Unklarheiten oder Zweifel an der Erfüllung der Erlaubnisvoraussetzungen rechtfertigen ein Einschreiten. […] Im Bereich Sportwetten muss daher in der Regel mit einer Untersagung der Veranstaltertätigkeit gerechnet werden, wenn eine Legalisierung nicht angestrebt worden ist (keine Bewerbung um eine Konzession, Ausscheiden aus dem Konzessionsverfahren auf Stufe I). […]*
>
> *Solange die nachfolgend unter III. genannten Anforderungen in ihrer Gesamtheit eingehaltenwerden, verbleiben glücksspielrechtlich keine Gefährdungslagen, die in der jetzigen Situation des Konzessionsverfahrens Untersagungsverfügungen gegen eine solche Veranstaltertätigkeit als vorrangig angezeigt erscheinen lassen. Soweit diese Anforderungen nicht (mehr) eingehalten werden, wird gegen diese Veranstalter mit Nachdruck arbeitsteilig vorgegangen. […]“*[154]

Damit werden das Veranstalten und Vermitteln von Sportwetten ohne Konzession (auch im Internet), obwohl weiterhin formal illegal, geduldet bzw. nicht geahndet. Mit einer Untersagung der Veranstaltertätigkeit muss ein Anbieter

---

150 EuGH, Urt. v. 04.02.2016 – C-336/14 – *Ince*, Rn. 94, juris.

151 *Ukrow*, ZfWG 3/4/19, S. 223, 226.

152 VG Wiesbaden, Beschl. v. 05.05.2015 – 5 L 1453/14.WI.

153 VGH Hessen, Beschl. v. 16.10.2015 – 8 B 1028/15.

154 Leitlinien zum Vollzug im Bereich Sportwetten während des laufenden Konzessionsverfahrens, Stand 28.01.2015, abrufbar unter: https://www.im.nrw/sites/default/files/media/document/file/160129II_Leitlinien%20Sportwetten_.pdf, zuletzt abgerufen am 04.02.2020.

von Online-Sportwetten nur dann rechnen, wenn er ursprünglich keine Legalisierung angestrebt hat.[155]

4. 2. GlüÄndStV / GlüStV 2018

Als Reaktion hierauf wollte der Gesetzgeber den 2. GlüÄndStV bzw. GlüStV 2018 einführen.[156] Hierzu führte etwa das Berliner Abgeordnetenhaus in der Drucksache 18/0122 vom 27.01.2017 aus:

> *„Da der rechtskräftige Abschluss aller Streitverfahren noch weitere Jahre in Anspruch nehmen würde, der bestehende Schwebezustand aber bereits gegenwärtig gravierende Auswirkungen sowohl bei der Verfolgung illegaler Angebote jeder Art als auch in Bezug auf eine effektive Regulierung der Wettvermittlung in den Ländern („Wettbüros") zeitigt, verhandelte die Ministerpräsidentenkonferenz seit Jahresbeginn 2016 über erneute punktuelle Änderungen des Glücksspielstaatsvertrages mit den Schwerpunkten der Modifizierung der Regelungen zu den Sportwettveranstaltungserlaubnissen und der Änderung bestimmter zentraler Zuständigkeiten. Nach heftigen Widerständen einzelner Länder, die anlässlich der bestehenden Unzulänglichkeiten praktisch den gesamten Staatsvertrag bzw. zahlreiche zentrale Themen neu verhandeln wollten, gelang der Ministerpräsidentenkonferenz am 08. Dezember 2016 schließlich eine Einigung auf eine punktuelle Änderung des bestehenden Regelwerks im Bereich der Sportwettveranstaltung."*[157]

In den Erläuterungen zum 2. GlüÄndStV heißt es:

> *„[…] Der Staatsvertrag kann […] weiterhin nicht umgesetzt werden, weil die hessischen Verwaltungsgerichte die Erteilung der Konzessionen bis zu einer zeitlich nicht abschätzbaren Entscheidung in der Hauptsache aufgeschoben haben (HessVGH, B. v. 16.10.2015).*
>
> *II. Lösung*
>
> *Durch eine punktuelle Änderung des Staatsvertrags wird die überfällige Regulierung des Sportwettenmarktes abgeschlossen und Klarheit für die Anbieter und beteiligte Dritte*

---

155 Vgl. *Ukrow*, ZfWG, 3/4/19, S. 223, 226; Vgl. etwa BayVerfGH, Urt. v. 25.09.2015 – Az.: Vf. 9-VII-13, Vf. 4-VII-14, Vf. 10-VII-14; OVG Münster, Urt. v. 23.01.2017 – 4 A 3244/06; BVerwG, Urt. v. 26.10.2017 – 8 C 18/16; OVG Lüneburg Beschl. v. 14.03.2018– 11 LA 128/17.

156 Saarländischer Landtag, Drs. 16/97, S. 2: *„Vor dem Hintergrund dieser Ausgangslage stellt der Zweite GlüÄndStV quasi eine punktuelle Notfallgesetzgebung zur schnellstmöglichen Behebung der seitens des EuGH geäußerten Kritikpunkte in Verbindung mit dem faktischen Scheitern des vorgesehenen Sportwettenkonzessionserteilungsverfahrens dar."*

157 Abgeordnetenhaus Berlin, Vorlage zum Zweiten Staatsvertrag zur Änderung des Staatsvertrages zum Glücksspielwesen in Deutschland (Zweiter Glücksspieländerungsstaatsvertrag – 2. GlüÄndStV), Drs. 18/0122 vom 27.01.2017, S. 1, 2.

> *(Zahlungsdienstleister, Medien, Sportvereine und -verbände) geschaffen; zugleich wird den Glücksspielaufsichtsbehörden der Weg zur flächendeckenden Untersagung nicht erlaubter Angebote eröffnet. Damit wird die fortschreitende Erosion des Ordnungsrechts beendet. […]*"[158]

Es sollte keine zahlenmäßige Beschränkung der Sportwetten-Konzessionen mehr geben. Zudem sollten alle 35 noch am Verfahren beteiligten Anbieter nun pauschal eine Erlaubnis erhalten.[159] Letztendlich sollte es aber nicht zu einer Neuregelung des GlüStV durch den 2. GlüÄndStV kommen. Anders als beim 1. GlüÄndStV, bei dem eine Zustimmung von 13 Ländern ausreichte, war für den 2. GlüÄndStV erforderlich, dass alle 16 Länder der Ratifizierung zustimmen. Der Versuch eines Neuanfangs scheiterte aber am Widerstand der Bundesländer Schleswig-Holstein, Niedersachsen und Nordrhein-Westfalen.[160] Hierzu kommentierte der FDP-Politiker *Wolfgang Kubicki* zur Entscheidung Schleswig-Holsteins:

> *„Wir wollen wieder zurück zu den glücksspielrechtlichen Regelungen, die in Schleswig-Holstein von der Albig-Regierung ohne sachliche Begründung einkassiert wurden. Wir halten es für deutlich sinnvoller, durch eine Liberalisierung des Glücksspielmarktes dazu beizutragen, den Schwarz- und Graumarkt auszutrocknen und mit den Steuereinnahmen die Prävention, den Breitensport und den Verbraucherschutz zu stärken*"[161]

Bis heute sollte sich die von *Kubicki* vertretene Auffassung durchsetzen. Der GlüStV in der Fassung vom 01.07.2012 (GlüStV 2012) gilt weiterhin. Online-Sportwetten werden praktisch ohne Regulierung geduldet und im Hintergrund arbeiten die Akteure an einer weiteren Liberalisierung, um einen Schwarzmarkt durch vollständige Legalisierung „auszutrocknen". Gem. § 35 Abs. 2 S. 1 GlüStV soll der GlüStV 2012 mit Ablauf des 30.06.2021 außer Kraft treten, sofern nicht die Ministerpräsidentenkonferenz mit mindestens 13 Stimmen das Fortgelten des Staatsvertrages beschließt.

5. *Sonderweg Schleswig-Holsteins*

Schon während der Entstehungsphase zum GlüStV 2008 im Frühjahr 2007 legte die CDU-Fraktion des Schleswig-Holsteinischen Landtags einen

158 Erläuterungen zum 2. GlüÄndStV, beck-online.

159 https://www.lto.de/recht/hintergruende/h/gluecksspiel-staatsvertrag-online-casinos-wetten-poker-sport-bverfg-eugh/, zuletzt abgerufen am 06.02.2020.

160 *Schenke*, ZfWG Sonderbeilage 4/18, S. 21, 22, 23.

161 *Köstler-Messaoudi*, Beiträge zum Glücksspielwesen, 2/17

Alternativentwurf zum Staatsvertrag der Länder vor. Darin wurde eine Umgestaltung des Sportwettenmarktes in ein Konzessionsmodell angestrebt. Im Ergebnis konnte man sich im Schleswig-Holsteinischen Landtag auf diesen Alternativentwurf jedoch nicht einigen. Vielmehr trat auch das Land Schleswig-Holstein dem GlüStV 2008 bei. Nach Auslaufen bzw. Scheitern des GlüStV 2008 flammten diese Liberalisierungspläne allerdings wieder auf. Diesmal durch den Vorstoß der CDU- und FDP-Landtagsfraktion. Wie mittlerweile auch der Entwurf zum GlüStV 2012, sah der Entwurf zum Schleswig-Holsteinischen Glücksspielgesetz erneut ein Konzessionsmodell für Wettlizenzen vor. Dieses sollte jedoch nicht zahlenmäßig begrenzt sein. Auch sollte im Schleswig-Holsteinischen Gesetzesentwurf zwar das Lotteriemonopol weiterbestehen, jedoch waren weitergehende Regelungen für die wirtschaftlich bedeutsame Sparte der Online-Casinos vorgesehen. Hierfür sollte es ebenfalls ein Konzessionsmodell geben. Die Vergabe der Lizenzen sollte an eine Zulässigkeitsprüfung gekoppelt werden, wobei für Bewerber, die bereits über eine Glücksspiellizenz eines anderen EU-Staates verfügen, diese Zulässigkeit vermutet werden sollte. Auch sollte die landeseigene Spielbank SH GmbH als Betreiberin der stationären Spielbanken in Schleswig-Holstein direkt zur Veranstaltung und zum Vertrieb von Online-Casinos zugelassen werden. Ein maßgeblicher Unterschied zum Länderentwurf war neben der weitergehenden Liberalisierung zudem der niedriger angesetzte Steuersatz i. H. v. 20 % des Bruttospielertrages. Das vorgeschlagene Konzept wurde sowohl von der EU-Kommission als auch von Seite der privaten Glücksspielanbieter begrüßt.[162] Mit Wirkung zum 01.07.2012 trat sodann im übrigen Bundesgebiet der GlüStV 2012 in Kraft. Allerdings beteiligte sich das Bundesland Schleswig-Holstein zunächst nicht an der Ratifizierung des neuen Glücksspielstaatsvertrages. Das Land ging einen eigenständigen Weg und erließ bereits zum 01.01.2012 ein eigenes Gesetz zur Neuordnung des Glücksspiels (Glücksspielgesetz oder GlüG SH) in Schleswig-Holstein. Dieses regelte das Glücksspielrecht in Schleswig-Holstein umfassend. Der erlaubnisfähige Vertrieb von Internet-Casinospielen stellte dabei den fundamentalen Unterschied zum 1.GlüÄndStV dar, der mit § 4 Abs. 4 GlüStV weiter am grundsätzlichen Internet-Verbot festhält.[163] Das GlüG SH in Schleswig-Holstein galt in der Zeit vom 01.01.2012 bis zum 07.02.2013. Damit galt es für einen gewissen Zeitraum parallel zum GlüStV 2012.[164] Während dieser Zeit erteilte das Land, entgegen

---

162 *Brugger*, Abbruch der Zahlungsströme als Mittel zur Bekämpfung unerlaubter Internetglücksspiele, S. 66–68.

163 *Benter*, ZfWG, Sonderbeilage 1/19, S. 26, 26–28.

164 Vgl. *Benter*, ZfWG, Sonderbeilage 1/19, S. 26, 27.

der Konzeption des GlüStV, eigene Glücksspiellizenzen an internationale Anbieter, welche eine befristete Laufzeit von 6 Jahren hatten.[165] Im Gegenzug sollten die Glücksspiel-Anbieter für diese Lizenzen 20 % ihres Bruttospielertrags an das Land abführen. Die damalige Regierung begründete den Alleingang damit, sie erkenne die Realität des weit verbreiteten Glücksspiels im Internet an. Diese sähe so aus, dass das Glücksspiel im Internet ungeachtet seiner Illegalität täglich millionenfach stattfände und es nun darum ginge, einen unregulierten Markt über eine Lizensierung unter staatliche Kontrolle zu bringen. Vertreter der Opposition warfen der Regierungskoalition vor, die Spielsucht zu fördern, im Interesse der Lobby privater Glücksspielanbieter zu handeln und durch den Alleingang die anderen Länder zu einer Liberalisierung „erpressen" zu wollen.[166] Die Wende für das GlüG SH in Schleswig-Holstein kam dann mit den Landtagswahlen im Mai 2012. Schon während des Wahlkampfes räumte die SPD der Aufhebung des GLüG SH höchste Priorität ein. Im April 2012 brachte die SPD-Fraktion sodann einen entsprechenden Gesetzesentwurf im Landtag ein. Nach Vollzug des Regierungswechsels und der Übernahme durch die „Dänen-Ampel", beendete das Land seinen Alleingang und trat in der Folge dem GlüStV 2012 bei.[167] Allerdings wurden während der Geltungsdauer des GlüG SH 46 befristete Lizenzen vergeben. 25 Sportwettlizenzen sowie 21 Lizenzen für Online-Casinospiele.[168] Mit Art. 4 des Gesetzes zur Änderung glücksspielrechtlicher Gesetze in Schleswig-Holstein hat der Landtag Schleswig-Holsteins sodann beschlossen, dass diese Lizenzen trotz des Beitritts zum GlüStV 2012 zumindest bis zum Ablauf ihrer Befristung fortbestehen sollen.[169] Der Großteil dieser Lizenzen lief Ende 2018

165 Der EuGH hat den Rückschluss, allein aufgrund der innerstaatlich divergenten Regulierungsmodelle auf eine Inkohärenz der deutschen Glücksspielregulierung zu schließen, abgelehnt, EuGH, Urt. v. 12.06.2014 – C 156/13 – *Digibet und Albers*; Heeg, ZfWG 1/15, S. 28.

166 Vgl. Schleswig-Holstein öffnet Glücksspielmarkt, Zeit-Online v. 14.09.2011, https://www.zeit.de/politik/deutschland/2011-09/gluecksspiel-schleswig-holstein, zuletzt abgerufen am 05.02.2020.

167 Vgl. *Brugger*, Abbruch der Zahlungsströme als Mittel zur Bekämpfung unerlaubter Internetglücksspiele, S. 69.

168 Die Anzahl der vergebenen Lizenzen divergiert je nach Quelle leicht, so waren es lt. Stellungnahme des Unabhängigen Landeszentrums für Datenschutz Schleswig-Holstein 25 Sportwettlizenzen und 23 Online-Casino-Lizenzen, ZfWG 2/15, S. 121.

169 *Fuchs*, Das neue Glücksspielrecht unter besonderer Berücksichtigung von Online-Glücksspielen, S. 7, 8; *Becker/Wuketich*, ZfWG Sonderbeilage 1/19, S. 7, 12; Schleswig-Holsteinischer Landtag, Drs. 18/104.

bzw. Anfang 2019 aus. Jedoch betreiben die Glücksspiel-Anbieter ihre Webseiten seitdem weiter. Als Reaktion darauf hat die Landesregierung im Mai 2019 beschlossen, dass bereits vergebene und ausgelaufene Lizenzen bis zum Inkrafttreten des 3. GlüÄndStV im Jahr 2021 erneuert werden dürfen. Schleswig-Holsteins Innenminister *Grote* äußerte dazu:

> *„Es wäre wirklich höchst problematisch, wenn die bisher erfolgreiche Regulierung des Online-Casinospiels bis 2021 unterbrochen werden müsste. Es ist die Pflicht der Politik, den legalen entgeltlichen Spielkonsum auf einen angemessenen Umfang zu beschränken. Wir wollen ihn nicht beliebig freigeben“.*[170]

Von dieser Lizenz-Verlängerung haben 11 Anbieter Gebrauch gemacht.[171] Mit diesen Lizenzen dürfen die Inhaber Online-Glücksspiele (weiter) legal anbieten. Diese Erlaubnis gilt allerdings nach der Geltungsanordnung nur regional auf Schleswig-Holstein beschränkt.[172] Zwar wird im Unterschied zum GlüStV nach dem GlüG SH ein Glücksspiel dort vertrieben – das Gesetz unterscheidet insoweit nochmal zwischen Veranstaltung und Vertrieb –, wo der Spieler seinen Wohnsitz oder seinen gewöhnlichen Aufenthaltsort hat.[173] Dieser muss sich in Schleswig-Holstein befinden. Mithin wird nach der Konzeption des GlüG SH nicht auf den Ort abgestellt, wo dem Spieler die Spielteilnahme ermöglicht wird. Das hieße jedoch nicht, so der 1. Senat des OVG Saarland, dass Spieler mit Erst- oder Zweitwohnsitz in Schleswig-Holstein in der gesamten Bundesrepublik aufgrund der Lizenzen Schleswig-Holsteins legal spielen dürften. Die erteilten Genehmigungen würden vielmehr nur im Geltungsbereich des Gesetzes, mithin in Schleswig-Holstein, eine Legalisierungswirkung entfalten.[174] Spiele außerhalb dieses Bundeslandes bleiben mithin illegal. Dass dieser Regelungszustand für

---

170 Online-Glücksspiel: Sonderweg von SH geht weiter, NDR, https://www.ndr.de/nachrichten/schleswig-holstein/Online-Gluecksspiel-Sonderweg-von-SH-geht-weiter,gluecksspiel294.html, zuletzt abgerufen am 05.02.2020.

171 Cashpoint Malta Ltd. (Merkur-Spielcasino), Electraworks Kiel Ltd. (Bwin), Greentube Malta Ltd. (Stargames), Löwen Play GmbH (Löwen Casino), Megapixel Entertainment Ltd. (Wunderino, Hyperino, Vera&John), OnlineCasino Deutschland AG (Online-Casino Deutschland, RIZK Casino, SLOTILDA), PlayCherry Ltd. (Sunmaker), REEL Germany Ltd. (Pokerstars), Skill on Net Ltd. (DrückGlück), World of Sportsbetting Ltd. (LeoVegas), Tipico Company Ltd. (Tipico) und 888 Germany Ltd. (888), https://www.schleswig-holstein.de/DE/Fachinhalte/G/gluecksspiel/_documents/onlineCasinospiele.html, zuletzt abgerufen am 05.02.2020.

172 *Heeg*, ZfWG 1/15, S. 28.

173 *Heeg*, ZfWG 1/15, S. 29.

174 Vgl. OVG Saarland, Beschl. v. 17.07.2015 – 1 B 50/15 –, Rn. 13, juris.

den nicht rechtskundigen Verbraucher nicht durchsichtig ist, liegt auf der Hand. Auch der Hinweis in den zuletzt in der Anzahl stark gestiegenen TV-Werbespots, das Glücksspiel-Angebot richte sich nur an Spieler aus bzw. mit gewöhnlichem Aufenthalt in Schleswig-Holstein, wird den jeweiligen Spieler nicht ausreichend aufklären und wohl auch nicht von einer (illegalen) Teilnahme abhalten können. Folge dieses Umstands ist, dass sich die Anzahl verwaltungsgerichtlicher Entscheidungen, die eine Untersagungsverfügung gegen die Glücksspielanbieter mit Schleswig-Holsteinischer Lizenz bestätigen, erhöht.[175]

6. *GlüNeuRStV / GlüStV 2021*

Der aktuelle GlüStV 2012 läuft zum 30.06.2021 aus. Damit bietet sich erneut die Möglichkeit für eine Reaktion auf die Geschehnisse der näheren glücksspielrechtlichen Vergangenheit. Dies motiviert die jeweiligen Lager nochmals dazu, sich zu positionieren. Hierzu führen *Becker* und *Wuketich* aus, dass sich in der Geschichte des Glücksspiels stets die Zeiten mit Verboten mit den Zeiten einer liberaleren Regelung abgewechselt hätten. So sei der GlüStV 2008 geprägt gewesen durch die fundamentale Werthaltung der Ablehnung des Glücksspiels. Seit dem GlüStV 2012 und der Einführung der Genehmigungsfähigkeit für Sportwettangebote sei wieder eine leichte Hinwendung zu einer etwas liberaleren Sicht zu beobachten. Mit Blick in die Zukunft fehle es aber an einer pragmatischen Sicht, bei der die klar formulierten Ziele der Glücksspielregulierung im Vordergrund stünden und Maßnahmen konzipiert würden, um diese Ziele möglichst gut umzusetzen. Es fehle bisher bereits an den grundlegenden Überlegungen, wie sich eine Zulassung von Online-Casinospielen auf die erklärten Ziele der Glücksspielregulierung auswirken könnte. Zudem sei nicht analysiert worden, wie sich eine Zulassung von Online-Casinospielen mit der derzeitigen Regulierung der Geldspielgeräte in der Spielverordnung vereinen ließe. Insgesamt sei die Diskussion eher geprägt von den Argumenten der jeweiligen Interessengruppen und nicht von einer Sicht auf das Allgemeininteresse. [176] *Hambach* und *Berberich* hingegen betonen, es dürfe kein Weg daran vorbei gehen, das Online-Glücksspiel in Deutschland für die Zeit ab dem 01.07.2021 umfassend neu zu ordnen.[177] Die bisherige Verbotspolitik habe sich, unter Verweis auf eine geringe Kanalisierungsrate von 10–15 %, als untauglich erwiesen.[178] Die Verbotspolitik

175 Exemplarisch: OVG Schleswig-Holstein, Beschl. v. 03.07.2019 – 4 MB 14/19.
176 Vgl. *Becker/Wuketich*, ZfWG, Sonderbeilage 1/19, S. 7, 13.
177 *Hambach/Berberich*, ZfWG 6/19, S. 463, 467.
178 *Hambach/Berberich*, ZfWG 6/19, S. 463, 467.

könne allein schon deshalb nicht beibehalten werden, da eine Rechtfertigung durch empirische Nachweise zur Glücksspielsucht und der Gefährlichkeit speziell von Online-Glücksspiel fehle.[179] Die europäische Kommission habe immer wieder angemahnt, dass die gewählte Regulierungsmechanik in der Praxis funktionieren müsse, um die vorgegebenen Ziele zu erreichen. Nur so seien Eingriffe in die Grundfreiheiten zu rechtfertigen.[180] So könne es auch erforderlich sein, voneinander abweichende Regelungen für Online-Produkte und terrestrische Angebote vorzusehen, auch wenn es sich im Grundsatz um vergleichbare Spieltypen handele.[181] Für das Online-Glücksspiel könne man die Ziele eines neuen Gesetzes jedenfalls nur dann erreichen, wenn es gelinge, den in Deutschland bestehenden Spieltrieb auf lizensierte Angebote zu kanalisieren. Dies setze zwingend voraus, dass die neuen gesetzlichen Rahmenbedingungen den Glücksspiel-Anbietern ermöglichen, ein wirtschaftlich tragfähiges und in der Folge stabiles und attraktives Online-Angebot zu etablieren.[182]

Ein Blick zu den europäischen Nachbarländern verrät, in welche Richtung sich ein Trend entwickeln könnte. So steht in den Niederlanden, voraussichtlich zum Januar 2021, eine Liberalisierung des Online-Glücksspiels bevor. Hierzu haben schon 183 Anbieter Interesse an einer Online-Glücksspiel-Lizenz bekundet.[183] Verglichen mit der Anzahl der zum GlüG SH vergebenen Lizenzen eröffnet sich hier also ein enormes Steigerungspotenzial.

Becker und *Wuketich* sehen die treibende Kraft einer zukünftigen Glücksspielregulierung verstärkt im Wirtschaftssektor.[184] Die Lobbygruppen der Anbieter würden, unter Nennung etwa der Automatenwirtschaft oder der Sportwettanbieter, von starken Gruppen angeführt, die über umfangreiche Finanzmittel für ihre Lobbytätigkeit verfügen würden. Auch sei die Verknüpfung zwischen Anbietern und anderen Interessengruppen in der Gesellschaft, so etwa dem Profisport, dem Gaststättengewerbe und der Politik, sehr eng. Dies führe dazu, dass der Gesetzgebungsprozess durch die politische Einflussnahme dieser Interessengruppen bzw. durch diese extremen Positionen bestimmt werde.[185] Sobald sich ein Politiker der Glücksspielregulierung zuwende, treffe er auf die Werthaltungen

179 *Hambach/Berberich*, ZfWG 6/19, S. 463, 467.
180 *Hambach/Berberich*, ZfWG 6/19, S. 463, 468.
181 *Hambach/Berberich*, ZfWG 6/19, S. 463, 468.
182 *Hambach/Berberich*, ZfWG 6/19, S. 463, 468.
183 *Becker/Wuketich*, ZfWG Sonderbeilage 1/19, S. 7, 11.
184 Vgl. *Becker/Wuketich*, ZfWG Sonderbeilage 1/19, S. 7, 13.
185 *Becker/Wuketich*, ZfWG Sonderbeilage 1/19, S. 7, 13.

Ablehnung bzw. Verbot oder Liberalisierung des Glücksspiels. Dies würde es erschweren, eine pragmatische Lösung zu finden. Die Materie der Glücksspielregulierung setze zudem fundiertes Wissen in den Bereichen Recht, Ökonomie und Suchtprävention voraus. Um pragmatische Lösungen zu finden, sei eine umfangreiche Expertise notwendig. Dies und der Umstand, dass die Glücksspielregulierung kein Bereich sei, in welchem Politiker nennenswerte Erfolge beim Wähler erreichen könnten, führe dazu, dass Glücksspielpolitik ganz weit hinten auf deren Agenda stehe.[186] Das könnte dazu führen, dass die Glücksspielregulierung mit dem GlüStV 2021 tatsächlich eine ganz schnelle und drastische Wendung erlebt. So gesehen überrascht es nicht, dass die neuesten Entwicklungen der Glücksspielpolitik tatsächlich auf eine Liberalisierung des Marktes hindeuten. So wurde kürzlich bekannt, dass sich die Länder beim Entwurf des Glücksspielneuregulierungsstaatsvertrags (GlüNeuRStV) darauf geeinigt hätten, das Verbot für Online-Casinos und Online-Poker, sozusagen die „letzte Bastion" des Regimes der strengen Regulierung, aufzuheben.[187] Der Beschluss des Staatsvertrages auf der Ministerpräsidenten-Konferenz steht allerdings noch aus. *Rath* sieht hierin den „logischen Endpunkt einer gescheiterten Regulierung".[188] Bei den Verhandlungen zum neuen Glücksspiel-Staatsvertrag säßen die liberalisierungsfreundlichen Bundesländer, zu denen neben Schleswig-Holstein und Nordrhein-Westfalen inzwischen auch Hessen zähle, am längeren Hebel. Dies resultiere zum einen aus der Rechtsprechung rund um das Sportwetten-Konzessionierungsverfahren und zum anderen daraus, dass die Länder drohten, nach dem Auslaufen des GlüStV 2012 dem zwischenzeitlichen Beispiel Schleswig-Holsteins zu folgen und eigene Landesgesetze mit eigenen Konzessionierungsmöglichkeiten zu beschließen. Diese Landeslizenzen würden dann zwar nur im jeweiligen Landesgebiet gelten, aber was hieße das schon bei internetbasierten Angeboten. Daher sei es kein Wunder, dass es bei einem Sondertreffen der Chefs der Staatskanzleien zum GlüNeuRStV zu einem Durchbruch

186 *Becker/Wuketich*, ZfWG Sonderbeilage 1/19, S. 7, 13.

187 Länder wollen Online-Glücksspiele erlauben, Handelsblatt, https://www.handelsblatt.com/politik/deutschland/neuer-staatsvertrag-laender-wollen-online-gluecksspiele-erlauben/25459566.html, zuletzt abgerufen am 16.02.2020.

188 Die Liberalisierer setzen sich durch, LTO, https://www.lto.de/recht/hintergruende/h/gluecksspiel-staatsvertrag-online-casinos-wetten-poker-sport-bverfg-eugh/, zuletzt abgerufen am 07.02.2020.

der liberalisierungsfreundlichen Positionen gekommen sei.[189] Augenscheinlich ist es also zu genau jener „Erpressungssituation“ gekommen, die einst Vertreter der Opposition im Landtag Schleswig-Holsteins zum Alleingang des Bundeslandes vorgebracht hatten.[190] Nach jetzigem Kenntnisstand sieht der Glücksspiel-Neuregulierungs-Staatsvertrag als zentrale Punkte vor, dass das staatliche Lotto-Monopol bestehen bleibt. Online-Casinos, -Poker und -Automatenspiele sollen hingegen erlaubt werden. Der Bereich der Internet-Werbung für Glücksspiele soll liberalisiert werden. Ebenso sollen bei Sportwetten neben Ergebniswetten auch Ereigniswetten zugelassen werden, während Live-Wetten[191] weiter verboten bleiben. Begleitet werden diese Liberalisierungsmaßnahmen durch Regeln zum Spielerschutz. So soll es ein monatliches Einzahlungslimit von 1.000 EUR pro Spieler geben. Eine Sperrdatei bei einer zentralen staatlichen Aufsichtsbehörde soll Spieler mit Selbst- oder Fremdsperre erfassen. Außerdem sollen Online-Glücksspielanbieter ein „automatisiertes System“ zur Früherkennung von glücksspielsuchtgefährdeten Spielern einsetzen.[192]

Schon jetzt steht fest, dass der Entwurf des GlüNeuRStV beim Deutschen Sportwettenverband auf Gegenliebe stößt. Für diesen ist die mit dem Entwurf verbundene Öffnung der Märkte für Sportwetten und Online-Glücksspiele für private Anbieter ein „erster Schritt in Richtung einer modernen, marktkonformen Glücksspielregulierung in Deutschland“.[193]

---

189 Die Liberalisierer setzen sich durch, LTO, https://www.lto.de/recht/hintergruende/h/gluecksspiel-staatsvertrag-online-casinos-wetten-poker-sport-bverfg-eugh/, zuletzt abgerufen am 07.02.2020.

190 Vg. Schleswig-Holstein öffnet Glücksspielmarkt, Zeit-Online v. 14.09.2011, https://www.zeit.de/politik/deutschland/2011-09/gluecksspiel-schleswig-holstein, zuletzt abgerufen am 05.02.2020.

191 Echtzeit-Wetten, bei denen sich die Quoten sekündlich ändern und an den Spielstand anpassen.

192 Die Liberalisierer setzen sich durch, LTO, https://www.lto.de/recht/hintergruende/h/gluecksspiel-staatsvertrag-online-casinos-wetten-poker-sport-bverfg-eugh/, zuletzt abgerufen am 07.02.2020.

193 Vgl. Glücksspielneuregulierungsstaatsvertrag: DSWV lobt Fortschritte und kritisiert Versäumnisse, DSWV, https://dswv.de/gluecksspielneuregulierungsstaatsvertrag-dswv-lobt-fortschritte-und-kritisiert-versaeumnisse/, zuletzt abgerufen am 07.02.2020.

B. Vorstellung relevanter Normen des GlüStV

Im Rahmen der (Online-) Glücksspieldebatte sind einige Normen des GlüStV 2012 als besonders beachtenswert hervorzuheben. Diese sollen, auch zur späteren systematischen Einordnung, im Folgenden kurz näher dargestellt werden.

I. Erster Abschnitt – Allgemeine Vorschriften

Der erste Abschnitt im GlüStV steht unter der Überschrift *Allgemeine Vorschriften* und umfasst § 1 bis einschließlich § 8 GlüStV. Im Folgenden werden die §§ 1, 3 und 4 GlüStV näher betrachtet.

1. § 1 GlüStV – Ziele des Staatsvertrages

§ 1 GlüStV enthält die Ziele des Staatsvertrages.

a) Ziele des Staatsvertrages

Die für die Glücksspielregulierung ausgerufenen Ziele sind die Bekämpfung von Glücksspiel- und Wettsucht (Nr. 1), die Bekämpfung von Schwarzmärkten bzw. die Kanalisierung des Glücksspielangebots auf legale Angebote (Nr. 2), der Jugend- und Spielerschutz (Nr. 3), der Schutz des Spielers vor betrügerischen Machenschaften und die Abwehr der mit Glücksspielen verbundenen Folge- und Begleitkriminalität (Nr. 4) sowie die Vorbeugung von Gefahren für die Integrität des sportlichen Wettbewerbs beim Veranstalten und Vermitteln von Sportwetten (Nr. 5).[194] Gem. § 1 S. 1 GlüStV stehen die Regelungsziele in keinem Rangverhältnis zueinander. Vielmehr sind die Ziele des Staatsvertrages gleichrangig. Die Regelungen des GlüStV sollen den spezifischen Gefahren Rechnung tragen, die Glücksspiele für den Menschen, dabei im Besonderen für Jugendliche, sowie den sportlichen Wettbewerb tragen.[195] Der Zielkatalog des § 1 GlüStV ist von richtungsgebender Bedeutung für die Regulierung des gesamten Glücksspiels in Deutschland. Gleichzeitig ergeben sich hieraus jene Rechtfertigungsgründe, die bei der Frage der Rechtmäßigkeit der Glücksspielregulierung herangezogen werden.[196]

---

194 *Zimmermann/Franzmeier*, ZfWG 6/18, S. 528, 532.

195 *Zimmermann/Franzmeier*, ZfWG 6/18, S. 528, 532.

196 *Nolte*, in Becker/Hilf/Nolte/Uwer, Glücksspielregulierung, S. 5.

aa. Vermeidung und Bekämpfung von Glücksspielsucht

Gem. § 1 S. 1 Nr. 1 GlüStV 2012 ist ein Ziel des Staatsvertrages,

> *„das Entstehen von Glücksspielsucht und Wettsucht zu verhindern und die Voraussetzungen für eine wirksame Suchtbekämpfung zu schaffen".*[197]

Dieses Ziel ist im Vergleich zu den Vorgängerversionen des GlüStV gleichgeblieben. Die Verhinderung von Wett- und Spielsucht steht seit jeher im Fokus der Glücksspielregulierung und stellt laut amtlicher Begründung zum GlüStV 2012 das „überragend wichtige Gemeinwohlziel" dar.[198] Auch wenn die Befürworter der Glücksspielliberalisierung konstant vortragen, das genaue Suchtgefährdungspotenzial speziell von Online-Glücksspiel sei empirisch noch nicht nachgewiesen, objektiv also nicht nachprüfbar oder statistisch nicht belegbar, so lässt sich jedoch unstreitig festhalten, dass Glücksspiel süchtig machen kann und jährlich die Gesamtanzahl pathologisch spielsüchtiger Spieler stetig steigt.[199]

bb. Kanalisierung und Begrenzung des Glücksspielangebotes

Gem. § 1 S. 1 Nr. 2 GlüStV 2012 ist weiteres Ziel des Staatsvertrages,

> *„durch ein begrenztes, eine geeignete Alternative zum nicht erlaubten Glücksspiel darstellendes Glücksspielangebot den natürlichen Spieltrieb der Bevölkerung in geordnete und überwachte Bahnen zu lenken sowie der Entwicklung und Ausbreitung von unerlaubten Glücksspielen in Schwarzmärkten entgegenzuwirken".*[200]

Das Ziel der Kanalisierung des Spieltriebs der Bevölkerung durch die Schaffung eines begrenzten legalen und streng kontrollierten Angebotes aus § 1 S. 1 Nr. 2 GlüStV 2012 wurde im Rahmen des 1. GlüÄndStV um den zentralen Aspekt der Bekämpfung von Schwarzmärkten ergänzt.[201] Dabei berücksichtigt die Erweiterung der Ziele in § 1 S. 1 Nr. 2 GlüStV 2012 das Ergebnis der Evaluierung des Glücksspielstaatsvertrages zur Entwicklung und Ausbreitung von unerlaubten

---

197 § 1 S. 1 Nr. 1 GlüStV 2012; siehe auch *Amtliche Begründung zum GlüStV 2012*, Bayerischer Landtag, Drs. 16/11995, S. 16.

198 *Amtliche Begründung zum GlüStV 2012*, Bayerischer Landtag, Drs. 16/11995, S. 17, 21.

199 Vgl. zuletzt OVG Sachsen, Beschl. v. 19.07.2019 – 6 B 172/18 –, Rn. 15, juris; Vgl. Erstes Kapitel, B, II.

200 § 1 S. 1 Nr. 2 GlüStV 2012; siehe auch *Amtliche Begründung zum GlüStV 2012*, Bayerischer Landtag, Drs. 16/11995, S. 16.

201 *Fuchs*, Das neue Glücksspielrecht unter besonderer Berücksichtigung von Online-Glücksspielen, S. 48, 49.

Glücksspielen in Schwarzmärkten.[202] Dieses so konkretisierte Kernziel der Kanalisierung, das auch die Lenkung der Nachfrage von unter suchtpräventiven Aspekten gefährlicheren zu weniger gefährlichen Formen des Glücksspiels umfasst, wird laut amtlicher Begründung zum GlüStV 2012 in der Experimentierklausel für Sportwetten, aber auch in den Verschärfungen der Befugnisse in § 9 Abs. 1 und 2 GlüStV 2012 sowie im ländereinheitlichen Verfahren (§ 9a Abs. 3 GlüStV 2012) umgesetzt.[203] Durch eine Umformulierung des ursprünglichen § 1 Nr. 2 GlüStV 2008 erfolgte zudem eine Akzentuierung der Zielsetzung. Die Begrenzung des Glücksspielangebots erfolgt als untergeordnetes Instrument zur übergeordneten Kanalisierung.[204]

cc. Jugend- und Spielerschutz

Nach § 1 S. 1 Nr. 3 GlüStV 2012 ist es ein Ziel des Staatsvertrages,

> *„den Jugend- und Spielerschutz zu gewährleisten“.*[205]

Der Jugend- und Spielerschutz gehört ebenfalls bereits seit Inkrafttreten des GlüStV zu den Kernzielen der Glücksspielregulierung. Insbesondere der Jugendschutz ist ein, bezogen auf die Online-Glücksspiel-Angebote, bedeutsames Thema. Jugendliche sind besonders gefährdet Opfer einer Glücksspielsucht zu werden. Sie sind empfänglicher für spielerisch gestaltete Inhalte und risikobereiter als Erwachsene.[206] Für Kinder und Jugendliche stehen beim Glücksspiel oftmals Spaß und Spannung im Vordergrund. Sie haben im Zweifel noch nicht gelernt, wie man kontrolliert mit Geld umgeht.[207] Während der Zutritt zu Spielhallen und terrestrischen Casinos regelmäßig eine Alterskontrolle durch vorhandenes Personal erfordert, ist dies beim Online-Glücksspiel nicht immer gewährleistet. Bei den Online-Angeboten gibt es kein Personal, welches Jugendliche am Eintreten und Mitspielen hindern könnte. Laut des Evaluationsberichts der obersten Glücksspielaufsichtsbehörden der Länder vom 28.04.2017 nimmt

---

202 Siehe Evaluationsbericht der obersten Glücksspielbehörden der Länder nach § 32 GlüStV vom 28.04.2017.

203 *Amtliche Begründung zum GlüStV 2012*, Bayerischer Landtag, Drs. 16/11995, S. 17, 21.

204 *Nolte*, in Becker/Hilf/Nolte/Uwer, Glücksspielregulierung, S. 3.

205 § 1 S. 1 Nr. 3 GlüStV 2012; siehe auch *Amtliche Begründung zum GlüStV 2012*, Bayerischer Landtag, Drs. 16/11995, S. 16.

206 Vgl. BZgA Aufklärung, https://www.spielen-mit-verantwortung.de/rechtliches/jugendschutz-gluecksspielrecht/, zuletzt abgerufen am 14.02.2020.

207 Vgl. BZgA-Infobroschüre „Total verzockt?!“, S. 4, 7.

jeder zehnte Heranwachsende an Sportwetten teil.[208] Hierbei berichten Eltern, dass Sportwetten bei den Kindern in der Schule im Trend lägen. Dabei bemängeln sie, dass es keine funktionierende Altersverifizierung für die Teilnahme an den Sportwetten gäbe. Das Vorzeigen eines Ausweises würde meist erst bei einer angeforderten Auszahlung von Gewinnen erforderlich werden. Dann hätten die Kinder aber bereits an den Sportwetten teilgenommen. Solange die Kinder ihr Geld verlieren, kümmere die Minderjährigkeit der Spieler also niemanden. Zudem würden sich die Kinder im Falle der Altersverifizierung sodann selbst helfen, indem sich andere Schüler oder ältere Geschwister als die jeweiligen Spieler ausgäben, um an die Gewinne zu gelangen.[209] Ein weiteres Phänomen sind Handy-Spiele-Apps von Glücksspiel-Anbietern, die speziell für Kinder entworfen sind. Als ein solches zu nennen ist das Spiel „*Coin Master*"[210] welches zielgruppenorientiert von bei Kindern und Jugendlichen besonders beliebten Influencern und Prominenten beworben wird.[211] Das Spiel ist kindgerecht designt und eine Mischung aus Strategiespiel und Slot-Machine. Um weitere Handlungsschritte für den Strategiespiel-Teil des Spiels zu erhalten, müssen die Spieler an einer Slot-Machine gewinnen. Den Spielern steht täglich ein gewisses Kontingent an „Gewinn-Versuchen" zur Verfügung. Dieses Kontingent ist durch Echtgeld-Einzahlungen erweiterbar. Das Spiel steht insofern in der Kritik, als dass es gezielt Kinder ansprechen und diese spielerisch an Online-Glücksspiel heranführen soll. Dabei stellt der Teil des Spiels, der einem Spielautomaten gleichkommt, lediglich „simuliertes Glücksspiel" dar, da die Bedienung der Slot-Machine keinen Einsatz erfordert und keine Geldgewinne zur Aussicht stehen. Daraus resultiert, dass das Spiel juristisch nicht als Glücksspiel klassifiziert wird und somit für Kinder und Jugendliche nicht verboten ist.[212]

---

208 Evaluationsbericht der obersten Glücksspielbehörden der Länder nach § 32 GlüStV vom 28.04.2017, S. 25.

209 Mittelung eines Kunden des Dienstes www.Glücksspielhelden.de.

210 Aktuell im Google Playstore beworben, über 50.000.000 Downloads, Stand: Februar 2020; Investoren der App sind Gigi Levy-Weiss (ehem. 888 Holdings), Norbert Teufelberger (bwin) und Evan Hoff (Velo Partners).

211 Etwa dem DSDS-Teilnehmer Piertro Lombardi, der Reality-Show-Darstellerin Daniela Katzenberger oder der bei Kindern beliebtesten Influencerin Bianca Heinicke („Bibi").

212 Vgl. TV Beitrag vom 10.10.2019, Neo Magazin Royale, ZDF Neo; Coin Master: Kinder abzocken in bunt, WDR, https://blog.wdr.de/digitalistan/coin-master-kinder-abzocken-in-bunt/, zuletzt abgerufen am 14.02.2020.

dd. Sicherstellung eines fairen Spiels und der Schutz vor Kriminalität

Nach § 1 S. 1 Nr. 4 GlüStV ist ein weiteres Ziel,

> *„sicherzustellen, dass Glücksspiele ordnungsgemäß durchgeführt, die Spieler vor betrügerischen Machenschaften geschützt, die mit Glücksspielen verbundene Folge- und Begleitkriminalität abgewehrt werden“.*[213]

Dem Schutz des Glücksspiels vor kriminellen Einflüssen kommt ebenfalls bereits seit Einführung des GlüStV erhebliche Bedeutung zu.[214] Dabei stehen u. a. Geldwäsche, Quoten-Betrug sowie technische Betrugsmöglichkeiten beim Online-Glücksspiel im Vordergrund.

ee. Vorbeugung von Gefahren für die Integrität des sportlichen Wettbewerbs

Gem. § 1 S. 1 Nr. 5 GlüStV ist weiteres Ziel des GlüStV,

> *„Gefahren für die Integrität des sportlichen Wettbewerbs beim Veranstalten und Vermitteln von Sportwetten vorzubeugen.“*[215]

Mit § 1 S. 1 Nr. 5 GlüStV 2012 wurde im Rahmen des 1. GlüÄndStV ein neues Ziel hinzugefügt. Dieses erschien angesichts der zuletzt bekannt gewordenen Wettskandale sinnvoll.[216]

b) Internetspezifische Gefahren

Mit dem Vertriebsweg Internet gehen auch internetspezifische Gefahren des Glücksspiels einher. Dabei geht es um gesteigerte Suchtrisiken für Spieler, eine gesteigerte Jugendgefährdung und um besondere Formen der Kriminalität. Neben Merkmalen, die den Spieler oder das Spiel betreffen, bestehen beim Online-Glücksspiel besondere Probleme bei der Regulierung. So besteht die latente Gefahr, dass Spieler im Falle einer strengeren Regulierung auf andere (u. U. auch überseeische) Angebote ausweichen und diese somit umgehen.[217] Diesen Risiken soll eine funktionierende Glücksspielregulierung entgegentreten.

---

213 § 1 S. 1 Nr. 4 GlüStV 2012; siehe auch *Amtliche Begründung zum GlüStV 2012*, Bayerischer Landtag, Drs. 16/11995, S. 16.

214 *Amtliche Begründung zum GlüStV 2012*, Bayerischer Landtag, Drs. 16/11995, S. 17, 21.

215 § 1 S. 1 Nr. 5 GlüStV.

216 *Amtliche Begründung zum GlüStV 2012*, Bayerischer Landtag, Drs. 16/11995, S. 17, 21.

217 Vgl. *Schenke*, ZfWG 03/04/15, S. 170.

aa. Suchtrisiken beim Online-Glücksspiel

Die Suchtforschung geht davon aus, dass dem Anbieten und Vermitteln von Online-Glücksspielen im Vergleich zu terrestrischen Angeboten wie Lotterieannahmestellen, Spielbanken und Wettbüros ein höheres Suchtgefährdungspotenzial beizumessen ist.[218] Auch der EuGH geht davon aus, dass die Suchtrisiken beim Online-Glücksspiel höher sind als beim terrestrischen Spiel. Dieser führt aus:

> *„Desgleichen können sich die Besonderheiten des Angebots von Glücksspielen im Internet als Quelle von, verglichen mit den herkömmlichen Glücksspielmärkten, anders gearteten und größeren Gefahren für den Schutz der Verbraucher und insbesondere von Jugendlichen und Personen erweisen, die eine besonders ausgeprägte Spielneigung besitzen oder eine solche Neigung entwickeln könnten. Neben dem bereits erwähnten fehlenden unmittelbaren Kontakt zwischen Verbraucher und Anbieter stellen auch der besonders leichte und ständige Zugang zu den im Internet angebotenen Spielen sowie die potenziell große Menge und Häufigkeit eines solchen Angebots mit internationalem Charakter in einem Umfeld, das überdies durch die Isolation des Spielers, durch Anonymität und durch fehlende soziale Kontrolle gekennzeichnet ist, Faktoren dar, die die Entwicklung von Spielsucht und übermäßige Ausgaben für das Spielen begünstigen und aufgrund dessen die damit verbundenen negativen sozialen und moralischen Folgen, die in ständiger Rechtsprechung herausgestellt worden sind, vergrößern können.“*[219]

Das Suchtpotenzial von Glücksspielen wird nach den Parametern situative Merkmale, Verfügbarkeit des Spiels und strukturelle Merkmale bestimmt.[220] Die gesteigerte Gefährlichkeit des Online-Glücksspiels geht von dessen Verfügbarkeit und Schnelligkeit aus. Die meisten Personen verfügen heutzutage über ein internetfähiges Handy oder einen Internetanschluss zu Hause. Es kann in der heimischen Komfortzone oder am Arbeitsplatz gespielt werden.[221] Ohne gesellschaftliche Konvention oder Etikette und insbesondere ohne soziale Kontrolle. Zudem ermöglicht die räumliche Unabhängigkeit eine parallele Teilnahme an mehreren Spielen. Es ist nicht ungewöhnlich, dass Poker-Spieler im Internet an 4, 6 oder, in Extremfällen, sogar 24 Tischen gleichzeitig spielen.[222] Im Internet kann zudem anonym und bargeldlos gespielt werden. Aufgrund der permanenten Verfügbarkeit sowie einer schwierigeren Kostenkontrolle durch den fehlenden Einsatz von Bargeld kann die Übersicht über die getätigten Einsätze

---

218 *Makswit*, Die Auswirkungen des Föderalismus im Glücksspielrecht, S. 56.

219 EuGH, Urt. v. 08.09.2010 – C-46/08 – *Carmen Media*, Rn. 103, juris; EuGH, Urt. v. 30.06.2011 – C-212/08 – *Zeturf*, Rn. 80, juris.

220 Vgl. Erstes Kapitel, B, II.

221 *Makswit*, Die Auswirkungen des Föderalismus im Glücksspielrecht, S. 56.

222 *Makswit*, Die Auswirkungen des Föderalismus im Glücksspielrecht, S. 56, 57.

besonders schnell verloren gehen.[223] Dadurch, dass keine Infrastruktur wie beim terrestrischen Casino oder der Spielhalle erforderlich ist, können die Anbieter beim Online-Glücksspiel leichter und schneller auf die sich wandelnden Bedürfnisse und Wünsche der Spieler eingehen. Online-Glücksspielanbieter können leichter auf Trends eingehen, Designs und Spielabfolgen laufend testen und verfeinern sowie durch gezielte Werbeaktionen auf glücksspielfremden Webseiten ein breiteres Publikum ansprechen. Es ist leichter, ein zielgruppenorientiertes Produkt zu (er-)stellen. Zudem ist es leichter, Kunden zu werben. Es verwundert nicht, dass Glücksspielanbieter mit großen Sportvereinen oder Sportligen zusammenarbeiten oder zur besten Sendezeit TV-Werbung schalten. Sprechen sie doch ihre Kunden genau dort an, wo sie am ehesten spielbereit sind bzw. wo sie sich am wohlsten fühlen. Eine empirische Grundlage zu tatsächlichen Auswirkungen der einzelnen Spiele zum Suchtgefährdungspotenzial fehlt bislang.[224] Teile der Literatur vertreten die Ansicht, Online-Glücksspielangebote seien nicht gefährlicher als terrestrische Glücksspiele. Dieser Auffassung scheint auch die Europäische Kommission zu folgen.[225] Eine abschließende Bewertung der Suchtgefahren von Online-Glücksspielen erfordert eine aussagekräftige Langzeitbetrachtung. Aufgrund des relativ neuen Trends Online-Glücksspiel fehlt diese bislang. Solange solche Langzeitstudien nicht vorliegen, lässt sich das genaue Ausmaß der Suchtgefahren bzw. die Gefährlichkeit von Online-Glücksspielen nicht umfassend feststellen.[226] Diese lassen sich also nur abschätzen oder vermuten.[227] Gegenwärtig darf aber davon ausgegangen werden, dass Online-Glücksspiele generell und unabhängig von den jeweiligen Spiel-Arten eine nicht unerhebliche Suchtgefahr mit sich bringen und dass damit zu rechnen ist, dass die Zahl der Spielsüchtigen im Internet in der Zukunft steigen wird.[228]

bb. Jugendgefährdung

Der Evaluationsbericht der Glücksspielaufsichtsbehörden der Länder vom 24.04.2017 stellt fest, Spiele im Internet hätten an Bedeutung gewonnen. Es sei

---

223 Vgl. *Robin/Berger*, SuchtMagazin 6/15, S. 37, 38.

224 *Makswit*, Die Auswirkungen des Föderalismus im Glücksspielrecht, S. 57.

225 Workshop on online gambling: detection and prevention of problem gambling and gambling addiction, 25 May 2011 in Barcelona, S. 2.

226 Evaluationsbericht der obersten Glücksspielbehörden der Länder nach § 32 GlüStV vom 28.04.2017, S. 26.

227 Vgl. Evaluationsbericht der obersten Glücksspielbehörden der Länder nach § 32 GlüStV vom 28.04.2017, S. 26.

228 *Makswit*, Die Auswirkungen des Föderalismus im Glücksspielrecht, S. 58.

eine Verlagerung von Glücksspiel- und Wettaktivitäten ins Internet festzustellen.[229] Hierbei würden insbesondere Jugendliche im Internet mit zahlreichen verlockenden Werbebotschaften konfrontiert. Im Internet könnten Jugendschutzbestimmungen besonders leicht umgangen werden.[230] Hinzu käme die höhere Risikofreudigkeit der Jugendlichen, die Tatsache, dass Minderjährige leicht Geldkarten erwerben könnten, deren gute Ausstattung mit mobilen Endgeräten sowie das Fehlen von Hürden für den Zugang zu Online-Glücksspiel-Angeboten, dies mache sie besonders anfällig.[231] Besondere Aufmerksamkeit müsse zudem der Praxis zukommen, dass Jugendliche in „virtuellen Räumen" mit simulierten Glücksspielen oder Freispielen bereits früh an den Umgang mit Online-Glücksspiele herangeführt würden.[232]

cc. Kriminalität beim Online-Glücksspiel

Die mit Glücksspielen assoziierten Sucht-, Betrugs-, Manipulations- und Kriminalitätspotentiale werden bei Online-Glücksspielen aufgrund des dynamischen Umfeldes im Internet zum Teil als besonders hoch empfunden.[233] Bei der Durchführung des Online-Glücksspiels selbst liefert die Technologie zahlreiche Betrugsmöglichkeiten. So kann ein Spieler mehrere Accounts nutzen (sog. Multi-Accounting), Spieler können zusammenwirken (sog. Collusion) oder Anbieter bzw. Spieler können Computerprogramme (sog. Bots) das Spiel übernehmen lassen. Diese können, ähnlich wie ein Schach-Computer, nach Wahrscheinlichkeit spielen oder sehr viele Spiele gleichzeitig ablaufen lassen.[234] Solche Arten der Spiel-Manipulation wurden bereits aufgedeckt. Im Jahre 2008 wurde in der Online-Poker-Szene der „Super User Skandal" bekannt. Involviert war der ehemalige Poker-Weltmeister und Inhaber der Online-Plattform *UltimateBet*, *Russ Hamilton*. Dieser verwendete auf seiner Plattform „Superuser"-Accounts

229 Evaluationsbericht der obersten Glücksspielbehörden der Länder nach § 32 GlüStV vom 28.04.2017, S. 26.

230 Evaluationsbericht der obersten Glücksspielbehörden der Länder nach § 32 GlüStV vom 28.04.2017, S. 26.

231 Vgl. Evaluationsbericht der obersten Glücksspielbehörden der Länder nach § 32 GlüStV vom 28.04.2017, S. 25, 26.

232 Vgl. Evaluationsbericht der obersten Glücksspielbehörden der Länder nach § 32 GlüStV vom 28.04.2017, S. 26.

233 Vgl. *Steinmetz/Fiedler*, ZfWG 6/19, S. 456.

234 Fünf Online Poker Betrugsmöglichkeiten, Sit and Go Poker Strategie, https://www.sngpokerstrategie.com/poker-strategie/online-poker/funf-online-poker-betrugsmo glichkeiten/, zuletzt abgerufen am 17.12.2019.

mit denen er Einblick in alle ausgeteilten „Hände" am Tisch bekam. Hiermit manipulierte er Spiele, bevorzugt um hohe Einsätze.[235] Ein weiteres bekanntes Problem sind Nichtauszahlungen durch die Glücksspiel-Anbieter. Im Jahre 2011 wurde dem, in Deutschland sehr beliebten, Poker-Anbieter *Full Tilt Poker* sogar die Glücksspiellizenz entzogen.[236] Der Anbieter stand im Verdacht, Gewinne nicht auszuzahlen und Geldwäsche zu betreiben.[237]

dd. Geldwäsche

Die Gefahr der Geldwäsche besteht bei allen Formen des Glücksspiels und ist nicht nur beim Online-Glücksspielen akut. Beim Online-Glücksspiel kann insbesondere die Vielzahl an Ein- und Auszahlungen sowie die Verwendung von Kryptowährung dazu genutzt werden, um die Herkunft von durch Straftaten erlangten Geldern zu verschleiern. Sowohl Spieler als auch Anbieter können durch Online-Glücksspiel Geldwäsche betreiben. Spieler können illegal erworbenes Geld einzahlen und Auszahlungen als legal und steuerfrei erworbene Gewinne deklarieren. Anbieter können Spielerverluste vortäuschen und so illegale Gelder in legale Anbietereinnahmen überführen.[238]

ee. Schwarzmarktaktivität (Sonderform – Zweitlotterien)

Auch der Lottomarkt wird durch moderne Internet-Erscheinungsformen bedroht. So ermöglicht das Online-Glücksspiel in besonderem Maße Schwarzmarktaktivitäten. Diese müssen nicht mehr – wie klassisch – beim „Unterwelt"-Buchmacher erfolgen, sondern laufen ganz offen und für den Spieler oftmals unerkannt ab. Anbieter wie „Lottoland.com" oder „Tip24.com" gehören nicht zu den legalen Angeboten des Deutschen Lotto und Totoblock (DLTB), sondern stellen sog. Zweitlotterien oder schwarze Lotterien mit Sitz im Ausland dar. Hierbei wird den Spielern die Teilnahme an der staatlichen Lotterie nur suggeriert.

---

235 UltimateBet, Wikipedia, https://de.wikipedia.org/wiki/UltimateBet, zuletzt abgerufen am 17.12.2019.

236 Virtuelles Zocker-Portal verliert Lizenz, Spiegel, https://www.spiegel.de/wirtschaft/service/full-tilt-poker-virtuelles-zocker-portal-verliert-lizenz-a-771672.html, zuletzt abgerufen am 15.02.2020.

237 Gleiches wird dem Wettanbieter und Bundesliga-Sponsor Sunmaker vorgeworfen, Wett-Anbieter zahlt 10.900 Euro nicht an Kunden aus, Express, https://www.express.de/sport/fussball/was-hat-er-falsch-gemacht--wett-anbieter-zahlt-10-900-euro-nicht-an-kunden-aus-36215386, zuletzt abgerufen am 16.02.2020.

238 *Fiedler/Steinmetz/Ante/ von Meduna*, Endbericht 16.09.2019, S. 70, 71.

Etwa durch identisch aussehende Internetauftritte und identisch gestaltete Werbung. Dies ist in Wirklichkeit jedoch nicht der Fall. Bei der Zweitlotterie wird lediglich bei einem Wettanbieter eine Wette auf das Ergebnis der staatlichen Lotterie-Ziehung abgegeben. Tatsächlich fließen die Spieleinnahmen aber nicht an die jeweilige Landeslotteriegesellschaft und gehen damit auch nicht in die Ausschüttung.[239] Der Markt der Zweitlotterien ist in Deutschland in den Jahren 2014 bis 2016 um fast 40 % gewachsen.[240] Obgleich Zweitlotterien im Internet in Deutschland illegal sind.[241]

c) *Fiskalische Staatsinteressen*

Auch wenn dies selten ausgesprochen wird, spielen bei der Glücksspielregulierung auch fiskalische Staatsinteressen eine nicht unbedeutende Rolle.[242] Glücksspielanbieter in Deutschland müssen mindestens ihre Gewinne versteuern.[243] Bei einem Konzessionsmodell kommen noch Konzessionseinnahmen hinzu. Zudem werden weitere Abgaben für gemeinnützige Zwecke erhoben.[244] Bei den im Ausland ansässigen, aber in Deutschland (illegal) operierenden Online-Anbietern fallen alle diese Abgaben nicht an. Beim illegalen Online-Glücksspiel fällt nur die Umsatzsteuer an. Einkommenssteuer, Körperschaftssteuer, Gewerbesteuer usw. können nicht erhoben werden.[245]

2. *§ 3 GlüStV – Begriffsbestimmungen*

Ausgangsfrage bei der Online-Glücksspielregulierung ist zunächst, was unter einem Glücksspiel zu verstehen ist. Hierzu enthält § 3 GlüStV eine Legaldefinition.

Gem. § 3 GlüStV gilt:

---

239 Sind die „Lotterie"-Angebote von Lottoland oder Lottohelden Seriös, Lotto.de, https://www.lotto.de/ueber/gluecksspielstaatsvertrag/zweitlotterien, Checkliste: Wie erkenne ich seriöse Lotterie-Anbieter, Lotto.de, https://www.lotto.de/ueber/gluecksspielstaatsvertrag/checkliste-serioese-lotto-anbieter, zuletzt abgerufen am 31.05.2019.

240 *Fiedler/Steinmetz/Ante/ von Medusa*, Endbericht 16.09.2019, S. 133.

241 OLG Koblenz, Urt. v. 03.07.2019 – 9 U 1359/18.

242 a. A. Europäische Kommission, Grünbuch Online-Glücksspiele im Binnenmarkt, S. 11, 12, unter Verweis auf die EuGH Rs. C-275/92, Slg. 1994, I-01039; C-124/97, Slg. 1999, I-06067 und C-67/98, Slg. 1999, I-07289.

243 Zu den Steuereinnahmen des Staates, siehe Erstes Kapitel, B., III.

244 Siehe Erstes Kapitel, B., III.

245 *Fiedler/Steinmetz/Ante/ von Medusa*, Endbericht 16.09.2019, S. 120.

„(1) *Ein Glücksspiel liegt vor, wenn im Rahmen eines Spiels für den Erwerb einer Gewinnchance ein Entgelt verlangt wird und die Entscheidung über den Gewinn ganz oder überwiegend vom Zufall abhängt. Die Entscheidung über den Gewinn hängt in jedem Fall vom Zufall ab, wenn dafür der ungewisse Eintritt oder Ausgang zukünftiger Ereignisse maßgeblich ist. Wetten gegen Entgelt auf den Eintritt oder Ausgang eines zukünftigen Ereignisses sind Glücksspiele. Sportwetten sind Wetten zu festen Quoten auf den Ausgang von Sportereignissen oder Abschnitten von Sportereignissen. Pferdewetten sind Wetten aus Anlass öffentlicher Pferderennen und anderer öffentlicher Leistungsprüfungen für Pferde.*"

(2) *Ein öffentliches Glücksspiel liegt vor, wenn für einen größeren, nicht geschlossenen Personenkreis eine Teilnahmemöglichkeit besteht oder es sich um gewohnheitsmäßig veranstaltete Glücksspiele in Vereinen oder sonstigen geschlossenen Gesellschaften handelt.*

[…]

(4) *Veranstaltet und vermittelt wird ein Glücksspiel dort, wo dem Spieler die Möglichkeit zur Teilnahme eröffnet wird. […]*"[246]

a) Merkmale des Glücksspiels

Der in § 3 GlüStV bestimmte Glücksspielbegriff liegt in Grundzügen sowohl dem Straf- als auch dem öffentlichen Recht zugrunde. Erforderlich sind:

- eine Zufallsabhängigkeit,
- ein Geld-Einsatz bzw. eine Entgeltlichkeit,
- eine Öffentlichkeit sowie
- ein Gewinn bzw. eine Gewinnchance.[247]

aa. Zufallsabhängigkeit

Das Merkmal der Zufallsabhängigkeit ist abgeleitet von dem strafrechtlichen Glücksspielbegriff des § 284 StGB. Danach liegt ein Glücksspiel dann vor, wenn die Entscheidung über den Gewinn oder den Verlust nicht wesentlich von den Fähigkeiten, Kenntnissen, Erfahrungswerten oder der Aufmerksamkeit der Teilnehmer bestimmt wird, sondern allein oder überwiegend, d. h. in jedem Fall zu

246 § 3 GlüStV 2012

247 *Brugger*, Abbruch der Zahlungsströme als Mittel zur Bekämpfung unerlaubter Internetglücksspiele, S. 34; *Fischer*, CR 9/14, S. 587, 589.

mehr als 50 %, vom Zufall abhängt.[248] Für die Bewertung maßgeblich sind die Fähigkeiten und Erfahrungen eines Durchschnittspielers, welche für den regelmäßigen Spielbetrieb erforderlich sind.[249] Als Fähigkeiten eines Durchschnittsspielers werden das spielspezifische Wissen sowie die spieltypischen Fähigkeiten körperlicher und geistiger Art, die bei einem spielinteressierten Normalmenschen mit normalen Fähigkeiten unter normalen Umständen vorhanden sind, verstanden.[250] Zufall definiert die Rechtsprechung als „das Wirken einer unberechenbaren, der entscheidenden Mitwirkung der Beteiligten entzogenen Kausalität."[251] Der Einwirkungsmöglichkeit des Betroffenen darf insoweit keine ins Gewicht fallende Rolle zukommen.[252] Der Spielausgang ist nicht zufallsabhängig, wenn die Geschicklichkeit, das Wissen oder sonstige physische oder psychische Fähigkeiten und Fertigkeiten der Spieler spielentscheidend sind.[253] Bei sog. gemischten Spielen, also Spielen, bei denen Zufalls- und Geschicklichkeitskomponenten derart miteinander vermengt sind, dass eine klare Bewertung als Glücksspiel nicht möglich ist, muss der Zufallskomponente für die Ermittlung des Gewinners eine größere Rolle zukommen. Das Verhältnis muss mindestens aber 50/50 sein. Sinkt der Anteil der Zufallsabhängigkeit unter 50 %, so spricht man von einem Geschicklichkeitsspiel. Ist die Abgrenzung von Glücksspielen zu Geschicklichkeitsspielen nicht eindeutig, so ist im Zweifel ein Glücksspiel anzunehmen.[254] Auf Geschicklichkeitsspiele, bei denen technische oder geistige Fähigkeiten ausschlaggebend sind, sind die Regelungen des GlüStV und die

248 *Fischer*, CR 9/14, S. 587, 591; BGH, Urt. v. 28.11.2002 – 4 StR 260/02 –, juris; BVerwG, Urt. v. 17.05.1955 – I C 133.53 –, BVerwGE 2, 110–114, Rn. 34 ff.; *Brugger*, Abbruch der Zahlungsströme als Mittel zur Bekämpfung unerlaubter Internetglücksspiele, S. 35; *Fuchs*, Das neue Glücksspielrecht unter besonderer Berücksichtigung von Online-Glücksspielen, S. 18; *Mosbacher*, in: *Gebhardt/Korte*, Glücksspiel, S. 356.

249 *Weidemann/Schlarmann*, NVwZ-Extra 20/14, S. 1, 3, BGH, Urt. v. 18.04.1952 – 1 StR 739/51 –, BGHSt 2, 274–279, Rn. 5, juris; *Fischer*, CR 9/14, S. 587, 591.

250 *Fischer*, CR 9/14, S. 587, 591, VG Baden-Württemberg, Urt. v. 27.11.1989 – 1 S 2340/88 –, Rn. 33, juris.

251 VG Baden-Württemberg, Urt. v. 23.05.2013 – 6 S 88/13 –, Rn. 25, juris.

252 *Weidemann/Schlarmann*, NVwZ-Extra 20/14, S. 1, 3, VG Baden-Württemberg, Urt. v. 23.05.2013 – 6 S 88/13 –, Rn. 25, juris.

253 *Fuchs*, Das neue Glücksspielrecht unter besonderer Berücksichtigung von Online-Glücksspielen, S. 20.

254 *Fuchs*, Das neue Glücksspielrecht unter besonderer Berücksichtigung von Online-Glücksspielen, S. 20.

Strafnorm des § 284 StGB nicht anwendbar.[255] Abgrenzungsprobleme ergeben sich oftmals beim (Online-) Glücksspiel Poker.[256]

bb. Entgelt

Die Glücksspielteilnahme muss zudem entgeltlich sein. Der Begriff der „Entgeltlichkeit" ist im GlüStV nicht legaldefiniert. Die Rechtsprechung geht davon aus, dass der im Rahmen vom § 3 GlüStV verwendete Begriff der „Entgeltlichkeit" deckungsgleich mit dem Begriff des „Einsatzes" aus § 284 StGB ist.[257] Als einheitlicher Glücksspielbegriff ist das Entgelt danach als eine Gegenleistung zu verstehen, welche in der Hoffnung erbracht wird, im Falle eines Gewinnens eine gleich- oder höherwertige Leistung zu erhalten und die im Falle eines Verlierens anderen Spielern oder dem Veranstalter zufällt.[258] Insgesamt muss jeder Spieler das Risiko eines Verlustes tragen.[259] Dies sehen etwa *Dietlein* und *Hüskein* anders.[260] Danach sei der ordnungsrechtliche Begriff des „Entgelts" weiter als der strafrechtliche Begriff und nicht zwingend als „Einsatz" für das Spiel zu verwenden. Vielmehr müssten auch Teilnahmeentgelte, Unkostenbeiträge u. Ä., welche unabhängig vom Spielausgang verloren gingen, als Entgelte erfasst werden.[261] Diese Ansicht vermag laut *Fischer* nicht zu überzeugen.[262] Dieser trägt in dem Zusammenhang vor, § 3 GlüStV und § 284 StGB würden mit dem Begriff des „Glücksspiels" denselben Ausgangspunkt verwenden. Damit sei nach Auslegung des Wortlauts kein Raum für unterschiedliche Begriffsinterpretationen vorhanden. Zudem gebiete der Grundsatz der Einheit der Rechtsordnung, dass sich solch eng verzahnte Regelungen wie jene des § 284 StGB und § 3 GlüStV ohne Widerspruch zusammenfügen lassen. Auch lasse sich weder der

---

255 *Brugger*, Abbruch der Zahlungsströme als Mittel zur Bekämpfung unerlaubter Internetglücksspiele, S. 36.

256 Vgl. BVerwG, Urt. v. 22.01.2014 – 8 C 26/12 –, juris; *Bronder*, ZfWG 3/4/18, S. 219; *Weidemann/Schlarmann*, NVwZ-Extra 20/14, S. 1; FG Münster, Urt. v. 18.07.2018 – 14 K 1370/12 –, juris; Zweites Kapitel, B., 2., d), bb.

257 Niedersächsisches FG, Urt. v. 17.05.2017 – 5 K 307/15 –, Rn. 26, juris; a. A. *Dietlein/Hüsken*, in Dietlein/Hecker/Ruttig, Glücksspielrecht, § 3GlüStV, Rn. 5.

258 *Fischer*, CR 9/14, S. 587, 589; *Schippel*, CR 11/17, S. 728, 730; *Schwiddessen*, CR 7/18, S. 444, 456.

259 *Janoschek*, BeckOK BGB, § 762, Rn. 4.

260 *Dietlein/Hüsken*, in Dietlein/Hecker/Ruttig, Glücksspielrecht, § 3GlüStV, Rn. 5.

261 So auch *Brugger*, Abbruch der Zahlungsströme als Mittel zur Bekämpfung unerlaubter Internetglücksspiele, S. 38.

262 *Fischer*, CR 9/14, S. 587, 590.

Entstehungsgeschichte zum GlüStV noch den Gesetzesmaterialen entnehmen, dass in § 3 Abs. 1 GlüStV ein weitergehender Glücksspielbegriff geregelt werden solle als derjenige des § 284 StGB. Auch sei der Hinweis der Gegenmeinung auf den in der Rechtsprechung zuvörderst genannten Zweck des GlüStV, namentlich die Suchtprävention, welche strukturell von den Zielen des § 284 StGB abweiche, nicht überzeugend. Sei doch der Glücksspielbegriff des GlüStV 2008 (und schließlich des GlüStV 2012) unverändert aus der Vorgängerregelung des § 3 Abs. 1 LottStV übernommen worden, wobei die Gesetzesmaterialien zum LottStV eine enge Abstimmung der Regelungen des Staatsvertrages mit dem strafrechtlichen Glücksspielverbot der §§ 284 ff. StGB belegen würden. Damit würden die besseren Argumente für eine Homogenität der Glücksspielbegriffe aus § 3 GlüStV und § 284 StGB sprechen.[263]

Folglich ist für das Vorliegen eines Glücksspiels ein Geldeinsatz erforderlich. Als erheblich gilt ein Einsatz oder Entgelt dabei in der Regel bereits dann, wenn der Einsatz mehr als 0,50 € beträgt. Liegt der Einsatz darunter, wird aber mehrfach eingesetzt, so sind die so eingezahlten Entgelte in einem Fortsetzungszusammenhang zu betrachten.[264]

cc. Öffentlichkeit

Öffentlich ist ein Glücksspiel dann, wenn ein unbestimmter beliebiger Personenkreis, nämlich prinzipiell jedermann, Zugang hierzu haben könnte.[265] Auch Glücksspiele im Internet, bei denen sich die Spieler zunächst auf der Plattform anmelden und damit eine „Clubmitgliedschaft“ begründen müssen, gelten als öffentlich.[266]

---

263 *Fischer*, CR 9/14, S. 587, 590; so auch *Bolay/Pfütze*, in Streinz/Liesching/Hambach, Glücks- und Gewinnspielrecht in den Medien, § 3, Rn. 8–11.

264 *Schippel*, CR 11/17, S. 728, 730, Stulz-Herrnstadt, GRUR-Prax, 2012, S. 39 ff., BGH, Urt. v. 28.09.2011 – I ZR 93/10 (OLG Köln), BeckRS 2011, 27467 – „Poker im Internet“ unter Verweis darauf, dass im Einzelfall auch andere Beträge die Erheblichkeitsschwelle bilden können, wenn mehrmals ein unerheblicher Betrag von unter 0,50 EUR eingesetzt wird.

265 *Fuchs*, Das neue Glücksspielrecht unter besonderer Berücksichtigung von Online-Glücksspielen, S. 23; *Dietlein/Hüsken*, in Dietlein/Hecker/Ruttig, Glücksspielrecht, § 3 GlüStV, Rn. 8

266 *Brugger*, Abbruch der Zahlungsströme als Mittel zur Bekämpfung unerlaubter Internetglücksspiele, S. 39.

dd. Gewinn und Gewinnchance

Gem. § 3 Abs. 1 S. 1 GlüStV erfordert das Vorliegen eines Glücksspiels überdies den „Erwerb einer Gewinnchance“. Damit unterfallen nur solche Spiele dem Glücksspieltatbestand, die eine Gewinnaussicht bieten.[267] Laut *Schippel* wird anhand der Gewinnaussicht zwischen Glücks- und Unterhaltungsspielen unterschieden. Soweit nach objektiven Kriterien der zu erlangende Vermögenswert unbeachtlich sei, sei ein Glücksspiel ausgeschlossen und vielmehr der Anwendungsbereich des Unterhaltungsspiels eröffnet.[268]

ee. Unmittelbarkeit

Zwischen dem Entgelteinsatz und der Gewinnchance muss für das Vorliegen eines Glücksspiels sodann ein unmittelbarer Zusammenhang bestehen.[269] Die Gewinnchance muss direkt aus dem Entgelt erwachsen. Somit genügt nicht bereits, dass die Zahlung zur Teilnahme an einem Spiel berechtigt und dann erst weitere Umstände wie das Verhalten von Mitspielern oder Aktivitäten des Spielteilnehmers selbst, die Gewinnchance oder Verlustmöglichkeit entstehen lassen.[270]

b) Unterscheidung Veranstaltung und Vermittlung

Laut § 4 Abs. 1 S. 1 GlüStV erfordert das Veranstalten und Vermitteln von öffentlichem Glücksspiel in Deutschland einer behördlichen Erlaubnis. *Korte* unterscheidet zwischen diesen beiden Handlungsformen und sieht sie nicht als gleichwertige Handlungsalternativen. Er begreift die Vermittlung als einen der Veranstaltung nachgelagerten Akt, dem nicht dieselben Gefahren immanent seien.[271] Der Veranstalter trage das sog. Auszahlungsrisiko, während der Vermittler, abhängig von der jeweiligen Veranstaltung, lediglich dem sog. Provisionsrisiko ausgesetzt sei.[272] Infolgedessen könne nur der Veranstalter Einfluss auf das Spielgeschehen nehmen, indem er beispielsweise Quoten festlege oder den Spielverlauf konfiguriere. Gerade die Konfiguration des Spiels habe aber

---

267 Vgl. *Kolb*, in Duisberg/Picot u. a., Recht der Computer- und Videospiele, S. 195.

268 *Schippel*, CR 11/17, S. 728, 729.

269 *Schwiddessen*, CR 7/18, S. 444, 456, BGH, Beschl. v. 29.10.1986 – 4 StR 148/86 –, BGHSt 34, 171–180, Rn. 17, juris, BVerwG, Urt. v. 16.10.2013 – 8 C 21/12 –, BVerwGE 148, 146–155, Rn. 2, juris.

270 *Schwiddessen*, CR 7/18, S. 444, 462.

271 *Korte*, ZfWG 6/18, S. 507, 508.

272 *Korte*, ZfWG 6/18, S. 507, 508.

erhebliche Auswirkungen auf dessen Suchtpotenzial, da sie dessen Attraktivität stärken und dadurch Abhängigkeiten schüren könne.[273] Die Vermittlung habe zwar Einfluss auf den Umfang der Verfügbarkeit der bestehenden Spiele, sie schaffe aber keine neuen Veranstaltungsangebote und wirke sich daher weniger auf die Spielfrequenz bzw. -häufigkeit aus als die Handlungsalternative der Glücksspiel-Veranstaltung. Infolgedessen seien die Gesundheitsgefahren durch eine Glücksspiel-Vermittlung deutlich geringer.[274] Zwar werde die Angebotshäufigkeit durch die Spiele-Vermittlung vergrößert, jedoch immer bezogen auf dieselbe Veranstaltung, sodass sich auch daraus kein eigenes Suchtpotenzial der Vermittlung ableiten lasse und diese Tätigkeit infolgedessen primär Betrugs- und ggf. Geldwäschegefahren bürge. Daraus ergebe sich eine gesteigerte Wichtigkeit einer Abgrenzung bzw. der Frage, wann ein Internet-Glücksspiel vermittelt und wann veranstaltet werde.[275] Diese Auffassung erscheint zwar plausibel, jedoch bleibt sie – anders als von *Korte* subsumiert – rein dogmatischer Natur. Den gängigen Auslegungsregeln ist eine Unterscheidung zwischen Veranstaltung und Vermittlung nicht zu entnehmen. Dem Wortlaut von § 4 Abs. 1 S. 1 GlüStV nach unterscheidet der Gesetzgeber nicht in der Qualität der Handlungsalternativen, was durch „veranstaltet *oder* vermittelt" deutlich wird. Auch lässt sich eine solche Auslegung nicht den Gesetzesmaterialen entnehmen. Schließlich spricht auch die Gleichwertigkeit der Ziele aus § 1 GlüStV gegen eine solche Auslegung. Auch wenn die Glücksspiel-Veranstaltung ein höheres Gefährdungspotenzial hinsichtlich der Suchtanreize schaffen mag, so wird die Vermittlung gleichwertig von den Alternativen des § 1 GlüStV erfasst. Hinsichtlich der Veranstalter-Eigenschaft lässt sich auf Definitionen aus dem Strafrecht verweisen. Danach ist Veranstalter eines Glücksspiels, wer den äußeren Rahmen für die Durchführung eines Glücksspiels schafft und Spielern damit den Abschluss von Spielverträgen ermöglicht.[276] Damit liegt ein „Veranstalten" schon mit dem Bereitstellen eines Glücksspiels auf einer Homepage vor, ohne dass es auf das Zustandekommen von Spielverträgen ankommt.[277] Hingegen ist das „Vermitteln" nicht veranstaltungs- sondern distributionsbezogen. Damit liegt ein „Vermitteln" vor, wenn

---

273 *Korte*, ZfWG 6/18, S. 507, 508.

274 *Korte*, ZfWG 6/18, S. 507, 508.

275 *Korte*, ZfWG 6/18, S. 507, 508, 509.

276 *Heckmann* in: Heckmann, jurisPK-Internetrecht, 6. Aufl., Kap. 8 (Stand: 31.10.2019), Rn. 127, BGH, Urt. v. 28.11.2002 – 4 StR 260/02 –, Rn. 12, juris; *Mosbacher*, in: *Gebhardt/Korte*, Glücksspiel, S. 358.

277 *Heckmann* in: Heckmann, jurisPK-Internetrecht, 6. Aufl., Kap. 8 (Stand: 31.10.2019), Rn. 127, *Marberth-Kubicki*, Computer- und Internetstrafrecht, 2. Aufl. 2010, Rn. 209.

etwa eine (Online-)Sportwette abgeschlossen wird, ohne dass der Vermittler zugleich Veranstalter ist.[278]

c) Ort des Online-Glücksspiels

§ 3 Abs. 4 GlüStV legt den Ort der Veranstaltung oder Vermittlung von Glücksspiel als den Ort fest, wo dem Spieler die Möglichkeit zur Teilnahme eröffnet wird.[279] Die Möglichkeit zur Teilnahme am Online-Glücksspiel wird dort eröffnet, wo der Spieler die reale Möglichkeit hat, seine Wette gegenüber dem Vermittler oder Veranstalter verbindlich zu platzieren bzw. wo er das Glücksspielangebot annehmen kann.[280] Dies ist der Ort, wo sich der Internetzugang des Spielers befindet. Erforderlich ist jedoch, dass die Internetseite Spielern aus dem betreffenden (Bundes-)Land die Spielteilnahme auch tatsächlich ermöglicht und diese nicht etwa durch technische Vorkehrungen blockiert ist. Die bloße Aufrufbarkeit einer Internetseite ohne die Möglichkeit der Eröffnung der Spielteilnahme aus Deutschland heraus reicht dagegen nicht aus.[281] Mit § 3 Abs. 4 GlüStV stellt der Gesetzgeber also auf den Aufenthaltsort des Spielers bei konkreter Spielteilnahme ab.[282] Das GlüG SH stellte einst auf den Wohnsitz des Spielers ab (Territorialprinzip). Damit durften Spieler aus dem Bundesland Schleswig-Holstein auch aus anderen Bundesländern heraus spielen. Dies ist mit § 3 Abs. 4 GlüStV nicht mehr der Fall. Einige Glücksspiel-Anbieter versehen ihre bundesweit ausgestrahlten TV-Werbespots mit dem Hinweis, dass das zuvor beworbene Online-Glücksspiel-Angebot nur für Spieler mit Wohnsitz oder gewöhnlichem Aufenthalt in Schleswig-Holstein gelte. Damit beziehen sich diese auf eine vom Bundesland Schleswig-Holstein erworbene Online-Glücksspiel-Lizenz. Diese hat jedoch allein Wirkung im Bundesland Schleswig-Holstein. Für alle anderen Spieler außerhalb dieses Bundeslandes wird ein illegales Online-Glücksspiel beworben.[283] Damit lässt sich festhalten, dass mit solch einer bundesweiten Werbekampagne ein Online-Glücksspiel beworben wird, dass u. U. nur in Schleswig-Holstein legal ist, aber auch von anderen Bundesländern aus spielbar ist, ohne

---

278 Vgl. *Korte*, ZfWG 6/18, S. 507, 509, 510.

279 BVerwG, Beschl. v. 25.02.2015 – 8 B 36/14 –, Rn. 21, juris.

280 BVerwG, Beschl. v. 25.02.2015 – 8 B 36/14 –, Rn. 21, juris; BVerfG, Nichtannahmebeschl. v. 14.10.2008 – 1 BvR 928/08 –, Rn. 34, juris.

281 BVerwG, Beschl. v. 25.02.2015 – 8 B 36/14 –, Leitsatz, Rn. 21, juris.

282 OLG Koblenz, Urt. v. 03.07.2019 – 9 U 1359/18 –, juris zum Thema Verstoß gegen das Regionalitätsprinzip.

283 Vgl. Streit um Werbung für Online-Casinos, Tagesschau, https://www.tagesschau.de/investigativ/ndr/online-casinos-105.html, zuletzt abgerufen am 21.02.2020.

dass eine technische Vorkehrung die Teilnahme eines Spielers aus einem anderen Bundesland heraus hindert. Das Werbe-Angebot steht hinsichtlich des eigentlichen Angebots für Schleswig-Holstein scheinbar aber gleichwohl im Einklang mit dem Werbeverbot für öffentliche Glücksspiele aus § 5 Abs. 3 GlüStV. Denn durch Übergangsregelungen soll die Möglichkeit des Schleswig-Holsteinischen Sonderwegs, nach § 26 GlüG SH für legale Angebote in einem gewissen Umfang werben zu können, auch für den Anwendungsbereich des GlüStV weitergelten. Damit verbleibt allenfalls problematisch, dass die Werbespots nicht nur für das konkrete Schleswig-Holstein-Angebot werben, sondern mittelbar auch für das generell erreichbare Online-Glücksspiel-Angebot des Anbieters, den Online-Glücksspielanbieter selbst oder etwaige Online-Glücksspiel-Dachmarken, ohne dabei ausdrücklich auf die Illegalität dieser Angebote in 15 von 16 deutschen Bundesländern hinzuweisen. Insbesondere vor dem Hintergrund eines grundsätzlichen Werbeverbots für öffentliche Glücksspiele und dem Umstand, dass die Angebote außerhalb der Landesgrenzen von Schleswig-Holstein illegal sind, erscheint der Hinweis am Ende der bundesweit ausgestrahlten Werbespots als unterdimensioniert und ist zudem auch nur von Juristen in seiner vollen Bedeutung zu verstehen.

d) Arten von Online-Glücksspielen

Es gibt eine Vielzahl unterschiedlicher Online-Glücksspiel-Varianten die allesamt von § 3 GlüStV erfasst werden. Neben Lotterien liegen Casinospiele und Sportwetten im Trend. Die Variationsbreite für Anbieter im Internet ist groß. Die Kosten für ein vielschichtiges Spiele-Angebot sind niedrig. Anbieter benötigen kein teures Ladenlokal mit hohen Personalkosten für die Gewährung langer Öffnungszeiten. Sie müssen keine Automaten oder runde Tische aufstellen und auch keine Croupiers aus- oder weiterbilden. Gleichzeitig kann im Internet ein größeres Kundenspektrum erreicht werden als auf dem terrestrischen Markt. Mithin ist auch das Angebot an Online-Glücksspielen vielfältig und wird laufend aktualisiert. Nicht selten bieten Online-Glücksspielanbieter nahezu alle in diesem Abschnitt näher aufgeführten Spiele-Arten auf ihren Plattformen an. Der Umstand, dass es eine große Variationsbreite an Glücksspielen gibt, wurde in der Vergangenheit zum Problem für die Glücksspielaufsicht. So wurde des Öfteren gegen glückspielaufsichtsrechtliche Untersagungsverfügungen vorgebracht, diese seien zu unbestimmt. Die Vielfalt an verschiedenen Spielen und Spiel-Ausgestaltungen hatte die Aufsichtsbehörden dazu veranlasst, anstelle das konkrete Spiel zu benennen, Spiele und Spiel-Variationen in Kategorien zusammenzufassen und so einem Anbieter etwa das Betreiben von „Casino-Spielen“

oder „Online-Poker“ zu untersagen. Hierzu hat das BVerwG mit Urteil vom 26.10.2017 (Az.: 8 C 18/16) entschieden, dass es für die Bestimmtheit einer glücksspielrechtlichen Untersagungsverfügung ausreiche, wenn die Glücksspielarten (Online-Sportwetten, Online-Poker sowie Online-Casinospiele) bezeichnet werden und die Anbieter durch die Aufzählung der Internetseiten mit den entsprechenden Spielangeboten in die Lage versetzt würden, eindeutig zu erkennen, welche konkreten Glücksspiele unter die Untersagungsverfügung fallen. Nicht erforderlich sei hingegen eine textliche Beschreibung der von der Verfügung im Einzelnen erfassten Glücksspiele.[284]

Gleichwohl soll an dieser Stelle auf die verschiedenen Arten von Online-Glücksspiel näher eingegangen werden.

aa. Casino-Spiele

Unter Casino-Spielen sollen solche Spiele verstanden werden, die klassischerweise in Spielhallen und Casinos gespielt und nun ins Internet überführt werden. Die Rechtsprechung erfasst als solche z. B. Roulette, Black Jack oder Baccara; auch zu den Casino-Spielen, im Folgenden aber gesondert aufgeführt, zählen Slot-Spiele und Video-Poker (zusammen sog. kleine und große Spiele).[285] Casino-Spiele bilden mit einem Marktanteil von 51 % den größten Markt unter den nicht regulierten Online-Glücksspiel-Angeboten. Erst darauf folgen Sport- und Pferdewetten mit einem Anteil von 32 % und Zweitlotterien mit einem Anteil von 11 %. Mit Ausnahme von Online-Poker nimmt das Segment der Online-Casino-Angebote kontinuierlich zu.[286] Nach Auffassung der Länder weisen das Online-Casino-Spiel und Online-Poker ein, im Vergleich zu den anderen Glücksspiel-Arten, höheres Suchtpotenzial auf.[287] Zudem weisen die Online-Casino-Spiele nach Einschätzung der Länder eine höhere Anfälligkeit für Manipulationen und die Nutzung für Geldwäsche auf.[288] Diese Einschätzung führte

---

284 OVG Niedersachsen, Beschl. v. 12.04.2018 – 11 LA 501/17 = ZfWG 3/4/18, S. 308, BVerwG, Urt. v. 16.10.2017 – 8 C 18/16 –, Rn. 16, juris, OLG Köln, Urt. v. 10.05.2019 – 6 U 196/18, OVG Lüneburg, Urt. v. 28.02.2019 – 11 LC 242/16.

285 BVerwG, Urt. v. 26.10.2017 – 8 C 18/16, ZfWG 5/18, S. 145, 147, OVG Lüneburg, Beschl. v. 12.04.2018 – 11 LA 501/17, ZfWG 3/4/18, S. 308, OVG Lüneburg, Urt. v. 28.02.2019 – 11 LC 242/16.

286 Evaluationsbericht der obersten Glücksspielbehörden der Länder nach § 32 GlüStV vom 28.04.2017, S. 24, Zahlen beziehen sich auf die Geschäftsjahre 2014, 2015.

287 Vgl. Amtliche Begründung zu § 4 Abs. 4 GlüStV 2008, LT-Drs. 15/8486, S. 14, 15; LT-Drs. 16/11995, S. 22

288 Amtliche Begründung zu GlüStV 2012, LT-Drs. 16/11995, S. 20.

dazu, dass sich die Länder in der Vergangenheit dazu entschlossen haben, die Öffnung des Vertriebskanals Internet für das Casino-Spiel nicht zu ermöglichen.[289] Diese Entscheidung sowie die zugrundeliegende Einschätzung werden von der EU-Kommission kritisiert. Diese hat darauf hingewiesen, dass keinerlei Daten vorgelegt worden seien, um den Nachweis hinsichtlich des tatsächlichen Vorhandenseins dieser gesteigerten Gefährlichkeit zu erbringen.[290] Gleichwohl teilen Stimmen der Literatur die Auffassung der Länder. *Peren* etwa stellt unter Heranziehung einer Erhebung der Bundeszentrale für gesundheitliche Aufklärung (BZgA) fest, dass pathologische Spieler das Internet-Casinospiel sowie das Automatenspiel in Spielbanken präferieren würden. Der Anteil mindestens problematischer Glücksspieler bei Online-Casinospielen sei in den Jahren 2015 bis 2017 von 18,4 % auf drastische 26,9 % gestiegen. Zudem ist er der Auffassung, der ordentliche Jugend- und Spielerschutz, der Schutz der Integrität des Spiels sowie der Schutz des Spielers vor betrügerischen Machenschaften sowie vor Folge- und Begleitkriminalität seien, im Vergleich zu stationär regulierten Angeboten, stark defizitär.[291]

bb. Poker

Nach einer Phase stark wachsender Beliebtheit von Online- oder Video-Poker in Deutschland lässt sich seit einigen Jahren ein Rückgang dieses Segments beobachten.[292] Gleichwohl ist Online-Poker mit einem Bruttospielertrag von ca. 118 Mio. Euro im Jahr 2017 weiterhin ein beliebtes Online-Casino-Spiel in Deutschland.[293] Vereinzelt wird diskutiert, ob Poker (insbesondere die auf Online-Plattformen präferierte Spiel-Variante „Texas Hold'em") überhaupt als Glücksspiel zu bewerten ist oder ob es bei diesem Spiel überwiegend auf Können und Erfahrung ankommt.[294] Grundsätzlich gestaltet sich die Abgrenzung

---

289 Amtliche Begründung zu GlüStV 2012, LT-Drs. 16/11995, S. 20.

290 *Hambach/Berberich*, ZfWG 6/19, S. 463, 464.

291 *Peren*, ZfWG 6/18, S. 513, 518, etwas überraschend gelangt Peren anhand seiner Ausführungen scheinbar jedoch zu dem Rückschluss, die Regulierung durch ein Totalverbot sei abzulehnen.

292 Evaluationsbericht der obersten Glücksspielbehörden der Länder nach § 32 GlüStV vom 28.04.2017, S. 24, Zahlen beziehen sich auf die Geschäftsjahre 2014, 2015.

293 *Fiedler/Steinmetz/Ante/von Meduna*, Endbericht 16.09.2019, S. 132.

294 BVerwG, Urt. v. 22.01.2014 – 8 C 26/12, Rn. 6, juris, die Klägerin hatte geltend gemacht, bei der Poker-Variante „Texas Hold'em" hänge der Spielgewinn gerade nicht überwiegend vom Zufall ab. Mehrere vorliegende Studien hätten gezeigt, dass der Ausgang des Pokerspiels nach den Regeln dieser Spielvariante ganz wesentlich von den

zwischen Glücksspiel und Geschicklichkeitsspiel problemlos.[295] Abgrenzungsschwierigkeiten können sich nur bei den sog. gemischten Spielen ergeben, bei denen sowohl Zufallselemente als auch Können und Strategie über einen Gewinn entscheiden. Poker in der Spielvariante „Texas Hold'em" und „Omaha" ist ein solches gemischtes Spiel.[296] *Bronder* vertritt die Auffassung, Poker in der Spielvariante „Texas Hold'em" sei reines Glücksspiel.[297] In einem vielfach wiederholten Spiel mit verdeckten Spielkarten, bei dem der Spieler nur seine zwei eigenen Karten sieht, würden die verschiedenen Spielpartien dazu führen, dass die Teilnehmer jeweils mal bessere, mal schlechtere Kartenkombinationen erhielten. Die Gewinnchancen seien dadurch gleich verteilt. Da die Spieler aber nur ihre eigenen Karten kennen und die Gemeinschaftskarten nach jeder Entscheidungsrunde aufgedeckt werden, bestünde ein Informationsdefizit. Dieses führe dazu, dass keine gezielten Entscheidungen zur Verbesserung der eigenen Spielsituation der Spieler möglich seien. Die Einflussnahme der Spieler sei in jeder Runde einer Partie auf die Entscheidung beschränkt, entweder nochmals zu wetten oder die begonnene Partie abzubrechen. Daraus resultiere, dass die unterschiedlichen Spielsituationen nicht von den Spielern ausgingen, sondern schrittweise durch Ausgabe der zufälligen Gemeinschaftskarten entstünden. Der Spieler könne sich allein dafür entscheiden, weiterhin am Spiel teilzunehmen oder als Verlierer auszuscheiden. Diese Entscheidung sei willkürlich zu treffen. Es könne allein auf Wahrscheinlichkeiten der Kartenverteilungen spekuliert und gewettet werden. Damit sei Poker sowohl in jeder einzelnen Partie als auch im wiederholten Spiel ein Glücksspiel.[298] Hingegen äußern *Weidemann* und *Schlarmann*

Fähigkeiten, Kenntnissen und dem Grad der Aufmerksamkeit des Spielers abhänge. Das oberste Gericht der Niederlande, der Hoge Raad, habe in seinem Urteil vom 02.07.2010 (Az.: 09/867520/08) die Poker-Spielvariante „Texas Hold'em" als Geschicklichkeitsspiel eingeordnet. Er habe sich dabei auf eine von Prof. Ben van der Gnugten (Universität Tilburg/NL), einem Experten auf dem Gebiet der Statistik und der Wahrscheinlichkeitsrechnung, in Zusammenarbeit mit dem Mathematikprofessor Peter Born erstellte Untersuchung gestützt. Dem Geschicklichkeitsanteil eines Spiels werde in dieser Studie ein Wert („Skill-Faktor") zwischen null (kein Geschicklichkeitsanteil) und eins (höchster Geschicklichkeitsanteil) zugeordnet. Dabei habe Poker in der Variante „Texas Hold'em" einen Skill-Faktor von 0,4 und liege danach nahe beim Schach oder Bridge, die allgemein als Skill-Games angesehen würden.

295 Siehe Zweites Kapitel, B., I., 2., a).

296 *Bronder*, ZfWG 3/4/18, S. 219, 219.

297 *Bronder*, ZfWG 3/4/18, S. 219, 230.

298 *Bronder*, ZfWG 3/4/8, S. 219, 229, 230.

Bedenken darüber, ob die Gewinn- und Verlustentscheidung beim Poker in der Variante „Texas Hold'em" überwiegend zufallsabhängig sei.[299] Entscheidender Erfolgsfaktor beim Pokerspiel sei es, die durch Zufall geschaffene Kartenlage richtig zu spielen, d. h. die Gewinnchancen der eigenen „Hand" anhand bekannter Wahrscheinlichkeiten realistisch einzuschätzen und auf Grundlage dieser Risikoeinschätzung eine eigene Spielentscheidung zu treffen.[300] Daraus ergäbe sich für den Spieler eine große Auswahl an Handlungsoptionen. Durch die strategischen Optionen der Spieler würden in der großen Mehrzahl der Spiele die Wirkungen des Zufalls derart abgeschwächt, dass das Geschick der Spieler den Spielausgang überwiegend bestimme.[301] Beim Poker ginge es primär um ein „intellektuelles Kräftemessen", sodass das Pokerspiel nicht überwiegend zufallsabhängig sei.[302] Empirische Untersuchungen, mit denen der Nachweis des Gegenteils gelänge, gäbe es keine. Dass es sich beim Poker um ein Spiel handele, bei dem die Geschicklichkeit der Spieler überwiege, zeige sich bereits daran, dass es Spieler gibt, die derart konstant mit dem Pokerspiel gewinnen, sodass sie ihren Lebensunterhalt damit bestreiten könnten.[303] Befeuert wird die Diskussion um die Glücksspieleigenschaft von Poker insbesondere dadurch, dass Poker – strafrechtlich gesehen – als Glücksspiel i. S. d. §§ 284, 285 StGB klassifiziert wird, während aus steuerrechtlicher Perspektive die Finanzverwaltung vereinzelt von professionellen Pokerspielen Einkommenssteuer auf deren Gewinne verlangt; diese somit, zumindest im individuellen Einzelfall, als Geschicklichkeitsspiel erfasst.[304] *Kalhamer* fasst dies kritisch zusammen:

> *„Die Argumentation der Finanzämter lautet dabei vereinfacht gesagt: Wenn jemand mit Poker Gewinne erzielt, muss es sich dabei um vorhandenes Geschick desjenigen handeln. Er hat also Fähigkeiten erworben, die den vorhandenen Glücksfaktor überwiegen und damit ist Poker in diesem konkreten Einzelfall kein Glücksspiel mehr. Die Crux dabei: Einnahmen und Gewinne aus Glücksspielen sind bekanntermaßen steuerfrei, betreibt man aber kein Glücksspiel und erzielt dabei Gewinne, möchte das Finanzamt seinen Anteil davon abhaben."*[305]

---

299 *Weidemann/Schlarmann*, NVwZ-Extra 20/14, S. 1, 8.

300 *Weidemann/Schlarmann*, NVwZ-Extra 20/14, S. 1, 6.

301 *Weidemann/Schlarmann*, NVwZ-Extra 20/14, S. 1, 7.

302 *Weidemann/Schlarmann*, NVwZ-Extra 20/14, S. 1, 7.

303 *Weidemann/Schlarmann*, NVwZ-Extra 20/14, S. 1, 6, 7.

304 OVG Brandenburg, Beschl. v. 20.04.2009 – OVG 1 S 203.08 –, juris; *Weidemann/Schlarmann*, NVwZ-Extra 20/14, S. 1, 1 unter Verweis auf DStRE 2013, 198, *Kalhamer*, ZfWG 2/19, S. 101, 101.

305 *Kalhamer*, ZfWG 2/19, S. 101, 101.

In seiner Entscheidung vom 16.09.2015 (Az.: X R 43/12) hatte der BFH entschieden, dass die Teilnahme an Turnierpokerspielen aus steuerrechtlicher Sicht als Gewerbebetrieb zu qualifizieren sein kann und dass das Turnierpokerspiel nach einkommenssteuerrechtlichen Maßstäben im Allgemeinen nicht als reines – und damit per se nicht steuerbares – Glücksspiel, sondern als Mischung aus Glücks- und Geschicklichkeitsspiel einzustufen sei. Erforderlich sei eine Beurteilung im Einzelfall.[306] So hat auch das Finanzgericht Münster in seiner Entscheidung vom 18.07.2016 (Az.: 14 K 1370/12) für den streitigen Einzelfall entschieden, dass das Pokerspiel kein bloßes Glücksspiel sei, weil aufgrund wissenschaftlich-mathematischer Untersuchungen feststehe, dass bei einem Pokerturnier nicht das Zufallsmoment, sondern das Geschicklichkeitsmoment und die Spielerfahrung ausschlaggebend seien.[307] Das gelte jedenfalls für Profispieler, deren Fähigkeiten über die Fähigkeiten eines Durchschnittsspielers hinausgingen und die durch ihre Teilnahme an den Pokerturnierveranstaltungen nicht allein ihre privaten Spielbedürfnisse gleich einem Hobbyspieler befriedigen.[308] Gleichwohl hat es ausgeführt, dass Poker jedenfalls ein Kartenspiel sei, das psychologische Geschicklichkeitsfaktoren voraussetze, nämlich diejenigen der Beobachtung der Mitspieler sowie der Kontrolle über die eigene Körperhaltung, Gestik und Mimik.[309] Vor dem Hintergrund dieser unterschiedlichen Bewertungen äußert *Kalhamer* kritisch:

> *„Vereinfacht gesagt gilt also, dass es ein Glücksspiel ist, solange man (dauerhaft) verliert. Sobald man aber besser spielt als seine Gegner und Gewinne einfährt, wird es vom Glücks- zum Geschicklichkeitsspiel und ähnelt einem Beruf wie Zahnarzt oder Lehrer.“*[310]

Auf den ersten Blick widersprechen sich die Ansichten. *Bronders* Sichtweise folgt einer mathematisch-statistischen Betrachtungsweise. Sie zeigt auf, welche Handlungsmöglichkeiten dem Spieler laut Regelwerk zustehen und ist im Kern auch richtig. Sie erfasst aber nicht die reale Spielsituation beim (insbesondere terrestrischen) Poker, bei dem die Spieler die Verhaltensweisen ihrer Gegner bemerken und deuten können. Insofern ist der Auffassung von *Weidemann* und *Schlarmann* durchaus zu folgen. Das eigene Spielverhalten durch die Analyse des gegnerischen Spiels anzupassen, ist ein wichtiger Faktor beim Poker.

---

306 *Schmittmann*, ZfWG 5/19, S. 360, 361, BFH, Urt. v. 16.09.2015 – X R 43/12, Rn. 21, 28, 43, juris.

307 FG Münster, Urt. v. 18.07.2016 – 14 K 1370/12 E, G –, Orientierungssatz, juris.

308 FG Münster, Urt. v. 18.07.2016 – 14 K 1370/12 E, G –, Rn. 40, 44, 49, 67, 70, juris.

309 FG Münster, Urt. v. 18.07.2016 – 14 K 1370/12 E, G –, Rn. 75, juris.

310 *Kalhamer*, ZfWG 2/19, S. 101, 102.

Wie vom FG Münster festgestellt, sind dabei auch sichtbare Beobachtungen relevant. Wenn Spieler eines vergleichbar hohen Niveaus gegeneinander spielen, können bei der Beobachtung des Spielgeschehens, insbesondere aus dem Zeitpunkt und der Höhe der jeweiligen Einsätze, Rückschlüsse auf den Stand und den Verlauf des Spiels gemacht werden. Je mehr den Spielern die Mechanismen des Spiels geläufig sind und je mehr sie gewissen „Regeln" folgen, desto höher ist die Wahrscheinlichkeit eines richtigen Rückschlusses aus dem Spielerverhalten. Das Spiel lässt sich also (bis zu einem gewissen Grad) „lesen" bzw. bestimmen. Es ist denkbar, dass diese Geschicklichkeitsfaktoren größer werden, wenn sich Profispieler in einer Turniersituation gegenüberstehen. Beim massentauglichen Online-Poker hingegen lässt sich davon ausgehen, dass diese Faktoren in den Hintergrund gedrängt werden, da hier die Möglichkeiten fehlen, das Spiel seines Gegners zu analysieren. Beim Online-Poker treffen alle Erfahrungslevel aufeinander. Man sieht seinen Gegner nicht, Spieler spielen nicht lang genug mit ihren Gegnern am selben Tisch, um deren Verhalten analysieren zu können. Hier kann also eher allein auf bloße Wahrscheinlichkeiten getippt werden. Für terrestrisches Turnier-Poker auf höchstem Level mag also die Auffassung, Poker sei mehr Geschicklichkeits- als Glücksspiel (und damit steuerpflichtig), ihre Berechtigung finden.[311] Dies ist jedoch für das, dem Massenpublikum in Internet angebotenen, Online-Poker anders zu bewerten. Die 3. Kammer des EuGH hat Poker in ihrem Urteil vom 11.09.2003 (Az.: C-06/01) zwar als Mischform von Glücksspiel anerkannt, bei der die Hoffnung auf Gewinn sowohl vom Zufall als auch von der Geschicklichkeit des Spielers abhänge.[312] Gleichwohl kategorisiert das Gericht Poker im Ergebnis nicht als Geschicklichkeitsspiel, sondern ordnet es dem Glücksspiel zu, indem es ausführt, Poker weise charakteristische Inhalte von Glücksspielen auf, ebenso wie u. a. Slot-Machines, Würfel, Bingo, Lotto oder Toto.[313] So sehen es auch die deutschen Gerichte.[314] In seinem Urteil vom 28.09.2011 (Az.: I ZR 93/10) führt der 1. Zivilsenat des BGH hierzu aus:

---

311 Etwa musste sich der Gewinner des *World Series of Poker 2019 $ 10.000 No Limit Hold'em Main Event* an insgesamt sieben Turnier-Tagen gegen 8.568 anderen Gegenspieler im Turnier-Modus durchsetzen.

312 EuGH, Urt. vom 11.09.2003 – C-6/01 –,Rn. 14, 15, juris

313 EuGH, Urt. vom 11.09.2003 – C-6/01 –,Rn. 15, juris

314 Vgl. BVerwG, Urt. v. 22.01.2014 – 8 C 26/12, BGH, Urt. v. 28.09.2011 – I ZR 93/10 –, Rn. 16, Juris, VGH Mannheim, Beschl. v. 20.01.2011 – 6 S 1685/10, OVG Münster, Beschl. v. 03.12.2009 – 13 B 775/09, OVG Lüneburg, Beschl. v. 10.08.2009 – 11 ME 67/09.

> *„In Übereinstimmung mit jüngerer Rechtsprechung der Oberverwaltungsgerichte (OVG Münster, MMR 2010, 350; OVG Lüneburg, NVwZ-RR 2010, 104) hat das Berufungsgericht angenommen, Poker in der Variante „Texas hold'em" sei ein Glücksspiel gemäß § 3 Abs. 1 GlüStV, weil der Gewinn überwiegend vom Zufall abhänge. Denn der Gewinn eines Spielers richte sich danach, ob seine Mitspieler früher ausstiegen als er und welche Karten sie letztlich offenlegten. Auch der Erfolg eines Bluffs sei von der aus Sicht des Spielers, der dieses Mittel nutze, ungewissen Reaktion der Mitspieler abhängig. Zwar stünden die im Falle des Showdowns schließlich aufzudeckenden Karten bereits vorher fest, der jeweilige Spieler könne davon aber keine sichere Kenntnis haben."*[315]

Die Trennlinie zwischen Geschicklichkeits- und Glücksspiel zieht der BGH wie folgt:

> *„Ob ein Glücksspiel im Sinne des § 3 Abs. 1 GlüStV vorliegt, beurteilt sich nach den durchschnittlichen Fähigkeiten eines Spielers; unerheblich ist, ob professionelle Spieler oder geübte Amateure, die sich gegebenenfalls auch Lehrbuchwissen angeeignet haben, ihre Erfolgschancen steigern können."*[316]

Der BGH führt aus, dass entsprechend dem gesetzlichen Schutzzweck für die glücksspielrechtliche Beurteilung entscheidend sei, ob für das Spiel nicht mehr als durchschnittliche Fähigkeiten des Spielers maßgeblich sind. Dies sei bei Poker der Fall und gelte auch, obwohl sich die Spieler weiterbilden könnten und damit ggf. fortgeschrittene Fähigkeiten aufweisen könnten.[317]

Das OVG Münster führt in seinem Beschluss vom 03.12.2009 (Az.: 13 B 775/09) aus:

> *„[...], dass sich ein überdurchschnittlich befähigter und erfahrener Spieler im Einzelfall durch geschicktes Taktieren in gewissem Umfang Vorteile gegenüber seinen Mitspieler verschaffen kann. Das ändert aber nichts daran, dass der Erfolg beim Spiel der o. g. Pokervariante maßgeblich (d. h. überwiegend) von der Qualität der erst nach mehreren Geldeinsatz- und Austeilungsrunden zufällig erhaltenen oder aufgedeckten Karten abhängt. Da sich insgesamt 52 Karten im Spiel befinden, sind zuverlässige Vorhersagen über den Kartenwert der Mitspieler nur sehr eingeschränkt möglich, weil bei der hier in Rede stehenden Variante lediglich die fünf Gemeinschaftskarten allen Spielern bekannt sind. Über die Kartenqualität der übrigen Mitspieler kann ein durchschnittlicher Pokerspieler daher letztlich nur spekulieren. Dies gilt insbesondere beim Pokern im Internet, weil hier in aller Regel die Möglichkeit fehlt, Mimik, Gestik und Verhalten der Gegenspieler zu beobachten und zu analysieren."*[318]

---

315 BGH, Urt. v. 28.09.2011 – I ZR 93/10 –, Rn. 80, juris.
316 BGH, Urt. v. 28.09.2011 – I ZR 93/10 –, Leitsatz, Rn. 81, juris.
317 BGH, Urt. v. 28.09.2011 – I ZR 93/10 –, Rn. 81, juris.
318 OVG Münster, Beschl. v. 03.12.2009 – 13 B 775/09 –, Rn. 41, juris.

Damit erkennen die deutschen Gerichte an, dass Poker zwar ein Geschicklichkeitsspiel sein kann, sofern jedoch überwiegend Zufallselemente über den Gewinn entscheiden, ist von einem Glücksspiel auszugehen. Ausgehend von einem Durchschnittsspieler stellt sich Online-Poker damit als Glücksspiel i. S. d. § 3 Abs. 1 GlüStV dar, da der Durchschnittsspieler im Internet nicht die Fähigkeiten besitzt, das Zufallselement im Spiel durch seine Handlungen zu überwinden. Dies kann freilich anders zu bewerten sein, wenn sich ausschließlich Profi-Poker-Spieler zu einem Online-Poker-Spiel zusammenfinden.

So verstanden lassen sich die verschiedenen Auffassungen und Entscheidungen der jeweiligen Gerichte miteinander in Einklang bringen.

cc. Slot-Machines

Unter Slot-Machines sind primär die als sog. kleines Spiel bezeichneten Automatenspiele zu verstehen.[319] Früher als der „Einarmige Bandit" bekannt, werden darunter nunmehr beim Online-Glücksspiel alle Screen-basierten Automatenspiele verstanden. In der terrestrischen Welt sind sie allgegenwärtig. Ob in Kneipen, Pizzerien oder Spielhallen. Es besteht eine enorme Nachfrage. 2011 soll pro 350 Einwohner in Deutschland ein Geldgewinnspielgerät in Spielhallen und Gaststätten existiert haben.[320] Diese erhebliche Nachfrage findet sich nun auch im Internet wieder. Auch wenn sie mitunter sehr schnelle und komplexe Spielabläufe aufweisen können, folgen die meisten Online-Automatenspiele den bekannten Prinzipien. Bei einem Spielablauf sollen pro Halteposition mehrere Bilder (Walzen) in einer bestimmten Reihenfolge zueinander angeordnet werden.[321] Die Spieler gewinnen, wenn sich eine vorher festgelegte Bilderreihe zeigt. Vereinzelt werden die sog. „Slots" als die „Einstiegs- und auch meist die Enddroge", bzw. die gefährlichste Variante des Glücksspiels bezeichnet.[322] Dies soll u. a. an der Spielfrequenz liegen und der so verstärkten Hormonausschüttung in Gewinn- bzw. Verlustphasen. Jeder zwölfte Automatenspieler soll zum Problem- oder Suchtspieler werden. Beim Lotto soll dies nur auf jeden dreihundertsten

---

319 Vgl. BVerwG, Urt. v. 26.10.2017 – 8 C 14/16 –, Rn. 15, juris.

320 *Reeckmann/Benert*, WRP 2011, S: 538, 540, hier wird aber noch zwischen Slot-Machines (pro 9.000 Einwohner eine Slot-Machine) und Geldgewinnspielgeräten (pro 350 Einwohner ein Geldgewinnspielgerät) unterschieden.

321 Spielautomat, https://de.wikipedia.org/wiki/Spielautomat, zuletzt abgerufen am 06.01.2020.

322 Zocken bis zum Zusammenbruch, https://www.spiegel.de/gesundheit/psychologie/gluecksspiele-machen-suechtig-vor-allem-geldspielautomaten-a-814173.html, zuletzt abgerufen am 06.03.2020.

Spieler zutreffen. Vor allem Jugendliche sollen gefährdet sein. Eine besondere Gefahr soll hierbei von den Online-Glücksspielen ausgehen. Diese resultiere aus einer, im Verhältnis zum terrestrischen Spiel, schwachen Kontrolle und einem nicht verfolgten Jugendschutz.[323]

dd. Sportwetten

Gem. § 3 Abs. 1 S. 4 GlüStV sind auch Sportwetten Glücksspiele. Dabei handelt es sich um Wetten, die auf den Ausgang von Sportereignissen in Form von Einzel- oder Kombinationswetten abgeschlossen werden. Diese Glücksspiel-Form übt gerade auf Spieler, die für sich eine gewisse Sachkunde z. B. im Profifußball behaupten, einen besonderen Reiz aus.[324] Bis zum Inkrafttreten des GlüStV 2012 herrschte in Deutschland ein staatliches Sportwettmonopol. Legale Sportwetten konnten nur über den Deutschen Lotto- und Totoblock (DLTB), hier Fußball-Toto und Oddset, abgeschlossen werden. Seit Einführung der Experimentierphase wurde der Markt faktisch für alle privaten Anbieter geöffnet.[325] Aufgrund des Misserfolgs der Experimentierphase, hat sich ein nicht-regulierter Markt entwickelt, der ohne rechtliche Grundlage durch deutsche Sportwettkonzessionen geduldet wird.[326] Die im Ausland beliebten „torbezogenen Livewetten", diese gehören laut Rechtsprechung zu den Ereigniswetten, d. h. Wetten auf in Sportereignissen möglicherweise eintretende Ereignisse, die nicht Wetten auf den Ausgang von Sportereignissen sind, sind in Deutschland jedoch wegen Verstoßes gegen § 21 Abs. 4 S. 3 GlüStV weiterhin in jedem Fall unzulässig.[327]

ee. Lotto

Lotterien haben in Deutschland die höchsten Teilnehmerzahlen im Glücksspielsektor.[328] Beim Lotto erkaufen sich die Spieler mit einem Geldeinsatz die Teilnahme an einer Gewinnziehung, bei dieser Ziehung werden zufallsabhängig

---

323 Zocken bis zum Zusammenbruch, https://www.spiegel.de/gesundheit/psychologie/gluecksspiele-machen-suechtig-vor-allem-geldspielautomaten-a-814173.html, zuletzt abgerufen am 06.03.2020.

324 *Brugger*, Abbruch der Zahlungsströme als Mittel zur Bekämpfung unerlaubter Internetglücksspiele, S. 43, 44.

325 Siehe Zweites Kapitel, E., III.

326 *Kleibrink/Köster*, Der Glücksspielmarkt in Deutschland, S. 16; Siehe Zweites Kapitel, E., III.

327 OVG Bautzen, Beschl. v. 19.07.2019 – 6 B 172/18 –, juris.

328 *Kleibrink/Köster*, Der Glücksspielmarkt in Deutschland, S. 11.

Zahlen ausgegeben. Von diesen Zahlen hängt sodann eine Gewinnausschüttung nach einem zuvor bestimmten Auszahlungsplan ab.[329] Die Umsätze beim Lotto dienen zum Teil dem Allgemeinwohl, da Teile der Abgaben auf Lotto für gemeinnützige Zwecke verwendet wird.[330] In diesem Zusammenhang sind die durch das Internet sehr beliebt gewordenen sog. Zweitlotterien zu nennen. Als solche haben sich in Deutschland Anbieter wie „Lottoland.com“ etabliert. Bei den Zweitlotterien handelt es sich jedoch nicht um eine Vermittlung der Teilnahme an einer staatlichen Ziehung. Die Spieler denken zwar oftmals, sie nähmen an der Ziehung der staatlichen Lotterie teil, tatsächlich jedoch wetten sie über die Anbieter im EU-Ausland auf die Ziehungsergebnisse der staatlichen Lotterien.[331] Diesen Unterschied realisieren die Spieler allerdings nicht. Dies führt nicht nur zu sittlichen Bedenken, sondern auch zu einem sozialschädlichen Effekt. Bei der Durchführung der staatlich erlaubten Lotterien wird sichergestellt, dass ein erheblicher Teil der Lottoeinnahmen zur Förderung öffentlicher, gemeinnütziger, kirchlicher oder mildtätiger Zwecke verwendet wird. Demgemäß betragen die Ausschüttungsquoten staatlicher Lotterien lediglich 50 % oder weniger.[332] Die Anbieter von Zweitlotterien erbringen diese Abgaben jedoch nicht.[333] Insofern sind die Lotteriewetten nicht nur wesentlich lukrativer als die staatliche Lotterie selbst, sie führen auch dazu, dass Gelder, die ursprünglich in soziale Projekte geflossen sind, dort nicht mehr ankommen. *Palm* und *Gaibler* stellen hierzu ausdrücklich fest, dass Lotteriewetten keine Lotterien i. S. d. § 3 Abs. 3 S. 1 GlüStV seien. Sie seien vielmehr als unerlaubte Glücksspiele i. S. d. § 4 Abs. 1 S. 2 GlüStV zu qualifizieren, deren Veranstaltung und Vermittlung im Internet – sofern einem Spieler in Deutschland die Möglichkeit zur Teilnahme i. S. d. § 3 Abs. 4 GlüStV eröffnet werde – gegen § 4 Abs. 4 GlüStV verstoße. Sie weisen auch darauf hin, es sei davon auszugehen, dass die Wettverträge nicht nur unverbindlich, sondern nach § 134 BGB i. V. m. §§ 284, 287 StGB sowie § 4 Abs. 1, 4 GlüStV nichtig seien.[334]

---

329 Vgl. *Kleibrink/Köster*, Der Glücksspielmarkt in Deutschland, S. 11.

330 Siehe Erstes Kapitel, B., III.; Vgl. *Kleibrink/Köster*, Der Glücksspielmarkt in Deutschland, S. 11.

331 *Palm/Gaibler*, ZfWG 5/19, S. 330, 330.

332 *Palm/Gaibler*, ZfWG 5/19, S. 330, 331.

333 *Palm/Gaibler*, ZfWG 5/19, S. 330, 331.

334 *Palm/Gaibler*, ZfWG 5/19, S. 330, 334; Vgl. auch Illegale Zweitlotterien im Internet – Staatliche Toto-Lotto GmbH BW informiert, Pressportal, https://www.presseportal.de/pm/110923/3250891, zuletzt abgerufen am 01.05.2020, wobei der Fall eines

ff. Computerspiele oder Online-Games

Die Computerspiel-Industrie wächst seit Jahren kontinuierlich. Mittlerweile generiert die Branche mehr Umsatz als die Film- und die Musik-Industrie zusammen. Allein in Deutschland soll der Gesamtumsatz der Spiele-Industrie im Jahr 2018 4,4 Mrd. Euro betragen haben.[335] Genau wie das Internet entwickelt sich die Computerspiel-Branche dynamisch weiter. Die fortschreitende Monetarisierung des Computerspiel-Markts führt dazu, dass auch bei Computerspielen die Grenzen zwischen Geschicklichkeitsspiel und Glücksspiel zunehmend verschwimmen.[336] Bei Online-Computerspielen ist der Verkauf von virtuellen Spielgegenständen gegen Echtgeld ein selbstverständlicher Bestandteil der Geschäftsmodelle der Spieleentwickler geworden. Dabei können virtuelle Güter wie Ausrüstungsgegenstände, die das Aussehen der Spieler oder deren Fähigkeiten verändern, etwa im Wege von In-App- oder In-Game-Käufen erworben werden.[337] Neben Mikrotransaktionen sind bei Online-Computerspielen sog. Lootboxen besonders beliebt. Dabei kauft der Spieler eine „Kiste" die bei „Öffnung" eine bestimmte Anzahl an unbekannten virtuellen Gegenständen aus einer feststehenden Auswahl gewährt. Diese Gegenstände können Ausrüstung, In-Game-Währung oder zusätzliche Fähigkeiten enthalten, die entweder alternativ auch direkt in einem In-Game-Shop, für (u. U. ein erhöhtes) Entgelt, gekauft werden können oder exklusiv nur in den Lootboxen enthalten sind. Im Einzelfall können diese Gegenstände in einem In-Game-Shop durch die Spieler auch für Echtgeld gehandelt werden. Seit 2012 sind diese In-Game-Käufe und Lootboxen zu einem solch zentralen Bestandteil der Computerspiele-Welt geworden, dass sie die Einnahmen aus den eigentlichen Spieleverkäufen oftmals deutlich übersteigen oder sogar ganz ersetzen. Etwa erwirtschafteten im Jahr 2016 das Computerspiel *League of Legends* ca. 1,7 Mrd. US-Dollar, die Handy-Spiele *Clash of Clans* und *Clash Royale* 2,3 Mrd. US-Dollar und der geräteübergreifende Sportspiel-Klassiker *FIFA* 800 Mio. US-Dollar, nur durch Mikrotransaktionen und Lootboxen.[338] Hierzu äußert *Schwiddessen*, die meisten

---

Sachsen zum Anlass genommen wird, der angeblich einen Jackpot iHv 14 Mio. Euro „geknackt" hat, nun jedoch um die Auszahlung fürchten muss.

335 Games-Umsatz 2018 im Vergleich: Abstand zum Film wächst, https://www.gameswirtschaft.de/wirtschaft/games-umsatz-2018-vergleich-film-musik/, zuletzt abgerufen am 09.03.2020, die Höhe des Gesamtumsatzes soll dabei allerdings auch Hardware-Umsätze (Spielekonsolen, Controller, Tastaturen usw.) mitumfassen.

336 *Fischer*, CR 9/14, S. 587, 587.

337 *Schippel*, CR, 11/17, S. 728, 728.

338 Vgl. *Schwiddessen*, CR 7/18, S. 444, 446, 447.

Lootbox-Mechanismen seien wohl als Online-Glücksspiel zu qualifizieren und folglich gänzlich verboten.[339] Er kommt zu dem Ergebnis, dass Lootboxen mit handelbaren Gegenständen je nach Ausgestaltung im Einzelfall wohl von der Definition des § 3 Abs. 1 S. 1 GlüStV erfasst werden und somit Online-Glücksspiel darstellen würden. Dabei gelte, dass je mehr Möglichkeiten dem Spieler gegeben würden, mit den generierten virtuellen Gegenständen Echtgeld-Handel zu treiben, desto höher sei das Risiko, dass der jeweilige Lootbox-Mechanismus glücksspielrechtlich relevant werde.[340] Auch *Fischer* und *Schippel* kommen letztendlich zum selben Ergebnis.[341] 2017 entbrannte eine in Internet-Foren geführte Diskussion über die Ausweitung des Lootbox- und Mikrotransaktions-Geschäftsmodells in großen Spiele-Hits wie *Star Wars Battlefront 2* oder *FIFA*. Für deren Entwickler *Electronic Arts* gipfelte diese Diskussion in einem Börsenwert-Verlust von zeitweise 3,1 Mrd. US-Dollar. Nachdem die Spieler das Geschäftsmodell jedoch akzeptiert hatten, entwickelte es sich bis 2020 allerdings zu einem Umsatzgaranten des Unternehmens.[342] Angesichts der Auswirkungen der im Jahre 2017 öffentlich geführten Diskussion um die Ausweitung des Geschäftsmodells lässt sich die Tragweite der Auswirkungen erahnen, sollten sich solche Geschäftsmodelle, entsprechend der Ausführungen *Schwiddessens,* als in Deutschland rechtswidrig herausstellen. *Electronic Arts* hat zeitweilig auf diese Gefahr reagiert und den Lootbox-Mechanismus für das Spiel *FIFA 21* umgestellt. Dabei konnten Spieler vorab sehen, welche Spielgegenstände sie im Falle einer Einzahlung erhalten würden, sodass hier kein Zufallsmoment mehr gegeben war.

gg. Fokus dieser Arbeit

Damit zeigt sich die Thematik als vielseitig relevant. Eine Vielzahl von Spiele-Arten können von § 3 Abs. 1 GlüStV erfasst werden, sodass auch andere Industrien als die (Online-) Glücksspiel-Branche von der hiesigen Thematik betroffen sein können. Im Fokus dieser Arbeit sollen im Folgenden die „klassischen" Online-Glücksspiele stehen. Namentlich Online-Casino- und -Pokerspiele.

---

339 *Schwiddessen*, CR 7/18, S. 444, 446, 447.

340 *Schwiddessen*, CR 7/18, S. 444, 454, 455.

341 Vgl. *Fischer*, CR 9/14, S. 587, *Schippel*, CR, 11/17, S. 728.

342 Vgl. *Schwiddessen*, CR 7/18, S. 444, 444, Electronic Arts: Mikrotransaktionen – erst Flop, nun Top, https://www.deraktionaer.de/artikel/medien-ittk-technologie/electronic-arts-mikrotransaktionen-erst-flop-nun-top-20196103.html, zuletzt abgerufen am 09.03.2020.

3. *§ 4 GlüStV – Allgemeine Bestimmungen*

Die im Rahmen dieser Arbeit relevanteste Norm ist § 4 GlüStV. Diese findet sich im *Ersten Abschnitt – Allgemeine Vorschriften* des GlüStV und lautet:

(1) *Öffentliche Glücksspiele dürfen nur mit Erlaubnis der zuständigen Behörde des jeweiligen Landes veranstaltet oder vermittelt werden. Das Veranstalten und das Vermitteln ohne diese Erlaubnis (unerlaubtes Glücksspiel) sowie die Mitwirkung an Zahlungen im Zusammenhang mit unerlaubtem Glücksspiel sind verboten.*

(2) *Die Erlaubnis ist zu versagen, wenn das Veranstalten oder das Vermitteln des Glücksspiels den Zielen des § 1 zuwiderläuft. Die Erlaubnis darf nicht für das Vermitteln nach diesem Staatsvertrag nicht erlaubter Glücksspiele erteilt werden. Auf die Erteilung der Erlaubnis besteht kein Rechtsanspruch.*

(3) *Das Veranstalten und das Vermitteln von öffentlichen Glücksspielen dürfen den Erfordernissen des Jugendschutzes nicht zuwiderlaufen. Die Teilnahme von Minderjährigen ist unzulässig. Die Veranstalter und die Vermittler haben sicherzustellen, dass Minderjährige von der Teilnahme ausgeschlossen sind. Testkäufe oder Testspiele mit minderjährigen Personen dürfen durch die Glücksspielaufsichtsbehörden in Erfüllung ihrer Aufsichtsaufgaben durchgeführt werden.*

(4) *Das Veranstalten und das Vermitteln öffentlicher Glücksspiele im Internet ist verboten.*

(5) *Abweichend von Absatz 4 können die Länder zur besseren Erreichung der Ziele des § 1 den Eigenvertrieb und die Vermittlung von Lotterien sowie die Veranstaltung und Vermittlung von Sportwetten im Internet erlauben, wenn keine Versagungsgründe nach § 4 Abs. 2 vorliegen und folgende Voraussetzungen erfüllt sind:*
   1. *Der Ausschluss minderjähriger oder gesperrter Spieler wird durch Identifizierung und Authentifizierung gewährleistet.*
   2. *Der Höchsteinsatz je Spieler darf grundsätzlich einen Betrag von 1 000 Euro pro Monat nicht übersteigen. In der Erlaubnis kann zur Erreichung der Ziele des § 1 ein abweichender Betrag festgesetzt werden. Gewinne dürfen nicht mit Einsätzen der Spieler verrechnet werden. Die Beachtung des Kreditverbots ist sichergestellt. Bei der Registrierung sind die Spieler dazu aufzufordern, ein individuelles tägliches, wöchentliches oder monatliches Einzahlungs- oder Verlustlimit festzulegen (Selbstlimitierung). Darüber hinaus ist den Spielern zu jeder Zeit die Möglichkeit einzuräumen,*

tägliche, wöchentliche oder monatliche Einzahlungs- und Verlustlimits neu festzulegen. Will ein Spieler das Einzahlungs- oder Verlustlimit erhöhen, so wird die Erhöhung erst nach einer Schutzfrist von sieben Tagen wirksam. Wenn Einzahlungs- oder Verlustlimits verringert werden, greifen die neuen Limits für neue Spieleinsätze sofort.
3. *Besondere Suchtanreize durch schnelle Wiederholung sind ausgeschlossen.*
4. *Ein an die besonderen Bedingungen des Internets angepasstes Sozialkonzept nach § 6 ist zu entwickeln und einzusetzen; seine Wirksamkeit ist wissenschaftlich zu evaluieren.*
5. *Wetten und Lotterien werden weder über dieselbe Internetdomain angeboten noch wird auf andere Glücksspiele verwiesen oder verlinkt.*

(6) Die Veranstalter und Vermittler von Lotterien und Sportwetten im Internet haben der Geschäftsstelle und dem Glücksspielkollegium vierteljährlich die Zahl der Spieler und die Höhe der Einsätze jeweils geordnet nach Spielen und Ländern zum Zwecke der Evaluierung zu übermitteln."[343]

§ 4 GlüStV stellt nicht nur im Regelungsgefüge des GlüStV, sondern für das gesamte Glücksspielrecht eine Norm von zentraler Bedeutung dar.[344] Wesentliche Bedeutung haben die in Abs. 1 festgelegte Erlaubnispflicht, welche dogmatisch als repressives Verbot mit Befreiungsvorbehalt zu qualifizieren ist, und das in Abs. 4 festgelegte Internet-Totalverbot. Ebenfalls bedeutsam ist zudem der neu aufgenommene Abs. 5, welcher eine beschränkte Öffnungsmöglichkeit für das glücksspielrechtliche Internet-Totalverbot vorsieht.[345] Tatbestandlicher Anknüpfungspunkt ist das öffentliche Glücksspiel nach § 3 GlüStV.[346]

343 Gesetzestext von § 4 GlüStV 2012.

344 *Postel*, in: Dietlein/Hecker/Ruttig, Glücksspielrecht, § 4, Rn. 1; *Bolay/Pfütze*, in Streinz/Liesching/Hambach, Glücks- und Gewinnspielrecht in den Medien, § 4, Rn. 1.

345 Vgl. *Postel*, in: Dietlein/Hecker/Ruttig, Glücksspielrecht, § 4, Rn. 1 ff.; *Bolay/Pfütze*, in Streinz/Liesching/Hambach, Glücks- und Gewinnspielrecht in den Medien, § 4, Rn. 1 ff.

346 *Uwer/Koch*, in: Becker/Hilf/Nolte/Uwer, Glücksspielregulierung, § 4, Rn. 13.

a) *§ 4 Abs. 1 S. 1, S. 2, 1 Hs. GlüStV – Glücksspielverbot mit Erlaubnisvorbehalt*

§ 4 Abs. 1 S. 1 GlüStV stellt das Veranstalten und Vermitteln öffentlicher Glücksspiele unter ein repressives Verbot mit Befreiungs- bzw. Erlaubnisvorbehalt.[347] Da öffentliches Glücksspiel als sozialschädlich angesehen wird, resultiert aus dem Grundsatz der Gewerbefreiheit in § 1 GewO keine „allgemeine Glücksspielfreiheit", nach der das Glücksspiel grundsätzlich erlaubt wäre. Vielmehr ist öffentliches Glücksspiel grundsätzlich verboten und kann nur ausnahmsweise unter strengen Voraussetzungen erlaubt werden.[348] Gem. § 3 GlüStV werden insbesondere Glücksspiele wie Lotterien, Sportwetten und Casino-Spiele von der Erlaubnispflicht erfasst. Eine Erlaubnis wird stets für das Veranstalten und Vermitteln von bestimmten Glücksspielarten erteilt.[349] Die Erlaubnispflicht besteht auch dann, wenn der Glücksspiel-Anbieter bereits für bestimmte Glücksspiele eine Erlaubnis hat und neue Glücksspiel-Angebote oder Vertriebswege einführen oder in erheblichem Umfang erweitern möchte. Das Abstellen auf die Tatbestandsmerkmale *Veranstalten* und *Vermitteln* führt zudem dazu, dass alle Personen, welche dem Spieler die Teilnahme am Glücksspiel ermöglichen, von der Erlaubnispflicht erfasst werden.[350] Als Veranstalter gilt, wer auf eigene Rechnung selbst oder durch Hilfspersonen ein Glücksspiel initiiert und dabei Schuldner von Gewinnauszahlungsanspruchs des Spielers ist. Hingegen ist Vermittler, wer dem Spieler lediglich die Gelegenheit zum Abschluss von Spielverträgen stellt, indem er Angebote des Spielers auf Abschluss eines Spielvertrages entgegennimmt und an den Veranstalter weiterleitet.[351] Durch eine Erlaubnis nach § 4 Abs. 1 S. 1 GlüStV erhält der Erlaubnisinhaber das (ggf. mit einer Nebenbestimmung versehene) Recht Glücksspiele für den terrestrischen Markt zu veranstalten und zu vermitteln.[352] Für die Veranstaltung oder Vermittlung von Sportwetten und Lotterien im Internet ist eine weitere Erlaubnis nach § 4 Abs. 5

347 *Bolay/Pfütze*, in Streinz/Liesching/Hambach, Glücks- und Gewinnspielrecht in den Medien, § 4, Rn. 6; *Uwer/Koch*, in: Becker/Hilf/Nolte/Uwer, Glücksspielregulierung, § 4, Rn. 115.

348 *Fuchs*, Das neue Glücksspielrecht unter besonderer Berücksichtigung von Online-Glücksspielen, S. 50; *Bolay/Pfütze*, in Streinz/Liesching/Hambach, Glücks- und Gewinnspielrecht in den Medien, § 4, Rn. 6.

349 *Uwer/Koch*, in: Becker/Hilf/Nolte/Uwer, Glücksspielregulierung, § 4, Rn. 22.

350 *Uwer/Koch*, in: Becker/Hilf/Nolte/Uwer, Glücksspielregulierung, § 4, Rn. 22.

351 *Uwer/Koch*, in: Becker/Hilf/Nolte/Uwer, Glücksspielregulierung, § 4, Rn. 23.

352 *Uwer* und *Koch* sprechen insofern von einer „Grunderlaubnis", *Uwer/Koch*, in: Becker/Hilf/Nolte/Uwer, Glücksspielregulierung, § 4, Rn. 23.

GlüStV erforderlich.[353] Die von einer deutschen Behörde erteilte Glücksspielerlaubnis nach § 4 Abs. 1 S. 1 GlüStV gilt in räumlicher Hinsicht für das gesamte Bundesgebiet.[354]

b) § 4 Abs. 1 S. 2, 2 Hs. GlüStV – Mitwirkungsverbot für Zahlungsdienstleister

Gem. § 4 Abs. 1 S. 2, 2 Hs. GlüStV ist die Mitwirkungen an Zahlungen im Zusammenhang mit unerlaubtem Glücksspiel verboten. Diese Tatbestandsalternative richtet sich primär gegen Kreditinstitute oder Finanzdienstleister, welche die Zahlungen im Zusammenhang mit der Teilnahme an unerlaubtem Glücksspiel abwickeln.[355] Das Mitwirkungsverbot wurde als eine wesentliche Neuerung durch den 1. GlüÄndStV/GlüStV 2012 eingeführt. Ohne die Beteiligung von Zahlungsdienstleistern wäre ein Online-Glücksspiel-Betrieb praktisch nicht möglich.[356] Laut dem für das sog. Payment Blocking nach § 9 Abs. 1 S. 3 Nr. 4 GlüStV zuständigen Niedersächsischen Ministerium für Inneres und Sport (Niedersächsisches Innenministerium) soll das Mitwirkungsverbot zur Durchsetzung des Internettotalverbots aus § 4 Abs. 4 GlüStV beitragen, indem es mit der Unterbindung der zugrundeliegenden Zahlungsströmen die wesentliche Infrastruktur des illegalen Online-Glücksspiels beseitigt.[357]

c) § 4 Abs. 4 GlüStV – Kategorisches Internet-Verbot für Casinospiele

Neben § 4 Abs. 1 GlüStV ist § 4 Abs. 4 GlüStV die wohl wichtigste Norm der deutschen Glücksspielregulierung. Sie statuiert ein kategorisches Verbot der Veranstaltung und Vermittlung von öffentlichem Glücksspiel im Internet. Danach ist jede Form von Online-Glücksspiel kategorisch verboten. § 4 Abs. 4 GlüStV wurde bereits mit dem GlüStV 2008 eingeführt und sodann beim GlüStV 2012 beibehalten.[358] In der Gesetzesbegründung zu § 4 Abs. 4 GlüStV heißt es:

---

353 *Uwer/Koch*, in: Becker/Hilf/Nolte/Uwer, Glücksspielregulierung, § 4, Rn. 23.

354 *Uwer/Koch*, in: Becker/Hilf/Nolte/Uwer, Glücksspielregulierung, § 4, Rn. 28 f., hiervon ausgenommen sind erteilte Lizenzen nach dem GlüG SH, siehe Zweites Kapitel A., II., 5; E., VI.

355 *Uwer/Koch*, in: Becker/Hilf/Nolte/Uwer, Glücksspielregulierung, § 4, Rn. 31 ff.; Näheres zu § 4 Abs. 1 S. 2, 2 Hs. GlüStV, siehe Drittes Kapitel, C., II.

356 Vgl. Erstes Kapitel, D.

357 Vgl. LT-Drs. 18/1569, S. 5.

358 Amtliche Begründung zum GlüStV 2008, Bayerischer Landtag, Drs. 15/8486, S. 14, 15.

„Das bisherige Internetverbot wird beibehalten. Die Ziele des § 1 rechtfertigen eine Einschränkung der Dienstleistungsfreiheit (Art. 56 AEUV). Dies gilt insbesondere in Anbetracht der Besonderheiten, die mit dem Anbieten von Glücksspielen über das Internet verbunden sind (EuGH, Urt. v. 08.09.2009, Rs. C-42/07 – Liga Portuguesa, Rn. 63, 72; Urt. v. 30.06.2011, Rs. C-212/08 – Zeturf, Rn. 80; BVerwG, Urt. v. 01.06.2011, Az. 8 C 5/10).“[359]

Damit bezieht sich die Gesetzesbegründung explizit auf jene Ausführungen der Großen Kammer des EuGH, in denen die erkennende Kammer festgestellt hat, Online-Glücksspiel bürge im Verhältnis zu terrestrischem Glücksspiel größere Gefahren für den Schutz von Verbrauchern, insbesondere für Jugendliche und Personen mit besonders ausgeprägter Spielneigung.[360] Zur Begründung führte die erkennende Kammer aus, ein fehlender unmittelbarer Kontakt zwischen Verbraucher und Anbieter, ein besonders leichter und ständiger Zugang zu den im Internet angebotenen Spielen, die potenziell große Menge und Häufigkeit der Angebote, eine Isolation der Spieler, Anonymität und eine fehlende soziale Kontrolle führten dazu, dass die Entwicklung von Spielsucht und übermäßigen Ausgaben für das Spielen begünstigt würden und dass die damit verbundenen negativen sozialen und moralischen Folgen vergrößert würden.[361]

d) § 4 Abs. 5 GlüStV – Eigenvertriebsmöglichkeiten für Lotto und Sportwetten

Mit § 4 Abs. 5 GlüStV 2012 wurde die Regelung des Abs. 4 zudem um einen Befreiungsvorbehalt erweitert. Danach kann das Angebot von Sportwetten und Lotterien im Internet ausnahmsweise erlaubt werden.[362] Damit können die Länder „zur besseren Erreichung der Ziele des § 1 den Eigenvertrieb und die Vermittlung von Lotterien sowie die Veranstaltung und Vermittlung von Sportwetten im Internet erlauben“.[363] Insoweit unterliegen Online-Glücksspiele im Rahmen der deutschen Glücksspielregulierung einem repressiven Verbot mit Befreiungsvorbehalt.[364] Aus dem klaren Wortlaut der Norm wird allerdings auch

---

359 *Amtliche Begründung zum GlüStV 2012*, Bayerischer Landtag, Drs. 16/11995, S. 22.

360 EuGH, Urt. v. 08.09.2010 – C-46/08 – *Carmen Media*, Rn. 102, 103, juris; EuGH, Urt. v. 30.06.2011 – C-212/08 – *Zeturf*, Rn. 80, juris.

361 EuGH, Urt. v. 08.09.2010 – C-46/08 – *Carmen Media*, Rn. 102, 103, juris; EuGH, Urt. v. 30.06.2011 – C-212/08 – *Zeturf*, Rn. 80, juris.

362 *Uwer/Koch*, in: Becker/Hilf/Nolte/Uwer, Glücksspielregulierung, § 4, Rn. 94.

363 Siehe § 4 Abs. 5 GlüStV 2012.

364 *Uwer/Koch*, in: Becker/Hilf/Nolte/Uwer, Glücksspielregulierung, § 4, Rn. 115.

deutlich, dass das im Übrigen ausnahmslos geltende Internetverbot für Online-Casinospiele jenseits von Lotterien und Sportwetten fort gilt.[365]

4. *Kritische Stimmen in der Literatur*

a) *Unions- und Verfassungsrechtswidrigkeit der deutschen Glücksspielregulierung*

Im Schrifttum treffen die Regelungen des § 4 GlüStV auf kritische Stimmen.[366] Bis zum heutigen Tage wird insbesondere die Unions- bzw. Verfassungsrechtsmäßigkeit der deutschen Glücksspielregulierung in Frage gestellt[367]:

aa. § 4 Abs. 1 GlüStV

So vertreten *Uwer* und *Koch* die Auffassung, die Erlaubnisvoraussetzungen des § 4 Abs. 1 S. 1 GlüStV seien, insbesondere für Glücksspiele mit vermeintlich geringerem Gefährdungspotenzial, überzogen.[368] Die Norm sei zudem unverhältnismäßig und ordnungsrechtlich nicht gerechtfertigt. Insbesondere sei für den Antragsteller nicht erkennbar, unter welchen Voraussetzungen eine Erlaubnis erteilt werde. Vielmehr stünde die Erlaubniserteilung allein im Ermessen der Behörde. Damit sei § 4 Abs. 1 GlüStV als „untrennbarer Teil eines rechtswidrigen Monopolsystems" unvereinbar mit Verfassungs- und Unionsrecht.[369] Zudem werde der Erlaubnisvorbehalt durch die Aufsichtsbehörden ohnehin nur dazu missbraucht, das staatliche Glücksspielmonopol abzusichern, indem es die privaten Anbieter vom Markt fernhalte.[370]

Hiergegen führt der 8. Senat des BVerwG in seinem Urteil vom 25.02.2015 (Az.: 8 B 36/14) aus:

> *„In der Rechtsprechung des Europäischen Gerichtshofs und des Bundesverwaltungsgerichts ist bereits geklärt, dass es mangels unionsrechtlicher Harmonisierung im Glücksspielbereich jedem Mitgliedstaat überlassen bleibt zu beurteilen und zu entscheiden, ob es erforderlich ist, bestimmte Tätigkeiten im Glücksspielbereich vollständig oder teilweise*

---

365 *Ukrow*, ZfWG 3/4/19, S. 223, 225.

366 *Uwer/Koch*, in: Becker/Hilf/Nolte/Uwer, Glücksspielregulierung, § 4, Rn. 94 ff.; *Schenke*, ZfWG 03/04/15, S. 170; *Kubiciel*, EuZW 13/17, S. 494; *Hambach/Berberich*, ZfWG 2/15, S. 150; *Hambach/Berberich*, ZfWG 6/19, S. 463.

367 Vgl. hierzu auch Drittes Kapitel, F., IV., 5., a), cc.

368 *Uwer/Koch*, in: Becker/Hilf/Nolte/Uwer, Glücksspielregulierung, § 4, Rn. 33, dabei verweisen sie insbesondere auf Lotterien.

369 *Uwer/Koch*, in: Becker/Hilf/Nolte/Uwer, Glücksspielregulierung, § 4, Rn. 33 ff., 49 ff.

370 *Uwer/Koch*, in: Becker/Hilf/Nolte/Uwer, Glücksspielregulierung, § 4, Rn. 33, 34.

zu verbieten, oder ob es genügt, sie zu beschränken und zu kontrollieren. Die Verhältnismäßigkeit der erlassenen Maßnahmen ist allein im Hinblick auf das national angestrebte Schutzniveau und die verfolgten Ziele zu beurteilen […] Ferner ist geklärt, dass der in dem am 1. Januar 2008 in Kraft getretenen Glücksspielstaatsvertrag normierte Erlaubnisvorbehalt unabhängig von der Rechtmäßigkeit des Sportwettenmonopols verfassungskonform ist und auch nicht gegen Unionsrecht verstößt […] Das in dem jeweiligen Landesgesetz näher geregelte Erlaubnisverfahren soll die präventive Prüfung ermöglichen, ob unter anderem die für die Tätigkeit erforderliche persönliche Zuverlässigkeit vorliegt und die Anforderungen des Jugend- und Spielerschutzes nach §§ 4 ff. GlüStV sowie die besonderen Regelungen der gewerblichen Vermittlung und des Vertriebs von Sportwetten nach §§ 19, 21 GlüStV beachtet werden. Diese gesetzlichen Anforderungen sind im Hinblick auf das damit verfolgte Ziel verhältnismäßig und angemessen (vgl. u. a. BVerwG, Urteil vom 24. November 2010 – 8 C 13.09 – Buchholz 11 Art. 12 GG Nr. 273 Rn. 80 f., 83). Darüber hinaus waren sie jedenfalls bis zu der mit Wirkung vom 1. Juli 2012 erfolgten Änderung des Glücksspielstaatsvertrages hinreichend bestimmt, transparent und nicht diskriminierend. […].“[371]

Dem schließt sich die deutsche Rechtsprechung im Übrigen an und erklärt den Erlaubnisvorbehalt aus § 4 Abs. 1 GlüStV durchweg für verfassungs- und unionsrechtmäßig.[372]

bb. § 4 Abs. 4 GlüStV

Eine Verfassungs- und Unionsrechtmäßigkeit wird in Teilen der Literatur insbesondere auch dem Internettotalverbot aus § 4 Abs. 4 GlüStV abgesprochen.[373]

Schenke etwa hält das Internettotalverbot aus § 4 Abs. 4 GlüStV für nicht geeignet und nicht erforderlich, mithin unverhältnismäßig.[374] Ein Totalverbot sei insbesondere nicht durchsetzbar. Damit leiste es keinen Beitrag zur Verwirklichung der vom Gesetzgeber intendierten Ziele.[375] Vielmehr sei es sogar

---

371 BVerwG, Beschl. v. 25.02.2015 – 8 B 36/14 –, Rn. 23, 26, juris.

372 OVG Schleswig, Beschl. v. 03.07.2019 – 4 MB 14/19 –, Rn. 13 ff., juris; OVG Lüneburg, Urt. v. 28.02.2019 – 11 LC 242/16 –, Rn. 53 f., juris; BVerwG, Beschl. v. 25.02.2015 – 8 B 36/14 –, Rn. 23, juris; BVerwG, Urt. v. 16.05.2013 – 8 C 14/12 –, BVerwGE 146, 303–324, Rn. 53, juris.

373 Vgl. *Fischer*, CR 9/14, S. 587, 590; *Uwer/Koch*, in: Becker/Hilf/Nolte/Uwer, Glücksspielregulierung, § 4, Rn. 94 ff.; *Schenke*, ZfWG 03/04/15, S. 170; *Kubiciel*, EuZW 13/17, S. 494; *Hambach/Berberich*, ZfWG 2/15, S. 150; *Hambach/Berberich*, ZfWG 6/19, S. 463.

374 *Schenke*, ZfWG 03/04/15, S. 170, 171, 176.

375 Dies bemängelt auch *Ennuschat*. Dabei sei besonders problematisch, dass dieses Vollzugsdefizit einen unregulierten Online-Casino-Markt mit besonderes hohen Suchtgefahren schaffe, *Ennuschat*, ZfWG 3/4/18, S. 202, 202.

kontraproduktiv, da es ein Abwandern der Spieler in den unregulierten Graumarkt fördere.[376] Beispielhaft zieht *Schenke* hierfür die Reaktionen auf das amerikanische Prohibitionsmodell aus dem *Unlawful Internet Gambling Enforcement Act of 2006* heran. Dabei hätten die amerikanischen Behörden mittels eines Financial- und Geo-/IP-Blockings versucht, ein Online-Poker-Verbot durchzusetzen. Dies habe jedoch nur dazu geführt, dass die Spieler auf die Seiten anderer, oftmals überseeischer (bzw. einer anderen Jurisdiktion unterliegender) Anbieter ausgewichen seien, sodass die Bundesstaaten die Regelung nacheinander wieder abgeschafft hätten.[377] Zudem sei nicht ersichtlich, warum das Internetverbot des § 4 Abs. 4 GlüStV für Online-Wetten durchbrochen und warum die Verbreitung von terrestrischen Automatenspielen geduldet werde.[378] Darüber hinaus bestünde mit einem Konzessionsmodell, vergleichbar mit jenem des § 10a GlüStV, ein milderes Mittel. Verfassungsrechtlich scheitere ein Eingriff in die Berufswahlfreiheit zudem an einem Verstoß gegen den Grundsatz der Gesamtkohärenz.[379]

Auch *Hambach* und *Berberich* tragen vor, dass noch 8 Jahre nach Einführung der weitreichenden Online-Verbotspolitik 85 % der Glücksspiel-Bruttospielerträge im nicht regulierten Markt erwirtschaftet würden. Damit habe sich der prohibitive Ansatz als ungeeignet erwiesen. Daran habe auch die Idee, spielinteressierte Personen auf wenige erlaubte Online-Glücksspielarten kanalisieren zu können, nichts geändert. Diese habe sich vielmehr als unzutreffend erwiesen.[380]

Kubiciel führt aus, das Verbot von Online-Casinos stehe mit zwei Vorgaben des Unionsrechts im Konflikt; dem Kohärenzgebot und der Darlegungs- und Beweispflicht für die Rechtfertigung von Eingriffen in Grundfreiheiten. Eine Inkohärenz resultiere daraus, dass die Veranstaltung und Vermittlung von Sportwetten unter einem Erlaubnisvorbehalt stünden, während Online-Casinos grundsätzlich verboten seien. Diese gegensätzliche Behandlung lasse die Regulierung unstimmig werden. Die Gründe für eine Liberalisierung der Online-Sportwetten-Regulierung ließen sich ohne Weiteres auf den Online-Casino-Bereich übertragen. Dort, wo ein reguliertes Angebot bestünde, könne das Glücksspiel in geordnete Bahnen gelenkt und durch ein Konzessionierungsmodell die Spielsuchtprävention

---

376 *Schenke*, ZfWG 03/04/15, S. 170, 171, 176.
377 *Schenke*, ZfWG 03/04/15, S. 170, 171, 171.
378 *Schenke*, ZfWG 03/04/15, S. 170, 171, 176.
379 *Schenke*, ZfWG 03/04/15, S. 170, 171, 176.
380 *Hambach/Berberich*, ZfWG 6/19, S. 463, 464.

und der Jugendschutz gewährleisten werden.[381] Daneben erfülle der Gesetzgeber seine „doppelte Nachweispflicht" nicht, da empirische Nachweise für die gesteigerte Gefährlichkeit des Online-Glücksspiels und für die Verhältnismäßigkeit (insbesondere Geeignetheit) des Totalverbots fehlten.[382]

Für *Uwer* und *Koch* beruhe das Online-Verbot des § 4 Abs. 4 GlüStV auf einem insgesamt verfehlten Regelungsansatz.[383] Zum einen widerspreche der Gedanke, im Internet angebotene Glücksspiele seien allein wegen der Nutzung des Mediums Internet per se besonders gefährlich, der Lebenswirklichkeit zahlreicher Verbraucher. Diese würden schließlich tagtäglich sogar Bankgeschäfte über das Internet abwickeln.[384] Zum anderen würden die von einem Glücksspiel ausgehenden Gefahren ohnehin nicht durch den Ort der Veranstaltung oder den Vertriebsweg bestimmt, sondern vielmehr durch die konkrete Ausgestaltung des Spielablaufs.[385] Auch könne nicht auf eine Anonymität des Spielvorgangs abgestellt werden, da sich jeder Spielteilnehmer im Internet notwendigerweise registrieren müsse, um im Gewinnfall eine Auszahlung sicherzustellen.[386] Diese technischen Begrenzungen führten überdies dazu, dass die Barrieren für eine Spielteilnahme von Jugendlichen über das Internet zum Teil sogar höher seien als beim terrestrischen Glücksspiel.[387] Auch sei die Verfügbarkeit von Glücksspiel im Internet nicht größer als beim terrestrischen Glücksspiel, welches ein „flächendeckendes, sehr breites Netz" aufweise.[388] Insgesamt könne das Internetverbot somit nicht durch objektive Gefahren begründet werden.[389] Daneben stelle § 4 Abs. 4 GlüStV für neue Anbieter aus dem EU-Ausland eine rechtswidrige Marktzutrittshürde dar.[390]

Es zeigt sich also ein gewisser Widerstand in der glücksspielrechtlichen Literatur gegen das Internettotalverbot. *Hambach* und *Berberich* kommen zu dem Ergebnis, ein Festhalten am Internetverbot für Poker- und Casinospiele erweise

381 *Kubiciel*, EuZW 13/17, S. 494, 496, 500.

382 *Kubiciel*, EuZW 13/17, S. 494, 498–500; so auch *Hambach/Berberich*, ZfWG 6/19, S. 463.

383 *Uwer/Koch*, in: Becker/Hilf/Nolte/Uwer, Glücksspielregulierung, § 4, Rn. 101, daneben gehen sie von einer Unverhältnismäßigkeit der Regelung aus.

384 *Uwer/Koch*, in: Becker/Hilf/Nolte/Uwer, Glücksspielregulierung, § 4, Rn. 99.

385 *Uwer/Koch*, in: Becker/Hilf/Nolte/Uwer, Glücksspielregulierung, § 4, Rn. 101.

386 *Uwer/Koch*, in: Becker/Hilf/Nolte/Uwer, Glücksspielregulierung, § 4, Rn. 101.

387 *Uwer/Koch*, in: Becker/Hilf/Nolte/Uwer, Glücksspielregulierung, § 4, Rn. 103.

388 *Uwer/Koch*, in: Becker/Hilf/Nolte/Uwer, Glücksspielregulierung, § 4, Rn. 104.

389 *Uwer/Koch*, in: Becker/Hilf/Nolte/Uwer, Glücksspielregulierung, § 4, Rn. 107.

390 *Uwer/Koch*, in: Becker/Hilf/Nolte/Uwer, Glücksspielregulierung, § 4, Rn. 106.

sich, „insbesondere angesichts der nachgewiesenen fehlenden Praxistauglichkeit in den vergangenen Jahren“ sowie aufgrund von verfassungs- wie unionsrechtlich zu fordernden aber vom Gesetzgeber nicht erfüllten Darlegungspflichten, als nicht legitimierbar.[391] Die daraus zu ziehenden Konsequenzen seien klar: Mindestens solange die Reichweite der erforderlichen Nachweispflichten nicht geklärt sei, empfehle es sich, dass die Glücksspielbehörden keine nachteiligen Vollzugsmaßnahmen hinsichtlich eines Internetverbots gem. § 4 Abs. 4 GlüStV träfen. Daneben könne das Veranstalten und Vermitteln von Online-Casino-Spielen solange strafrechtlich nicht geahndet werden.[392]

Hiergegen lässt sich zunächst einwenden, dass von einem Vollzugsdefizit nicht auf eine Ungeeignetheit der gesetzlichen Vorgaben geschlossen werden kann. Nur weil die zuständigen Aufsichtsbehörden die bestehenden Instrumente des GlüStV nicht konsequent anwenden und sich die Online-Glücksspielanbieter daher ungehindert ausbreiten können, erweist sich hierdurch das Internettotalverbot aus § 4 Abs. 4 GlüStV nicht als zur Eindämmung des Schwarzmarktes ungeeignet. Würden die zuständigen Behörden etwa allen beteiligten Zahlungsdienstleistern die Mitwirkung an Zahlungen zum Zwecke des illegalen Online-Glücksspiels gem. § 9 Abs. 1 S. 3 Nr. 4 GlüStV ordnungsbehördlich untersagen, wäre anzunehmen, dass dem illegalen Online-Glücksspiel schnell der nötige Finanzfluss fehlen würde, wodurch der Schwarzmarkt effektiv eingedämmt würde. In diesem Fall würde sich das Totalverbot aus § 4 Abs. 4 GlüStV postwendend als geeignet zur Erreichung der Ziele des § 1 GlüStV erweisen. Gleichsam würden solche Erfahrungen, wie sie die US-Behörden im Zusammenhang mit dem *Unlawful Internet Gambling Enforcement Act of 2006* gemacht haben, vermieden. Im Falle einer konsequenten Ahndung der Mitwirkungen der Banken, wäre auch ein Abwandern der Spieler in nicht zu kontrollierende Märkte zwecklos. Schließlich nehmen die Zahlungsdienstleister für das gesamte Online-Glücksspiel, d. h. auch für diese Märkte, eine Schlüsselrolle ein. Insofern ergibt insbesondere das gesetzlich vorgesehene Zusammenspiel von § 4 Abs. 4 GlüStV und § 9 GlüStV sehr wohl eine Geeignetheit. Diese wurde bisher schlicht durch eine effektive Lobbyarbeit und eine Nichtanwendung seitens der Aufsichtsbehörden korrumpiert. Überdies ist ein Totalverbot auch im Hinblick auf den gesamten Ziele-Katalog des § 1 GlüStV erforderlich. Ein Konzessionsmodell ist als milderes Mittel nicht gleich geeignet, alle gleichwertigen Ziele gleich effektiv zu verfolgen. Dies verdeutlichen allein schon die steigenden Suchtzahlen (auch

391 *Hambach/Berberich*, ZfWG 2/15, S. 150, 154.

392 *Kubiciel*, EuZW 13/17, S. 494, 496, *Hambach/Berberich*, ZfWG 6/19, S. 463, 467.

unter Jugendlichen) bei den in der Konzeption dem Konzessionsmodell unterliegenden Sportwetten.[393] Sodann ergibt sich auch aus dem Argument der Darlegungs- und Beweislast keine unmittelbare Unionsrechtswidrigkeit. Der EuGH hat in den Entscheidungen *Lindmann*, *DocMorris* und *Markus Stoß* klargestellt, dass eine Beschränkung des freien Dienstleistungsverkehrs durch eine restriktive nationale Maßnahme gerechtfertigt werden könne.[394] Dazu müssten zwar alle Umstände vorgelegt werden, anhand derer das Gericht sich vergewissern könne, ob die Maßnahme tatsächlich verhältnismäßig sei. Es ließe sich aber nicht der Umkehrschluss bilden, einem Mitgliedstaat sei deshalb die Möglichkeit zur einschneidenden Regulierung genommen, nur weil keine wissenschaftlichen Untersuchungen vorgelegt werden könnten.[395] Damit sind vorab keine empirischen Erhebungen erforderlich, in welchem Maße Online-Glücksspiele gefährlicher sind als andere. Der EuGH, wie auch die nationalen Gerichte, erkennen insoweit vielmehr einen Beurteilungsspielraum an.[396] Damit erweisen sich die von *Kubiciel* sowie *Hambach* und *Berberich* vorgetragenen vermeintlich notwendigen Konsequenzen als falsch. Es kann also nicht darauf ankommen, welche Stufe wissenschaftlicher Ausdifferenziertheit eine Tatsachengrundlage hat oder ob Drittgutachten in der Zwischenzeit zu anderen Ergebnissen gekommen sind, sofern das Gericht auf Grund der tatsächlich vorgelegten Tatsachengrundlagen, im Rahmen eines eigenen Prognosespielraums, berechtigterweise davon ausgehen durfte, dass Online-Glücksspiele gefährlich bis gefährlicher sind.[397] Erforderlich ist, dass der Prognose Sachverhaltsannahmen zu Grunde

---

393 *SWR2* Wissen, Sportwetten – Milliardengeschäft mit Suchtpotenzial, Sendung vom 09.11.2020; Siehe auch *Hannoverische* Allgemeine, Immer mehr süchtig nach Sportwetten, abzurufen unter: https://www.haz.de/Hannover/Aus-der-Stadt/Uebersicht/Immer-mehr-suechtig-nach-Sportwetten, zuletzt abgerufen am 24.01.2020; BZgA, Glücksspielverhalten und Glücksspielsucht in Deutschland 2019, S. 84, weist Sportwetten ein „erhöhtes Gefahrenrisiko“ zu.

394 EuGH, Urt. v. 13.11.2003 – C-42/02 – *Lindmann*; EuGH, Urt. v. 19.05.2009 – C-171/07 und C-172/07 – *DocMorris*; EuGH, Urt. v. 08.09.2010 – C-316/07 – *Markus Stoß*.

395 Vgl. EuGH, Urt. v. 08.09.2010 – C-316/07 – *Markus Stoß*, Rn. 71, 72, juris; so auch EuGH, Urt. v. 28.02.2018 – C-3/17 – *Sporting Odds*, Rn. 63 ff.

396 Vgl. EuGH, Urt. v. 19.05.2009 – C-171/07 –, Rn. 19, juris; EuGH, Urt. v. 11.12.2003 – C-322/01 –, Rn. 103, juris; EuGH, Urteil vom 08. September 2010 – C-316/07, C-358/07 bis C-360/07, C-409/07 und C-410/07 –, Rn. 81, juris; OLG Bremen, Urt. v. 29.01.2010 – 2 U 4/08 –, juris; VGH Baden-Württemberg, Urt. v. 10.12.2009 – 6 S 1110/07 –, Rn. 86, juris; BVerfG, Urt. v. 28.03.2006 – 1 BvR 1054/01 –, BVerfGE 115, 276–320, Rn. 112, 116, juris.

397 a. A. *Hambach/Berberich*, ZfWG 6/19, S. 463, 464.

liegen, die sorgfältig ermittelt sind, sich methodisch auf ein angemessenes Prognoseverfahren stützen lassen und nicht von sachfremden Erwägungen begleitet sind.[398] Hierzu existieren ausreichende wissenschaftliche Abhandlungen, die den Schluss nahelegen, dass Online-Glücksspiele gefährlich(er) sind.[399] Zudem sind in der Folge auch deutsche Gerichte, teilweise mit seitens der Gegenseite zur Entkräftung der Gefährlichkeit vorgelegten neueren Studien, weiterhin zum selben Ergebnis wie einst der Gesetzgeber gekommen.[400] Insofern ist festzuhalten, dass eine ausreichende Tatsachengrundlage zur Bewertung der Verhältnismäßigkeit der gesetzlichen Grundlage besteht. Auch wenn sich eine solche Tatsachengrundlage weiter ausdifferenzieren lässt, besteht damit kein Grund § 4 Abs. 4 GlüStV ordnungsrechtlich oder § 284 StGB strafrechtlich nicht zu vollziehen. Hinsichtlich des dahinterstehenden Vorbringens, die Gefährlichkeit von Online-Glücksspielen sei nicht ausreichend belegt oder sogar schon widerlegt worden, lässt sich folglich auf die Ausführungen von *Banz* und *Becker* verweisen:

> *„Wie aus der Lobbytätigkeit der Tabakindustrie bekannt, versuchen Anbieter die Gefahren zu verleugnen oder klein zu reden. Zu diesem Zweck werden Gutachten an willfährige Wissenschaftler vergeben, die mit ihrer „wissenschaftlichen Expertise" die Gefahren ganz ableugnen oder als unerheblich bewerten sollen."*[401]

Anders als von *Uwer* und *Koch* vertreten, geht es beim Internettotalverbot zudem nicht um eine abstrakte Gefährlichkeit des Mediums Internet. Vielmehr geht es darum, dass die Merkmale, welche das Suchtpotenzial eines Glücksspiels ausmachen, aufgrund der Umstände beim Online-Glücksspiel (grundsätzlich) gesteigert sind. Neben den Merkmalen, welche bei terrestrischem Glücksspiel bestehen und die auch bei Online-Glücksspielen vorliegen, kommen weitere Merkmale hinzu. Als solche primär zu nennen sind situative Merkmale, wie der vereinfachte Zugang (u. U. auch für Jugendliche), eine heimische Wohlfühlumgebung und die Verfügbarkeit des Spiels.[402] Damit resultiert die gesteigerte

---

398 *Dittmann*, in: Wöhr/Wuketich, Multidisziplinäre Betrachtung des vielschichtigen Phänomens Glücksspiel, S. 229, BVerfG, Urt. v. 24.10.2002 – 2 BvF 1/01 –, BVerfGE 106, 62–166, Rn. 350, juris.

399 Vgl. Erstes Kapitel, B, II, insbesondere Ausführungen zur Bewertung von Suchtpotenzialen von Glücksspielen anhand situativer Merkmale, Verfügbarkeit und struktureller Merkmale. Hier erweisen sich Online-Glücksspiele, und dabei insbesondere Online-Casinospiele, als besonders hoch bewertbar.

400 Vgl. OVG Schleswig, Beschl. v. 03.07.2019 – 4 MB 14/19 –, Rn. 21, juris, OVG Lüneburg, Urt. v. 28.02.2019 – 11 LB 497/18 –, Rn. 65, juris.

401 *Banz/Becker*, ZfWG 3/4/19, S. 212.

402 Vgl. Erstes Kapitel, B., II.; Siehe Zweites Kapitel, B., I., 1., b).

Gefahr bei Online-Glücksspielen aus den Umständen, welche gerade bzw. ausschließlich beim Online-Glücksspiel vorliegen. Insofern erweist sich die Darstellung von *Uwer* und *Koch,* eine durch das Medium Internet per se gesteigerte Gefährlichkeit widerspreche der Lebenswirklichkeit der Verbraucher, als zu oberflächlich und der Rückschluss eines verfehlten Regelungsansatzes als falsch. Es entspricht wohl eher der Lebenswirklichkeit zahlreicher Verbraucher, dass große Teile des modernen Lebens im Internet stattfinden trotz des Wissens, dass mit dem Vertriebsweg Internet gesteigerte Gefahren verbunden sind. Dabei wiegen die einzelnen Verbraucher jeweils die eigenen Vorteile gegenüber den Nachteilen des Vertriebsweges ab, unabhängig davon wie informiert sie sind oder welche individuellen Fähigkeiten und Kenntnisse sie besitzen. So auch beim Online-Banking.[403] Dass Online-Glücksspiele, aufgrund der Notwendigkeit sich für etwaige Gewinne zu registrieren, nicht anonym ablaufen könnten, wird bereits durch die Praxis zahlreicher Anbieter widerlegt. Diese ermöglichen eine Anmeldung durch (ungeprüfte) Eingabe von Personaldaten in eine Eingabemaske.[404] Eine Prüfung oder Verifizierung der angegebenen Identität erfolgt regelmäßig erst dann, wenn die Spieler Gewinne für sich reklamieren möchten.[405] Vorher wird in der Regel lediglich anhand eines Aktivierungslinks geprüft, ob eine aktive E-Mail-Adresse besteht. Es würde der Lebenswirklichkeit widersprechen davon auszugehen, dass eine aktiv genutzte E-Mail-Adresse eine Anonymität im Internet aufhebt. Als völlig unverständlich muss der Gedanke gelten, die Verfügbarkeit von Online-Glücksspiel-Angeboten sei nicht höher als diejenige, terrestrischer Angebote. Zwar mag es stimmen, dass die bloße Anzahl von terrestrischen Glücksspielangeboten wie Wettbüros, Spielhallen oder in Gaststätten aufgestellter Slot-Machines gleich oder höher ist als die Anzahl von Online-Glücksspiel-Webseiten. Die ungleich gesteigerte Verfügbarkeit der

---

403 Etwa wird es der Lebenswirklichkeit entsprechen, dass viele Verbraucher die Möglichkeit des Online-Bankings nutzen auch wenn sie wissen, dass Online-Banking im Vergleich zum Aufsuchen der örtlichen Bankfiliale durch Betrugsversuche wie Phishing u. Ä. höhere Gefahren birgt und sie sich hiergegen nicht vollständig selbst schützen können. Gleiches gilt für das Online-Shopping (Gefahr durch Fake-Shops u. Ä.), das Online-Dating (Sog. Love-Scamming), die Wohnungssuche im Internet (Falsche Wohnungsanzeigen), die Suche nach Urlaubsreisen im Internet (Falsche Urlaubsangebote), der Suche nach einer Arbeitsstelle im Internet (Falsche Stellenangebote) usw.

404 Etwa erfordert das Spielen auf den in Deutschland beliebten Online-Glücksspielseiten nationalcasino.com/de, platincasino.com/de und netbet.de keinerlei Identitäts-Verifizierung.

405 Vgl. Zweites Kapitel, B. I. 1. a) cc.

Online-Glücksspiele resultiert allerdings nicht aus der Quantität der Angebots-Websites, sondern daraus, dass nicht erst Wettannahmestellen, Spielhallen oder Automaten in Gaststätten aufgesucht werden müssen, um zu spielen. Im übertragenen Sinne wird die Spielhalle 24 Stunden am Tag durch das eigene Smartphone mit sich getragen. Da sich an der gerichtlichen bzw. gesetzgeberischen Einschätzung erhöhter Gefährlichkeit der Internet-Glücksspiele gegenüber terrestrischen Angeboten nichts geändert hat, ergibt sich daraus auch keine Inkohärenz zwischen der Regulierung des terrestrischen und des Online-Marktes. Dies gilt auch für die Regulierung der einzelnen Online-Glücksspielarten. Das Internetverbot gem. § 4 Abs. 4 GlüStV gilt zunächst einmal für alle Glücksspielarten im Internet. Unabhängig davon, ob sie erlaubnisfähig sind oder nicht. Es knüpft nicht an die Monopolregelung an, sondern soll den Ausschluss eines Vertriebsweges sicherstellen.[406] Damit hat der Gesetzgeber gerade auf eine vormals inkohärente Regulierung, wie u. a. von der *Carmen Media*-Entscheidung angedeutet, reagiert. Die teilweise Öffnung des Marktes für Sportwetten stellt sich nach teilweise vertretener Ansicht als Reaktion auf die Entscheidung *Markus Stoß* dar.[407] Insofern dürfte die Auffassung *Schenkes*, aus der Durchbrechung von § 4 Abs. 4 GlüStV für Sport-Wetten ergebe sich eine Inkohärenz, abzulehnen sein.[408] Gerade das Gegenteil dürfte der Fall sein, wie *Brugger* hinsichtlich der Aufgaben des Totalverbots feststellt.[409] Der Gesetzgeber reguliert durch das Totalverbot, welches in einem ersten Schritt für alle Glücksspielarten gilt, zunächst einmal einheitlich und damit gesamtkohärent. Er überzieht alle Angebote, auch die staatlichen, mit einem Totalverbot für den Vertriebsweg Internet. Mit der Experimentierklausel für Sportwetten, welche konzeptionell auf 20 Lizenzen begrenzt ist, sollte sodann den unerlaubten Angeboten eine begrenzte legale Alternative durch private Anbieter geboten werden. Dies entspricht dem Regelungsziel aus § 1 S. 1 Nr. 2 GlüStV und stellt insofern eine systematische Herangehensweise dar. Diese Experimentierphase sollte zudem erproben, ob es möglich ist, durch ein konzessioniertes Angebot den Schwarzmarkt zurückzudrängen. Mit der Zulassung von Zahlenlotterien, Losbrieflotterien und Sportwetten wollte sich

---

406 Vgl. Evaluationsbericht der obersten Glücksspielbehörden der Länder nach § 32 GlüStV vom 28.04.2017, S. 30; *Uwer/Koch*, in: Becker/Hilf/Nolte/Uwer, Glücksspielregulierung, S. 90.

407 Siehe Zweites Kapitel, B., I., 4., b).

408 Siehe *Schenke*, ZfWG 03/04/15, S. 170, 175.

409 Vgl. *Brugger*, Abbruch der Zahlungsströme als Mittel zur Bekämpfung unerlaubter Internetglücksspiele, S. 73.

der Gesetzgeber an den eigenen Erfahrungen der vergangenen Jahre und der bis dahin erlebten Praxis orientieren.[410] Ein solcher staatlicher Erfahrungswert existiert hingegen bei der Regulierung von Online-Casinospielen nicht. Damit lassen sich die Gründe und Erwägungen für die Online-Sportwettregulierung nicht auf die Online-Casinospiele übertragen. Der Begriff „Experimentierphase" zeigt ferner, dass die Online-Sportwettregulierung nicht grundsätzlich aus dem Regulierungssystem Totalverbot herausgenommen werden soll. Dass dies in der Praxis nunmehr anders aussieht und Sportwettangebote faktisch geduldet werden, ist der Ausgestaltung der „Experimentierklausel" geschuldet.[411] Hieraus dürfte sich jedoch kein Rückschluss auf die Kohärenz der Gesetzgebung in Bezug auf § 4 Abs. 4 GlüStV ziehen lassen. Damit ist insofern auch der Vorwurf *Kubiciels*, aus der Gesamtschau mit der Regulierung der Sportwetten ergebe sich eine Inkohärenz, widerlegt. Hinsichtlich der Übertragung des Konzessionsmodells auf Online-Casino-Spiele hatte auch schon der Gesetzgeber in den Erläuterungen zum GlüStV 2012 ausgeführt:

> *„Mit dem aufgezeigten, differenzierten Regelungsansatz einschließlich des neuartigen Konzessionsmodells für Sportwetten unter Beibehaltung des Lotteriemonopols lassen sich die Ziele des Staatsvertrages am besten erreichen.*
>
> *Die mit einem reinen Erlaubnismodell verbundene Liberalisierung aller Bereiche, die – mit Ausnahme der großen Lotterien – alle Glücksspielformen einschließlich des Online-Casinos und der zahlenmäßig unlimitierten Zulassung von Sportwettanbietern umfassen müsste, hätte eine starke Erweiterung der Angebote zur Folge. Es stünde zu erwarten, dass die Glücksspiele mit hohem Gefährdungspotenzial dann auch in zunehmendem Maße die Gelegenheitsspieler anziehen würden. Mit dem Angebot würden die Spiel- und Wetteinsätze und die Pro-Kopf-Ausgaben für Glücksspiel steigen und sich dementsprechend die sozialen Kosten des Glücksspiels erhöhen. Gemessen an der staatlichen Pflicht zum Schutz der Gesundheit der Bürger nach Art. 2 Abs. 2 S. 1 GG wäre eine solche Ausweitung ordnungs- und sozialpolitisch nicht hinnehmbar.*
>
> *Alternativen zu dem gewählten Regulierungsmodell bestehen daher nicht."*[412]

Insofern sind die kritischen Stimmen in der Literatur abzulehnen. Wie der EuGH schon mehrfach festgestellt hat, dürfen die Mitgliedstaaten selbst bestimmen, ob es im Zusammenhang mit den verfolgten legitimen Zielen erforderlich ist, gewisse Tätigkeiten teilweise oder vollständig zu verbieten. Dabei sind Notwendigkeit und Verhältnismäßigkeit der erlassenen Maßnahmen allein im

410 Gesetzesbegründung, Landtag Baden-Württemberg, Drs. 15/2431, S. 48, 72.
411 Vgl. EuGH, Urt. v. 04.02.2016 – C-336/14 – *Ince*.
412 *Amtliche Begründung zum GlüStV 2012*, Bayerischer Landtag, Drs. 16/11995, S. 21.

Hinblick auf die verfolgten Ziele und das von den betroffenen Stellen angestrebte Schutzniveau zu beurteilen.[413] Das angestrebte Schutzniveau Deutschlands lässt sich im europäischen Vergleich als hoch bis sehr hoch einstufen. Die Ziele sind § 1 GlüStV zu entnehmen. Der dabei angewendete Ermessensspielraum dürfte auf einer ausreichenden Tatsachengrundlage basieren. Es lässt sich wissenschaftlich mindestens belegen, dass das Online-Glücksspiel gefährlicher ist als das terrestrische Glücksspiel. Damit dürfte den Anforderungen an eine Darlegungslast hinsichtlich § 4 Abs. 4 GlüStV genüge getan sein. Dieser statuiert ein generelles Internetverbot für alle Teilnehmer und Glücksspielarten. Eine Ungleichbehandlung der einzelnen Glücksspielarten bezogen auf § 4 Abs. 4 GlüStV existiert also nicht. Nebenher sei angemerkt, dass die Phase der Liberalisierung in Schleswig-Holstein zu schnell abgebrochen wurde, als dass daraus fundierte Erhebungen hätten entstehen können. Insofern lässt sich schon nicht belegen, dass mit einem Konzessionsmodell die Ziele des GlüStV in ihrer Gesamtheit genauso effektiv erreicht werden könnten, wie mit einem Totalverbot. Eine Ungleichbehandlung außerhalb von § 4 Abs. 4 GlüStV wird bereits darauf zurückzuführen sein, dass Online-Casinospiele aufgrund ihrer situativen Merkmale nicht erlaubnisfähig sind.

Die deutsche Rechtsprechung hält § 4 Abs. 4 GlüStV geschlossen für verfassungs- und unionsrechtmäßig.[414] So führte der 8. Senat des BVerwG in seinem Urteil vom 26.10.2017 (Az.: 8 C 18/16) aus:

> *„Ausgehend von den dargestellten legitimen Gemeinwohlzielen ist das Internetverbot auch nach dem neuen Glücksspielstaatsvertrag verfassungs- (bb) und unionsrechtskonform (cc).*
>
> *bb) Das Internetverbot verstößt weiterhin nicht gegen Art. 12 Abs. 1 GG. Verfassungsrechtlich ist dem Gesetzgeber unter Beachtung der Sachgesetzlichkeiten bei der Bestimmung der Geeignetheit und Erforderlichkeit der Maßnahme ein Einschätzungs- und Prognosespielraum eingeräumt, der erst dann überschritten wird, wenn seine Erwägungen so offensichtlich fehlsam sind, dass sie vernünftigerweise keine Grundlage für die angegriffene gesetzgeberische Maßnahme sein können. […] Gemessen daran stellt seine begrenzte und regulierte Öffnung des Vertriebswegs Internet für Lotterien sowie Sport- und Pferdewetten*

413 EuGH, Urt. v. 08.09.2010 – C-46/08 –, *Carmen Media*, Rn. 47, juris, EuGH Urteile *Läärä*, Rn. 35, 36, *Zenatti*, Rn. 33, 34, *Liga Portuguesa*, Rn. 58, juris.

414 OVG Berlin-Brandenburg, Beschl. v. 20.08.2019 – OVG 1 N 46.18, VGH Baden-Württemberg, Beschl. v. 11.07.2019 – 6 S 2759/18, OVG Schleswig, Beschl. v. 03.07.2019 – 4 MB 14/19, OLG Koblenz, Urt. v. 03.06.2019 – 9 U 1359/18, OVG Lüneburg, Urt. v. 28.02.2019 – 11 LC 242/16, VG Schleswig-Holstein, Beschl. v. 28.01.2019 – 12 B 38/18, BVerwG, Urt. v. 26.10.2017 – 8 C 18/16, BVerwG, Urt. v. 26.10.2017 – 8 C 14/16, OVG Schleswig, Urt. v. 23.03.2017 – 4 LB 2/26.

die Geeignetheit des Internetverbots nicht in Frage. Das von den Ländern gewählte Prinzip des Verbots mit Erlaubnisvorbehalt kann eine Kanalisierung herbeiführen, die das Angebot an Glücksspielen beschränkt und die Transparenz des Spielbetriebs fördert. […] Im Übrigen ist das modifizierte Internetverbot weiterhin geeignet, die Zwecke des Glücksspielstaatsvertrages zu erreichen, indem es den Spieler zwingt, die ihm unterfallenden Glücksspielangebote real aufzusuchen und so die spielsuchtfördernde häusliche Online-Spielvariante zu vermeiden.

Das Verbot ist auch erforderlich, die damit verfolgten legitimen Zwecke zu erreichen. Gleich geeignete mildere Mittel sind nicht ersichtlich. Dass die Länder von der Möglichkeit, den gesamten Glücksspielmarkt im Internet zu legalisieren, unter Verweis auf die hohe Manipulationsanfälligkeit von Casinospielen und Poker, deren herausragendes Suchtpotenzial sowie ihre Anfälligkeit für eine Nutzung zu Zwecken der Geldwäsche abgesehen haben, erscheint nicht als offensichtlich fehlsam. […]

Das Internetverbot in seiner Ausgestaltung durch § 4 Abs. 4 und 5 GlüStV 2012 verstößt auch nicht gegen Art. 3 Abs. 1 GG. Die Ausnahmen vom Internetverbot für Lotterien sowie Sport- und Pferdewetten nach Maßgabe des § 4 Abs. 5 GlüStV 2012 werden durch die vom Gesetzgeber angestrebte Kanalisierung des Glücksspiels im oben dargestellten Sinne und die geringere Suchtgefahr bei den ausnahmsweise zulässigen Spielformen sachlich gerechtfertigt.

cc) Das Internetverbot des § 4 Abs. 4 und 5 GlüStV 2012 ist auch mit Unionsrecht vereinbar. Es schränkt zwar die durch Art. 56 f. AEUV gewährleistete Dienstleistungsfreiheit von Glücksspielanbietern ein, die – wie die Klägerin – ihren Sitz in anderen Mitgliedstaaten der Europäischen Union haben und ihre Dienstleistungen im Bundesgebiet erbringen wollen. Diese Beschränkung ist aber gerechtfertigt, weil sie auch im unionsrechtlichen Sinne verhältnismäßig und insbesondere geeignet ist, zur Erreichung der mit ihr verfolgten Gemeinwohlzwecke in systematischer und kohärenter Weise beizutragen.

Es ist grundsätzlich Sache des Mitgliedstaates, das nationale Schutzniveau in Bezug auf Glücksspiele selbst zu bestimmen und die Erforderlichkeit einzelner Maßnahmen zu beurteilen […]. Die staatlichen Stellen verfügen im besonderen Bereich der Veranstaltung von Glücksspielen über ein ausreichendes Ermessen, um festzulegen, welche Erfordernisse sich aus dem Schutz der Verbraucher und der Sozialordnung ergeben […]

Ausgehend von diesen Maßstäben steht die Eignung des Internetverbots zur Verfolgung der legitimen Gemeinwohlziele des Glücksspielstaatsvertrages nicht in Zweifel. Mit der kontrollierten Zulassung des Vertriebswegs Internet für Lotterien sowie Sport- und Pferdewetten soll den unerlaubten Angeboten im Internet zur besseren Erreichung der Ziele des § 1 GlüStV 2012 eine legale, sichere und den Spielerschutz gewährleistende Alternative gegenübergestellt werden. Eine begrenzte Erlaubnis von Glücksspielen im Rahmen von Sonder- oder Ausschließlichkeitsrechten kann der Verwirklichung der im Allgemeininteresse liegenden Ziele des Verbraucherschutzes und des Schutzes der Sozialordnung dienen, da sie die Spiellust und den Betrieb der Spiele in kontrollierte Bahnen lenkt […]. Etwaige praktische Probleme des Staates, Verbote im Glücksspielwesen wirksam durchzusetzen, insbesondere im Zusammenhang mit dem Internet als einem schwer zu kontrollierenden transnationalen Medium, vermögen die grundsätzliche Eignung der Maßnahme nicht in Frage zu stellen […].

Das Internetverbot trägt auch nach Zulassung der Ausnahmen für Lotterien sowie Sport- und Pferdewetten in systematischer und kohärenter Weise zur Erreichung der dargelegten Ziele des Glücksspielstaatsvertrages bei. […] Über den Monopolsektor hinausgreifend fordert das Kohärenzgebot, dass eine die Dienstleistungsfreiheit einschränkende Regelung nicht durch eine gegenläufige mitgliedstaatliche Politik in anderen Glücksspielbereichen mit gleich hohem oder höherem Suchtpotenzial in einer Weise konterkariert werden darf, die ihre Eignung zur Zielerreichung aufhebt […]. Hingegen verpflichten die unionsrechtlichen Grundfreiheiten den Mitgliedstaat nicht zu einer sämtliche Glücksspielsektoren und föderale Zuständigkeiten übergreifenden Gesamtkohärenz glücksspielrechtlicher Maßnahmen […].

[…] Das demgegenüber höhere Suchtpotenzial von Online-Casinospielen und Online-Poker haben die Länder in ihren amtlichen Erläuterungen zum Glücksspielstaatsvertrag unter Bezugnahme auf eingeholte Studien und Berichte hinreichend dargestellt. Diese Glücksspiele weisen nach der entsprechenden Einschätzung der Länder außerdem eine gegenüber anderen Glücksspielangeboten höhere Anfälligkeit für Manipulationen und die Nutzung für Geldwäsche […]. Darüber hinaus ist die ausnahmsweise Erlaubniserteilung für Lotterien sowie Sport- und Pferdewetten im Internet nach § 4 Abs. 5 GlüStV 2012 an strenge Voraussetzungen geknüpft, die dem spezifischen Gefährdungspotenzial des Online-Glücksspiels Rechnung tragen […].Auch im Übrigen ist nicht ersichtlich, inwieweit die begrenzte und regulierte Zulassung von Lotterien sowie Sport- und Pferdewetten im Internet die Erreichung des Ziels der Suchtbekämpfung bei im Internet weiterhin verbotenen Glücksspielen konterkarieren würde.“[415]

cc. § 4 Abs. 5 GlüStV

Ebenso wie gegen Abs. 4 werden seitens von Teilen der Literatur gegen § 4 Abs. 5 GlüStV grob dieselben Argumente vorgebracht:

Uwer und *Koch* kritisieren die Anforderungen, unter denen ein Internetangebot nach Abs. 5 zugelassen werden kann, als zu hoch. Sie seien zu restriktiv, um eine echte Marktöffnung unter angemessenen Bedingungen zuzulassen. Die einzelnen Beschränkungen erschienen zum Teil willkürlich gewählt. Unverständlich sei insbesondere, dass dieselben Anforderungen für den Online-Vertrieb von Lotterien gelten, von denen nach wissenschaftlichen Erkenntnissen faktisch keine Suchtgefahren ausgingen, sodass die Anforderungen aus Abs. 5 überzogen schienen. Im Übrigen könne man dem Befreiungsvorbehalt dieselben Bedenken entgegenbringen, wie jenem aus § 4 Abs. 1 GlüStV. Auch insoweit ließen

415 BVerwG, Urt. v. 26.10.2017 – 8 C 18/16 –, BVerwGE 160, 193–212, Rn. 33–42, juris.

sich dem GlüStV keine objektiven, vorhersehbaren und nichtdiskriminierenden Erlaubniskriterien entnehmen, die der Ermessenausübung der Behörde klare Konturen gäben. Der neu gefasste Ausnahmetatbestand bestätige allein, dass die Länder ein den Zielen des Jugend- und Spielerschutzes genügendes Online-Angebot für möglich hielten, obwohl etwa Sportwetten ein signifikantes Suchtpotenzial aufwiesen. Dem folgend gäbe es dann aber keinen sachlichen Grund, diese Erkenntnis nicht auf alle vom GlüStV erfassten Glücksspiele, insbesondere Online-Casino und -Poker-Spiele zu übertragen. Zudem sei auch die Regelung in Abs. 5 inkohärent, da sie Lotterien und Sportwetten ungleich behandele. Während auch die Veranstaltung von Sportwetten im Internet nach § 4 Abs. 5 GlüStV erlaubt werden könne, könne nach der Vorschrift in Bezug auf Lotterien nur der Vertrieb erlaubt werden. Daraus ergebe sich, dass der Internetvertrieb für Sportwetten weniger restriktiv behandelt werde. Darüber hinaus sei für den Internetvertrieb von Sportwetten nach § 10a Abs. 4 GlüStV, anders als für die Lotterievermittlung, keine gesonderte Erlaubnis erforderlich, sofern einem Anbieter eine Konzession für die Sportwettenveranstaltung erteilt wurde. Dies habe zur Folge, dass der Inhaber einer Sportwettkonzession nicht von einer erneuten Entscheidung der Behörde über die Erlaubnis des Vertriebs und der Vermittlung von Sportwetten im Internet abhängig sei. Der Inhaber einer Erlaubnis für die Vermittlung von Lotterien hingegen sei von einer weiteren ermessensabhängigen und damit nicht überprüfbaren und insofern unionsrechtswidrig ausgestalteten Erlaubnis nach § 4 Abs. 5 GlüStV abhängig.[416]

Sofern sich die Argumente mit denen gegen § 4 Abs. 1 bzw. 4 GlüStV überschneiden, wird auf die vorherigen Abschnitte verwiesen. Im Übrigen lassen sich die Ausführungen von *Uwer* und *Koch* damit entkräften, dass sich eine vermeintliche Ungleichbehandlung von Lotto und Sportwetten in § 4 Abs. 5 GlüStV daraus ergibt, dass in Deutschland entgegen einem Sportwettmonopol weiterhin ein Lotteriemonopol existiert. Wie dem Wortlaut von § 4 Abs. 5 GlüStV zu entnehmen ist, können die Länder „den Eigenvertrieb und die Vermittlung von Lotterien" im Internet erlauben. Die Vorschrift greift also einerseits auf, dass in Deutschland für die Veranstaltung von regulären bzw. großen Lotterien ein Veranstaltungsmonopol der Landeslotteriegesellschaften existiert. Andererseits knüpft dieser Teil der Vorschrift daran an, dass der Gesetzgeber mit § 4 Abs. 4 GlüStV den staatlichen Anbietern zuvor das Betätigungsfeld Internet als Reaktion auf die scharfe Kritik des BVerfG entzogen hat. Die Vorschrift besagt also, diejenigen (staatlichen) Anbieter, die Lotterien veranstalten dürfen, können den

416 *Uwer/Koch*, in: Becker/Hilf/Nolte/Uwer, Glücksspielregulierung, S. 88, 89, 92, 93.

Eigenvertrieb und die (Fremd-)Vermittlung von Lotterien über das Internet unter den genannten Voraussetzungen wieder erlaubt bekommen, wenn – in Übereinstimmung mit § 4 Abs. 5 Nr. 1–5 GlüStV – die in der Vergangenheit vom BVerfG vermissten Voraussetzungen vorliegen. Da der (Monopol-) Hintergrund für Sportwetten nicht (mehr) existiert, musste § 4 Abs. 5 GlüStV dahingehend erweitert bzw. nicht reduziert werden. Sportwetten werden also durch § 4 Abs. 5 GlüStV nicht weniger restriktiv behandelt. Auch kann nicht der Umkehrschluss gezogen werden, § 10a GlüStV führe dazu, für Lotterien werde eine „erneuten Entscheidung der Behörde über die Erlaubnis des Vertriebs und der Vermittlung" im Internet erforderlich. Die Prüfung zur Erteilung einer Konzession im Rahmen der Experimentierklausel nach § 10a GlüStV ersetzt gerade § 4 Abs. 5 GlüStV, sodass es in keinem Fall zu einer „erneuten Entscheidung" kommen muss, insbesondere aber nicht für Sportwetten im Rahmen des „Experiments". Diese Ausführungen können insofern als „Nebelkerzen" verstanden werden. Zuletzt lässt sich ausführen, dass die Hintergründe zu § 4 Abs. 5 GlüStV von Lotterien und Sportwetten nicht auf Casino-Spiele übertragen werden können. Das verbietet sich schon deshalb, weil Casino-Spiele nach der Konzeption von § 4 GlüStV nicht erlaubnisfähig sind. Unabhängig von den übrigen Voraussetzungen nach § 4 Abs. 5 Nr. 1–5 GlüStV werden stets Versagungsgründe nach § 4 Abs. 2 GlüStV vorliegen. Die Rechtsprechung bewertet auch § 4 Abs. 5 GlüStV als rechtskonform. So führte das OVG Niedersachsen in seinem Urteil vom 28.02.2019 (Az.: 11 LC 242/16) aus, das Internettotalverbot aus § 4 Abs. 4 GlüStV sei mit Verfassungs- und Unionsrecht vereinbar. Eine andere Bewertung sei insbesondere nicht durch die Ausnahmeregelungen des § 4 Abs. 5 GlüStV geboten.[417]

b) *Wegweisende Entscheidungen des EuGH*

Wie bereits im vorangehenden Abschnitt angedeutet, wurde das Glücksspielrecht in Deutschland entscheidend von einer Reihe wegweisender EuGH-Entscheidungen geprägt. Zu nennen sind etwa die Entscheidungen *Schindler*, *Gambelli*, *Liga Portuguesa*, *Carmen Media*, *Markus Stoß*, *Winner Winner* und *Ince*. Da bis zum heutigen Tage die Unionsrechts- und Verfassungsmäßigkeit der deutschen Glücksspielregulierung angezweifelt wird, erfolgt an dieser Stelle ein tiefergehender Exkurs zu den Entscheidungen.

417 OVG Niedersachsen, Urt. v. 28.02.2019 – 11 LC 242/16 –, Rn. 59, juris.

aa. Schindler

In seinem Urteil vom 24.03.1994 (Rs.: C-275/92 – *Schindler*) bestätigte der Europäische Gerichtshof erstmalig, dass die Bereitstellung und Nutzung grenzüberschreitender Glücksspielangebote eine wirtschaftliche Tätigkeit sei, die unter die Regelungen des Vertrages über die Arbeitsweise der Europäischen Union (AEUV) falle.[418] Laut Art. 56 AEUV sind Beschränkungen der Freiheit, Dienstleistungen für Leistungsempfänger in anderen Mitgliedstaaten bereitzustellen, verboten.[419] Somit kam erstmals der Frage entscheidende Bedeutung zu, ob die einschlägigen nationalen Normen gerechtfertigte Beschränkungen der Dienstleistungsfreiheit darstellen würden. Dienstleistungsschranken werden vom EuGH am Maßstab zwingender Gründe des mitgliedstaatlichen Allgemeininteresses überprüft. Als Gründe des Allgemeininteresses machte der EuGH vorliegend die anerkannten Ziele des Verbraucherschutzes und des Schutzes der Sozialordnung aus.[420] Das Gericht führte hierzu aus:

> *„Angesichts der ganz besonderen Natur der Lotterien, die von vielen Mitgliedstaaten betont worden ist, sind diese Gründe geeignet, Beschränkungen bis hin zum Verbot von Lotterien im Gebiet eines Mitgliedstaats im Hinblick auf Artikel 59 EWG-Vertrag zu rechtfertigen.*
>
> *Zunächst einmal können nämlich die sittlichen, religiösen oder kulturellen Erwägungen, die in allen Mitgliedstaaten zu Lotterien ebenso wie zu den anderen Glücksspielen angestellt werden, nicht außer Betracht bleiben. Sie sind allgemein darauf gerichtet, die Ausübung von Glücksspielen zu begrenzen oder sogar zu verbieten und zu verhindern, daß sie zu einer Quelle persönlichen Gewinns werden. Sodann ist festzustellen, daß die Lotterien angesichts der Höhe der Beträge, die durch sie eingenommen werden können, und der Höhe der Gewinne, die sie den Spielern bieten können, vor allem wenn sie in größerem Rahmen veranstaltet werden, die Gefahr von Betrug und anderen Straftaten erhöhen. Außerdem verleiten sie zu Ausgaben, die schädliche persönliche und soziale Folgen haben können. Schließlich ist, ohne daß dies allein als sachliche Rechtfertigung angesehen werden könnte, nicht ohne Bedeutung, daß Lotterien in erheblichem Masse zur Finanzierung uneigennütziger oder im Allgemeininteresse liegender Tätigkeiten wie sozialer oder karitativer Werke, des Sports oder der Kultur beitragen können.*

---

418 EuGH, Urt. v. 24.03.1994 – C-275/92 –, *Schindler* oder *Her Majesty's*, juris; Das Verfahren hatte dadurch an Brisanz gewonnen, dass sich mit Ausnahme Italiens alle damaligen Mitgliedstaaten an dem Verfahren beteiligten und dabei in der Mehrheit vortrug, der EG-Vertrag sei auf Lotterieveranstaltungen nicht anwendbar, weil sie nicht zum „Wirtschaftsleben" gehörten, das jeweilige nationale Glücksspielrecht vielmehr reines Ordnungsrecht sei, *Stein*, EWS 6/02, S. 416.

419 Europäische Kommission, Grünbuch Online-Glücksspiele im Binnenmarkt, S. 11.

420 *Sura*, NJW 22/95, S. 1470.

Diese Besonderheiten rechtfertigen es, daß die staatlichen Stellen über ein ausreichendes Ermessen verfügen, um festzulegen, welche Erfordernisse sich bezüglich der Art und Weise der Veranstaltung von Lotterien, der Höhe der Einsätze sowie der Verwendung der dabei erzielten Gewinne aus dem Schutz der Spieler und allgemeiner nach Maßgabe der soziokulturellen Besonderheiten jedes Mitgliedstaats aus dem Schutz der Sozialordnung ergeben. Somit kommt den Staaten nicht nur die Beurteilung der Frage zu, ob eine Beschränkung der Tätigkeiten im Lotteriewesen erforderlich ist, sondern sie dürfen diese auch verbieten, sofern diese Beschränkungen nicht diskriminierend sind.“[421]

Damit wurde durch die Entscheidung *Schindler* klar, das Glücksspielrecht muss am Maßstab des Unionsrechts, hier speziell der Dienstleistungsfreiheit, gemessen werden. Den Mitgliedsstaaten wird aber bei der Einschränkung der Dienstleistungsfreiheit ein Ermessen eingeräumt. Das nationale Glücksspielrecht kann also einschränken, wobei bereits laut der bisherigen Rechtsprechung des EuGH zwingende Gründe des Allgemeininteresses die Triebfeder sein müssen. Insbesondere sittliche, religiöse oder kulturelle Erwägungen können von den Mitgliedstaaten im Rahmen eines Ermessens bei der Ausgestaltung des Glücksspielrechts so weit berücksichtigt werden, dass Beschränkungen bis hin zu einem Verbot gerechtfertigt sein können. Der Gerichtshof hat verschiedene zwingende Gründe des Allgemeininteresses anerkannt. Dazu zählen der Verbraucherschutz, die Betrugsvorbeugung, die Vermeidung von Anreizen zu überhöhten Spielausgaben sowie generell die Aufrechterhaltung der öffentlichen Ordnung. Fiskalische Interessen können dagegen nicht als zwingende Gründe des Allgemeininteresses angeführt werden.[422]

bb. Zenatti

In seiner Entscheidung vom 21.10.1999 (Rs.: C-67/98 – *Zenatti*) hat der EuGH sodann an diese zwingenden Gründe des Allgemeininteresses angeknüpft und nochmal konkret ausgeführt, dass eine Begrenzung der Unionsrechte aufgrund zwingender Gründe des Allgemeininteresses nur dann zulässig sei, wenn sie wirklich diesen Zielen (im konkreten Fall die Gelegenheit zum Spiel zu vermindern) diene und andere Gründe (im konkreten Fall die Finanzierung sozialer Aktivitäten mit Hilfe der Abgabe auf die Einnahmen aus genehmigten Spielen) nicht der eigentliche Grund der betriebenen restriktiven Politik seien.[423] Denn

---

421 EuGH, Urt. v. 24.03.1994 – C-275/92 – *Schindler*, Rn. 59–61, juris.

422 Europäische Kommission, Grünbuch Online-Glücksspiele im Binnenmarkt, S. 11, 12, unter Verweis auf die EuGH Rs. C-275/92, Slg. 1994, I-01039; C-124/97, Slg. 1999, I-06067 und C-67/98, Slg. 1999, I-07289.

423 EuGH, Urt. v. 21.10.1999 – C-67/98 – *Zenatti*, juris.

obwohl es, wie im Urteil *Schindler* bereits festgestellt, nicht gleichgültig sei, dass Lotterien und Glücksspiele in erheblichem Maße zur Finanzierung gemeinnütziger oder im Allgemeininteresse liegender Tätigkeiten beitragen könnten, könne dies allein nicht als sachliche Rechtfertigung von Beschränkungen der Dienstleistungsfreiheit angesehen werden.[424]

cc. *Gambelli*

In seinem Urteil vom 06.11.2003 (Rs.: C-243/01 – *Gambelli*) vertiefte der EuGH sodann die Kontrolldichte bei der Beschränkung von Grundfreiheiten.[425] Danach sei eine Erlaubnisvorbehaltsregelung auf Unionsrechtsebene nur dann gerechtfertigt, wenn sie einerseits auf zwingenden Gründen des Allgemeininteresses gestützt sei, sie geeignet sei, die Verwirklichung des mit ihr verfolgten Ziels zu gewährleisten, nicht über das hinausgehe, was zur Erreichung dieses Ziels erforderlich sei und in nichtdiskriminierender Weise angewandt werde.[426] Andererseits müssten die Beschränkungen der Niederlassungs- und Dienstleistungsfreiheit aus Art. 49, 56 AEUV aber auch *kohärent und systematisch* zur Begrenzung des Glücksspiels beitragen, um verhältnismäßig zu sein.[427] Der Gerichtshof führte weiter beispielhaft aus, dass der italienische Staat auf nationaler Ebene eine Politik der starken Ausweitung des Spielens und Wettens zum Zwecke der Einnahmeerzielung verfolge. Soweit nun aber die Behörden eines Mitgliedstaats die Verbraucher dazu anreizen und ermuntern würden, an Lotterien, Glücksspielen oder Wetten teilzunehmen, damit der Staatskasse daraus Einnahmen zufließen, könnten sich die Behörden dieses Staates nicht gleichzeitig im Hinblick auf die Notwendigkeit, die Gelegenheit zum Spiel zu vermindern, auf die öffentliche Sozialordnung berufen, um Maßnahmen gegen die private Veranstaltung und Vermittlung von Glücksspiel zu rechtfertigen.[428] Diese Kohärenzprüfung etablierte der EuGH anschließend in späteren Entscheidungen zum allgemeinen Erfordernis im Rahmen der Verhältnismäßigkeitsprüfung. Danach ist eine Regelung dann inkohärent, wenn vergleichbare Kategorien ungleich behandelt werden, sofern diese Ungleichbehandlung die Erreichung der ausgewiesenen Ziele beeinträchtigt oder vereitelt. Werden mehrere Ziele

---

424 EuGH, Urt. v. 21.10.1999 – C-67/98 – *Zenatti*, Rn. 36, juris.

425 EuGH, Urt. v. 06.11.2003 – C-243/01 – *Gambelli*, juris.

426 EuGH, Urt. v. 06.11.2003 – C-243/01 – *Gambelli*, Leitsatz, juris.

427 *Streinz/Kruis*, NJW 52/10, S. 3745, 3747 = EuGH, Urt. v. 06.11.2003 – C-243/01 – *Gambelli*, Rn. 67, juris.

428 EuGH, Urt. v. 06.11.2003 – C-243/01 – *Gambelli*, Rn. 68, 69, juris.

verfolgt, sind diese gemeinsam zu würdigen.[429] Seit der *Gambelli*-Entscheidung ist also klar, dass die Verhältnismäßigkeitsprüfung im Rahmen der Einschränkung der Dienstleistungsfreiheit durch glücksspielrechtliche Regelungen auf der Ebene der Geeignetheit in vertiefter Art und Weise erfolgen muss.[430] Dort wird nunmehr geprüft, ob sich der Mitgliedstaat im Rahmen seiner Regulierung auch kohärent und systematisch verhält. Das ist insbesondere für die Bereiche wichtig, in denen der Staat auch fiskalische Interessen verfolgt und dabei vermeintlich Gleiches ungleich reguliert. Damit wird also eine weitergehende Begründung erforderlich, wenn eine Glücksspiel-Art stärker reguliert werden soll, während der Staat die Angebote bei einer anderen Glücksspiel-Art weniger stark reguliert bzw. selbst intensiv(er) betreibt.

dd. Liga Portuguesa

In seinem Urteil vom 08.09.2009 (Rs.: C-42-07 – *Liga Portuguesa*) ist der EuGH zudem der Frage nachgegangen, ob das Gemeinschaftsrecht ein nationales Internet-Wettmonopol verbietet.[431] Die Öffentlichkeit hatte sich von dem Urteil eine grundsätzliche Klärung der umstrittenen Fragen zu den Anforderungen an die Glücksspiel-Monopole im europäischen Binnenmarkt erhofft.[432] Zwar wurde diese Hoffnung nicht erfüllt und eine grundsätzliche Klärung blieb aus, dennoch enthält das Urteil wichtige Aussagen und Tendenzen. Im Ergebnis ist das Gericht der Ansicht, dass die Vergabe eines Wettmonopols an eine gemeinnützige, staatliche Einrichtung zum Schutz der Verbraucher und der öffentlichen Ordnung gerechtfertigt sei und damit ein nationales Glücksspielmonopol unionsrechtskonform sein könne.[433] Zunächst hat der Gerichtshof tenoriert, Art. 56 AEUV stünde einer mitgliedstaatlichen Monopolregelung, wonach Wirtschaftsteilnehmer (wie hier Bwin Int. Ltd.), die in einem anderen europäischen Mitgliedsstaat

---

429 *Streinz/Kruis*, NJW 52/10, S. 3745, 3747, unter Verweis auf EuGH, Urt. v. 10.03.2009 – C-169/07 – *Hartlauer*.

430 EuGH, Urt. v. 06.11.2003 – C-243/01 – *Gambelli*, Rn. 67, juris; a.A. *Dederer*, NJW 4/10, S. 198, 199, 200, dieser sieht die Prüfung passender bei der Frage nach einem legitimen Zweck, dogmatisch übertragen würde dies damit besser zum Prüfungspunkt „isolierte Zweckbetrachtung“ i.R.d. Prüfung isolierte Zweckbetrachtung, Verhältnismäßigkeit im weiteren Sinne, Verhältnismäßigkeit im engeren Sinne passen.

431 EuGH, Urt. v. 08.09.2009 – C-42/07 – *Liga Portuguesa*, juris

432 *Winkelmüller*, EuZW 19/09, S. 689, 693.

433 EuGH, Urt. v. 08.09.2009 – C-42/07 – *Liga Portuguesa*, Rn. 64 ff., juris; Vgl. *Winkelmüller*, EuZW 19/09, S. 689.

niedergelassen seien und dort ihre Dienstleistungen rechtmäßig erbringen, nicht entgegen.[434] Konkret hat die große Kammer hierzu ausgeführt:

> *„Die Verleihung von Ausschließlichkeitsrechten für den Betrieb von Glücksspielen über das Internet an einen einzigen, einer engen Überwachung durch die öffentliche Gewalt unterliegenden Wirtschaftsteilnehmer wie Santa Casa kann es unter Umständen wie denen des Ausgangsverfahrens ermöglichen, den Betrieb dieser Spiele in kontrollierte Bahnen zu lenken, und ist geeignet, die Verbraucher vor Betrug durch die Anbieter zu schützen.*
>
> *[…]*
>
> *Dazu ist festzustellen, dass der Sektor der über das Internet angebotenen Glücksspiele in der Gemeinschaft nicht harmonisiert ist. Ein Mitgliedstaat darf deshalb die Auffassung vertreten, dass der Umstand allein, dass ein Wirtschaftsteilnehmer wie Bwin zu diesem Sektor gehörende Dienstleistungen in einem anderen Mitgliedstaat, in dem er niedergelassen ist und in dem er grundsätzlich bereits rechtlichen Anforderungen und Kontrollen durch die zuständigen Behörden dieses anderen Mitgliedstaats unterliegt, rechtmäßig über das Internet anbietet, nicht als hinreichende Garantie für den Schutz der nationalen Verbraucher vor den Gefahren des Betrugs und anderer Straftaten angesehen werden kann, wenn man die Schwierigkeiten berücksichtigt, denen sich die Behörden des Sitzmitgliedstaats in einem solchen Fall bei der Beurteilung der Qualitäten und der Redlichkeit der Anbieter bei der Ausübung ihres Gewerbes gegenüber sehen können.“*[435]

Damit hat der EuGH zunächst gebilligt, dass in einem EU-Mitgliedstaat niedergelassene und zugelassene Glücksspiel-Anbieter aus dem Markt eines anderen Mitgliedstaates, hier dem portugiesischen Markt, ausgeschlossen werden können und scheint damit eine Territorialisierung des Online-Glücksspielmarkts ermöglicht zu haben. Allein, dass ein Unternehmen bereits im Land seiner Niederlassung regulatorischen Anforderungen unterliege und behördlich überwacht werde, zwinge andere Mitgliedstaaten nicht dazu, von einer hinreichenden Garantie für den Schutz der nationalen Verbraucher auszugehen.[436] Das Wegweisende am *Liga Portuguesa*-Urteil ist jedoch die Feststellung, dass nationale Glücksspiellizenzen keine grenzüberschreitende Wirkung entfalten. Damit ist für ein mitgliedstaatliches Glücksspiel-Monopol unbeachtlich, ob das (Online-) Glücksspiel in einem anderen Mitgliedstaat lizensiert und damit rechtmäßig ist.[437] Hinsichtlich der (von einigen erhofften) grundsätzlichen

---

434 EuGH, Urt. v. 08.09.2009 – C-42/07 – *Liga Portuguesa*, Rn. 73, juris; *Frenzel*, GPR 4/10, S. 183.

435 EuGH, Urt. v. 08.09.2009 – C-42/07 – *Liga Portuguesa*, Rn. 67, 69, juris.

436 *Winkelmüller*, EuZW 19/09, S. 689, 693.

437 *Frenzel*, GPR 4/10, S. 183, 185.

Billigung eines Glücksspiel-Monopols als unionsrechtskonform ist jedoch festzuhalten, dass sich das Urteil in dieser Hinsicht nicht ohne Weiteres auf die deutsche Glücksspielregulierung übertragen lässt. So weist *Koenig* darauf hin, dass der EuGH die Rechtfertigung des Monopols in der Kriminalitätsbekämpfung und der Lauterkeit der Glücksspielabläufe gesehen habe. Zudem solle die Monopolstellung einer Sozialeinrichtung zukommen. In Deutschland habe aber nach dem GlüStV 2008 die Spielsuchtbekämpfung im Vordergrund gestanden. Die hier unterschiedlichen Schutzziele bestimmten unterschiedliche Verhältnismäßigkeitsanforderungen an die Beschränkungsmaßnahmen. Zudem sei die deutsche Situation davon geprägt, dass staatlich organisierte Glücksspielanbieter mit privaten Anbietern, die im Ergebnis aber vergleichbar aufgestellt seien, an den Landesgrenzen um Kunden buhlen. Somit sei die auf die Einrichtung Santa Casas fokussierte Urteilsbegründung kaum auf die Rechtslage in Deutschland übertragbar.[438] Auch *Winkelmüller* weist darauf hin, dass der Tenor bemerkenswert eng auf die Umstände des Ausgangsrechtsstreits beschränkt sei. Damit habe der EuGH keineswegs entschieden, dass Glücksspiel-Monopole allein durch das Ziel der Bekämpfung von Betrug und anderen Straftaten gerechtfertigt werden könnten. Vielmehr habe der EuGH den durch die Vorlagefrage begrenzten Streitgegenstand besonders hervorgehoben. Den maßgeblichen Hinweis sieht *Winkelmüller* zudem in der Ausführung, das portugiesische Vorlagegericht begehre „keine Stellungnahme zur generellen Vereinbarkeit der konkreten portugiesischen Glücksspielregelung mit dem Gemeinschaftsrecht, sondern nur zu bestimmten Gesichtspunkten dieser Regelung". Diese Gesichtspunkte seien nicht die generelle Zulässigkeit eines Monopols, sondern konkret das Verbot für alle anderen Dienstleister als dem Monopolinhaber, im portugiesischen Staatsgebiet Glücksspiele über das Internet anzubieten.[439] Gleichwohl lassen sich dem Urteil zumindest Tendenzen für die Beurteilung des deutschen GlüStV entnehmen. So weist *Frenzel* darauf hin, es sei deutlich geworden, dass der EuGH trotz der umstrittenen Problematik dazu tendiere, die Gefahren des Internet-Glücksspiels als so gravierend zu erachten, dass den Mitgliedstaaten diesbezüglich äußerst weit reichende Gestaltungsspielräume zustehen würden. Man könne wohl sogar davon ausgehen, dass der EuGH ein vollständiges Vertriebsverbot für Internet-Glücksspiel aufgrund dieser Gefahren billigen werde.[440] *Dederer* merkte als bedeutsam an, dass der EuGH erneut den Spielraum der Mitgliedstaaten bei der

---

438 Vgl. *Koenig*, EuZW 19/09, S. 673; vgl. auch *Liesching*, MMR 12/09, S. 823, 826, 827.
439 *Winkelmüller*, EuZW 19/09, S. 689, 693.
440 Vgl. *Frenzel*, GPR, 4/10, S. 183, 186.

Festlegung ihrer Regelungsziele und vor allem bei der Bestimmung des dabei angestrebten Schutzniveaus hervorgehoben habe. Damit seien die Mitgliedstaaten prinzipiell frei darin, ein besonders hohes eigenes Schutzniveau anzustreben. Ein solches besonders hohes Schutzniveau könne allerdings auch besonders strenge Schutzmaßnahmen erforderlich machen. Daher müsse sich ein Mitgliedstaat, der für sich ein überdurchschnittlich hohes Schutzniveau gewählt habe, nicht auf weniger strenge Schutzmaßnahmen anderer Mitgliedstaaten verweisen lassen. Da aber Art. 56 AEUV einem Marktteilnehmer, der in einem Mitgliedstaat rechtmäßig Dienstleistungen anbietet und erbringt, eigentlich ermögliche, diese auch in allen anderen Mitgliedstaaten anzubieten und zu erbringen, stärke die Zuerkennung eines gewissen Spielraums bei der Bestimmung des Schutzniveaus die Befugnis der Mitgliedstaaten, die Dienstleistungsfreiheit durchaus einschneidend zu beschränken.[441]

Seit der *Liga Portuguesa*-Entscheidung steht also zumindest fest, dass eine EU-Glücksspiellizenz eines Mitgliedstaates nicht zwingend zur Anerkennung der Rechtmäßigkeit des (Online-)Glücksspiel-Angebots in einem anderen EU-Mitgliedstaat führt. Zudem hat der EuGH entschieden, dass ein Glücksspiel-Monopol unionsrechtskonform sein kann.

ee. *Markus Stoß u. a., Carmen Media Group Ltd. und Winner Winner Wetten*

Hinsichtlich der Frage der Unionsrechtskonformität kam mit den EuGH-Urteilen *Markus Stoß u.a, Carmen Media Group Ltd.* und *Winner Winner Wetten* vom 08.09.2010 (verb. Rs.: C-316/07, C-358/07 bis C-360/07, C-409/07, C-410/07 – *Markus Stoß u. a.*; Rs.: C-46/08 – *Carmen Media*; C-409/06 – *Winner Winner*) sodann auch Bewegung in die Debatte um die deutsche Glücksspielregulierung.[442] Diese Entscheidungen beruhen auf von deutschen Gerichten eingeleiteten Vorabentscheidungsverfahren, in denen der EuGH ersucht wurde, die Vereinbarkeit des deutschen Sportwettmonopols mit der Dienst- und Niederlassungsfreiheit auszulegen.[443] Aber anders als von einem Großteil der Medien und Teilen der Literatur verstanden, hat der EuGH mit diesen Entscheidungen die

441 Vgl. *Dederer*, NJW 4/10, S. 198, 199.

442 EuGH, Urt. v. 08.09.2010 – C-316/07, C-358/07 bis C-360/07, C-409/07 und C-410/07 –, juris.

443 *Heidfeld*, DVBl 24/10, S. 1547.

deutsche Glücksspielregulierung nicht für unionsrechtswidrig erklärt.[444] Vielmehr hat der Gerichtshof das Erfordernis einer kohärenten und systematischen Regelung aus der *Gambelli*-Entscheidung konkretisiert.[445] Auf die vorgelegte Frage, ob ein staatliches Sportwett- und Lotteriemonopol zur Verhinderung von Anreizen für übermäßige Spielausgaben und zur Bekämpfung von Spielsucht gegen Unionsrecht verstoße, während die bestehende Regulierung anderen Wirtschaftsteilnehmern gleichzeitig eine Expansionspolitik gestatte,[446] hat erkennende Große Kammer im Fall *Carmen Media* u. a. ausgeführt:

> *„Nach alledem ist auf die zweite Vorlagefrage zu antworten, dass Art. 49 EG dahin gehend auszulegen ist, dass, wenn ein regionales staatliches Monopol auf Sportwetten und Lotterien errichtet wurde, mit dem das Ziel verfolgt wird, Anreize zu übermäßigen Ausgaben für das Spielen zu vermeiden und die Spielsucht zu bekämpfen, und ein nationales Gericht sowohl feststellt,*
>
> - *dass andere Arten von Glücksspielen von privaten Veranstaltern, die über eine Erlaubnis verfügen, betrieben werden dürfen, als auch,*
> - *dass in Bezug auf andere Arten von Glücksspielen, die nicht unter das Monopol fallen und zudem ein höheres Suchtpotenzial als die dem Monopol unterliegenden Spiele aufweisen, die zuständigen Behörden eine zur Entwicklung und Stimulation der Spieltätigkeiten geeignete Politik der Angebotserweiterung betreiben, um insbesondere die aus diesen Tätigkeiten fließenden Einnahmen zu maximieren,*
> - *das nationale Gericht berechtigten Anlass zu der Schlussfolgerung haben kann, dass ein solches Monopol nicht geeignet ist, die Erreichung des mit seiner Errichtung verfolgten Ziels dadurch zu gewährleisten, dass es dazu beiträgt, die Gelegenheiten zum Spiel zu verringern und die Tätigkeiten in diesem Bereich in kohärenter und systematischer Weise zu begrenzen.“*[447]

Damit hat der Gerichtshof keineswegs das deutsche Glücksspiel-Monopol „gekippt“.[448] Vielmehr hat der EuGH in Übereinstimmung mit seiner

---

444 Vgl. Glücksspielmonopol gekippt, Kölnische Rundschau, https://www.rundschau-online.de/europaeischer-gerichtshof-gluecksspiel-monopol-gekippt-11482772, zuletzt abgerufen am 11.02.2020.

445 EuGH, Urt. v. 08.09.2010 – C-316/07, C-358/07 bis C-360/07, C-409/07 und C-410/07 –, Rn. 88 ff., juris.

446 EuGH, Urt. v. 08.09.2010 – C-46/08 – *Carmen Media*, Rn. 53, juris.

447 EuGH, Urt. v. 08.09.2010 – C-46/08 – *Carmen Media*, Rn. 71, juris.

448 Vgl. Glücksspielmonopol gekippt, Kölnische Rundschau, https://www.rundschau-online.de/europaeischer-gerichtshof-gluecksspiel-monopol-gekippt-11482772, zuletzt abgerufen am 11.02.2020.

Zenatti- und *Gambelli*-Rechtsprechung fortgeführt, dass zwingende Gründe des Allgemeininteresses eine Einschränkung der Dienstleistungsfreiheit nur dann rechtfertigen, wenn die Beschränkungen tatsächlich geeignet seien, die Ziele in kohärenter und systematischer Weise zu erreichen.[449] Daran bestünden angesichts der Art der Vermarktung anderer Arten von Glücksspielen im vorliegenden Fall jedoch Bedenken. Der EuGH hat nochmals betont, dass es Sache jedes Mitgliedstaats sei, zu beurteilen, ob es im Zusammenhang mit den von ihm verfolgten legitimen Zielen erforderlich sei, Tätigkeiten dieser Art vollständig oder teilweise zu verbieten, oder ob es genüge, sie zu beschränken und zu diesem Zweck mehr oder weniger strenge Kontrollformen vorzusehen, wobei die Notwendigkeit und die Verhältnismäßigkeit der erlassenen Maßnahmen allein im Hinblick auf die verfolgten Ziele und das von den betreffenden nationalen Stellen angestrebte Schutzniveau zu beurteilen seien.[450] Die Große Kammer führte weiter aus:

> *„Wie der Gerichtshof zu diesen verschiedenen Aspekten bereits im Urteil Gambelli (Randnrn. 7, 8 und 69) entschieden hat, können sich die Behörden eines Mitgliedstaats, soweit sie den Verbrauchern Anreize geben und sie dazu ermuntern, an Lotterien, Glücksspielen oder Wetten teilzunehmen, damit der Staatskasse daraus Einnahmen zufließen, nicht auf die öffentliche Sozialordnung mit der aus ihr folgenden Notwendigkeit, die Gelegenheiten zum Spiel zu verringern, berufen, um restriktive Maßnahmen zu rechtfertigen, auch wenn diese sich wie in jener Rechtssache ausschließlich auf Wetttätigkeiten beziehen.“*[451]

Dabei berücksichtige der Gerichtshof den Hinweis, dass Pferdewetten und Automatenspiele von privaten Veranstaltern mit einer Erlaubnis betrieben werden dürften und dass die zuständigen Behörden im Zeitraum zwischen den Jahren 2000 und 2006 die Anzahl an Spielbanken für terrestrische Casino- und Automatenspiele von 66 auf 81 erhöht hätten, obwohl diese ein höheres Suchtpotenzial aufwiesen als Sportwetten.[452] Vor dem Hintergrund dieser expansiven Glücksspielpraxis könne man das zugrundeliegende Ziel, Anreize zu übermäßigen Ausgaben für das Spielen zu vermeiden und die Spielsucht zu bekämpfen, mit einem Sportwett- und Lotteriemonopol wohl aber nicht mehr wirksam

---

449 EuGH, Urt. v. 08.09.2010 – C-316/07, C-358/07 bis C-360/07, C-409/07 und C-410/07 –, Rn. 88, juris.

450 EuGH, Urt. v. 08.09.2010 – C-316/07, C-358/07 bis C-360/07, C-409/07 und C-410/07 –, Rn. 90 ff., juris.

451 EuGH, Urt. v. 08.09.2010 – C-46/08 – *Carmen Media*, Rn. 66, juris.

452 EuGH, Urt. v. 08.09.2010 – C-46/08 – *Carmen Media*, Rn. 67, juris.

verfolgen, sodass eine Beschränkung der Dienstleistungsfreiheit nicht mehr gerechtfertigt werden könne.[453] Gleiches entschied der EuGH in der Rechtssache *Markus Stoß u. a.* Auch hier stellte der Gerichtshof fest, dass es im Ermessen eines jeden Mitgliedstaats liege, welches Niveau an Verbraucherschutz und Schutz der Sozialordnung sie im Glücksspielsektor gewährleisten wollen. Insbesondere werde nicht verlangt, dass die von den Behörden eines Mitgliedstaats erlassenen restriktiven Maßnahmen von allen Mitgliedsstaaten gleich beurteilt werden und insofern in einem Gesamtvergleich als Verhältnismäßig erscheinen. Ein Monopol, also ein besonders hohes Verbraucherschutzniveau, lasse sich jedoch nur dann rechtfertigen, wenn dessen Errichtung mit einem normativen Rahmen einhergehe, welcher es ermögliche, die festgelegten Ziele in kohärenter und systematischer Weise zu verfolgen. Hierzu bestünden aber hinsichtlich des in Rede stehenden Sportwettmonopols Zweifel. Das Sportwettmonopol sei zur Vermeidung von Anreizen zu übermäßigen Ausgaben für das Spielen und zur Bekämpfung der Spielsucht errichtet worden. Der Inhaber des staatlichen Sportwettmonopols betreibe aber selbst intensive Werbung für Lotteriespiele und eine Politik der Angebotsausweitung in Bezug auf Casino- und Automatenspiele. Daraus ergebe sich die Schlussfolgerung, dass die zuständigen Behörden in Bezug auf andere Glücksspiele als die, die dem Sportwettmonopol unterliegen, eher zur Spielteilnahme ermuntern würden als diese zu verringern.[454] Beiden Urteilen war also nicht zu entnehmen, dass das deutsche Glücksspiel-Monopol grundsätzlich gegen Unionsrecht verstoße. Vielmehr hat der Gerichtshof die Regulierung vor dem Hintergrund der aktuellen staatlichen Glücksspielaktivität kassiert. Wegweisend an beiden Urteilen ist, dass das Kriterium der Kohärenz weiter konkretisiert wurde. Der EuGH hat klargemacht, dass die Regulierung des gesamten Glücksspielmarkts, nicht nur jene vergleichbarer Glücksspielarten oder nur terrestrischen Glücksspiels oder nur Online-Glücksspiels, im Zusammenhang zu sehen ist. Die Regulierung muss also gesamtkohärent sein. Zwar hat der EuGH auch nochmal klargemacht, dass die jeweiligen Glücksspielarten durchaus Unterschiede aufweisen und damit Unterschiede in der Regulierung gerechtfertigt sein können. Erforderlich ist aber, dass ein im Zusammenhang stehendes Regulierungssystem, mithin ein Gesamtkonzept, zu erkennen ist. Soweit das Bewertungskriterium der Kohärenz und Systematik im Rahmen der *Gambelli*-Entscheidung also noch vage blieb, dürfte diesbezüglich nach den

---

453 EuGH, Urt. v. 08.09.2010 – C-46/08 – *Carmen Media*, Rn. 68, juris.

454 Vgl. EuGH, Urt. v. 08.09.2010 – C-316/07 – *Markus Stoß*, Rn. 80, 83, 90, 97, 100, 106, juris.

hiesigen Urteilen entscheidend sein, dass der Staat nicht widersprüchlich agiert und unter dem Deckmantel der Suchtbekämpfung andere, illegitime Ziele verfolgt.[455] Zu dem weiten Ermessensspielraum, den die EuGH-Rechtsprechung den Mitgliedstaaten in der Vergangenheit gewährt hat, gesellt sich nun dessen Kehrseite – das Erfordernis einer Gesamtkohärenz. Liegt kein in sich schlüssiges, systematisches und kohärentes Gesamtkonzept vor, ist die Glücksspielregulierung nicht geeignet, die angestrebten Ziele zu erreichen. Als Folge daraus resultieren eine Unverhältnismäßigkeit und Unionsrechtswidrigkeit der Regulierung. Die Duldung oder Förderung expansiver Tendenzen bei einem anderen, gefährlicheren Glücksspiel widerspricht einem kohärenten und systematischen Begrenzungsansatz. Sie lässt die Rechtfertigung für ein staatliches Glücksspielmonopol aus diesem Grund entfallen.[456] *Fremuth* sieht in den Urteilen einen Warnschuss an die Mitgliedstaaten. Ein staatliches Monopol sei nur dann mit EU-Wettbewerbsrecht und den Grundfreiheiten vereinbar, wenn die Vorgaben des EuGHs eingehalten würden. Somit sollten die Bundesländer nicht bluffen und die Bekämpfung der Spielsucht als Regulierungsgrund vorschieben, während für sie eigentlich die Erzielung von Einnahmen im Vordergrund stehe. Diese Motivation könnten die Länder zudem durch Konzessionsmodelle besser erreichen. Wollten die Länder und Mitgliedstaaten aber tatsächlich mit der Bekämpfung der Spielsucht Erfolg haben und damit ein Monopol rechtfertigen, so seien Einnahmeverluste hinzunehmen.[457] Mit der *Winner Winner*-Entscheidung (Rs.: C-409/06) wurde die Entscheidungsreihe vom 08.09.2010 „abgerundet".[458] Hier entschied der EuGH, dass aufgrund des Vorrangs des unmittelbar geltenden Unionsrechts eine nationale Regelung über ein staatliches Sportwettmonopol, welche aufgrund der Feststellungen eines nationalen Gerichts als inkohärent und unsystematisch gelten müsse, nicht auch nur für eine Übergangszeit weiter angewendet werden dürfe.[459]

455 *Fremuth*, NVwZ 2010, S. 1409, 1417, 1418.

456 *Fuchs*, Das neue Glücksspielrecht unter besonderer Berücksichtigung von Online-Glücksspielen, S. 318, 319.

457 *Fremuth*, NVwZ 2010, S. 1409, 1418.

458 EuGH, Urt. v. 08.09.2010 – C-409/06 – *Winner Winner*, juris.

459 *Fuchs*, Das neue Glücksspielrecht unter besonderer Berücksichtigung von Online-Glücksspielen, S. 321.

ff. Ince

Mit seinem Urteil vom 04.02.2016 (Rs.: C-336/14 – *Ince*) setzte die 1. Kammer des EuGH die Rechtsprechung zur deutschen Glücksspielregulierung von 2010 fort und erstreckte diese nun auch auf die Regelungen des GlüStV 2012.[460] Die erkennende Kammer stellte fest, dass das von den deutschen Gerichten in Anschluss an *Carmen Media, Markus Stoß* und Co. für unionsrechtswidrig befundene vormalige Sportwettmonopol trotz der vorgenommenen Änderungen auch im Rahmen des GlüStV 2012 faktisch weiterbestehe, da von den durch die sog. „Experimentierklausel" ermöglichten 20 deutschen Lizenzen keine einzige ausgestellt worden sei. Aus dem Grundsatz des Vorrangs des Gemeinschaftsrechts und aus dem in Art. 4 Abs. 3 EU-Vertrag vorgesehenen Grundsatz der loyalen Zusammenarbeit leite sich sodann ab, dass die private Sportwettvermittlung ohne deutsche Erlaubnis (aber mit Zulassung durch einen anderen Mitgliedstaat) strafrechtlich nicht zu sanktionieren sei. Explizit äußerte sich der Gerichtshof zwar nur zur strafrechtlichen Ahndung, betonte aber, dass das Ahndungsverbot allen Stellen obliege.[461] Das spricht dafür, dass der Gerichtshof den Erlaubnisvorbehalt für Sportwetten auch ordnungsrechtlich für unanwendbar hält, sofern dieser mit einer unionsrechtswidrigen Monopolsituation einher geht.[462] Bei dem Urteil ging es nicht um die Verneinung der Zulässigkeit staatlicher Glücksspielmonopole. Vielmehr ging es um die Zulässigkeit des deutschen Verwaltungsverfahrens, welches die Erteilung nationaler Glücksspiellizenzen einschränkt. Der EuGH kritisiert im Wesentlichen, dass das deutsche Sportwettmonopol als europarechtswidrig gelte und das auf ihm beruhende nicht transparente bzw. das nicht diskriminierungsfreie Verfahren den Erhalt einer deutschen Sportwettlizenz verhindere.[463] Daraus folgert der Gerichtshof, dass sofern es an einem unionsrechtskonformen nationalen Verfahren zur Erteilung einer Glücksspiellizenz fehle, ein Mitgliedstaat die Veranstaltung eines Glücksspiels ohne diese nationale Erlaubnis (aber dafür mit einer anderen EU-Lizenz) nicht mit seinen Normen sanktionieren könne.[464] Damit ist die *Ince*-Entscheidung insofern wegweisend, als dass sie, wie von *Stulz-Herrnstadt* verstanden, als Dämpfer für den GlüStV 2012 zu sehen ist. Habe sie doch wesentliche Bestandteile des GlüStV 2012 als

---

460 EuGH, Urt. v. 04.02.2016 – C-336/14 – *Ince*, juris.

461 EuGH, Urt. v. 04.02.2016 – C-336/14 – *Ince*, Rn. 64, juris.

462 *Stulz-Herrnstadt*, GRUR-PRAX 5/16, S. 106.

463 Vgl. EuGH, Urt. v. 04.02.2016 – C-336/14 – *Ince*, Rn. 55 ff., juris.

464 EuGH, Urt. v. 04.02.2016 – C-336/14 – *Ince*, Rn. 94, juris.; *Krimphove*, EuR 3/16, S. 313, 315, 316.

unionsrechtswidrig eingestuft.[465] Nunmehr gilt, dass private Sportwettangebote seit Inkrafttreten des GlüStV 2008 wegen Unanwendbarkeit des Sportwettmonopols nicht geahndet werden dürfen.[466] Allerdings wurde auch mit dieser Entscheidung wieder keine Aussage zur generellen Unionsrechtmäßigkeit des deutschen Glücksspielmonopols bzw. Erlaubnisvorbehalts getroffen. Vielmehr stellte der EuGH auch hier wieder fest:

> *„Die Versagung einer Übergangszeit im Fall der Unvereinbarkeit der innerstaatlichen Regelung mit Art. 56 AEUV hat jedoch nicht zwangsläufig zur Folge, dass der betroffene Mitgliedstaat, wenn er eine Liberalisierung des Glücksspielmarkts mit dem von ihm angestrebten Niveau des Schutzes der Verbraucher und der Sozialordnung nicht für vereinbar hält, zu einer derartigen Liberalisierung verpflichtet wäre. Nach dem gegenwärtigen Stand des Unionsrechts steht es den Mitgliedstaaten nämlich immer noch offen, das bestehende Monopol zu reformieren, um es mit den Bestimmungen des AEU-Vertrags in Einklang zu bringen, indem es insbesondere einer wirksamen und strengen behördlichen Kontrolle unterworfen wird.“*[467]

Damit ist es den Mitgliedstaaten weiterhin generell erlaubt, Glücksspielmonopole anzuordnen. Zugleich bestätigt der Gerichtshof aber nachdrücklich, dass der deutsche Gesetzgeber bzgl. der konkreten Ausgestaltung der Sportwettregulierung eine neue und unionsrechtskonforme Regelung erlassen müsse.[468] Das nationale Monopol sei zu reformieren und den europarechtlichen Bedingungen anzunähern. Handlungsbedarf bestehe insbesondere im deutschen Verfahren zum Erhalt einer Glücksspiellizenz.[469]

c) Exkurs: Kohärenz

Seit der *Gambelli*-Entscheidung wird die „(Gesamt-)Kohärenz“ der deutschen Glücksspielregulierung „gebetsmühlenartig“ in Frage gestellt.[470] Da dies trotz entgegenstehender Judikatur von BVerfG und BVerwG bis heute der Fall ist, soll an dieser Stelle auf das Thema Kohärenz bzw. Gesamtkohärenz nochmals näher eingegangen werden.

---

465 Vgl. *Stulz-Herrnstadt*, GRUR-PRAX 5/16, S. 106.

466 Vgl. *Weidemann*, NVwZ 6/16, S. 369, 374.

467 EuGH, Urt. v. 04.02.2016 – C-336/14 – *Ince*, Rn. 54, juris.

468 Vgl. *Stulz-Herrnstadt*, GRUR-PRAX 5/16, S. 106.

469 *Krimphove*, EuR 3/16, S. 313, 316.

470 Siehe *Postel*, EuR, 3/07, S. 317, 328, 329; *Schenke*, ZfWG 03/04/15, S. 170; *Engel/Hornuf*, ZfW, 1/11, S. 86; *Koenig*, ZfWG 1/15, S. 10.

Laut der *Gambelli*-Entscheidung kann eine Einschränkung der Dienstleistungsfreiheit nur verhältnismäßig sein, wenn sie im Rahmen einer „kohärenten", d. h. nachvollziehbaren und im Ganzen abgestimmten Glücksspielpolitik erfolgt.[471] Ein Mitgliedstaat der Europäischen Union kann also die Dienstleistungsfreiheit zum Schutz der Sozialordnung einschränken, wenn hierfür ein zwingender sachlicher Grund vorliegt und sich der Mitgliedstaat im Übrigen nicht widersprüchlich verhält.[472] Letzteres habe im entschiedenen Fall allerdings nicht vorgelegen, da sich der italienische Staat auf der einen Seite zur Aufrechterhaltung der öffentlichen Ordnung auf ein Glücksspielmonopol berufen habe, während er auf der anderen Seite selbst zur Teilnahme an (staatlichen) Glücksspielen aufgerufen, dafür Anreize geschaffen und daraus Einnahmen für die Staatskasse generiert habe.[473]

Inhaltlich verweist *Schenke* darauf, dass das Kohärenzgebot drei verschiedene Prüfungsebenen aufweise.[474] Auf unterster Ebene weise der sog. „hypocrisy test" (zu Deutsch „Test der Scheinheiligkeit") solche Rechtfertigungsgründe zurück, die von einem Mitgliedstaat lediglich zum Schein vorgetragen werden, um seine eigentlichen Absichten zu verdecken.[475] Auf nächster Ebene, im Rahmen der sog. vertikalen Kohärenz, werde überprüft, ob die Beschränkungen tatsächlich in der Lage seien, die ausgerufenen Ziele der Regulierung zu erreichen.[476] Auf oberster Ebene, im Rahmen der sog. horizontalen Kohärenz, werde sodann die Geeignetheit der Maßnahme in Relation zur Regulierung anderer Sektoren des Glücksspielmarkes im betroffenen Mitgliedstaat gesetzt.[477]

Als eine der kritischen Stimmen bezweifelt *Schenke*, dass die Regelung des § 4 Abs. 4 GlüStV als unionsrechtkonform gelten könne. Bereits auf Ebene des „hypocrisy tests" bezweifelt er, dass Glücksspiel-Werbeverbote tatsächlich der Eindämmung der Spielsucht dienen. Vielmehr könnten diese in Wahrheit zur Abschottung der staatlichen Anbieter vor unerwünschter Konkurrenz durch nichtstaatliche Anbieter dienen.[478] Grund für diese Annahme sieht *Schenke*

---

471 Vgl. EuGH, Urt. v. 06.11.2003 – C-243/01 – *Gambelli*, Rn. 67 ff., juris.

472 Vgl. EuGH, Urt. v. 06.11.2003 – C-243/01 – *Gambelli*, Rn. 63 ff., juris.

473 Vgl. EuGH, Urt. v. 06.11.2003 – C-243/01 – *Gambelli*, Rn. 69., juris.

474 Ausführlich zur Prüfung des § 4 Abs. 4 GlüStV am Maßstab des Unionsrechts, *Schenke*, ZfWG 03/04/15, S. 170; Vgl. auch *Lippert*, EuR 1/12, S. 90.

475 *Schenke*, ZfWG 03/04/15, S. 170, 173.

476 *Schenke*, ZfWG 03/04/15, S. 170, 173.

477 *Schenke*, ZfWG 3/4/15, S. 170, 171, 173; vgl. auch *Dünchheim*, ZfWG 6/19, S. 418, 423 f. zur Differenzierung in zwei Dimensionen: vertikale und horizontale Kohärenz.

478 *Schenke*, ZfWG 03/04/15, S. 170, 173.

darin, dass in Hessen staatliche Lottogesellschaften sog. „Online-Games" anböten, deren Spielidee mit klassischen Online-Casinospielen zumindest vergleichbar sei.[479] Auch stünde die vertikale Kohärenz in Frage. Hier würden sich Einwände gegen § 4 Abs. 4 GlüStV daraus ergeben, dass das Verbot von Online-Casinospielen gegenüber ausländischen Anbietern nur schwer durchzusetzen sei.[480] Dies gelte aber nur für den derzeitigen Stand. Würden in Zukunft Glücksspiel-Angebote vermehrt aus Jurisdiktionen erbracht, die außerhalb der justizstaatlichen und verbraucherschutzrechtlichen Garantien der EU stammen, wäre eine Durchsetzung kaum mehr möglich. Hinsichtlich der horizontalen Kohärenz bestünden zudem gravierende Bedenken zur Geeignetheit des § 4 Abs. 4 GlüStV. Die Regulierung eines bestimmten Glücksspielsektors könnte durch gegenläufige Maßnahmen zu einem anderen Bereich konterkariert werden. Anlass zur Sorge sieht *Schenke* in der Regelung des § 10a GlüStV. Hierdurch werde das Internet-Verbot partiell für Sportwetten durchbrochen, obwohl Casino-Spielen eine zu diesen vergleichbare Suchtgefahr zugesprochen werde. Gleiches gelte für die Regulierung des terrestrischen Marktes. Hier würden, ungeachtet des erheblichen Suchtpotenzials, privaten Anbietern von Automatenspielen in Spielhallen und Spielbanken entsprechende Betätigungsfelder eröffnet. Daraus ergebe sich eine fehlende Gesamtkohärenz. Zudem erweise sich das Verbot des § 4 Abs. 4 GlüStV als nicht erforderlich. Ein mögliches Konzessionsmodell biete die bessere Alternative.[481]

Auch *Engel* und *Hornuf* bezweifeln zunächst das Bestehen der ersten Ebene. Gerade die jüngere Vergangenheit habe gezeigt, dass staatliche Akteure nicht frei von Eigennutz seien. Bevor das BVerfG höchstrichterliche Vorgaben für die Einhaltung des Monopols festgeschrieben habe, sei eine konsequente Ausrichtung des staatlichen Angebots an den Zielen des Jugendschutzes und der Suchtprävention kaum erkennbar gewesen. Auch stellen sie die vertikale Kohärenz in Frage, indem sie darauf hinweisen, dass seit Einführung des Regelungsrahmens des GlüStV die getätigten Spieleinsätze beim DLTB rückläufig seien, während der Marktanteil privater Glücksspielanbieter weiter gestiegen sei. Allein die Tatsache, dass Sportwetten und Lotterien von einem staatlichen anstelle eines privaten Unternehmens angeboten würden, kompensiere das Suchtpotenzial einzelner Produkte nicht.[482]

479 *Schenke*, ZfWG 03/04/15, S. 170, 173.
480 *Schenke*, ZfWG 03/04/15, S. 170, 174.
481 *Schenke*, ZfWG 3/4/15, S. 170, 173–175.
482 *Engel/Hornuf*, ZfW, 1/11, S. 86 ff.

Koenig bezweifelt, dass die Kohärenzprüfung einem konkret und tatsächlich auszurichtenden Kontrollmaßstab unterworfen sei.[483] Bei der Regulierung habe man sich zu vergewissern, ob eine gewählte restriktive Regelung tatsächlich dem zuvor festgelegten Anliegen entspreche. Diese Vergewisserung setze voraus, dass die Mitgliedstaaten ihrer Darlegungs- und Nachweisobliegenheiten nachkämen. Dies sei aber nicht erfolgt. So habe auch die Monopolkommission eine im Vergleich zum Suchtrisiko bei Sportwetten tragfähige Differenzierung des Online-Pokers und der Online-Casinospiele nicht feststellen können. Vielmehr habe diese sogar eine umgekehrte Rangfolge im Bereich des Suchtrisikos ausgemacht. Unter Verweis auf die, aus Sicht *Koenigs*, erfolgreiche Glücksspielregulierung zur Zeit des GlüG SH lasse sich zusammenfassen, dass den für Glücksspiele spezifischen Gefahren und Risiken in Bezug auf den Spieler- und Minderjährigenschutz, die Suchtprävention und die Geldwäsche- und Kriminalitätsbekämpfung ausschließlich in regulierten und überwachten Märkten wirksam entgegengewirkt werden könne. Davon gehe der GlüStV aber nur beschränkt auf Sportwetten aus. Die selektive Beschränkung der Kanalisierung der Kundennachfrage in die regulierten und überwachten Märkte auf den Bereich der Sportwetten und die Aufrechterhaltung der Totalverbote von Online-Poker und -Casino-Spielen seien bezüglich der Verhältnismäßigkeits- und Kohärenzmaßstäbe nicht haltbar. Schließlich lasse sich nicht nachweisen, dass sich die Art des Online-Glücksspiels messbar auf das Geldwäsche- oder Manipulationsrisiko auswirke. Maßgeblich seien hier allein die Kategorien regulierter und unregulierter Glücksspielangebote. Zudem bliebe die Regelung des § 4 Abs. 4 GlüStV solange inkohärent und unsystematisch, solange stationär aufgestellte Slot-Machines in Spielhallen nur durch die Begrenzung der Einsätze und Gewinne reguliert würden, während eine baugleiche Slot-Machine im Internet durch das Totalverbot nach § 4 Abs. 4 GlüStV sanktioniert werde.[484]

Es zeigt sich, Ausführungen zur vermeintlich fehlenden (Gesamt-)Kohärenz sind „alter Wein in neuen Schläuchen".[485] *Postel* verweist darauf, dass in Deutschland schon keine zur Sachverhaltslage bei der *Gambelli*-Entscheidung (italienische Glücksspielregulierung) vergleichbare Situation gegeben sei.[486] In Italien sei die fiskalische Motivation der Glücksspielregulierung bereits in den Gesetzesmaterialien hervorgehoben worden. Solche wirtschaftsprotektionistischen

483 *Koenig*, ZfWG 1/15, S. 10 ff.
484 *Koenig*, ZfWG 1/15, S. 10 ff.
485 Vgl. Zweites Kapitel, B., I., 4., a).
486 *Postel*, EuR, 3/07, S. 318, 329.

Züge ließen sich in Deutschland jedoch nicht finden. Weder in den Gesetzesmaterialien der deutschen Glücksspielregulierung noch in öffentlichen Aussagen deutscher Finanzminister oder Landeslotteriegesellschaften.[487] Dem ist zuzustimmen. Weder den Zielen des § 1 GlüStV noch den Gesetzesmaterialien zum GlüStV oder zu §§ 284 ff. StGB ist eine fiskalische oder wirtschaftsprotektionistische Motivation zu entnehmen. Damit besteht die deutsche Glücksspielregulierung einem hypocrisy test. Hinsichtlich der vertikalen Kohärenz, d. h. der Geeignetheit insbesondere des Internettotalverbots, lässt sich auf die vorangehenden Ausführungen verweisen.[488] Insbesondere lässt sich nicht von einem Vollzugsdefizit auf eine Ungeeignetheit der Maßnahmen schließen.[489] Auch hinsichtlich der horizontalen Kohärenz, d. h. der Erforderlichkeit der Maßnahmen, lässt sich auf die vorangehenden Ausführungen verweisen.[490] Insbesondere ist eine Gefährlichkeit des Online-Glücksspiels hinreichend dargelegt.[491] Der „Nachweis-Gedanke" stammt aus der EuGH-Entscheidung *Lindman* vom 13.11.2003 (Rs.: C-42/02). Aus der Rechtsprechung des EuGHs wird dabei zum Teil abgeleitet, dass für die Mitgliedstaaten eine Untersuchungs- und Darlegungslast bestehe, sofern diese eine die Dienstleistungsfreiheit beeinträchtigende Maßnahme erlassen wollen. Dieser Pflicht könne nur dadurch nachgekommen werden, indem vor Einleitung des Gesetzgebungsverfahrens sachverständige Untersuchungen einholt würden. Diese Auffassung wurde jedoch bereits durch nationale Gerichte und den EuGH abgelehnt.[492] So hat der EuGH in der Rechtssache *DocMorris* vom 19.05.2009 (Rs.: C-171/07) deutlich gemacht, dass die *Lindman*-Entscheidung so nicht verstanden werden könne. Im Zusammenhang mit dem Vertrieb von Arzneimitteln stellte er fest, dass ein Mitgliedstaat auch bei unsicherer Gefahrenlage Schutzmaßnahmen treffen dürfe, ohne abwarten zu müssen, bis der tatsächliche Beweis für das tatsächliche Bestehen der Gefahren vollständig erbracht sei.[493] Dies hat der EuGH sodann auch in der Rechtssache *Markus Stoß* auf das Glücksspielrecht übertragen und ausgeführt:

487 *Postel*, EuR, 3/07, S. 318, 329.
488 Siehe Zweites Kapitel, B., I., 4., a).
489 Siehe Zweites Kapitel, B., I., 4., a).
490 Siehe Zweites Kapitel, B., I., 4., a).
491 Siehe Zweites Kapitel, B., I., 4., a).
492 Vgl. OLG Bremen, Urt. v. 29.1.2010 – Az. 2 U 4/08; VGH Baden-Württemberg, Urt. v. 10.12.2009 – Az. 6 S 1110/07; EuGH, Urt. v. 08.09.2010 – C-316/07 – *Markus Stoß*, Rn. 71, 72, juris.
493 EuGH, Urt. v. 19.05.2009 – C 171/07 und C-172/07 – *DocMorris*, Rn. 30, juris.

„[…], dass ein Mitgliedstaat, der sich auf ein Ziel berufen möchte, mit dem sich eine Beschränkung des freien Dienstleistungsverkehrs durch eine restriktive nationale Maßnahme rechtfertigen lässt, dem Gericht, das über diese Frage zu entscheiden hat, alle Umstände vorlegen muss, anhand deren dieses Gericht sich vergewissern kann, dass die Maßnahme tatsächlich den sich aus dem Grundsatz der Verhältnismäßigkeit ergebenden Anforderungen genügt.

Dagegen lässt sich aus dieser Rechtsprechung nicht ableiten, dass einem Mitgliedstaat nur deshalb die Möglichkeit genommen wäre, zu belegen, dass eine innerstaatliche restriktive Maßnahme diesen Anforderungen genügt, weil er keine Untersuchungen vorlegen kann, die dem Erlass der fraglichen Regelung zugrunde lagen.“[494]

Dementsprechend ist der EuGH der Ansicht, dass zur Rechtfertigung eines zum Zwecke der Spielsuchtbekämpfung errichteten Sportwetten- und Lotteriemonopols der nationale Gesetzgeber nicht in der Lage sein muss, eine vor Erlass der genannten Maßnahme durchgeführte Untersuchung vorzulegen, die deren Verhältnismäßigkeit auf wissenschaftlicher Ebene belegt.[495] Diese Auffassung dränge sich laut *Schmitt* auch auf. Schließlich bestünde andernfalls die Gefahr, dass die einzelnen Mitgliedstaaten in ihrer Handlungsfähigkeit zu stark eingeschränkt würden. Eine kurzfristige Reaktion der Legislative oder Exekutive auf neuartige gefährliche Sachverhalte würde unmöglich werden.[496] *Koenigs* Vorbringen ist jedoch insofern beachtlich, als dass es derzeit keine Hinweise darauf gibt, dass überhaupt empirische Erhebungen angestrebt werden. Diese werden aber, folgt man dem Hintergedanken der Argumentation des EuGHs, zumindest zu irgendeinem Zeitpunkt erforderlich. Nach jetzigem Stand, und so erkennt es auch der EuGH an, existieren aber wohl ausreichende wissenschaftliche Abhandlungen zu generellen Suchtpotenzialen, welche eine deutlich gesteigerte Gefährlichkeit der Online-Angebote zumindest vermuten lassen. Eine Unverhältnismäßigkeit von § 4 Abs. 4 GlüStV und in der Folge eine Unionsrechtswidrigkeit der Regelung lassen sich damit also nicht nachweisen. Ob sich im Übrigen aus den Vorgebrachten Ansichten eine zwingende Unionsrechtswidrigkeit ergibt, ist fraglich. Die Ausführungen zeigen erstmal nur, dass die Regulierung allenfalls „unrund“ ist und in ihrem Gesamtbild einheitlicher gestaltet werden könnte. Insgesamt erscheinen die Einwände aber eher als Vorschlag, dass ein Konzessionierungsmodell die kohärentere und systematischere Lösung sein könnte. Ein unüberwindbares Argument, warum eine Rechtfertigung der

---

494 EuGH, Urt. v. 08.09.2010 – C-316/07 – *Markus Stoß*, Rn. 71, 72, juris.

495 *Schmitt*, GPR 6/10, S. 303, 305.

496 *Schmitt*, GPR 6/10, S. 303, 305, 306.

deutschen Glücksspielregulierung entgegen dem aktuellen Status quo in der Rechtsprechung nicht gegeben sein soll, ist hingegen nicht ersichtlich. Der EuGH hat zudem die Gefahren des Online-Glücksspiels anerkannt und darüber hinaus ausgeführt, dass die Unterschiede in den Arten der Glücksspiele eine unterschiedliche Regulierung rechtfertigen könnten.[497] Zuletzt soll darauf hingewiesen werden, dass der EuGH in seinen bisherigen Entscheidungen zu keiner Zeit über das Staatsvertragsmodell entschieden hat. Das Vorabentscheidungsverfahren nach Art. 267 AEUV, mit dem die nationalen Gerichte dem EuGH Fragen bezüglich der Auslegung und Gültigkeit von Europarecht vorlegen, ermöglicht dem EuGH eine solche Feststellungskompetenz nicht. Der EuGH hatte einst eine verwirrende Pressemitteilung herausgegeben, aufgrund derer große Teile der Literatur davon ausging, dass der EuGH das deutsche Glücksspielmonopol als unionsrechtswidrig erkannt habe.[498] Zu einer solchen Feststellung ist der EuGH aber im Rahmen von Art. 267 AEUV nicht befugt. Der EuGH entscheidet im Vorabentscheidungsverfahren nur über die „Auslegung der Verträge" nach Maßgabe der vom vorlegenden nationalen Gericht gestellten Vorlagefrage.[499] Mit diesen Auslegungshilfen müssen dann die nationalen Gerichte, im Wege des ordentlichen Instanzenwegs, selbst entscheiden, ob nationales Recht mit den Grundsätzen des Europarechts übereinstimmt.[500]

d) Rechtmäßigkeit des Internettotalverbots am Maßstab des Unionsrechts

Wie sich zeigt, sind die Regelungen des GlüStV, allen voran § 4 Abs. 4 GlüStV, am Maßstab des Unionsrechts, insbesondere an der in Art. 56 AEUV enthaltenen Dienstleistungsfreiheit, zu messen. Da § 4 Abs. 4 GlüStV für inländische wie ausländische Anbieter gilt, ist der Eingriff in die Dienstleistungsfreiheit als diskriminierungsfreie Regelung allein dem Beschränkungsverbot zuzuordnen.[501] Damit können Einschränkungen auch durch ungeschriebene Rechtfertigungsgründe, namentlich durch zwingende Gründe des Allgemeininteresses, gerechtfertigt werden.[502] Dabei müssen die Regelungen als Schranken-Schranke u. a.

---

497 Vgl. EuGH, Urt. v. 08.09.2010 – C-316/07 – *Markus Stoß*, Rn. 71, 72, juris.

498 Vgl. Zeitungsenten über das Ende des Glücksspielmonopols, lto, https://www.lto.de/recht/hintergruende/h/nach-den-eugh-entscheidungen-zeitungsenten-ueber-das-ende-des-gluecksspielmonopols/, zuletzt abgerufen am 17.02.2020.

499 *Schmitt*, GPR 6/10, S. 303.

500 Vgl. BVerwG, Urt. v. 20.06.2013 – 8 C 10/12, Rn. 27, juris; BVerwG, Urt. v. 26.10.2017 – 8 C 18/16, Rn. 33.

501 *Schenke*, ZfWG 03/04/15, S. 170, 172.

502 *Schenke*, ZfWG 03/04/15, S. 170, 172.

die Verhältnismäßigkeit beachten.[503] Wie der EuGH festgestellt hat, steht den Mitgliedstaaten im Rahmen der Glücksspielregulierung dabei ein Ermessensspielraum zu. Das eigene Schutzniveau kann dabei mit Rücksicht auf die unterschiedlichen sittlichen, religiösen und kulturellen Traditionen des jeweiligen Mitgliedstaates, im Einklang mit der jeweiligen Werteordnung, selbst festgelegt werden. Die Mitgliedstaaten können somit selbst beurteilen, welche Erfordernisse sich aus dem Schutz der betroffenen Interessen ergeben bzw. welche Ziele sie mit ihren Regelungen verfolgen.[504] Die Ziele des GlüStV reichen von der Bekämpfung der Spielsucht, der Sicherstellung des Jugendschutzes bis hin zur Eindämmung der Geldwäsche.[505] Damit stimmen sie mit den vom EuGH explizit anerkannten Gründen des Allgemeininteresses überein.[506] Dass die deutsche Glücksspielregulierung im Übrigen inkohärent sei, lässt sich nicht feststellen.[507] In der Folge erkennen die insofern zuständigen nationalen Gerichte die deutsche Glücksspielregulierung, allen voran § 4 Abs. 4 GlüStV, geschlossen als unionsrechtskonform an.[508]

e) Rechtmäßigkeit des Internettotalverbots am Maßstab des Verfassungsrechts

Neben dem Unionsrecht wird die deutsche Glücksspielregulierung am Maßstab des Verfassungsrechts gemessen. Relevant sind hier die grundrechtlich gewährte Berufsfreiheit aus Art. 12 Abs. 1 GG sowie der Gleichbehandlungsgrundsatz aus Art. 3 Abs. 1 GG. Nach einhelliger Rechtsprechung des Bundesverwaltungs- sowie des Bundesverfassungsgerichts liegt mit der Glücksspielregulierung durch den GlüStV mindestens ein Eingriff in die Berufsfreiheit des Art. 12 Abs. 1 GG

503 *Schenke*, ZfWG 03/04/15, S. 170, 172.

504 EuGH, Urt. v. 08.09.2010 – C-316/07, C-358/07 bis C-360/07, C-409/07 und C-410/07, Rn. 76, juris.

505 Vgl. § 1 GlüStV 2012.

506 EuGH, Urt. v. 08.09.2010 – C-316/07, C-358/07 bis C-360/07, C-409/07 und C-410/07, Rn. 88, juris.

507 Vgl. Zeites Kapitel, B., 4., c).

508 OVG Berlin-Brandenburg, Beschl. v. 20.08.2019 – OVG 1 N 46.18; VGH Baden-Württemberg, Beschl. v. 11.07.2019 – 6 S 2759/18; OVG Schleswig, Beschl. v. 03.07.2019 – 4 MB 14/19; OLG Koblenz, Urt. v. 03.06.2019 – 9 U 1359/18; OVG Lüneburg, Urt. v. 28.02.2019 – 11 LC 242/16; BVerwG, Urt. v. 26.10.2017 – 8 C 14/16; Daneben sieht auch der Europäische Gerichtshof für Menschenrechte im Internet-Verbot aus § 4 Abs. 4 GlüStV keinen Verstoß gegen die Europäische Menschenrechtskonvention, EGMR, Urt. v. 27.11.2012 – 21252/09.

der Glücksspiel-Anbieter bzw. -Vermittler vor.[509] Im überwiegenden Fokus steht dabei das Totalverbot für Online-Casinospiele aus § 4 Abs. 4 GlüStV. Neben Art. 12 Abs. 1 GG wird zuweilen, im Rahmen der Reihenfolge des Einschreitens im Wege der Unterlassungsverfügungen nach § 9 GlüStV, auch ein Eingriff in Art. 3 Abs. 1 GG angesprochen, aber abgelehnt. Zur dogmatischen Herleitung der Prüfung der deutschen Glücksspielregulierung am Maßstab des Verfassungsrechts führt *Schenke* aus, eine Verletzung der Berufsfreiheit der Glücksspiel-Anbieter, auch solcher aus dem EU-Ausland, setze voraus, dass sich diese überhaupt auf Grundrechte berufen könnten. Nur dann könne die von ihnen ausgeübte Tätigkeit in den Schutzbereich der Berufsfreiheit fallen, die Regelungen des GlüStV in diesen Schutzbereich eingreifen und der Eingriff sodann möglicherweise verfassungsrechtlich nicht gerechtfertigt sein.[510] Die Berufsfreiheit aus Art. 12 Abs. 1 GG schützt u. a. die wirtschaftliche Betätigung. Dieses Grundrecht ist seinem Wesen nach auch auf Kapital- und Personengesellschaften anzuwenden. Aufgrund des Anwendungsvorrangs der Grundfreiheiten im Binnenmarkt und des allgemeinen Diskriminierungsverbots wegen der Staatsangehörigkeit erstreckt sich der Grundrechtsschutz, entgegen des Wortlauts von Art. 19 Abs. 3 GG, auch auf juristische Personen aus dem EU-Ausland.[511] Nach ständiger Rechtsprechung des BVerfG ist unter Beruf jede auf Erwerb gerichtete Tätigkeit zu verstehen, die auf Dauer angelegt ist und die der Schaffung und Unterhaltung einer Lebensgrundlage dient. Ausgehend davon ist die gewerbliche Veranstaltung von Online-Glücksspielen als Beruf i. S. d. Art. 12 Abs. 1 GG einzustufen.[512] Der Schutzbereich von Art. 12 Abs. 1 GG ist (auch für EU-ausländische Unternehmen) daher eröffnet. Hinsichtlich des Eingriffs in die Berufsfreiheit kommt neben dem klassischen Eingriff, der sich speziell gegen die grundrechtlich gewährleistete Betätigung richtet, auch ein mittelbarer Eingriff in Betracht. Ein solcher mittelbarer Eingriff liegt nach der Rechtsprechung des BVerfG bei solchen Regelungen vor, die eine objektiv berufsregelnde Tendenz haben. § 4 Abs. 4 GlüStV verbietet das Veranstalten und Vermitteln öffentlicher Glücksspiele im Internet. Damit fehlt es an einer tatbestandlichen

---

509 BVerfG, Urt. v. 28.03.2006 – 1 BvR 1054/01, BVerfG, Nichtannahmebeschl. v. 14.10.2008 – 1 BvR 928/08, BVerwG, Urt. v. 01.06.2011 – 8 C 5/10, BVerfG, Urt. v. 30.09.2013 – 1 BvR 3196/11, BVerwG, Urt. v. 26.10.2017 – 8 C 14/16, BVerwG, Urt. v. 26.10.2017 – 8 C 18/16.

510 *Schenke*, ZfWG 3/4/15, S. 170, 176.

511 BVerfG, Beschl. v. 19.07.2011 – 1 BvR 1916/09.

512 *Schenke*, ZfWG 3/4/15, S. 170, 176.

Anknüpfung an eine Berufsausübung. Gleichwohl können gewerbliche Online-Glücksspielanbieter dieser Betätigung nicht mehr nachgehen. Folglich kommt § 4 Abs. 4 GlüStV eine objektiv berufsregelnde Tendenz zu, die einen Eingriff in Art. 12 Abs. 1 GG begründet.[513] Hinsichtlich des Eingriffs wird nach der Rechtsprechung entsprechend der sog. „Drei-Stufen-Lehre" differenziert.[514] Hierbei wird bei der Art des Eingriffs differenziert nach Berufsausübungsregelungen (das „Wie" der Berufsausübung), subjektiven Zulassungsbeschränkungen (das „Ob" der Berufsausübung nach persönlichen Eigenschaften) und objektiven Zulassungsbeschränkungen (das „Ob" der Berufsausübung nach außerhalb der Person liegenden Kriterien). Da durch § 4 Abs. 4 GlüStV weder das „Wie" der Berufsausübung noch das „Ob" nach subjektiven Kriterien geregelt wird, ist bei § 4 Abs. 4 GlüStV von einer objektiven Zulassungsbeschränkung auszugehen.[515] Diese ist kann nur durch überragend wichtige Gründe des Gemeinwohls gerechtfertigt werden. Die Rechtsprechung in Deutschland sieht eine solche Rechtfertigung geschlossen für gegeben an.[516] Insbesondere würden mit dem Kinder- und Jugendschutz sowie dem Schutz vor den Gefahren der Glücksspielsucht und der mit den Glücksspielen verbundenen Folge- und Begleitkriminalität überragend wichtige Gemeinwohlziele verfolgt.[517] Für den 1. Senat des BVerfG ist in seiner Entscheidung vom 14.10.2008 (Az.: 1 BvR 928/08) zudem nicht ersichtlich, welche alternativen Maßnahmen zum Internettotalverbot aus § 4 Abs. 4 GlüStV in Betracht kämen, um den Gefahren, welche speziell vom Online-Glücksspiel ausgingen, wirksam zu begegnen.[518] Im Internet könnten Spielverträge „bequem rund um die Uhr von zu Hause aus abgeschlossen werden." Die damit einhergehenden „Effekte der Gewöhnung und Verharmlosung" seien „systemimmanent", sodass hier auch keine Auflagen oder Beschränkungen

---

513 Vgl. *Schenke*, ZfWG 3/4/15, S. 170, 176, 177; vgl. BVerfG, Nichtannahmebeschl. v. 14.10.2008 – 1 BvR 928/08 –, Rn. 13, juris zu § 4 Abs. 1 GlüStV.

514 Vgl. BVerfG, Urt. v. 11.06.1958 – 1 BvR 596/56 –, Rn. 73 ff., juris.

515 Vgl. *Schenke*, ZfWG 3/4/15, S. 170, 177.

516 Vgl. OVG Berlin-Brandenburg, Beschl. v. 20.08.2019 – OVG 1 N 46.18; VGH Baden-Württemberg, Beschl. v. 11.07.2019 – 6 S 2759/18; OVG Schleswig, Beschl. v. 03.07.2019 – 4 MB 14/19; OLG Koblenz, Urt. v. 03.06.2019 – 9 U 1359/18; OVG Lüneburg, Urt. v. 28.02.2019 – 11 LC 242/16; BVerwG, Urt. v. 26.10.2017 – 8 C 14/16; BVerfG, Urt. v. 30.09.2013 – 1 BvR 3196/11; a. A. *Schenke*, ZfWG 3/4/15, S. 170, 181, der § 4 Abs. 4 GlüStV für nicht erforderlich, unverhältnismäßig und inkohärent hält.

517 BVerfG, Nichtannahmebeschl. v. 14.10.2008 – 1 BvR 928/08 – Rn. 28, juris.

518 BVerfG, Nichtannahmebeschl. v. 14.10.2008 – 1 BvR 928/08 – Rn. 48, juris; *Ukrow*, ZfWG 3/4/19, S. 223, 225.

weiterhelfen würden. Ebenfalls nicht anders zu lösen sei die spezifische Gefährdung jugendlicher Spieler.[519] Damit ist hinsichtlich des Regulierungszwecks des Verbraucherschutzes und des Jugendschutzes aus Sicht des BVerfG ein Konzessionsmodell schon nicht gleich geeignet. Ein konzessioniertes Online-Glücksspielangebot kann allenfalls dazu beitragen, eine begrenzte, geeignete Alternative zum nicht erlaubten Glücksspiel zu schaffen und damit den natürlichen Spieltrieb der Bevölkerung in überwachte Bahnen zu lenken und dabei dazu beitragen, die Ausbreitung von unerlaubten Glücksspielen in Schwarzmärkten zu bekämpfen (vgl. § 1 S. 1 Nr. 2 GlüStV). Hinsichtlich der übrigen, insoweit gleichwertigen Regelungszwecke des § 1 GlüStV ist ein Konzessionsmodell hingegen keine gleich geeignete, weniger einschneidende Maßnahme. Das Konzessionsmodell trägt nicht dazu bei, Spieler, insbesondere Jugendliche, vor den besonderen Gefahren des Online-Glücksspiels zu schützen. Ähnlich sahen dies das BVerfG und das BVerwG sowie andere Gerichte in weiteren Urteilen.[520] Zudem ist das Kriterium der (Gesamt-) Kohärenz für die Verhältnismäßigkeitsprüfung von Eingriffen in die Dienstleistungsfreiheit nach Art. 56 AEUV entwickelt worden. Der EuGH wendet das Kohärenzerfordernis in den Rechtsbereichen an, die nicht sekundärrechtlich harmonisiert sind und wo die Freiheit der Mitgliedstaaten, ein eigenes Schutzniveau für die Verfolgung der selbst gesetzten Ziele nur den Schranken der Grundfreiheiten unterworfen ist. Das Kohärenzerfordernis ist also ein Prüfkriterium, welches den Grundfreiheiten in gewissem Umfang Achtung verschaffen soll, während es die Beurteilungsspielräume der Mitgliedstaaten unangetastet lässt.[521] Das Kriterium ist also zur Argumentation im Rahmen des Verfassungsrechts deplatziert.

In der Folge erkennt die Rechtsprechung in Deutschland den § 4 Abs. 4 GlüStV geschlossen als verfassungsrechtskonform an.[522]

---

519 BVerfG, Nichtannahmebeschl. v. 14.10.2008 – 1 BvR 928/08 – Rn. 48, juris.

520 BVerfG, Urt. v. 28.03.2006 – 1 BvR 1054/01, BVerfG, Nichtannahmebeschl. v. 14.10.2008 – 1 BvR 928/08, BVerwG, Urt. v. 01.06.2011 – 8 C 5/10, BVerfG, Urt. v. 30.09.2013 – 1 BvR 3196/11, BVerwG, Urt. v. 26.10.2017 – 8 C 14/16, BVerwG, Urt. v. 26.10.2017 – 8 C 18/16, VG Schleswig-Holstein, Beschl. v. 28.01.2019 – 12 B 38/18, OVG Niedersachsen, Urt. v. 28.02.2019 – 11 LC 242/16, 11 LB 497/18, OVG Berlin-Brandenburg, Beschl. v. 20.08.2019 – OVG 1 N 46/18.

521 *Hilf/Umbach*, in Becker/Hilf/Nolte/Uwer, Glücksspielregulierung, S. 951.

522 Vgl. OVG Berlin-Brandenburg, Beschl. v. 20.08.2019 – OVG 1 N 46.18; VGH Baden-Württemberg, Beschl. v. 11.07.2019 – 6 S 2759/18; OVG Schleswig, Beschl. v. 03.07.2019 – 4 MB 14/19; OLG Koblenz, Urt. v. 03.06.2019 – 9 U 1359/18; OVG Lüneburg, Urt. v. 28.02.2019 – 11 LC 242/16; BVerwG, Urt. v. 26.10.2017 – 8 C 14/16;

II. Zweiter Abschnitt – Aufgaben des Staates

Sodann beschreibt der GlüStV im Zweiten Abschnitt die Aufgaben des Staates unter der gleichlautenden Überschrift. Dieser Abschnitt umfasst die §§ 9–11 GlüStV.

1. § 9 GlüStV – Glücksspielaufsicht

Im Zweiten Abschnitt ist die Vorschrift § 9 GlüStV besonders relevant. Diese regelt die Kompetenzen der Glücksspielaufsicht. Besondere Aufmerksamkeit kommt im Rahmen dieser Arbeit § 9 Abs. 1 GlüStV zu. Der Normtext hierzu lautet:

„*(1) Die Glücksspielaufsicht hat die Aufgabe, die Erfüllung der nach diesem Staatsvertrag bestehenden oder auf Grund dieses Staatsvertrages begründeten öffentlich-rechtlichen Verpflichtungen zu überwachen sowie darauf hinzuwirken, dass unerlaubtes Glücksspiel und die Werbung hierfür unterbleiben. Die zuständige Behörde des jeweiligen Landes kann die erforderlichen Anordnungen im Einzelfall erlassen. Sie kann insbesondere*

1. *jederzeit Auskunft und Vorlage aller Unterlagen und Nachweise verlangen, die zur Prüfung im Rahmen des Satzes 1 erforderlich sind, sowie zum Zwecke dieser Prüfung während der üblichen Geschäfts- und Arbeitszeiten die Geschäftsräume und -grundstücke betreten, in denen öffentliches Glücksspiel veranstaltet oder vermittelt wird,*
2. *Anforderungen an die Veranstaltung, Durchführung und Vermittlung öffentlicher Glücksspiele und die Werbung hierfür sowie an die Entwicklung und Umsetzung des Sozialkonzepts stellen,*
3. *die Veranstaltung, Durchführung und Vermittlung unerlaubter Glücksspiele und die Werbung hierfür untersagen und*
4. *den am Zahlungsverkehr Beteiligten, insbesondere den Kredit- und Finanzdienstleistungsinstituten, nach vorheriger Bekanntgabe unerlaubter Glücksspielangebote die Mitwirkung an Zahlungen für unerlaubtes Glücksspiel und an Auszahlungen aus unerlaubtem Glücksspiel untersagen.*

BVerfG, Urt. v. 30.09.2013 – 1 BvR 3196/11; a. A. *Schenke*, ZfWG 3/4/15, S. 170, 181, der § 4 Abs. 4 GlüStV für nicht erforderlich, unverhältnismäßig und inkohärent hält.

Sofern unerlaubtes Glücksspiel in mehreren Ländern veranstaltet oder vermittelt wird oder dafür in mehreren Ländern geworben oder in sonstiger Weise gegen öffentlich-rechtliche Verpflichtungen im Sinne des Satzes 1 verstoßen wird, kann jedes betroffene Land die zuständige Behörde eines anderen Landes ermächtigen, auch mit Wirkung für das betroffene Land die erforderlichen Anordnungen im Einzelfall zu erlassen und zu vollstrecken. Die Vollstreckung richtet sich nach dem Recht des ermächtigten Landes.“[523]

§ 9 GlüStV ermächtigt die zuständigen Behörden zur Rechtsdurchsetzung.[524] Abs. 1 zu Folge hat die Glücksspielaufsicht u. a. zu überwachen und darauf hinzuwirken, dass die nach dem GlüStV bestehenden Verpflichtungen eingehalten werden und dass unerlaubtes Glücksspiel unterbleibt. Dazu kann die zuständige Glücksspielaufsichtsbehörde im Einzelfall erforderliche Anordnungen erlassen. Zu diesen im Einzelfall erforderlichen Anordnungen nennt Abs. 1 S. 3 eine Reihe von Regelbeispielen, welche die Generalklausel aus S. 2 ergänzen und ihrerseits den Rückgriff auf die Generalklausel nicht ausschließen. Eine Anordnung setzt die Prüfung der Eignung, Erforderlichkeit und Zumutbarkeit, mithin der Verhältnismäßigkeit der Maßnahme voraus.[525] § 9 Abs. 1 S. 3 Nr. 3 GlüStV sieht etwa vor, dass die Behörde den Anbietern die Veranstaltung, Durchführung und Vermittlung unerlaubter Glücksspiele untersagen kann. Daneben kann die Behörde gem. § 9 Abs. 1 S. 3 Nr. 4 GlüStV den am Zahlungsverkehr Beteiligten, nach vorheriger Bekanntgabe unerlaubter Glücksspielangebote, die Mitwirkung an Zahlungen für unerlaubtes Glücksspiel untersagen (sog. Payment-Blocking). Dabei dient § 9 Abs. 1 S. 3 Nr. 4 GlüStV der Klarstellung und Konkretisierung von § 4 Abs. 1 S. 2 2 Hs. GlüStV, denn die Norm ermöglicht die ordnungsrechtliche Heranziehung der Banken und Zahlungsdienstleister als verantwortliche Störer, sofern ihnen zuvor die Mitwirkung an unerlaubten Glücksspielangeboten von der Glücksspielaufsichtsbehörde mitgeteilt wurde. Eine ordnungsbehördliche Inanspruchnahme der Banken soll laut der amtlichen Begründung des GlüStV aber nur dann erfolgen, wenn der Veranstalter bzw. der Vermittler des unerlaubten Glücksspiels zuvor vergeblich – insbesondere wegen eines Auslandsbezuges – in Anspruch genommen wurde.[526] Dabei löst die Konzeption der Inanspruchnahme als Störer in einem Stufenverhältnis Irritationen

523 Normtext von § 9 Abs. 1 GlüStV 2012.

524 *Hofmann*, ZfWG 5/16, S. 304.

525 *Amtliche Begründung zum GlüStV 2012*, Bayerischer Landtag, Drs. 16/11995, S. 27, vgl. EuGH, Urt. v. 03.06.2010 – C-258/08 – *Ladbrokes*, Rn. 43 und 46.

526 Vgl. *Amtliche Begründung zum GlüStV 2012*, Bayerischer Landtag, Drs.16/11995, S. 27.

aus. So könnte ein Stufenverhältnis auf eine subsidiäre Verpflichtung der an der Zahlung Beteiligten Unternehmen, vergleichbar mit der ordnungsrechtlichen Haftung sog. Nichtstörer, hindeuten. Das deutsche Ordnungsrecht kennt sog. Verhaltensstörer (§ 17 OBG NRW) und sog. Zustandsstörer (§ 18 OBG NRW). Die ordnungsrechtlich primär Verantwortlichen sind diejenigen Personen, die durch ihr Verhalten eine für den Eintritt einer Gefahrensituation unmittelbare, wesentliche Ursache gesetzt haben oder zur Überwachung einer Gefahrenquelle verpflichtet sind. Nur wenn Maßnahmen gegen Verhaltens- oder Zustandsstörer nicht möglich oder erfolgversprechend sind, so ist unter weiteren engen Voraussetzungen auch eine Inanspruchnahme von nicht verantwortlichen Personen, den sog. Nichtstörern, möglich (vgl. § 19 OBG NRW). Wendet man die ordnungsrechtlichen Maßstäbe auf das Glücksspielrecht an und will man in § 9 Abs. 1 S. 3 Nr. 4 GlüStV eine Inanspruchnahme von Zahlungsdienstleistern als Nichtstörer sehen, so müssten sich aus einer entsprechenden Inanspruchnahme Entschädigungsansprüche für die Banken ergeben (vgl. §§ 39 ff. OBG NRW; § 67 PolG NRW).[527] Es stellt sich somit die Frage, ob der Gesetzgeber damit tatsächlich eine abgestufte Verantwortlichkeit i. S. e. Nichtstörerhaftung im Sinn hatte.

Ohne das Zutun der an den Zahlungen beteiligten Banken und Zahlungsdienstleistern wäre ein unerlaubtes Online-Glücksspiel unmöglich.[528] Das trifft allerdings auch auf Internetprovider zu. In der Gesetzesbegründung zu § 9 Abs. 1 S. 3 Nr. 5 GlüStV 2008, welcher einst die Inanspruchnahme von Internetprovidern vorsah, wurde auf die abgestuften Verantwortlichkeiten nach dem Telemediengesetz (TMG) abgestellt.[529] Die abgestufte Haftung nach dem TMG richtet sich nach dem unterschiedlichen Grad der Beteiligung durch die Provider bei Rechtsverletzungen im Internet. Dabei wird unterschieden, ob der Anbieter als Content-, Host-, Access- oder Link-Provider gehandelt hat.[530] Die

527 Vgl. *Brugger*, Abbruch der Zahlungsströme als Mittel zur Bekämpfung unerlaubter Internetglücksspiele, S. 190.

528 Vgl. *Steinmetz/Fiedler*, ZfWG 6/19, S. 456.

529 Erläuterungen zum GlüStV 2008 vom 06.12.2006, S. 19.

530 Der Content-Provider stellt eigene Inhalte im Internet. Er ist daher der Verantwortliche für die so gestellten Inhalte. Der Host-Provider stellt u. a. Domains, Server oder Webserver zur Verfügung. Hosting-Dienste können sehr umfangreich und verschieden sein. Zur Vereinfachung kann in einem Host-Provider ein Anbieter von Ressourcen gesehen werden, der eine Plattform für Webprojekte bietet. Er bietet sozusagen den Platz und die Infrastruktur, um Inhalte im Internet stellen zu können. Access-Provider sind technische Dienstleister, die den Internetanschluss stellen. Link-Provider stellen Verlinkungen im Internet zu Inhalten anderer Internet-Seiten.

Regelungen des TMG sind dabei keine eigenen Anspruchsgrundlagen, sondern sollen bestimmen, unter welchen Voraussetzungen eine Haftung nach allgemeinen Gesetzen in Betracht kommt bzw. unter welchen Voraussetzungen eine Haftung privilegiert ist (vgl. §§ 7–10 TMG).[531] Hintergrund der Privilegierung für Diensteanbieter sind deren eingeschränkte Kenntnisnahme- und Kontrollmöglichkeiten, wenn die Providertätigkeit lediglich technischer, automatischer und passiver Art ist.[532] § 9 Abs. 1 S. 3 Nr. 5 GlüStV 2008 ist durch den 1. GlüÄndStV weggefallen. Die Argumentation ist, übertragen auf die Haftung von Banken und Zahlungsdienstleistern, geblieben.[533] Insofern wird zum Teil von einer subsidiären Nichtstörerhaftung der Banken gesprochen. Diese dürfte sich aber durch eine Herleitung entsprechend den Erläuterungen zu § 9 Abs. 1 S. 3 Nr. 5 GlüStV 2008 nicht begründen lassen.

Anders als bei Internetprovidern könnte die Mitwirkung von Banken und Zahlungsdienstleistern für das Zustandekommen von unerlaubtem Online-Glücksspiel zudem eine wesentlichere Bedeutung haben. Insbesondere fällt die Beteiligung der Banken derart aus, dass eher schon von einem Beteiligten als einem „unbeteiligten Intermediär" gesprochen werden könnte. Entscheidender Teil des Glücksspiels ist das Spiel um Geld. Dafür sind Ein- und Auszahlungen erforderlich. Für diese Ein- und Auszahlungen zum Zwecke des Glücksspiels erheben Banken zu großen Teilen Sondergebühren. Gebühren von 2,5 % bis 5,0 %, mindestens aber 5,00 € pro Ein- bzw. Auszahlung könnten vor dem Hintergrund der Marktdimension durchaus als Erschließung eines weiteren lukrativen Geschäftsfeldes gedeutet werden, mit dem sich hohe Umsätze generieren

---

531 Das sog. Providerprivileg bezeichnet, dass der Überbringer des Inhalts (Provider) in der Regel nicht für das Überbrachte einstehen muss, wenn er Inhalte übermittelt aber nicht selbst erstellt. Insofern geht aus §§ 7- 10 TMG grob hervor, dass der Content-Provider für eigene Inhalte haftet. Der Host-Provider haftet für bereit gestellte fremde Inhalte entsprechend einer Kenntnis oder eines durch Prüfpflichten auferlegten Kennenmüssens. Hatte er keine Kenntnis oder hat er unverzüglich Löschung veranlasst, haftet er nicht. Der Internet-Provider stellt lediglich den Zugang und ist damit i.d.R. nicht verantwortlich.

532 *Hoeren/Bensinger*, Haftung im Internet, S. 399; vgl. *Spindler*, Haftung ohne Ende? Über Stand und Zukunft der Haftung von Providern, MMR 1/18, S. 48 ff.; *Hofmann*, Mittelbare Verantwortlichkeit im Internet – Eine Einführung in die Intermediärshaftung, JuS 8/17, S. 713 ff.

533 Vgl. *Bolay/Pfütze*, in Streinz/Liesching/Hambach, Glücks- und Gewinnspielrecht in den Medien, § 4, Rn. 38.

lassen.[534] Damit sind Banken nicht nur ein essenzielles Bindeglied zwischen Spielern und Glücksspiel-Anbietern. Sie beteiligen sich aktiv und wissentlich an den Umsätzen des Online-Glücksspielmarkts. Zwar haben sie diese nicht zu verantworten, sie machen sie sich aber ein Stück weit zu Eigen.[535] Dass Banken ihre Tätigkeiten automatisieren und massenweise durchführen lassen, kann an dieser Betrachtungsweise nichts ändern.[536] Hier liegt auch der entscheidende Unterschied zur Inanspruchnahme von Internetprovidern, welche im Zweifel schlicht eine Plattform zur freien Verfügung stellen. *Brugger* fasst insoweit zusammen, dass sich der Verantwortungsgrad (des jeweiligen Providers) nach der Nähe zur Gefahrenquelle bestimmt.[537] Ausgehend von den vorangehenden Ausführungen, könnte man die Auffassung vertreten, dass die Banken und Zahlungsdienstleister sehr nah an der Gefahrenquelle arbeiten. Das gilt für die Bank des Spielers, noch mehr aber für die Bank des Anbieters. Daraus könnte sich, im Duktus der ordnungsrechtlichen Dreiteilung, für Banken eher eine Verhaltensstörer-Eigenschaft als eine Nichtstörer-Eigenschaft ergeben. Hierzu passt auch der verhältnismäßig weit gefasste Wortlaut von § 4 Abs. 1 S. 2, 2. Hs GlüStV. Dieser verbietet pauschal eine *Mitwirkung* der Zahlungsdienstleister an Zahlungen für unerlaubtes Glücksspiel. Eine Zuwiderhandlung kann folglich nicht durch Nichtstun begangen werden. Dies spricht ebenfalls für eine Verhaltensstörereigenschaft der Banken. Ein Gegenargument zur Verhaltensstörer-Eigenschaft von Banken und Zahlungsdienstleistern ist, dass deren übergeordnetes Geschäftsmodell eigentlich sozial erwünscht ist.[538] Erfasst man § 4 Abs. 1 S. 2, 2. Hs GlüStV allerdings als materiell-rechtliches Verbotsgesetz, so wird durch den Verstoß hiergegen diese Sozialadäquanz verdrängt. Zum Teil wird vertreten, dass § 4 Abs. 1 S. 2 GlüStV auf der Grundlage von § 9 Abs. 1 S. 3 Nr. 4 GlüStV normiert worden sei. § 4 Abs. 1 S. 2, 2 Hs. GlüStV sei lediglich deklaratorischer Natur und

---

534 Zu den Sondergebühren der Banken, siehe Erstes Kapitel, D., I.; zu den Marktdimensionen, siehe Erstes Kapitel, B.; laut *Rock* liegt der mit Online-Glücksspiel erwirtschaftete weltweite Umsatzanteil der Kreditkartenunternehmen bei 10%, *Rock/Seifert*, ZBB 5/09, S. 377, 378.

535 Vgl. *Hofmann*, ZfWG 5/16, S. 304, 309.

536 a.A. *Bolay/Pfütze*, in Streinz/Liesching/Hambach, Glücks- und Gewinnspielrecht in den Medien, § 4, Rn. 38 ff., 49.

537 *Brugger*, Abbruch der Zahlungsströme als Mittel zur Bekämpfung unerlaubter Internetglücksspiele, S. 194.

538 Vgl. *Hofmann*, ZfWG 5/16, S. 304, 309; *Bolay/Pfütze* sprechen von einer „durchweg gesetzlich erlaubten Tätigkeit“, in Streinz/Liesching/Hambach, Glücks- und Gewinnspielrecht in den Medien, § 4, Rn. 40.

solle nur den Kreis der ordnungsrechtlich Verantwortlichen erweitern und eine Inanspruchnahme der Banken außerhalb der Nichtstörereigenschaft ermöglichen.[539] Diese Sichtweise ist insofern denkbar, als dass ein Rückgriff für Bereiche des besonderen Gefahrenabwehrrechts auf z. B. polizeirechtliche Vorschriften zur Verantwortlichkeit zwar auch ohne ausdrücklichen Verweis möglich ist, dies im Falle der Inanspruchnahme von Nichtstörern aber die Einhaltung strengerer Anforderungen und eine Ersatzpflicht zur Folge hätte (vgl. §§ 39 ff. OBG NRW; § 67 PolG NRW).[540] Daher ist es naheliegend, dass der Gesetzgeber hier explizit eine Verantwortlichkeit schaffen wollte. Der Rückschluss, die Norm sei nur deklaratorischer Natur da sie ausschließlich die Funktion habe, eine Verantwortlichkeit abseits der Nichtstörereigenschaft zu begründen, erschließt sich hingegen nicht. Neben dem klaren Wortlaut der Norm ergibt es insbesondere in systematischer Hinsicht wenig Sinn, eine neue Vorschrift mit nur deklaratorischer Funktion zu erschaffen und diese mittels einer Handlungsalternative an einer anderen Stelle im Gesetz, insbesondere einer Stelle die ausdrückliche und umstrittene gesetzliche Verbote anordnet, zu verorten. Auch gibt die Gesetzesbegründung eine solche Auslegung nicht her. Wäre der Sinn und Zweck von § 4 Abs. 1 S. 2, 2 Hs. GlüStV allein jener gewesen, im Lichte von § 9 Abs. 1 S. 3 Nr. 4 GlüStV eine ordnungsrechtliche Verantwortlichkeit außerhalb der Nichtstörereigenschaft zu schaffen, so wäre es sinnvoller gewesen das Gesetz bei § 9 Abs. 1 S. 3 Nr. 4 GlüStV zu ergänzen, so wie es mit dem 1. GlüÄndStV auch in einem anderen, deklaratorischen Kontext geschehen ist.[541] Laut dem zuständigen Niedersächsischen Ministerium für Inneres und Sport soll § 4 Abs. 1 S. 2, 2 Hs. GlüStV als Mitwirkungsverbot unmittelbar gelten und so die Zahlungsdienstleister zu entsprechenden eigenverantwortlichen Maßnahmen verpflichten.[542] Dahinter solle die Absicht stehen, dass ein wesentlicher Bestandteil der für das Betreiben von unerlaubtem Glücksspiel erforderlichen Infrastruktur wegfiele und das Vorgehen gegen unerlaubtes Glücksspiel nachhaltig erfolgreich sein könne, wenn sich Zahlungsdienstleister rechtskonform verhielten und entsprechende Zahlungen nicht mehr durchführten.[543] Die am Zahlungsverkehr

539 Vgl. *Bolay/Pfütze*, in Streinz/Liesching/Hambach, Glücks- und Gewinnspielrecht in den Medien, § 4, Rn. 38 ff.

540 *Brugger*, Abbruch der Zahlungsströme als Mittel zur Bekämpfung unerlaubter Internetglücksspiele, S. 195.

541 Mit dem 1. GlüÄndStV wurde auch § 9 Abs. 1 S. 3 Nr. 4 GlüStV ergänzt.

542 LT-Drs. 18/1569, S. 6.

543 Stellungnahme des Niedersächsischen Ministeriums für Inneres und Sport zum Verbot der Mitwirkung an Zahlungen im Zusammenhang mit unerlaubtem Glücksspiel,

Beteiligten seien deshalb unmittelbar durch das Mitwirkungsverbot in die Pflicht genommen worden, da sich die ausländischen Glücksspielanbieter dem Zugriff der deutschen Aufsichtsbehörden weitgehend entzogen hätten. Jedes am Zahlungsverkehr beteiligte Unternehmen sei unmittelbar in der Pflicht, Geschäftsprozesse und etwaige Unternehmenskooperationen kritisch zu überprüfen und ggf. konsequent im Sinne der gesetzgeberischen Zielsetzung zu reagieren. Zur Durchsetzung dieses Verbots sei dem Niedersächsischen Ministerium für Inneres und für Sport in seiner Funktion als Glücksspielaufsichtsbehörde des Landes Niedersachsen die Befugnis eingeräumt, die Mitwirkung an Zahlungen im Zusammenhang mit unerlaubtem Glücksspiel zu untersagen.[544] Damit spricht vieles dafür, dass § 4 Abs. 1 S. 2, 2 Hs. GlüStV eine eigenständige Funktion hat und § 9 Abs. 1 S. 3 Nr. 4 GlüStV dabei helfen soll, diese Funktion auch ordnungsrechtlich durchzusetzen. Die Banken und Zahlungsdienstleister sollen aber nicht als Nichtstörer und auch nicht in einem abgestuften Verhältnis i. S. e. Providerprivilegs in Anspruch genommen werden. Vielmehr werden Banken und Zahlungsdienstleister als Verhaltensstörer erfasst. Deren Inanspruchnahme soll – sozusagen als ultima ratio – aber erst dann erfolgen, wenn Maßnahmen gegen andere Verantwortliche nicht greifen. Damit kann dem Umstand Rechnung getragen werden, dass die Glücksspielanbieter näher an der Gefahrenquelle sind als die Banken und Zahlungsdienstleister.[545] Sie sind somit, wie *Hofmann* ausführt, Störer „zweiter Kategorie".[546] Anders als von *Hofmann* verstanden, ist

---

S. 1, 2, verfügbar unter: https://www.mi.niedersachsen.de/startseite/aktuelles/presseinformationen/online-glucksspiel-innenministerium-wendet-sich-an-die-branchenverbande-der-deutschen-kreditwirtschaft-184716.html

544 Stellungnahme des Niedersächsischen Ministeriums für Inneres und Sport zum Verbot der Mitwirkung an Zahlungen im Zusammenhang mit unerlaubtem Glücksspiel, S. 1, 2, verfügbar unter: https://www.mi.niedersachsen.de/startseite/aktuelles/presseinformationen/online-glucksspiel-innenministerium-wendet-sich-an-die-branchenverbande-der-deutschen-kreditwirtschaft-184716.html.

545 Vgl. *Brugger*, Abbruch der Zahlungsströme als Mittel zur Bekämpfung unerlaubter Internetglücksspiele, S. 194.; im Ergebnis so auch *Steegmann*, Die Haftung der Basisinfrastruktur bei rechtswidrigen Internetangeboten, S. 208. Dieser stellt die Konstellation auch richtig herum dar: § 9 Abs. 1 S. 3 Nr. 4 GlüStV stellt die ordnungsrechtliche Verantwortlichkeit der Kredit- und Finanzdienstleistungsinstitute fest. Diese werden bereits durch § 4 Abs. 1 S. 2 GlüStV durch ein Mitwirkungsverbot adressiert. Somit baut § 9 Abs. 1 S. 3 Nr. 4 auf § 4 Abs. 1 S. 2 GlüStV auf. Dabei handele es sich im Wesentlichen aber um eine Klarstellung, denn durch §§ 284 Abs. 1, 27 StGB habe der Gesetzgeber die wissentliche Mitwirkung ohnehin unter Strafe gestellt.

546 *Hofmann*, ZfWG 5/16, S. 304, 306.

zwar das grundsätzliche Geschäftsmodell der Banken, nicht aber die konkrete Mitwirkung, sozial erwünscht. Die Mitwirkung an Zahlungen im Zusammenhang mit unerlaubtem Glücksspiel erhöht die Gefahr von Rechtsverletzungen. § 4 Abs. 1 S. 2, 2 Hs. GlüStV wird dem Umstand gerecht, dass den Banken und Zahlungsdienstleistern nicht nur eine „Gatekeeper-Position“ zukommt, sondern diese das Geschehen auch zum eigenen Vorteil nutzen.[547] Es statuiert aus der i. Ü. sozialadäquaten Mitwirkung an Zahlungen in diesem Zusammenhang eine eigene rechtsverletzende Handlung. § 9 Abs. 1 S. 3 Nr. 4 GlüStV ermöglicht deren ordnungsrechtliche Rechtsverfolgung.[548] Die Haftung von Banken und Zahlungsdienstleistern wird nicht eingegrenzt, sondern gefestigt.[549] Durch den eigenständigen Verstoß gegen ein Mitwirkungsverbot kommt es – anders als bei der Providerhaftung – auch nicht auf eine Kenntnis oder Prüfpflicht an.

2. *§ 10 GlüStV – Sicherstellung eines ausreichenden Glücksspielangebotes*

Gem. § 10 Abs. 1 S. 1 GlüStV haben die Länder zur Erreichung der Ziele des § 1 die ordnungsrechtliche Aufgabe, ein ausreichendes Glücksspielangebot sicherzustellen. Gem. Abs. 2 S. 1 können die Länder diese öffentliche Aufgabe selbst, durch eine von allen Vertragsländern gemeinsam geführte öffentliche Anstalt, durch juristische Personen des öffentlichen Rechts oder durch privatrechtliche Gesellschaften, an denen juristische Personen des öffentlichen Rechts unmittelbar oder mittelbar maßgeblich beteiligt sind, erfüllen. Nach Abs. 3 dürfen Klassenlotterien nur von einer von allen Vertragsländern gemeinsam getragenen Anstalt des öffentlichen Rechts veranstaltet werden. Andere als die in Abs. 2 und 3 Genannten dürfen gem. § 10 Abs. 6 GlüStV Lotterien und Ausspielungen nur mit entsprechender Erlaubnis veranstalten. Hierin liegt das staatliche Lotterieveranstaltungsmonopol. Mit Ausnahme von Lotterien mit geringerem Gefährdungspotenzial dürfen nur die Länder Klassenlotterien betreiben. Begründet wird dies damit, dass den Ländern ein erhöhtes Steuerungspotenzial zukäme, wodurch es den Ländern erlaubt sei, den besonderen Gefahren im Bereich der Lotterien wirksamer zu begegnen und die Ziele des § 1 effektiver zu verfolgen.[550] Das sei wichtig, da Lotterien in Deutschland die am häufigsten

547 Vgl. *Hofmann*, ZfWG 5/16, S. 304, 306.

548 Vgl. *Postel*, in: Dietlein/Hecker/Ruttig, Glücksspielrecht, 2. Aufl. 2013, § 4 GlüStV, Rn. 26.

549 Vgl. *Hofmann*, ZfWG 5/16, S. 304, 309.

550 *Amtliche Begründung zum GlüStV 2012*, Bayerischer Landtag, Drs. 16/11995, S. 18.

genutzte Glücksspielart darstellen. Lotterien seien zudem wegen der Intransparenz der Gewinnermittlung und -verteilung strukturell anfälliger für Manipulationen und könnten wegen der hohen angesammelten Summen zu kriminellem Handeln verleiten. Dabei würden die Gefahren vor allem aus der Veranstaltung selbst resultieren.[551] Um wie bislang ein zuverlässiges, dank der konkreten Ausgestaltung wenig gefährliches Lotterieangebot zu gewährleisten, verbliebe das Lotterieangebot daher weiterhin in staatlicher Hand.[552] Hierzu fasst *Dünchheim* zusammen, die Rechtsprechung der deutschen Verwaltungsgerichte lasse vereinzelt eine ablehnende Haltung gegenüber dem Lotterieveranstaltungsmonopol erkennen.[553] Dabei sei in der jüngeren Rechtsprechung insbesondere die Werbepraxis der Landeslotteriegesellschaften in den Blick genommen worden.[554] Gegenargumente der Literaturmeinungen seien u. a., dass eine gefahrenabwehrrechtliche Argumentation für ein Lotteriemonopol wegen der geringen Suchtgefahren im Bereich des Lotteriewesens nicht tragbar sei. Zudem würde es an einer hinreichenden Darlegung der Gefahrenlage fehlen. Insgesamt sei die Kanalisierung des Spielbetriebs nicht erforderlich.[555] Aber auch hier, so stellt *Dünchheim* fest, seien die Standpunkte flexibel. So sei bei bestimmten Meinungsträgern ein Wechsel der Ansichten von gänzlich zustimmend zu vollständig ablehnend innerhalb von nur wenigen Jahren zu verzeichnen gewesen. „Bei Lichte betrachtet" würden kritische Stimmen zum Lotterieveranstaltungsmonopol aber drei wesentliche, für die Struktur grundlegende Annahmen, verkennen. Hierzu gehöre die Sozialadäquanz des Lotteriespiels, die Notwendigkeit der Trennung des „Ob" und des „Wie" des Lotteriespiels und das in der für das Lotteriespiel grundlegenden *Schindler*-Entscheidung des EuGH vom 24.03.1994 (Rs.: C-275/92) postulierte Gebot der „Gesamtschau der Rechtfertigungsansätze".[556] Das BVerfG habe den Eingriff in die Berufsfreiheit durch das Lotteriemonopol anhand des Vorliegens wichtiger Gemeinwohlbelange im Rahmen der im Glücksspielrecht modifizierten Dreistufentheorie für objektive Zulassungsbeschränkungen geprüft. Der EuGH habe geprüft, ob die Beschränkung der Dienstleistungsfreiheit „aus zwingenden Gründen des Allgemeininteresses" gerechtfertigt sei. Dabei stehe „das Dach des Lotterieveranstaltungsmonopols

---

551 *Amtliche Begründung zum GlüStV 2012*, Bayerischer Landtag, Drs. 16/11995, S. 18.
552 *Amtliche Begründung zum GlüStV 2012*, Bayerischer Landtag, Drs. 16/11995, S. 18.
553 *Dünchheim*, ZfWG 6/19, S. 418, 418.
554 *Dünchheim*, ZfWG 6/19, S. 418, 418.
555 *Dünchheim*, ZfWG 6/19, S. 418, 418.
556 *Dünchheim*, ZfWG 6/19, S. 418, 418–420.

[...] insoweit auf mindestens vier Säulen". Diese seien die Bekämpfung von Suchtgefahren, die Bekämpfung von Manipulationsgefahren, die Wirksamkeit staatlicher Aufsicht und „auch" die Finanzierung von Gemeinwohlbelangen. Hinsichtlich der behaupteten Suchtgefahren bestünde die unverrückbare Erkenntnis, dass die Suchtgefahren im Bereich der großen Zahlenlotterien nicht trotz des Lotterieveranstaltungsmonopols, sondern wegen der bisherigen Regulierung so gering seien. Schon der EuGH habe in seiner *Stanley-Bet*-Entscheidung vom 19.12.2018 (Rs.: C-375/17) im Zusammenhang eines Konzessionsmodells für die Veranstaltung von Lotterien ausgeführt, es bestehe im Falle einer völligen Marktöffnung die Gefahr, dass die Veranstalter versucht wären, einander an Einfallsreichtum zu übertreffen, um ihr Angebot attraktiver als das ihrer Wettbewerber zu machen, sodass für die Verbraucher die mit dem Spiel verbundenen Ausgaben und die Gefahr der Spielsucht erhöht würden. Auch würde ein Lotterieveranstaltungsmonopol nicht automatisch eine Inkohärenz bedeuten. Dies habe bereits der EuGH in seinen Entscheidungen *Markus Stoß* und *Carmen Media* festgestellt. Insgesamt ergebe sich ein verfassungsrechts- und unionsrechtskonformes Regulierungsmodell.[557]

3. § 10a GlüStV – Experimentierklausel für Sportwetten

In § 10a GlüStV ist die Experimentierklausel für Sportwetten geregelt. Der Normtext lautet:

„*(1) Um eine bessere Erreichung der Ziele des § 1, insbesondere auch bei der Bekämpfung des in der Evaluierung festgestellten Schwarzmarktes, zu erproben, wird § 10 Abs. 6 auf das Veranstalten von Sportwetten bis zum 30. Juni 2021 nicht angewandt. Im Falle einer Fortgeltung des Staatsvertrages nach § 35 Absatz 2 verlängert sich die Frist bis zum 30. Juni 2024.*

(2) Sportwetten dürfen in diesem Zeitraum nur mit einer Konzession (§§ 4a bis 4e) veranstaltet werden.

(3) Die Konzession gibt dem Konzessionsnehmer nach Maßgabe der gemäß § 4c Abs. 2 festgelegten Inhalts- und Nebenbestimmungen das Recht, abweichend vom Verbot des § 4 Abs. 4 Sportwetten im Internet zu veranstalten und zu vermitteln. § 4 Abs. 5 und 6 ist entsprechend anzuwenden. Der Geltungsbereich

557 Vgl. *Dünchheim*/ ZfWG 6/19, S. 418 unter Verweis auf OVG Lüneburg, Urt. v. 12.07.2018 – 11 LC 400/17, Rn. 55, juris; EuGH, Urt. v. 24.03.1994 – C-275/91 – *Schindler*; EuGH, Urt. v. 19.12.2018 – C-375/17 – *Stanley-Bet*, Rn. 48, juris.

der Konzession ist auf das Gebiet der Bundesrepublik Deutschland und der Staaten, die die deutsche Erlaubnis für ihr Hoheitsgebiet anerkennen, beschränkt.

(4) Die Länder begrenzen die Zahl der Wettvermittlungsstellen zur Erreichung der Ziele des § 1. Die Vermittlung von Sportwetten in diesen Stellen bedarf der Erlaubnis nach § 4 Abs. 1 Satz 1; § 29 Abs. 2 Satz 2 ist entsprechend anzuwenden."[558]

Ziel der konzessionierten Öffnung von Sportwetten ist laut der amtlichen Begründung zum GlüStV „nicht eine Expansion des Wettmarktes, sondern vielmehr die Bekämpfung des entstandenen Schwarzmarktes".[559] Um das öffentliche Spielen wieder „in geordnete Bahnen zu lenken, soll die konzessionierte Öffnung im Maß und Umfang auf das beschränkt werden, was angesichts des festgestellten Schwarzmarktes erforderlich" sei.[560] § 10a GlüStV gilt nicht nur für private Sportwettveranstalter, sondern auch für staatliche Angebote. Sowohl staatliche als auch private Veranstalter von Sportwetten müssen daher das Konzessionsverfahren nach §§ 4a bis 4e GlüStV durchlaufen. Das Konzessionierungsmodell sah ursprünglich vor, dass die insgesamt zwanzig verteilten Konzessionen für die Veranstaltung von Sportwetten befristet bis zum 30.06.2019 Geltung haben sollten.[561] Die Experimentierphase endet planmäßig am 30. Juni 2021. Seit dem 01.01.2020 gilt der 3. GlüÄndStV. Laut Erläuterungen zum 3. GlüStV vom 21.02.2019 gilt die Begrenzung des Angebots durch eine Kontingentierung der Konzessionen sowie das Konzessionsverfahren mit abschließender Entscheidung durch das Glücksspielkollegium als Gemeinschaftseinrichtung aller Länder entsprechend der verfassungsgerichtlichen Rechtsprechung als verfassungsgemäß. Dennoch kann der Staatsvertrag weiterhin nicht umgesetzt werden, weil die hessischen Verwaltungsgerichte die Konzessionserteilung bis zu einer Entscheidung in der Hauptsache in nicht absehbarer Zeit aufgehoben haben. Aus diesem Grund und „um die fortschreitende Erosion des Ordnungsrechts zu beenden" wurde die Erteilung von Konzessionen an Veranstalter von Sportwetten für die gesamte Geltungsdauer des GlüStV bis zum 30. Juni 2021

558 Normtext von § 10a GlüStV 2012.

559 *Amtliche Begründung zum GlüStV 2012*, Bayerischer Landtag, Drs. 16/11995, S. 19, 29.

560 *Amtliche Begründung zum GlüStV 2012*, Bayerischer Landtag, Drs. 16/11995, S. 19, 20, 29.

561 *Fuchs*, Das neue Glücksspielrecht unter besonderer Berücksichtigung von Online-Glücksspielen, S. 74.

ausgeweitet und die Kontingentierung der Sportwettkonzessionen für die Dauer der Experimentierphase aufgehoben.[562] Bis heute wurde das Konzessionsverfahren nicht abgeschlossen. Es wurden keine Sportwett-Konzessionen vergeben. Am 28.01.2016 veröffentlichten die zuständigen Behörden Leitlinien zum Vollzug im Bereich Sportwetten während des laufenden Konzessionsverfahrens. Danach werden unerlaubte Sportwettangebote nur dann untersagt, wenn eine Legalisierung nicht angestrebt wurde, d. h. wenn der Veranstalter keine Bewerbung um eine Konzession eingereicht hat. Im Übrigen erfolgen keine Untersagungsverfügungen.[563] Laut *Fuchs* ist die Zahl der ursprünglich gestellten Anträge unbekannt, es sollen aber (Stand: 2016) etwa 100 Stück gewesen sein.[564] Damit gibt es vermeintlich mindestens 100 potenziell geduldete Anbieter von Sportwetten in Deutschland. Darunter finden sich angeblich alle großen am Markt führenden internationalen Anbieter wie Tipico, Stanleybet, Digibet, Bet365, Betfair, Bet-at-home, Bwin, usw.[565]

III. Zwischenfazit: Status quo der Glücksspielregulierung („was gilt gerade“)

Die Rechtslage beim Online-Glücksspiel hatte eine turbulente Entstehungsgeschichte und ist nunmehr verworren. Mit § 4 Abs. 4 GlüStV gilt ein grundsätzliches Verbot, das sog. Totalverbots- oder Prohibitionsmodell. Dieses wird gem. § 4 Abs. 5, 6 GlüStV durch konzessionierte Befreiungen für Sportwetten und Online-Lotterien sowie durch vom Land Schleswig-Holstein erteilte landesrechtliche Erlaubnisse durchbrochen. Daraus haben sich ein regulierter „weißer“ Markt, ein scheinbar legaler „Graumarkt“ und ein illegaler „Schwarzmarkt“ entwickelt.[566]

Damit dürfen Online-Casinos, Online-Pokerspiele und Online-Zweitlotterien nicht übers Internet in Deutschland angeboten werden. Davon ausgenommen

---

562 *Amtliche Erläuterungen zum 3. GlüÄndStV*, Landtag NRW, Drs. 17/1760, S. 4.

563 Leitlinien zum Vollzug im Bereich Sportwetten während des laufenden Konzessionsverfahrens, Stand 28.01.2016, abrufbar unter: https://www.im.nrw/sites/default/files/media/document/file/160129ll_Leitlinien%20Sportwetten_.pdf, zuletzt abgerufen am 30.03.2020; vgl. Zweites Kapitel, II. 3.

564 *Fuchs*, Das neue Glücksspielrecht unter besonderer Berücksichtigung von Online-Glücksspielen, S. 76.

565 *Fuchs*, Das neue Glücksspielrecht unter besonderer Berücksichtigung von Online-Glücksspielen, S. 76.

566 Vgl. *Hartmann/Barczak*, ZfWG 1/19, S. 8, 8.

sind diejenigen Anbieter, die kraft noch geltender schleswig-holsteinischer Lizenz Online-Glücksspiele und Online-Poker nur für Spieler in Schleswig-Holstein veranstalten und vermitteln dürfen. Die Gültigkeit dieser Lizenzen wurde bereits verlängert. Aufgrund der verwaltungsgerichtlichen Unterbindung des Konzessionsverfahrens und der sich daran anschließenden Verwaltungspraxis können derweil auch Sportwetten Online ungehindert und ohne Konzession angeboten werden, sofern der Anbieter zumindest die Bewerbungsanforderungen erfüllt. Hinzu kommt, dass derzeit der Anteil des nicht-regulierten und damit illegalen Glücksspielmarktes beim Online-Glücksspiel bei rund 84 % liegt.[567]

Der Erlaubnisvorbehalt aus § 4 Abs. 1 und das Internet-Verbot aus § 4 Abs. 4 GlüStV wirken unabhängig voneinander. Beim Erlaubnisvorbehalt handelt es sich um eine nicht monopolbezogene Regelung.[568]

Beides setzt die Glücksspielbehörde u. a. mit Untersagungsverfügungen gem. § 9 Abs. 1 S. 2, S. 3 Nr. 3 GlüStV durch.

Auch wenn sich Anbieter konstant mit den gleichen Argumenten (u. a. Unionsrechtswidrigkeit, Verfassungswidrigkeit, Inkohärenz, usw.) zur Wehr setzen, schaffen es die Glücksspielbehörden der Länder zunehmend, sich zu behaupten und können ordnungsrechtliche Maßnahmen gegen illegale Angebote durchsetzen.[569]

C. Glücksspielaufsicht

Die Aufsicht über die Einhaltung der Glücksspielregularien unterliegt dem Kompetenzbereich der jeweiligen Bundesländer. Damit überwachen 16 Landesministerien bzw. Senatsverwaltungen und die ihnen nachgeordneten Behörden die Einhaltung glücksspielrechtlicher Vorgaben. Das Online-Glücksspiel findet allerdings grenzüberschreitend bundesweit statt. Damit die Glücksspielaufsicht gleichmäßig ausgeübt werden kann, wurden das ländereinheitliche sowie das gebündelte Verfahren eingeführt.[570] Hierbei übernimmt ein Bundesland zentral für alle anderen Bundesländer einen Teilbereich der Glücksspielregulierung. So

---

567 Vgl. *Hartmann/Barczak*, ZfWG 1/19, S. 8, 9, 10.

568 OVG Schleswig-Holstein, Beschl. v. 03.07.2019 – 4 MB 14/19 –, Rn. 16–17, juris.

569 VGH Baden-Württemberg, Beschl. v. 11.07.2019 – 6 S 2759/18, OVG Schleswig-Holstein, Beschl. v. 03.07.2019 – 4 MB 14/19, OVG Niedersachsen, Urt. v. 28.02.2019 – 11 LC 242/16.

570 Länderübergreifende Glücksspielaufsicht, Hessisches Ministerium des Innern und für Sport, https://innen.hessen.de/buerger-staat/gemeinsame-geschaeftsstelle-gluecksspiel/gluecksspielkollegium2/laenderuebergreifende, zuletzt abgerufen am 04.04.2020.

ist u. a. die Behörde für Inneres und Sport Hamburg zuständig für die Gemeinsame Klassenlotterie der Länder (GKL), die Bezirksregierung Düsseldorf für Werbung für Lotterien und Sportwetten im Internet und Fernsehen, das Hessische Ministerium des Innern und für Sport für Sportwetten und das Niedersächsische Ministerium für Inneres und für Sport für Anordnungen gegen die am Zahlungsverkehr Beteiligten nach § 9 Abs. 1 S. 3 Nr. 4 GlüStV. So soll die Zersplitterung der Aufsichtsstrukturen verhindert und eine bundeseinheitliche Ausübung der Glücksspielaufsicht gewährleistet werden. Um das Rechtsstaatsprinzip sowie das Demokratieprinzip zu wahren, werden gebietsübergreifende Entscheidungen in ländereinheitlichen und gebündelten Verfahren durch das Glücksspielkollegium getroffen.[571]

I. Hessisches Ministerium des Innern und für Sport

Das Hessische Ministerium des Innern und für Sport (Hessisches Innenministerium) stellt die länderübergreifende Glücksspielaufsicht, das sog. Glücksspielkollegium nach § 9a Abs. 6 GlüStV.[572] Dieses besteht aus 16 Mitgliedern. Hierzu benennt jedes Bundesland durch seine oberste Glücksspielaufsichtsbehörde je ein Mitglied. Für das Glücksspielkollegium bilden die Länder eine Geschäftsstelle im Land Hessen (vgl. § 9a Abs. 5–7 GlüStV). Das Glücksspielkollegium ist für die abschließende Beurteilung aller Erlaubnis- und Konzessionsanträge in den ländereinheitlichen Verfahren nach § 9a Abs. 1 und 2 GlüStV und in den gebündelten Verfahren nach § 19 Abs. 2 GlüStV sowie für alle Fragen der Glücksspielaufsicht nach § 9a Abs. 2 S. 2 und Abs. 3 GlüStV zuständig.[573]

Mit seinem Beschluss vom 16.10.2015 (Az.: 8 B 1028/15) hat der Verwaltungsgerichtshof (VGH) Hessen das Konzessionsverfahren zur Vergabe von Sportwettlizenzen gestoppt.[574] Dabei hat das Gericht die prägende Stellung des Glücksspielkollegiums bei der Glücksspielregulierung in Deutschland

---

571 Länderübergreifende Glücksspielaufsicht, Hessisches Ministerium des Innern und für Sport, https://innen.hessen.de/buerger-staat/gemeinsame-geschaeftsstelle-gluecksspiel/gluecksspielkollegium2/laenderuebergreifende, zuletzt abgerufen am 04.04.2020.

572 Siehe § 9a Abs. 7 GlüStV 2012.

573 Gemeinsame Geschäftsstelle Glücksspiel – Glücksspielkollegium, Hessisches Ministerium des Innern und für Sport, https://innen.hessen.de/buerger-staat/gemeinsame-geschaeftsstelle-gluecksspiel2/gluecksspielkollegium2, zuletzt abgerufen am 04.04.2020.

574 VGH Hessen, Beschl. v. 16.10.2015 – 8 B 1028/15, juris; Vorinstanz: VG Wiesbaden, Beschl. v. 05.05.2015 – 5 L 1453/14.WI –, juris.

kritisiert.[575] Insbesondere widerspreche die im GlüStV vorgesehene Entscheidungs- und Zuständigkeitsverteilung der bundesstaatlichen Ordnung des Grundgesetzes.[576] Laut *Faber*, dem Präsident des Deutschen Lottoverbandes (DLV), entziehe der Beschluss des VGH dem Glücksspielkollegium als zentrale Schaltstelle des GlüStV ihre Legitimation. Der Staatsvertrag im Ganzen sei damit „Makulatur", sodass die Politik den Weg für eine verfassungs- und unionsrechtskonforme Glücksspielregulierung bereiten solle.[577] Der 8. Senat des VGH Hessen hatte ausgeführt:

> *„[…] Das Verfahren des Glücksspielkollegiums ist nicht öffentlich und seine Entscheidung erfolgt mit einer Mehrheit von mindestens 2/3 der Stimmen seiner Mitglieder (§ 9a Abs. 8 Satz 1 GlüStV). Die Beschlüsse des Glücksspielkollegiums sind gem. § 9a Abs. 8 Satz 3 GlüStV für die nach den Absätzen 1 bis 3 dieser Vorschrift zuständigen Behörden und die Geschäftsstelle – also im Innenverhältnis – bindend. Im Außenverhältnis handelt die Glücksspielaufsicht des jeweils gem. § 9a Abs. 1 und 2 GlüStV zuständigen Landes, wobei für die Erteilung der Sportwettenkonzessionen das Land Hessen zuständig ist (§ 9a Abs. 2 Nr. 3 GlüStV). Das jeweils zuständige Land nimmt die Aufgaben der Glücksspielaufsicht für alle Länder wahr (§ 9a Abs. 3 Satz 1, 1. Halbsatz GlüStV) und kann die erforderlichen Anordnungen im Einzelfall erlassen und vollstrecken (§ 9a Abs. 3 Satz 1, 2. Halbsatz GlüStV).*
>
> *(1) Diese im Glücksspielstaatsvertrag vorgesehene Entscheidungs- und Zuständigkeitsverteilung widerspricht der bundesstaatlichen Ordnung des Grundgesetzes.*
>
> *Im Bundesstaat des Grundgesetzes haben sowohl der Bund als auch die Länder Staatsqualität. Sowohl der Bund als auch die einzelnen Länder sind rechtlich selbständige Gebietskörperschaften, denen Staatsvolk und Staatsgebiet partiell gemeinsam sind, während die Staatsgewalt auf zwei Ebenen – der des Bundes und der der Länder – ausgeübt und in einem differenzierten System einer dieser beiden Ebenen zugeordnet wird. Gemäß Art. 30 GG ist die Ausübung der staatlichen Befugnisse und die Erfüllung staatlicher Aufgaben vorbehaltlich abweichender Regelungen Sache der Länder. Mit dieser Kompetenzverteilung gibt Art. 30 GG vor, dass die Ausübung der Staatsgewalt entweder auf Bundesebene*

575 VGH Hessen, Beschl. v. 16.10.2015 – 8 B 1028/15 –, Rn. 33–38, juris.
576 VGH Hessen, Beschl. v. 16.10.2015 – 8 B 1028/15 –, Rn. 35, juris.
577 Hessischer Verwaltungsgerichtshof: Glücksspielkollegium verfassungswidrig, Deutscher Lottoverband, https://www.deutscherlottoverband.de/pressemitteilung/hessischer-verwaltungsgerichtshof-gluecksspielkollegium-verfassungswidrig/, zuletzt abgerufen am 04.04.2020.

oder auf Landesebene erfolgt. Diese im Grundgesetz festgeschriebene Kompetenzordnung ist zwingendes Verfassungsrecht und kann von Bund und Ländern nicht durch einfaches Gesetz verschoben werden. Kompetenzüberlassungen bzw. Kompetenzverschiebungen, die keine Grundlage im Grundgesetz haben, sind auch mit Zustimmung der Beteiligten unzulässig. Das gilt nicht nur im Verhältnis Bund – Länder, sondern auch im Verhältnis der Länder untereinander. Gemeinsame Einrichtungen der Länder und Verwaltungshilfen unter den Ländern sind hierdurch zwar nicht ausgeschlossen. Unabdingbar bleibt aber, dass die jeweilige hoheitliche Aufgabenwahrnehmung dem Bund oder einem bestimmten Land zurechenbar ist. Die (vertragliche) Schaffung einer „dritten Ebene" ist bundesstaatlich unzulässig. Sind Kompetenzen den Ländern zugeordnet, so bedeutet dies, dass die staatlichen Befugnisse zunächst jedem einzelnen Land zur eigenverantwortlichen Wahrnehmung innerhalb seines Hoheitsbereichs übertragen sind (Prinzip der eigenverantwortlichen Aufgabenwahrnehmung). Demgemäß gehört die Ausführung der Landesgesetze zu den eigenen Aufgaben der Länder; ohne entsprechende grundgesetzliche Ermächtigungen können Verwaltungszuständigkeiten nicht „verlagert" werden (vgl. BVerfG, Beschluss vom 12. Januar 1983 – 2 BvL 23/81 –, BVerfGE 63,1 [40] = juris Rdnr. 128).

Dieser vom Grundgesetz vorgegebenen bundesstaatlichen Ordnung wird der Glücksspielstaatsvertrag mit der von ihm gewählten Aufgabenverteilung nicht gerecht. Denn in § 9a Abs. 2 GlüStV sind einzelnen Ländern Aufgaben der Glücksspielaufsicht zur bundeseinheitlichen Wahrnehmung übertragen worden – u. a. dem Land Hessen die Vergabe der Sportwettenkonzessionen (§ 9a Abs. 2 Nr. 3 GlüStV) –, ohne dass das jeweilige Land einen solchen Einfluss hat, dass allein ihm der jeweilige Hoheitsakt zuzurechnen ist. Denn gem. § 9a Abs. 5 und 8 GlüStV werden die maßgeblichen internen Entscheidungen vom Glücksspielkollegium getroffen. Dessen Beschlüsse sind für die jeweils nach § 9a Abs. 1 bis 3 GlüStV 2012 zuständigen Behörden bindend; sie haben die Beschlüsse innerhalb der vom Glücksspielkollegium gesetzten Frist zu vollziehen.

Allein der Umstand, dass die jeweils zuständige Glücksspielaufsicht eines der Bundesländer die Entscheidung des Glücksspielkollegiums nach außen umsetzen muss, rechtfertigt es nicht, diese Entscheidung dem jeweiligen Land zuzurechnen. Denn eine Zurechnung ermöglichende Übertragung von Befugnissen verlangt nicht nur eine Verschiebung von Zuständigkeiten im Außenverhältnis, sondern auch eine entsprechende Übertragung der damit verbundenen inhaltlichen Entscheidungsbefugnisse, weil nur dann von einer eigenverantwortlichen Wahrnehmung von Aufgaben ausgegangen werden kann. Gerade daran fehlt es jedoch angesichts der verbindlichen Entscheidung des Glücksspielkollegiums. Insoweit ist das Glücksspielkollegium auch kein der jeweiligen Landesbehörde „dienendes Organ" (§ 9a Abs. 5 Satz 2 GlüStV). Denn ein Organ ist eine einem Verwaltungsträger eingegliederte, lediglich organisatorisch selbständige Einrichtung, die die Zuständigkeiten dieses Verwaltungsträgers wahrzunehmen hat. Das Glücksspielkollegium ist jedoch weder ein dem Bund noch einem der Länder eingegliedertes Organ, sondern vielmehr eine Einrichtung eigener Art. Als Verwaltungsträger, dem das Glücksspielkollegium zuzurechnen sein könnte, kommt (allenfalls) die Gesamtheit der Länder gegebenenfalls – in zudem potenziell unterschiedlichen Zusammensetzungen – eine Ländermehrheit in Betracht, die sich nach der im Glücksspielstaatsvertrag vorgesehenen Entscheidungsfindung bei der Umsetzung der vom Glücksspielkollegium getroffenen Entscheidungen einer Landesbehörde bedient. Damit ist indes in Abweichung von der grundgesetzlichen Kompetenzordnung eine neue Ebene bundeseinheitlicher Verwaltung geschaffen worden.“[578]

Kirchhof fasst zur bundesstaatlichen Kompetenzordnung und einer unzulässigen Länderkooperation zusammen, dass das Grundgesetz die Ausübung staatlicher Befugnisse entweder dem Bund oder den Ländern zugewiesen habe.[579] Die Länder dürften kein verselbstständigtes Rechtssubjekt schaffen, welches für alle Länder verbindlich handelt und nach außen auftritt. Zwar trete das Glücksspielkollegium nicht nach außen auf, es treffe aber die maßgeblichen Entscheidungen im Glücksspielwesen. Insoweit sei die Zusammenarbeit der Länder in unzulässiger Weise verselbstständigt worden.[580] Das Glücksspielkollegium entscheide verbindlich mit einer Zwei-Drittel-Mehrheit, sodass einzelne Länder überstimmt werden könnten. Daraus resultiere, dass kein Bundesland einen solchen eigenen Einfluss habe, dass ihm die Entscheidung des Kollegiums zugerechnet werden könne. Damit komme als Verwaltungsträger allenfalls die Gesamtheit der Länder oder eine Ländermehrheit in Betracht, sodass die bundesstaatliche Kompetenzordnung verletzt werde.[581] Als Reaktion u. a. auf das Urteil des VGH Hessen wurden im 3. Glücksspieländerungsstaatsvertrag (GlüÄndStV) klarstellende Änderungen in Bezug auf die Funktion des Glücksspielkollegiums vorgenommen. § 9a Abs. 5 S. 2 GlüStV wurde wie folgt gefasst:

„Hierbei dient das Glücksspielkollegium den Ländern zur Umsetzung einer gemeinschaftlich auszuübenden Aufsicht der jeweiligen obersten Glücksspielaufsichtsbehörden.“[582]

---

578 VGH Hessen, Beschl. v. 16.10.2015 – 8 B 1028/15 –, Rn. 34–38, juris; auch relevant hierzu ist VerfGH Bayern, Entsch. v. 25.09.2015 – Vf. 9-VII-13, 4-VII-14, 10-VII-14 –, juris.

579 Die verfassungsgeforderte Reform des Glücksspielwesens, Beiträge zum Glücksspielwesen, https://www.gluecksspielwesen.de/2016/05/24/die-verfassungsgeforderte-reform-des-gluecksspielwesens/, zuletzt abgerufen am 04.04.2020.

580 Die verfassungsgeforderte Reform des Glücksspielwesens, Beiträge zum Glücksspielwesen, https://www.gluecksspielwesen.de/2016/05/24/die-verfassungsgeforderte-reform-des-gluecksspielwesens/, zuletzt abgerufen am 04.04.2020.

581 Die verfassungsgeforderte Reform des Glücksspielwesens, Beiträge zum Glücksspielwesen, https://www.gluecksspielwesen.de/2016/05/24/die-verfassungsgeforderte-reform-des-gluecksspielwesens/, zuletzt abgerufen am 04.04.2020.

582 3. GlüÄndStV, Art. 1: Änderung des Glücksspielvertrages, Ziff. 4.

Becker kritisiert, dass die Verantwortung für die Regulierung des Online-Angebots bei jedem einzelnen Bundesland liege, sei ein Systemfehler.[583] Dabei habe „die teilweise bewusst laxe oder sogar destruktive Haltung mancher Länder" Deutschland zu einem Refugium für illegale Glücksspieler gemacht.[584] Dies führe zu einem Staatsversagen, welches der Bundesrepublik viel Geld koste, da die Zersplitterung von Zuständigkeiten das Vorgehen gegen illegale Anbieter erschwere. Das Ergebnis der auf 16 Bundesländer aufgeteilten Verantwortlichkeit sei ein Regelungsdschungel mit 16 Hebelpunkten für gute Anwälte, die mit Widerspruchsverfahren die geltenden Gesetze aushebeln könnten.[585] Hierzu erläutert *Dittmann*, dass es durchaus möglich sei, die Aufsicht etwa einer Bundesanstalt des öffentlichen Rechts zu übertragen, die ähnlich wie die Bundesanstalt für Finanzdienstleistungsaufsicht (BaFin) arbeite. Dies gelte, auch wenn das Glücksspielmonopol derzeit bei den Ländern läge. Hierzu seien rechtliche Möglichkeiten gegeben und ggf. sogar europarechtlich geboten.[586] Auch die Mitarbeiterstärke wird kritisiert. Während die holländische Glücksspielkommission 70 Mitglieder, die spanische und französische sogar über 100 Mitglieder zähle, müsse die deutsche Glücksspielkommission mit 16 Beauftragten auskommen. Diese Vertreter seien überdies oftmals noch konträrer Auffassung. Je nachdem, welche Parteien in den jeweiligen Bundesländern in der Regierung seien.[587] *Dünchheim* fordert, es solle „endlich eine zentrale Glücksspielaufsichtsbehörde

583 „Länder haben versagt": Forscher fordern Bundesbehörde zu Regulierung des Online-Glücksspiels. Universität Hohenheim, https://www.uni-hohenheim.de/pressemitteilung?tx_ttnews%5Btt_news%5D=39437&cHash=0645ac11e5d93cc19aab802acf16e4b5, zuletzt abgerufen am 04.04.2020.

584 „Länder haben versagt": Forscher fordern Bundesbehörde zu Regulierung des Online-Glücksspiels. Universität Hohenheim, https://www.uni-hohenheim.de/pressemitteilung?tx_ttnews%5Btt_news%5D=39437&cHash=0645ac11e5d93cc19aab802acf16e4b5, zuletzt abgerufen am 04.04.2020.

585 „Länder haben versagt": Forscher fordern Bundesbehörde zu Regulierung des Online-Glücksspiels. Universität Hohenheim, https://www.uni-hohenheim.de/pressemitteilung?tx_ttnews%5Btt_news%5D=39437&cHash=0645ac11e5d93cc19aab802acf16e4b5, zuletzt abgerufen am 04.04.2020.

586 „Länder haben versagt": Forscher fordern Bundesbehörde zu Regulierung des Online-Glücksspiels. Universität Hohenheim, https://www.uni-hohenheim.de/pressemitteilung?tx_ttnews%5Btt_news%5D=39437&cHash=0645ac11e5d93cc19aab802acf16e4b5, zuletzt abgerufen am 04.04.2020.

587 „Länder haben versagt": Forscher fordern Bundesbehörde zu Regulierung des Online-Glücksspiels. Universität Hohenheim, https://www.uni-hohenheim.de/pressemitteil

der Länder als Anstalt öffentlichen Rechts geschaffen und zugleich das Glücksspielkollegium aufgelöst werden, um die illegalen Angebote aber auch rechtswidrige Werbung konsequent“ verfolgen zu können.[588] Der Gesetzgeber scheint dieser Forderung mit dem Glücksspielneuregulierungsstaatsvertrag (GlüNeuRStV oder GlüStV 2021) nachkommen zu wollen. So sieht § 39 GlüNeuRStV-E eine Gemeinsame Länderanstalt zur einheitlichen Wahrnehmung der Aufsichtspflichten und Befugnisse im Rahmen der Glücksspielaufsicht vor.[589] Die *Forschungsstelle Glücksspiel der Universität Hohenheim*[590] begrüßt diese Änderung und fordert eine Ermächtigung der gemeinsamen Glücksspielbehörde der Länder, um Rechtsverordnungen zu erlassen.[591] Das Angebot von Online-Glücksspiel mache nicht vor Ländergrenzen Halt. Daher sei eine einheitliche, länderübergreifende Behörde für die Regulierung des Glücksspiels im Internet grundsätzlich notwendig.[592] Im Interesse einer verbesserten und gestärkten gemeinschaftlichen Wahrnehmung von Regulierungs- und Vollzugsaufgaben im Glücksspielbereich sei es ein folgerichtiger Schritt, die beabsichtigte Anstalt öffentlichen Rechts im Wege staatsvertraglicher Ermächtigung zudem mit der Möglichkeit auszustatten, Rechtsverordnungen zu erlassen und damit materielles Recht zu setzen.[593] Dies habe den Vorteil, dass den Entwicklungen in der Glücksspielbranche besser entgegengetreten werden könne. Der bisherige Prozess der gemeinsamen Glücksspielgesetzgebung der Länder über einen GlüStV mit mehrjähriger Dauer und detaillierten Vorgaben sei aufgrund seiner

---

ung?tx_ttnews%5Btt_news%5D=39437&cHash=0645ac11e5d93cc19aab802acf16e4b5, zuletzt abgerufen am 04.04.2020.

588 *Dünchheim*, ZfWG 6/19, S. 418, 426.

589 Entwurf für einen Staatsvertrag zur Neuregelung des Glücksspielwesens in Deutschland und zur Errichtung der Gemeinsamen Länderanstalt für Glücksspielaufsicht (GLA GlückAuf), https://innen.hessen.de/sites/default/files/media/hmdis/entwurf_eines_staatsvertrages_zur_neuregelung_des_gluecksspielwesens_in_deutschland.pdf, zuletzt abgerufen am 06.04.2020.

590 Unter der Leitung von *Becker*.

591 Positionspapier der Forschungsstelle Glücksspiel der Universität Hohenheim vom 29.02.2020, abrufbar unter https://gluecksspiel.uni-hohenheim.de/fileadmin/einrichtungen/gluecksspiel/Start/Positionspapier_Symposium-1.pdf.

592 Positionspapier der Forschungsstelle Glücksspiel der Universität Hohenheim vom 29.02.2020, abrufbar unter https://gluecksspiel.uni-hohenheim.de/fileadmin/einrichtungen/gluecksspiel/Start/Positionspapier_Symposium-1.pdf.

593 Positionspapier der Forschungsstelle Glücksspiel der Universität Hohenheim vom 29.02.2020, abrufbar unter https://gluecksspiel.uni-hohenheim.de/fileadmin/einrichtungen/gluecksspiel/Start/Positionspapier_Symposium-1.pdf.

föderal bedingten Schwerfälligkeit ungeeignet, um optimal auf neue und unerwartete Entwicklungen, insbesondere auch technische Weiterentwicklungen, reagieren zu können.[594] Die gemeinsame Glücksspielbehörde müsse daher die Kompetenz erhalten, mit der Rechtsverordnung ein besonders flexibles Instrument der materiellen Rechtssetzung nutzen zu können. Hiermit könnten Rechte und Pflichten begründet werden, die im Staatsvertrag selbst bisher nicht vorgesehen seien.[595] Daher solle der GlüStV eine nach Inhalt, Zweck und Ausmaß hinreichend bestimmte und begrenzte Verordnungsermächtigung zugunsten der Länderanstalt vorsehen, um die staatsvertragliche Regelung zu entlasten und zukünftig ggf. notwendige Ergänzungen und Anpassungen des Regulierungsrahmens an Veränderungen auf dem Glücksspielmarkt zeitnah durch die Länderanstalt selbst zu ermöglichen.[596] Als Beispiel hierfür könne auch die Nutzung von Rechtsverordnungen in Schleswig-Holstein während des GlüG SH gelten. Dieses habe eine solche Kompetenz zum Erlass näherer Bestimmungen durch Rechtsverordnungen bereits vorgesehen.[597]

II. White-List der Glücksspielaufsichtsbehörden der Länder

Problematisch, insbesondere für die Beteiligten beim Online-Glücksspiel, ist die nicht immer für alle Teilnehmer problemlose Erkennbarkeit der Illegalität des Online-Angebots. Dies bemängelt auch die Verbraucherzentrale. Diese führt dazu aus, dass es als Spieler oft nicht einfach sei, seriöse Anbieter zu finden. Illegale Anbieter kopierten oftmals die optische Aufmachung legaler Glücksspiele oder würden mit Prüfsiegeln werben. Da dies aber kein Qualitätsmerkmal sei, sollten die Spieler prüfen, ob der jeweilige Anbieter in Deutschland eine gültige

594 Positionspapier der Forschungsstelle Glücksspiel der Universität Hohenheim vom 29.02.2020, abrufbar unter https://gluecksspiel.uni-hohenheim.de/fileadmin/einrichtungen/gluecksspiel/Start/Positionspapier_Symposium-1.pdf.

595 Positionspapier der Forschungsstelle Glücksspiel der Universität Hohenheim vom 29.02.2020, abrufbar unter https://gluecksspiel.uni-hohenheim.de/fileadmin/einrichtungen/gluecksspiel/Start/Positionspapier_Symposium-1.pdf.

596 Positionspapier der Forschungsstelle Glücksspiel der Universität Hohenheim vom 29.02.2020, abrufbar unter https://gluecksspiel.uni-hohenheim.de/fileadmin/einrichtungen/gluecksspiel/Start/Positionspapier_Symposium-1.pdf.

597 Positionspapier der Forschungsstelle Glücksspiel der Universität Hohenheim vom 29.02.2020, abrufbar unter https://gluecksspiel.uni-hohenheim.de/fileadmin/einrichtungen/gluecksspiel/Start/Positionspapier_Symposium-1.pdf.

Lizenz habe. Hierfür leiste die Liste des Hessischen Innenministeriums gute Dienste.[598]

Die Glücksspielaufsichtsbehörden der Länder führen mit der sog. Whitelist der Glücksspielaufsichtsbehörden der Länder seit Ende 2015 eine Auflistung der Glücksspielanbieter mit einer aktuellen Erlaubnis aus Deutschland.[599] Damit wird die Anbieterstruktur des erlaubten Glücksspielmarktes dargestellt.[600] Sie ist frei einsehbar und enthält insgesamt 173 Eintragungen. Nur ein Teil davon sind Anbieter mit Internetvertrieb. Mithilfe der Whitelist können Verbraucher und Wirtschaftsteilnehmer (insb. Banken) erkennen, welche Glücksspielanbieter in Deutschland legal arbeiten. Anbieter, die hier nicht aufgeführt sind, haben keine Erlaubnis in Deutschland.[601] Vor Einführung der Möglichkeit des Payment Blockings in Deutschland verfolgten bereits US-Behörden die Strategie, Zahlungswege für unerlaubte Glücksspiele zu blockieren (*Unlawful Internet Gambling Enforcement Act*). Dazu hatte der amerikanische Gesetzgeber eine sog. Schwarze Liste, d. h. eine Aufstellung mit Unternehmen, welche illegal Glücksspiele anbieten, diskutiert.[602] Beim Payment Blocking besteht die Gefahr des sog. Overblockings, d. h. die Banken erkennen einen einheitlichen Merchant Category Code (MCC), der keine Unterscheidung zwischen erlaubtem und unerlaubtem Spiel vornimmt, und sperren oder verweigern möglicherweise Zahlungen für legale Glücksspiele.[603] Neben dem dabei entstehenden Ärgernis für die legal agierenden Teilnehmer würde in diesem Fall die Bank zudem ihrer rechtskonformen vertraglichen Verpflichtung nicht nachkommen. *Steegmann* führt hierzu aus, dass das Kontrollsystem der Banken zur Erkennung illegaler Zahlungen im

598 Warnung der Verbraucherzentrale „Nicht alle Online-Lotterien sind seriös“, RP Online, https://www.general-anzeiger-bonn.de/news/wirtschaft/ueberregional/verbraucherzentrale-warnt-nicht-alle-online-lotterien-sind-serioes_aid-49159007, zuletzt abgerufen am 06.04.2020.

599 Zu finden unter https://innen.hessen.de/sites/default/files/media/hmdis/white_list_0.pdf, zuletzt abgerufen am 06.04.2020.

600 Vgl. Jahresreport 2018 der Glücksspielaufsichtsbehörden der Länder vom 22.10.2019, S. 5.

601 Vgl. Wer mit dem Teufel spielt…Kreditkartenfirmen, die illegales Glücksspiel unterstützen, bleiben oft auf ihren Forderungen Sitzen, Deutscher Lotto- und Totoblock, https://www.presseportal.de/pm/53260/3830979, zuletzt abgerufen am 06.04.2020.

602 *Brugger*, Abbruch der Zahlungsströme als Mittel zur Bekämpfung unerlaubter Internetglücksspiele, S. 140, 163, 206.

603 *Brugger*, Abbruch der Zahlungsströme als Mittel zur Bekämpfung unerlaubter Internetglücksspiele, S. 210.

Zusammenhang mit Online-Glücksspiel (MCC) durch die Einführung einer „Schwarzen Liste“ ergänzt werden könne. Diese solle eine verlässliche Zuordnung von Zahlungsempfänger und Online-Glücksspiel gewährleisten und bestenfalls von einem Mitarbeiter der jeweiligen Bank regelmäßig überprüft und aktualisiert werden.[604] *Steegmann* schätzt den Verwaltungsaufwand allerdings als mühsam und die Umsetzung der Liste aufgrund der etlichen kleineren Glücksspielanbieter als nur lückenhaft realisierbar ein.[605] Insofern sind die Glücksspielaufsichtsbehörden der Länder einen logischen und hilfreichen Schritt gegangen. Gegenüber der stetig steigenden Zahl illegaler Anbieter, welche potenziell unbekannt sind, verfügen die Aufsichtsbehörden über sichere Kenntnis darüber, welcher Anbieter eine Lizenz besitzt bzw. welcher Anbieter legal agiert. Sie haben mit der „Whitelist“ eine Liste angefertigt, aus der – umgekehrt zur Schwarzen Liste – legal agierende Marktteilnehmer hervorgehen. Aus der Zurverfügungstellung der Whitelist lässt sich der Rückschluss ziehen, dass die Behörden hier den Banken und deren Überwachungsverpflichtungen unterstützend zur Seite treten und ihnen die Informationsgewinnung erleichtern wollen. Diese müssen entsprechend dem sog. Know-Your-Customer-Prinzip von sich aus wissen, mit wem sie agieren. Die „Whitelist“ kann den Banken in einem zweiten Schritt dabei helfen zu erkennen, ob sie an einer Zahlung zum legalen oder illegalen Glücksspiel mitwirken. Dies erhöht die Kontrollmöglichkeiten der Banken und reduziert die Gefahr des Overblockings.

Der Rückschluss der „Hilfestellung“ resultiert zudem daraus, dass die Whitelist nie offiziell gegenüber den Finanzinstituten kommuniziert wurde. Schließlich umfasst die Liste nicht jene bloß geduldeten Unternehmen aus dem Sportwettbereich.[606]

---

604 *Steegmann*, Die Haftung der Basisinfrastruktur bei rechtswidrigen Internetangeboten, S. 214.

605 *Steegmann*, Die Haftung der Basisinfrastruktur bei rechtswidrigen Internetangeboten, S. 214. Er geht aber ohnehin davon aus, dass bei umsatzstärkeren Glücksspielanbietern den Kreditkartenunternehmen die Art der Geschäftstätigkeit dieser Firmen offenkundig sei. Dafür spreche, dass das Marktsegment des Internet-Glücksspiels einen sehr hohen Anteil des Umsatzes der Kreditkartenunternehmen ausmache und es allein aufgrund der gebotenen Sorgfalt der Transaktionsabwicklung bei den Kreditkartenunternehmen praktisch undenkbar sei, dass die Kreditkartenunternehmen solche Unternehmen nicht genau analysierten und ihnen deren Strafbarkeit verborgen bliebe, a.a.O.

606 *Fiedler/Steinmetz/Ante/von Meduna*, Regulierungsoptionen für den deutschen Glücksspielmarkt – Endbericht 16.09.2019, S. 488.

III. Bisherige Bilanz der Glücksspielaufsichtsbehörden

Die Frage, welche Anstrengungen die staatlichen Behörden zur Bekämpfung des unerlaubten Glücksspiels betreiben, stellt sich für *Reeckmann* einerseits aus dem Grund, da die „Durchsetzung der Rechtsordnung eine Voraussetzung ihrer Akzeptanz" sei. Andererseits würde es ein falsches Signal an die sich rechtskonform verhaltenden Anbieter senden, würde man der unerlaubten Konkurrenz nicht wirksam entgegentreten. Die Faktenlage hierzu sähe aber wenig erbaulich aus.[607] Dies stimmte zumindest zur Zeit der Aussage *Reeckmanns*. So teilte das Abgeordnetenhaus Berlin auf kleine Anfrage des Abgeordneten *Esser* (B'90/Grüne) mit, dass das zuständige Land Niedersachsen (Stand 26.02.2013) noch keine einzige Maßnahme zum Vorgehen gegen die am Zahlungsverkehr für unerlaubte Glücksspielangebote Beteiligten nach § 9 Abs. 1 S. 3 Nr. 4 GlüStV ergriffen habe.[608] In diesem Zeitraum gingen die Glücksspielaufsichtsbehörden allein nach § 9 Abs. 1 S. 3 Nr. 3 GlüStV gegen die Anbieter illegaler Onlineglückspiele vor. Im Zeitraum von Juli 2012 bis Ende 2016 haben die Glücksspielaufsichtsbehörden insgesamt 3.103 Verfahren gem. § 9 Abs. 1 S. 3 Nr. 3 GlüStV gegen unerlaubte Angebote eingeleitet und darüber 1.873 Angebotseinstellungen erreicht. Dass damit die unerlaubten Online-Glücksspielangebote nicht unterbunden werden konnten, wird von den Glücksspielbehörden primär damit begründet, dass der Vollzug für die Online-Angebote besonders schwierig sei.[609] Das Internet als Marktplatz erlaube es den Glücksspielanbietern, ihren Unternehmenssitz in Staaten zu platzieren, die eine exportorientierte Glücksspielpolitik betrieben.[610] Im Rahmen von Untersagungsverfahren kontaktiert, würden sich die Anbieter sodann auf die europäische Dienstleistungs- und Niederlassungsfreiheit berufen und die Auffassung vertreten, dass z. B. maltesische oder gibraltarische Glücksspiellizenzen in allen Mitgliedstaaten der EU zur Veranstaltung von Glücksspielen berechtigen würden, obwohl der EuGH eine diesbezügliche Anerkennungspflicht in ständiger Rechtsprechung

607 *Reeckmann*, ZfWG 2/15, S. 106, 110.

608 Antwort des Senats von Berlin vom 26.02.2013 auf kleine Anfrage des Abgeordneten Jochen Esser zum Vollzug des Glücksspielverbots im Internet, Drs. 17/11638.

609 Evaluierungsbericht der obersten Glücksspielaufsichtsbehörden der Länder nach § 32 GlüStV vom 28.04.2017, S. 11.

610 Evaluierungsbericht der obersten Glücksspielaufsichtsbehörden der Länder nach § 32 GlüStV vom 28.04.2017, S. 12.

abgelehnt habe.[611] Das Niedersächsische Ministerium für Inneres und Sport (Niedersächsisches Innenministerium) nahm hierzu auf Anfrage Stellung und erklärte im Jahr 2018, das Ministerium leite Maßnahmen zur Zahlungsunterbindung ausschließlich in konkreten Einzelfällen unerlaubter Glücksspielangebote ein. Zahlungsanbieter seien stets nachrangig betroffen. Maßnahmen zur Zahlungsunterbindung kämen erst dann in Betracht, wenn zuvor die Anbieter vergeblich (durch Unterlassungsverfügungen) in Anspruch genommen worden und Vollstreckungen erfolglos geblieben seien.[612] Bei den Maßnahmen zur Zahlungsunterbindung verfolge das Ministerium einen kooperativen Ansatz. Die betroffenen Zahlungsanbieter sollen danach vorzugsweise selbst im Rahmen eigener Geschäftspolitik (Compliance) sicherstellen, dass ihr Zahlungsmittel nicht für unerlaubtes und bereits untersagtes Glücksspiel zur Verfügung stehe.[613] Dabei werde an die gesetzlichen Verpflichtungen der am Zahlungsverkehr Beteiligten, insbesondere aus dem Zahlungsdiensteaufsichtsgesetz (ZAG) und dem Geldwäschegesetz (GWG), angeknüpft. Dazu zähle insbesondere die Pflicht zur Überprüfung der Kunden im Hinblick auf die von ihnen ausgeübte Geschäftstätigkeit und die Herkunft der von ihnen transferierten Gelder (Know-Your-Customer-Prinzip). Im Sinne dieser Verpflichtungen hätten die Zahlungsdienstleister ein eigenes Interesse daran, über unternehmensinterne Richtlinien die Einhaltung der ihnen obliegenden gesetzlichen Bestimmungen zu gewährleisten.[614] 2019 wurden sodann erstmals auch Untersagungsverfügungen an Zahlungsdienstleister nach § 9 Abs. 1 S. 3 Nr. 4 GlüStV zugestellt. Deren Erfolg ist empirisch bisher jedoch noch nicht messbar.[615] Das Niedersächsischen Innenministerium hat im Jahre 2019 erneut auf Anfrage Stellung genommen und erklärt, es seien nunmehr (Stand: 18.04.2019) 17 Maßnahmen zur Zahlungsunterbindung nach § 9 Abs. 1 S. 3 Nr. 4 GlüStV gegenüber Zahlungsdienstleistern eingeleitet worden.[616] Dies sei geschehen, nachdem

---

611 Evaluierungsbericht der obersten Glücksspielaufsichtsbehörden der Länder nach § 32 GlüStV vom 28.04.2017, S. 12.

612 Drs. 18/607, S. 3.

613 Drs. 18/607, S. 3.

614 Stellungnahme des Niedersächsischen Ministeriums für Inneres und Sport auf Antrage des Abgeordneten Christian Grascha zum Payment Blocking in Verbindung mit der Glücksspielaufsicht des Landes Niedersachsen vom 04.04.2018, Drs. 18/607, S. 3.

615 Vgl. *Fiedler/Steinmetz/Ante/von Meduna*, Regulierungsoptionen für den deutschen Glücksspielmarkt – Endbericht 16.09.2019, S. 152.

616 Stellungnahme des Niedersächsischen Ministeriums für Inneres und Sport auf Antrage der Abgeordneten Stefan Wenzel, Belit Onay und Helge Limburg zu Fragen

das BVerwG „mit seinen Leitentscheidungen vom 26.10.2017 (Az.: 8 C 14/16 und 8 C 18/16) die Unionsrechtmäßigkeit und Verfassungsmäßigkeit des Internetverbots für Online-Glücksspiel uneingeschränkt bestätigt und die Untersagung entsprechender Angebote durch die Glücksspielaufsicht für rechtmäßig erkannt“ habe.[617] Das BVerwG habe „damit die von Anbieterseite in jahrelangen gerichtlichen Auseinandersetzungen genährten Zweifel an der Rechtmäßigkeit des aufsichtsrechtlichen Vorgehens ausgeräumt und für Rechtsklarheit und Rechtssicherheit gesorgt.“[618] Der Vollzug sei durch diese höchstrichterlichen Entscheidungen nachhaltig gestärkt worden. Die Maßnahmen seien eingeleitet worden, nachdem man festgestellt habe, dass die zur Unterlassung aufgeforderten Glücksspielanbieter ihr Angebot aus dem Ausland weiter betrieben und sich der Befolgung der vollziehbaren Untersagungsverfügung verweigert hätten.[619] Aus den 17 Maßnahmen der Zahlungsunterbindung habe sich ergeben, dass 9 Unternehmen den Zahlungsverkehr im Zusammenhang mit unerlaubtem Glücksspiel nachweislich eingestellt hätten. In den übrigen Fällen werde noch korrespondiert.[620] *Steinmetz* und *Fiedler* führen hierzu aus, es lasse sich festhalten, dass das derzeitige privat organisierte System der Zahlungsabwicklung die Durchsetzung des GlüStV erheblich erschwere. Die Aufsichtsbehörden verfügten nicht über geeignete personelle und finanzielle Kapazitäten und wälzten das Monitoring auf Finanzinstitute und Zahlungsdienstleister ab, die dadurch mit zusätzlichen Kosten und Interessenkonflikten konfrontiert würden. Auf Transaktionsebene würde dort sodann effektiv kein Monitoring stattfinden, da dieses zu aufwändig sei. Dies stelle ein systemimmanentes Problem der heutigen Infrastruktur der Zahlungsabwicklung dar.[621] Dies deckt sich insoweit mit den Aussagen *Beckers*.[622]

---

zur Kontrolle von Geldwäsche, insbesondere im Bereich Glücksspiel durch Banken, Volks- und Raiffeisengenossenschaften, Sparkassen und Fintechs vom 18.04.2019, Drs. 18/3543, S. 4.

617 Drs. 18/3543, S. 4.

618 Drs. 18/3543, S. 4.

619 Drs. 18/3543, S. 4.

620 Drs. 18/3543, S. 5.

621 *Steinmetz/Fiedler*, ZfWG 6/19, S. 456, 457.

622 Vgl. „Länder haben versagt“: Forscher fordern Bundesbehörde zu Regulierung des Online-Glücksspiels. Universität Hohenheim, https://www.uni-hohenheim.de/pressemitteilung?tx_ttnews%5Btt_news%5D=39437&cHash=0645ac11e5d93cc19aab802acf16e4b5, zuletzt abgerufen am 04.04.2020.

IV. Rechtmäßigkeit der Untersagungsverfügungen

Rock führt aus, das Glücksspielrecht beschäftigte die Gerichte mehr denn je. Dies betreffe in erster Linie die Verwaltungsgerichtsbarkeit, die bisher u. a. aufgrund der langsam zunehmenden Zahl von Untersagungsverfügungen gegen Internetglücksspiel- und Lotteriewettanbieter den Großteil der Judikatur darstelle.[623] Zu den Ausführungen des Niedersächsischen Ministeriums für Inneres und Sport[624] passend, werden Untersagungsverfügungen von der Rechtsprechung fortwährend als rechtmäßig bewertet.[625] Dabei geht es um die Rechtmäßigkeit von Untersagungsverfügungen bei der Durchsetzung der Unterbindung von Online-Glücksspielangeboten ohne Erlaubnis und damit im Kern um die Unionsrechts- und Verfassungsmäßigkeit von § 4 Abs. 1 bzw. 4 GlüStV sowie der Verhältnismäßigkeit der Behördenmaßnahme. So betonte etwa das OVG Niedersachsen, dass den Untersagungsverfügungen auch kein strukturelles Vollzugsdefizit entgegenstünde.[626] Angesichts der Vielzahl von Glücksspielangeboten im Internet sei ein zeitgleiches Vorgehen gegen alle Anbieter selbst bei Einsatz erheblicher Ressourcen nicht möglich. Es komme somit auf ein systematisches Vorgehen der zuständigen Behörde an. Dabei sei davon auszugehen, dass bei einem Einschreiten im Vollzugsverbund der Bundesländer das jeweilige Behördenhandeln an gemeinsam festgelegten Kriterien ausgerichtet sei.[627]

D. Vorstellung weiterer relevanter Normen

Neben den bereits vorgestellten relevanten öffentlich-rechtlichen Normen des GlüStV, gibt es weitere für diese Arbeit relevante Normen mit (online-) glücksspielrechtlichem Bezug. Diese entstammen dem Straf- und Zivilecht.

---

623 *Rock*, ZfWG 6/19, S. 427, 427.

624 Vgl. Drs. 18/3543, S. 4.

625 OVG Niedersachsen, Urt. v. 28.02.2019 – 11 LC 242/16, 11 LB 497/18 –, juris; Vgl. OVG Saarland, Urt. v. 29.03.2019 – 1 A 398/17 –, juris; OVG Schleswig-Holstein, Beschl. v. 03.07.2019 – 4 MB 14/19 –, juris; VGH Baden-Württemberg, Beschl. v. 11.07.2019 – 6 S 2759/18 –, juris; OVG Berlin-Brandenburg, Beschl. v. 20.08.2019 – OVG 1 N 46/18 –, juris.

626 OVG Niedersachsen, Urt. v. 28.02.2019 – 11 LC 242/16 –, Rn. 86, juris.

627 *Rock*, ZfWG 6/19, S. 427, 429 = OVG Niedersachsen, Urt. v. 28.02.2019 – 11 LC 242/16 –, Rn. 89, juris.

I. Strafrecht: §§ 284, 285, 287 StGB

Gem. § 284 Abs. 1 StGB macht sich derjenige strafbar, der ohne behördliche Erlaubnis öffentlich ein Glücksspiel veranstaltet oder hält oder die Einrichtungen hierzu bereitstellt.

§ 285 StGB hingegen ist adressiert an die Spieler. Danach steht auch die Beteiligung an einem unerlaubten öffentlichen Glücksspiel unter Strafe.

Nach § 287 Abs. 1 StGB ist das Veranstalten einer Lotterie oder Ausspielung ohne behördliche Erlaubnis strafbar.

Die Anwendbarkeit des deutschen Glücksspielstrafrechts auf ausländische Anbieter wird im Schrifttum teilweise abgelehnt.[628] Problematisch sei, sofern die Glücksspielanbieter ausschließlich im Ausland agieren, dass sich dann weder ein inländischer „Handlungsort“ i. S. d. § 9 Abs. 1 Alt. 1 StGB noch ein inländischer „Erfolgsort“ i. S. v. § 9 Abs. 1 Alt. 3 StGB ergebe.[629] Die Rechtsprechung wendet das Glücksspielstrafrecht mit teils unterschiedlicher Begründung auf ausländische Anbieter an. Abgestellt wird überwiegend darauf, dass deutschen Spielern die Möglichkeit gegeben werde, aus Deutschland heraus an nicht erlaubten Glücksspielangeboten teilzunehmen. Daraus ergebe sich als Handlungsort des Verstoßes gegen § 284 Abs. 1 StGB Deutschland.[630] Damit wird darauf abgestellt, dass bei einer Teilnahmemöglichkeit aus dem Inland heraus das Glücksspiel (zumindest auch) im Inland veranstaltet werde. Diese Argumentation lässt sich § 3 Abs. 4 GlüStV entnehmen.[631] Diese Herleitung lässt zunächst einmal Platz für Kritik; Werden bei § 284 StGB alle Tathandlungen (z. B. Programmieren des Spiels, Serveraktivitäten, Verwaltung) im Ausland vorgenommen, so

---

628 *Hambach/Berberich*, ZfWG 2/15, S. 150, 150, 151. Hält, entsprechend AG München, Urt. v. 26.09.2014 – 1115 Cs 254 Js 176411/13, eine Anwendbarkeit von § 285 StGB nur dann für möglich, wenn sich beweisen lasse, dass sich der Spieler zur Zeit der Teilnahme in Deutschland befunden hat, was sich entsprechend des *in dubio pro reo*-Grundsatzes nicht einfach vermuten lasse.

629 *Leimenstoll* in: Esser/Rübenstahl/Saliger/Tsambikakis, Wirtschaftsstrafrecht, § 284 StGB, Rn. 21.

630 OLG Hamburg, Urt. v. 10.01.2002 – 3 U 218/01 –, Rn. 18, juris; Andere Argumentation: u. a. OLG München, Urt. v. 28.02.2020 – 8 U 5467/19 –, Rn. 16, juris, deutsches Strafrecht findet Anwendung, wenn sich der ausländische Veranstalter via Internet gezielt an den deutschen Markt richtet und die Beteiligung am Glücksspiel im Inland ermöglicht, da dann der Gefährdungserfolg gem. §§ 3, 9 Var. 3 StGB in Deutschland eintritt.

631 *Leimenstoll* in: Esser/Rübenstahl/Saliger/Tsambikakis, Wirtschaftsstrafrecht, § 284 StGB, Rn. 21.

lässt sich eine Anwendbarkeit des deutschen Strafrechts mit §§ 3, 9 StGB dogmatisch nicht sauber herleiten. Dies liegt aber weniger an der Konzeption des Glücksspielstrafrechts. Vielmehr fehlt es §§ 3 ff. StGB an einer Orientierung an der Digitalisierung bzw. dem Medium Internet.[632] Zieht man den Kontext der gesamten Glücksspielregulierung mit in die Bewertung zur Frage der Anwendbarkeit des deutschen Strafrechts mit ein, so erweist sich die Argumentation des OLG Hamburg als richtig. Die Normen des Glücksspielstrafrechts und des Glücksspielverwaltungsrechts greifen ineinander. Den § 284 Abs. 1 StGB und § 3 Abs. 1 GlüStV liegt ein einheitlicher Glücksspielbegriff zugrunde.[633] Strafbar ist nicht das Glücksspiel an sich, sondern das Glücksspiel ohne die Erlaubnis einer deutschen Behörde. Als geschützte Rechtsgüter werden der staatliche Schutz über die Ausbeutung der natürlichen Spielleidenschaft sowie die Prävention der Glücksspielsucht angesehen.[634] Die Ziele des Glücksspielstrafrechts knüpfen an jene des Glücksspielverwaltungsrechts an.[635] Während § 284 Abs. 1 StGB auf eine fehlende Glücksspiel-Erlaubnis abstellt, enthält die Norm selbst aber keinerlei Aussage darüber, ob und inwieweit Glücksspiel zugelassen werden kann. Diese ist allein dem Glücksspielverwaltungsrecht zu entnehmen. Daraus ergibt sich eine Verwaltungsakzessorietät des Glücksspielstrafrechts.[636] Der BGH sieht bei § 284 StGB sogar eine Verwaltungsrechtsakzessorietät, da er das Glücksspielstrafrecht als Teil einer Gesamtregelung des Glücksspielrechts sieht.[637] Eine Verwaltungsrechtsakzessorietät geht insoweit über eine Verwaltungs(akt)akzessorietät[638] hinaus, als § 284 StGB nicht nur von einer behördlichen Erlaubnis,

632 Vgl. *Brugger*, Abbruch der Zahlungsströme als Mittel zur Bekämpfung unerlaubter Internetglücksspiele, S. 98 ff.

633 BVerwG, Urt. v. 16.10.2013 – 8 C 21/12 –, BVerwGE 148, 146–155, Rn. 23, juris; VGH Baden-Württemberg, Urt. v. 23.05.2012 – 6 S 389/11 –, Rn. 20, juris.

634 *Putzke* in: Leipold/Tsambikakis/Zöller, Anwaltkommentar StGB, 3. Aufl. 2020, § 284 Unerlaubte Veranstaltung eines Glücksspiels, Rn. 2. Unter Verweis auf BVerfG, Nichtannahmebeschl. v. 14.10.2008 – 1 BvR 928/08 –, juris, der nur Regelungen des GlüStV zum Gegenstand hatte.

635 Vgl. *Kindhäuser/Böse*, Strafrecht Besonderer Teil II, S. 368.

636 *Dünchheim/Bringmann*, ZfWG 6/18, S. 502, 502–505; Von einer verwaltungsakzessorischen Vorschrift sprechen auch *Keber* in: Schwartmann, Praxishandbuch Medien-, IT- und Urheberrecht, 4. Aufl. 2017, 10.3 Internet und Glücksspiele, § 284 StGB, Rn. 85; *Fischer*, Strafgesetzbuch, § 284, Rn. 2; *Palm/Gaibler*, ZfWG 5/19, S. 330, 331.

637 *Saliger/Tsambikakis*, Neutralisiertes Strafrecht, S. 17, BGH, Urt. v. 16.08.2007 – 4 StR 62/07 –, Rn. 21, juris.

638 Vgl. *Saliger/Tsambikakis*, Neutralisiertes Strafrecht, S. 16.

sondern von dem Glücksspielverwaltungsrecht insgesamt abhängig sein soll.[639] Bei einer Verwaltungsrechtsakzessorietät unterfallen auch solche ausländischen Glücksspielanbieter den Regelungen des Glücksspielstrafrechts, deren gesamte Tätigkeit im Ausland stattfindet. Nämlich dann, sobald deutschen Spielern eine Spielteilnahme in Deutschland ermöglicht wird. Das ergibt sich aus dem Zusammenspiel von § 9 Abs. 1 StGB, wonach eine Tat an dem Ort als begangen gilt, an dem der Täter gehandelt hat, der zum Tatbestand gehörende Erfolg eingetreten ist oder nach der Vorstellung des Täters eintreten sollte, mit § 3 Abs. 4 GlüStV, wonach ein Glücksspiel dort veranstaltet und vermittelt wird, wo dem Spieler die Möglichkeit zur Teilnahme eröffnet wird, sowie dem Gebot der Einheit der Rechtsordnung.[640]

Während also den (auch ausländischen) Betreibern von Online-Casinos eine Strafverfolgung wegen des Verstoßes gegen § 284 StGB drohen kann, können sich Spieler wegen der Beteiligung am illegalen Glücksspiel gem. § 285 StGB strafbar machen. Es ist jedoch nicht bekannt, dass solche Vergehen durch die Staatsanwaltschaften zum jetzigen Zeitpunkt belastbar verfolgt werden.[641] Das mag auch daran liegen, dass zur Erfüllung der §§ 284 ff. StGB ein subjektiver Tatbestand erforderlich ist, der sodann nicht nachgewiesen werden kann. Für die Spieler gilt dabei, dass sie diejenigen Umstände kennen müssen, aus denen sich ergibt, dass es sich um ein öffentliches, unerlaubtes Glücksspiel handelt, wobei die rechtliche Bewertung als illegales Glücksspiel nicht erforderlich ist.[642] Hier ließe sich argumentieren, dass die ungehinderte mediale Präsenz von Online-Glücksspielen in den TV-Werbelandschaften, insbesondere verwirrende Lizenzangaben zu erlaubten Spielen mit Bezug zu Schleswig-Holstein und Kooperationen zu großen Verbänden wie dem Deutschen Fußballbund (DFB) bei den Spielern die Vorstellung erzeugen könnten, dass (diese) Online-Glücksspiele nicht unerlaubt sein können und daher z. B. eine staatliche Erlaubnis vorliegen muss.[643] An dieser Stelle lässt sich anmerken, dass eine solche Argumentation für Glücksspielanbieter nicht greifen kann. Diese wissen, dass ihr Angebot in Deutschland illegal ist und auch, dass etwaige Lizenzen aus anderen EU-Mitgliedstaaten keine

---

639 *Saliger/Tsambikakis*, Neutralisiertes Strafrecht, S. 17.

640 *Dünchheim/Bringmann*, ZfWG 6/18, S. 502, 502–505.

641 *Rock*, ZfWG 3/4/18, Sonderbeilage, S. 20, 21; Strafverfolgung wegen § 285 StGB: AG München, Urt. v. 26.09.2014 – 1115 Cs 254 Js 176411/13.

642 *Putzke* in: Leipold/Tsambikakis/Zöller, Anwaltkommentar StGB, 3. Aufl. 2020, § 285 Beteiligung am unerlaubten Glücksspiel, Rn. 7; *Fischer*, StGB, § 285, Rn. 5.

643 a. A. AG München, Urt. v. 26.09.2014 – 1115 Cs 254 Js 176411/13 –, Rn. 18, juris.

Legalisierungswirkung entfalten. Ähnliches müsste für an der Zahlung Beteiligte gelten. Zudem wird vertreten, dass sich beim Glücksspielstrafrecht durch die mediale Präsenz und der sich daraus resultierenden unübersichtlichen gesetzlichen Lage für Laien auf einen unvermeidbaren Verbotsirrtum der Spieler i. S. d. § 17 StGB schließen lasse.[644] Hier lässt sich jedoch entgegnen, dass ein Irrtum vielleicht im Jahre 2015, wo es durchaus noch drastisch unterschiedliche gerichtliche Entscheidungen zur Wirksamkeit der Regelungen des GlüStV gegeben hat, unvermeidbar gewesen sein konnte. Mittlerweile jedoch lässt sich die Rechtsprechung insbesondere zum Thema Verfassungs- und Unionsrechtmäßigkeit der §§ 4 ff. GlüStV als einheitlich zusammenfassen.[645] Ein Verbotsirrtum gilt dann als vermeidbar, wenn dem Täter sein Vorhaben zum Zeitpunkt der Tathandlung, unter Berücksichtigung seiner Fähigkeiten und Kenntnisse, dazu hätte Anlass geben müssen über eine mögliche Rechtswidrigkeit nachzudenken oder sich zu erkundigen und er auf diesem Wege zur Unrechtseinsicht gekommen wäre.[646] Trotz der für den Verbraucher sehr verwirrenden Informationslage könnte ein sachkundiger Rechtsrat Klarheit über die Rechtslage schaffen. Damit lassen sich gute Argumente vortragen, warum sich auch für den Laien ein unvermeidbarer Irrtum nicht mehr herleiten lässt.

Schließlich lässt sich hinsichtlich der am Online-Glücksspiel beteiligten Zahlungsdienste §§ 284, 27 StGB anführen. Aus strafrechtlicher Perspektive kann die Mitwirkung an Zahlungen an bekannt oder erkennbar illegal operierende Glücksspielanbieter als Beihilfe zu illegalem Glücksspiel gesehen werden. Sollten also Mitarbeiter von Kredit- und Finanzdienstleistungsinstituten wissentlich solche Zahlungen weiterleiten, so könnten sie sich dabei gem. §§ 284, 72 StGB strafbar machen.[647] Zudem könnte die wissentliche Rückzahlung von Gewinnen aus unerlaubtem Glücksspiel an die Spieler den Tatbestand der vorsätzlichen Geldwäsche gem. § 261 StGB erfüllen. Dies ist u. U. auch ohne positive Kenntnis der illegalen Herkunft der Gelder möglich (leichtfertige Geldwäsche, § 261 Abs. 5 StGB). Auch wenn ein Irrtum über eine Erlaubnis zum Vorsatzausschluss nach § 16 Abs. 1 S. 1 StGB führen dürfte, wäre zu klären, inwieweit z. B. ein sog.

644 *Buchholz/Rübenstahl*, ZfWG 2/15, S. 97, 97.

645 Auch wenn vereinzelte Stimmen in der Literatur nicht müde werden das Gegenteil zu behaupten, vgl. Verlagsinformation zu *Saliger/Tsambikakis*, Neutralisiertes Strafrecht: „Da die Unionsrechtskonformität des Verbots von Online-Casinos nach deutschem Glücksspielverwaltungsrecht derzeit unklar ist, ist § 284 StGB seit 2006 auf EU-lizensierte Anbieter von Online-Casinos nicht anwendbar."

646 *Fischer/Schwarz*, Strafgesetzbuch, 67. Aufl., § 17, Rn. 7.

647 Vgl. BeckOK StGB/*Hollering*, 49. Ed. 01.02.2021, StGB, § 284, Rn. 42.

Merchant Category Code (MCC), welcher die Zahlung dem Glücksspielbereich zuordnen kann, im Zusammenspiel mit einer White List der legal operierenden Anbieter, Anhaltspunkte für ein sich Aufdrängenmüssen der Illegalität liefert.[648]

II. Zivilrecht: §§ 762 f. BGB; § 134 BGB

In zivilrechtlicher Hinsicht sind i. S. d. Vollständigkeit zunächst §§ 762, 763 BGB zu nennen. Diese Vorschriften regeln das Spiel, die Wette bzw. den Lotterie- und Ausspielvertrag. Gem. §§ 762 f. BGB sind Forderungen aus Spiel und Wette sog. aleatorische, d. h. rein vom Zufall abhängige Verträge und damit gerichtlich nicht einklagbar.[649] Der Gesetzgeber bringt damit zum Ausdruck, dass er in diesen Verträgen keinen sozialpolitisch wünschenswerten Zweck sieht sodass die Vertragspartner hier vor den wirtschaftlichen Gefahren solcher Verträge und auch der eigenen Spielleidenschaft geschützt werden sollen.[650] Damit ist nicht gemeint, dass Spieler mögliche gewinne nicht einklagen können oder §§ 762 f. BGB grundsätzlich einer Geltendmachung von Ansprüchen im Zusammenhang mit Glücksspiel entgegensteht. Damit ist auch nicht gemeint, dass „Glücksspiel-Verträge“ aufgrund von §§ 762 f. BGB automatisch nichtig sind. Auch soll die Norm (insb. § 762 Abs. 1 S. 2 BGB) nicht dazu führen, dass Anbieter Einzahlungen zur Teilnahme am Glücksspiel einbehalten dürfen, ohne eine Gegenleistung zu erbringen.[651] Damit ist vielmehr gemeint, dass kein Rechtsanspruch des Anbieters auf Vertragsdurchführung entsteht und ein solcher auch nicht eingeklagt werden kann.[652] Nach § 762 BGB sollen die Verträge „unverbindlich“ sein.[653] Die vereinbarte Leistung kann nicht gefordert, aber erbracht werden. Sie kann dann aber nicht mit dem Hinweis zurückgefordert werden, dass ein Forderungsrecht nie bestand. Insofern wird auch von einer „erfüllbaren Nichtforderung“ gesprochen.[654] Damit gilt auch hier ein Ineinandergreifen

---

648 *Kindhäuser/Böse*, Strafrecht Besonderer Teil II, S. 368; Vgl. *Rock*, ZfWG 3/4/18, Sonderbeilage, S. 20, 23, 24.

649 *Müller*, in: Erman, BGB, 16. Aufl. 2020, § 762, BGB, Rn. 1.

650 *Müller*, in: Erman, BGB, 16. Aufl. 2020, § 762, BGB, Rn. 1.

651 Insofern unverständlich formuliert *Müller*, in: Erman, BGB, 16. Aufl. 2020, § 762, BGB, Rn. 9.

652 Vgl. *Fuchs*, Das neue glücksspielrecht unter besonderer Berücksichtigung von Online-Glücksspielen, 1. Aufl., S. 34.

653 *Müller*, in: Erman, BGB, 16. Aufl. 2020, § 762, BGB, Rn. 9.

654 Fikentscher/Heinemann, Schuldrecht Allgemeiner und Besonderer Teil, Rn. 69.

der Glücksspielregularien. Öffentliche und nicht öffentliche Glücksspiele ohne Erlaubnis begründen keine Verbindlichkeit.

Wesentlich relevanter als §§ 762 f. BGB aber ist aber im Zusammenhang mit illegalem Online-Glücksspiel § 134 BGB. Glücksspielverträge, die aufgrund fehlender staatlicher Glücksspiel-Erlaubnis gegen §§ 284 ff. StGB und § 4 (Abs. 1, 4) GlüStV verstoßen, sind gem. § 134 BGB nichtig.[655] Das führt dazu, dass in Deutschland Zahlungen für Online-Glücksspiele an einen Online-Glücksspielanbieter zurückgefordert werden können, wenn dieser über keine staatliche Erlaubnis zum Anbieten von Online-Glücksspielen verfügt.[656]

Wie schon für das Strafrecht ausgeführt, könnte auch in zivilrechtlicher Hinsicht die Anwendbarkeit deutschen Rechts angezweifelt werden.[657] Dieser Einwand lässt sich aber deutlich leichter als im Glücksspielstrafrecht ablehnen.[658] Bei der privatrechtlichen Beziehung zwischen den Online-Glücksspielanbietern und den Spielern liegt regelmäßig ein Verbrauchervertrag vor. Gem. Art. 6 Abs. 1 Rom-I-VO gilt bei Verbraucherverträgen das Recht jenes Staates, in dem der Verbraucher seinen gewöhnlichen Aufenthalt hat. Das gilt insbesondere dann, wenn der Online-Glücksspielanbieter seine Glücksspiele (auch) auf deutschen Internetseiten und/oder in deutscher Sprache anbietet, Werbung im deutschen Fernsehen schaltet oder in sonstiger Weise seine Angebote auch an deutsche Spieler richtet. Eine Abweichung von Art. 6 Abs. 1 Rom-I-VO, etwa dass durch AGB maltesisches Recht für anwendbar erklärt wird, scheitert regelmäßig an der Nichteinhaltung der dafür erforderlichen strengen Anforderungen.[659] Damit gilt auch hier regelmäßig deutsches Recht.[660]

E. Zusammenfassung – System der Glücksspielregulierung in Deutschland

Die deutsche Glücksspielregulierung zeigt sich als schwierig. Ihre Entstehungsgeschichte ist eher durch Reaktion als durch Aktion geprägt. Unsicherheiten, die

655 *Fuchs*, Das neue glücksspielrecht unter besonderer Berücksichtigung von Online-Glücksspielen, 1. Aufl., S. 36; *Rock*, ZfWG 3/4/18, Sonderbeilage 3, S. 20, 21.

656 Zur bereicherungsrechtlichen Rückabwicklung, siehe Drittes Kapitel, F.

657 Siehe Zweites Kapitel, D., I.

658 Zur Anwendbarkeit deutschen Rechts beim Online-Glücksspiel, siehe Drittes Kapitel, A.

659 Vgl. *Ennuschat*, ZfWG 1/20, S. 2, 3.

660 Ausführlich zur Anwendbarkeit deutschen Rechts beim Online-Glücksspiel, siehe Drittes Kapitel, A.

aus dem Status quo der Glücksspielregulierung resultieren werden von Glücksspielanbietern und deren Meinungsvertretern genutzt, um Fehlinformationen zu verbreiten.[661] Diese Fehlinformationen sollen einen bestimmten Meinungsstand perpetuieren und letztendlich illegale Handlungen legitimieren. Dem entgegenwirkend lässt sich aus den vorangehenden Ausführungen zusammenfassend und klarstellend folgender Status quo festmachen:

I. Verbot mit Erlaubnisvorbehalt

Mit § 4 Abs. 1 S. 2, 1 Hs. GlüStV gilt für die Veranstaltung und Vermittlung von öffentlichem Glücksspiel ein repressives Verbot mit Befreiungs- bzw. Erlaubnisvorbehalt. Öffentliches Glücksspiel ist grundsätzlich verboten und kann nur ausnahmsweise unter strengen Voraussetzungen erlaubt werden.[662] § 4 Abs. 1 GlüStV bildet den Grundstein eines ansonsten einheitlichen Systems der Glücksspielregulierung.[663] Während vereinzelte Stimmen in der Literatur nicht müde werden, die Glücksspielregulierung als verfassungs- und unionsrechtswidrig zu bezeichnen und bereits den Erlaubnisvorbehalt des § 4 Abs. 1 S. 2, 1 Hs. GlüStV als „untrennbaren Teil eines rechtswidrigen Monopolsystems" zu betrachten, wird § 4 Abs. 1 GlüStV von der Rechtsprechung durchweg als mit dem Verfassungs- und Unionsrecht vereinbar erklärt.[664] § 4 Abs. 1 S. 2, 1 Hs. GlüStV adressiert die Veranstalter und Vermittler von öffentlichem Glücksspiel. Mit der Einführung von § 4 Abs. 1 S. 2, 2 Hs. GlüStV wurden erstmalig nun auch Kreditinstitute und Zahlungsdienstleister mit in die gesetzliche Verantwortung genommen.[665]

---

661 Siehe etwa zu den Ausführungen der Glücksspielanbieter, Drittes Kapitel, F., IV., 5., a), dd.

662 *Fuchs*, Das neue Glücksspielrecht unter besonderer Berücksichtigung von Online-Glücksspielen, S. 50; Zu § 4 Abs. 1 S. 1, S. 2 1 Hs. GlüStV, siehe Zweites Kapitel, B., I., 3., a).

663 Vgl. *Bolay/Pfütze*, in Streinz/Liesching/Hambach, Glücks- und Gewinnspielrecht in den Medien, § 4, Rn. 10,11; *Postel*, in: Dietlein/Hecker/Ruttig, Glücksspielrecht, 2. Aufl. 2013, § 4 GlüStV, Rn. 8, 9.

664 *Uwer/Koch*, in: Becker/Hilf/Nolte/Uwer, Glücksspielregulierung, § 4, Rn. 33 ff., 49 ff.; Zu den Kritischen Stimmen in der Literatur, siehe Zweites Kapitel, B., I., 4.; zur Verfassungs- und Unionsrechtmäßigkeit der Regelungen, siehe Zweites Kapitel, B., I., 4., d), e).

665 Zu § 4 Abs. 1 S. 1, S. 2 2 Hs. GlüStV, siehe Zweites Kapitel, B., I., 3., b); Siehe hierzu auch ausführlich, Drittes Kapitel, C., II.

Damit gilt § 4 Abs. 1 GlüStV mit uneingeschränkter Wirkung; Öffentliche Glücksspiele dürfen nur mit Erlaubnis der zuständigen Behörde veranstaltet und vermittelt werden. Das Veranstalten und Vermitteln ohne diese Erlaubnis ist unerlaubtes Glücksspiel und damit per Gesetz verboten. Ebenso verboten ist die Mitwirkung an Zahlungen im Zusammenhang mit unerlaubtem Glücksspiel.

II. Internet(-total-)Verbot

Beim Online-Glücksspiel stellt § 4 Abs. 4 GlüStV die Grundnorm dar. Danach ist das Veranstalten und Vermitteln öffentlicher Glücksspiele im Internet verboten. Das damit zum Ausdruck kommende Internettotalverbot ist nach gefestigter Judikatur und entgegen teilweiser Auffassung in der Literatur verfassungs- und unionsrechtskonform.[666] Sowohl das BVerwG als auch der EuGH haben wiederholt die Gefahren des Internet-Glücksspiels anerkannt und damit das Internettotalverbot gerechtfertigt.[667] Gem. § 4 Abs. 5 GlüStV können die Länder zur besseren Erreichung der Ziele der Glücksspielregulierung den Eigenvertrieb und die Vermittlung von Lotterien sowie die Veranstaltung und Vermittlung von Sportwetten im Internet ausnahmsweise erlauben. Damit gilt diese Ausnahme explizit nicht für Online-Casino-Spiele und Zweitlotterien. Diese können nicht, auch nicht ausnahmsweise, erlaubt werden. Für diese gilt das uneingeschränkte Internet-Verbot.[668]

Daraus ergibt sich eine eindeutige Rechtslage.[669] Das Veranstalten und das Vermitteln von Poker-, Casino-Spielen (sowie Zweitlotterien) im Internet ist ausnahmslos verboten.

---

666 BVerfG, Nichtannahmebeschl. v. 14.10.2008 – 1 BvR 928/08 – juris; OVG Berlin-Brandenburg, Beschl. v. 20.08.2019 – OVG 1 N 46.18; VGH Baden-Württemberg, Beschl. v. 11.07.2019 – 6 S 2759/18; OVG Schleswig, Beschl. v. 03.07.2019 – 4 MB 14/19; OLG Koblenz, Urt. v. 03.06.2019 – 9 U 1359/18; OVG Lüneburg, Urt. v. 28.02.2019 – 11 LC 242/16; BVerwG, Urt. v. 26.10.2017 – 8 C 14/16; a. A. etwa *Schenke*, ZfWG 3/4/15, S. 170, 181, der § 4 Abs. 4 GlüStV für nicht erforderlich, unverhältnismäßig und inkohärent hält; Zur Verfassungs- und Unionsrechtmäßigkeit des Internettotalverbots, siehe Zweites Kapitel, B., I., 4., d), e); Zu den Kritischen Stimmen in der Literatur, siehe Zweites Kapitel, B., I., 4.

667 BVerwG, Urt. v. 31.05.2011 – 8 C 5/10, Urt. v. 26.10.2017 – 8 C 14/16, Urt. v. 26.10.2017 – 8 C 18/16, EuGH, Urt. v. 08.09.2010 – C 42/07 – *Liga Portuguesa*, C – 46/08 – *Carmen Media*, Urt. v. 03.06.2011 – C – 212/08 – *Zeturf*; *Ukrow*, ZfWG 3/4/19, S. 223, 234, siehe Zweites Kapitel, B., I., 4., d), e).

668 *Ukrow*, ZfWG 3/4/19, S. 223, 235.

669 So auch *Becker/Wuketich*, ZfWG 5/19, Sonderbeilage, S. 7, 10.

III. Experimentierklausel

Durch den 1. GlüÄndStV sollte mit §§ 4a, 10a GlüStV eine geeignete Alternative zu den illegalen Angeboten geschaffen werden. U. a. hielt man eine lückenlose Kontrolle des Internetverbots für nicht realisierbar und entschied sich daher, insbesondere Sportwettangebote restriktiv und unter staatlicher Kontrolle wieder zuzulassen. Die dazu vorgesehenen, testweise zu vergebenen 20 Sportwettkonzessionen sollten keine Expansion des Wettmarkts, aber die Öffnung des Marktes in Maßen ermöglichen.[670] Nach dem vorherigen Scheitern des staatlichen Sportwetten-Monopols sollte hierdurch eine auf 7 Jahre beschränkte probeweise Teilliberalisierung erfolgen.[671] Nach einer Reihe von Klagen wurde das Konzessionsverfahren aber tatsächlich nie umgesetzt. Die Experimentierklausel wurde nie angewendet. Dafür wurde fortwährend das Veranstalten und Vermitteln von Sportwetten im Internet „geduldet".[672] Damit gilt für Sportwetten im Internet derzeit eine faktische Freistellung vom glücksspielstaatsvertraglichen Internettotalverbot.[673] Das heißt freilich nicht, dass die Veranstaltung und das Vermitteln von Sportwetten über das Internet nach dem GlüStV nun legal sind.[674] Aufgrund der sich bietenden Situation konnte das Konzessionsverfahren nicht abgeschlossen werden. Daher wird schlicht gelduldet, dass die Online-Sportwettenanbieter entgegen des weiterhin geltenden Grundsatzes aus § 4 Abs. 1, Abs. 4 GlüStV ohne Genehmigung tätig sind. Offiziell gilt für Online-Sportwettenanbieter, ihr Angebot wird von staatlicher Stelle geduldet, sofern ursprünglich eine Legalisierung des Angebots angestrebt wurde, d. h. sofern sich der Anbieter um eine Konzession beworben hat und nicht auf erster Ebene aus dem Konzessionsverfahren ausgeschieden ist.[675]

---

670 *Hartmann/Barczak*, ZfWG 1/19, S. 8.

671 *Hartmann/Kemper*, 1/20, S. 8.

672 VGH Hessen, Beschl. v. 16.10.2015 – 8 B 1028/15, juris; Vorinstanz: VG Wiesbaden, Beschl. v. 05.05.2015 – 5 L 1453/14.WI –, juris; Siehe auch, Zweites Kapitel, C., I.; Umlaufbeschluss der Chefinnen und Chefs der Staats- und Senatskanzleien der Länder vom 08.09.2020, abrufbar unter: https://www.bayern.de/wp-content/uploads/2020/10/Umlaufbeschluss-Gluecksspiel.pdf, zuletzt abgerufen am 01.05.2021.

673 *Ukrow*, ZfWG, 3/4/19, S. 223, 226.

674 Vgl. Ausarbeitung des Wissenschaftlichen Dienstes des deutschen Bundestages, Frage zur Vorwegnahme des Glücksspielstaatsvertrages 2021 vor seinem Inkrafttreten, WD 3 – 3000 – 210/20.

675 Umlaufbeschluss der Chefinnen und Chefs der Staats- und Senatskanzleien der Länder vom 08.09.2020, abrufbar unter: https://www.bayern.de/wp-content/uploads/2020/10/Umlaufbeschluss-Gluecksspiel.pdf, zuletzt abgerufen am 01.05.2021.

IV. Lotteriemonopol

Aus § 10 GlüStV ergibt sich ferner, dass in Deutschland weiterhin ein staatliches Lotteriemonopol gesetzlich festgeschrieben ist.[676] Dieses Lotteriemonopol ist auch in der geltenden Fassung des GlüStV 2012 verfassungskonform, da es die Anforderungen der Rechtsprechung zur verfassungsgemäßen Ausgestaltung von staatlichen Glücksspielmonopolen einhält.[677] Da das staatliche Lotteriemonopol Einnahmen in Milliardenhöhe für die Allgemeinheit erwirtschaftet, halten alle Bundesländer bereitwillig daran fest. Auch auf unionsrechtlicher Ebene wird das Lotteriemonopol gestützt. Selbst die EU-Kommission hat einen anfänglichen Widerstand betreffend die Kohärenz des Lotteriemonopols zwischenzeitlich aufgegeben.[678] Zweitlotterien gehören hingegen nicht zum staatlichen Angebot. Sie sind daher gem. § 4 Abs. 1, 4 GlüStV verboten.

V. EU-Lizenzen

Glücksspiellizenzen anderer europäischer Mitgliedstaaten haben in Deutschland keinerlei Legalisierungswirkung.[679] Das gilt auch für Glücksspielanbieter mit einer Glücksspiel-Lizenz aus Schleswig-Holstein, die ihre Angebote an Spieler außerhalb von Schleswig-Holstein richten.[680]

Sobald sich ein Online-Glücksspiel-Angebot gezielt an Spieler in Deutschland richtet und sofern dessen Anbieter keine deutsche Erlaubnis innehat, sind seine Online-Glücksspiel-Angebote in Deutschland auch dann illegal, wenn der Anbieter im Übrigen im Besitz einer europäischen Lizenz (etwa aus Malta oder Gibraltar) ist.[681]

---

676 *Fuchs*, Das neue Glücksspielrecht unter besonderer Berücksichtigung von Online-Glücksspielen, 1. Aufl., S. 56 ff.

677 *Fuchs*, Das neue Glücksspielrecht unter besonderer Berücksichtigung von Online-Glücksspielen, 1. Aufl., S. 281; BVerfG, Urt. v. 28.03.2006 – 1 BvR 1054/01; BVerwG, Urt. v. 24.11.2011 – 8 C 13/09, – 8 C 14/09, – 8 C 15/09; BVerwG, Urt. v. 01.06.2011 – 8 C 2/10 und 8 V 4/10; BVerwG, Urt. v. 11.07.2011 – 8 C 11/10 und 8 C 12/10.

678 *Ennuschat*, ZfWG 1/20, S. 2.

679 EuGH, Urt. v. 08.09.2010, Rs. C-316/07, C-358/07 bis C-360/07, C-360/07 und C-410/07 – *Markus Stoß*, Rn. 109, juris; *Rock*, Rdz, 2/20. S. 115, 115.

680 Vgl. OVG Saarlouis, Beschl. v. 17.7.2015 – 1 B 50/15; VG Berlin, Beschl. v. 17.9.2015 – 23 L 75.15, juris; OVG Berlin-Brandenburg, Beschl. v. 02.12.2016 – OVG 1 S 104.15; *Rock*, Rdz, 2/20. S. 115, 115.

681 *Ennuschat*, ZfWG 3/4/2018, S. 202, 203.

VI. Schleswig-Holsteinische Lizenzen

Bevor Schleswig-Holstein dem GlüStV beigetreten ist, galt in der Zeit vom 01.01.2012 bis zum 07.02.2013 das GlüG SH. Auf seiner Grundlage wurden eine Reihe von Online-Casino- und Sportwett-Lizenzen vergeben.[682] Diese Lizenzen gelten aufgrund einer Übergangsvorschrift auch nach dem Beitritt Schleswig-Holsteins zum GlüStV fort.[683] Die Schleswig-Holsteinischen Lizenzen gelten ausschließlich innerhalb des Landes Schleswig-Holstein und entfalten nur dort eine Legalisierungswirkung.[684] In der restlichen Bundesrepublik entfalten diese Lizenzen keinerlei Lizensierungswirkung.[685] Entsprechende Angebote sind damit außerhalb von Schleswig-Holstein gem. § 4 Abs. 4 GlüStV per Gesetz verboten.

VII. Öffentlich-rechtliche Instrumente: § 9 GlüStV

Der Glücksspielstaatsvertrag lässt sich dem Bereich des Gefahrenabwehr- bzw. Ordnungsrechts zuweisen.[686] § 9 Abs. 1 GlüStV liefert insoweit eine ordnungsbehördliche Eingriffsbefugnis, die den Behörden die Rechtsdurchsetzung ermöglicht.[687] Hiermit kann die zuständige Glücksspielaufsicht darauf hinwirken, dass unerlaubtes Glücksspiel und Werbung hierfür entsprechend § 4 Abs. 4 GlüStV und § 5 GlüStV unterbleiben.[688] Die Behörde kann im Einzelfall erforderliche Anordnungen erlassen. Zusätzlich zur Generalklausel in § 9 Abs. 1 S. 2 GlüStV, nennt S. 3 hierfür eine Reihe von Regelbeispielen.[689] Wie der GlüStV insgesamt, wurden auch die öffentlich-rechtlichen Eingriffsmöglichkeiten der Glücksspielaufsicht laufend angepasst. Seit dem 1. GlüÄndStV kann die Glücksspielaufsicht

---

682 Zum Sonderweg Schleswig-Holsteins, siehe Zweites Kapitel, A., 5.

683 *Ukrow*, ZfWG 3/4/19, S. 223, 226; *Becker/Wuketich*, ZfWG 5/19, Sonderbeilage, S. 7, 10.

684 *Ennuschat*, ZfWG 3/4/18, S. 202, 203; OVG Saarland, Beschl. v. 17.07.2015 - 1 B 50/15–, Rn. 13, juris; *Ukrow*, ZfWG 3/4/19, S. 223, 226.

685 Vgl. OVG Saarlouis, Beschl. v. 17.7.2015 - 1 B 50/15; VG Berlin, Beschl. v. 17.9.2015 - 23 L 75.15, juris; OVG Berlin-Brandenburg, Beschl. v. 02.12.2016 - OVG 1 S 104.15; *Rock*, Rdz, 2/20. S. 115, 115.

686 Vgl. OVG Niedersachsen, Beschl. v. 18.06.2018 - 11 LA 237/16 –, Rn. 81, juris.

687 Vgl. *Hofmann*, ZfWG 5/16, S. 304.

688 OVG Niedersachsen, Beschl. v. 18.06.2018 - 11 LA 237/16 –, Rn. 22, juris; OVG Schleswig-Holstein, Beschl. v. 03.07.2019 - 4 MB 14/19 –, Rn. 7, 11, juris; OVG Niedersachsen, Urt. v. 28.02.2019 - 11 LC 242/16 –, Rn. 38, juris.

689 Vgl. *Amtliche Begründung zum GlüStV 2012*, Bayerischer Landtag, Drs. 16/11995, S. 27.

u. a. auch Ein- und Auszahlungen zwischen Spielern und Anbietern unterbinden.[690] Sie kann den beteiligten Kredit- und Finanzdienstleistungsinstituten die Mitwirkung an Zahlungen für unerlaubtes Glücksspiel und an Auszahlungen aus unerlaubtem Glücksspiel untersagen (§ 9 Abs. 1 S. 3 Nr. 4 GlüStV). § 9 Abs. 1 S. 3 Nr. 4 GlüStV dient der Klarstellung und Konkretisierung von § 4 Abs. 1 S. 2, 2 Hs. GlüStV.[691] Dabei soll § 9 Abs. 1 S. 3 Nr. 4 GlüStV eine ordnungsrechtliche Durchsetzung gegenüber den Banken und Zahlungsdienstleistern in einem Stufenverhältnis als Verhaltensstörer ermöglichen.[692] Obwohl es die Bundesregierung für selbstverständlich erachtet, auch Überweisungen durch die Banken zu sanktionieren und die Sperrung der Zahlungswege für die Umsetzung des Verbots aus § 4 Abs. 4 GlüStV als geeignet und erforderlich ansieht, wird die Mitwirkung an Einzahlungen für unerlaubtes Glücksspiel und an Auszahlungen aus selbigem seitens der zuständigen Behörden bisher kaum bis gar nicht untersagt.[693] Zumindest gegen die Anbieter von unerlaubten Online-Glücksspielangeboten geht die Glücksspielaufsicht zunehmend per Untersagungsverfügung vor. Diese erweisen sich als gerichtsfest.[694]

VIII. Strafrechtliche Instrumente: §§ 284, 285, 287 StGB

Neben den öffentlich-rechtlichen Regelungen des GlüStV sieht der BGH insbesondere das in § 284 StGB begründete Verbot der Veranstaltung von illegalem Glücksspiel als einen weiteren Teil der Gesamtregelung des Glücksspielrechts an.[695] Wer ein unerlaubtes Glücksspiel i. S. d. § 4 Abs. 1 S. 2, 1 Hs. GlüStV veranstaltet oder Einrichtungen hierfür bereitstellt, macht sich gem. § 284 Abs. 1 StGB strafbar. Nach § 285 StGB ist auch die Beteiligung der Spieler an unerlaubten öffentlichen Glücksspielen strafbar. Auch wenn das deutsche

---

690 Vgl. *Ennuschat*, ZfWG 3/4/18, S. 202.

691 *Amtliche Begründung zum GlüStV 2012*, Bayerischer Landtag, Drs. 16/11995, S. 27.

692 Vgl. Zweites Kapitel, B. II 1.

693 *Steegmann*, Die Haftung der Basisinfrastruktur bei rechtswidrigen Internetangeboten S. 208; Mitteilung der Regierung der Bundesrepublik Deutschland an die Kommission der Europäischen Gemeinschaften v. 20.05.2008, Vertragsverletzungsverfahren Nr. 2007/4866, Rn. 75, ZfWG 1/08, S. 32; Zur bisherigen Bilanz der Glücksspielaufsicht, siehe Zweites Kapitel, C., III.

694 *Becker/Wuketich*, ZfWG 5/19, Sonderbeilage, S. 7, 8; Zur bisherigen Bilanz der Glücksspielaufsicht, siehe Zweites Kapitel, C., III.; Für eine ausführlichere Auseinandersetzung mit § 9 GlüStV, siehe Drittes Kapitel, C., II., 2., c).

695 Saliger/Tsambikakis, Neutralisiertes Strafrecht, S. 17; BGH, Urt. v. 16.08.2007, 4 StR 62/07 –, Rn. 21, juris.

Glücksspielstrafrecht auf die ausländischen Anbieter anwendbar ist, wenn diese gänzlich im Ausland agieren, soll es bisher zu keiner strafrechtlichen Verurteilung eines Online-Casino-Veranstalters gekommen sein.[696]

IX. Zivilrechtliche Instrumente: § 134 BGB

Gem. § 134 BGB ist ein Rechtsgeschäft, das gegen ein gesetzliches Verbot verstößt, nichtig, wenn sich aus dem Gesetz nicht etwas anderes ergibt.[697] U. a. das Internettotalverbot aus § 4 Abs. 4 GlüStV (i. V. m. §§ 284, 285 StGB) ist ein solches gesetzliches Verbot.[698] Damit sind Rechtsgeschäfte, die im Zusammenhang mit der Beteiligung an einem unerlaubten öffentlichen Glücksspiel stehen gem. § 134 BGB i. V. m. § 4 Abs. 4 GlüStV (i. V. m. §§ 284, 285 StGB) nichtig.[699] Damit sind die Spielverträge mit jenen Online-Casinos, die über keine deutsche Erlaubnis verfügen, regelmäßig nichtig.[700]

X. Kritik

Hauptkritikpunkt an der deutschen (Online-) Glücksspielregulierung durch den GlüStV dürfte sein, dass angesichts wachsender Umsatzzahlen und Marktanteilen illegaler Online-Glücksspielangebote die Ziele des § 1 GlüStV, insbesondere das Ziel der Kanalisierung aus Nr. 2, verfehlt würden.[701] Damit erweise sich das Internetverbot als ungeeignet. Daran hätten auch umfassende Anpassungsmaßnahmen im Rahmen der Entstehungsgeschichte des GlüStV nichts ändern können.[702] Der große Anteil illegaler Online-Angebote am Glücksspielmarkt zeige ein vollständiges Staatsversagen auf.[703] Zudem hätten die Grundlagen des

---

696 Zu den glücksspielrelevanten Normen aus §§ 284 ff. BGB siehe Zweites Kapitel, D., I.; *Becker/Wuketich*, ZfWG 5/19, Sonderbeilage, S. 7, 11.

697 Siehe auch Drittes Kapitel, C., II., 4., b).

698 Ausführlich zum Verbotsgesetzcharakter des Mitwirkungsverbots, siehe Drittes Kapitel, C., II; *Ennuschat*, ZfWG 1/20, S. 2, 3, 4.

699 Ausführlich zur Nichtigkeitsfolge eines Verstoßes gegen § 4 Abs. 1 S. 2, 2 Hs. GlüStV, siehe Drittes Kapitel, C., II., 4., b) und D.; *Fuchs*, Das neue glücksspielrecht unter besonderer Berücksichtigung von Online-Glücksspielen, 1. Aufl., S. 36; *Rock*, ZfWG 3/4/18, Sonderbeilage 3, S. 20, 21; *Ennuschat*, ZfWG 1/20, S. 2, 3, 4.

700 Zur Nichtigkeit der „Glücksspiel-Verträge", siehe Drittes Kapitel, D., I.; *Ennuschat*, ZfWG 1/20, S. 2, 3, 4.

701 *Becker/Häusler*, ZfWG 2/20, S. 102; *Becker/Wuketich*, ZfWG 1/19, Sonderbeilage, S. 7, 20, 21; *Ennuschat*, ZfWG 3/4/18, S. 202, 203.

702 *Becker/Häusler*, ZfWG 2/20, S. 102.

703 *Becker/Wuketich*, ZfWG 1/19, Sonderbeilage, S. 7, 20, 21.

GlüStV, welche bereits 2006 gelegt worden sind, mit der heutigen Realität nur noch wenig gemein.[704] So sei der Gedanke der Kanalisierung unter der Annahme getroffen worden, dass Spielern ein Ausweichen auf in Deutschland nicht lizensierte Angebote nur schwer möglich sei. Diese Grundlage sei aber spätestens mit der Einführung der Smartphones im Jahre 2007 und einem damit einhergehenden Digitalisierungsschub in der gesamten Gesellschaft veraltet gewesen. Dies werfe überdies die Frage auf, ob die Evidenzgrundlagen aus der Entstehungszeit des GlüStV 2008 heute noch eine Geeignetheit der Maßnahmen belegen könnten.[705] Auch ist ein weiterer Kritikpunkt die mangelnde Evidenz bei den Rechtfertigungsgründen. Es sei nie im ausreichenden Maße belegt worden, dass die angeführten Gefahren durch das Online-Glücksspiel auch tatsächlich vorlägen.[706] Die Mitgliedstaaten seien aber dazu verpflichtet, die Rechtmäßigkeit derjenigen Maßnahmen, die sie zur Einschränkung von Grundfreiheiten verwenden, auch zu beweisen. Diesem Umstand käme aufgrund der Beschränkung der Dienstleistungsfreiheit eine besondere Bedeutung zu.[707]

Daneben wird ein vermeintlich in der Online-Glücksspielregulierung herrschendes Vollzugsdefizit kritisiert.[708] Dabei wird angemerkt, obwohl es in Deutschland keine legalen Anbieter von Online-Casinospielen gäbe und obwohl die Online-Angebote ausdrücklich per Gesetz verboten seien, würde das Internettotalverbot aus § 4 Abs. 4 GlüStV (trotz Strafbewehrung aus § 284 Abs. 1 StGB) nicht oder nur minimal durchgesetzt.[709] Aufgrund der mangelnden Rechtsdurchsetzung unterliege das Online-Angebot keinerlei Beschränkungen, sodass sich ein unregulierter Online-Casinomarkt überhaupt erst habe entwickeln können.[710] Die mangelnde Rechtsdurchsetzung erscheint insofern erstaunlich, als dass die Glücksspielregulierung, insbesondere der Wortlaut von § 4 Abs. 1, 4 GlüStV und § 284 Abs. 1 StGB, recht eindeutig sein dürften. Demgegenüber hat die Entstehungsgeschichte des GlüStV, der Umstand, dass

---

704 *Becker/Häusler*, ZfWG 2/20, S. 102, 106.

705 Vgl. *Becker/Häusler*, ZfWG 2/20, S. 102, 106.

706 Vgl. *Hambach/Berberich*, ZfWG 6/19, S. 463, 464, 467; *Koenig*, ZfWG 1/15, S. 10 ff.

707 *Becker/Häusler*, ZfWG 2/20, S. 102, 103.

708 *Becker/Wuketich*, ZfWG 1/19, Sonderbeilage, S. 7, 20, 21.

709 *Becker/Wuketich*, ZfWG 1/19, Sonderbeilage, S. 7, 20, 21; Gleichlautende Presseberichte gibt es auch zur Ignorierung des Mitwirkungsverbots aus § 4 Abs. 1 S. 2 2 Hs. GlüStV, https://www.tagesschau.de/ausland/paradisepapers/paradisepapers-101.html, zuletzt abgerufen am 11.06.2020.

710 *Ennuschat*, 3/4/18, S. 202, 203; *Becker/Wuketich*, ZfWG 1/19, Sonderbeilage, S. 7, 20, 21.

die Glücksspielregulierung aus verschiedenen Rechtsbereichen heraus erfolgt, und das der Glücksspielregulierung zugrundeliegende föderale System diese eigentlich einfache Regulierung konterkariert. So ist der Bund für den Bereich des Glücksspielstrafrechts, das Steuerrecht und die gewerblichen Geldspielgeräte zuständig, das Glücksspielverwaltungsrecht und damit das Glücksspielrecht „im engeren Sinne" fällt aber in den Zuständigkeitsbereich eines jeden Bundeslandes.[711] Hierzu sollte der GlüStV einen einheitlichen Rechtsrahmen schaffen. Dieser wird aber u. a. dadurch behindert, dass die jeweiligen Landesregierungen teilweise grundverschiedener Auffassung darüber sind, ob das Online-Glücksspiel als normale Dienstleistung erlaubt und damit als lukrative staatliche Einnahmequelle genutzt werden sollte oder ob hier weiterhin dem Schutz des Bürgers vor Sucht, übermäßigen Ausgaben und ggf. Betrug der Vorrang eingeräumt werden sollte.[712] Dies zeigt sich auch beim Umgang mit den Schleswig-Holstein-Lizenzen. Laut *Ennuschat* würden Schleswig-Holsteiner Behörden nichts dagegen unternehmen, dass die Lizenzen illegal auch bundesweit genutzt würden.[713] Dies passe zu den unterschiedlichen Auffassungen. Schließlich ergebe sich aus § 35 Abs. 2 GlüG SH, dass für die Bemessung der Glücksspielabgabe an das Bundesland Schleswig-Holstein auch jene Erträge mit eingerechnet würden, die durch Spieler außerhalb von Schleswig-Holstein erwirtschaftet werden.[714] Hier habe der Schleswig-Holsteinische Landesgesetzgeber also die spätere rechtswidrige Nutzung seiner Erlaubnisse bereits bei Gesetzeseinführung mit einkalkuliert. Damit läge in der mangelnden Rechtsdurchsetzung ein Verstoß gegen die Verfassungspflicht zur Bundestreue.[715] Andere sehen den Grund für das Vollzugsdefizit u. a. darin, dass es insgesamt an einer Vollzugsbehörde fehle, die nicht lediglich auf dem Papier bestehe. Damit seien die Anreize für illegale Anbieter einfach zu groß, sich nicht an die gesetzlichen Vorgaben zu halten.[716] Das ursprüngliche Verbot von Online-Glücksspiel ist während der Entwicklung des GlüStV nach und nach abgebaut worden. Hier wird kritisiert, dies sei kein Ergebnis einer systematischen Herangehensweise, etwa durch Beobachtungen

---

711 So erscheint es nur symptomatisch, dass sich die Bundesregierung auf die kleine Anfrage der Fraktion die Linke zum unerlaubtem Online-Glücksspiel und Zahlungsverkehr vom 21.04.2020, Drs. 19/18823, mit Kompetenzverweisungen der Beantwortung der Fragen zum Teil entzieht.

712 Vgl. *Becker/Wuketich*, ZfWG 1/19, Sonderbeilage, S. 7, 12.

713 *Ennuschat*, ZfWG 3/4/18, S. 202, 203.

714 *Ennuschat*, ZfWG 3/4/18, S. 202, 203.

715 Vgl. *Ennuschat*, ZfWG 3/4/18, S. 202, 203.

716 *Becker/Wuketich*, ZfWG 1/19, Sonderbeilage, S. 7, 14, 20.

des Marktes oder Berücksichtigung grundsätzlicher Erwägungen, sondern vielmehr ein nicht gesteuertes Reagieren spezifisch auf einzelne Entwicklungen in der Rechtsprechung. Dadurch sei ein gänzlich uneinheitliches Regelwerk mit unkenntlichen Zusammenhängen geschaffen worden.[717]

717 *Becker/Häusler*, ZfWG 2/20, S. 102, 103.

Drittes Kapitel – Zivilrechtliche Auswirkungen der Regelungen des GlüStV auf die Beziehungen zwischen den Beteiligten

A. Anwendbarkeit deutschen Rechts beim Online-Glücksspiel

Bei der Frage, welche zivilrechtlichen Auswirkungen die Regelungen des GlüStV auf die Beziehungen zwischen den Beteiligten haben, ist zunächst zu klären, ob für die betreffenden grenzüberschreitenden Rechtsgeschäfte überhaupt deutsches Recht und damit die Regelungen des GlüStV anwendbar sind.

I. Objektive Rechtslage

Wenn dem Online-Glücksspiel kein Auslandsbezug zugrunde liegt, findet deutsches Recht Anwendung. Liegt dem Online-Glücksspiel hingegen eine Auslandsberührung zugrunde, etwa weil zwar der Spieler seinen gewöhnlichen Aufenthalt in Deutschland hat und aus Deutschland heraus am Spiel teilnimmt aber der Online-Glücksspielanbieter beispielsweise auf Malta niedergelassen ist, kollidieren verschiedene Privatrechtsordnungen miteinander; im Beispielfall könnten sich deutsches und maltesisches Recht gegenüberstehen.[718] Damit stellt sich die Frage, welches Recht in diesen Fällen zur Anwendung kommt.

---

718 Abgestellt wird auf objektive Anknüpfungspunkte für die Bestimmung des anzuwendenden Rechts, hier Abrufbarkeit der Angebote bzw. der gewöhnliche Aufenthaltsort des Spielers und der Ort der Niederlassung des Online-Glücksspielanbieters. Weitere objektive Anknüpfungspunkte könnten sein, unter welcher (Sub-)Domain und in welcher Sprache die Online-Glücksspiele angeboten werden oder um welche Währung gespielt wird, wo die Webseite gehostet wird, welche Behörde die Spiele lizensiert oder auf welchen Markt sich eine mögliche Werbeaktivität der Anbieter bezieht. All dies ist einzelfallabhängig. So betreibt etwa das maltesische Unternehmen Rhinoceros Operations Ltd. u. a. die Online-Glücksspielseite www.wunderino.de. Hierauf werden in deutscher Sprache u. a. sog. Slots (Slotmachine-Spiele) angeboten. Auch die Geschäfts- und Nutzungsbedingungen sind in deutscher Sprache und es wird zudem u. a. auf einen deutschen Suchthilfeverein verwiesen (https://www.wunderino.de/de/about/play-safe/). Darüber hinaus betreibt der Anbieter für seine Glücksspielseiten seit einigen Jahren intensiv Fernseh-Werbung im deutschen TV (etwa auch

1. Anwendbarkeit der Rom I-VO

Soweit keine weiteren vorrangigen Vorschriften bestehen, haben deutsche Gerichte gem. Art. 3 Nr. 1 b) EGBGB i. V. m. Art. 1 Abs. 1 der Verordnung (EG) Nr. 593/2008 des Europäischen Parlaments und des Rates vom 17. Juni 2008 über das auf vertragliche Schuldverhältnisse anzuwendende Recht (sog. „Rom I-VO") für Streitigkeiten im Zusammenhang mit „vertragliche(n) Schuldverhältnisse(n) in Zivil- und Handelssachen, die eine Verbindung zum Recht verschiedener Staaten aufweisen" grundsätzlich die Vorschriften der Rom I-VO anzuwenden. Damit wird für alle grenzüberschreitenden vertraglichen Schuldverhältnisse auf dem Gebiet des Zivil- und Handelsrechts das anwendbare Recht durch die Rom I-VO bestimmt.[719] Für die Fälle des Online-Glücksspiels in Deutschland ist damit zunächst zu prüfen, ob dabei von vertraglichen Schuldverhältnissen in Zivilsachen auszugehen ist. Problematisch könnte sein, dass die deutsche Glücksspielregulierung durch den GlüStV öffentlich-rechtliche Gefahrenabwehr darstellt.[720] Damit könnte es im Anwendungsbereich des GlüStV an einer Zivilsache i. S. d. Rom I-VO fehlen. Bei der Frage, ob eine zivilrechtliche oder eine öffentlich-rechtliche Streitigkeit vorliegt, kann auf die Rechtsprechung des EuGH zu Art. 1 Abs. 1 EuGVVO zurückgegriffen werden.[721] Dabei zeigt der EuGH ein weites Verständnis von Zivil- und Handelssachen; er geht nur bei Streitigkeiten, bei denen es um Befugnisse aus einem Subordinationsverhältnis geht nicht von Zivil- oder Handelssachen aus.[722] Folglich ist bei der Abgrenzung zu öffentlich-rechtlichen Streitigkeiten im Sinne des Art. 1 Abs. 1 Rom I-VO allein der materielle Inhalt der Rechtsverhältnisse relevant, nicht dagegen eine übergreifende Zuordnung der Rechtsmaterie zu einem Rechtsgebiet.[723] Dass die Vorschriften des GlüStV der öffentlich-rechtlichen Gefahrenabwehr zugeschrieben werden,

---

für die Seite www.hyperino.de u. a. mit dem Frontsänger der deutschen Musikgruppe *Scooter*, in Deutschland u. a. bekannt für den Song *Hyper, Hyper*). Dies könnte für die Anwendung deutschen Rechts sprechen.

719 *Kieninger*, in: Ferrari, IntVertragsR, 3. Aufl. 2018, VO (EG) 593/2008, Art. 1, Rn. 3; vgl. *Mansel*, in: Jauernig, VO (EG) Nr. 593/2008 I., 18. Aufl. 2021, Rn. 2.

720 Vgl. *Gebhardt/Korte*, Glücksspiel, S. 183.

721 *Leible*, in: Hüßtege/Mansel, BGB, 3. Aufl. 2019, Rom-Verordnungen – EuErbVO – HUP, Rom I-VO, Art. 1, Rn. 13 unter Verweis auf EuGH, Urt. v. 14.10.1976 – Rs 29/76; EuGH, Urt. v. 16.12.1980 – 814/79; EuGH, Urt. v. 21.04.1993 – Rs C-172/91, u. a.

722 *Mansel*, in: Jauernig, VO (EG) Nr. 593/2008 I., 18. Aufl. 2021, Rn. 9; vgl. *Leible*, in: Hüßtege/Mansel, BGB, 3. Aufl. 2019, Rom-Verordnungen – EuErbVO – HUP, Rom I-VO, Art. 1, Rn. 13.

723 Vgl. *Kieninger*, in: Ferrari, IntVertragsR, 3. Aufl. 2018, VO (EG) 593/2008, Art. 1, Rn. 3.

ist folglich für die Bestimmung der Anwendbarkeit der Rom I-VO nicht von Belang. Bei den hier relevanten Rechtsverhältnissen zwischen den Beteiligten (Spieler, Online-Glücksspielanbieter, Banken) geht es überdies – wie sich in der Folge herausstellen wird – ausschließlich um zivilrechtliche Verhältnisse; Gegenstand sind zivilrechtliche „Glücksspiel-Verträge“ zwischen den Spielern und den Online-Glücksspielanbietern bzw. zivilrechtliche Rückforderungsansprüche der Spieler gegen die Anbieter oder die am Zahlungsverkehr zum Online-Glücksspiel beteiligten Banken, welche jeweils auf die öffentlich-rechtlichen Vorschriften des § 4 GlüStV zurückzuführen sind.[724] Allenfalls bei Streitigkeiten zu den Vorschriften des § 9 GlüStV, welche die öffentlich-rechtlichen Eingriffsbefugnisse der deutschen Glücksspielaufsicht gegenüber den Online-Glücksspielanbietern und den beteiligten Banken betreffen, kann es in den gegenständlichen Fällen um „genuin hoheitliche Befugnisse“ gehen.[725] In der Folge sind die hier relevanten Ansprüche im Zusammenhang mit illegalem Online-Glücksspiel als Zivilsache im Sinne des Art. 1 Abs. 1 Rom I-VO zu qualifizieren.[726]

Mithin ergibt sich das anwendbare Schuldvertragsrecht für die hier gegenständlichen Fälle aus der Rom I-VO.[727]

a) Art. 6 Abs. 1 Rom I-VO, „Verbraucherlandprinzip“ bzw. „Marktortprinzip“

Die Rom I-VO liefert (neben „allgemeinen Kollisionsnormen“ und der Möglichkeit einer Rechtswahl) zunächst spezielle Anknüpfungspunkte durch „besondere Kollisionsnormen“.[728] Eine solche „besondere Kollisionsnorm“ ist Art. 6 Abs. 1 Rom I-VO. Ist einer der Vertragspartner Verbraucher, so unterliegt der zwischen den Parteien geschlossene Verbrauchervertrag gem. Art. 6 Abs. 1 S. 1 Rom I-VO dem Recht des Staates in dem der Verbraucher seinen gewöhnlichen Aufenthalt hat; Voraussetzung hierfür ist, dass der Unternehmer seine unternehmerische Tätigkeit in diesem Staat ausübt (Art. 6 Abs. 1 S. 1 lit. a) Rom I-VO) oder er seine unternehmerische Tätigkeit „auf irgendeiner Weise

---

724 Zur Rechtlichen Beziehung zwischen den Beteiligten, siehe Drittes Kapitel, B.; zur zivilrechtlichen Bedeutung der Regelungen des GlüStV, siehe Drittes Kapitel, C.; zu den bereicherungsrechtlichen Rückabwicklungsansprüchen, siehe Drittes Kapitel, F.

725 Vgl. *Mansel*, in: Jauernig, VO (EG) Nr. 593/2008 I., 18. Aufl. 2021, Rn. 9; zu § 9 GlüStV, siehe Zweites Kapitel, B., II., 1.

726 Vgl. *Leible*, in: Hüßtege/*Mansel*, BGB, 3. Aufl. 2019, Rom-Verordnungen – EuErbVO – HUP, Rom I-VO, Art. 1, Rn. 14.

727 Zur Universellen Anwendung der Rom I-VO, siehe Art. 2 Rom I-VO.

728 Vgl. *Mansel*, in: Jauernig, VO (EG) Nr. 593/2008 I., 18. Aufl. 2021, Rn. 31 ff.

auf diesen Staat […] ausrichtet“ (Art. 6 Abs. 1 S. 1 lit b) Rom I-VO).[729] Für eine Ausrichtung der unternehmerischen Tätigkeit auf den Aufenthaltsstaat des Verbrauchers ist erforderlich, dass aus der Tätigkeit des Unternehmers hervorgeht, dass dieser zu einem Vertragsschluss mit den Verbrauchern des betreffenden Staates bereit ist.[730] Bei einer Ausrichtung per Internet wird zwischen sog. aktiven und passiven Webseiten zu unterscheiden sein.[731] Bei aktiven Webseiten, also solchen Seiten, auf denen der Nutzer durch interaktive Elemente die direkte Möglichkeit zum Abruf der bereitgestellten Leistung erhält, wird man dies annehmen können.[732] Bei lediglich passiven Webseiten, also solchen Seiten, die im Wesentlichen statisch sind und dem Benutzer nur Informationen liefern, ohne dass dieser aktiv mit der Seite interagieren kann, ist zudem auf einen subjektiven Ausrichtungswillen des Unternehmers abzustellen.[733] In den hiesigen Fällen üben die ausländischen Online-Glücksspielanbieter ihre unternehmerische Tätigkeit erkennbar auf den deutschen Markt ausgerichtet aus. Insbesondere bieten sie ihre gewerblichen Angebote auf interaktiven Webseiten, auf denen die Spieler per Knopfdruck direkt an den Spielen teilnehmen können, in deutscher Sprache sowie regelmäßig unter deutschen. de- Domains oder -Subdomains an.[734] Darüber hinaus wird in den Fällen, in denen die Anbieter Werbespots im bundesweiten deutschen Fernsehen oder deutschsprachige Werbung auf glücksspielfremden deutschen Webseiten ausstrahlen, zudem ein auf den deutschen Markt gerichteter subjektiver Ausrichtungswille erkennbar.[735] Die Spieler wiederum haben ihren gewöhnlichen Aufenthalt regelmäßig in Deutschland und nehmen an den Spielen zur privaten Freizeitgestaltung und somit als Verbraucher teil. Ein entsprechender Vertragsschluss erfolgt sodann ausschließlich im Fernabsatz über das Internet. Die hierfür erforderlichen Rechtshandlungen nehmen die Spieler im Regelfall in Deutschland vor.[736] In diesen Fällen liegt also ein Verbrauchervertrag i. S. d. Art. 6 Rom I-VO vor, welcher sich gem. Art. 6 Abs. 1 lit. a) bzw. b) Rom I-VO zunächst nach deutschem Recht richtet.

---

729 Vgl. Normtext von Art. 6 Abs. 1 S. 1 lit b) Rom I-VO; BeckOGK/Rühl, 01.07.2019, Rom I-VO Art. 6 Rn. 1.

730 Vgl. EuGH, Urt. v. 07.12.2010 – C-585/08 und C-144/09 –, juris.

731 BeckOK BGB/*Spickhoff*, 58. Ed. 01.11.2020, VO (EG) 593/2008 Art. 6 Rn. 26.

732 BGH, Beschl. v. 17.09.2008 – III ZR 71/08, Rn. 8, 9 – NRW 2009, 298; BGH, Beschl. v. 17.09.2008 – III ZR 71/08, Rn. 8, 9 – NRW 2009, 298.

733 BeckOK BGB/*Spickhoff*, 58. Ed. 01.11.2020, VO (EG) 593/2008 Art. 6 Rn. 26.

734 Vgl. BeckOK BGB/*Spickhoff*, 58. Ed. 01.11.2020, VO (EG) 593/2008 Art. 6 Rn. 26.

735 Vgl. BeckOK BGB/*Spickhoff*, 58. Ed. 01.11.2020, VO (EG) 593/2008 Art. 6 Rn. 26.

736 Vgl. BeckOK BGB/*Spickhoff*, 58. Ed. 01.11.2020, VO (EG) 593/2008 Art. 6 Rn. 23, 25.

Damit gilt für die hier gegenständlichen „Glücksspiel-Verträge“ zunächst deutsches Recht, mithin die Normen des GlüStV, sofern der gewöhnliche Aufenthalt des spielenden Verbrauchers zum Zeitpunkt des Glücksspiels in Deutschland liegt. Ausweislich dessen amtlicher Gesetzesbegründung ist das Kernziel des GlüStV die Regulierung der Glückspielangebote zum Schutz der Spieler und der Allgemeinheit vor den Gefahren des Glücksspiels.[737] Diese Gefahren sind entsprechend § 1 GlüStV insbesondere ein Sucht-, Betrugs-, Manipulations- und Kriminalitätspotenzial, welches den jeweiligen Glücksspielen in unterschiedlichem Maße anhafte.[738] Insbesondere dem Online-Glücksspiel attestiert der deutsche Gesetzgeber eine besonders hohe Manipulationsanfälligkeit, ein herausragendes Suchtpotential und eine besondere Anfälligkeit für eine Nutzung zu Zwecken der Geldwäsche.[739] Aus diesem Grund verbietet § 4 Abs. 4 GlüStV die Veranstaltung und Vermittlung von öffentlichem Glücksspiel im Internet. Damit besteht in Deutschland eine besonders restriktive Regulierung des Online-Glücksspiels. Hiermit geht ein besonders hohes Schutzniveau für deutsche Spieler bzw. deutsche Verbraucher einher.[740]

b) Art. 3 i. V. m. Art. 6 Abs. 2, S. 1 Rom I-VO, Rechtswahl

Das „Verbraucherland-“ bzw. „Marktortprinzip“ gilt aber nur, solange die Parteien nicht etwas Abweichendes vereinbart haben. Gem. Art. 3 i. V. m. Art. 6 Abs. 2, S. 1 Rom I-VO haben die Parteien die Möglichkeit einer freien Rechtswahl.[741] Die Rechtswahlfreiheit soll u. a. der Annahme Rechnung tragen, dass die Parteien regelmäßig selbst am besten wissen, welches Recht für ihr Rechtsverhältnis das passende ist.[742] Die Parteien können also grundsätzlich die Anwendung des Rechts eines bestimmten Landes frei wählen.[743] Wählbar ist jedes nationale Recht.[744] Theoretisch wäre es nicht einmal erforderlich, dass der Sachverhalt mit

737 Vgl. Amtliche Begründung zum GlüStV 2012, LT-Drs. 16/11995, S. 17.

738 Amtliche Begründung zum GlüStV 2012, LT-Drs. 16/11995, S. 17.

739 Amtliche Begründung zum GlüStV 2012, LT-Drs. 16/11995, S. 20.

740 Die Regelungen des GlüStV sind dem öffentlichen Recht zuzuordnen und stehen aufgrund ihres öffentlich-rechtlichen Charakters (nach deutschem Recht) nicht zur Parteidisposition. Folglich sind sie zwingendes nationales Recht.

741 Staudinger/*Magnus*, 2016, Art. 3 Rom I-VO, Rn. 40 ff.

742 *Leible*, in: Hüßtege/Mansel, BGB, Rom-Verordnungen – EuErbVO – HUP, Rom I-VO Art. 6 Rn. 2, Art. 3 Rn. 4.

743 Staudinger/*Magnus*, 2016, Art. 3 Rom I-VO, Rn. 45.

744 *Leible*, in: Hüßtege/Mansel, BGB, Rom-Verordnungen – EuErbVO – HUP, Rom I-VO Art. 3 Rn. 21.

dem gewählten Recht in Verbindung steht.[745] Eine Rechtswahl hat grundsätzlich kollisionsrechtliche Wirkung und verdrängt im Regelfall das Recht, welches bei objektiver Anknüpfung eigentlich anzuwenden wäre.[746] Insofern überrascht es wenig, dass die Online-Glücksspielanbieter in ihren AGB regelmäßig darauf verweisen, die Spielverträge würden nach ausländischem Recht, meist nach den Gesetzen Maltas oder Gibraltars, geschlossen.[747]

Damit besteht also die Möglichkeit, dass sich die Parteien wirksam auf die Anwendung z. B. maltesischen Rechts geeinigt haben und somit gem. Art. 3 Rom I-VO kein deutsches Recht auf die „Glücksspiel-Verträge“ Anwendung findet.

c) Art. 6 Abs. 2, S. 2 Rom I-VO, Rechtswahlbeschränkung

Allerdings gilt die Rechtswahlfreiheit nicht unbeschränkt. Sind die Kräfteverhältnisse der Parteien nicht gleich, kann es vorkommen, dass die Rechtswahl nicht auf einer gemeinsamen Überzeugung der Parteien beruht, sondern stattdessen von der stärkeren Partei vorgegeben wird.[748] Die stärkere Partei könnte die Rechtswahl etwa dazu nutzen, staatliche Vorschriften durch ein Ausweichen auf ein anderes Recht zu umgehen.[749] Hier verliert die Parteiautonomie ihren Sinn.[750] Da mit einer per AGB vorgegebenen Wahl maltesischen oder gibraltarischen Rechts das hohe deutsche Spielerschutzniveau entfiele, liegt ein solcher

745 Vorbehaltlich Art. 3 Abs. 3, 4 Rom I-VO, Staudinger/*Magnus*, 2016, Art. 3 Rom I-VO, Rn. 42; *Leible*, in: Hüßtege/Mansel, BGB, Rom-Verordnungen – EuErbVO – HUP, Rom I-VO Art. 3 Rn. 21.

746 *Leible*, in: Hüßtege/Mansel, BGB, Rom-Verordnungen – EuErbVO – HUP, Rom I-VO Art. 3 Rn. 8, 15.

747 So z. B. Ziff. 21.1 Allgemeine Geschäftsbedingungen zur Nutzung der Angebote der Wildz Online Spielothek (Version 3.0 zuletzt aktualisiert am 05. August 2020): *„Diese Allgemeinen Geschäftsbedingungen werden von den Gesetzen Maltas bestimmt.“*; Ziff. 1 Allgemeine Geschäftsbedingungen bwin (in der Fassung vom 17.11.2020): *„Die vorliegenden Verträge unterliegen dem Recht von Malta und werden entsprechend ausgelegt. […]“*; Ziff. 10.1 Allgemeine Geschäftsbedingungen NetBet (Version 12.8 – 30.03.2021): *„Diese AGB, ihre Auslegung und Ausführung, sowie alle anderen gerichtlichen Angelegenheiten zwischen den Vertragspartnern unterliegen den Gesetzen Maltas.“*

748 *Leible*, in: Hüßtege/Mansel, BGB, Rom-Verordnungen – EuErbVO – HUP, Rom I-VO Art. 6 Rn. 2.

749 *Leible*, in: Hüßtege/Mansel, BGB, Rom-Verordnungen – EuErbVO – HUP, Rom I-VO Art. 3 Rn. 22.

750 *Leible*, in: Hüßtege/Mansel, BGB, Rom-Verordnungen – EuErbVO – HUP, Rom I-VO Art. 6 Rn. 2.

Fall nahe. Um dem entgegenzuwirken, hat der europäische Gesetzgeber Sonderanknüpfungsnormen für Verbraucherverträge vorgesehen. Neben dem bereits vorgestellten „Verbraucherlandprinzip" aus Art. 6 Abs. 1 Rom I-VO, sieht Art. 6 Abs. 2, S. 2 Rom I-VO eine Rechtswahlbeschränkung zum kollisionsrechtlichen Schwächerenschutz vor.[751] Art. 6 Abs. 2, S. 2 Rom I-VO beschränkt eine vom „Verbraucherlandprinzip" abweichende Rechtswahl dahingehend, dass zugunsten des Verbrauchers schutzgewährende Vorschriften des „Verbraucherlandes" weiterhin anwendbar bleiben müssen, sofern diese für den Verbraucher günstiger sind.[752] Wie in den Ausführungen zu Art. 6 Abs. 1 Rom I-VO dargestellt, gilt in Deutschland ein besonders hohes Spieler- bzw. Verbraucherschutzniveau, welches sich u. a. aus dem Internettotalverbot des § 4 Abs. 4 GlüStV ergibt. Dieses Verbraucherschutzniveau wählen die Online-Glücksspielanbieter in ihren AGB nun jedoch regelmäßig zugunsten ausländischen Rechts, vorzugsweise des Rechts Maltas, Gibraltars oder Curacaos, ab. Zwar ist dies gem. Art. 3 Rom I-VO grundsätzlich möglich. Allerdings kennen die Rechtsordnungen von Malta, Gibraltar oder Curacao keine restriktive Glücksspielregulierung, insbesondere kein Internettotalverbot korrespondierend zu § 4 Abs. 4 GlüStV. Das für den deutschen Markt per zwingendem Recht vorgesehene hohe Schutzniveau würde dem deutschen Verbraucher somit durch eine solche Rechtswahlklausel entzogen. Gem. Art. 6 Abs. 2, S. 2 Rom I-VO darf eine Rechtswahl aber gerade nicht dazu führen, dass dem Verbraucher jener Schutz entzogen würde, der ihm durch diejenigen Bestimmungen gewährt würde, welche ohne Rechtswahl anzuwenden wären.[753] Liegt eine (an sich vorrangige) Rechtswahl vor, wird diese über Art. 6 Abs. 2 Rom I-VO nun jedoch nicht ausgeschlossen oder pauschal für unzulässig erklärt. Vielmehr wird die Rechtswahl durch das sog. Günstigkeitsprinzip in ihrer Wirkung eingeschränkt.[754] Art. 6 Abs. 2 Rom I-VO bewirkt, dass trotz einer weiterhin bestehenden Rechtswahl in Teilen gleichwohl das Recht des Aufenthaltsstaates des Verbrauches gilt, soweit dieses Recht für den Verbraucher günstiger ist.[755] Es kommt insofern zu einem

751 Vgl. BeckOGK/*Rühl*, 01.07.2019, Rom I-VO Art. 6 Rn. 1; *Leible*, in: Hüßtege/Mansel, BGB, Rom-Verordnungen – EuErbVO – HUP, Rom I-VO Art. 3 Rn. 22.

752 *Staudinger*, in: Ferrari IntVertragsR, 3. Aufl. 2018, VO (EG) 593/2008, Art. 6, Rn. 72.

753 Vgl. BGH, Urt. v. 19.07.2012 – I ZR 40/11 = BeckRS 2013, 3084.

754 *Leible*, in: Hüßtege/Mansel, BGB, Rom-Verordnungen – EuErbVO – HUP, Rom I-VO Art. 6 Rn. 4; BeckOK BGB/*Spickhoff*, 58. Ed. 01.11.2020, VO (EG) 593/2008 Art. 6 Rn. 1, 7; BeckOGK/*Rühl*, 01.07.2019, Rom I-VO Art. 6 Rn. 1.

755 *Leible*, in: Hüßtege/Mansel, BGB, Rom-Verordnungen – EuErbVO – HUP, Rom I-VO Art. 6 Rn. 4.

„Rechtsmix“[756]. Trotz einer ggf. wirksamen Einigung auf die Anwendung von z. B. maltesischem Recht, bleibt gem. Art. 6 Abs. 2, S. 2 Rom I-VO der nach ursprünglich anwendbarem deutschem Recht gewährte Schutz für den deutschen Verbraucher als günstigere Regelung erhalten.[757] Damit bleiben insbesondere die Regelungen des GlüStV, speziell § 4 Abs. 4 GlüStV, gleichwohl bestehen und können durch eine freie Rechtswahl nicht abgewählt werden, während im Übrigen durchaus etwa maltesisches Recht zur Anwendung kommen kann. Zum ius cogens gehören des Weiteren auch solche Normen, die in gleicher Weise wie spezifische Verbraucherschutzregelungen den schwächeren Vertragsteil vor Übervorteilung schützen sollen. Als eine solche Norm wird u. a. § 134 BGB angesehen.[758] Folglich findet § 4 Abs. 4 GlüStV i. V. m. § 134 BGB auf die „Glücksspielverträge“ auch bei einer bestehenden Rechtswahlklausel Anwendung. Dies wird auch nicht durch die Ausnahmeregelungen des Art. 6 Abs. 4 Rom I-VO, insbesondere Art. 6 Abs. 4 lit. a) Rom I-VO, außer Kraft gesetzt. Gem. Art. 6 Abs. 4 lit. a) Rom I-VO finden die Regelungen des Art. 6 Abs. 1, Abs. 2 Rom I-VO auf solche Verträge über die Erbringung von Dienstleistungen keine Anwendung, bei denen dem Verbraucher die geschuldeten Dienstleistungen ausschließlich in einem anderen Staat als demjenigen, in dem der Verbraucher seinen gewöhnlichen Aufenthalt hat, erbracht werden. Für Fernabsatzverträge gilt aus Gründen des Verbraucherschutzes jedoch, dass bei diesen die Leistung dann nicht ausschließlich als im Ausland erbracht gilt, wenn sie u. a. ausschließlich über das Internet erfolgt.[759] Das ist vorliegend bei den „Online-Glücksspielverträgen“ der Fall. Die Regelungen des GlüStV bleiben somit für die „Glücksspiel-Verträge“ wirksam.[760] Dies geschieht allerdings nicht automatisch. Der Günstigkeitsvergleich zwischen dem gewählten Recht und dem ius cogens des Aufenthaltsrechts des Verbrauchers ist von Amts wegen durchzuführen.[761]

Im Ergebnis sind die Regelungen des GlüStV, insbesondere § 4 Abs. 4 GlüStV, trotz einer möglichen Rechtswahlklausel in den AGB der Online-Glücksspielanbieter gem. Art. 6 Abs. 2, S. 2 Rom I-VO weiterhin auf die „Online-Glücksspielverträge“ anzuwenden. Dies gilt allerdings nur, sofern die Spieler

756 Prütting/Wegen/Weinreich, BGB, 16. Auflage 2021, Art. 6 ROM I, Rn. 22
757 Prütting/Wegen/Weinreich, BGB, 16. Auflage 2021, Art. 6 ROM I, Rn. 22
758 BeckOK BGB/*Spickhoff*, 58. Ed. 01.11.2020, VO (EG) 593/2008 Art. 6 Rn. 32.
759 BeckOK BGB/*Spickhoff*, 58. Ed. 01.11.2020, VO (EG) 593/2008 Art. 6.
760 Vgl. BeckOK BGB/*Spickhoff*, 58. Ed. 01.11.2020, VO (EG) 593/2008 Art. 6 Rn. 31; *Leible*, in: Hüßtege/Mansel, BGB, Rom-Verordnungen – EuErbVO – HUP, Rom I-VO Art. 6 Rn. 4.
761 BeckOK BGB/*Spickhoff*, 58. Ed. 01.11.2020, VO (EG) 593/2008 Art. 6 Rn. 34.

Verbraucher sind und die Online-Glücksspielanbieter ihre Angebote (mindestens) auf den deutschen Markt ausgerichtet haben.

d) Art. 9 Abs. 2 Rom I-VO, Eingriffsnormen

Neben Art. 6 Rom I-VO existieren zudem weitere kollisionsrechtliche Spezialregelungen zum Schutze der marktschwächeren Partei.[762] So können im Einzelfall über Art. 9 Rom I-VO sog. Eingriffsnormen Berücksichtigung finden.[763] Gem. Art. 9 Abs. 1 Rom I-VO ist eine Eingriffsnorm eine (international) zwingende Vorschrift, deren Einhaltung von einem Staat als so entscheidend für die Wahrung seiner öffentlichen Interessen, insbesondere seiner politischen, sozialen oder wirtschaftlichen Organisation, angesehen wird, dass sie auch dann angewendet werden soll, wenn der betreffende Vertrag nach Art. 3 ff. Rom I-VO eigentlich einem anderen Recht unterläge. Erforderlich ist, dass die in Rede stehende nationale Norm (1) zwingenden Charakter hat, sie (2) internationalen Geltungsanspruch aufweist und (3) von entscheidender Bedeutung für den Schutz von Gemeinwohlbelangen, also öffentlichen Interessen des Erlassstaates, ist.[764] Damit die entsprechende Norm zwingenden Charakter hat, darf sie in der Rechtsordnung der sie angehört nicht zur Disposition der Vertragsparteien stehen.[765] Wie bereits ausgeführt, wird die Regulierung durch den GlüStV dem öffentlichen Recht zugeordnet.[766] Die Regelungen des GlüStV haben als ius cogens damit allgemeine Geltung und können weder durch vertragliche Regelungen geändert noch ausgesetzt werden. Mithin ist die öffentlich-rechtliche Glücksspielregulierung durch den GlüStV insgesamt zwingendes Recht. Ob die entsprechende Norm auch international zwingenden Charakter hat, ist im Zweifel durch Auslegung zu ermitteln.[767] Soll eine Norm international zwingend sein, so resultiert dies oftmals daraus, dass der Erlassstaat mit dieser Norm besondere staatliche Interessen verfolgt, welche einen besonderen Geltungsanspruch und einen höheren Verbindlichkeitsgrad für sich reklamieren,

---

762 BeckOK BGB/*Spickhoff*, 58. Ed. 01.11.2020, VO (EG) 593/2008 Art. 6 Rn. 4.

763 BeckOK BGB/*Spickhoff*, 58. Ed. 01.11.2020, VO (EG) 593/2008 Art. 6 Rn. 4.

764 BeckOGK/*Maultzsch*, Rom I-VO Art. 9 Rn. 18–26; Staudinger/*Magnus*, 2016, Art. 9 Rom I-VO, Rn. 46.

765 BeckOGK/*Maultzsch*, Rom I-VO Art. 9 Rn. 18; Staudinger/*Magnus*, 2016, Art. 9 Rom I-VO, Rn. 52.

766 Siehe erstes Kapitel, C., II; Vgl. OVG Niedersachsen, Beschl. v. 18.06.2018 – 11 LA 237/16 – Rn. 81, juris.

767 Staudinger/*Magnus*, 2016, Art. 9 Rom I-VO, Rn. 54.

sodass der Auslandsbezug und fremde staatliche Interessen dahinter zurückstehen sollen.[768] Wie bereits ausgeführt, sind ausweislich der Gesetzesbegründung zum GlüStV die Kernziele des Staatsvertrags der Schutz der Spieler und der Allgemeinheit vor den Gefahren des Glücksspiels. Dabei sollen die unterschiedlichen Glücksspiel-Arten je nach ihrem spezifischen Sucht-, Betrugs-, Manipulations- und Kriminalitätspotenzialen unterschiedlich stark reguliert werden.[769] Die hier gegenständlichen Normen sind jene des § 4 GlüStV. Mit dem Internettotalverbot aus § 4 Abs. 4 GlüStV legt der deutsche Gesetzgeber dabei ein besonderes Augenmerk auf die aus seiner Sicht besonders gefährlichen Online-Glücksspiele.[770] Aus den bereits genannten Gründen, erscheint es für den Gesetzgeber „nicht vertretbar" den Vertriebsweg Internet für Casinospiele zu öffnen.[771] Vielmehr sollen die nach deutschem Recht nicht erlaubten Online-Glücksspielangebote „mit Nachdruck bekämpft werden".[772] Der deutsche Gesetzgeber will also mit dem Internettotalverbot aus § 4 Abs. 4 GlüStV verhindern, dass Spieler in Deutschland an der „spielsuchtfördernden häuslichen Online-Spielvariante" teilnehmen.[773] Damit hat sich der deutsche Gesetzgeber im Rahmen einer überindividuellen Zielsetzung für eine besonders strikte Regulierung des Online-Glücksspiels entschieden. Regulierungsintensitäten fallen aber bereits unter den europäischen Nachbarstaaten teils drastisch unterschiedlich aus. Die strenge deutsche Online-Glücksspielregulierung würde ins Leere laufen, wenn sie nur auf nationaler Ebene zwingend wäre. Sie könnte sich zu keiner Zeit insbesondere gegenüber den besonders glücksspielfreundlichen Jurisdiktionen aus Malta, Gibraltar oder Curacao durchsetzen und würde somit ihren Zweck auf ganzer Linie verfehlen. Folglich bedarf das durch § 4 GlüStV hervorgerufene hohe deutsche Schutzniveau eines internationalen Geltungsanspruchs. Entscheidend für den Charakter einer Eingriffsnorm nach Art. 9 Rom I-VO ist sodann ihr staatspolitischer Zweck.[774] Die Norm muss für den Erlassstaat „als

768 Staudinger/*Magnus*, 2016, Art. 9 Rom I-VO, Rn. 55.

769 Erläuterungen zum GlüStV 2012, BayLT-Drs. 16/11995, S. 17; zu den Zielen des GlüStV, siehe Zweites Kapitel, B., I.

770 Vgl. Erläuterungen zum GlüStV 2008, BayLT-Drs. 15/8486, S. 11, 15; Vgl. Erläuterungen zum GlüStV 2012, BayLT-Drs. 16/11995, S. 22; BVerwG, Urt. v. 01.06.2011 – 8 C 5/10 –, BVerwGE 140, 1–22, Rn. 12.

771 Erläuterungen zum GlüStV 2012, BayLT-Drs. 16/11995, S. 20.

772 Erläuterungen zum GlüStV 2012, BayLT-Drs. 16/11995, S. 20.

773 Vgl. insgesamt Drittes Kapitel, C., III; BVerwG, Urt. v. 26.10.2017 – 8 C 14/16 –, Rn. 32, juris.

774 Staudinger/*Magnus*, 2016, Art. 9 Rom I-VO, Rn. 57.

so entscheidend für die Wahrung seines öffentlichen Interesses, insbesondere seiner politischen, sozialen oder wirtschaftlichen Organisation" angesehen werden, dass sie unabhängig von den Regelungen des Art. 3 ff. Rom I-VO auf alle in- und ausländischen Sachverhalte angewendet werden soll.[775] Hierfür ist zunächst erforderlich, dass die Norm in Abgrenzung zu Privat- oder Individualinteressen ausschließlich oder überwiegend dem öffentlichen Interesse dient.[776] Dies ist bei den Regelungen des GlüStV, insbesondere bei § 4 GlüStV, der Fall. Zwar dienen die Normen faktisch auch den individuellen Interessen der Spieler. Dieses Individualinteresse steht aber keinesfalls im Vordergrund. Wie bereits ausgeführt sind die Kernziele des Staatsvertrags die Sucht-, Betrugs-, Manipulations- und Kriminalitätsbekämpfung.[777] Das Internettotalverbot soll die Spieler konkret vor den speziellen „suchtfördernden, ruinösen und/oder betrügerischen Erscheinungsformen des Glücksspiels" im Internet schützen (Verbraucherschutz, Schutz der Allgemeinheit).[778] Insgesamt verfolgt § 4 GlüStV somit überindividuelle Ziele und ist damit überwiegend im öffentlichen Interesse. Bei den Zielen des GlüStV handelt es sich zudem um staatliche Interessen gewichtiger Art.[779] Insbesondere der Jugendschutz, der Schutz der Bevölkerung vor Sucht, finanziellem Ruin oder Betrug sowie die Prävention von (Wirtschafts-) Kriminalität sind für das öffentliche Wohl und die staatliche Organisation von entscheidender Bedeutung. Diese Ziele haben bei objektiver Betrachtung für ein Zusammenleben in einem Sozialverband beträchtliches Gewicht.[780] § 4 GlüStV, insbesondere dessen Abs. 4, ist zudem in objektiver Hinsicht dazu geeignet, das öffentliche Interesse des Erlassstaates zu schützen.[781] Hierzu hat der 8. Senat des BVerwG in seinem Urteil vom 26. Oktober 2017 (Az.: 8 C 14/16) ausgeführt:

> *Das Internetverbot sei „weiterhin geeignet, die Zwecke des Glücksspielstaatsvertrages zu erreichen, indem es den Spieler zwingt, die ihm unterfallenden Glücksspielangebote real*

---

775 Staudinger/*Magnus*, 2016, Art. 9 Rom I-VO, Rn. 57.

776 Staudinger/*Magnus*, 2016, Art. 9 Rom I-VO, Rn. 59; klarstellend soll hier angeführt werden, dass es unschädlich ist, wenn die Eingriffsnorm zugleich den Individualinteressen Einzelner dient, sofern die Norm daneben auch öffentlich-rechtliche Interessen schützt, vgl. BeckOK BGB/*Spickhoff*, 58. Ed. 01.11.2020, VO (EG) 593/2008 Art. 9 Rn. 11.

777 Erläuterungen zum GlüStV 2012, BayLT-Drs. 16/11995, S. 17.

778 LG Gießen, Urt. v. 25.02.2021 – 4 O 84/20 –, Rn. 27, juris; vgl. Erläuterungen zum GlüStV 2012, BayLT-Drs. 16/11995, S. 20.

779 Vgl. Staudinger/*Magnus*, 2016, Art. 9 Rom I-VO, Rn. 61.

780 Vgl. Staudinger/*Magnus*, 2016, Art. 9 Rom I-VO, Rn. 61.

781 Vgl. Staudinger/*Magnus*, 2016, Art. 9 Rom I-VO, Rn. 67.

> *aufzusuchen und so die spielsuchtfördernde häusliche Online-Spielvariante zu vermeiden. Das Verbot ist auch erforderlich, die damit verfolgten legitimen Zwecke zu erreichen. Gleich geeignete mildere Mittel sind nicht ersichtlich."*[782]

Folglich ist § 4 Abs. 1, Abs. 4 GlüStV eine international zwingende Eingriffsnorm i. S. d. Art. 9 Abs. 2 Rom I-VO, deren Befolgung für die Wahrung des deutschen öffentlichen Interesses von derartigem Gewicht ist, dass sie, soweit ihr Anwendungsbereich eröffnet ist, ungeachtet der Art. 3 ff. Rom I-VO anzuwenden ist. Dies deckt sich zudem mit dem Charakter des insoweit vergleichbaren deutschen Glücksspielstrafrechts.[783] So gelten auch die Verbotsvorschriften der §§ 284–286 StGB als international zwingende Eingriffsnormen.[784] Allgemeine Vorschriften wie etwa § 134 BGB gehören selbst nicht zu den international zwingenden Regeln des Privatrechts. Sie finden über Art. 9 Abs. 2 Rom I-VO keine direkte Anwendung.[785] Sie finden aber mittelbar über Art. 9 Abs. 2 Rom I-VO Anwendung, wenn die Eingriffsnorm – wie hier – selbst keine privatrechtliche Rechtsfolge enthält, sondern lediglich ein Ge- oder Verbot anordnet.[786] Dann gilt diejenige Rechtsfolge für den Vertrag, die das Eingriffsrecht der Norm, etwa durch entsprechende Rechtsprechung, beilegt.[787] Hierzu ist einhellig anerkannt, dass § 4 Abs. 4 GlüStV ein Verbotsgesetz mit Nichtigkeitsfolge i. S. d. § 134 BGB ist.[788] Eine Sonderanknüpfung über Art. 9 Abs. 2 Rom I-VO wird entsprechend des relativen Vorrangs des Art. 9 Rom I-VO in jenen Fällen relevant, in denen deutsches Recht nicht ohnehin schon über Art. 6 Rom I-VO anwendbar ist und die entsprechende Norm eine international zwingende Vorschrift ist.[789]

---

782 BVerwG, Urt. v. 26.10.2017 – 8 C 14/16 –, Rn. 32, juris.

783 Zu den §§ 284 ff. StGB, siehe Zweites Kapitel, D., I.

784 Staudinger/*Magnus*, 2016, Art. 9 Rom I-VO, Rn. 178.

785 Staudinger/*Magnus*, 2016, Art. 9 Rom I-VO, Rn. 146.

786 Staudinger/*Magnus*, 2016, Art. 9 Rom I-VO, Rn. 87.

787 Staudinger/*Magnus*, 2016, Art. 9 Rom I-VO, Rn. 87.

788 Zum Verbotsgesetzcharakter des § 4 Abs. 4 GlüStV, siehe Drittes Kapitel, C., III., 5; OLG Celle, Beschl. v. 04.05.2009 – 13 U 42/09; OLG Hamburg, Urt. v. 30.07.2009 – 3 U 53/09; OLG Schleswig, Urt. v. 31.07.2009 – 3 U 27/09; OVG Münster, Beschl. v. 29.04.2010 – 13 B 512/10; LG Hannover, Urt. v. 28.01.2009 – 21 O 105/08; LG Meiningen, Urt. v. 26.01.2021 – 2 O 616/20; LG Gießen, Urt. v. 25.02.2021 – 4 O 84/20; LG Coburg, Urt. v. 01.06.2021 – 23 O 416/20; LG Paderborn, Urt. v. 08.07.2021 – 4 O 323/20; LG Aachen, Urt. v. 13.07.2021 – 8 O 582/20; *Rock*, ZfWG 3/4/18, S. 20, 21; *Ennuschat*, in ZfWG 1/20, S. 2, 3; *Rock*, RdZ, 2/20, S. 115, 116; BeckOGK/*Vossler*, 01.06.2021, BGB, § 134, Rn. 219.

789 *Doehner*, in: Hüßtege/Mansel, BGB, Rom-Verordnungen – EuErbVO – HUP, Rom I-VO Art. 9 Rn. 8; BeckOGK/*Rühl*, 01.07.2019, Rom I-VO Art. 6 Rn. 40, 43; so wohl

Damit sind die Regelungen des GlüStV, insbesondere § 4 Abs. 4 GlüStV, im Ergebnis, trotz einer Rechtswahlklausel in den AGB der Online-Glücksspielanbieter, spätestens als zwingende inländische Bestimmungen gem. Art. 9 Abs. 2 Rom I-VO auf die „Glücksspielverträge" anzuwenden.[790]

2. *Zwischenergebnis: Anwendung deutschen Rechts und der Regelungen des GlüStV*

Zusammenfassend lässt sich festhalten, dass für die hier gegenständlichen „Glücksspiel-Verträge" zwischen ausländischen Online-Glücksspielanbietern und Spielern mit gewöhnlichem Aufenthalt in Deutschland deutsches Recht zur Anwendung kommt. Das anzuwendende Recht richtet sich nach der sog. Rom I-VO, das für grenzüberschreitende vertragliche Schuldverhältnisse geltende internationale Privatrecht der Europäischen Union. Dieses ist anwendbar, auch wenn die Regelungen des GlüStV originär dem öffentlichen Recht zuzuordnen sind. Die Inhalte der jeweiligen Rechtsverhältnisse zwischen den Beteiligten (zivilrechtliche „Glücksspiel-Verträge" bzw. Rückforderungsansprüche) sind dem Zivilrecht zuzuordnen, sodass im Ergebnis eine Zivilsache i. S. d. Art. 1 Abs. 1 Rom I-VO vorliegt. Da die Spieler im Regelfall Verbraucher mit gewöhnlichem Aufenthalt in Deutschland sind und die Online-Glücksspielanbieter ihre unternehmerische Tätigkeit auf den deutschen Markt ausgerichtet haben, kommt gem. Art. 6 Abs. 1 lit. a) bzw. b) Rom I-VO das „Verbraucherlandprinzip" bzw. das „Marktortprinzip" und damit deutsches Recht zur Anwendung. Eine regelmäßig zwischen den Beteiligten erfolgte Rechtswahl zugunsten ausländischen Rechts führt indes nicht zur Abwahl der spielerschützenden Vorschriften des GlüStV (insb. des § 4 Abs. 4 GlüStV), da den Spielern gem. Art. 6 Abs. 2 S. 2 Rom I-VO der ihnen in ihrem Heimatland zugebilligte Verbraucherschutzstandard durch eine Rechtswahl nicht entzogen werden darf. Darüber hinaus lassen sich die Regelungen des § 4 GlüStV als Eingriffsnormen mit besonderem öffentlichen Regelungsinteresse i. S. d. Art. 9 Rom I-VO subsumieren, sodass sie – sollten die Regelungen des GlüStV nicht bereits über Art. 6 Abs. 1, 2 Rom I-VO Anwendung finden – das auf das entsprechende Rechtsverhältnis anzuwendende Recht

auch MüKoBGB/*Martiny*, 8. Aufl. 2021, Rom I-VO, Art. 6, Rn. 73; a. A. Staudinger/*Magnus*, 2016, Art. 6 Rom I-VO, Rn. 30.

790 Klarstellend sei angemerkt, dass die Regelungen des GlüStV nur insoweit Eingriffsnormen i. S. d. Art. 9 Rom I-VO darstellen können, als sie auf die Schuldrechtslage einwirken können.

jedenfalls als zwingende öffentlich-rechtliche Normen mit Privatrechtswirkung regeln.

II. Regelmäßige Unwirksamkeit der AGB-Rechtswahlklauseln

Die Anwendbarkeit von zwingenden deutschen Vorschriften führt sodann oftmals dazu, dass die per AGB vereinbarten Rechtswahlklauseln der Online-Glücksspielanbieter unwirksam sind.

Zu dem über Art. 6 Abs. 2, S. 2 Rom I-VO für anwendbar erklärten zwingenden Recht gehören auch die §§ 305 ff. BGB.[791] So hat der 1. Zivilsenat des BGH in seinem Urteil vom 19.07.2012 entschieden, §§ 305 ff. BGB bleibe auch bei Vorliegen einer Rechtswahlklausel gem. Art. 6 Abs. 2, S. 2 Rom I-VO auf Verbraucherverträge, die Verbraucher mit gewöhnlichem Aufenthalt in Deutschland geschlossen hätten, anwendbar, da insbesondere § 307 BGB eine „auf die Lauterkeit des Wettbewerbs bezogene Schutzfunktion" habe, die einer Benachteiligung des Verbrauchers durch intransparente AGB entgegenwirken solle.[792] Dieser Schutz werde einem Verbraucher im Falle einer Abbedingung der §§ 305 ff. BGB durch Rechtswahlklausel entzogen. Gem. Art. 6 Abs. 2, S. 2 Rom I-VO dürfe eine Rechtswahl dem Verbraucher aber nicht den Schutz jener Bestimmungen entziehen, von denen nach dem Aufenthaltsrecht des Verbrauchers nicht durch Vereinbarung abgewichen werden dürfe.[793] Das sei bei §§ 305 ff. BGB der Fall, sodass die §§ 305 ff. BGB auch bei einer Abwahl deutschen Rechts anwendbar blieben.[794] In der Folge nimmt die Rechtsprechung bei mit deutschen Verbrauchern[795] per AGB vereinbarten Rechtswahlklauseln nach Art. 3 Abs. 3, 10 Abs. 1, 6 Abs. 2, S. 2 Rom I-VO eine Inhaltskontrolle am Maßstab des § 307

791 BeckOK BGB/*Spickhoff*, 58. Ed. 01.11.2020, VO (EG) 593/2008 Art. 6 Rn. 33; BGH, Urt. v. 25.01.2005 – XI ZR 78/04 –, Rn. 16, juris; BGH, Urt. v. 19.06.2012 – I ZR 40/11 –, Rn. 33, juris.

792 BGH, Urt. v. 19.06.2012 – I ZR 40/11 – Rn. 31, juris.

793 BGH, Urt. v. 19.07.2012 – I ZR 40/11 –, Rn. 31–33, juris; siehe auch EuGH, Urt. v. 28.07.2016 – C-191/15 –, Rn. 69, juris; BeckOGK/*Rühl*, 01.07.2019, Rom I-VO, Art. 6, Rn. 257, 258; BeckOK BGB/*Becker*, 58. Ed. 01.05.2021, BGB, § 305, Rn. 9.; BeckOK BGB/*Schmidt*, 58. Ed. 01.05.2021, BGB, § 307, Rn. 4.

794 Vgl. BGH, Urt. v. 19.06.2012 – I ZR 40/11 –, Rn. 33; siehe auch EuGH, Urt. v. 28.07.2016 – C-191/15 –, Rn. 69, juris; BeckOK BGB/*Schmidt*, 58. Ed. 01.05.2021, BGB, § 307, Rn. 4.

795 Gemeint sind Verbraucher, die ihren gewöhnlichen Aufenthalt in Deutschland haben.

Abs. 1 BGB vor.[796] Aus § 307 Abs. 1 S. 2 BGB ergibt sich bei den mit deutschen Verbrauchern[797] geschlossenen „Online-Glücksspielverträgen“ sodann, dass die Rechtswahlklauseln aufgrund ihrer Intransparenz irreführend sind und eine unangemessene Benachteiligung der Spieler darstellen.[798] Der Verstoß gegen das Transparenzgebot ergibt sich daraus, dass die Rechtswahlklauseln regelmäßig keinen Hinweis auf das über Art. 6 Abs. 2, S. 2 Rom I-VO gleichwohl geltende deutsche Recht enthalten.[799] In den AGB der Online-Glücksspielanbieter wird meist lediglich darauf verwiesen, für die Verträge gelte maltesisches Recht.[800] Hierdurch wird bei den Spielern der Eindruck erweckt, es gelte ausschließlich ausländisches (hier maltesisches) Recht, wonach die Spiele legal seien. Dieser Umstand ist geeignet, die Spieler davon abzuhalten geeignete Rechtsschutzmöglichkeiten zu ergreifen und ermöglicht es den Anbietern, begründete Forderungen der Spieler unter Verweis auf diese Klauseln abzuwehren.[801] Mithin sind die im Rahmen der „Online-Glücksspielverträge“ per AGB vereinbarten Rechtswahlklauseln gem. § 307 Abs. 1 S. 2 BGB unwirksam.[802] Sie fallen in der Folge gem. § 306 Abs. 2 BGB weg. An ihre Stelle tritt dispositives Gesetzesrecht.[803]

---

796 BGH, Urt. v. 25.01.2005 – XI ZR 78/04 –, Rn. 16, juris; BGH, Urt. v. 19.06.2012 – I ZR 40/11 –, Rn. 33, juris; LG Dortmund, Urt. v. 15.01.2016 – 3 O 610/15 –, Rn. 17, juris; LG Hamburg, Urt. v. 02.09.2014 – 327 O 187/14 – Rn. 26, juris, bestätigt durch OLG Hamburg, Urt. v. 24.04.2015 – 1 U 185/14 –, Rn. 2, juris; LG Berlin, Urt. v. 30.04.2013 – 15 O 92/12 –, Rn. 24, juris.

797 Gemeint sind Verbraucher, die ihren gewöhnlichen Aufenthalt in Deutschland haben.

798 Zur Missbräuchlichkeit intransparenter Rechtswahlklauseln, EuGH, Urt. v. 28.07.2016 – C-191/15 –, Rn. 68, juris.

799 Vgl. BeckOK BGB/*Schmidt*, 58. Ed. 01.05.2021, § 307, Rn. 46; Zur Anwendbarkeit der Regelungen des GlüStV, siehe Drittes Kapitel, A., I., 2.

800 So z. B. Ziff. 21.1 Allgemeine Geschäftsbedingungen zur Nutzung der Angebote der Wildz Online Spielothek (Version 3.0 zuletzt aktualisiert am 05. August 2020): *„Diese Allgemeinen Geschäftsbedingungen werden von den Gesetzen Maltas bestimmt.“*; Ziff. 1 Allgemeine Geschäftsbedingungen bwin (in der Fassung vom 17.11.2020): *„Die vorliegenden Verträge unterliegen dem Recht von Malta und werden entsprechend ausgelegt. […]“*; Ziff. 10.1 Allgemeine Geschäftsbedingungen NetBet (Version 12.8 – 30.03.2021): *„Diese AGB, ihre Auslegung und Ausführung, sowie alle anderen gerichtlichen Angelegenheiten zwischen den Vertragspartnern unterliegen den Gesetzen Maltas.“*

801 Vgl. BeckOK BGB/*Schmidt*, 58. Ed. 01.05.2021,§ 307, Rn. 46.

802 So auch LG Gießen, Urt. v. 25.02.2021 – 4 O 84/20 –, Rn. 18, juris.

803 BeckOK BGB/*Schmidt*, 58. Ed. 01.05.2021,§ 306, Rn. 14; BeckOGK/Rühl, 01.07.2019, Rom I-VO Art. 6 Rn. 1; Vgl. Drittes Kapitel, A., I., 2., a).

Im Ergebnis lässt sich festhalten, sofern die Anbieter in ihren AGB nicht zugleich auf Art. 6 Abs. 2, S. 2 Rom I-VO und die hierüber gleichsam geltenden deutschen Regelungen, allen voran die Geltung von § 4 Abs. 4 GlüStV, hinweisen, sind die per AGB vereinbarten Rechtswahlklauseln der Online-Glücksspielanbieter gem. Art. 3 Abs. 3, 10 Abs. 1, 6 Abs. 2, S. 2 Rom I-VO i. V. m. § 307 Abs. 1, S. 2 BGB unwirksam. In diesem Fall gilt gem. Art. 6 Abs. 1 Rom I-VO gleichwohl deutsches Recht.

III. Ergebnis

Damit gilt im Regelfall deutsches Recht für die hiesigen Rechtsverhältnisse zwischen den Beteiligten, auch wenn die jeweiligen Dienstleistungen ausschließlich grenzüberschreitend über das Internet angeboten und genutzt werden.

B. Rechtliche Beziehungen zwischen den Beteiligten

I. Beteiligte des Online-Glücksspiels – „Dreiecks-Verhältnis"

Um Spieleinsätze beim Online-Glücksspielanbieter tätigen zu können, muss der Spieler seinen Zahlungsdienstleister anweisen, eine Zahlung auf das Konto des Online-Glücksspielanbieters durchzuführen. Dies geschieht beispielsweise dadurch, dass der Spieler auf der Internetseite des Online-Glücksspielanbieters seine Kreditkartendaten hinterlegt oder indem er seinen Zahlungsdienstleister explizit zur Zahlung anweist.[804] Es entsteht ein Dreiecks-Verhältnis.[805]

II. Valuta-Verhältnis (Der „Glücksspielvertrag")

Dieses Dreiecksverhältnis besteht zum einen aus dem Valutaverhältnis zwischen Spieler und Online-Glücksspielanbieter, dem „Glücksspiel-Vertrag". Das Valutaverhältnis ist der Rechtsgrund für die Leistung zwischen Spieler und Online-Glücksspielanbieter. Wie dieser Vertrag rechtlich einzuordnen ist, ist streitig. Der „Glücksspielvertrag" ist kein im besonderen Schuldrecht aufgeführter

---

804 Detaillierte Darstellung bei *Berberich/Kudlich*, ZfWG 3/4/16, S. 179, 180; *Brugger*, Abbruch der Zahlungsströme als Mittel zur Bekämpfung unerlaubter Internetglücksspiele, S. 148 ff.

805 Zur vereinfachten Darstellung der These wird auf das dreigliedrige Grundmodell abgestellt, vgl. *Langenbucher*, Die Risikozuordnung im bargeldlosen Zahlungsverkehr, S. 224; Genauer entsteht ein „Vierecks- bzw. Fünfecks-Verhältnis", vgl. *Schur/Schur*, JA 10/17, S. 739.

Vertragstyp.[806] Gleichwohl ist er ein gegenseitiger Vertrag zwischen Spieler und Glücksspiel-Anbieter.[807] Zwar finden sich in §§ 762 f. BGB u. a. Regelungen zu den Vertragstypen Spiel und Wette (§ 762 BGB), daraus resultiert aber kein gesetzlich anerkannter „Glücksspielvertrag".[808] Vielmehr soll § 762 BGB allein dazu dienen, dass eine Leistung, die aufgrund eines Spiels oder einer Wette erbracht wurde, nicht mit der Begründung zurückgefordert werden kann, ein Anspruch auf diese Leistung habe nie bestanden bzw. eine Leistung sei rechtsgrundlos erfolgt.[809] Das Gesetz erklärt Spiel- und Wettverträge damit für nicht sittenwidrig, sieht sie aber in ihrer Wirksamkeit „vermindert".[810] Sinn und Zweck der Norm ist es allein, dass Spiel- und Wettverträge als vom Recht anerkannte Erwerbsgründe gewertet werden, die zum Behalten der Leistung berechtigen. Ein Erfüllungsanspruch aus dem jeweiligen Spielvertrag soll den Beteiligten jedoch weiterhin versagt bleiben.[811] §§ 762 f. BGB werden als „bewusst fragmentarische Regelungen" verstanden.[812] Der Gesetzgeber verweigert dem „Glücksspielvertrag" in § 762 BGB bewusst die vollständige Anerkennung, da er nur bei staatlich genehmigtem Glücksspiel bestätigen kann, dass ein geordneter und manipulations- bzw. betrugsfreier Spielablauf vorliegt.[813] Aus diesem Grund wird aus § 793 BGB für alle „Glücksspielverträge" geschlussfolgert, dass diese nur dann verbindlich sind, wenn eine staatliche Genehmigung bzw. Erlaubnis hierfür vorliegt.[814] Die gem. §§ 762 f. BGB unvollkommenen Verbindlichkeiten werden jedoch nur begründet bzw. § 762 BGB und damit eine Nichtanwendung von §§ 812 ff. BGB greifen jedoch nur dann ein, soweit auch ein wirksamer Spielvertrag vorliegt. Das ist dann nicht der Fall, wenn der Spielvertrag gegen

806 *Rock*, ZfWG 3/4/18, S. 20, 24.

807 *Peters*, in: Gebhardt/Korte, Glücksspiel, 2. Aufl., S. 292; vgl. Staudinger/*Engel*, BGB, § 762, Rn. 3.

808 BeckOGK/*Haertlein*, 01.03.2021, BGB, § 762, Rn. 1; zu §§ 762 f. BGB, siehe Zweites Kapitel, D., I.

809 BeckOGK/*Haertlein*, 01.03.2021, BGB, § 762, Rn. 1; zu §§ 762 f. BGB, siehe Zweites Kapitel, D., I.

810 BeckOK BGB/*Janoschek*, 57. Ed. 01.02.2021, BGB, § 762 Rn. 1; zu §§ 762 f. BGB, siehe Zweites Kapitel, D., I.

811 BeckOK BGB/*Janoschek*, 57. Ed. 01.02.2021, BGB, § 762 Rn. 6.

812 BeckOGK/*Haertlein*, 01.03.2021, BGB, § 762, Rn. 69, Staudinger/*Engel*, (2015), BGB, Vor §§ 762–764, Rn. 1.

813 *Gebhardt*, in: Gebhardt/Korte, Glücksspiel, 2. Aufl., S. 288.

814 BGH, Urt. v. 29.09.1998 – XI ZR 334/97 –, Rn. 16, juris = NJW 1/1999, 54

ein gesetzliches Verbot oder die guten Sitten verstößt.[815] Spielverträge sind gem. § 134 BGB dann nichtig, wenn sie gegen ein gerade diese Betätigung betreffendes Verbot verstoßen.[816] Zu denken wäre hierbei an §§ 263, 284 ff. StGB oder auch an § 4 Abs. 1, Abs. 4 GlüStV.[817]

III. Deckungs-Verhältnis (Zahlungsdienstevertrag)

Zum anderen besteht das Dreiecks-Verhältnis aus dem Deckungsverhältnis zwischen dem Spieler und seinem Zahlungsdienstleister, einem entgeltlichen Geschäftsbesorgungsvertrag (Zahlungsdienstevertrag) i. S. d. §§ 675, 675f BGB.[818] Dabei handelt es sich um einen – vom Glücksspiel unabhängigen – Geschäftsbesorgungsvertrag, der die Erbringung von Zahlungsdiensten zum Gegenstand hat, §§ 675c ff. BGB.[819] Durch diesen Zahlungsdienste(rahmen)vertrag verpflichtet sich der Zahlungsdienstleister regelmäßig, für seinen Kunden ein Girokonto zu führen und Zahlungsvorgänge auszuführen. Sofern der Zahlungsdienstleister dieser Verpflichtung ordnungsgemäß nachkommt, steht ihm grundsätzlich ein Aufwendungsersatzanspruch gemäß §§ 675c Abs. 1, 670 (analog) BGB gegen seinen Kunden zu. Beim Zahlungsdiensterahmenvertrag gem. § 675f Abs. 2 BGB verpflichtet sich der Zahlungsdienstleister gem. S. 1 dazu, für den Zahlungsdienstnutzer einzelne aufeinanderfolgende Zahlungsvorgänge auszuführen. Der Zahlungsdienstleister muss den Zahlungsvorgang ausführen, sobald der Zahlungsdienstnutzer ihm einen Auftrag nach § 675f Abs. 4 S. 2 BGB erteilt hat.[820] Gem. § 675j Abs. 1 BGB ist eine Autorisierung erforderlich, damit der Zahlungsdienstleister im Anschluss an die Zahlung gegenüber dem Zahlungsdienstnutzer einen Aufwendungsersatzanspruch beanspruchen darf.[821] Gem. § 675j Abs. 1 S. 4 BGB kann die Autorisierung auch durch die Verwendung vereinbarter Zahlungsinstrumente erfolgen. So wird bei der Zahlung per Kreditkarte die Autorisierung mit dem Zahlungsauftrag verbunden. Beide Erklärungen werden mit Unterzeichnung des Kartenbelegs abgegeben und sodann durch den Vertragspartner des Zahlungsdienstes als Boten an den Zahlungsdienst

---

815 Staudinger/*Engel*, (2015), BGB, § 762, Rn. 44, BeckOGK/*Vossler*, 01.03.2021, BGB, § 134, Rn. 219.

816 BeckOK BGB/*Janoschek*, 57. Ed. 01.02.2021, BGB, § 762 Rn. 8.

817 BeckOGK/*Vossler*, 01.03.2021, BGB, § 134, Rn. 219.

818 *Krimphove*, Fintechs: Rechtliche Grundlagen moderner Finanztechnologien, S. 56.

819 *Schur/Schur*, JA 10/17, S. 739, 740.

820 MüKoBGB/*Casper*, 8. Aufl. 2020, BGB § 675f Rn. 28.

821 MüKoBGB/*Casper*, 8. Aufl. 2020, BGB § 675f Rn. 29.

übermittelt.[822] Fraglich ist, welche Auswirkungen ein Verstoß gegen § 4 Abs. 1 S. 2, 2 Hs. GlüStV für die Rechtsverhältnisse im Deckungsverhältnis hat.

IV. Vollzugsverhältnis (beim Kreditkartenvertrag)

Wird zur Zahlungsabwicklung eine Kreditkarte verwendet, so kommt, neben dem Valuta- und dem Deckungsverhältnis, zudem ein Vollzugs- bzw. Inkassoverhältnis zwischen dem Zahlungsdienstleister des Spielers und dem Online-Glücksspielanbieter zustande.[823] Dessen Inhalt wurde allerdings bereits im Akquisitionsvertrag vereinbart und sodann über Lizenzverträge entlang der Beteiligten weitergegeben.[824] Gegenstand des Vollzugsverhältnisses ist das abstrakte Zahlungsversprechen des Zahlungsdienstleisters des Spielers gem. § 780 BGB, auf die Forderung des Online-Glücksspielanbieters gegen den Spieler aus dem Valutaverhältnis Zahlung zu leisten.[825] In der hiesigen Darstellung ist die Grundstruktur des bargeldlosen Zahlungsverkehrs zum Zwecke der Veranschaulichung reduziert dargestellt. Das Kreditkartengeschäft besteht regelmäßig aus einem Mehrpersonenverhältnis, an dem der Karteninhaber (Spieler), der Zahlungsdienstleister des Karteninhabers bzw. der Kartenemittent oder Issuer (Bank des Spielers), ein Kreditkartenunternehmen (z. B. VISA, American Express), ein Acquirer (oftmals Zahlungsdienstleister des Vertragspartners) und

822 BeckOGK/*Köndgen*, 01.03.2020, BGB § 675j, Rn. 87.

823 Vereinfachte Darstellung zum Zwecke der Veranschaulichung der These. Nur in Ausnahmefällen sind Zahlungsdienstleister und Acquirer identisch, sodass der Zahlungsdienstleister gleichzeitig auch Vertragspartner im Akquisitionsvertrag und Vollzugsverhältnis wird. So z. B. im Falle von American Express. Im Regelfall (Visa, MasterCard) schließt der Online-Glücksspielanbieter eine Teilnahmevereinbarung mit dem Acquirer, der nicht mit dem Zahlungsdienstleister bzw. Kartenherausgeber identisch ist, sodass die vertraglichen Ansprüche entlang einer Kette von Lizenzverträgen vom Acquirer über das Kreditkartenunternehmen an den Issuer (Kartenherausgebende Bank des Spielers) wandern. Dabei entsteht das Inkassoverhältnis erst dann, wenn der Karteninhaber seine Kreditkarte beim Vertragsunternehmen verwendet, *Schwintowski*, Bankrecht, 5. Auflage 2018, C. Die Vertragsverhältnisse, Rn. 53, Vgl. inkl. grafischer Darstellung der Vertragsverhältnisse, *Schur/Schur*, JA 10/17, S. 739, 740, 741.

824 Vgl. *Schur/Schur*, JA 10/17, S. 739, 741.

825 *Schwintowski*, Bankrecht, 5. Auflage 2018, C. Die Vertragsverhältnisse, Rn. 53; vgl. BGH, Urt. v. 16.04.2002 – XI ZR 375/00, BGHZ 150, 286 = NJW 2002, 2234.

der Vertragspartner (Online-Glücksspielanbieter) beteiligt sind.[826] Das Kreditkartenunternehmen ist der Betreiber des Kreditkarten-Bezahlsystems. Für dieses Kartenbezahlsystem gewinnen die Acquirer Vertragsunternehmen, indem sie mit diesen Akquisitionsverträge abschließen.[827] Hierin wird vereinbart, dass das Vertragsunternehmen die Kreditkarte als bargeldloses Zahlungsmittel akzeptiert, dass die Zahlungen unbar erfolgen und dass hierfür ein Disagio vom Vertragspartner für die Zahlungsabwicklung durch das Kartensystem zu zahlen ist. Zudem werden dem Vertragsunternehmen gewisse Pflichten übertragen, wie das Überprüfen der Unterschriften auf Kreditkarte und Belastungsbeleg.[828] Im Gegenzug stellt der Acquirer das Abrechnungssystem bereit und gibt innerhalb der Rahmenvereinbarung (erfüllungshalber[829]) ein abstraktes Schuldversprechen nach § 780 BGB ab, wonach er jede Forderung, für die das Vertragsunternehmen im Rahmen der Zahlungsabwicklung in Vorleistung gegangen ist, auszugleichen hat.[830] Kartenemittent und Acquier sind beide Lizenznehmer des Kreditkartenunternehmens.[831] Sie sind über die Lizenzvereinbarungen miteinander verbunden. Zwischen ihnen besteht ein sog. Clearingverhältnis.[832] Innerhalb des Clearingverhältnisses werden jene Zahlungen ausgeglichen, welche der Karteninhaber ausgelöst hat und auf die der Acquirer im Rahmen des Akquisitionsvertrags mit dem Vertragsunternehmen gezahlt hat.[833] Die eigentliche Abwicklung der Zahlungsströme zugunsten des Vertragsunternehmens erfolgt also durch den Zahlungsdienstleister des Vertragsunternehmens.[834] Die kartenemittierende Bank ist durch Lizenzvereinbarungen dazu verpflichtet, die Zahlungen des Acquirers an das Vertragsunternehmen auszugleichen.[835] In der Praxis geschieht dies, indem der Zahlungsdienstleister des Vertragsunternehmens nach Kartenverwendung den Zahlungsbetrag im Lastschriftverfahren vom Konto des Karteninhabers einzieht (sog. Pull-Zahlung).[836] In der hiesigen Darstellung wird

826 Vgl. grafische Darstellung der vertraglichen Beziehungen des Kreditkartengeschäfts im Vier-Personen-Verhältnis, *Schur/Schur*, JA 10/17, S. 739, 740; BeckOK BGB/ *Schmalenbach*, 58. Ed. 01.05.2021, BGB, § 675f, Rn. 89.
827 *Schwintowski*, Bankrecht, 5. Auflage 2018, C. Die Vertragsverhältnisse, Rn. 33.
828 *Schwintowski*, Bankrecht, 5. Auflage 2018, C. Die Vertragsverhältnisse, Rn. 33.
829 *Schwintowski*, Bankrecht, 5. Auflage 2018, C. Die Vertragsverhältnisse, Rn. 37, 39.
830 *Schur/Schur*, JA 10/17, S. 739, 740, 741.
831 *Schur/Schur*, JA 10/17, S. 739, 741.
832 *Schur/Schur*, JA 10/17, S. 739, 741.
833 *Schur/Schur*, JA 10/17, S. 739, 741.
834 *Schwintowski*, Bankrecht, 5. Auflage 2018, C. Die Vertragsverhältnisse, Rn. 34.
835 *Schur/Schur*, JA 10/17, S. 739, 742.
836 *Schwintowski*, Bankrecht, 5. Auflage 2018, C. Die Vertragsverhältnisse, Rn. 34.

Verhältnis der Beteiligten im Rahmen des Vollzugs- oder Inkassoverhältnisses verkürzt auf das Verhältnis zwischen Zahlungsdienstleister des Karteninhabers und dem Vertragsunternehmen dargestellt. Es wird davon ausgegangen, dass die Zahlungspflicht des Acquirers über die Lizenzvereinbarungen an den Zahlungsdienstleister des Karteninhabers weitergeleitet wird, sodass dieser – bei verkürzter Darstellung – das abstrakte Schuldversprechen gem. § 780 BGB gegenüber dem Vertragspartner trägt.[837] Es wird zudem davon ausgegangen, dass das Inkassoverhältnis zwischen Zahlungsdienstleister des Spielers und Online-Glücksspielanbieter in dem Moment entsteht, in dem der Spieler die Kreditkarte beim Online-Glücksspielanbieter verwendet.[838] Nach Abwicklung des Zahlungsvorgangs steht der Bank des Spielers für erbrachte Zahlungen an das Vertragsunternehmen ein Aufwendungsersatzanspruch gegen den Kreditkartennutzer gem. §§ 675c, 670 BGB zu, wenn sie diese Aufwendungen nach allgemein verständigem Ermessen für erforderlich halten durfte.[839] Auch für diese Rechtsverhältnisse ist fraglich, welche Folgen ein Verstoß der Beteiligten gegen die Verbote des GlüStV hat.

C. Zivilrechtliche Bedeutung der Regelungen des GlüStV

Um nun zu prüfen, welche Auswirkungen ein Verstoß gegen die Regelungen des GlüStV auf die zuvor genannten rechtlichen Beziehungen zwischen den Beteiligten hat, gilt es zunächst insbesondere die Regelungen des § 4 GlüStV im Lichte von § 134 BGB zu betrachten.

Grundsätzlich ermöglicht die Privatautonomie eine freie Gestaltung von Rechtsverhältnissen. Diese freie Gestaltung darf jedoch der gesetzlichen Werteordnung nicht widersprechen. Daher stellt § 134 BGB klar, dass die Rechtsordnung einem Rechtsgeschäft unabhängig vom Willen der Beteiligten die grundsätzliche Wirksamkeit versagt, wenn das Rechtsgeschäft gegen ein gesetzliches Verbot verstößt und sich aus dem Sinn und Zweck dieses Verbotsgesetzes nicht etwas anderes ergibt.[840] Als Verbotsgesetze kommen alle Rechtsnormen i. S. v. Art. 2 EGBGB in Betracht. Nicht nur Gesetze im formellen Sinn, sondern

---

837 Vgl. *Schwintowski*, Bankrecht, 5. Auflage 2018, C. Die Vertragsverhältnisse, Rn. 53, vgl. auch MüKoBGB/*Gottwald*, 8. Aufl. 2019, BGB § 329 Rn. 16

838 *Schwintowski*, Bankrecht, 5. Auflage 2018, C. Die Vertragsverhältnisse, Rn. 53; zum Ablauf der Zahlung, *Tonner/Krüger*, Bankrecht, 3. Aufl., S. 189.

839 *Tonner/Krüger*, Bankrecht, 3. Aufl., S. 189; *Mansel*, in: Jauernig, BGB, 17. Aufl. 2018, § 670 Rn. 2.

840 BeckOK BGB/*Wendtland*, 53. Edition 2020, BGB § 134 Rn. 1, 2.

auch Rechtsverordnungen und autonome Satzungen werden als Verbotsgesetze erfasst.[841] Erforderlich ist, dass das Verbotsgesetz die Vornahme eines grundsätzlich rechtlich möglichen Rechtsgeschäfts aufgrund seines Inhalts, des mit ihm bezweckten Erfolgs oder der besonderen Umstände seiner Vornahme untersagt.[842] Das dem betreffenden Gesetz enthaltene Verbot muss nicht tatsächlich ausdrücklich ausgesprochen werden. Es genügt, wenn sich das Verbot aus dem Sinn und Zweck des Gesetzes ergibt. Dies ist im Zweifel durch Auslegung zu bestimmen.[843] Ebenfalls erforderlich ist, dass ein Verstoß gegen das Verbotsgesetz nach dem Sinn und Zweck der Norm auch die Nichtigkeit des verbotswidrig vorgenommenen Rechtsgeschäfts nach sich ziehen soll. Auch dies ist im Zweifel durch Auslegung zu bestimmen.[844] Sobald ein Verbotsgesetz i. S. d. § 134 BGB vorliegt, reicht es aus, dass durch die Vornahme des Geschäfts der Tatbestand lediglich in objektiver Hinsicht erfüllt ist. Insbesondere auf eine Kenntnis der Verbotswidrigkeit bzw. ein schuldhaftes Handeln kommt es nicht an.[845]

In der Folge ist zu prüfen, ob die Regelungen in § 4 Abs. 1 S. 1 GlüStV, § 4 Abs. 1 S. 2, 2 Hs. GlüStV und § 4 Abs. 4 GlüStV Verbotsgesetze i. S. d. § 134 BGB darstellen.

I. § 4 Abs. 1 S. 1, S. 2, 1 Hs. GlüStV als Verbotsgesetz

Ob § 4 Abs. 1 S. 1, S. 2, 1 Hs. GlüStV, also das Veranstalten und Vermitteln von öffentlichem, nicht internetbezogenem Glücksspiel, ein Verbotsgesetz i. S. d. § 134 BGB ist, ist durch Auslegung der Norm zu ermitteln.[846] Diese Auslegung verhält sich wie folgt:

1. Wortlaut

Zunächst lässt sich auf den Wortlaut der Norm abstellen. Dieser bestimmt, dass öffentliche Glücksspiele nur mit Erlaubnis der zuständigen Behörde veranstaltet oder vermittelt werden dürfen. Ein Veranstalten oder Vermitteln öffentlicher

---

841 BeckOK BGB/*Wendtland*, 53. Edition 2020, BGB § 134 Rn. 5.

842 Vgl. Staudinger/*Sack/Seibl*, 2017, BGB, § 134, Rn. 1–9; BeckOK BGB/*Wendtland*, 53. Edition 2020, BGB § 134 Rn. 9.

843 BeckOK BGB/*Wendtland*, 53. Edition 2020, BGB § 134 Rn. 9.

844 BeckOK BGB/*Wendtland*, 53. Edition 2020, BGB § 134 Rn. 9, 10.

845 BeckOK BGB/*Wendtland*, 53. Edition 2020, BGB § 134 Rn. 18, davon ausgenommen sein können strafrechtliche Verbotsgesetze.

846 Vgl. BeckOK BGB/*Wendtland*, 53. Edition 2020, BGB § 134 Rn. 9.

Glücksspiele ohne staatliche Erlaubnis ist *verboten*. Es wird also ausdrücklich von einem Verbot gesprochen.

Mithin gibt der Wortlaut von § 4 Abs. 1 S. 1, S. 2, 1 Hs. GlüStV eine Auslegung der Norm als Verbotsgesetz her.

2. *Systematik*

Sodann ist zu prüfen, was eine Auslegung anhand der Systematik der Norm ergibt.

a) *Äußere Systematik*

§ 4 Abs. 1 GlüStV ist im *Ersten Abschnitt – Allgemeine Vorschriften* des GlüStV verortet. Dieser Abschnitt sieht u. a. die Ziele des Staatsvertrages (§ 1 GlüStV), den Anwendungsbereich des GlüStV (§ 2 GlüStV), die Möglichkeiten und Vorgaben für legales Glücksspiel (§§ 4–4e GlüStV) sowie Spielerschutzvorschriften (§§ 5–8 GlüStV) vor. Eine Verklammerung des § 4 Abs. 1 S. 1, S. 2, 1 Hs. GlüStV u. a. mit den Zielen des Jugendschutzes (§ 1 S. 1 Nr. 3 Alt. 1 GlüStV) und der Betrugs- bzw. Kriminalitätsprävention (§ 1 S. 1 Nr. 4 GlüStV) könnte dafürsprechen, dass Rechtsgeschäfte auf Grundlage von unerlaubtem Glücksspiel wegen ihres Inhalts, des mit ihnen bezweckten Erfolgs oder den besonderen Umständen ihrer Vornahme untersagt werden sollen.[847] § 4 GlüStV selbst trägt die amtliche Überschrift *Allgemeine Bestimmungen*. Daraus lässt sich zunächst schließen, dass die Regelungen des § 4 GlüStV von grundlegender Bedeutung für die Glücksspielregulierung durch den GlüStV sind. So sehen es auch *Bolay* und *Pfütze* sowie *Postel*.[848] Im Dunstkreis von § 4 Abs. 1 GlüStV befinden sich in § 3 GlüStV Definitionen zu den jeweiligen Normenbestandteilen sowie in §§ 4 Abs. 2 bis 6 ff. GlüStV Bestimmungen dazu, in welchen Fällen eine Erlaubnis möglich ist (§ 4 Abs. 2, 5 GlüStV) bzw. in welchen Fällen eine Erlaubnis nicht möglich ist (§ 4 Abs. 4 GlüStV), welchen Vorgaben eine Erlaubnis folgen muss (§ 4 Abs. 3) und wie das Konzessionsverfahren zu Sportwetten ausgestaltet ist (§ 4a ff. GlüStV).[849] § 4 Abs. 1 GlüStV enthält ein Verbot mit Erlaubnis- oder

847 Vgl. Staudinger/*Sack/Seibl*, 2017, BGB, § 134, Rn. 1–9; BeckOK BGB/*Wendtland*, 53. Edition 2020, BGB § 134 Rn. 9.

848 Diese sprechen von einer „zentralen Bedeutung“ des § 4 GlüStV für die Glücksspielregulierung, *Bolay/Pfütze*, in Streinz/Liesching/Hambach, Glücks- und Gewinnspielrecht in den Medien, § 4, Rn. 10,11; *Postel*, in: Dietlein/Hecker/Ruttig, Glücksspielrecht, 2. Aufl. 2013, § 4 GlüStV, Rn. 8, 9.

849 Vgl. *Bolay/Pfütze*, in Streinz/Liesching/Hambach, Glücks- und Gewinnspielrecht in den Medien, § 4, Rn. 4.

Befreiungsvorbehalt.[850] Die Norm lässt sich in den Teil „allgemeiner Erlaubnisvorbehalt“ (Abs. 1 S. 1) und den Teil „allgemeine Verbote“ (Abs. 1 S. 2) aufteilen.[851] Gem. § 4 Abs. 2 S. 3 GlüStV besteht kein Rechtsanspruch auf Erteilung einer Erlaubnis.[852] Laut *Bolay* und *Pfütze* werde dadurch klargestellt, dass der Gesetzgeber Glücksspiel grundsätzlich als nicht sozialadäquat betrachte und dass das vom Gesetzgeber als grundsätzlich verboten eingestufte Verhalten nur im Ausnahmefall erlaubt werden könne.[853] Bestärkt wird dies durch den Vergleich mit § 4 Abs. 4 GlüStV. Dieser geht noch einen Schritt weiter als die Regelung in § 4 Abs. 1 GlüStV und ordnet für das Veranstalten und Vermitteln von öffentlichem Glücksspiel im Internet ein „Totalverbot“ an. Begründet wird dies damit, dass Glücksspiel im Internet nochmal gefährlicher als terrestrisches Glücksspiel bzw. besonders gefährlich sei.[854] Damit spricht der Regelungszusammenhang von § 4 Abs. 1 S. 1, S. 2, 1 Hs. GlüStV zunächst dafür, dass Rechtsgeschäfte auf Grundlage von unerlaubtem Glücksspiel der gesetzlichen Werteordnung widersprechen.

Folglich spricht die äußere Systematik dafür, dass § 4 Abs. 1 S. 1, S. 2, 1 Hs. GlüStV ein Verbotsgesetz i. S. d. § 134 BGB ist.

b) Innere Systematik

aa. §§ 284 ff. StGB

Laut *Postel* diene § 4 Abs. 1 S. 2 GlüStV innerhalb des § 4 GlüStV der Abgrenzung der jeweiligen Tatbestandsmerkmale.[855] § 4 Abs. 1 S. 2, 1 Hs. GlüStV stelle klar, dass nur das Veranstalten und das Vermitteln von öffentlichem Glücksspiel der Erlaubnispflicht nach § 4 Abs. 1 S. 1 GlüStV unterliegen würde. Anders als beim glücksspielstrafrechtlichen Pendant aus §§ 284 ff. StGB würde von einer

850 *Bolay/Pfütze*, in Streinz/Liesching/Hambach, Glücks- und Gewinnspielrecht in den Medien, § 4, Rn. 6; vgl. *Postel*, in: Dietlein/Hecker/Ruttig, Glücksspielrecht, 2. Aufl. 2013, § 4 GlüStV, Rn. 22.

851 Vgl. *Bolay/Pfütze*, in Streinz/Liesching/Hambach, Glücks- und Gewinnspielrecht in den Medien, § 4, Rn. 4 ff.

852 *Bolay/Pfütze*, in Streinz/Liesching/Hambach, Glücks- und Gewinnspielrecht in den Medien, § 4, Rn. 6.

853 *Bolay/Pfütze*, in Streinz/Liesching/Hambach, Glücks- und Gewinnspielrecht in den Medien, § 4, Rn. 4.

854 Vgl. Amtliche Begründung zu § 4 Abs. 4 GlüStV 2008, LT-Drs. 15/8486, S. 14 f.; EuGH, Urt. v. 30.06.2011 – C-212/08 –, Rn. 80, juris.

855 Vgl. *Postel*, in: Dietlein/Hecker/Ruttig, Glücksspielrecht, 2. Aufl. 2013, § 4 GlüStV, Rn. 31, 32.

Erlaubnispflicht nach § 4 Abs. 1 GlüStV etwa die Durchführung des unerlaubten Online-Glücksspiels oder andere der Vermittlung oder Veranstaltung untergeordnete Dienstleistungen nicht erfasst.[856] Neben dem GlüStV sieht die deutsche Glücksspielregulierung in den §§ 284 ff. StGB auch eine strafrechtliche Sanktion vor.[857] In Rechtsprechung und Literatur ist anerkannt, dass die §§ 284 ff. StGB Verbotsgesetze i. S. d. § 134 BGB sind.[858] Sie dienen im Sinne der Definition eines Verbotsgesetzes der Inhaltskontrolle.[859] Aus der amtlichen Begründung zu § 4 Abs. 1 GlüStV 2008 geht hervor, dass mit dem „umfassenden Verbot“ aus § 4 Abs. 1 GlüStV „im Wesentlichen klarstellend übernommen“ werden sollte, was sich bereits aus §§ 284, 287 StGB ergibt.[860] Daraus könnte sich der Rückschluss ergeben, dass auch in § 4 Abs. 1 S. 1, S. 2 1 Hs. GlüStV ein solches Verbotsgesetz i. S. d. § 134 BGB gesehen werden kann. § 4 Abs. 1 S. 1 GlüStV und § 284 Abs. 1 StGB ähneln sich in ihrem Regelungsgehalt. Zunächst ist in Rechtsprechung und Literatur anerkannt, dass sich § 4 GlüStV und die §§ 284 ff. StGB gleichermaßen auf dieselbe behördliche Erlaubnis beziehen.[861] Der Tatbestand von §§ 284 ff. StGB kann nur dann erfüllt sein, wenn keine öffentlich-rechtliche Erlaubnis nach dem GlüStV vorliegt.[862] Die §§ 284 ff. StGB sind damit verwaltungs-[863]

856 Vgl. *Postel*, in: Dietlein/Hecker/Ruttig, Glücksspielrecht, 2. Aufl. 2013, § 4 GlüStV, Rn. 31.

857 Siehe Zweites Kapitel, D., I.

858 Vgl. BGH, Urt. v. 03.04.2008 – III ZR 190/07 –, Rn. 17, juris, OLG Celle, Urt. v. 29.04.1987 – 9 U 84/86; OLG Nürnberg, Urt. v. 19.01.1978 – 8 U 110/77 –, juris; *Arnold* in: Erman, BGB, 16. Aufl. 2020, § 134 BGB, Rn. 68; *Postel*, in: Dietlein/Hecker/Ruttig, Glücksspielrecht, 2. Aufl. 2013, § 4 GlüStV, Rn. 16; BeckOK BGB/*Wendtland*, 53. Edition 2020, BGB § 134 Rn. 28; *Peters*, in: Gebhardt/Korte, Glücksspiel, 2. Aufl., S. 294; *Fuchs*, Das neue glücksspielrecht unter besonderer Berücksichtigung von Online-Glücksspielen, 1. Aufl., S. 36; *Rock*, ZfWG 3/4/18, Sonderbeilage 3, S. 20, 21.

859 Vgl. Staudinger/*Sack/Seibl*, 2017, BGB, § 134, Rn. 1.

860 Erläuterungen zum Staatsvertrag zum Glücksspielwesen in Deutschland, Stand 06.12.2006, S. 12, 13.

861 Vgl. OVG Münster, Urt. v. 08.12.2011 – 4 A 250/08 –, Rn. 44, juris, VGH Mannheim, Urt. v. 23.05.2012 – 6 S 389/11 –, Rn. 29, juris; *Postel*, in: Dietlein/Hecker/Ruttig, Glücksspielrecht, 2. Aufl. 2013, § 4 GlüStV, Rn. 15; *Bolay/Pfütze*, in Streinz/Liesching/Hambach, Glücks- und Gewinnspielrecht in den Medien, § 4, Rn. 15.

862 *„Zudem ist die Strafbestimmung des § 284 Abs. 1 StGB verwaltungsakzessorisch ausgestaltet. Die dort genannten Tathandlungen stehen nur bei Glücksspielen unter Strafe, bei denen keine behördliche Erlaubnis nach dem Glücksspielstaatsvertrag erteilt worden ist.“*, VGH Mannheim, Urt. v. 23.05.2012 – 6 S 389/11 –, Rn. 29, juris.

863 *Bolay/Pfütze*, in Streinz/Liesching/Hambach, Glücks- und Gewinnspielrecht in den Medien, § 4, Rn. 15.

bzw. verwaltungsaktakzessorisch[864]. Darüber hinaus sind die Tatbestände von § 4 Abs. 1 GlüStV und § 284 Abs. 1 StGB inhaltlich weitgehend deckungsgleich. Beide Vorschriften missbilligen mindestens das Veranstalten von öffentlichem Glücksspiel ohne behördliche Erlaubnis.[865] Wird gegen § 284 Abs. 1 StGB verstoßen, so wird regelmäßig auch der Tatbestand von § 4 Abs. 1 GlüStV erfüllt sein.[866] Bereits diese Ähnlichkeit könnte dafür sprechen, dass auch in § 4 Abs. 1 GlüStV ein Verbotsgesetz i. S. d. § 134 BGB zu sehen ist. Der 22. Senat des BayVGH hat in seinem Urteil vom 30.08.2000 (Az.: 22 B 00.1833) ausgeführt, § 284 Abs. 1 StGB stelle ein eigenes repressives Verbot mit Befreiungsvorbehalt dar, welches ein sozialethisches Unwerturteil enthalte.[867] Dies ist insofern relevant, da repressive Verbote mit Befreiungsvorbehalt oftmals vom Gesetzgeber dazu verwendet werden, sozial unerwünschtes oder sozial schädliches Verhalten zu unterbinden.[868] Hierzu wird ein Verbot aufgestellt. Dieses Verbot richtet sich gegen das betroffene Verhalten als solches. Um ungewollte Härte zu vermeiden, werden sodann Befreiungsvorbehalte oder Ausnahmebewilligungen integriert. Die Entscheidung über eine Befreiung ergeht regelmäßig als Ermessensentscheidung.[869] Vereinfacht gesagt: Das betreffende Verhalten ist derart sozialschädlich, dass eine Billigung nur ausnahmsweise in besonders gelagerten Fällen erfolgen soll. Hingegen soll das präventive Verbot mit Erlaubnisvorbehalt ein bestimmtes Verhalten nicht generell verbieten, sondern nur die Art und Weise der Vornahme dieses Verhaltens regeln. Entscheidungen über eine Erlaubniserteilung ergehen in diesen Fällen regelmäßig als gebundene Entscheidung.[870] Hier gilt also: Das betreffende Verhalten ist nur dann zu missbilligen, wenn es den Anforderungen an dessen Durchführung nicht genügt. Andernfalls ist eine Erlaubnis zu erteilen. Wie bereits der Argumentation des BayVGH zu entnehmen war, spricht die Ausgestaltung eines Gesetzes als repressives Verbot mit Befreiungsvorbehalt regelmäßig für eine Auslegung des betreffenden Gesetzes

---

864 *Postel*, in: Dietlein/Hecker/Ruttig, Glücksspielrecht, 2. Aufl. 2013, § 4 GlüStV, Rn. 15.

865 Gem. § 284 Abs. 1 StGB macht sich derjenige strafbar, der ohne behördliche Erlaubnis öffentlich ein Glücksspiel veranstaltet oder hält oder die Einrichtungen hierzu bereitstellt. Gem. § 4 Abs. 1 S. 1, S. 2 1 Hs. GlüStV ist das Veranstalten und das Vermitteln von öffentlichem Glücksspiel ohne behördliche Erlaubnis verboten.

866 Vgl. OVG Münster, Urt. v. 08.12.2011 – 4 A 250/08 –, Rn. 44, juris.

867 BayVGH, Urt. v. 30.08.2000 – 22 B 00.1833 –, Rn. 48, juris.

868 Vgl. *Erbguth*, Allgemeines Verwaltungsrecht, 8. Aufl., S. 170, 171.

869 Vgl. *Erbguth*, Allgemeines Verwaltungsrecht, 8. Aufl., S. 170, 171.

870 Vgl. *Erbguth*, Allgemeines Verwaltungsrecht, 8. Aufl., S. 170, 171.

als Verbotsgesetz i. S. d. § 134 BGB.[871] Ließe sich nun die gleiche Argumentation bei § 4 Abs. 1 GlüStV wiederfinden, so könnte dies auch für § 4 Abs. 1 GlüStV als Verbotsgesetz i. S. d. § 134 BGB sprechen. Laut dem erkennenden Senat des BayVGH spreche für § 284 Abs. 1 StGB als repressives Verbot mit Befreiungsvorbehalt, dass die Norm trotz aller bestehender rechtspolitischer Einwände nach wie vor ein eigenständiges, strafbewehrtes Verbot ungenehmigter Glücksspielveranstaltungen enthalte. Eine solche strafrechtliche Sanktion sei nur für besonders gemeinschädliches Verhalten vorgesehen. In anderen Fällen genüge regelmäßig eine Bußgeldbewehrung.[872] Zum anderen ergebe sich das Vorliegen eines repressiven Verbots mit Befreiungsvorbehalt aus den Motiven und Zwecken des Gesetzes. Der Bundesgesetzgeber habe bei der Neufassung der §§ 284 ff. StGB im Jahre 1998 sein sozialethisches Unwerturteil, bezogen auf die unregulierte Veranstaltung von öffentlichem Glücksspiel, in der amtlichen Begründung eindeutig zum Ausdruck gebracht.[873] Diese Argumentation lässt sich auch auf § 4 Abs. 1 GlüStV anwenden. Auch § 4 Abs. 1 GlüStV enthält ein eigenständiges landesverwaltungsrechtliches Veranstaltungs- und Vermittlungsverbot.[874] Darüber hinaus hat § 4 Abs. 1 GlüStV einen mit den Motiven des § 284 Abs. 1 StGB identischen Schutzzweck.[875] Die Vorschriften und deren Normzweck

---

871 Vgl. BayVGH, Urt. v. 30.08.2000 – 22 B 00.1833 –, Rn. 48, juris.

872 BayVGH, Urt. v. 30.08.2000 – 22 B 00.1833 –, Rn. 48, juris.

873 Darin heißt es: *„In Deutschland dürfen Glücksspiele nur mit behördlicher Erlaubnis öffentlich veranstaltet werden. […] Zweck dieser Regelungen ist es, 1. eine übermäßige Anregung der Nachfrage nach Glücksspielen zu verhindern, 2. durch staatliche Kontrolle einen ordnungsgemäßen Spielablauf zu gewährleisten, 3. eine Ausnutzung des natürlichen Spieltriebs zu privaten oder gewerblichen Gewinnzwecken zu verhindern, und 4. einen nicht unerheblichen Teil der Einnahmen aus Glücksspielen (mind. 25 %) zur Finanzierung gemeinnütziger oder öffentlicher Zwecke heranzuziehen.“*, Amtl. Begründung zum 6. StrRG, BT-Drs. 13/8587, S. 67; BayVGH, Urt. v. 30.08.2000 – 22 B 00.1833 –, Rn. 48, juris.

874 *Postel*, in: Dietlein/Hecker/Ruttig, Glücksspielrecht, 2. Aufl. 2013, § 4 GlüStV, Rn. 13; *Bolay/Pfütze*, in Streinz/Liesching/Hambach, Glücks- und Gewinnspielrecht in den Medien, § 4, Rn. 14.

875 Vgl. *Leimenstoll* in: Esser/Rübenstahl/Saliger/Tsambikakis, Wirtschaftsstrafrecht, § 284 StGB, Rn. 5; §4 Abs. 1 GlüStV dient den Zielen des § 1 GlüStV. Gem. § 1 S. 1 GlüStV sind diese Ziele: (1) das Entstehen von Glücksspiel- und Wettsucht zu verhindern und die Voraussetzungen für eine wirksame Suchtbekämpfung zu schaffen, (2) durch ein begrenztes, eine geeignete Alternative zum nicht erlaubten Glücksspiel darstellendes Glücksspielangebot den natürlichen Spieltrieb der Bevölkerung in geordnete und überwachte Bahnen zu lenken sowie der Entwicklung und Ausbreitung von unerlaubten Glücksspielen in Schwarzmärkten entgegenzuwirken, (3) den

sind annähernd deckungsgleich. § 4 Abs. 1 GlüStV und § 284 Abs. 1 StGB haben – abgesehen von der Strafbewehrung in § 284 Abs. 1 StGB – denselben Regelungsgehalt. Beide Regelungen knüpfen an die formelle Rechtswidrigkeit an; die Regelungen beschreiben gleichermaßen dasselbe verbotswidrig vorgenommene Rechtsgeschäft.[876] Es ist somit davon auszugehen, dass diese Normen aufeinander abgestimmt sind und im Sinne der Einheit der Rechtsordnung ein widerspruchsfreies inneres System bilden. § 4 Abs. 1 GlüStV und § 284 Abs. 1 StGB unterscheiden sich allein im Rahmen der Gesetzgebungskompetenz. Gem. Art. 74 Abs. 1 Nr. 1 GG besitzt der Bund die konkurrierende Gesetzgebungsbefugnis für das Strafrecht.[877] Hingegen liegt die Gesetzgebungskompetenz für das Glücksspielrecht bei den Ländern.[878] Für § 4 Abs. 1 GlüStV als repressives Verbot mit Befreiungsvorbehalt spricht zudem, dass gem. § 4 Abs. 2 S. 3 GlüStV auf die Erteilung einer Erlaubnis kein Rechtsanspruch besteht. Würde der Gesetzgeber das öffentliche Glücksspiel nicht für generell sozialschädlich halten, so hätte er die Erteilung einer Glücksspielerlaubnis auch als gebundene Entscheidung formulieren können, sodass ein Anbieter bei Vorliegen aller Voraussetzungen einen Rechtsanspruch auf die Erteilung einer Erlaubnis erlangen würde. In der Folge wird bereits in Rechtsprechung und Literatur auch bei § 4 Abs. 1 S. 1, S. 2, 1 Hs. GlüStV (entsprechend dem Wortlaut der Norm) von einem „generellen Verbot

---

Jugend- und Spielerschutz zu gewährleisten, (4) sicherzustellen, dass Glücksspiele ordnungsgemäß durchgeführt, die Spieler vor betrügerischen Machenschaften geschützt, die mit Glücksspielen verbundene Folge- und Begleitkriminalität abgewehrt werden und (5) Gefahren für die Integrität des sportlichen Wettbewerbs beim Veranstalten und Vermitteln von Sportwetten vorzubeugen. In § 1 S. 2 GlüStV wird sodann darauf hingewiesen, dass für die einzelnen Glücksspielformen jeweils Regelungen vorgesehen sind, die ihren jeweiligen Sucht-, Betrugs-, Manipulations- und Kriminalitätsgefährdungspotentialen Rechnung tragen. Insgesamt gilt jedoch, soweit das Glücksspiel nicht durch eine behördliche Erlaubnis genehmigt wurde, gilt es mithin gem. § 4 Abs. 1 GlüStV als verboten. Damit ließe sich das vom BayVGH für § 284 Abs. 1 StGB festgestellte sozialethische Unwerturteil, welches die Norm letztendlich zum Verbotsgesetz mit Nichtigkeitsfolge i. S. d. § 134 BGB macht, auch bei § 4 Abs. 1 S. 1, S. 2, 1 Hs. GlüStV wiederfinden.

876 Vgl. *Postel*, in: Dietlein/Hecker/Ruttig, Glücksspielrecht, 2. Aufl. 2013, § 4 GlüStV, Rn. 38.

877 *Wissenschaftlicher Dienst des Bundestages*, Gesetzgebungskompetenzen für das Strafrecht, Nr. 216/18, S. 3; *Maiwald*, ZRP 1/06, S. 18, 19.

878 *Diegmann/Hoffmann*, Praxishandbuch für das gesamte Spielrecht, S. 25, 26, unter ausdrücklichen Hinweis auf BVerfG, Urt. v. 28.03.2006 – 1 BvR 1054/01.

mit Erlaubnisvorbehalt“[879], von einem „Verbot mit Befreiungsvorbehalt“[880] oder gleich einem „repressiven Verbot mit Befreiungsvorbehalt“[881] bzw. einem „repressiven Verbot mit Ausnahme- und Befreiungsvorbehalt“[882] gesprochen.

Damit könnte man aufgrund der Ähnlichkeit der Normen davon ausgehen, dass § 4 Abs. 1 S. 1, S. 2, 1 Hs. GlüStV wie § 284 Abs. 1 StGB als Verbotsgesetz i. S. d. § 134 BGB gesehen werden kann. Zumindest ließe sich die Argumentationskette, welche § 284 Abs. 1 StGB als Verbotsgesetz ausweist, auch auf § 4 Abs. 1 S. 1, S. 2, 1 Hs. GlüStV anwenden.

bb. § 28 S. 3 GlüStV

Dem steht jedoch § 28 S. 3 GlüStV entgegen. Gemäß dieser Vorschrift können die Länder über ihre jeweiligen Ausführungsgesetze individuell regeln, ob bestimmte Verstöße gegen bestimmte Bestimmungen des GlüStV mit Geldbuße oder mit Strafe geahndet werden sollen. Für Nordrhein-Westfalen sieht § 23 Abs. 1, 2 des Ausführungsgesetz NRW Glücksspielstaatsvertrag (GlüStV NRW) vor, dass eine Veranstaltung, eine Vermittlung oder ein Vertrieb von unerlaubtem Glücksspiel (d. h. ein Verstoß gegen § 4 Abs. 1 S. 1, S. 2, 1 Hs. GlüStV) als Ordnungswidrigkeit mit einer Geldbuße von bis zu 500.000 EUR geahndet werden kann. Das Ordnungswidrigkeitenrecht beschreibt die Ahndung von Rechtsverstößen mit erheblich vermindertem Unrechtsgehalt.[883] Dies könnte gegen die Notwendigkeit eines Verbotsgesetzcharakters, insbesondere gegen eine Nichtigkeitsfolge eines Verstoßes gegen § 4 Abs. 1 GlüStV, sprechen. Allerdings sprechen Gesetze, die untersagte Handlungen als Ordnungswidrigkeit mit einer Geldbuße ahnden, nicht unweigerlich gegen die Nichtigkeit des untersagten Rechtsgeschäfts.[884] Das gilt nur bei bloßen Ordnungsvorschriften. Bloße Ordnungsvorschriften sind solche Vorschriften, die weder den Inhalt noch den (wirtschaftlichen) Erfolg eines Rechtsgeschäfts, sondern nur die Art und Weise seiner Vornahme (hier öffentliches Glücksspiel ohne Genehmigung) missbilligen.[885] Sie haben eine reine Ordnungsfunktion.[886] Damit ist davon auszugehen, dass das Vorliegen einer bloßen

879 BVerfG, Nichtannahmebeschl. v. 14.10.2008 – 1 BvR 928/08 –, Rn. 32, juris.
880 *Postel*, in: Dietlein/Hecker/Ruttig, Glücksspielrecht, 2. Aufl. 2013, § 4 GlüStV, Rn. 10.
881 *Bolay/Pfütze*, in Streinz/Liesching/Hambach, Glücks- und Gewinnspielrecht in den Medien, § 4, Rn. 6.
882 *Gebhardt/Korte*, Glücksspiel, S. 184.
883 *Kraatz*, Ordnungswidrigkeitenrecht, 1. Aufl., S. 31.
884 Staudinger/*Sack/Seibl*, 2017, BGB, § 134, Rn. 78.
885 BeckOK BGB/*Wendtland*, 53. Edition 2020, BGB § 134 Rn. 13.
886 Staudinger/*Sack/Seibl*, 2017, BGB, § 134, Rn. 76.

Ordnungsvorschrift den Verbotsgesetzcharakter einer Norm i. S. d. § 134 BGB ausschließt.[887] Dass der NRW-Gesetzgeber die Veranstaltung, Vermittlung oder den Vertrieb von unerlaubtem Glücksspiel mit einer Geldbuße belegt, könnte nahelegen, dass der Gesetzgeber in NRW grundsätzlich nur die Art und Weise der Vornahme des unerlaubten Glücksspiels missbilligt. In diesem Fall wäre bei § 4 Abs. 1 S. 1, S. 2, 1 Hs. GlüStV nicht von einem Verbotsgesetz ausgehen. Jedoch spricht der Umstand allein, dass § 23 Abs. 1 Nr. 1 GlüStV NRW einen Verstoß gegen § 4 Abs. 1 GlütStV als Ordnungswidrigkeit klassifiziert und diese gem. § 23 Abs. 2 GlüStV NRW mit einer Geldbuße belegt ist, nicht für das Vorliegen einer bloßen Ordnungsvorschrift. Hiergegen spricht bereits § 23 Abs. 1 Nr. 2 GlüStV NRW. Danach handelt ordnungswidrig, wer entgegen § 4 Abs. 3 S. 2, 3 GlüStV Kinder an Glücksspielen teilnehmen lässt. Hierbei steht außer Frage, dass nicht nur die Art und Weise der Vornahme des Rechtsgeschäfts, sondern der Erfolg des Rechtsgeschäfts missbilligt wird.[888] Damit schließen sich Ordnungswidrigkeit und Verbotsgesetz mit Nichtigkeitsfolge nicht automatisch aus. Die Nichtigkeitssanktion des § 134 BGB wird grundsätzlich nur bei Verbotsgesetzen, welche allein eine Ordnungsfunktion erfüllen, für nicht erforderlich gehalten.[889] Auch bei ordnungspolizeilichen Regelungen ist nicht automatisch davon auszugehen, dass ihr Zweck einer Nichtigkeit des verbotswidrigen Rechtsgeschäfts entgegensteht.[890] Bei einer für alle Beteiligten geltenden Straf- oder Bußgeldandrohung geht der BGH sogar von einer Nichtigkeitsfolge aus. Im Ergebnis kommt es aber auch für den BGH auf den Sinn und Zweck der Vorschrift an.[891] Es gibt keine weiteren Hinweise dafür, dass der nordrhein-westfälische Gesetzgeber § 4 Abs. 1 GlüStV als bloße Ordnungsvorschrift oder als Ordnungswidrigkeit ohne Nichtigkeitsfolge nach § 134 BGB versteht. Vielmehr ist auch hier auf den Sinn und Zweck der Vorschrift abzustellen.

Folglich liefert die äußere Systematik keine entscheidenden Hinweise auf die Auslegung des § 4 Abs. 1 S. 1, S. 2, 1 Hs. GlüStV als Verbotsgesetz i. S. d. § 134 BGB.

---

887 Vgl. MüKoBGB/*Armbrüster*, BGB, § 134, Rn. 42; BeckOK BGB/*Wendtland*, 53. Edition 2020, BGB § 134 Rn. 13.

888 Vgl. Staudinger/*Sack/Seibl*, 2017, BGB, § 134, Rn. 1–9; BeckOK BGB/*Wendtland*, 53. Edition 2020, BGB § 134 Rn. 9.

889 Staudinger/*Sack/Seibl*, 2017, BGB, § 134, Rn. 76.

890 Staudinger/*Sack/Seibl*, 2017, BGB, § 134, Rn. 77.

891 BGH, Urt. v. 30.04.1992 – III ZR 151/91 –, BGHZ 118, 142–150, Rn. 15.

3. *Sinn und Zweck*

Wohl entscheidendstes Auslegungskriterium bei der Frage nach dem Verbotscharakter eines Gesetzes ist der Sinn und Zweck eines Gesetzes.[892] Hinzu kommt, nach dem Willen des Gesetzgebers ist jede Veranstaltung und jede Vermittlung öffentlichen Glücksspiels ohne behördliche Erlaubnis verboten.[893] Damit liegt eine subjektbezogene, „vorgelagerte" Genehmigungsbedürftigkeit vor.[894] Im Falle der „vorgelagerten" Genehmigungsbedürftigkeit hängt es vom Schutzzweck des verletzten Gesetzes ab, ob die Folgeverträge nach § 134 BGB nichtig sind.[895]

Für § 4 Abs. 1 S. 1, S. 2, 1 Hs. GlüStV als Verbotsgesetz und für eine damit verbundene Nichtigkeit nachgelagerter Verträge spricht, der Erlaubnisvorbehalt aus § 4 Abs. 1 S. 1, S. 2, 1 Hs. GlüStV soll Mittel zur kohärenten und systematischen Erreichung der Ziele des § 1 GlüStV sein.[896] Mithilfe des Konzepts des Verbots mit Erlaubnisvorbehalts soll ein Kanalisierungseffekt erreicht werden, indem die Behörde das Angebot an Glücksspielen durch Erlaubniserteilung steuern kann.[897] Dieser Kanalisierungseffekt bezieht sich insbesondere auch auf die Quantität der Angebote. Schließlich soll gem. § 1 S. 1 Nr. 2 GlüStV ein *begrenztes* Angebot geschaffen werden, mit dem gleichzeitig einem ausufernden Schwarzmarkt entgegengewirkt werden soll.[898] Daher besteht gem. § 4 Abs. 2 S. 3 GlüStV auch kein Rechtsanspruch auf die Erteilung einer Erlaubnis. Allerdings könnte der Kanalisierungseffekt nicht eintreten, wenn den unerlaubten Angeboten nicht i. S. d. § 134 BGB die Rechtswirksamkeit versagt würde. Hätte eine Missachtung des Erlaubnisvorbehalts nicht die Nichtigkeit nachgelagerter Verträge zur Folge, würde dadurch indirekt der Schwarzmarkt weiter gefördert. Eine drohende behördliche Untersagungsverfügung gem. § 9 Abs. 1 S. 3 Nr. 3 GlüStV oder auch eine drohende Geldbuße von bis zu 500.000 EUR dürfte den Großteil der Glücksspielanbieter angesichts der zu erwartenden Gewinne nicht

---

892 Vgl. auch Staudinger/*Sack/Seibl*, 2017, BGB, § 134, Rn. 31.

893 Erläuterungen zum Staatsvertrag zum Glücksspielwesen in Deutschland, Stand 06.12.2006, S. 12.

894 Vgl. Staudinger/*Sack/Seibl*, 2017, BGB, § 134, Rn. 177 ff.

895 Staudinger/*Sack/Seibl*, 2017, BGB, § 134, Rn. 179.

896 *Postel*, in: Dietlein/Hecker/Ruttig, Glücksspielrecht, 2. Aufl. 2013, § 4 GlüStV, Rn. 22.

897 *Postel*, in: Dietlein/Hecker/Ruttig, Glücksspielrecht, 2. Aufl. 2013, § 4 GlüStV, Rn. 22; Erläuterungen zum Staatsvertrag zum Glücksspielwesen in Deutschland, Stand 06.12.2006, S. 13.

898 Siehe Normtext des § 1 S. 1 Nr. 2 GlüStV 2012.

abschrecken. Die Anbieter könnten ihre unerlaubten Angebote weiter betreiben und zudem auf die überschaubaren Ressourcen der Glücksspielaufsichtsbehörden der Länder spekulieren. Betrachtet man darüber hinaus die übrigen Ziele des § 1 GlüStV (z. B. Jugendschutz und Kriminalitätsbekämpfung) wird weiter deutlich, dass es dem Gesetzgeber nicht darauf ankommt, eine fehlende Genehmigung zu bestrafen. Dem Gesetzgeber kommt es nicht nur auf einen geordneten Ablauf, d. h. die Art und Weise der Angebote an.[899] Vielmehr sollen die Folgen, die nach Auffassung des Gesetzgebers mit den unkontrollierten Angeboten einhergehen, unterbunden werden. So ist der amtlichen Begründung zu § 4 Abs. 1 GlüStV 2008 zu entnehmen, die Einführung der staatlichen Erlaubnispflicht für öffentliche Glücksspiele sei auf die Erfahrungen mit dem Auftreten von Glücksspielanbietern zurückzuführen. Diese würden vielfach mit aggressiven und unlauteren Wettbewerbsmethoden auffallen. Daraus habe sich für den Gesetzgeber die Erforderlichkeit eines Erlaubnisverfahrens mit suchtpräventiver und allgemeinwohlbezogener Zielsetzung ergeben.[900] Dass es bei § 4 Abs. 1 GlüStV nicht um die Erlaubnis selbst geht, zeigt sich auch darin, dass die Erlaubnisprüfung in § 4 Abs. 2 GlüStV stufenweise erfolgt.[901] Bei der Prüfung der Erlaubnisvoraussetzungen hat der Staat primär eine Beeinträchtigung des Gemeinwohls zu prüfen. Nach § 4 Abs. 2 S. 1 GlüStV ist eine Erlaubnis zu versagen, wenn das Veranstalten oder Vermitteln des Glücksspiels den Zielen des § 1 GlüStV zuwiderläuft. Erst danach ist die vorgesehene Vielzahl weiterer Erlaubnisvoraussetzungen zu prüfen.[902] Hiergegen könnte jedoch eingewendet werden, dass es sich bei § 4 Abs. 1 S. 1, S. 2 1 Hs. GlüStV nur um einen allgemeinen Grundsatz handeln könnte.[903] Dieser dürfte konkretisiert werden durch z. B. § 4 Abs. 4 GlüStV.[904] Damit könnte ein Kanalisierungseffekt auch mit § 4 Abs. 4 GlüStV als Verbotsgesetz durchgesetzt werden bzw. ließen sich auch mit dem Internetverbot die Ziele des § 1 GlüStV effektiv umsetzen. Gegen diese

899 Vgl. BeckOK BGB/*Wendtland*, 53. Edition 2020, BGB § 134 Rn. 13; Staudinger/*Sack/Seibl*, 2017, BGB, § 134, Rn. 1–9; BeckOK BGB/*Wendtland*, 53. Edition 2020, BGB § 134 Rn. 9.

900 Erläuterungen zum Staatsvertrag zum Glücksspielwesen in Deutschland, Stand 06.12.2006, S. 13.

901 Vgl. *Postel*, in: Dietlein/Hecker/Ruttig, Glücksspielrecht, 2. Aufl. 2013, § 4 GlüStV, Rn. 46, 47.

902 *Postel*, in: Dietlein/Hecker/Ruttig, Glücksspielrecht, 2. Aufl. 2013, § 4 GlüStV, Rn. 46.

903 *Bolay/Pfütze*, in Streinz/Liesching/Hambach, Glücks- und Gewinnspielrecht in den Medien, § 4, Rn. 32.

904 Vgl. Drittes Kapitel, C., I., 2., b).

Auffassung spricht allerdings, dass abseits des als besonders gefährlich verstandenen Online-Glücksspiels für das terrestrische Glücksspiel keine gesonderte Regelung im GlüStV zu finden ist, welche die Ziele des § 1 GlüStV im gleichen Umfang umsetzen könnte.

Damit sprechen die gewichtigeren Gründe dafür, dass § 4 Abs. 1 S. 1, S. 2, 1 Hs. GlüStV nach seinem Sinn und Zweck als Verbotsgesetz i. S. d. § 134 BGB mit einer damit verbundenen Nichtigkeit nachgelagerter Verträge verstanden werden will.

4. Historie

Zu prüfen ist sodann, ob sich § 4 Abs. 1 S. 1, S. 2, 1 Hs. GlüStV auch aus historischen Gründen als Verbotsgesetz auslegen lässt.

Vor dem Glücksspielstaatsvertrag bzw. dem Lotteriestaatsvertrag hatten alle Bundesländer unterschiedliche, eigene Glücksspielgesetze.[905] Nach einigen landesgesetzlichen Regelungen war beispielsweise die private Veranstaltung von Sportwetten nicht ausdrücklich verboten, unterlag jedoch einem Genehmigungsvorbehalt.[906] Eine Mehrheit der Länder hingegen hatte in ihren Landesglücksspielgesetzen absolute Verbote für Wetten und andere Spielarten, etwa ein Staatsmonopol auf die Veranstaltung von Sportwetten, errichtet.[907] Wieder anderen Landesgesetzen ließ sich nicht zweifelsfrei ein eigenständiges landesrechtliches Verbot entnehmen.[908] Sofern einige wenige Länder gänzlich auf eine landesrechtliche Regelung verzichtet hatten (z. B. Berlin und Hamburg), war streitig, ob sich daraus eine Erlaubnisfreiheit für das Veranstalten von z. B. Sportwetten ergab oder ob auf das Verbot der §§ 284 ff. StGB zurückzugreifen war.[909] Mit dem Lotteriestaatsvertrag von 2004 und daran anknüpfend dem Glücksspielstaatsvertrag von 2008 wurde dann die landesrechtliche Glücksspielregulierung

905 Vgl. *Fuchs*, Das neue Glücksspielrecht unter besonderer Berücksichtigung von Online-Glücksspielen, S. 25.

906 *Voßkuhle/Bumke*, Rechtsfragen der Sportwette, 2002, S. 27, so etwa § 1 Abs. 1 SportWettG RP in der Fassung vom 11.08.1949 oder § 2 Abs. 1 Gesetz über Wetten und Lotterien in der Fassung der Bekanntmachung vom 22.07.2004.

907 *Voßkuhle/Bumke*, Rechtsfragen der Sportwette, 2002, S. 32, so etwa § 3 Abs. 1, 2 NLottG vom 21.06.1997 oder § 1 Abs. 1 SportWettG NRW vom 03.05.1955; *Fuchs*, Das neue Glücksspielrecht unter besonderer Berücksichtigung von Online-Glücksspielen, S. 26.

908 *Voßkuhle/Bumke*, Rechtsfragen der Sportwette, 2002, S. 34, unter Verweis auf u. a. BVerwG, Urt. v. 28.03.2001 – 6 C 2.01 und BayVGH, Urt. v. 30.08.2000 – 22 B 00.1833.

909 Vgl. *Voßkuhle/Bumke*, Rechtsfragen der Sportwette, 2002, S. 35, 39.

vereinheitlicht. Aus den Erläuterungen zum LottStV ergibt sich, dass der Gesetzgeber damit einheitlich ein repressives Verbot mit Befreiungsvorbehalt vorgesehen hat.[910] Mit dem Glücksspielstaatsvertrag könnte dieses Modell auf die gesamte Glücksspielregulierung übertragen worden sein.[911] Für diese Auffassung spricht sowohl der eindeutige Wortlaut des § 4 Abs. 1 S. 1, S. 2 1 Hs. GlüStV[912] als auch die Gesetzesbegründung zu § 4 Abs. 1 GlüStV a. F. Darin heißt es:

> *„[Mit der Einführung von § 4 Abs. 1 GlüStV] wird im Wesentlichen nur klarstellend übernommen, was sich […] nach geltendem Recht aus §§ 284, 287 StGB ergibt.“*[913]

Da die §§ 284 ff. StGB Verbotsgesetze i. S. d. § 134 BGB sind[914], spricht auch eine historische Auslegung der Norm für eine Auslegung von § 4 Abs. 1 S. 1, S. 2, 1 Hs. GlüStV als Verbotsgesetz.

5. *Ergebnis*

Nach Abwägung der Argumente stellt sich das Verbot aus § 4 Abs. 1 S. 1, S. 2, 1 Hs. GlüStV als Verbotsgesetz i. S. d. § 134 BGB dar. Überzeugend für eine Auslegung der Norm als Verbotsgesetz spricht zunächst der Wortlaut der Norm, der ausdrücklich von einem Verbot unerlaubter Glücksspiele spricht. Sodann weist § 4 Abs. 1 S. 1, S. 2 1 Hs. GlüStV eine starke Ähnlichkeit mit § 284 Abs. 1 StGB auf, welcher anerkanntermaßen ein Verbotsgesetz i. S. d. § 134 BGB ist. Argumente, die für § 284 Abs. 1 StGB als Verbotsgesetz sprechen, lassen sich ebenso auf § 4 Abs. 1 S. 1, S. 2, 1 Hs. GlüStV übertragen. Sodann spricht der Sinn und Zweck der Norm, hier allen Voran die Erreichung der Ziele aus § 1 GlüStV, für einen Verbotsgesetzcharakter der Norm i. S. d. § 134 BGB. § 4 Abs. 1

---

910 Erläuterungen zum Staatsvertrag zum Lotteriewesen in Deutschland, S. 30.

911 Vgl. Erläuterungen zum Ersten Glücksspieländerungsstaatsvertrag, S. 7, 8, 17.

912 § 4 Abs. 1 S. 1, S. 2 1 Hs. GlüStV: *„Öffentliche Glücksspiele dürfen nur mit Erlaubnis der zuständigen Behörde des jeweiligen Landes veranstaltet oder vermittelt werden. Das Veranstalten und das Vermitteln ohne diese Erlaubnis (unerlaubtes Glücksspiel) […] sind verboten.“*

913 Erläuterungen zum GlüStV 2008 vom 06.12.2006, S. 12.

914 Vgl. BGH, Urt. v. 03.04.2008 – III ZR 190/07 –, Rn. 17, juris, OLG Celle, Urt. v. 29.04.1987 – 9 U 84/86; OLG Nürnberg, Urt. v. 19.01.1978 – 8 U 110/77 –, juris; *Arnold* in: Erman, BGB, 16. Aufl. 2020, § 134 BGB, Rn. 68; *Postel*, in: Dietlein/Hecker/Ruttig, Glücksspielrecht, 2. Aufl. 2013, § 4 GlüStV, Rn. 16; BeckOK BGB/*Wendtland*, 53. Edition 2020, BGB § 134 Rn. 28; *Peters*, in: Gebhardt/Korte, Glücksspiel, 2. Aufl., S. 294; *Fuchs*, Das neue glücksspielrecht unter besonderer Berücksichtigung von Online-Glücksspielen, 1. Aufl., S. 36; *Rock*, ZfWG 3/4/18, Sonderbeilage 3, S. 20, 21.

S. 1, S. 2, 1 Hs. GlüStV missbilligt nicht lediglich die Art und Weise des Zustandekommens des Glücksspiels (ohne Genehmigung), sondern die Vornahme eines grundsätzlich rechtlich möglichen Rechtsgeschäfts, sofern die zuständige Behörde nicht zuvor die Einhaltung der Motive des § 1 GlüStV sichergestellt hat. Dass § 4 Abs. 1 S. 1, S. 2, 1 Hs. GlüStV auch als allgemeiner, zu konkretisierender Grundsatz verstanden werden kann ist eher abwegig. Insbesondere da die Norm nur für das als besonders gefährlich erachtete Online-Glücksspiel in § 4 Abs. 4 GlüStV konkretisiert wird. Auch kann § 28 S. 3 GlüStV bzw. § 23 Abs. 1 Nr. 1 GlüStV NRW nicht zu einem anderen Ergebnis führen. Dass eine Norm als Ordnungswidrigkeit verstanden wird, spricht nicht per se gegen eine Nichtigkeitsfolge nach § 134 BGB. Zwar lässt eine Ordnungswidrigkeit zunächst auf einen verminderten Unrechtsgehalt schließen, im Ergebnis kommt es für § 134 BGB jedoch auf den Sinn und Zweck der Norm an. Folglich überwiegen die Gründe für eine Auslegung von § 4 Abs. 1 S. 1, S. 2, 1 Hs. GlüStV als Verbotsgesetz i. S. d. § 134 BGB.

II. § 4 Abs. 1 S. 2, 2 Hs. GlüStV als Verbotsgesetz

Sodann ist zu prüfen, ob das Mitwirkungsverbot des § 4 Abs. 1 S. 2, 2 Hs. GlüStV ein Verbotsgesetz i. S. d. § 134 BGB ist. Eine Auslegung hierzu stellt sich wie folgt dar:

1. *Wortlaut*

In § 4 Abs. 1 S. 2, 2 Hs. GlüStV heißt es, dass neben dem Veranstalten und Vermitteln von unerlaubtem Glücksspiel auch die Mitwirkung an Zahlungen im Zusammenhang mit unerlaubtem Glücksspiel *verboten* ist. Mithin wird auch hier ausdrücklich von einem Verbot gesprochen. Das LG Ulm führt in diesem Zusammenhang in seiner Entscheidung vom 16.12.2009 (Az.: 4 O 202/18) aus:

> *„Nach wörtlicher Auslegung des Halbsatzes ‚…die Mitwirkung an Zahlungen im Zusammenhang mit unerlaubtem Glücksspiel sind verboten' ist § 4 Abs. 1 S. 2 GlückStV eine eindeutige Verbotsnorm. Es besteht nicht nur eine Handlungsanweisung an eine Behörde. Der Wortlaut spricht für ein ipso jure Verbot, dessen Adressaten ‚an alle' gefasst ist. […].“*[915]

Somit gibt der Wortlaut von § 4 Abs. 1 S. 2, 2 Hs. GlüStV eine Interpretation der Norm als Verbotsgesetz i. S. v. § 134 BGB her.[916]

---

915 LG Ulm, Urt. v. 16.12.2019 – 4 O 202/18 –, Rn. 76, juris = WM 2020, 742–749.
916 *Hendricks/Lüder*, ZfWG 3/4/20, S. 216, 220.

2. *Systematik*

Sodann ist zu prüfen, was eine Auslegung der Systematik der Norm ergibt.

a) *Äußere Systematik*

Der Gesetzgeber hat auch das Mitwirkungsverbot aus § 4 Abs. 1 S. 2, 2 Hs. GlüStV im *Ersten Abschnitt – Allgemeine Vorschriften,* unter der Überschrift *Allgemeine Bestimmungen*, verortet. In demselben Abschnitt befindet sich neben dem „umfassenden Verbot mit Erlaubnisvorbehalt"[917] aus § 4 Abs. 1 GlüStV, welches jede Veranstaltung und Vermittlung von öffentlichem Glücksspiel ohne behördliche Erlaubnis verbietet, u. a. auch das konkretere Internettotalverbot aus § 4 Abs. 4 GlüStV, welches speziell das Veranstalten und Vermitteln öffentlicher Glücksspiele im Internet verbietet. Damit ist das Mitwirkungsverbot nachträglich inmitten der „zentralen Vorschrift für die Regulierung des Glücksspiels" verortet worden, wie *Bolay* und *Pfütze* den gesamten § 4 GlüStV bezeichnen.[918] Dieser äußere systematische Zusammenhang spricht zunächst für eine hervorgehobene Bedeutung des Mitwirkungsverbots aus § 4 Abs. 1, S. 2, 2 Hs. GlüStV im Regelungsgefüge des GlüStV. Sodann wurde das Mitwirkungsverbot aus § 4 Abs. 1 S. 2, 2 Hs. GlüStV als Handlungsalternative zum „allgemeinen Verbot"[919] der Veranstaltung oder Vermittlung von unerlaubtem Glücksspiel geschaffen. Das allgemeine Veranstaltungs- und Vermittlungsverbot aus § 4 Abs. 1 S. 1, S. 2, 1 Hs. GlüStV ist ausweislich des vorangehenden Abschnitts ein Verbotsgesetz i. S. d. § 134 BGB.[920] Gleiches gilt für das Totalverbot aus § 4 Abs. 4 GlüStV, welches das „allgemeine Verbot" für Online-Glücksspiele konkretisiert.[921] Die Verortung zwischen dem Erlaubnisvorbehalt und dem Internettotalverbot spricht dafür, dass das Mitwirkungsverbot systematisch mit diesen beiden Verboten auf einer Stufe stehen soll.

Damit spricht der äußere systematische Zusammenhang für § 4 Abs. 1 S. 2, 2 Hs. GlüStV als Verbotsgesetz.

---

917 Erläuterungen zum GlüStV 2008 vom 06.12.2006, S. 12.

918 *Bolay/Pfütze*, in Streinz/Liesching/Hambach, Glücks- und Gewinnspielrecht in den Medien, § 4, Rn. 10,11; *Postel* spricht von einer „unmittelbaren Verbindlichkeit" der Norm, Dietlein/Hecker/Ruttig, Glücksspielrecht, 2. Aufl. 2013, § 4 GlüStV, Rn. 8, 9.

919 *Bolay/Pfütze*, in Streinz/Liesching/Hambach, Glücks- und Gewinnspielrecht in den Medien, § 4, Rn. 4.

920 Siehe Drittes Kapitel, C., I., 5.

921 Siehe Drittes Kapitel, C., III.

b) Innere Systematik

Dieser Auslegung stehen auch keine anderen Normen der Rechtsordnung entgegen.

Die ansonsten vergleichbaren §§ 284 ff. StGB des Glücksspielstrafrechts enthalten zwar kein Mitwirkungsverbot für die beteiligten Zahlungsdienstleister. Dies führt aber nicht zu einem Widerspruch im Regulierungssystem. Vielmehr könnte sich dies u. a. mit den verschiedenen Entstehungszeitpunkten der Vorschriften und einer ggf. damit einhergehenden unterschiedlichen gesellschaftlichen Wertvorstellung erklären lassen. So gilt die derzeitige Fassung der §§ 284 ff. StGB bereits seit über 20 Jahren unverändert, während das Mitwirkungsverbot erst mit dem 1. GlüÄndStV im Jahre 2012 eingeführt wurde. Zwar soll es das erste Online-Glücksspiel bereits in den 1990er Jahren gegeben haben. Merklich begonnen hat das Glücksspiel im Internet aber erst ab den 2000er Jahren. Massentauglich wurde Online-Glücksspiel sodann auch erst mit dem technischen Fortschritt und der damit verbundenen Allgegenwärtigkeit von internetfähigen mobilen Endgeräten in privaten Haushalten innerhalb des vergangenen Jahrzehnts. Mittlerweile hat das Glücksspiel im Internet in seiner Beliebtheit das terrestrische Glücksspiel abgelöst. Online-Glücksspiel kann ohne die Beteiligung der Banken nicht erfolgen.[922] Damit erklärt sich, dass die Banken als erforderliches Bindeglied zum Online-Glücksspiel erst seit diesem Entwicklungsschritt in den Fokus der Glücksspielregulierung gerückt sind. Diese Entwicklung bei der Glücksspielregulierung führt allerdings nicht zu sich widersprechenden Regelungen. Auch steht einer Auslegung von § 4 Abs. 1 S. 2, 2 Hs. GlüStV als Verbotsgesetz i. S. d. § 134 BGB nicht entgegen, dass sich Landesgesetzgeber gem. § 28 S. 3 GlüStV bzgl. § 4 Abs. 1 S. 1 GlüStV dafür entschieden haben, den Verstoß gegen das Veranstaltungs- und Vermittlungsverbot als Ordnungswidrigkeit zu ahnden.[923] Zum einen wird das Mitwirkungsverbot z. B. im Landesausführungsgesetz für Nordrhein-Westfalen (§ 23 Abs. 1 Nr. 1 GlüStV NRW) gar nicht als Ordnungswidrigkeit erfasst.[924] Zum anderen enthält die Klassifizierung eines

---

922 *Steinmetz/Fiedler*, ZfWG 6/19, S. 456.

923 Vgl. Drittes Kapitel, C., I., 2., b), bb.

924 Im Landesausführungsgesetz für Nordrhein-Westfalen (§ 23 Abs. 1 Nr. 1 GlüStV NRW) ist zwar von § 4 Abs. 1 GlüStV die Rede (folglich müsste auch § 4 Abs. 1 S. 2, 2 Hs. GlüStV erfasst sein), die Norm konkretisiert aber weiter nur ein Veranstalten, Vermitteln oder Vertreiben von unerlaubtem Glücksspiel als Ordnungswidrigkeit. Mithin wird nur § 4 Abs. 1 S. 1 GlüStV und nicht auch § 4 Abs. 1 S. 2, 2 Hs. GlüStV hiervon erfasst; das AG GlüStV NRW besteht in der geltenden Fassung vom 13.11.2012, d. h. nach der Einführung des 1.GlüÄndStV.

Verbots als Ordnungswidrigkeit keinerlei Indizwirkung hinsichtlich des Verbotsgesetzcharakters einer Norm bzw. der Nichtigkeitsfolge nach § 134 BGB.[925]

Folglich steht auch die innere Systematik einer Auslegung von § 4 Abs. 1 S. 2, 2 Hs. GlüStV als Verbotsgesetz nicht entgegen.

c) Verhältnis von § 4 Abs. 1 S. 2, 2 Hs. GlüStV zu § 9 Abs. 1 S. 3 Nr. 4 GlüStV

aa. Erweiterung der Tatbestandsvoraussetzungen von § 4 Abs. 1 S. 2 GlüStV um jene des § 9 Abs. 1 S. 3 Nr. 4 GlüStV

Teile der Rechtsprechung vertreten die Auffassung, dass eine Mitwirkung an Zahlungen im Zusammenhang mit unerlaubtem Glücksspiel gem. § 4 Abs. 1 S. 2, 2 Hs. GlüStV erst dann sanktionsfähig ist, wenn zuvor die zuständige Glücksspielaufsichtsbehörde dem betroffenen Zahlungsanbieter gem. § 9 Abs. 1 S. 3 Nr. 4 GlüStV das zugrundeliegende unerlaubte Glücksspielangebot mitgeteilt und sodann eine weitere Mitwirkung an Zahlungen für unerlaubtes Glücksspiel untersagt hat.[926] Diese Auffassung wird in unterschiedlicher Weise hergeleitet:

(1) BGH Urteil vom 24.04.2012 (Az.: XI ZR 96/11)

Diese Auffassung geht auf die Entscheidung des LG München I. vom 28.02.2018 (Az.: 27 O 11716/17) zurück.[927] Darin führt die 27. Zivilkammer des LG München I. aus, dass ein Kreditkartenvertrag zwischen dem Spieler und seiner Bank nicht gem. § 134 BGB i. V. m. § 4 Abs. 1 S. 2 GlüStV nichtig sei, da die Voraussetzungen der Mitwirkung an Zahlungen am unerlaubten Glücksspiel nicht vollständig erfüllt seien.[928] Zwar verbiete § 4 Abs. 1, Abs. 4 GlüStV die Mitwirkung an

925 Vgl. BGH, Urt. v. 30.04.1992 – III ZR 151/91 –, BGHZ 118, 142–150, Rn. 15; siehe auch Drittes Kapitel, C., I., 2., b), bb.

926 LG München I, Urt. v. 28.02.2018 – 27 O 11716/17; sich anschließend: OLG München, Verf. v. 06.02.2019 – 19 U 793/18; LG Berlin, Urt. v. 16.04.2019 – 37 O 367/18; LG Düsseldorf, Urt. v. 10.10.2019 – 8 O 398/18, LG Hamburg, Urt. v. 03.01.2020 – 330 O 111/19; OLG München, Beschl. v. 28.02.2020 – 8 U 5467/19; a. A. LG Ulm, Urt. v. 16.12.2019 – 4 O 202/18.

927 LG München I, Urt. v. 28.02.2018 – 27 O 11716/17, juris; Daran anschließend: OLG München, Verf. v. 06.02.2019 – 19 U 793/18; LG Berlin, Urt. v. 16.04.2019 – 37 O 367/18; LG Düsseldorf, Urt. v. 10.10.2019 – 8 O 398/18, LG Hamburg, Urt. v. 03.01.2020 – 330 O 111/19; OLG München, Beschl. v. 28.02.2020 – 8 U 5467/19; a. A. AG Leverkusen, Urt. v. 19.02.2019 – 26 C 346/18, LG Ulm, Urt. v. 16.12.2019 – 4 O 202/18.

928 LG München I, Urt. v. 28.02.2018 – 27 O 11716/17 – Rn. 24, 25, juris.

Zahlungen im Zusammenhang mit unerlaubtem Online-Glücksspiel. Auch habe die beteiligte Bank an solchen Zahlungen i. S. d. § 4 Abs. 1 S. 2, 2 Hs. GlüStV mitgewirkt. Aus dem Urteil des 11. Zivilsenats des BGH vom 24.04.20212 (Az.: XI ZR 96/11) ergebe sich aber, dass es nicht Aufgabe der jeweiligen Banken sei, die Legalität auszuführender Zahlungen zu überprüfen.[929] Vielmehr sei die Prüfung des Vorliegens von illegalem Online-Glücksspiel gem. § 9 Abs. 1 S. 3 Nr. 4 GlüStV allein Aufgabe der Glücksspielaufsichtsbehörde.[930] Aus § 9 Abs. 1 S. 3 Nr. 4 GlüStV ergebe sich sodann, dass die zuständige Glücksspielaufsicht nur dann Maßnahmen gegenüber den beteiligten Banken erlassen und die Mitwirkung an unerlaubtem Glücksspiel untersagen dürfe, wenn die Glücksspielaufsicht den beteiligten Banken zuvor die unerlaubten Glücksspielangebote bekannt gegeben habe.[931] Daraus resultiere im Ergebnis, dass ein Verstoß gegen das Mitwirkungsverbot aus § 4 Abs. 1 S. 2, 2 Hs. GlüStV mindestens die Mitteilung der Glücksspielaufsichtsbehörde über das Vorliegen eines unerlaubten Glücksspiels erfordere.[932] Sofern diese Voraussetzungen nicht vorlägen, würden Banken, die Zahlungen zum Zwecke des unerlaubten Online-Glücksspiels ausführen, nicht gegen den Glücksspielstaatsvertrag verstoßen. In der Folge seien zugrundeliegende Kreditverträge nicht gem. § 134 BGB nichtig.[933] Das LG München I. erweitert also die Tatbestandsvoraussetzungen des § 4 Abs. 1 S. 2, 2 Hs. GlüStV um ausgewählte Tatbestandsvoraussetzungen aus § 9 Abs. 1 S. 3 Nr. 4 GlüStV.[934] Gegen die Argumentation des LG München I. lässt sich einwenden, dass der BGH in seinem Urteil vom 24.04.2012 (Az.: XI ZR 96/11) zwar entschieden hat, Banken müssten die Kontobewegungen ihrer Kunden nicht allgemein, d. h. ohne besondere Anhaltspunkte überwachen.[935] Diese Aussage bezieht sich jedoch auf einen ganz anderen Fall: Sie beschreibt den Umstand, dass eine Bank nur dann eine Warnpflicht als *vertragliche Nebenpflicht* ihren Kunden gegenüber trifft, wenn diese Bank aufgrund massiver Anhaltspunkte den Verdacht hegt, dass ein Kunde einen anderen Kunden im Rahmen des Überweisungsverkehrs durch eine Straftat schädigen will. Nur in diesem Fall muss die Bank aufgrund eben dieser vertraglichen Nebenpflicht die betreffenden Kontobewegungen näher

929 LG München I, Urt. v. 28.02.2018 – 27 O 11716/17 –, Rn. 25, juris.
930 LG München I, Urt. v. 28.02.2018 – 27 O 11716/17 –, Rn. 25, juris.
931 LG München I, Urt. v. 28.02.2018 – 27 O 11716/17 –, Rn. 25, juris.
932 Vgl. LG München I, Urt. v. 28.02.2018 – 27 O 11716/17 –, Rn. 25, juris.
933 LG München I, Urt. v. 28.02.2018 – 27 O 11716/17 –, Rn. 25, juris.
934 Vgl. LG München I, Urt. v. 28.02.2018 – 27 O 11716/17 – Rn. 25 a. E., juris.
935 BGH, Urt. v. 24.04.2012 – XI ZR 96/11 –, Rn. 32, juris.

beobachten und ihren Kunden vor möglicherweise drohenden Schäden warnen. Die Bank muss hingegen nicht (aufgrund ihrer vertraglichen Verpflichtungen) zu jeder Zeit bzw. ohne Anlass die Kontobewegungen aller Kunden daraufhin prüfen, ob die Abwicklung einer Zahlung für die Interessen eines Beteiligten ein Risiko birgt.[936] Damit beschreibt das Urteil des BGH nur, dass aus einem Giro- oder Kreditkartenvertrag nicht die grundsätzliche vertragliche Nebenpflicht für die Banken erwächst, zum Schutze ihrer Kunden vor drohenden Schäden im Einzelfall dauerhaft deren Kontobewegungen zu überprüfen. Das konkretisiert der BGH auch, indem er weiter ausführt, Kreditinstitute würden im bargeldlosen Zahlungsverkehr nur zum Zwecke der einfachen und schnellen Zahlungsabwicklung tätig. Sie könnten aufgrund dieses begrenzten Geschäftszwecks sowie der Massenhaftigkeit der Geschäftsvorgänge daher grundsätzlich nicht die Aufgabe haben, sich um jene Interessen ihrer Kunden zu kümmern, welche über die vertraglichen Pflichten hinausgingen.[937] Das heißt freilich nicht, dass den Banken per se keine, insbesondere keine gesetzlichen Prüfpflichten bzgl. der Legalität bestimmter Zahlungen auferlegt werden können. Das hat der BGH weder ausdrücklich noch mittelbar ausgeführt. Anders als von der 27. Zivilkammer des LG München I angenommen, ist ein solcher Rückschluss dem angeführten BGH-Urteil also nicht zu entnehmen. Einer gesetzlichen Prüfpflicht im Einzelfall steht auch nicht grundsätzlich die Massenhaftigkeit der Geschäftsvorgänge oder der Zweck der schnellen Zahlungsabwicklung entgegen. Dies beweisen bereits bestehende gesetzliche Prüfpflichten der Banken (etwa solche aus §§ 4, 6, 10 GwG).[938] Damit kann es – anders als vom Landgericht angenommen – sehr wohl Aufgabe des Kreditunternehmens sein, die Legalität etwaiger Zahlungen zu überprüfen.[939] Die Auffassung, es bedürfe aufgrund einer durch die Rechtsprechung des BGH aberkannten Prüfpflicht der Banken für die Rechtsfolgen des Mitwirkungsverbots aus § 4 Abs. 1 S. 2 GlüStV einer behördlichen Mitteilung nach § 9 Abs. 1 S. 3 Nr. 4 GlüStV, ist somit falsch.

(2) Gesetzesbegründung zu § 4 Abs. 1 S. 2 und § 9 Abs. 1 S. 3 Nr. 4 GlüStV

Das OLG München – welches sich im Ergebnis dem Urteil des LG München I. anschließt und in der Folge von einem großen Teil der Rechtsprechung zitiert

---

936 Vgl. BGH, Urt. v. 24.04.2012 – XI ZR 96/11 –, Rn. 32, juris
937 Vgl BGH, Urt. v. 24.04.2012 – XI ZR 96/11 –, Rn. 32, 34, juris.
938 Vgl. Drittes Kapitel, B., V., 4.
939 Zur Prüfpflicht der Banken, siehe Drittes Kapitel, E., IV.

wird[940] – kommt in seiner Verfügung vom 06.02.2019 (Az.: 19 U 793/18) mit einer anderen Begründung zum gleichen Ergebnis. Zunächst einmal verortet der 19. Zivilsenat des OLG München das Urteil des BGH zutreffend an einer anderen Stelle und begründet damit für den abgeurteilten Fall, dass die beteiligte Bank durch die Mitwirkung an Zahlungen im Zusammenhang mit illegalem Online-Glücksspiel keine vertragliche Pflichtverletzung i. S. d. § 280 BGB begangen habe, da sie im vorliegenden Fall keine gesonderte vertragliche Prüf- oder Warnpflicht gegenüber ihrem Kunden getragen habe.[941] Sodann führt das Gericht aus, trotz der Abwicklung von seitens des Spielers autorisierter Zahlungen zum Zwecke des unerlaubten Online-Glücksspiels habe die Bank gleichwohl nicht i. S. d. § 4 Abs. 1 S. 2, 2 Hs. GlüStV an unzulässigen Zahlungen mitgewirkt.[942] Dies ergebe sich – anders als vom LG München I. begründet – aus den Erläuterungen zum 1. GlüÄndStV.[943] So verweise die Gesetzesbegründung zu § 4 Abs. 1 S. 2 GlüStV darauf, dass das Mitwirkungsverbot im Zusammenhang mit § 9 GlüStV zu sehen sei. Dabei diene das Mitwirkungsverbot lediglich der Erweiterung der Möglichkeiten zur Inanspruchnahme Dritter als verantwortliche Störer im Rahmen von § 9 GlüStV, sofern diese zuvor auf die unerlaubte Mitwirkung an verbotenem Glücksspiel hingewiesen worden seien.[944] Dies werde sodann nochmals in der amtlichen Erläuterung zu § 9 GlüStV bestätigt. Darin werde ausgeführt, dass § 9 Abs. 1 S. 3 Nr. 4 GlüStV der Klarstellung und Konkretisierung des Mitwirkungsverbots diene.[945] Klarstellend werde hierbei wiederholt, dass die beteiligten Banken über das Mitwirkungsverbot im Rahmen von § 9 GlüStV als verantwortliche Störer herangezogen werden könnten, sofern ihnen zuvor das Vorliegen von unerlaubtem Glücksspiel von der Glücksspielaufsichtsbehörde mitgeteilt worden seien. Konkretisierend werde ausgeführt, dass eine Heranziehung der Banken als verantwortliche Störer zudem die vorherige vergebliche

---

940 OLG München, Verf. v. 06.02.2019 – 19 U 793/18 –, Rn. 1, juris; LG Berlin, Urt. v. 16.04.2019 – 37 O 367/18 –, Rn. 28, juris, LG Düsseldorf, Urt. v. 10.10.2019 – 8 O 398/18 –, Rn. 23 ff., juris, LG Hamburg, Urt. v. 03.01.2020 – 330 O 111/19 –, Rn. 30, juris, OLG München, Beschl. v. 28.02.2020 – 8 U 5467/19 –, Rn. 27, juris.

941 OLG München, Verf. v. 06.02.2019 – 19 U 793/18 –, Rn. 8 ff., juris.

942 OLG München, Verf. v. 06.02.2019 – 19 U 793/18 –, Rn. 5, juris.

943 OLG München, Verf. v. 06.02.2019 – 19 U 793/18 –, Rn. 6, juris.

944 OLG München, Verf. v. 06.02.2019 – 19 U 793/18 –, Rn. 6, juris unter Verweis auf Erläuterungen zum GlüStV, Stand: 07.12.2011, S. 17.

945 OLG München, Verf. v. 06.02.2019 – 19 U 793/18 –, Rn. 6.

Inanspruchnahme der Veranstalter oder Vermittler erfordere.[946] Daraus ergebe sich – wie das LG München I. im Ergebnis richtig festgestellt habe –, dass es erst dann zur Aufgabe der Banken werde, die Legalität etwaiger Zahlungen im Zusammenhang mit Online-Glücksspiel zu prüfen und § 4 Abs. 1 S. 2 GlüStV damit erst dann Folgen für die Banken habe, wenn die Glücksspielaufsicht den betroffenen Banken unerlaubte Glücksspielangebote bekanntgegeben und die Mitwirkung an Zahlungen für unerlaubtes Glücksspiel und an Auszahlungen aus unerlaubtem Glücksspiel gem. § 9 Abs. 1 S. 3 Nr. 4 GlüStV untersagt habe.[947] Auch die „verbesserte" Begründung des 19. Zivilsenats des OLG München, für eine Erweiterung des § 4 Abs. 1 S. 2 GlüStV auf Tatbestandsebene, ist zweifelhaft. Die Begründung des OLG München berücksichtigt unter Missachtung des grammatikalischen Zusammenhangs allein ausgewählte Teile der Wortlaute der Gesetzesbegründungen. Sie ignoriert insbesondere die Gesetzessystematik und die verwaltungsgerichtliche Historie von § 9 Abs. 1 S. 3 Nr. 4 und Nr. 5 GlüStV 2008. Als Resultat daraus zieht das Gericht falsche, insbesondere deutlich zu enge Rückschlüsse bezogen auf die Regelungssystematik zwischen § 4 und § 9 GlüStV. Dies zeigt sich wie folgt:

(a). Gesetzesbegründung zu § 4 Abs. 1 S. 2 GlüStV

Die Gesetzesbegründung zu § 4 Abs. 1 S. 2 GlüStV lautet wie folgt:

> *„Die Erweiterung in [§ 4] Absatz 1 Satz 2 stellt klar, dass auch die Mitwirkung an Zahlungen im Zusammenhang mit unerlaubtem Glücksspiel verboten ist. Die Regelung ist im Zusammenhang mit den Überwachungsbefugnissen der Glücksspielaufsicht in § 9 zu sehen und erweitert die Möglichkeiten der Inanspruchnahme Dritter als verantwortliche Störer, soweit sie zuvor auf die unerlaubte Mitwirkung an verbotenem Glücksspiel hingewiesen wurden."*[948]

Betrachtet man allein den Wortlaut dieser Gesetzesbegründung, so erscheint der Rückschluss des 19. Zivilsenats des OLG München richtig. Jedoch ergibt der Wortlaut dieser Gesetzesbegründung unter gleichzeitiger Berücksichtigung des systematischen Regelungszusammenhangs von § 4 GlüStV und § 9 GlüStV sowie der verwaltungsgerichtlichen Historie von § 9 Abs. 1 S. 3 Nr. 4 und Nr. 5 GlüStV 2008 einen anderen Sinngehalt. Die amtliche Begründung zu § 4 Abs. 1 S. 2

---

946 Vgl. OLG München, Verf. v. 06.02.2019 – 19 U 793/18 –, Rn. 6, juris, unter Verweis auf Erläuterungen zum GlüStV, Stand: 07.12.2011, S. 32.

947 OLG München, Verf. v. 06.02.2019 – 19 U 793/18 –, Rn. 5–7; BeckOGK/*Haertlein*, 01.12.2020, BGB § 762, Rn. 144, 145.

948 Amtliche Begründung zu § 4 Abs. 1 S. 2 GlüStV, Bay.-Lt. Drs. 16/11995, S. 21, 22.

GlüStV ist zweigeteilt. Sie enthält zum einen die einleitende *Klarstellung*, dass mit der Einführung des § 4 Abs. 1 S. 2, 2 Hs. GlüStV jetzt *auch die Mitwirkung an Zahlungen im Zusammenhang mit unerlaubtem Glücksspiel verboten ist.* Damit wird zunächst deutlich, dass der Gesetzgeber das Mitwirkungsverbot aus § 4 Abs. 1 S. 2 GlüStV mit dem Verbot von unerlaubtem terrestrischem Glücksspiel aus § 4 Abs. 1 S. 1, S. 2, 1 Hs. GlüStV und dem Internettotalverbot aus § 4 Abs. 4 GlüStV gleichstellt. Fortan soll die Mitwirkung an Zahlungen im Zusammenhang mit unerlaubtem Glücksspiel also ebenso verboten sein wie das nicht genehmigte Veranstalten und Vermitteln von terrestrischem Glücksspiel sowie das generell verbotene Veranstalten und Vermitteln von Glücksspiel im Internet. Zum anderen enthält die amtliche Begründung zu § 4 Abs. 1 S. 2, 2 Hs. GlüStV einen Hinweis auf den historischen Kontext der Norm. Vor Einführung des Mitwirkungsverbots im Rahmen des 1. GlüÄndStV wurde gegenüber den beteiligten Intermediären unmittelbar das Internettotalverbot aus § 4 Abs. 4 GlüStV ordnungsrechtlich durchgesetzt. Dies geschah gegenüber den beteiligten Banken mithilfe von Untersagungsverfügungen nach § 9 Abs. 1 S. 3 Nr. 4 GlüStV 2008 und gegenüber den beteiligten Access-Providern mithilfe von Sperrungsverfügungen gem. § 9 Abs. 1 S. 3 Nr. 5 GlüStV 2008. Hierbei ergab sich, dass die Banken und Access-Provider ordnungsrechtlich zur Durchsetzung eines glücksspielrechtlichen Verbots herangezogen wurden, dessen Adressaten sie nicht waren.[949] Daraus erwuchsen gleich mehrere Probleme. So enthielt der GlüStV keine Regelungen darüber, wer als Störer in Anspruch zu nehmen war.[950] Auch in § 9 Abs. 1 S. 3 Nr. 5 GlüStV 2008 wurde nicht zwischen Störern und Nichtstörern unterschieden.[951] Darin wurde lediglich geregelt, dass den Access-Providern die Mitwirkung am Zugang zum unerlaubten Online-Glücksspiel untersagt werden konnte, soweit diese Verantwortliche nach dem Telemediengesetz (TMG) waren.[952] Die im TMG verwendete Überschrift der *Verantwortlichkeit* ist jedoch insofern missverständlich, da die einschlägigen §§ 7–10 TMG keine rechtliche Verantwortlichkeit der beteiligten Dienstanbieter begründen oder erweitern können.[953] Aus den §§ 7–10 TMG ergibt sich lediglich ein System

949 Vgl. *Ennuschat/Klestil*, ZfWG 6/09, S. 389, 390.

950 Vgl. VG Düsseldorf, Urt. v. 29.11.2011 – 27 K 5887/10 –, Rn. 38, juris.

951 Vgl. VG Düsseldorf, Urt. v. 29.11.2011 – 27 K 5887/10 –, Rn. 38, juris.

952 § 9 Abs. 1 S. 3 Nr. 5 GlüStV 2008: *„Sie kann insbesondere Dienstanbietern im Sinne von § 3 Teledienstegesetz, soweit sie nach diesem Gesetz verantwortlich sind, die Mitwirkung am Zugang zu unerlaubten Glücksspielangeboten untersagen.“*; Das Teledienstegesetz wurde am 01.03.2007 vom Telemediengesetz (TMG) abgelöst, BGBl. I S. 179.

953 BeckOK InfoMedienR/*Paal/Hennemann*, 32. Ed. 01.05.2021, TMG, § 7, Rn. 5.

der Haftungsprivilegierung für Vermittler von elektronischer Kommunikation.[954] Eine Verantwortlichkeit der Dienstanbieter hingegen kann allein durch einschlägige Spezialgesetze (d. h. hier aus dem GlüStV) begründet werden.[955] Eine solche Vorschrift fehlte aber bisher im GlüStV. Folglich scheiterte ein ordnungsbehördliches Vorgehen gegen Dritte per Untersagungsverfügung regelmäßig an einer tauglichen spezialgesetzlichen Ermächtigungsgrundlage.[956] Auch eine Inanspruchnahme als Nichtstörer nach allgemeinem Ordnungsrecht führte nicht zum Erfolg. Eine Nichtstörerhaftung scheiterte u. a. am Grundsatz der Subsidiarität.[957] So war teilweise nicht klar, ob und inwieweit bereits Maßnahmen gegen die eigentlichen Störer (die Online-Glücksspielanbieter) ergriffen wurden.[958] Über alldem standen Fragen nach der Verhältnismäßigkeit der Maßnahmen.[959] Auf diese Probleme bei der Durchsetzung des Internettotalverbots aus § 4 Abs. 4 GlüStV im Rahmen von § 9 GlüStV ist mit den Änderungen durch den 1. GlüÄndStV reagiert worden. Während mit § 9 Abs. 1 S. 3 Nr. 5 GlüStV 2008 die ordnungsrechtliche Inanspruchnahme der Access-Provider als „Hilfssheriffs"[960] gleich ganz abgeschafft wurde, wurde mit dem Mitwirkungsverbot in § 4 Abs. 1 S. 2, 2 Hs. GlüStV das benötigte Spezialgesetz für das Vorgehen nach § 9 Abs. 1 S. 3 Nr. 4 GlüStV gegen die Banken als verbliebene „Hilfssheriffs" neu eingeführt.[961] Das Mitwirkungsverbot adressiert die Banken nun selbst und überträgt diesen ein eigenständiges Verbot. Dadurch wird gegenüber den beteiligten Banken fortan im Rahmen des ordnungsrechtlichen Vorgehens nach § 9 Abs. 1 S. 3 Nr. 4 GlüStV kein Verbot mehr durchgesetzt, dessen Adressat sie nicht sind. Vielmehr können sie jetzt selbst als Störer adressiert werden.[962]

---

954 BeckOK InfoMedienR/*Paal/Hennemann*, 32. Ed. 01.05.2021, TMG, § 7, Rn. 2–4.

955 BeckOK InfoMedienR/Paal/Hennemann, 32. Ed. 01.05.2021, TMG, § 7, Rn. 5.

956 Vgl. VG Köln, Urt. v. 15.12.2011 – 6 K 5404/10, juris; Vgl. VG Düsseldorf, Urt. v. 29.11.2011 – 27 K 5887/10, juris; *Ennuschat/Klestil*, ZfWG 6/09, S. 389, 394.

957 Vgl. VG Köln, Urt. v. 15.12.2011 – 6 K 5404/10 –, Rn. 49 ff., juris; Vgl. VG Düsseldorf, Urt. v. 29.11.2011 – 27 K 5887/10 –, Rn. 38, juris; *Ennuschat/Klestil*, ZfWG 6/09, S. 389, 394.

958 Vgl. VG Köln, Urt. v. 15.12.2011 – 6 K 5404/10 –, Rn. 56, juris.

959 Vgl. VG Köln, Urt. v. 15.12.2011 – 6 K 5404/10 –, Rn. 59 ff., juris; VG Düsseldorf, Urt. v. 29.11.2011 – 27 K 5887/10 –, Rn. 59 ff., juris.

960 *Bolay/Pfütze*, in Streinz/Liesching/Hambach, Glücks- und Gewinnspielrecht in den Medien, § 4, Rn. 94.

961 *Oldag*, in: Dietlein/Hecker/Ruttig, Glücksspielrecht, § 9, Rn. 39.

962 Wodurch § 9 Abs. 1 S. 3 Nr. 4 GlüStV zur tauglichen Ermächtigungsgrundlage für das Vorgehen gegen die Banken avanciert ist, vgl. VG Köln, Urt. v. 15.12.2011 – 6 K 5404/

Betrachtet man nun die Gesetzesbegründung zu § 4 Abs. 1 S. 2 GlüStV unter Berücksichtigung der vorangehenden Ausführungen erneut, so wird dessen Inhalt klarer: Mit dem Mitwirkungsverbot wurde ein neues eigenständiges Verbot eingeführt. Dieses Verbot steht mit § 4 Abs. 1 S. 1 GlüStV und § 4 Abs. 4 GlüStV auf einer Ebene, adressiert aber die beteiligten Banken. Gleichzeitig können mithilfe des neuen Verbots nun die ordnungsrechtlichen Untersagungsverfügungen nach § 9 Abs. 1 S. 3 Nr. 4 GlüStV wieder rechtmäßig erfolgen, sofern hierfür die erforderlichen Tatbestandsvoraussetzungen vorliegen. Dass die Absicherung der Rechtmäßigkeit der Untersagungsverfügungen nach § 9 GlüStV dabei die alleinige Funktion von § 4 Abs. 1 S. 2 GlüStV wäre, ist der Gesetzesbegründung hingegen nicht zu entnehmen. Hiergegen spricht zum einen bereits die einleitende Klarstellung in der Gesetzesbegründung und zum anderen die systematische Verortung des Mitwirkungsverbots im *Ersten Abschnitt – Allgemeine Vorschriften,* unter der Überschrift *Allgemeine Bestimmungen,* bei § 4 Abs. 1 und § 4 Abs. 4 GlüStV – den beiden gewichtigsten Verboten der öffentlich-rechtlichen Glücksspielregulierung. Das OLG München ignoriert all dies. Es beachtet ausschließlich den zweiten Satz des Wortlauts der Gesetzesbegründung zu § 4 Abs. 1 S. 2 GlüStV und kommt damit zu einem unausgewogenen aber möglicherweise gewollten Ergebnis. Hierzu mag die mehr als unglücklich erfolgte Ausgestaltung der Gesetzesbegründung von § 4 Abs. 1 S. 2 GlüStV eingeladen haben.[963] Gleichzeitig wurden mit der Einführung des Mitwirkungsverbots im Rahmen des 1. GlüÄndStV mit Blick auf die Verhältnismäßigkeit eines ordnungsbehördlichen Vorgehens gegen die Banken zudem Nachbesserungen am Tatbestand des § 9 Abs. 1 S. 3 Nr. 4 GlüStV vorgenommen. Seit dem 1. GlüÄndStV erfordert eine Untersagungsverfügung aufgrund der Mitwirkung an Zahlungen zum Zwecke des unerlaubten Glücksspiels und an Auszahlungen aus unerlaubtem Glücksspiel nun die vorherige Bekanntgabe unerlaubter Glücksspielangebote seitens der Glücksspielaufsichtsbehörde.[964] Das hat zur Folge, dass fortan insbesondere die Erforderlichkeit einer Untersagungsverfügung nach § 9 Abs. 1 S. 3 Nr. 4 GlüStV – d. h. gleichzeitig die Erforderlichkeit der

10, juris; Vgl. VG Düsseldorf, Urt. v. 29.11.2011 – 27 K 5887/10, juris; Vgl. *Ennuschat/Klestil*, ZfWG 6/09, S. 389, 394.

963 Dass die Ausgestaltung der Gesetzesbegründung nicht gelungen ist, zeigt auch die Gesetzesbegründung zu § 9 Abs. 1 S. 3 Nr. 4 GlüStV. Hierin versucht der Gesetzgeber die im Abschnitt zu § 4 Abs. 1 S. 2 GlüStV angedeutete Gesetzessystematik zwischen § 4 Abs. 1 S. 2, 2 Hs. GlüStV und § 9 Abs. 1 S. 3 Nr. 4 GlüStV genauer zu erklären, siehe Drittes Kapitel, C., II., 2., c), aa., (2), (b).

964 Vgl. Bay.-Lt. Drs. 16/11995, S. 27.

ordnungsbehördlichen Durchsetzung des Mitwirkungsverbots aus § 4 Abs. 1 S. 2, 2 Hs. GlüStV – abgesichert ist. Mit der vorherigen Bekanntgabe unerlaubter Glücksspielangebote seitens der Glücksspielaufsicht können informierte Banken einer Untersagungsverfügung zuvorkommen und so proaktiv Zahlungen hierzu unterbinden. Dies stellt ein milderes und gleich geeignetes Mittel dar, wenn Banken hierdurch dazu motiviert werden können, das ohnehin und unabhängig von § 9 GlüStV geltende Mitwirkungsverbot einzuhalten. Missverständlicher Weise sind die Ausführungen zu den neuen Tatbestandsvoraussetzungen des § 9 Abs. 1 S. 3 Nr. 4 GlüStV innerhalb der Gesetzesbegründung zu § 4 Abs. 1 S. 2, 2 Hs. GlüStV platziert worden. Es wäre verständlicher und in systematischer Hinsicht richtiger gewesen, Ausführungen hierzu allein bei der Gesetzesbegründung zu § 9 Abs. 1 S. 3 Nr. 4 GlüStV zu machen. Stattdessen hat der Gesetzgeber die Regelungssystematik zwischen beiden Normen zunächst in der amtlichen Begründung zu § 4 Abs. 1 S. 2 GlüStV angedeutet und sodann in der amtlichen Begründung zu § 9 Abs. 1 S. 3 Nr. 4 GlüStV klargestellt.[965] Dass der Gesetzgeber hier nicht die Vermischung der Tatbestandsvoraussetzungen beider Normen im Sinn hatte, zeigt die grammatikalische Auslegung der Gesetzesbegründung. Wie bereits ausgeführt, stellt der einleitende Satz klar, dass das Mitwirkungsverbot, wie auch zuvor schon § 4 Abs. 1 und § 4 Abs. 4 GlüStV, ein gesetzliches Verbot ist. Sodann deutet der erste Halbsatz des zweiten Satzes an, dass das Mitwirkungsverbot, wie auch hier zuvor schon § 4 Abs. 1 und § 4 Abs. 4 GlüStV, ordnungsrechtlich durch § 9 GlüStV umgesetzt wird.[966] Der letzte Halbsatz weist darauf hin, dass die ordnungsbehördliche Durchsetzung von § 4 Abs. 1 GlüStV durch § 9 GlüStV seit dem 1. GlüÄndStV nunmehr verschärften Voraussetzungen unterliegt. Letzteres bezieht sich ausdrücklich allein auf das ordnungsbehördliche Vorgehen nach § 9 GlüStV. Während § 4 Abs. 1 S. 2, 2 Hs. GlüStV ausweislich der Gesetzesbegründung ein gesetzliches Verbot ist, ist § 9 Abs. 1 S. 3 Nr. 4 GlüStV die Ermächtigungsgrundlage zu dessen ordnungsbehördlicher Durchsetzung. Bei genauer grammatikalischer Auslegung zeigt sich, dass die gesamte Aussage des zweiten Satzes durch die Formulierung *„verantwortlicher*

---

965 Zur Andeutung der Regelungssystematik: *„Die Regelung [§ 4 Abs. 1 S. 2, 2 Hs. GlüStV] […] erweitert die Möglichkeiten der Inanspruchnahme Dritter [gem. § 9 Abs. 1 S. 3 Nr. 4 GlüStV] als verantwortliche Störer, soweit sie zuvor auf die unerlaubte Mitwirkung an verbotenem Glücksspiel hingewiesen wurden.“*, Bay.-Lt. Drs. 16/11995, S. 21, 22. Damit wird angedeutet, dass § 4 Abs. 1 S. 2, 2 Hs. GlüStV ordnungsrechtlich durch § 9 Abs. 1 S. 3 Nr. 4 GlüStV umgesetzt wird; Siehe zur Klarstellung in der Gesetzesbegründung zu § 9 Abs. 1 S. 3 Nr. 4 GlüStV, siehe Drittes Kapitel, C., II., 2., c), aa., (2), (b).

966 Siehe hierzu auch Drittes Kapitel, C., II., 2., c), aa., (2), (b).

Störer" in einen gefahrenabwehrrechtlichen Kontext gesetzt wird und sich somit nicht mehr auf das gesetzliche Mitwirkungsverbot selbst bezieht.[967] *„Störer"* ist ein Ausdruck aus dem Gefahrenabwehrrecht und beschreibt den Verursacher einer Gefahrenlage.[968] Das OLG München ignoriert neben der historischen Auslegung mithin auch die vollständige grammatikalische Auslegung der Norm.

Zusammenfassend lässt sich also festhalten, dass die Gesetzesbegründung zu § 4 Abs. 1 S. 2 GlüStV primär die Einführung eines neuen gesetzlichen Verbots neben § 4 Abs. 1 S. 1, S. 2, 2 Hs. GlüStV und § 4 Abs. 4 GlüStV klarstellt. Sodann verweist sie mittelbar auf die systematische Verknüpfung zwischen § 4 und § 9 GlüStV. Das Mitwirkungsverbot wird (wie schon zuvor § 4 Abs. 1, Abs. 4 GlüStV) ordnungsrechtlich mithilfe von § 9 GlüStV umgesetzt, wodurch die verwaltungsgerichtlichen Probleme aus der Vergangenheit gelöst wurden. Fortan liefert das Mitwirkungsverbot den spezialgesetzlichen Anknüpfungspunkt für eine ordnungsbehördliche Inanspruchnahme der Banken als Störer nach § 9 GlüStV, wodurch die Rechtmäßigkeit der ordnungsbehördlichen Maßnahme nicht mehr infrage gestellt werden kann. Allerdings erfordert ein ordnungsbehördliches Vorgehen nach § 9 Abs. 1 S. 3 Nr. 4 GlüStV fortan einen behördlichen Hinweis auf das Vorliegen von unerlaubtem Glücksspiel. Auch dies ist eine Reaktion auf die verwaltungsgerichtlichen Probleme bei der Inanspruchnahme von Intermediären zur Unterbindung von illegalem Glücksspiel in der Vergangenheit. Dass der Gesetzgeber – wie vom OLG München angenommen – die Tatbestandsmerkmale des Mitwirkungsverbots aus § 4 Abs. 1 S. 2 GlüStV mit jenen der Untersagungsverfügung aus § 9 Abs. 1 S. 3 Nr. 4 GlüStV vermengen wollte, zeigt sich hingegen nicht. Eine so verstandene Intention des Gesetzgebers lässt sich weder dem Wortlaut von § 4 Abs. 1 S. 2, 2 Hs. GlüStV entnehmen noch ergibt sich dies aus einer systematischen Auslegung der Norm. Ebenfalls ergibt sich ein solcher Rückschluss nicht unter Berücksichtigung einer genauen grammatikalischen Auslegung sowie der verwaltungsgerichtlichen Historie von § 4 Abs. 1 GlüStV und § 9 Abs. 1 S. 3 Nr. 4, 5 GlüStV 2008, sodass eine vollumfängliche Auslegung der amtlichen Gesetzesbegründung von § 4 Abs. 1 S. 2 GlüStV der Argumentation des OLG München entgegensteht. Im Regelungszusammenhang soll § 9 GlüStV den Verboten des GlüStV zur ordnungsbehördlichen Durchsetzung verhelfen. Es leuchtet nicht ein, warum der Gesetzgeber entgegen einer bestehenden Regelungssystematik die Ermächtigungsgrundlage zur ordnungsbehördlichen Durchsetzung eines Verbotes dafür nutzen sollte,

967 *Rock*, RdZ 2020, S. 115, 117.
968 *Thiel*, Polizei- und Ordnungsrecht, 4. Aufl., S. 115, 116.

um die Tatbestandsvoraussetzungen des hierdurch umzusetzenden gesetzlichen Verbotes zu erweitern. Auch lässt sich kein Bedürfnis zur Erweiterung der Tatbestandsmerkmale des Mitwirkungsverbots aus § 4 Abs. 1 S. 2 GlüStV um jene der Untersagungsverfügung aus § 9 Abs. 1 S. 3 Nr. 4 GlüStV aus der Historie der Normen ableiten. Zwar ist die praktische Umsetzbarkeit eines gesetzlichen Verbots (im Falle des Mitwirkungsverbots: die Möglichkeit der Banken, legale und illegale Online-Glücksspielangebote erkennen und trennen zu können) bei dessen Entwicklung und Einführung stets ein wichtiger Aspekt. Hätte der Gesetzgeber dies jedoch als regelungsbedürftiges Problem angesehen, so wäre es naheliegender gewesen, eine behördliches Mitteilungserfordernis als Voraussetzung des Mitwirkungsverbots direkt in den Tatbestand des § 4 Abs. 1 S. 2, 2 Hs. GlüStV mit aufzunehmen oder zumindest diesen Beweggrund ausdrücklich in der Gesetzesbegründung des neu eingeführten Verbots zu vermerken. Dies ist jedoch nicht geschehen. Das OLG München konnte zu seiner Auffassung nur gelangen, indem es einen Teil der amtlichen Begründung zu § 4 Abs. 1 S. 2 GlüStV wörtlich genommen und dabei die übrigen Auslegungsmittel ausgeklammert hat. Bei vollständiger Berücksichtigung aller zur Verfügung stehender Auslegungsmittel ist nicht davon auszugehen, dass der Gesetzgeber von einem Bedürfnis der Erweiterung der Tatbestandsmerkmale in § 4 Abs. 1 S. 2, 2 Hs. GlüStV ausgegangen ist. Vielmehr ist es aufgrund der vorangehenden Ausführungen naheliegender, dass die Gesetzesbegründung zu § 4 Abs. 1 S. 2 GlüStV allein auf die Regelungssystematik zwischen § 4 Abs. 1 S. 2 GlüStV und § 9 Abs. 1 GlüStV vor dem Hintergrund der verwaltungsgerichtlichen Historie von § 9 Abs. 1 S. 3 Nr. 4 und Nr. 5 GlüStV 2008 hinweist.

(b). Gesetzesbegründung zu § 9 Abs. 1 S. 3 Nr. 4 GlüStV

Dass dies so ist, wird zudem durch eine Auslegung der Gesetzesbegründung zu § 9 Abs. 1 S. 3 Nr. 4 GlüStV verdeutlicht. Darin heißt es:

> *„Die Regelung in § 9 Abs. 1 Satz 3 Nr. 4 dient der Klarstellung und Konkretisierung von § 4 Abs. 1 Satz 2. Danach können die am Zahlungsverkehr Beteiligten, insbesondere die Kredit- und Finanzdienstleistungsinstitute einschließlich E-Geld-Institute (Nr. 4) im Wege einer dynamischen Rechtsverweisung als verantwortliche Störer herangezogen werden, sofern ihnen zuvor die Mitwirkung an unerlaubten Glücksspielangeboten von der Glücksspielaufsichtsbehörde mitgeteilt wurde. Dies setzt voraus, dass der Veranstalter oder Vermittler des unerlaubten Glücksspielangebotes zuvor vergeblich – insbesondere wegen eines Auslandsbezuges – in Anspruch genommen wurde.“*[969]

969 Amtliche Begründung zu § 9 Abs. 1 S. 3 Nr. 4 GlüStV, Bay.-Lt. Drs. 16/11995, S. 27.

Der 19. Zivilsenat des OLG München vertritt die Auffassung, die Gesetzesbegründung zu § 9 Abs. 1 S. 3 Nr. 4 GlüStV wiederhole lediglich, was sich bereits aus der Gesetzesbegründung zu § 4 Abs. 1 S. 2, 2 Hs. GlüStV ergebe. Danach habe § 4 Abs. 1 S. 2 GlüStV nur die Funktion die Störerauswahl bei einem Vorgehen nach des § 9 Abs. 1 S. 3 Nr. 4 GlüStV zu erweitern, sofern die Voraussetzungen für eine ordnungsbehördliche Untersagungsverfügung vorlägen.[970] Diese Auffassung ist falsch. Das OLG München geht auch hier wieder allein von einer oberflächlichen wörtlichen Auslegung der amtlichen Begründung aus und missachtet die übrigen Auslegungsmittel, insbesondere die Regelungssystematik von § 9 GlüStV. Während in der amtlichen Begründung zu § 4 Abs. 1 S. 2, 2 Hs. GlüStV angedeutet wurde, dass das Mitwirkungsverbot ordnungsrechtlich durch § 9 GlüStV durchgesetzt wird, wird in der amtlichen Begründung zu § 9 Abs. 1 S. 3 Nr. 4 GlüStV vielmehr darauf eingegangen, wie dieser systematische Zusammenhang konkret ausgestaltet ist. Gem. § 9 Abs. 1 S. 1 GlüStV hat die Glücksspielaufsicht die Aufgabe, die Erfüllung der nach dem GlüStV bestehenden oder der auf Grund des GlüStV begründeten öffentlich-rechtlichen Verpflichtungen zu überwachen (sog. Überwachungsaufgabe[971]) und darauf hinzuwirken, dass unerlaubtes Glücksspiel und Werbung hierfür unterbleiben (sog. Hinwirkungsaufgabe[972]). Für die Erfüllung der Hinwirkungsaufgabe kann die zuständige Glücksspielaufsichtsbehörde aufgrund der Generalbefugnis aus § 9 Abs. 1 S. 2 GlüStV Einzelfallanordnungen erlassen.[973] Maßnahmen auf Grund der Generalbefugnis knüpfen generell an materiell-rechtliche Pflichten aus dem GlüStV an.[974] Hierdurch erklärt sich nun auch, warum § 4 Abs. 1 S. 2 GlüStV laut seiner Gesetzesbegründung im *Zusammenhang mit den Überwachungsbefugnissen der Glücksspielaufsicht in § 9 GlüStV zu sehen* ist.[975] Die Gesetzesbegründung beschreibt nicht etwa, dass § 4 Abs. 1 S. 2 GlüStV um die Tatbestandsmerkmale des § 9 Abs. 1 S. 3 Nr. 4 GlüStV erweitert werden soll. Vielmehr wird beschrieben, dass die Generalbefugnis aus § 9 GlüStV fortan auch das neu hinzugetretene Mitwirkungsverbot erfasst. Durch seine offene Formulierung ermöglicht der § 9 Abs. 1 S. 1 GlüStV eine Bezugnahme auf neu hinzukommende

970 Vgl. OLG München, Verf. v. 06.02.2019 – 19 U 793/18 –, Rn. 6.

971 *Oldag*, in: Dietlein/Hecker/Ruttig, Glücksspielrecht, § 9, Rn. 2.

972 *Oldag*, in: Dietlein/Hecker/Ruttig, Glücksspielrecht, § 9, Rn. 3.

973 Vgl. *Oldag*, in: Dietlein/Hecker/Ruttig, Glücksspielrecht, § 9, Rn. 5.

974 *Oldag*, in: Dietlein/Hecker/Ruttig, Glücksspielrecht, § 9, Rn. 11.

975 Vgl. Amtliche Begründung zu § 4 Abs. 1 S. 2 GlüStV, Bay.-Lt. Drs. 16/11995, S. 21; Überwachungsaufgabe und Hinwirkungsaufgabe samt Generalbefugnis werden als *„Überwachungsbefugnisse"* zusammengefasst.

Regelungen, da die Norm die Überwachungspflicht auf alle Pflichten durch oder aufgrund des GlüStV in seiner derzeit gültigen Fassung bezieht.[976] § 9 Abs. 1 S. 3 GlüStV spezifiziert diese Generalbefugnis aus § 9 Abs. 1 S. 2 GlüStV durch die Ergänzung der wichtigsten Regelbefugnisse.[977] Diese Regelbefugnisse zielen jeweils auf bestimmte, d. h. ganz konkrete Pflichten aus dem GlüStV ab. So zielen beispielsweise Untersagungsverfügungen nach § 9 Abs. 1 S. 3 Nr. 3 GlüStV auf die Einhaltung des Erlaubnisvorbehalts aus § 4 Abs. 1 S. 1 GlüStV bzw. auf die Einhaltung des Internettotalverbots aus § 4 Abs. 4 GlüStV durch die Anbieter ab.[978] Nach § 9 Abs. 1 S. 3 Nr. 3 GlüStV kann als Handlungsstörer ordnungsrechtlich in Anspruch genommen werden, wer öffentliches Glücksspiel (im Internet) (mit-) veranstaltet oder vermittelt.[979] Werden Pflichten im Zusammenhang mit dem GlüStV ergänzt, können sich neben der Generalbefugnis aus § 9 Abs. 1 S. 1 GlüStV auch die Anknüpfungspunkte für die Regelbefugnisse aus § 9 Abs. 1 S. 3 GlüStV verändern. Dies ist mit Einführung des Mitwirkungsverbots bei § 9 Abs. 1 S. 3 Nr. 4 GlüStV geschehen. Ursprünglich wurde mithilfe des § 9 Abs. 1 S. 3 Nr. 4 GlüStV 2008 gegenüber den Banken unmittelbar das Internettotalverbot aus § 4 Abs. 4 GlüStV umgesetzt. Mit Einführung des § 4 Abs. 1 S. 2, 2 Hs GlüStV wird mithilfe des § 9 Abs. 1 S. 3 Nr. 4 GlüStV nun das Mitwirkungsverbot gegenüber den Banken umgesetzt. Fortan können die Banken nach § 9 Abs. 1 S. 3 Nr. 4 GlüStV als verantwortliche Störer in Anspruch genommen werden, sofern sie an Zahlungen zum Zwecke des illegalen Online-Glücksspiels mitgewirkt haben. § 9 Abs. 1 S. 3 Nr. 4 GlüStV knüpft also nicht mehr an den § 4 Abs. 4 GlüStV an, sondern setzt nunmehr allein den § 4 Abs. 1 S. 2 GlüStV gegenüber den beteiligten Banken um.[980] Gleichzeitig wurde § 9 Abs. 1 S. 3 Nr. 4 GlüStV auf Tatbestandsebene dahingehend „entschärft“, dass eine Untersagungsverfügung gegenüber den Banken erst dann erfolgen kann, wenn diesen die unerlaubten Glücksspielangebote zuvor behördlich bekanntgegeben worden sind.[981] Dieser Schritt erscheint aus Billigkeitsgründen geboten. Da § 9 Abs. 1 S. 3 Nr. 4 GlüStV fortan nicht mehr an das Internettotalverbot aus § 4 Abs. 4 GlüStV, sondern an das Mitwirkungsverbot der Banken aus § 4 Abs. 1 S. 2, 2 Hs. GlüStV anknüpft,

---

976 *„[…], die Erfüllung der nach diesem Staatsvertrag bestehenden oder auf Grund dieses Staatsvertrages begründeten öffentlich-rechtlichen Verpflichtungen […]“*, § 9 Abs. 1 S. 1 GlüStV.

977 *Oldag*, in: Dietlein/Hecker/Ruttig, Glücksspielrecht, § 9, Rn. 7.

978 Vgl. *Oldag*, in: Dietlein/Hecker/Ruttig, Glücksspielrecht, § 9, Rn. 32 ff.

979 *Oldag*, in: Dietlein/Hecker/Ruttig, Glücksspielrecht, § 9, Rn. 13.

980 Vgl. *Oldag*, in: Dietlein/Hecker/Ruttig, Glücksspielrecht, § 9, Rn. 36, 37.

981 Vgl. *Oldag*, in: Dietlein/Hecker/Ruttig, Glücksspielrecht, § 9, Rn. 36, 37.

wird das Internettotalverbot selbst unmittelbar ordnungsrechtlich nur noch mithilfe von § 9 Abs. 1 S. 3 Nr. 3 GlüStV gegenüber den Online-Glücksspielanbietern umgesetzt. Gleichzeitig werden die Banken nur noch ausschließlich im Rahmen von § 9 Abs. 1 S. 3 Nr. 4 GlüStV i. V. m. § 4 Abs. 1 S. 2, 2 Hs. GlüStV adressiert. Damit kann die Glücksspielaufsichtsbehörde nun, zur Unterbindung des illegalen Online-Glücksspiels, gegen zwei unterschiedliche Verhaltensstörer aufgrund der Verletzung zweier verschiedener glücksspielrechtlicher Verbote vorgehen. Auch wenn das Mitwirkungsverbot ein eigenständiges gesetzliches Verbot ist, dient es doch mittelbar der Durchsetzung des Internettotalverbots.[982] Vor diesem Hintergrund müsste also eigentlich davon auszugehen sein, dass sich die Aufsichtsbehörden ordnungsrechtlich vorrangig gegen die Online-Glücksspielanbieter wenden. Ohne die neu eingeführte Einschränkung des § 9 Abs. 1 S. 3 Nr. 4 GlüStV auf Tatbestandsebene käme es aber zu der Situation, dass das primäre Adressieren der Online-Glücksspielanbieter aufgrund der Eigenständigkeit von § 4 Abs. 1 S. 2 GlüStV gar nicht mehr erforderlich wäre. Es wäre ebenso rechtmäßig, würden sich die Ordnungsbehörden direkt an die Banken richten. Schließlich sanktioniert die zuständige Glücksspielaufsichtsbehörde mit § 9 Abs. 1 S. 3 Nr. 4 GlüStV gegenüber den Banken nicht die Beihilfe zu einem Verstoß gegen § 4 Abs. 4 GlüStV, sondern einen eigenständigen Verstoß der Banken gegen das Mitwirkungsverbot aus § 4 Abs. 1 S. 2 GlüStV.[983] Hinzu kommt, dass die Erfahrung beim ordnungsrechtlichen Vorgehen gegen die Online-Glücksspielanbieter laut dem für das Payment Blocking nach § 9 Abs. 1 S. 3 Nr. 4 GlüStV zuständigen Niedersächsischen Ministerium für Inneres und für Sport gezeigt habe, dass die Online-Glücksspielanbieter den gerichtlich bestätigten Unterlassungsanordnungen ohnehin überwiegend nicht nachkämen. Dies werde ermöglicht, indem sie ihren Unternehmenssitz im europäischen Ausland so wählen, dass nach Möglichkeit kein Vollstreckungsabkommen vorliege.[984] In der Folge sei ein ordnungsbehördliches Vorgehen gegen die Online-Glücksspielanbieter sehr schwierig. Hiergegen erscheint ein ordnungsbehördliches Vorgehen gegen die regelmäßig auch in Deutschland niedergelassenen und dem deutschen Recht unterliegenden Banken einfacher und erfolgversprechender. Schließlich können diese sich einem ordnungsbehördlichen Vorgehen in Deutschland nicht leicht entziehen.

982 LT-Drs. 18/607, S. 2; VGH Mannheim, Urt. v. 08.09.2015 – 6 S 1426/14 –, Rn. 23, juris; LT-Drs. 15/3459, S. 5.

983 Vgl. Amtliche Begründung zu § 9 Abs. 1 S. 3 Nr. 4 GlüStV, LT-Drs. 16/11995, S. 27.

984 LT-Drs. 18/1569, S. 3; LT-Drs. 18/3543, S. 3.

Aufgrund der Notwendigkeit der Beteiligung der Banken für das Zustandekommen eines Online-Glücksspiels, muss bei einem durchgeführten illegalen Online-Glücksspiel in jedem Fall auch gegen das Mitwirkungsverbot verstoßen worden sein. Damit ist eine naheliegende und erfolgversprechendere Alternative zum (erfolglosen) ordnungsrechtlichen Vorgehen gegen die Online-Glücksspielanbieter, dass sich die Behörden bei der Bekämpfung des illegalen Online-Glücksspiels ohne Umweg über die schwer zu erreichenden ausländischen Online-Glücksspielanbieter direkt an die Banken wenden. Hierdurch würden sie zwar nur mittelbar, aber gleichwohl effektiver und ressourcensparender für die Einhaltung des Internettotalverbots sorgen. Im Ergebnis würde dies eine ordnungsrechtliche Inanspruchnahme der Online-Glücksspielanbieter obsolet machen. Eine uneingeschränkte direkte ordnungsrechtliche Inanspruchnahme der Banken würde allerdings missachten, dass die Online-Glücksspielanbieter der eigentlichen Gefahrenquelle des illegalen Online-Glücksspiels, den illegalen Online-Glücksspielangeboten selbst, näherstehen als die Banken. Damit würde ein unbilliges Ergebnis erzeugt. Beide Adressaten verstoßen für sich genommen gegen ein eigenständiges, sie selbst adressierendes gesetzliches Verbot. Im Ergebnis dienen aber beide Verbote der Bekämpfung von illegalem Online-Glücksspiel. Dabei dürfte das Hervorrufen der eigentlichen Gefahrenquelle schwerer wiegen als eine rechtswidrige und gefahrerhöhende Handlung in deren Dunstkreis.[985] Um diesem unbilligen Ergebnis beim ordnungsrechtlichen Vorgehen gegen die Banken zu entgegnen, wurde mit der Einführung des eigenständigen Mitwirkungsverbots und der damit verbundenen Möglichkeit der Inanspruchnahme der Banken als Störer gem. § 9 Abs. 1 S. 3 Nr. 4 GlüStV i. V. m. § 4 Abs. 1 S. 2 GlüStV, gleichzeitig der Tatbestand von § 9 Abs. 1 S. 3 Nr. 4 GlüStV eingeengt. Ein ordnungsbehördliches Vorgehen gegen die Banken nach § 9 Abs. 1 S. 3 Nr. 4 GlüStV erfordert danach nunmehr auf Tatbestandsebene, dass sich die Banken, neben der Mitwirkung an Zahlungen im Zusammenhang mit unerlaubtem Glücksspiel, zudem über eine behördliche Mitteilung hinwegsetzen. In einem solchen Fall wäre es nicht mehr

985 Vgl. *Brugger*, Abbruch der Zahlungsströme als Mittel zur Bekämpfung unerlaubter Internetglücksspiele, S. 194; *Hofmann* beschreibt den Umstand so, dass die Intermediäre (hier: Banken) die eigentliche Rechtsverletzung (hier: Durchführung von illegalem Online-Glücksspiel) nicht selbst begehen, sie wirken aber insofern gefahrerhöhend, als dass sie die Rechtsverletzung erst ermöglichen. Im Ergebnis werden die Banken aber einer anderen „Haftungsgruppe“ zugeteilt, *Hofmann*, ZfWG 5/16, S. 304, 307.

unbillig, direkt gegen die Banken vorzugehen und dabei gleichwohl dem höheren Ziel der Bekämpfung des illegalen Online-Glücksspiels zu folgen. Die Gesetzesbegründung zu § 9 Abs. 1 S. 3 Nr. 4 GlüStV geht aber noch einen Schritt weiter und manifestiert den Willen des Gesetzgebers dahingehend, dass ein ordnungsrechtliches Vorgehen der Aufsichtsbehörden nach § 9 Abs. 1 S. 3 Nr. 4 GlüStV zudem eine vorherige vergebliche Inanspruchnahme der Veranstalter und Vermittler des unerlaubten Glücksspiels erfordert. Daraus ergibt sich in ordnungsrechtlicher Hinsicht ein abgestuftes Vorgehen. Die Glücksspielaufsichtsbehörde soll zuerst den Anbieter adressieren, sodann die Beteiligten Banken „warnen“ und erst dann gegen diese ordnungsrechtlich vorgehen dürfen. Betrachtet man nun die Gesetzesbegründung zu § 9 Abs. 1 S. 3 Nr. 4 GlüStV unter Berücksichtigung dieser Erkenntnisse, so offenbart sich deren eigentlicher Inhalt. § 9 Abs. 1 S. 3 Nr. 4 GlüStV ist insofern eine Klarstellung und Konkretisierung von § 4 Abs. 1 S. 2 GlüStV, als hierdurch zunächst konkretisiert wird, dass § 9 Abs. 1 S. 3 Nr. 4 GlüStV *im Wege einer dynamischen Rechtsverweisung* fortan das Mitwirkungsverbot umsetzt und nicht mehr direkt das Internettotalverbot.[986] Daraus ergibt sich, dass das allgemein gültige gesetzliche Verbot aus § 4 Abs. 1 S. 2, 2 Hs. GlüStV fortan ordnungsrechtlich durch § 9 Abs. 1 S. 3 Nr. 4 GlüStV umgesetzt (konkretisiert) wird. Zudem enthält § 9 Abs. 1 S. 3 Nr. 4 GlüStV eine (redaktionelle)[987] Klarstellung von § 4 Abs. 1 S. 2 GlüStV. Denn danach kann eine (ordnungsrechtliche)[988] Inanspruchnahme der Banken im Rahmen von § 9 Abs. 1 GlüStV nur noch dann erfolgen, wenn diesen zuvor die Mitwirkung an Zahlungen zum Zwecke des unerlaubten Glücksspiels bekannt gegeben wurde und – dies geht über die Änderungen der geschriebenen Tatbestandsvoraussetzungen des § 9 Abs. 1 S. 3 Nr. 4 GlüStV hinaus – sofern die zuständige Glücksspielaufsichtsbehörde zuvor vergeblich versucht hat die Online-Glücksspielanbieter in Anspruch zu nehmen. Hieraus entsteht ein abgestuftes ordnungsrechtliches Vorgehen gegen die am illegalen Online-Glücksspiel unmittelbar und mittelbar beteiligten, was zur Wahrung der Verhältnismäßigkeit der Maßnahmen beiträgt. All dies führt dazu, dass die Banken im Wege der Regelbefugnis aus § 9 Abs. 1 S. 3 Nr. 4 GlüStV in rechtmäßiger Weise als verantwortliche Störer herangezogen werden können und nicht mehr wie bisher im Rahmen des GlüStV 2008, bei der unmittelbaren Umsetzung des

986 Vgl. *Oldag*, in: Dietlein/Hecker/Ruttig, Glücksspielrecht, § 9, Rn. 36; Vgl. *Postel*, in: Dietlein/Hecker/Ruttig, Glücksspielrecht, § 4, Rn. 26.
987 *Oldag*, in: Dietlein/Hecker/Ruttig, Glücksspielrecht, § 9, Rn. 36.
988 Vgl. *Oldag*, in: Dietlein/Hecker/Ruttig, Glücksspielrecht, § 9, Rn. 37.

Internettotalverbots, nur als Nichtstörer (und damit nur bei Vorliegen zusätzlicher Tatbestandsanforderungen sowie Verhältnismäßigkeitsanforderungen)[989]. All dies lässt sich bei genauerer Betrachtung der Gesetzesbegründung entnehmen. Die vorangehenden Ausführungen zeigen zudem, dass die Klarstellung und Konkretisierung des § 4 Abs. 1 S. 2, 2 Hs. GlüStV durch § 9 Abs. 1 S. 3 Nr. 4 GlüStV notwendig ist, gerade weil das Mitwirkungsverbot ein eigenständiges an die Banken adressiertes gesetzliches Verbot ist. Demgegenüber zeigt sich nicht, dass das Mitwirkungsverbot allein der Erweiterung der Störerauswahl bei § 9 GlüStV dienen soll. Auch wird nicht klargestellt und konkretisiert, dass die Voraussetzungen des § 9 Abs. 1 S. 3 Nr. 4 GlüStV ungeschriebene Tatbestandsvoraussetzungen des gesetzlichen Verbots aus § 4 Abs. 1 S. 2, 2 Hs. GlüStV sein sollen. Diese Anforderungen betreffen allein die Ermächtigungsgrundlage zur öffentlich-rechtlichen Gefahrenabwehr nach § 9 Abs. 1 S. 3 Nr. 4 GlüStV und wirken nicht für das dieser zugrundeliegende eigenständige Mitwirkungsverbot aus § 4 Abs. 1 S. 2, 2 Hs. GlüStV. Dies zeigt sich nicht zuletzt daran, dass die einschränkenden Voraussetzungen nur im Tatbestand von § 9 Abs. 1 S. 3 Nr. 4 GlüStV implementiert wurden. Dem Tatbestand von § 4 Abs. 1 S. 2 GlüStV ist dieses Erfordernis nicht zu entnehmen, obwohl beide Normen zeitgleich mit dem 1. GlüÄndStV eingeführt bzw. geändert wurden. Hätte der Gesetzgeber weitere Tatbestandsmerkmale beim Mitwirkungsverbot gewollt, hätte er diese Merkmale auch in den Tatbestand des neu geschaffenen § 4 Abs. 1 S. 2, 2 Hs. GlüStV mitaufnehmen können. Eine anderslautende Auslegung lässt sich auch der amtlichen Begründung zu § 4 Abs. 1 S. 2 GlüStV nicht entnehmen. Hier wird zwar das Mitteilungsbedürfnis explizit angesprochen, aber auch hier beziehen sich die Ausführungen allein auf ein Vorgehen nach § 9 GlüStV.[990] Mithin zeigt sich, dass die Ausführungen in der Gesetzesbegründung zu § 9 Abs. 1 S. 3 Nr. 4 GlüStV allein die Regelungssystematik zwischen § 4 und § 9 GlüStV sowie speziell von § 4 Abs. 1 S. 2 GlüStV und § 9 Abs. 1 S. 3 Nr. 4 GlüStV umschreiben und dass sich die im Rahmen des 1. GlüÄndStV vorgenommenen Änderungen bei § 9 Abs. 1 S. 3 Nr. 4 GlüStV auf die Probleme in der verwaltungsgerichtlichen Historie bei der Inanspruchnahme Dritter im Rahmen von § 9 Abs. 1 S. 3 Nr. 4 und Nr. 5 GlüStV 2008 zurückführen lassen.[991]

---

989 Vgl. §§ 15, 19 Abs. 1, 2 OBG NRW.

990 Amtliche Begründung zu § 4 Abs. 1 S. 2 GlüStV, Bay.-Lt. Drs. 16/11995, S. 21, 22; siehe oben.

991 Vgl. VG Düsseldorf, Urt. v. 29.11.2011 – 27 K 5887/10 –, juris; VG Köln, Urt. v. 15.12.2011 – 6 K 5404/10 –, Rn. 49 ff., juris; *Ennuschat/Klestil*, ZfWG 6/09, S. 389, 394; Vgl. auch Drittes Kapitel, C., II., 2., a), aa.

Somit weisen die Gesetzesbegründungen zu § 4 Abs. 1 S. 2 GlüStV (allgemein) und zu § 9 Abs. 1 S. 3 Nr. 4 GlüStV (konkret) darauf hin, dass der § 4 Abs. 1 S. 2 GlüStV ordnungsrechtlich durch den § 9 Abs. 1 GlüStV umgesetzt wird, dass sich die Regelbefugnis aus § 9 Abs. 1 S. 3 Nr. 4 GlüStV fortan auf das Mitwirkungsverbot aus § 4 Abs. 1 S. 2 GlüStV bezieht und dass seit dem 1. GlüÄndStV, zur Wahrung des Grundsatzes der Verhältnismäßigkeit, weitere Tatbestandsvoraussetzungen für das Vorliegen der öffentlich-rechen Ermächtigungsgrundlage aus § 9 Abs. 1 S. 3 Nr. 4 GlüStV gegeben sein müssen. Allein insofern erfolgt eine *Klarstellung und Konkretisierung* des § 4 Abs. 1 S. 2 GlüStV durch § 9 Abs. 1 S. 3 Nr. 4 GlüStV.[992] Der Gesetzesbegründung zu § 4 Abs. 1 S. 2 GlüStV ist hingegen nicht zu entnehmen, dass die Voraussetzungen des Mitwirkungsverbots (einem gesetzlichen Verbot) um ungeschriebene Tatbestandsmerkmale aus § 9 Abs. 1 S. 3 Nr. 4 GlüStV (einer ordnungsrechtlichen Ermächtigungsgrundlage) erweitert werden sollen. Somit ist auch die Auffassung, dies werde nochmal – sozusagen zur Sicherheit – in der Gesetzesbegründung zu § 9 Abs. 1 S. 3 Nr. 4 GlüStV ausdrücklich klargestellt und konkretisiert, falsch. Folglich lässt sich die Auffassung, ein Verstoß gegen das Mitwirkungsverbot aus § 4 Abs. 1 S. 2 GlüStV erfordere weitere Tatbestandsmerkmale, insbesondere eine behördliche Mitteilung, nicht aus den Gesetzesbegründungen zu § 4 Abs. 1 S. 2 GlüStV und § 9 Abs. 1 S. 3 Nr. 4 GlüStV herleiten. Dies bekräftigt auch das LG Ulm in seinem Urteil vom 16.12.2019 (Az.: 4 O 202/18). Das Gericht führt aus, es deute nichts darauf hin, dass das Mitwirkungsverbot eine bloße Handlungsanweisung an die Glücksspielaufsichtsbehörde sei.[993] Weder ergebe sich direkt aus dem GlüStV, dass weitere Voraussetzungen (insbesondere ein behördliches Mitteilungsbedürfnis) aus anderen Normen des GlüStV zu entnehmen seien noch lägen die Voraussetzungen für eine analoge Anwendung der Voraussetzungen des § 9 Abs. 1 S. 3 Nr. 4 GlüStV vor. So fehle es sowohl an einer vergleichbaren Interessenlage als auch an einer planwidrigen Regelungslücke.[994] Im Gegenteil ergebe sich aus dem Wortlaut des § 4 Abs. 1 S. 2, 2 Hs. GlüStV deutlich, dass das Mitwirkungsverbot ein an die Banken gerichtetes Verbot ipso jure darstelle.[995]

992 Vgl. Amtliche Begründung zum § 9 Abs. 1 S. 3 Nr. 4 GlüStV, Bay.-Lt. Drs. 16/ 11995, S. 27.

993 Vgl. LG Ulm, Urt. v. 16.12.2019 – 4 O 202/18 –, Rn. 76, juris = WM 2020, 742–749.

994 Vgl. LG Ulm, Urt. v. 16.12.2019 – 4 O 202/18 –, Rn. 104, juris; dass keine planwidrige Regelungslücke vorliegt, findet auch darin Bestätigung, dass sich der Wortlaut des § 4 Abs. 1 S. 2 GlüNeuRSTV-E (GlüStV 2021) in dieser Hinsicht nicht verändert hat, Vgl. GlüNeuRSTV-E, Stand: 12.03.2020, LT-Drs. 17/3157.

995 Vgl. LG Ulm, Urt. v. 16.12.2019 – 4 O 202/18 –, Rn. 76, juris.

Überdies würde es in systematischer Hinsicht wenig Sinn ergeben, mit der Einführung des § 4 Abs. 1 S. 2 GlüStV die Unterbindung der Zahlungsströme anzuweisen, wenn damit allein ordnungsrechtliche Maßnahmen auf Grund von § 9 Abs. 1 S. 3 Nr. 4 GlüStV gestützt werden sollen. Hierfür sei § 9 Abs. 1 S. 3 Nr. 4 GlüStV ausreichend. In diesem Fall wäre das gesetzliche Verbot aus § 4 Abs. 1 S. 2 GlüStV somit rein deklaratorischer Natur und damit ohne eigene Wirkung. Das Gesetz enthalte jedoch keine wirkungslosen Normen.[996]

(3) Vergleich Normtexte GlüStV 2008 und GlüStV 2012

Hiergegen wenden *Hendricks* und *Lüder* ein, die Einführung von § 4 Abs. 1 S. 2 GlüStV sei vor dem Hintergrund eines Wechsels von der Nichtstörer- zur Störerhaftung keineswegs sinnlos gewesen.[997] Zur Zeit des GlüStV 2008 sei eine ordnungsrechtliche Inanspruchnahme der Banken als Verhaltensstörer nicht möglich gewesen. Dies sei erst durch die Einführung des Mitwirkungsverbots im Rahmen des 1. GlüÄndStV ermöglicht worden.[998] Dass der § 9 Abs. 1 S. 3 Nr. 4 GlüStV bei der Bewertung des § 4 Abs. 1 S. 2, 2 Hs. GlüStV mit einzubeziehen sei, zeige neben der Gesetzesbegründung insbesondere auch ein Vergleich der Normtexte von § 9 Abs. 1 S. 3 Nr. 4 GlüStV 2008 und § 9 Abs. 1 S. 3 Nr. 4 GlüStV 2012.[999] Eine Nichtstörerhaftung sei per se höheren Schranken unterworfen, sodass der § 9 Abs. 1 S. 3 Nr. 4 GlüStV 2008 in der Vergangenheit keine eigenen einschränkenden Tatbestandsvoraussetzungen habe enthalten müssen. Mit der Einführung des § 4 Abs. 1 S. 2, 2 Hs. GlüStV und dem damit verbundenen Wechsel von der Nichtstörer- zur Störerhaftung bei § 9 Abs. 1 S. 3 Nr. 4 GlüStV sei diese Schranke nun aber weggefallen.[1000] Durch die Einführung des zusätzlichen Erfordernisses einer behördlichen Mitteilung in § 9 Abs. 1 S. 3 Nr. 4 GlüStV 2012 habe der Gesetzgeber auf die Erweiterung der Störerauswahl in § 9 GlüStV durch § 4 Abs. 1 S. 2, 2 Hs. GlüStV ausgleichend reagiert.[1001] Die Einführung von § 4 Abs. 1 S. 2, 2 Hs. GlüStV gemeinsam mit der Änderung von § 9 Abs. 1 S. 3 Nr. 4 GlüStV führe daher zu einer „kombinierenden Lesart" beider Normen, sodass die Tatbestandsvoraussetzungen von § 9 Abs. 1 S. 3 Nr. 4 GlüStV auch für das Mitwirkungsverbot gelten sollen.[1002] Im Ergebnis sind *Hendricks* und *Lüder*

996 Vgl. LG Ulm, Urt. v. 16.12.2019 – 4 O 202/18 –, Rn. 78, juris.
997 *Hendricks/Lüder*, ZfWG 3/4/20, S. 216, 220.
998 *Hendricks/Lüder*, ZfWG 3/4/20, S. 216, 220.
999 *Hendricks/Lüder*, ZfWG 3/4/20, S. 216, 220.
1000 *Hendricks/Lüder*, ZfWG 3/4/20, S. 216, 220.
1001 Vgl. *Hendricks/Lüder*, ZfWG 3/4/20, S. 216, 220.
1002 Vgl. *Hendricks/Lüder*, ZfWG 3/4/20, S. 216, 220, Fn. 62.

der Auffassung, mit der Einführung von § 4 Abs. 1 S. 2, 2 Hs. GlüStV habe der Gesetzgeber lediglich die Durchsetzung ordnungsrechtlicher Maßnahmen auf Grund von § 9 Abs. 1 S. 3 Nr. 4 GlüStV stützen wollen.[1003] Zivilrechtliche Folgen seien für die beteiligten Banken erst dann zu erwarten, wenn eine Bekanntgabe i. S. d. § 9 Abs. 1 S. 3 Nr. 4 GlüStV erfolge.[1004] Sie schlussfolgern hieraus, dem § 4 Abs. 1 S. 2, 2 Hs. GlüStV fehle es insofern an einer eigenen Verbotsgesetzqualität.[1005] Das Vorbringen von *Hendricks* und *Lüder* ist insofern richtig, als dass eine Nichtstörerhaftung im Vergleich zur Inanspruchnahme eines Handlungs- oder Zustandsstörers grundsätzlich höheren Schranken unterworfen ist. So ist etwa das Vorliegen eines sog. gefahrenabwehrrechtlichen Notstands erforderlich.[1006] Richtig ist auch, dass die Einführung von § 4 Abs. 1 S. 2, 2 Hs. GlüStV und die tatbestandliche Erweiterung des § 9 Abs. 1 S. 3 Nr. 4 GlüStV miteinander im Zusammenhang stehen. Abwegig ist hingegen, dass die Änderungen in § 9 Abs. 1 S. 3 Nr. 4 GlüStV als Ausgleich für die Einführung von § 4 Abs. 1 S. 2 GlüStV und dem damit weggefallenen Erfordernis eines gefahrenabwehrrechtlichen Notstandes zu verstehen sind. Für einen solchen Ausgleich aufgrund der Einführung eines gesetzlichen Verbotes bzw. für den Wechsel von einer Nichtstörer- zu einer Störerhaftung besteht kein Bedürfnis. Grundsätzlich sind die gesteigerten Anforderungen bei einer Nichtstörerhaftung erforderlich, weil hierbei Personen Adressaten von Gefahrenabwehrmaßnahmen werden, die selbst keine Verantwortlichkeit für eine Gefahrensituation trifft.[1007] Begründet wird die Inanspruchnahme Dritter damit, dass diese Dritten die solidarische Pflicht haben, in Situationen in denen es keine andere Möglichkeit gibt, zur Gefahrenabwehr beizutragen.[1008] Eine Nichtstörerhaftung kann dabei aber nur dann erfolgen, wenn das öffentliche Interesse an einer schnellen und effizienten Beseitigung der Gefahrenlage, im Rahmen einer Abwägung mit dem

1003 Vgl. *Hendricks/Lüder*, ZfWG 3/4/20, S. 216, 220, 221.

1004 Vgl. *Hendricks/Lüder*, ZfWG 3/4/20, S. 216, 221.

1005 *Hendricks/Lüder*, ZfWG 3/4/20, S. 216, 221.

1006 *Thiel*, Polizei- und Ordnungsrecht, 4. Aufl., S. 135; § 19 OBG NRW erfordert das Vorliegen einer gegenwärtigen erheblichen Gefahr, das Vorgehen gegen den eigentlichen Störer darf nicht möglich oder erfolgversprechend sein, dem Staat dürfen keine ausreichenden eigenen Mittel und Kräfte zur Verfügung stehen, um die Gefahr selbst abwenden zu können und es gilt ein besonderer Verhältnismäßigkeitsmaßstab. Zudem führt eine Nichtstörerhaftung zu einer Schadensersatzpflicht, vgl. § 39 OBG NRW.

1007 Vgl. *Thiel*, Polizei- und Ordnungsrecht, 4. Aufl., S. 135.

1008 *Thiel*, Polizei- und Ordnungsrecht, 4. Aufl., S. 135, 136.

Interesse des Nichtverantwortlichen von ordnungsrechtlichen Maßnahmen verschont zu bleiben, ausnahmsweise überwiegt.[1009] Um diesem Umstand gerecht zu werden, müssen alle Tatbestandsvoraussetzungen der jeweiligen Ermächtigungsgrundlage[1010] für die gesamte Zeit der Maßnahme kumulativ vorliegen. Darüber hinaus sind die Rechtsfolgen einer Inanspruchnahme aus Gründen der Verhältnismäßigkeit in zeitlicher Hinsicht begrenzt und der Nichtstörer erhält einen verschuldensunabhängigen Entschädigungsanspruch.[1011] Diese Ausnahmesituation besteht hingegen nicht, wenn ein ehemaliger Nichtstörer durch die Einführung eines neuen öffentlich-rechtlichen Verbots bzw. durch den Verstoß gegen eine hierdurch neu geschaffene Handlungspflicht in ordnungsrechtlicher Hinsicht zum Störer wird.[1012] In diesem Fall wird der Betroffene nicht aus einer solidarischen Verpflichtung in Anspruch genommen, sondern er wird aufgrund einer eigenen Verantwortlichkeit für eine Gefahrenquelle belangt. Mögliche bestehende Sonderkonstellationen finden grundsätzlich nur in den Ermessenserwägungen der agierenden Behörde Berücksichtigung. Insbesondere erfolgt beim ordnungsrechtlichen Vorgehen ein Adressatenauswahlermessen. Dabei wird explizit geprüft, ob ein Adressat als Störer in Anspruch genommen werden darf oder ob ein anderer potenzieller Adressat vorrangig in Anspruch zu nehmen ist.[1013] Zu berücksichtigende Aspekte sind u. a. die Nähe des Adressaten zur Gefahrenquelle und die Effektivität der Gefahrenabwehr aufgrund der Inanspruchnahme des Adressaten.[1014] Die Frage, ob ein Adressat zu einem früheren Zeitpunkt Nichtstörer war, spielt bei Ermessenserwägungen hingegen keine Rolle. Weder beim Adressatenauswahlermessen noch an anderer Stelle. Damit verbleibt als Argument für die Auffassung der Autoren die gemeinsame Einführung von § 4 Abs. 1 S. 2, 2 Hs. GlüStV mit der Änderung von § 9 Abs. 1 S. 3 Nr. 4 GlüStV. Dieser Umstand spricht aber nicht für eine „kombinierte Lesart".[1015] Der Zusammenhang von § 4 Abs. 1, S. 2, 2 Hs. GlüStV und § 9 Abs. 1 S. 3 Nr. 4 GlüStV ergibt sich, wie in den vorherigen Abschnitten dargestellt,

1009 *Thiel*, Polizei- und Ordnungsrecht, 4. Aufl., S. 136.

1010 Z. B. § 19 OBG NRW, der Generalklausel für die Ordnungspflichtigkeit Dritter in NRW.

1011 *Thiel*, Polizei- und Ordnungsrecht, 4. Aufl., S. 137, 139.

1012 Das geschieht auch dann nicht, wenn ein Adressat durch Rechtsnachfolge zum richtigen Adressaten wird, vgl. zur Rechtsnachfolge in die gefahrenabwehrrechtliche Verantwortlichkeit *Thiel*, Polizei- und Ordnungsrecht, 4. Aufl., S. 142 ff.

1013 *Thiel*, Polizei- und Ordnungsrecht, 4. Aufl., S. 148.

1014 *Thiel*, Polizei- und Ordnungsrecht, 4. Aufl., S. 149.

1015 Vgl. *Hendricks/Lüder*, ZfWG 3/4/20, S. 216, 220, Fn. 62.

allein aus einer systematischen und historischen Auslegung beider Normen. Der Rückschluss der Autoren, die gemeinsamen Änderungen im unmittelbaren Zusammenhang sprächen für das Erfordernis einer zusammenhängenden Betrachtung, geht primär auf die Rechtsprechung des LG München I und des OLG München zurück.[1016] Dieser Auffassung liegt jedoch, wie bereits in den vorangehenden Unterabschnitten ausgeführt, ein falsches Verständnis der Regelungssystematik beider Normen zugrunde. Folglich vermag das systematische Argument von *Hendricks* und *Lüder* nicht zu überzeugen. Die Argumentation von *Hendricks* und *Lüder* kann die Auffassung des OLG München nicht stützen bzw. das Urteil des LG Ulm im Kern nicht widerlegen. Auch bekräftigen sie keinesfalls das Fehlen einer eigenständigen Funktion bzw. einen fehlenden Verbotsgesetzcharakter von § 4 Abs. 1 S. 2, 2 Hs. GlüStV. Diese Rückschlüsse lassen sich allein auf die Fehlinterpretation der Gesetzesbegründung zu § 9 Abs. 1 S. 3 Nr. 4 GlüStV zurückführen. Im Gegenteil erschließt sich ein Zusammenhang zwischen den Änderungen (nur) dann, wenn man davon ausgeht, dass § 4 Abs. 1 S. 2, 2 Hs. GlüStV ein eigenständiges Verbotsgesetz ist, welches mit § 4 Abs. 4 GlüStV gleichgesetzt wurde.

(4) Zwischenergebnis

In systematischer Hinsicht ist damit nicht davon auszugehen, dass das Mitwirkungsverbot allein der Erweiterung der Störerauswahl in § 9 GlüStV dient oder dass ein Verstoß gegen das Mitwirkungsverbot eine vorherige behördliche Mitteilung erfordert.

bb. Stellungnahme des zuständigen Niedersächsischen Innenministeriums

Auch das für das Payment Blocking nach § 9 Abs. 1 S. 3 Nr. 4 GlüStV zuständige Niedersächsische Innenministerium widerspricht der Auffassung einer Erweiterung der Tatbestandsmerkmale des § 4 Abs. 1 S. 2, 2 Hs. GlüStV durch jene des § 9 Abs. 1 S. 3 Nr. 4 GlüStV.

1016 Kern der Aussage ist, bei der Bewertung von § 4 Abs. 1 S. 2, 2 Hs. GlüStV sei § 9 Abs. 1 S. 3 Nr. 4 GlüStV mit einzubeziehen, *Hendricks/Lüder*, ZfWG 3/4/20, S. 216, 220, Rn. 55. Dies bezieht sich auf die Aufführungen von *Haertlein*, welcher der Rechtsprechung des LG München I., des OLG München und der sich daran anschließenden Gerichte folgt, vgl. BeckOGK/*Haertlein*, 01.06.2021, BGB, § 762, Rn. 145 –148.

(1) § 4 Abs. 1 S. 2, 2 Hs. GlüStV: Flankierendes Verbot neben § 9 Abs. 1 S. 3 Nr. 4 GlüStV

Laut dem Niedersächsischen Innenministerium gelte für den Bereich des Online-Glücksspiels grundsätzlich, dass § 4 Abs. 4 GlüStV das Veranstalten und Vermitteln öffentlicher Glücksspiele im Internet verbiete.[1017] Um dieses Internetverbot ordnungsrechtlich durchzusetzen, könne, neben anderen Maßnahmen[1018], auch den am Zahlungsverkehr Beteiligten gem. § 9 Abs. 1 S. 3 Nr. 4 GlüStV die Mitwirkung an Zahlungen für unerlaubtes Glücksspiel untersagt werden.[1019] „Flankierend hierzu" enthalte § 4 Abs. 1 S. 2, 2 Hs. GlüStV ein allgemeines Mitwirkungsverbot, welches sich unmittelbar an alle am Zahlungsverkehr im Zusammenhang mit unerlaubtem Glücksspiel Beteiligten richte.[1020] Das Mitwirkungsverbot diene dabei als eigenständige spezialgesetzliche Rechtsgrundlage für eine Zahlungsunterbindung im Zusammenhang mit illegalem Glücksspiel.[1021] Laut dem Niedersächsischen Innenminister *Boris Pistorius* trügen die Unternehmen der Finanzbranche aufgrund des Mitwirkungsverbots fortan die Verantwortung, ihre Geschäftsbeziehungen mit solchen Unternehmen, welche illegales Glücksspiel betrieben, kritisch zu überprüfen und notfalls sofort zu beenden.[1022] Das Mitwirkungsverbot soll also den Zweck haben, dass die beteiligten Zahlungsdienstleister proaktiv tätig werden und Zahlungen zum Zwecke des illegalen Online-Glücksspiels von sich aus verhindern. In jedem Fall aber sieht das Niedersächsische Ministerium in dem Mitwirkungsverbot ein allgemeines und vor allem eigenständiges, an die Zahlungsdienstleister gerichtetes gesetzliches Verbot.[1023] Darüber hinaus unterscheidet es ausdrücklich zwischen dem Verbot der Mitwirkung am unerlaubten Zahlungsverkehr gem. § 4 Abs. 1

1017 LT-Drs. 18/607, S. 2.

1018 In Betracht kommen Untersagungsverfügungen gegenüber den Anbietern nach § 9 Abs. 1 S. 3 Nr. 3 GlüStV zur effektiven Umsetzung des Internetverbots aus § 4 Abs. 4 GlüStV, vgl. *Brüggemann*, ZfWG 5/20, S. 319, 321, vgl. OVG Schleswig, Beschl. v. 03.07.2019 – 4 MB 14/19 –, juris; vgl. OVG Lüneburg, Urt. v. 28.02.2019 – 11 LC 242/16 –, Rn. 58, juris.

1019 LT-Drs. 18/607, S. 2.

1020 LT-Drs. 18/3543, S. 2; vgl. LT-Drs. 18/607, S. 2.

1021 Vgl. LT-Drs. 18/1569, S. 6.

1022 Vgl. Stellungnahme des Niedersächsischen Ministers für Inneres und Sport, Boris Pistorius, verfügbar unter: https://www.mi.niedersachsen.de/startseite/aktuelles/pressinformationen/illegales-glucksspiel-niedersachsen-verbietet-weiterem-internationalen-zahlungsdienstleister-die-mitwirkung-am-zahlungsverkehr-187810.html.

1023 LT-Drs. 18/1569 S. 2, 5.

S. 2, 2 Hs. GlüStV und dem ordnungsrechtlichen Instrument zur Zahlungsunterbindung nach § 9 Abs. 1 S. 3 Nr. 4 GlüStV.[1024]

(2) Unmittelbare Geltung des Mitwirkungsverbots

Das Ministerium ist zudem der Auffassung, den beteiligten Zahlungsdienstleistern sei die Mitwirkung an Zahlungen im Zusammenhang mit unerlaubtem Glücksspiel unmittelbar durch § 4 Abs. 1 S. 2 GlüStV verboten.[1025] Insbesondere bedürfe es für einen Verstoß gegen das Mitwirkungsverbot keiner zusätzlichen behördlichen Mitteilung. Hierzu führt das Ministerium konkret aus:

> *„Grundsätzlich kann die nach Landesrecht zuständige Glücksspielaufsichtsbehörde den am Zahlungsverkehr Beteiligten, insbesondere den Kredit- und Finanzdienstleistungsinstituten, nach vorheriger Bekanntgabe unerlaubter Glücksspielangebote die Mitwirkung an Zahlungen für unerlaubtes Glücksspiel und an Auszahlungen aus unerlaubtem Glücksspiel untersagen (§ 9 Abs. 1 Satz 3 Nr. 4 GlüStV). Für Glücksspielangebote, die in mehr als einem Land angeboten werden – bei Internet-Glücksspielen die Regel – wurde die niedersächsische Glücksspielaufsichtsbehörde als zentral zuständige Behörde bestimmt (§ 9 a Abs. 2 Satz 2 GlüStV).*
>
> *Das grundlegende Verbot der Mitwirkung am Zahlungsverkehr im Zusammenhang mit unerlaubtem Glücksspiel folgt allerdings bereits unmittelbar aus § 4 Abs. 1 Satz 2 GlüStV und verpflichtet die Zahlungsdienstanbieter, ohne dass es zuvor eines behördlichen Tätigwerdens bedarf. Zahlungsdienstanbieter, die am Zahlungsverkehr mit unerlaubtem Glücksspiel mitwirken, handeln ihrerseits rechtswidrig.“*[1026]

Auf die Frage, wie eine Bank zur Einhaltung des Mitwirkungsverbots von den illegalen Online-Glücksspielen erfahren soll, wenn nicht durch behördliche Mitteilung, führt das Ministerium aus:

1024 Das Ministerium differenziert deutlich, wenn es ausführt, „*Aus dieser Erkenntnis* [dass sich die ausländischen Anbieter den Untersagungsanordnungen entziehen] *heraus wurden vom GlüStV das Verbot der Mitwirkung am unerlaubten Zahlungsverkehr und das Instrument der Zahlungsunterbindung vorgesehen.*“, LT-Drs. 18/1569, S. 3; „*Insbesondere zum Zweck der Durchsetzung des Internetverbots kann den am Zahlungsverkehr Beteiligten, insbesondere den Kredit- und Finanzdienstleistungsinstituten, die Mitwirkung an Zahlungen für unerlaubtes Glücksspiel untersagt werden (§ 9 Abs. 1 S. 3 Nr. 4 GlüStV). Grundlegend hierzu enthält § 4 Abs. 1 S. 2 GlüStV bereits ein allgemeines Verbot, an Zahlungen im Zusammenhang mit unerlaubtem Glücksspiel mitzuwirken, das sich unmittelbar an alle am Zahlungsverkehr Beteiligten richtet.*“; LT-Drs. 18/1569, S. 2.

1025 LT-Drs. 18/1569, S. 5.

1026 LT-Drs. 18/1569, S. 6.

„Im Kontext der Zahlungsunterbindung kann eine Schwierigkeit darin liegen, dass die durch eine Spielerin oder einen Spieler veranlasste Finanztransaktion (i. d. R. Einzahlung eines Einsatzes) nicht eindeutig erkennen lässt, ob dem eine Teilnahme in Deutschland an einem dort angebotenen unerlaubten Glücksspiel zugrunde liegt. Aus diesem Grunde obliegt es den Zahlungsdienstanbietern selbst, die geeigneten Maßnahmen zur Unterbindung von unrechtmäßigen Zahlungsströmen zu ergreifen. […] Es liegt in der Eigenverantwortung der Zahlungsdienstanbieter, in welcher Form sie dem gesetzlichen Mitwirkungsverbot nachkommen.“[1027]

Das Ministerium stellt hierbei insbesondere auf die Notwendigkeit einer internen „Compliance“ der Banken ab und verweist hinsichtlich möglicher konkreter Maßnahmen auf ohnehin bereits bestehende Vorgaben durch das Zahlungsdiensteaufsichtsgesetz (ZAG) und das Geldwäschegesetz (GwG).[1028] Das hierfür zuständige Ministerium weist zudem darauf hin, ein behördlicher Hinweis an die Zahlungsdienstanbieter über illegal operierende Online-Glücksspielanbieter erfolge losgelöst von einer Untersagungsverfügung nach § 9 Abs. 1 S. 3 Nr. 4 GlüStV ausschließlich in solchen Fällen, in denen ein betroffener Online-Glücksspielanbieter im Rahmen eines laufenden Verfahrens einen Zahlungsanbieter als verwendeten Zahlungsweg für dessen illegale Angebote angegeben habe.[1029]

(3) Zwischenergebnis

Damit bleibt festzuhalten, dass auch die für Verfügungen und Mitteilungen nach § 9 Abs. 1 S. 3 Nr. 4 GlüStV zuständige Glücksspielaufsichtsbehörde nicht davon ausgeht, dass das Mitwirkungsverbot allein der Erweiterung der Störerauswahl in § 9 Abs. 1 S. 3 Nr. 4 GlüStV dient. Vielmehr schreibt es dem § 4 Abs. 1 S. 2, 2 Hs. GlüStV, insbesondere durch die Charakterisierung als flankierendes Verbot, eine eigenständige Funktion bei der Bekämpfung des illegalen Online-Glücksspiels zu. Auch bleibt festzuhalten, dass die bundesweit für behördliche Mitteilungen nach § 9 Abs. 1 S. 3 Nr. 4 GlüStV alleinig zuständige Glücksspielaufsichtsbehörde ausdrücklich nicht davon ausgeht, dass ein Verstoß gegen das Mitwirkungsverbot eine vorherige behördliche Mitteilung erfordert. Vielmehr geht das Ministerium von einer unmittelbaren Wirkung des § 4 Abs. 1 S. 2, 2 Hs. GlüStV ipso jure aus, welcher die Unternehmen der Finanzbranche zu proaktiven Handlungen zur Verhinderung von Zahlungen zum Zwecke des illegalen

---

1027 LT-Drs. 18/1569, S. 4, 5.
1028 LT-Drs. 18/607, S. 3.
1029 LT-Drs. 18/1569, S. 4.

Online-Glücksspiels ohne behördliches Zutun verpflichtet. Als Konsequenz daraus teilt die hierfür zuständige Behörde den Banken mit Blick auf § 4 Abs. 1 S. 2, 2 Hs. GlüStV das Vorliegen von unerlaubten Glücksspielangeboten auch nur in Ausnahmefällen mit.

cc. Zwischenergebnis

Mithin ist die Auffassung, eine Mitwirkung an Zahlungen im Zusammenhang mit unerlaubtem Glücksspiel gem. § 4 Abs. 1 S. 2, 2 Hs. GlüStV sei erst dann sanktionsfähig, wenn zuvor die zuständige Glücksspielaufsichtsbehörde dem betroffenen Zahlungsanbieter gem. § 9 Abs. 1 S. 3 Nr. 4 GlüStV das zugrundeliegende unerlaubte Glücksspielangebot mitgeteilt und sodann eine weitere Mitwirkung an Zahlungen für unerlaubtes Glücksspiel untersagt habe, abzulehnen. Auch sprechen die gewichtigeren Gründe dagegen, dass das Mitwirkungsverbot allein der Erweiterung der Störerauswahl in § 9 Abs. 1 S. 3 Nr. 4 GlüStV gilt.

d) Ergebnis

Folglich spricht auch eine systematische Auslegung der Norm dafür, dass § 4 Abs. 1 S. 2, 2 Hs. GlüStV ein Verbotsgesetz i. S. d. § 134 BGB ist.

3. Historie

Sodann ist zu prüfen, ob sich § 4 Abs. 1 S. 1, S. 2, 2 Hs. GlüStV auch bei historischer Auslegung als Verbotsgesetz darstellt.

Wie bereits in den vorangehenden Unterabschnitten ausgeführt, liegt der Norm eine Historie mit einer Reihe verwaltungsgerichtlicher Probleme zugrunde.[1030] Als Hauptproblem beim Vorgehen gegen die Banken als Intermediäre des illegalen Online-Glücksspiels ergab sich unter dem GlüStV 2008, dass mit dem Internettotalverbot den Banken gegenüber ein Verbot umgesetzt wurde, dessen Adressat sie nicht waren.[1031] Daneben bestand das Problem der fehlenden Verhältnismäßigkeit des ordnungsbehördlichen Vorgehens gegen die Banken.[1032] Gleichzeitig haben die Glücksspielaufsichtsbehörden die Online-Glücksspielanbieter als Adressaten von glücksspielrechtlichen Maßnahmen als äußerst konfliktfreudig kennengelernt.[1033] In Anspruch genommene

1030 Siehe Drittes Kapitel, C., II., 2., c), aa., (2).
1031 Siehe Drittes Kapitel, C., II., 2., c), aa., (2).
1032 Siehe Drittes Kapitel, C., II., 2., c), aa., (2).
1033 LT-Drs, 18/1569, S. 3.

Unternehmen kamen in vielen Fällen auch gerichtlich bestätigten Untersagungsverfügungen nicht nach.[1034] Die Glücksspielregulierung erschien lange Zeit wirkungslos. Aus diesem Grund wurde § 4 Abs. 1 GlüStV mit dem 1. GlüÄndStV um das Verbot der Mitwirkung am unerlaubten Zahlungsverkehr erweitert.[1035] Durch § 4 Abs. 1 S. 2, 2 Hs. GlüStV wurde eine eigene glücksspielrechtliche Verantwortlichkeit der Banken eingeführt. Zugleich wurde § 9 Abs. 1 S. 3 Nr. 4 GlüStV in seinem Normtext konkretisiert. Mit aufgenommen wurde ein Mitteilungserfordernis, sodass nunmehr die Glücksspielaufsicht den beteiligten Banken eine Mitwirkung an Zahlungen im Zusammenhang mit unerlaubtem Glücksspiel nur noch dann untersagen darf, wenn diesen zuvor die unerlaubten Glücksspiel-Angebote bekannt gegeben wurden.[1036] Es ist davon auszugehen, dass die Inanspruchnahme der Banken durch Unterlassungsverfügungen gem. § 9 Abs. 1 S. 3 Nr. 4 GlüStV als verbleibendes Mittel an die Stelle der zuvor gescheiterten Inanspruchnahme der Access-Provider treten sollte.[1037] Diese erfolgte in der Vergangenheit über den weggefallenen § 9 Abs. 1 S. 3 Nr. 5 GlüStV 2008 und scheiterte regelmäßig an der Haftungsprivilegierung des § 8 TMG.[1038] Es erscheint insofern sinnvoll, dass das Mitwirkungsverbot – als Reaktion auf diese Geschehnisse – eine Doppelfunktion hat. Einerseits soll es die Anwendung von § 9 Abs. 1 S. 3 Nr. 4 GlüStV erleichtern. Andererseits soll mit dem Mitwirkungsverbot aus § 4 Abs. 1 S. 2, 2 Hs. GlüStV ein eigener flankierender Tatbestand für die Banken geschaffen werden, der eine ausdrückliche Verantwortlichkeit der Banken im Rahmen der Online-Glücksspielregulierung schaffen soll. Damit dieses weit gefasste Verbot aber nicht zu einer „Abkürzung" im ordnungsbehördlichen Vollzug führt, wurden sodann die Voraussetzungen von § 9 Abs. 1 S. 3 Nr. 4 GlüStV erweitert.[1039]

Damit spricht auch eine historische Auslegung der Norm für eine Auslegung von § 4 Abs. 1 S. 1, S. 2 2 Hs. GlüStV als Verbotsgesetz.

1034 LT-Drs, 18/1569, S. 3.

1035 Vgl. LT-Drs. 18/1569, S. 3; vgl. *Rock*, RdZ 2/20, S. 115.

1036 Siehe auch Drittes Kapitel, C., II., 2., c), aa., (2).

1037 Vgl. *Bolay/Pfütze*, in Streinz/Liesching/Hambach, Glücks- und Gewinnspielrecht in den Medien, § 4, Rn. 94; Siehe auch Drittes Kapitel, C., II., 2., c), aa., (2).

1038 *Bolay/Pfütze*, in Streinz/Liesching/Hambach, Glücks- und Gewinnspielrecht in den Medien, § 4, Rn. 94; Siehe auch Drittes Kapitel, C., II., 2., c), aa., (2).

1039 Hierzu vorangehend ausführlich, Drittes Kapitel, C., II., 2., c), aa., (2).

4. *Sinn und Zweck*

Sodann ist zu klären, ob sich das Mitwirkungsverbot nach seinem Sinn und Zweck als Verbotsgesetz mit Nichtigkeitssanktion i. S. d. § 134 BGB darstellt.

a) § 4 Abs. 1 S. 2, 2 Hs. GlüStV als Verbotsgesetz i. S. d. § 134 BGB

Bei der Frage, ob überhaupt ein Verbotsgesetz i. S. d. § 134 BGB vorliegt, ist entscheidend, ob nach einer teleologischen Auslegung der Norm davon auszugehen ist, dass das Verbot ein bestimmtes Rechtsgeschäft als solches untersagen will oder ob es sich lediglich gegen die Umstände seines Zustandekommens wendet.[1040]

aa. Auffassung der zuständigen Glücksspielaufsichtsbehörde

Das für das Payment Blocking zuständige Niedersächsische Ministerium für Inneres und für Sport vertritt die Auffassung, das Mitwirkungsverbot stehe im direkten Zusammenhang mit dem grundsätzlichen Internettotalverbot aus § 4 Abs. 4 GlüStV und verpflichte die Zahlungsdienstleister zu eigenverantwortlichen Maßnahmen.[1041] Neben der Möglichkeit der Behörden, die Mitwirkung an Zahlungen für unerlaubtes Glücksspiel gem. § 9 Abs. 1 S. 3 Nr. 4 GlüStV ordnungsrechtlich zu untersagen, sei den Banken gem. § 4 Abs. 1 S. 2, 2 Hs. GlüStV die Mitwirkung an Zahlungen für unerlaubtes Glücksspiel bereits per Gesetz grundlegend verboten. Dies trage der Erkenntnis Rechnung, dass die illegalen Online-Glücksspielangebote regelmäßig aus dem Ausland heraus betrieben würden, von wo aus sich die Verantwortlichen einem Zugriff deutscher Behörden weitgehend entzögen.[1042] Neben einer nur schwer möglichen Zustellung behördlicher Schriftstücke und einer erschwerten Prozessführung aus Deutschland heraus, erschwere oftmals auch ein häufiger und undurchschaubarer Betreiberwechsel ein Vorgehen gegen die Online-Glücksspielanbieter.[1043] Aus diesem Grund würden mit dem Mitwirkungsverbot nun auch die an den Zahlungen

1040 MüKoBGB/*Armbrüster*, 8. Aufl. 2018, BGB, § 134, Rn. 42.

1041 Schreiben des Niedersächsischen Ministeriums für Inneres und Sport an die Branchenverbände, verfügbar unter: https://www.mi.niedersachsen.de/startseite/aktuelles/presseinformationen/online-glucksspiel-innenministerium-wendet-sich-an-die-branchenverbande-der-deutschen-kreditwirtschaft-184716.html.

1042 LT-Drs. 18/1569, S. 2, LT-Drs. 18/607, S. 2.

1043 LT-Drs. 18/3543, S. 3; zudem werden Rechtshilfeersuchen an maltesische Behörden oftmals verzögert oder gar ganz ignoriert, vgl. auch *Bundesministerium der Finanzen*, Erste Nationale Risikoanalyse 2018/2019, S. 109.

zum Zwecke des illegalen Online-Glücksspiels beteiligten Banken mit in die Pflicht genommen.[1044] Dies geschehe „mit dem Ziel, die Zahlungswege für Online-Glücksspiele zu kappen und auf diese Weise die Durchführung der illegalen Angebote effektiv zu unterbinden".[1045] Den Zahlungsdienstleistern sei durch das Mitwirkungsverbot eine wichtige Verantwortung übertragen worden. Sie seien fortan gesetzlich dazu aufgefordert, Zahlungen im Zusammenhang mit illegalem Online-Glücksspiel zu unterlassen.[1046] Anders als bei § 9 Abs. 1 S. 3 Nr. 4 GlüStV würden die Banken durch das Mitwirkungsverbot dabei insbesondere dazu verpflichtet, auch schon vor Erlass möglicher ordnungsbehördlicher Maßnahmen eigenverantwortliche Maßnahmen zur Verhinderung der Zahlungsabwicklung zum Zwecke des unerlaubten Glücksspiels zu treffen.[1047] Jene Banken, die weiterhin am Zahlungsverkehr für illegales Online-Glücksspiel mitwirkten, verhielten sich indes rechtswidrig.[1048] Die Verantwortung der Banken soll also darin bestehen, dass sie proaktiv und im Rahmen ihrer eigenen internen

---

1044 LT-Drs. 18/3543, S. 4; LT-Drs. 18/1569 S. 3.

1045 Stellungnahme des Niedersächsischen Ministeriums für Inneres und Sport, Online-Glücksspiel: Innenministerium wendet sich an die Branchenverbände der Deutschen Kreditwirtschaft, https://www.mi.niedersachsen.de/startseite/aktuelles/presseinformationen/online-glucksspiel-innenministerium-wendet-sich-an-die-branchenverbande-der-deutschen-kreditwirtschaft-184716.html.

1046 Stellungnahme des Niedersächsischen Ministeriums für Inneres und Sport, Online-Glücksspiel: Innenministerium wendet sich an die Branchenverbände der Deutschen Kreditwirtschaft, https://www.mi.niedersachsen.de/startseite/aktuelles/presseinformationen/online-glucksspiel-innenministerium-wendet-sich-an-die-branchenverbande-der-deutschen-kreditwirtschaft-184716.html.

1047 Vgl. Stellungnahme des Niedersächsischen Ministeriums für Inneres und Sport, Illegales Glücksspiel: Niedersachsen verbietet weiterem internationalen Zahlungsdienstleister die Mitwirkung am Zahlungsverkehr, verfügbar unter: https://www.mi.niedersachsen.de/startseite/aktuelles/presseinformationen/illegales-glucksspiel-niedersachsen-verbietet-weiterem-internationalen-zahlungsdienstleister-die-mitwirkung-am-zahlungsverkehr-187810.html; Vgl. Stellungnahme des Niedersächsischen Ministeriums für Inneres und Sport, Online-Casino: Niedersachsen untersagt erstmals Zahlungsanbieter Mitwirkung am Zahlungsverkehr, https://www.mi.niedersachsen.de/startseite/aktuelles/presseinformationen/online-casino-niedersachsen-untersagt-erstmals-zahlungsanbieter-mitwirkung-an-zahlungsverkehr-177732.html; Vgl. Stellungnahme des Niedersächsischen Ministers für Inneres und Sport, Boris Pistorius, verfügbar unter: https://www.mi.niedersachsen.de/startseite/aktuelles/presseinformationen/illegales-glucksspiel-niedersachsen-verbietet-weiterem-internationalen-zahlungsdienstleister-die-mitwirkung-am-zahlungsverkehr-187810.html.

1048 LT-Drs. 18/1569, S. 6.

Compliance verhindern, dass ihr Zahlungsmittel für illegales Online-Glücksspiel bereitsteht.[1049] Das gesetzliche Mitwirkungsverbot soll insofern „flankierend" zu den übrigen Mitteln zur Bekämpfung des illegalen Online-Glücksspiels wirken.[1050] Hinter dem gesetzlichen Mitwirkungsverbot stehe laut dem zuständigen Ministerium die Absicht, dass „ein wesentlicher Bestandteil der für das unerlaubte Online-Glücksspiel erforderlichen Infrastruktur" wegfiele und folglich das Vorgehen gegen illegales Online-Glücksspiel dann erfolgreich wäre, wenn sich die Banken rechtskonform verhielten und die illegalen Zahlungen nicht mehr durchführten.[1051]

Das Mitwirkungsverbot soll also laut der für das Payment Blocking zuständigen Glücksspielaufsichtsbehörde die Vornahme der Zahlungsgeschäfte zum Zwecke des illegalen Online-Glücksspiels als solche untersagen und sich nicht bloß gegen die Umstände ihres Zustandekommens wenden. Hierdurch sollen die Zahlungswege für illegales Online-Glücksspiel beseitigt werden. Dies spricht für eine Auslegung des § 4 Abs. 1 S. 2, 2 Hs. GlüStV als Verbotsgesetz i. S. d. § 134 BGB.

bb. LG Ulm, LG Duisburg: Mitwirkungsverbot will Zahlungsgeschäfte als solche verhindern

Zu diesem Ergebnis kommt auch die 4. Zivilkammer des LG Ulm.[1052] In ihrem Urteil vom 16.12.2019 (Az.: 4 O 202/18) führt die Kammer aus, nach teleologischer Auslegung sei bei dem Mitwirkungsverbot aus § 4 Abs. 1 S. 2, 2 Hs. GlüStV von einem Verbotsgesetz i. S. d. § 134 BGB auszugehen.[1053] Entscheidend für den Verbotsgesetzcharakter einer Norm sei, ob der Gesetzgeber nur die Rahmenbedingungen eines Rechtsgeschäftes regeln wolle, oder ob durch das Verbot das Geschäft als Ganzes unterbunden werden solle.[1054] Das Mitwirkungsverbot diene dem Zweck, dem international verfügbaren Online-Glücksspiel den „Cash Flow" zu entziehen.[1055] Der Gesetzgeber wolle also mit dem Mitwirkungsverbot

---

1049 Vgl. LT-Drs. 18/607, S. 3.

1050 Vgl. LT-Drs. 18/607, S. 2.

1051 Stellungnahme des Niedersächsischen Ministeriums für Inneres und Sport, Online-Glücksspiel: Innenministerium wendet sich an die Branchenverbände der Deutschen Kreditwirtschaft, https://www.mi.niedersachsen.de/startseite/aktuelles/presseinformationen/online-glucksspiel-innenministerium-wendet-sich-an-die-branchenverbande-der-deutschen-kreditwirtschaft-184716.html.

1052 LG Ulm, Urt. v. 16.12.2019 – 4 O 202/18, juris.

1053 LG Ulm, Urt. v. 16.12.2019 – 4 O 202/18 –, Rn. 79, juris.

1054 LG Ulm, Urt. v. 16.12.2019 – 4 O 202/18 –, Rn. 80, juris.

1055 LG Ulm, Urt. v. 16.12.2019 – 4 O 202/18 –, Rn. 82, juris; *Rock*, ZfWG 3/4/18, S. 20.

die dem illegalen Online-Glücksspiel zugrundeliegenden Zahlungsgeschäfte als solche verhindern. Ziel der Norm sei es, diese Zahlungsdienstleistungen ausnahmslos nicht stattfinden zu lassen.[1056] Dem stimmte auch das LG Duisburg zu. In der (Hinweis-)Verfügung vom 16.09.2020 (Az.: 4 O 201/19) führt die erkennende Einzelrichterin aus, § 4 Abs. 1 S. 2, 2 Hs. GlüStV solle erkennbar sicherstellen, dass verbotenes Online-Glücksspiel nicht durch problemlose Zahlungen gefördert werde. Bei § 4 Abs. 1 S. 2, 2 Hs. GlüStV handele es sich folglich um ein Verbotsgesetz i. S. d. § 134 BGB.[1057]

cc. LG München I.: Mitwirkungsverbot soll nicht in den Zahlungsverkehr eingreifen

Dem entgegen soll das Mitwirkungsverbot laut der 27. Zivilkammer des LG München I gerade nicht den Zweck haben, in den bestehenden Zahlungsverkehr zwischen Spieler und Bank einzugreifen.[1058] Laut der erkennenden Kammer solle das Mitwirkungsverbot nach seinem Sinn und Zweck lediglich sicherstellen, dass die zuständige Glücksspielaufsichtsbehörde gem. § 9 GlüStV ordnungsrechtlich gegen die Banken vorgehen könne.[1059] Dies würde entscheidend gegen die Auslegung von § 4 Abs. 1 S. 2, 2 Hs. GlüStV als Verbotsgesetz i. S. d. § 134 BGB sprechen. Wie bereits dargestellt, lässt sich diese einschränkende Auslegung allerdings nicht belegen.[1060] Anders als vom LG München I vertreten, kann insbesondere den Gesetzesbegründungen zu § 4 Abs. 1 S. 2, 2 Hs. GlüStV und § 9 Abs. 1 S. 3 Nr. 4 GlüStV nicht entnommen werden, dass die Erweiterung der Störerauswahl in § 9 GlüStV der alleinige Zweck des Mitwirkungsverbots ist. Zwar bestanden in der verwaltungsgerichtlichen Historie Probleme bei der ordnungsrechtlichen Inanspruchnahme der Banken als Intermediäre zum Online-Glücksspiel.[1061] Diese Probleme wurden auch durch die Einführung des Mitwirkungsverbots gelöst.[1062] Die rechtliche Absicherung des ordnungsrechtlichen Vorgehens gegen die Banken stellt sich aber nur als *eine* Erwägung zur

1056 LG Ulm, Urt. v. 16.12.2019 – 4 O 202/18 –, Rn. 81, juris; so auch AG Wiesbaden, Urt. v. 16.06.2017 – 92 C 4323/16 (41) –, Rn. 14, juris.
1057 LG Duisburg, Verf. v. 16.09.2020 – 4 O 201/19.
1058 LG München I, Urt. v. 28.02.2018 – 27 O 11716/17 –, Rn. 27, juris = WM 2019, 1302–1304.
1059 LG München I, Urt. v. 28.02.2018 – 27 O 11716/17 –, Rn. 27, juris = WM 2019, 1302–1304.
1060 Siehe Drittes Kapitel, C., II., 2., c), d).
1061 Siehe Drittes Kapitel, C., II., 2., c), aa., (2), (a).
1062 Siehe Drittes Kapitel, C., II., 2., c), aa., (2), (a).

Einführung des Mitwirkungsverbots dar. Eine ausdrückliche Beschränkung des § 4 Abs. 1 S. 2, 2 Hs. GlüStV auf die Erweiterung der Störerauswahl ist weder dem Wortlaut der Gesetzesbegründungen zu entnehmen[1063] noch ergibt sich dies aus deren grammatikalischer Auslegung.[1064] Bei genauer grammatikalischer Betrachtung stellt sich die Gesetzesbegründung zu § 4 Abs. 1 S. 2, 2 Hs. GlüStV vielmehr als zweigeteilt heraus. Zunächst wird klargestellt, dass mit dem Mitwirkungsverbot ein neues und eigenständiges gesetzliches Verbot eingeführt wurde, welches mit § 4 Abs. 1 S. 1 GlüStV und § 4 Abs. 4 GlüStV auf einer Ebene steht.[1065] Als Erweiterung des § 4 Abs. 1 GlüStV verstanden, wird das Mitwirkungsverbot automatisch in Zusammenhang mit dem Verbot der Veranstaltung oder Vermittlung von unerlaubtem öffentlichem Glücksspiel gesetzt. § 4 Abs. 1 GlüStV wiederum steht mit dem Internettotalverbot aus § 4 Abs. 4 GlüStV auf einer Stufe. Folglich geht aus der genannten Klarstellung hervor, dass – neben dem unerlaubten terrestrischen Glücksspiel und dem öffentlichen Glücksspiel im Internet – jetzt *auch die Mitwirkung* an dem zugrundeliegenden Zahlungsverkehr verboten ist. D. h. die Mitwirkung an Zahlungen zum Zwecke des illegalen Glücksspiels soll fortan genauso verboten sein wie die Veranstaltung und Vermittlung von illegalem Glücksspiel selbst. Dies geht insbesondere aus dem Wort „auch“ hervor.[1066] § 4 Abs. 1 und § 4 Abs. 4 GlüStV sind die zentralen Vorschriften der Glücksspielregulierung.[1067] Daraus lässt sich ableiten, dass das Mitwirkungsverbot nach dem Willen des Gesetzgebers ebenfalls eine bedeutsame Rolle in der Glücksspielregulierung einnehmen soll. Hiermit stimmt überein, dass das Mitwirkungsverbot in systematischer Hinsicht zwischen § 4 Abs. 1 GlüStV und § 4 Abs. 4 GlüStV verortet wurde und nicht bei § 9 GlüStV. Dies spricht bereits gegen eine Beschränkung des Mitwirkungsverbots auf die Erweiterung der Störerauswahl in § 9 GlüStV. Alleinig dafür spricht die oberflächliche

---

1063 Dem Wortlaut der Gesetzesbegründungen ist nicht zu entnehmen, dass das Mitwirkungsverbot „nur“ oder „allein“ im Zusammenhang mit den Überwachungsbefugnissen in § 9 GlüStV zu sehen ist.

1064 Siehe auch Drittes Kapitel, C., II., 2., c), aa., (2), (a) und (b).

1065 In der Gesetzesbegründung wird ausgeführt: „*Die Erweiterung in Absatz 1 Satz 2 stellt klar, dass auch die Mitwirkung an Zahlungen im Zusammenhang mit unerlaubtem Glücksspiel verboten ist.*“, Amtliche Begründung zu § 4 Abs. 1 S. 2 GlüStV, Bay.-Lt. Drs. 16/11995, S. 21, 22.

1066 Vgl. Amtliche Begründung zu § 4 Abs. 1 S. 2 GlüStV, Bay.-Lt. Drs. 16/11995, S. 21, 22.

1067 Vgl. *Bolay/Pfütze*, in Streinz/Liesching/Hambach, Glücks- und Gewinnspielrecht in den Medien, § 4, Rn. 10,11; siehe auch Zweites Kapitel, B., I., 3.

Betrachtung des Wortlauts des zweiten Teils der Gesetzesbegründung.[1068] Hierin wird ausgeführt, dass das Mitwirkungsverbot im Zusammenhang mit den Überwachungsbefugnissen der Glücksspielaufsicht in § 9 GlüStV zu sehen sei und die Möglichkeiten der Inanspruchnahme Dritter als verantwortliche Störer ermöglichen solle.[1069] Für sich genommen könnte dies den Rückschluss des LG München I also rechtfertigen. Hierbei ist jedoch zu beachten, dass auch § 4 Abs. 1 GlüStV und § 4 Abs. 4 GlüStV im Zusammenhang mit den Überwachungsbefugnissen der Glücksspielaufsicht zu sehen sind.[1070] Die Glücksspielaufsichtsbehörde hat im Rahmen ihrer Überwachungsaufgabe aus § 9 Abs. 1 S. 1 GlüStV die Erfüllung aller nach dem GlüStV bestehenden oder auf Grund des GlüStV begründeten öffentlich-rechtlichen Verpflichtungen zu überwachen.[1071] Also auch die Verbote aus den § 4 Abs. 1 GlüStV und § 4 Abs. 4 GlüStV. Zur Durchsetzung dieser Verbote steht der Glücksspielaufsichtsbehörde dabei im Rahmen ihrer Hinwirkungsaufgabe die Regelbefugnis aus § 9 Abs. 1 S. 3 Nr. 3 GlüStV zur Verfügung.[1072] In den Motiven zum GlüStV wird dieser Zusammenhang zu § 4 Abs. 1, 4 GlüStV aber nicht explizit erwähnt. Das ist auch nicht erforderlich, da sich dieser Zusammenhang für §§ 4 Abs. 1, Abs. 4 GlüStV ausdrücklich aus dem Wortlaut von § 9 Abs. 1 S. 1 GlüStV ergibt. Für § 4 Abs. 1 S. 2, 2 Hs. GlüStV gilt das nicht. Anders als für §§ 4 Abs. 1, Abs. 4 GlüStV ist der systematische Zusammenhang aber für das Mitwirkungsverbot explizit erwähnenswert, da die Hinwirkungsaufgabe der Glücksspielbehörde nach dem Wortlaut des § 9 Abs. 1 S. 1 GlüStV nur darauf gerichtet ist unerlaubtes Glücksspiel und die Werbung hierfür zu unterbinden. Auf die Unterbindung von Zahlungsströmen ist die Hinwirkungsaufgabe hingegen nicht originär gerichtet. Nun ist aber zu berücksichtigen, dass das Mitwirkungsverbot mittelbar der Durchsetzung des Internettotalverbots dient.[1073] Wenn die Glücksspielaufsichtsbehörde ordnungsrechtlich für die Einhaltung des Mitwirkungsverbots sorgt, wirkt sie mittelbar auf die Unterbindung des unerlaubten Glücksspiels hin. Insofern weist die

---

1068 Siehe Drittes Kapitel, C., II., 2., c), aa., (3).

1069 Amtliche Begründung zu § 4 Abs. 1 S. 2 GlüStV, Bay.-Lt. Drs. 16/11995, S. 21, 22.

1070 Siehe Drittes Kapitel, C., II., 2., c), aa., (2), (b).

1071 Siehe Drittes Kapitel, C., II., 2., c), aa., (2), (b); vgl. *Oldag*, in: Dietlein/Hecker/Ruttig, Glücksspielrecht, § 9, Rn. 2.

1072 Siehe Drittes Kapitel, C., II., 2., c), aa., (2), (b).

1073 Schreiben des Niedersächsischen Ministeriums für Inneres und Sport an die Branchenverbände, verfügbar unter: https://www.mi.niedersachsen.de/startseite/aktuelles/presseinformationen/online-glucksspiel-innenministerium-wendet-sich-an-die-branchenverbande-der-deutschen-kreditwirtschaft-184716.html.

Gesetzesbegründung zu § 4 Abs. 1 S. 2, 2 Hs. GlüStV in ihrem zweiten Teil lediglich darauf hin, dass das Mitwirkungsverbot demselben systematischen Zusammenhang zu § 9 GlüStV folgt wie schon zuvor § 4 Abs. 1 GlüStV und § 4 Abs. 4 GlüStV. Dieser systematische Zusammenhang wird sodann in der Gesetzesbegründung zu § 9 Abs. 1 S. 3 Nr. 4 GlüStV näher erläutert.[1074] Insofern weist der zweite Teil der Gesetzesbegründung zu § 4 Abs. 1 S. 2, 2 Hs. GlüStV nicht darauf hin, dass die Erweiterung der Störerauswahl in § 9 GlüStV der alleinige Zweck des Mitwirkungsverbots sei. Vielmehr ist bei der grammatikalischen Auslegung der Gesetzesbegründung der gesamte Text zu berücksichtigen. Dieser stellt das Mitwirkungsverbot als eigenständiges die Banken adressierendes gesetzliches Verbot gleich den § 4 Abs. 1 GlüStV und § 4 Abs. 4 GlüStV dar. Wie auch schon § 4 Abs. 1 GlüStV und § 4 Abs. 4 GlüStV, steht auch § 4 Abs. 1 S. 2, 2 Hs. GlüStV in systematischem Zusammenhang zu § 9 GlüStV und wird von den Überwachungs- und Hinwirkungsbefugnissen der Glücksspielaufsichtsbehörde erfasst. Nur insofern also ist die Regelung „im Zusammenhang mit den Überwachungsbefugnissen der Glücksspielaufsicht in § 9 GlüStV zu sehen". Der Zusatz, dass hierdurch „die Möglichkeiten der Inanspruchnahme Dritter als Verantwortliche Störer" erweitert werden, verweist hingegen auf die verwaltungsgerichtliche Historie der Norm und darauf, dass durch das Mitwirkungsverbot nun ein Vorgehen nach § 9 GlüStV rechtlich abgesichert ist.[1075]

Folglich ist der Gesetzesbegründung nicht zu entnehmen, dass die Erweiterung der Störerauswahl der einzige Zweck des Mitwirkungsverbots ist. Damit lässt sich mit der 27. Zivilkammer des LG München I auch nicht begründen, dass das Mitwirkungsverbot gerade nicht den Zweck haben soll in den bestehenden Zahlungsverkehr zwischen Spieler und Bank einzugreifen. Die Auffassung des LG München I kann einer Auslegung des Mitwirkungsverbots als Verbotsgesetz i. S. d. § 134 BGB also nicht entgegengehalten werden.

dd. Hendricks & Lüder: Entgegenstehende Kompetenzverteilung

Dagegen vertreten auch *Hendricks* und *Lüder* die Auffassung, § 4 Abs. 1 S. 2, 2 Hs. GlüStV habe keinen eigenen Verbotsgesetzcharakter i. S. d. § 134 BGB.[1076] Sie begründen dies damit, dass nach der Konzeption des GlüStV allein die Glücksspielaufsichtsbehörden für ein Vorgehen gegen illegales Online-Glücksspiel zuständig seien. Diese Kompetenzverteilung werde „geradezu auf den Kopf

---

1074 Siehe Drittes Kapitel, C., II., 2., c), aa., (2), (b).

1075 Vgl. auch Drittes Kapitel, C., II., 2., c), aa., (2), (a) und (b).

1076 *Hendricks/Lüder*, ZfWG 3/4/20, S. 216, 221.

gestellt“ wenn § 4 Abs. 1 S. 2, 2 Hs. GlüStV einen eigenen Verbotsgesetzcharakter habe, der einen Rückgriff auf die Zahlungsanbieter erlaube. Daher müsse es dabei bleiben, dass die Inanspruchnahme der Banken weiterhin subsidiär über § 9 GlüStV erfolge.[1077] Diese Argumentation geht bereits inhaltlich fehl. Gem. § 9 Abs. 1 S. 1 GlüStV ist der Glücksspielaufsichtsbehörde die Überwachungs- und Hinwirkungsaufgabe übertragen.[1078] Hierzu kann die Behörde Einzelfallanordnungen erlassen.[1079] Ob das Mitwirkungsverbot ein Verbotsgesetz i. S. d. § 134 BGB ist oder nicht, ändert hieran zunächst nichts. Diese Kompetenz verbleibt weiterhin bei der zuständigen Glücksspielaufsichtsbehörde. Darüber hinaus verpflichtet das Mitwirkungsverbot die Banken nicht dazu, selbst gegen illegales Online-Glücksspiel vorzugehen. Die Banken sind lediglich im Rahmen einer eigenen Compliance dazu angehalten, zu verhindern, dass ihre Zahlungsmittel für illegales Online-Glücksspiel verwendet werden.[1080] Als Vorbild hierfür werden etwa die gesetzlichen Verpflichtungen der Banken zur Prävention von Geldwäsche und Terrorismusfinanzierung genannt.[1081] Auch in diesen Fällen wird den Banken eine eigene gesetzliche Handlungspflicht übertragen, ohne dass ihnen entgegen der Konzeption des GwG gleich das gesamte Vorgehen gegen die Finanzkriminalität übertragen würde. Aber auch in dogmatischer Hinsicht überzeugt die Argumentation von *Hendricks* und *Lüder* nicht. Ob der Gesetzgeber den Banken mit dem Mitwirkungsverbot mittelbar die Funktion

---

1077 Vgl. *Hendricks/Lüder*, ZfWG 3/4/20, S. 216, 221.

1078 Siehe Drittes Kapitel, C., II., 2., c), aa., (2), (b).

1079 Siehe Drittes Kapitel, C., II., 2., c), aa., (2), (b).

1080 LT-Drs. 18/607, S. 3; Vgl. Stellungnahme des Niedersächsischen Ministeriums für Inneres und Sport, Illegales Glücksspiel: Niedersachsen verbietet weiterem internationalen Zahlungsdienstleister die Mitwirkung am Zahlungsverkehr, verfügbar unter: https://www.mi.niedersachsen.de/startseite/aktuelles/presseinformationen/illegales-glucksspiel-niedersachsen-verbietet-weiterem-internationalen-zahlungsdienstleister-die-mitwirkung-am-zahlungsverkehr-187810.html; Vgl. Stellungnahme des Niedersächsischen Ministeriums für Inneres und Sport, Online-Casino: Niedersachsen untersagt erstmals Zahlungsanbieter Mitwirkung am Zahlungsverkehr, https://www.mi.niedersachsen.de/startseite/aktuelles/presseinformationen/online-casino-niedersachsen-untersagt-erstmals-zahlungsanbieter-mitwirkung-an-zahlungsverkehr-177732.html; Vgl. Stellungnahme des Niedersächsischen Ministers für Inneres und Sport, Boris Pistorius, verfügbar unter: https://www.mi.niedersachsen.de/startseite/aktuelles/presseinformationen/illegales-glucksspiel-niedersachsen-verbietet-weiterem-internationalen-zahlungsdienstleister-die-mitwirkung-am-zahlungsverkehr-187810.html.

1081 LT-Drs. 18/607, S. 3.

eines „Hilfssheriffs“[1082] übertragen wollte, ist für die Beurteilung des Verbotsgesetzcharakters des Mitwirkungsverbots irrelevant. Im Ergebnis kommt es hierfür allein darauf an, ob das Mitwirkungsverbot die zugrundeliegenden Zahlungsgeschäfte als solche missbilligt.[1083] Hiervon scheinen *Hendricks* und *Lüder* selbst auch auszugehen. So führen sie zum Telos des Mitwirkungsverbots aus: *„Die ständig drohende Rückforderungsgefahr verbunden mit Regressproblemen im Verhältnis zum Glücksspielanbieter für die Zahlungsdienstleister wirkt potenziell für diese ausreichend motivierend, ihren Zahlungsfluss einzustellen. Damit wäre auf Kosten eines kurzfristigen Freibriefs einem langfristigen Zweck gedient, namentlich dem, es den Glücksspielanbietern zu erschweren, ihr illegales Handeln fortzuführen. Gleichzeitig werden dem Spieler Hürden in den Weg gestellt, Spielguthaben zu erlangen.“*[1084] Damit unterstellen sie, dass das Mitwirkungsverbot den Sinn hat, zur Bekämpfung des illegalen Online-Glücksspiels insofern beizutragen, indem es die zugrundeliegenden Zahlungsgeschäfte als solche untersagt.

Folglich spricht auch das Vorbringen von *Hendricks* und *Lüder* nicht gegen, sondern für den Verbotsgesetzcharakter von § 4 Abs. 1 S. 2, 2 Hs. GlüStV.

ee. Zwischenergebnis

Im Ergebnis stellt sich § 4 Abs. 1 S. 2, 2 Hs. GlüStV nach teleologischer Auslegung als Verbotsgesetz i. S. d. § 134 BGB dar. Insbesondere die Ausführungen des Niedersächsischen Innenministeriums überzeugen. Die unverminderte Anzahl illegaler Online-Glücksspiele zeigt, dass die Online-Glücksspielanbieter das deutsche Internettotalverbot aus § 4 Abs. 4 GlüStV ignorieren. Aus glücksspielfreundlichen Staaten wie Malta, Gibraltar oder Curacao heraus agierend, fühlen sie sich vor dem Zugriff deutscher Behörden sicher. Sie bieten ihre Spiele daher weiterhin unerlaubt über das Internet unter Verweis auf europäische Lizenzen für den deutschen Markt an.[1085] Insofern erscheint es schlüssig, dass sich der Gesetzgeber mit den Banken nun verlässlichere Adressaten sucht, von denen eine Befolgung geltenden Rechts eher zu erwarten ist. Dabei leuchtet ein, dass hierdurch nicht nur der Handlungsspielraum für (sich bisher als erfolglos erwiesene) ordnungsbehördliche Untersagungsverfügungen ausgeweitet werden soll,

---

1082 Vgl. *Bolay/Pfütze*, in Streinz/Liesching/Hambach, Glücks- und Gewinnspielrecht in den Medien, § 4, Rn. 94.

1083 Staudinger/*Sack/Seibl*, 2017, BGB, § 134, Rn. 30.

1084 *Hendricks/Lüder*, ZfWG 3/4/20, S. 216, 220.

1085 Ausführlicher zu den juristischen Ausführungen der Online-Glücksspielanbieter, siehe Drittes Kapitel, F., 5., a), dd.

sondern dass das Ziel der Bekämpfung illegaler Schwarzmärkte auch dadurch erreicht werden soll, indem diesen Adressaten nun eigenständige gesetzliche Verpflichtungen übertragen werden. Es ist davon auszugehen, dass das Mitwirkungsverbot den Sinn und Zweck hat, die dem illegalen Online-Glücksspiel zugrundeliegende Finanzinfrastruktur zu beseitigen. Dabei soll das Mitwirkungsverbot die hierfür erforderlichen Zahlungsgeschäfte als solche verhindern. Hierdurch soll der Durchsetzung des Internettotalverbots aus § 4 Abs. 4 GlüStV zu mehr Effektivität verholfen werden. Damit diese Funktion erfüllt werden kann und die beteiligten Banken zur Unterbindung der Zahlungen im Rahmen der eigenen Compliance motiviert werden, muss das Mitwirkungsverbot eine eigene (zivilrechtliche) Funktion haben.[1086] Dies spricht entscheidend für den Charakter des Mitwirkungsverbots als Verbotsgesetz i. S. d. § 134 BGB. Die hiergegen vorgebrachten Argumente können hingegen nicht überzeugen.

b) Nichtigkeitsfolge eines Verstoßes gegen § 4 Abs. 1 S. 2, 2 Hs. GlüStV

Sodann ist zu prüfen, ob ein Verstoß gegen das Mitwirkungsverbot die Nichtigkeit des zugrundeliegenden Rechtsgeschäfts nach sich ziehen soll.

Aus dem Verstoß gegen ein Verbotsgesetz folgt nicht automatisch die Nichtigkeit des verbotswidrigen Rechtsgeschäfts. Ein Rechtsgeschäft ist wegen eines Gesetzesverstoßes nach § 134 BGB nur dann nichtig, „wenn sich nicht aus dem Gesetz ein anderes ergibt".[1087] § 134 BGB stellt insofern eine Auslegungsregel auf.[1088] Ob das Rechtsgeschäft trotz Gesetzesverstoß gültig sein soll, muss durch Auslegung der Verbotsnorm ermittelt werden.[1089] Auch hierfür ist erneut der Sinn und Zweck der Norm entscheidend.[1090] Lässt sich dem Normzweck nichts Abweichendes oder gar nichts entnehmen, ordnet § 134 BGB die Nichtigkeit an.[1091]

1086 Andernfalls würde es lediglich dazu führen, dass die Banken lediglich reaktiv tätig werden wenn sie durch eine Untersagungsverfügung dazu aufgefordert werden.

1087 *Arnold* in: Erman, BGB, 16. Aufl. 2020, § 134 BGB, Rn. 16; MüKoBGB/*Armbrüster*, 8. Aufl. 2018, BGB, § 134, Rn. 119; BGH, Urt. v. 23.09.1982 – VII ZR 183/80 –, BGHZ 85, 39–50, Rn. 25.

1088 BGH, Urt. v. 04.04.1966 – VIII ZR 20/64 –, BGHZ 45, 322–329, Rn. 53; dabei soll derjenige die Argumentationslast tragen, der das verbotswidrige Rechtsgeschäft nicht für nichtig hält, MüKoBGB/*Armbrüster*, 8. Aufl. 2018, BGB, § 134, Rn. 119.

1089 *Arnold* in: Erman, BGB, 16. Aufl. 2020, § 134 BGB, Rn. 16.

1090 *Arnold* in: Erman, BGB, 16. Aufl. 2020, § 134 BGB, Rn. 16; MüKoBGB/*Armbrüster*, 8. Aufl. 2018, BGB, § 134, Rn. 41.

1091 MüKoBGB/*Armbrüster*, 8. Aufl. 2018, BGB, § 134, Rn. 119.

aa. LG München I: Nichtigkeitsfolge würde Ziele des GlüStV „torpedieren“

Das LG München I ist der Auffassung, die Erreichung der Ziele des GlüStV würden „geradezu torpediert“, ginge man davon aus, dass ein Verstoß gegen § 4 Abs. 1 S. 2, 2 Hs. GlüStV die Nichtigkeit der vom Spieler autorisierten Zahlungen zur Folge hätte.[1092] In diesem Fall würden erfolglose Spieler ihre verspielten Spieleinsätze im Anschluss an das verlorene Spiel gem. § 812 BGB von ihrer Bank ersetzt verlangen. Den Spielern würde somit ein „Freibrief“ erteilt. Sie könnten ohne finanzielles Risiko am illegalen Online-Glücksspiel teilnehmen. Dies würde nicht zur Eindämmung des illegalen Online-Glücksspiels beitragen, sondern vielmehr das Gegenteil bewirken.[1093] Zudem könne ein bösgläubiger Spieler, der sich nach § 285 StGB strafbar mache, die gutgläubige Bank für seine strafbaren Aktivitäten einspannen. Diese müsste im Gegenzug hierfür auch noch auf ihren Aufwendungen sitzen bleiben.[1094] Ob dieses Argument gegen die Nichtigkeitssanktion bei einem Verstoß gegen § 4 Abs. 1 S. 2, 2 Hs. GlüStV sprechen kann, ist fraglich. Nach § 134 BGB ist ein verbotswidriges Rechtsgeschäft nichtig, wenn sich aus dem Normzweck des verletzten Verbotsgesetzes nicht ein anderes ergibt.[1095] Dabei ist laut des 7. Zivilsenats des BGH danach zu fragen, *„ob es mit dem Sinn und Zweck des Verbotsgesetzes unvereinbar wäre, die durch das Rechtsgeschäft getroffene rechtliche Regelung hinzunehmen und bestehen zu lassen.“*[1096] Hierzu hat grundsätzlich eine normbezogene Abwägung zu

---

1092 LG München I, Urt. v. 28.02.2018 – 27 O 11716/17 –, Rn. 27, juris; das LG Ulm versteht das „Freibriefargument“ der erkennenden Kammer des LG München I bereits als Argument gegen den Verbotsgesetzcharakter der Norm. Stellt aber richtigerweise klar, dass es hierfür allein auf den Sinn und Zweck des Gesetzes ankomme. Die erkennende Kammer berücksichtige bei ihrer Argumentation aber nur die Folgen eines Verstoßes der Banken gegen das betreffende Verbot und missachte, dass das Mitwirkungsverbot nach seinem Sinn und Zweck gerade verhindern wolle, dass es überhaupt zu einer Finanztransaktion in Verbindung mit illegalem Online-Glücksspiel komme. Überdies bedeute die Argumentation des LG München I., dass eine Zahlung im Zusammenhang mit illegalem Online-Glücksspiel gerade deshalb gültig seien solle, damit ein Spieler diese nicht von seiner Bank zurückverlangen könne, LG Ulm, Urt. v. 16.12.2019 – 4 O 202/18 –, Rn. 84, juris.

1093 Vgl. LG München I, Urt. v. 28.02.2018 – 27 O 11716/17 –, Rn. 27, juris.

1094 Vgl. LG München I, Urt. v. 28.02.2018 – 27 O 11716/17 –, Rn. 27, juris.

1095 Staudinger/*Sack/Seibl*, (2017), BGB, § 134, Rn. 57.

1096 BGH, Urt. v. 23.09.1982 – VII ZR 183/80 –, BGHZ 85, 39–50, Rn. 25.

erfolgen.[1097] Folgt man dem zuständigen Niedersächsischen Innenministerium, so steht das Mitwirkungsverbot im unmittelbaren Zusammenhang mit dem Internettotalverbot aus § 4 Abs. 4 GlüStV.[1098] Es dient in mittelbarer Weise der Durchsetzung des Verbots der Veranstaltung und Vermittlung von illegalem Glücksspiel im Internet.[1099] Damit dient es im gleichen Maße der Erreichung der Ziele des Glücksspielstaatsvertrages aus § 1 GlüStV.[1100] Würde die Nichtigkeitssanktion eines Verstoßes gegen § 4 Abs. 1 S. 2, 2 Hs. GlüStV nun die Erreichung dieser Ziele bedrohen oder sogar konterkarieren, so würde diese Nichtigkeitsfolge nicht nur dem Mitwirkungsverbot, sondern der gesamten öffentlich-rechtlichen Glücksspielregulierung zuwiderlaufen. Eine normbezogene Abwägung würde ergeben, dass „ein anderes" i. S. d. § 134 BGB gelten soll. Bei der Argumentation des LG München I ist jedoch zu berücksichtigen, dass die Spieler keinesfalls hinsichtlich der Legalität der von ihnen gespielten Online-Glücksspiele per se bösgläubig sind. Die 27. Zivilkammer des LG München I unterstellt aber, dass jeder Spieler der die Illegalität des Online-Glücksspiels bzw. der Mitwirkung an Zahlungen hierzu geltend macht, bereits bei Spielbeginn Kenntnis von der geltenden Rechtslage gehabt habe. Die Spieler würden durch einen auf dieser Kenntnis beruhenden Wissensvorsprung gegenüber ihrer Bank einen Rückforderungsanspruch als rechtliches Schlupfloch zum Spiel ohne wirtschaftliches Risiko nutzen.[1101] Diese unterstellte Ausgangslage ist jedoch äußerst abwegig. Schon die intensive TV-Werbung mit teils prominenten Fürsprechern für verschiedenste Online-Glücksspielangebote dürfte bei dem deutschen Durchschnittsbürger die Auffassung hervorrufen, dass diese Online-Glücksspiele – ähnlich wie auch das terrestrische Glücksspiel im Casino oder in der Spielhalle – legal sein müssen. Auch der oftmals durch eine Randnotiz angefügte Zusatz, dass sich die beworbenen Angebote nur an Spieler in und aus Schleswig-Holstein richten, dürfte bei den Spielern nicht zur

1097 Vgl. *Nassall* in: Herberger/Martinek/Rüßmann/Weth/Würdinger, jurisPK-BGB, 9. Aufl., § 134 BGB (Stand: 18.05.2020), Rn. 6.

1098 Schreiben des Niedersächsischen Ministeriums für Inneres und Sport an die Branchenverbände, verfügbar unter: https://www.mi.niedersachsen.de/startseite/aktuelles/presseinformationen/online-glucksspiel-innenministerium-wendet-sich-an-die-branchenverbande-der-deutschen-kreditwirtschaft-184716.html.

1099 Siehe Drittes Kapitel, C., II., 4., a), bb.

1100 Siehe Drittes Kapitel, C., III., 4.

1101 Vgl. LG München I, Urt. v. 28.02.2018 – 27 O 11716/17 –, Rn. 27, juris = WM 2019, 1302–1304.

Aufklärung der verworrenen Rechtslage beitragen.[1102] Darüber hinaus werben die Online-Glücksspielanbieter regelmäßig mit europäischen Lizenzen oder einer Regulierung durch europäische Glücksspielaufsichtsbehörden.[1103] Es dürfte sich einem juristischen Laien nicht ohne Weiteres erschließen, warum für das grenzüberschreitende Online-Glücksspiel sowohl innerhalb von Europa als auch innerhalb von Deutschland unterschiedliche Regeln gelten sollten. Hinzu kommen juristische Besonderheiten wie die Fragen, warum Online-Sportwetten in Deutschland geduldet werden, ob eine solche Duldung Online-Sportwetten in Deutschland damit zu legalen Angeboten macht oder was der Unterschied zwischen einer staatlichen Online-Lotterie und einer Online-Zweitlotterie ist.[1104] Die Antworten auf diese Fragen sind nur einem sehr kleinen Teil der deutschen Bevölkerung tatsächlich bekannt. Aber nur wer diese Antworten kennt, kann überhaupt eigenständig zwischen legalem und illegalem (Online-) Glücksspiel unterscheiden. Sehr viel realistischer dürften damit die Fälle sein, in denen Spieler in Unkenntnis der Rechtslage an einem Online-Glücksspiel teilnehmen und dann später, ggf. unterstützt durch einen Rechtsbeistand oder eine Verbraucherzentrale, herausfinden, dass Online-Glücksspiele sowie die Mitwirkung der Banken an Zahlungen hierzu in Deutschland verboten sind. Es dürfte vor diesem Hintergrund zudem lebensfremd sein, hier eine fahrlässige Unkenntnis der Spieler anzunehmen. Schließlich wird den Spielern in den Medien suggeriert, dass die Spiele legal seien. Das Argument des LG München I bezieht sich folglich eher auf konkrete Einzelfälle und nicht auf eine generell anzunehmende Sachlage. Ob ein Spieler im Einzelfall bösgläubig ist und das geltende Recht für seine unbilligen Zwecke ausnutzt, ist aber bei der Frage einzuordnen, ob eine Rechtsausübung im Einzelfall eine Beschränkung erfahren muss, weil zu befürchten ist, dass eine solche Rechtsausübung zu offensichtlich unvereinbaren Ergebnissen

---

1102 Jedenfalls erfolgt hier kein ausdrücklicher Hinweis darauf, dass die Spiele gem. § 4 Abs. 4 GlüStV außerhalb von Schleswig-Holstein per Gesetz verboten sind.

1103 Etwa ist der Startseite des Online-Casinos „Wildz.com" zu entnehmen: *„Diese Webseite wird von Rootz Limited betrieben, einem Unternehmen das entsprechend der gesetzlichen Regelungen von Malta unter der Registrierungsnummer C 83903 eingetragen ist und eine registrierte Adresse im Ewropa Business Centre, Dun Karm Street, Level 3 – 701, Birkirkara, BKR 9034, Malta, besitzt. Rootz Limited wird von der Malta Gaming Authority reguliert und ist Inhaber der Lizenz MGA/B2C/599/2018, ausgestellt am 30.04.2019.*", verfügbar unter, https://www.wildz.com/de/, zuletzt abgerufen am 19.07.2021

1104 Vgl. Erstes Kapitel, A.

mit geltendem Recht führt.[1105] Das „Freibriefargument“ ist damit etwa bei der Frage zu verorten, ob ein Rückforderungsanspruch eines Spielers möglicherweise nach Treu und Glauben gem. § 242 BGB gehemmt sein könnte. § 134 BGB ordnet als Rechtsfolge für Verstöße die Nichtigkeitsfolge an, wenn sich aus dem Sinn und Zweck der Norm nicht ein anderes ergibt. Damit ist ohne weitere Voraussetzungen die Nichtigkeitsfolge die regelmäßige Folge eines Gesetzesverstoßes.[1106] Daneben wendet die Rechtsprechung in besonderen Einzelfällen, zur Berücksichtigung von öffentlichem Interesse bzw. zum Schutz des allgemeinen Rechtsverkehrs im Rahmen einer „Ausübungskontrolle“ zur Nichtigkeitsfolge, den § 242 BGB an.[1107] So hat der BGH in seinem Urteil vom 01.08.2013 (Az.: VII ZR 6/13) zu Mängelansprüchen bei Werkleistungen in Schwarzarbeit entschieden, dass eine durch § 134 BGB angeordnete Nichtigkeit im öffentlichen Interesse und zum Schutz des allgemeinen Rechtsverkehrs in speziellen Einzelfällen durch die Berufung auf Treu und Glauben überwunden werden könne.[1108] Im Übrigen reiche das im besonderen Maße von Treu und Glauben beeinflusste Bereicherungsrecht regelmäßig aus, um unerträgliche Ergebnisse zu verhindern.[1109] So normiert § 817 S. 2 BGB eine Kondiktionssperre, die dem Leistenden einen Rückforderungsanspruch aus Bereicherungsrecht für den Fall versagt, in dem dem Rückfordernden selbst ein schuldhafter Gesetzesverstoß vorgeworfen werden kann.[1110] § 817 S. 2 BGB liegt der Gedanke der Rechtsschutzverweigerung zu Grunde. Wer sich durch (bewusst)[1111] gesetzeswidriges Handeln außerhalb der Rechtsordnung stellt, soll keinen Rechtsschutz bezüglich einer Rückabwicklung beanspruchen dürfen.[1112] So liegt der Fall auch hier. Der vom LG München I beschriebene Fall, bei dem sich die Spieler ihrerseits rechtswidrig verhalten und ihre Verluste bösgläubig von ihrer Bank zurückverlangen, setzt voraus, dass die Spieler von der Illegalität ihres Spiels wissen.[1113] Sobald die

---

1105 Vgl. BeckOK BGB/*Sutschet*, 56. Ed. 01.11.2020, BGB § 242 Rn. 2.

1106 *Arnold* in: Erman, BGB, 16. Aufl. 2020, § 134 BGB, Rn. 18.

1107 MüKoBGB/*Schubert*, 8. Aufl. 2019, BGB § 242 Rn. 127; *Arnold* in: Erman, BGB, 16. Aufl. 2020, § 134 BGB, Rn. 18.

1108 Vgl. BGH, Urt. v. 01.08.2013 – VII ZR 6/13 –, BGHZ 198, 141–150, Rn. 30, juris.

1109 BGH, Urt. v. 01.08.2013 – VII ZR 6/13 –, BGHZ 198, 141–150, Rn. 30, juris.

1110 MüKoBGB/*Schwab*, 8. Aufl. 2020, BGB § 817, Rn. 1.

1111 MüKoBGB/*Schwab*, 8. Aufl. 2020, BGB § 817, Rn. 85–87.

1112 MüKoBGB/*Schwab*, 8. Aufl. 2020 Rn. 10, BGB § 817, Rn. 10.

1113 Böser Glaube setzt regelmäßig positive Kenntnis bzw. grob Fahrlässige Unkenntnis der betreffenden Sachlage voraus, *Creifelds*, Rechtswörterbuch, Böser Glaube, beck-online.

Spieler bei einer Spielteilnahme aber von der Illegalität des betreffenden Spiels Kenntnis haben, verwirklichen sie insofern den objektiven und subjektiven Tatbestand des § 285 StGB. In diesem Fall steht dem Rückforderungsanspruch eines bösgläubigen Spielers der Ausschlussgrund des § 817 S. 2 BGB entgegen. Folglich ist das „Freibriefargument“ des LG München I allein bei einer Interessenabwägung im Rahmen von § 242 BGB bzw. bei einer Kondiktionssperre nach § 817 S. 2 BGB zu berücksichtigen. Für die Frage, ob § 4 Abs. 1 S. 2, 2 Hs. GlüStV ein Verbotsgesetz mit Nichtigkeitsfolge ist, enthält das Argument hingegen keine Aussagekraft. Daneben ließe sich zudem argumentieren, dass jede Bank, die weiter an Zahlungen im Zusammenhang mit Glücksspiel mitwirkt und keine Schutzmaßnahmen zur Verhütung der Mitwirkung an Zahlungen im Zusammenhang mit unerlaubtem Online-Glücksspiel ergreift, in Bezug auf § 4 Abs. 1 S. 2, 2 Hs. GlüStV grob fahrlässig handelt und somit im Rahmen von Treu und Glauben tendenziell weniger schutzwürdig ist.

Folglich überzeugt die Argumentation des LG München I nicht. Das „Freibriefargument“ unterstellt, dass die Rechtsschutz ersuchenden Spieler per se bösgläubig sind, sodass eine Nichtigkeitssanktion die Ziele des GlüStV dauerhaft gefährde. Diese Ausgangslage liegt jedoch nicht vor. Hingegen sind Einzelfälle, bei denen bösgläubige Spieler versuchen könnten die geltende Rechtslage für ein Spiel ohne wirtschaftliches Risiko zu verwenden, dogmatisch über § 242 BGB bzw. § 817 S. 2 BGB zu lösen und haben somit keinen Einfluss auf die Nichtigkeitssanktion des Mitwirkungsverbots. Mithin ergibt sich aus dem „Freibriefargument“ kein „anderes“ i. S. d. § 134 BGB.

bb. Beseitigung der Finanzinfrastruktur des illegalen Online-Glücksspiels („Cutting the Cash Flow“)

Zudem lässt sich auch positiv belegen, warum das Mitwirkungsverbot nach seinem Sinn und Zweck der Nichtigkeitsfolge bedarf.

Laut dem Niedersächsischen Innenministerium soll das Mitwirkungsverbot zur Durchsetzung des Internettotalverbots aus § 4 Abs. 4 GlüStV beitragen, indem es mit der Unterbindung der zugrundeliegenden Zahlungsströme die wesentliche Infrastruktur des illegalen Online-Glücksspiels beseitigt.[1114] Hierfür sei erforderlich, dass die Zahlungsdienstanbieter die Zahlungen entsprechend ihrer gesetzlichen Verpflichtung nicht mehr durchführten.[1115] Auch das AG Wiesbaden führt in seinem Urteil vom 16.06.2017 (Az.: 92 C 4323/16 (41))

1114 Vgl. LT-Drs. 18/1569, S. 5.

1115 LT-Drs. 18/1569, S. 5; LT-Drs. 18/3543, S. 4.

aus, das Mitwirkungsverbot solle „explizit die Vornahme von den entsprechenden Zahlungsgeschäften" verhindern. Hierdurch könne unerlaubtes Glücksspiel verhindert oder zumindest eingedämmt werden.[1116] Auch das LG Ulm kommt in seinem Urteil vom 16.12.2019 (Az.: 4 O 202/18) zu dem Ergebnis, mithilfe des Mitwirkungsverbots solle dem Online-Glücksspiel der „Cash Flow" entzogen werden. Hierzu wolle der Gesetzgeber die Zahlungsgeschäfte als solche verhindern, sodass Zahlungsdienstleistungen zum Zwecke des illegalen Online-Glücksspiels „ausnahmslos" nicht stattfänden.[1117] Diese Ansichten sprechen für die Nichtigkeitsfolge bei einem Verstoß gegen das Mitwirkungsverbot. Würden die verbotenen Zahlungsgeschäfte in ihrer Wirksamkeit geduldet, so bliebe die dem illegalen Online-Glücksspiel zugrundeliegende Finanzinfrastruktur bestehen und das illegale Online-Glücksspiel könnte nicht effektiv bekämpft werden. Nur die Auslegung als Verbotsgesetz mit Nichtigkeitssanktion ermöglicht es, das Mitwirkungsverbot mit dieser Wirkung auszustatten. Hiernach wäre es mit dem Sinn und Zweck des Mitwirkungsverbots nicht vereinbar, die durch die verbotenen Zahlungsgeschäfte getroffenen Regelungen hinzunehmen und bestehen zu lassen.[1118]

cc. Zwischenergebnis

Aus der teleologischen Auslegung der Norm ergibt sich folglich nicht, dass die zugrundeliegenden Rechtsgeschäfte zur Zahlungsabwicklung trotz Gesetzesverstoß gültig sein sollen. Vielmehr lässt sich positiv belegen, warum die Regelung einer Nichtigkeitssanktion bedarf. Die gesamte Finanzinfrastruktur des illegalen Online-Glücksspiels soll beseitigt werden, sodass illegales Online-Glücksspiel nicht mehr stattfinden kann. Mithin lässt sich dem Normzweck nichts Abweichendes bzw. kein „anderes" i. S. d. § 134 BGB entnehmen, sodass § 134 BGB für einen Verstoß gegen § 4 Abs. 1 S. 2, 2 Hs. GlüStV die Nichtigkeitsfolge anordnet.

5. Ergebnis

Damit ergibt eine vollumfängliche Auslegung des § 4 Abs. 1 S. 2, 2 Hs. GlüStV, dass die Norm ein zivilrechtliches Verbotsgesetz mit Nichtigkeitssanktion i. S. d. § 134 BGB ist. Hierfür sprechen entscheidend (1) der Wortlaut der Norm, welcher eindeutig von einem gesetzlichen Verbot spricht, (2) die Systematik, bei

1116 AG Wiesbaden, Urt. v. 16.06.2017 – 92 C 4323/16 (41) –, Rn. 14, juris.
1117 LG Ulm, Urt. v. 16.12.2019 – 4 O 202/18 –, Rn. 81, juris.
1118 Vgl. BGH, Urt. v. 23.09.1982 – VII ZR 183/80 –, BGHZ 85, 39–50, Rn. 25.

der das Mitwirkungsverbot inmitten des Erlaubnisvorbehalts aus § 4 Abs. 1 S. 1 GlüStV und dem Internettotalverbot aus § 4 Abs. 4 GlüStV verortet ist, während alle drei Verbote ordnungsrechtlich durch § 9 GlüStV umgesetzt werden sowie (3) der Sinn und Zweck der Norm, welcher darin liegt, § 4 Abs. 4 GlüStV zur Umsetzung zu verhelfen, indem die Banken als notwendige Intermediäre zum illegalen Online-Glücksspiel den Finanzfluss beseitigen und so effektiv zur Durchsetzung des Internettotalverbots beitragen. Insbesondere letzteres überzeugt. Auch stimmt dieses Ergebnis mit dem Wortlaut der Gesetzesbegründung überein, wonach § 4 Abs. 1 S. 2 GlüStV klarstellen soll, dass fortan *auch* die Mitwirkung an Zahlungen im Zusammenhang mit unerlaubtem Glücksspiel, d. h. ebenso wie die Veranstaltung und Vermittlung des illegalen Glücksspiels selbst, verboten ist. Die vorgebrachten Gegenargumente überzeugen hingegen nicht. Insbesondere lässt sich anhand der Gesetzesmaterialien nicht belegen, dass § 4 Abs. 1 S. 2, 2 Hs. GlüStV allein die Störerauswahl in § 9 GlüStV erweitern soll. Sofern sie inhaltlich richtig sind, sind diese sodann dogmatisch andernorts zu verorten.

III. § 4 Abs. 4 GlüStV als Verbotsgesetz mit Nichtigkeitsfolge

Sodann ist zu prüfen, ob das Internettotalverbot aus § 4 Abs. 4 GlüStV ein Verbotsgesetz mit Nichtigkeitsfolge i. S. d. § 134 BGB ist. Eine Auslegung hierzu stellt sich wie folgt dar:

1. Wortlaut

Der Wortlaut von § 4 Abs. 4 GlüStV spricht ein Verbot für Online-Glücksspiele aus. Danach ist das Veranstalten und Vermitteln sämtlicher öffentlicher Glücksspiele im Internet ausdrücklich *verboten.*[1119] Das Verbot richtet sich sowohl an staatliche als auch an private Anbieter und ist nicht auf bestimmte Glücksspielformen beschränkt.[1120] Zudem erfordert es nach seinem Wortlaut keine weiteren Voraussetzungen.

Nach wörtlicher Auslegung stellt sich § 4 Abs. 4 GlüStV als eindeutige Verbotsnorm i. S. d. § 134 BGB dar.

1119 Vgl. *Bolay/Pütze*, in: Streinz/Liesching/Hambach, Glücks- und Gewinnspielrecht in den Medien, § 4, Rn. 85.

1120 *Bolay/Pfütze*, in: Streinz/Liesching/Hambach, Glücks- und Gewinnspielrecht in den Medien, § 4, Rn. 85.

2. *Systematik*

Im Rahmen der äußeren Systematik gehört § 4 GlüStV zu den *Allgemeinen Vorschriften* des *Ersten Absatzes* des GlüStV. Hierbei bildet § 4 Abs. 4 GlüStV für die Online-Glücksspiel-Regulierung die zentrale Norm.[1121] Bei der inneren Systematik gilt für § 4 Abs. 4 GlüStV die gleiche Regelungssystematik wie für § 4 Abs. 1 GlüStV.[1122] Während sich aus § 4 Abs. 4 GlüStV das Verbot des Veranstaltens und Vermittelns öffentlicher Glücksspiele im Internet ergibt, kann die Glücksspielaufsichtsbehörde gem. § 9 Abs. 1 S. 2 GlüStV die erforderlichen Anordnungen erlassen, um das Verbot umzusetzen damit unerlaubtes Glücksspiel unterbleibt.[1123] § 4 Abs. 4 GlüStV ist neben § 4 Abs. 1 GlüStV eins von zwei tragenden Prinzipien der öffentlich-rechtlichen Glücksspielregulierung in Deutschland.[1124] Während § 4 Abs. 1 GlüStV die stationären Glücksspielangebote regelt, bezieht sich § 4 Abs. 4 GlüStV allein auf die Online-Glücksspielangebote.[1125] § 4 Abs. 1 GlüStV verbietet das öffentliche Glücksspiel ohne behördliche Erlaubnis. Daraus ergibt sich, dass das Veranstalten und Vermitteln von öffentlichem terrestrischem Glücksspiel mit einer behördlichen Erlaubnis grundsätzlich möglich ist. Hiervon macht § 4 Abs. 4 GlüStV eine Ausnahme. Das Totalverbot für Online-Glücksspiel in Deutschland wirkt unabhängig von dem Erlaubnismodell nach § 4 Abs. 1 GlüStV. Es verbietet generell alle Glücksspiele im Internet, selbst wenn es sich dabei – nach stationären Gesichtspunkten – um theoretisch erlaubnisfähige Glücksspiele handelt.[1126] Gem. § 4 Abs. 5 GlüStV ist allein ein staatlicher Eigenvertrieb und die Vermittlung von Online-Lotterien sowie die Veranstaltung und Vermittlung von Online-Sportwetten in engen Grenzen erlaubnisfähig. Diese Befreiung findet über § 27 Abs. 2 S. 1 GlüStV auch auf Pferdewetten Anwendung.[1127] In allen anderen Fällen schließt

---

1121 Vgl. LT-Drs. 18/1569, S. 1, 2; LT-Drs. 18/607, S. 2.

1122 Vgl. Drittes Kapitel, C., II., 2., a), b) und c), aa., (2).

1123 VGH Bayern, Beschl. v. 01.04.2011 – 10 CS 10.2180 –, Rn. 15, juris.

1124 *Radtke* in: Frey, eSport und Recht, § 26 Regulatorische Aspekte der kommerziellen Verwertung von Veranstaltungen Rn. 81, beck-online.

1125 *Radtke* in: Frey, eSport und Recht, § 26 Regulatorische Aspekte der kommerziellen Verwertung von Veranstaltungen Rn. 81, beck-online.

1126 *Bolay/Pfütze*, in Streinz/Liesching/Hambach, Glücks- und Gewinnspielrecht in den Medien, § 4, Rn. 84, 85; *Postel*, in Dietlein/Hecker/Ruttig, Glücksspielrecht, § 4 GlüStV, Rn. 74; *Radtke* in: Frey, eSport und Recht, § 26 Regulatorische Aspekte der kommerziellen Verwertung von Veranstaltungen Rn. 82, beck-online.

1127 *Bolay/Pfütze*, in: Streinz/Liesching/Hambach, Glücks- und Gewinnspielrecht in den Medien, § 4, Rn. 139.

§ 4 Abs. 4 GlüStV die Erlaubnisfähigkeit von Online-Glücksspielen aus.[1128] Insofern ordnet § 4 Abs. 4 GlüStV ein „Internetverbot“[1129] bzw. ein „Internettotalverbot“[1130] an. In der Folge missbilligt das Internetverbot zunächst einmal annähernd ausnahmslos jedes Rechtsgeschäft zur Veranstaltung oder Vermittlung von öffentlichem Glücksspiel im Internet.

Eine systematische Auslegung der Norm spricht damit für § 4 Abs. 4 Hs. GlüStV als Verbotsgesetz i. S. d. § 134 BGB.

3. *Historie*

Aus historischer Sicht wird das Internettotalverbot aus § 4 Abs. 4 GlüStV als Reaktion auf die vom BVerfG in seinem Urteil vom 28. März 2006 (Az.: 1 BvR 1054/01) aufgestellten Anforderungen verstanden.[1131] In dem Urteil hat das BVerfG zum Vertriebsweg Internet Stellung genommen und u. a. Bedenken daran geäußert, ob sich bei Glücksspielen im Internet der Jugendschutz als wichtiger Teil der Suchtprävention überhaupt effektiv verwirklichen lasse.[1132] Als Folge daraus wurde mit dem GlüStV 2008 ein generelles Verbot der Veranstaltung und Vermittlung öffentlicher Glücksspiele im Internet eingeführt.[1133] Der Gesetzgeber übernahm die Ansicht des BVerfG und begründete die Einführung des Internettotalverbots u. a. mit einer vom Online-Glücksspiel ausgehenden besonders hohen Suchtgefahr.[1134] Mit Einführung der §§ 4 Abs. 5, 27 Abs. 2 GlüStV

1128 Davon ausgenommen sind bereits lizensierte Online-Angebote für das Land Schleswig-Holstein.

1129 *Becker/Häusler/Spitze*, ZfWG 2/20, S. 102, 103 ff.

1130 *Ennuschat*, ZfWG 3/4/18, S. 202, 203; *Hartmann/Barczak*, ZfWG 1/19, S. 8, 8 ff.; *Bolay/Pfütze*, in: Streinz/Liesching/Hambach, Glücks- und Gewinnspielrecht in den Medien, § 4, Rn. 83.

1131 Erläuterungen zum GlüStV 2008 vom 06.12.2006, S. 15; bestätigt durch die Erläuterungen zum 1. GlüÄndStV, vgl. Bayrischer Landtag, Drs. 16/11995, S. 22; a.A. *Uwer/Koch*, in: Becker/Hilf/Nolte/Uwer, Glücksspielregulierung, S. 85.

1132 BVerfG, Urt. v. 28.03.2006 – 1 BvR 1054/01 –, Rn. 139, juris; *Brugger*, Abbruch der Zahlungsströme als Mittel zur Bekämpfung unerlaubter Internetglücksspiele, S. 294; *Bolay/Pfütze*, in Streinz/Liesching/Hambach, Glücks- und Gewinnspielrecht in den Medien, § 4, Rn. 91.

1133 *Becker/Häusler/Spitze*, ZfWG 2/20, S. 102, 103.

1134 *Bolay/Pfütze*, in Streinz/Liesching/Hambach, Glücks- und Gewinnspielrecht in den Medien, § 4, Rn. 94; Vgl. Erläuterungen zum GlüStV 2008 vom 06.12.2006, S. 15; Erläuterungen zum 1. GlüÄndStV vom 07.12.2011, S. 18; siehe auch BVerwG, Urt. v. 26.10.2017 – 8 C 14/16 –, Rn. 29, juris.

wurde das Internettotalverbot im Rahmen des GlüStV 2012 sodann leicht „gelockert".[1135] Durch die begrenzte Öffnung des Marktes für Online-Glücksspiele sollte in beherrschbarem Maße eine geeignete Alternative zu den illegalen Angeboten geschaffen werden, die zur Kanalisierung und damit zur besseren Erreichung der Ziele des § 1 GlüStV beitragen.[1136] Seit dem GlüStV 2012 können damit Sportwetten, Lotterien und Pferdewetten unter bestimmten Voraussetzungen im Internet angeboten werden.[1137] Den Ländern wurde ermöglicht, zur besseren Erreichung der Ziele des GlüStV den Eigenvertrieb von Lotterien und Sportwetten zu erlauben.[1138] Zudem wurde eine „Experimentierklausel" eingeführt, mit der (zumindest theoretisch) Sportwettkonzessionen nach § 10a Abs. 3 GlüStV erteilt werden können.[1139] Für das Online-Casino-Glücksspiel verbleibt es aber auch unter dem GlüStV 2012 bei dem strengen Totalverbot.[1140] In der Gesetzesbegründung zum GlüStV 2012 wurde dies erneut wie folgt begründet:

> *„Bei den Casinospielen einschließlich Poker verbleibt es bei der strengen Begrenzung des Angebots auf die Spielbanken. Angesichts der hohen Manipulationsanfälligkeit solcher Spiele und ihrem herausragenden Suchtpotential, sowie ihrer Anfälligkeit für eine Nutzung zu Zwecken der Geldwäsche erscheint es nicht vertretbar, auch hier das Internet als Vertriebsweg zu öffnen. Soweit eine Nachfrage an solchen Spielen besteht, ist diese ausschließlich in den zahlenmäßig stark limitierten und mit besonderen Schutzvorkehrungen versehenen Spielbanken der Länder zu decken. Nicht erlaubte Angebote solcher Spiele im Internet sollen mit Nachdruck bekämpft werden, insbesondere auch durch Maßnahmen zur Unterbindung entsprechender Zahlungsströme."*[1141]

Folglich missbilligt das Internetverbot Rechtsgeschäfte zum Zwecke des Online-Casinoglücksspiels ausnahmslos.

Daher spricht auch eine historische Auslegung der Norm für den Verbotsgesetzcharakter von § 4 Abs. 4 GlüStV.

1135 *Ennuschat*, ZfWG 3/4/18, S. 202, 203.

1136 BT-Drs. 16/11995, S. 22.

1137 Vgl. *Ennuschat*, ZfWG 3/4/18, S. 202, 203.

1138 *Becker/Häusler/Spitze*, ZfWG 2/20, S. 102, 103.

1139 *Becker/Häusler/Spitze*, ZfWG 2/20, S. 102, 103; Siehe hierzu auch Zweites Kapitel, E., III.

1140 Ausnahme: Der Sonderweg Schleswig-Holsteins, siehe hierzu Zweites Kapitel, A., I., 5. und E., VI.

1141 Erläuterungen zum GlüStV 2012, BayLT-Drs. 16/11995, S. 20.

4. *Sinn und Zweck*

Ziel des § 4 Abs. 4 GlüStV soll es sein, Menschen vor den besonderen Gefahren des Online-Glücksspiels zu schützen.[1142] Zu diesen besonderen Gefahren führte das BVerfG in seinem Nichtannahmebeschluss vom 14.10.2008 (Az.: 1 BvR 928/08) aus:

> *„Das Spielen per Internet ist durch ein hohes Maß an Bequemlichkeit sowie durch eine zeitlich unbeschränkte Verfügbarkeit des Angebots gekennzeichnet. Hinzu kommt ein im Vergleich zur Abgabe des Lottoscheins in der Annahmestelle höherer Abstraktionsgrad, der geeignet ist, das virtuelle Glücksspiel in der Wahrnehmung des Spielers aus seinem Bedeutungszusammenhang herauszulösen und insbesondere die Tatsache des Einsatzes – und möglichen Verlustes von Geld – in den Hintergrund treten zu lassen. Die Möglichkeiten des Internet-Glücksspiels zu beschneiden, bedeutet, die Umstände der Teilnahme für den Einzelnen zu erschweren und ihm den Vorgang des Spielens bewusster zu machen. Hierdurch kann einem Abgleiten in problematisches Spielverhalten entgegenwirkt werden. Hinzu kommt, dass nach wie vor erhebliche Bedenken bestehen, ob sich bei einer Teilnahme an Glücksspielen per Internet der im Rahmen der Suchtprävention besonders wichtige Jugendschutz effektiv verwirklichen lässt […].“*[1143]

Laut der Gesetzesbegründung zu § 4 Abs. 4 GlüStV 2008 ist das Internettotalverbot die Reaktion auf die Forderungen des BVerfG.[1144] Insofern sei zur Erreichung der Ziele des § 1 GlüStV „geboten, dem Glücksspielbereich den Vertriebsweg „Internet“ grundsätzlich zu untersagen.“[1145] Sinn und Zweck des § 4 Abs. 4 GlüStV ist es, zur Sucht- und Schwarzmarktbekämpfung, zur Sicherstellung von Jugend- und Spielerschutz sowie zur Kriminalitätsabwehr, das Glücksspiel im Internet ganz zu unterbinden.[1146] Für den deutschen Glücksspielmarkt soll also durch § 4 Abs. 4 GlüStV der gesamte Vertriebsweg Internet

---

1142 Erläuterungen zum GlüStV 2008, BayLT-Drs. 15/8486, S. 11, 15; Vgl. Erläuterungen zum GlüStV 2012, BayLT-Drs. 16/11995, S. 22; BVerwG, Urt. v. 01.06.2011 – 8 C 5/10 –, BVerwGE 140, 1–22, Rn. 12.

1143 BVerfG, Nichtannahmebeschl. v. 14.10.2008 – 1 BvR 928/08 –, Rn. 40, juris.

1144 Laut den Erläuterungen zum GlüStV 2008 ist die Einführung des Internettotalverbots eine Reaktion auf die Forderungen des BVerfG in BVerfGE 115, 276–320, BayLT-Drs. 15/8486, S. 14, 15.

1145 Erläuterungen zum GlüStV 2008, BayLT-Drs. 15/8486, S. 15.

1146 Das LG Gießen geht davon aus, das Internetverbot solle im Sinne des § 1 GlüStV die Spieler vor suchtfördernden, ruinösen und/oder betrügerischen Erscheinungsformen des Glücksspiels schützen, LG Gießen, Urt. v. 25.02.2021 – 4 O 84/20 –, Rn. 27, juris.

beseitigt werden.[1147] Die 8. Kammer des EuGH bekräftigt dies in ihrem Urteil vom 30.06.2011 (Az.: C-212/08). Darin geht die erkennende Kammer davon aus, dass von Online-Glücksspielen im Vergleich zu terrestrischen Glücksspiel-Angeboten eine größere Gefahr für Verbraucher, Jugendliche und Personen, „die eine besonders ausgeprägte Spielneigung besitzen oder eine solche Neigung entwickeln können", ausgehe.[1148] Besonders gefährlich sei dabei die höhere Anzahl und leichtere Verfügbarkeit der Angebote sowie die Isolation der Spieler. „Anonymität" und „fehlende soziale Kontrolle" würden „die Entwicklung von Spielsucht und übermäßige Ausgaben für das Spielen begünstigen".[1149] In der Folge hat auch der Gesetzgeber seine Sichtweise auch im Rahmen der Änderungen zum GlüStV 2012 nochmal konkretisiert.[1150] Trotz möglicher Lockerungen verbleibe es bei dem Internettotalverbot für Online-Casinospiele. Der Gesetzgeber begründet dies damit, dass sich insbesondere das Online-Casinospiel durch eine „hohe Manipulationsanfälligkeit", ein „herausragendes Suchtpotenzial" sowie die „Anfälligkeit für eine Nutzung zu Zwecken der Geldwäsche" auszeichne.[1151] Folglich erscheine es weiterhin nicht vertretbar, den Vertriebsweg Internet für diese Spiele zu öffnen.[1152] Nicht erlaubte Online-Glücksspielangebote sollten „mit Nachdruck bekämpft werden".[1153] Daraus geht hervor, dass das Internettotalverbot die den Online-Casinospielen zugrundeliegenden Rechtsgeschäfte als solche untersagen will und sich nicht nur gegen die Umstände ihres Zustandekommens wendet.[1154] Dabei ließe es sich in Anbetracht der Regelungsziele mit dem Sinn und Zweck der Norm nicht vereinbaren, die zugrundeliegenden Rechtsgeschäfte trotz Gesetzesverstoß gelten zu lassen. Das zeigt sich auch durch die Aussagen des 8. Senat des BVerwG in seinem Urteil vom 26.10.2017 (Az.: 8 C 14/16). Darin führt das BVerwG aus, das Internetverbot solle den jeweiligen Spieler dazu zwingen, „die ihm unterfallenden Glücksspielangebote real aufzusuchen und so die spielsuchtfördernde häusliche Online-Spielvariante zu

---

1147 *Bolay/Pfütze*, in, Streinz/Liesching/Hambach, Glücks- und Gewinnspielrecht in den Medien, § 4, Rn. 83.

1148 EuGH, Urt. v. 30.06.2011 – C-212/08 –, Rn. 80, juris.

1149 EuGH, Urt. v. 30.06.2011 – C-212/08 –, Rn. 80, juris.

1150 Vgl. Erläuterungen zum GlüStV 2012, BayLT-Drs. 16/11995, S. 20, 22.

1151 Erläuterungen zum GlüStV 2012, BayLT-Drs. 16/11995, S. 20.

1152 Erläuterungen zum GlüStV 2012, BayLT-Drs. 16/11995, S. 20.

1153 Erläuterungen zum GlüStV 2012, BayLT-Drs. 16/11995, S. 20.

1154 Auch das OLG Hamburg geht davon aus, der Gesetzgeber wolle mit dem Internettotalverbot die im Internet vermittelten Glücksspielverträge auf jeden Fall verhindern, vgl. OLG Hamburg, Urt. v. 30.09.2009 – 3 U 53/09 –, Rn. 27, juris.

vermeiden".[1155] Dieser Zweck würde nicht erreicht, wenn man von der Wirksamkeit der den Online-Casinospielen zugrundeliegenden Rechtsgeschäfte ausginge. Dies bestätigt auch das OLG Hamburg in seinem Urteil vom 30.07.2009 (Az.: 3 U 53/09). Darin führt das Gericht aus, der Schutzzweck des § 4 Abs. 4 GlüStV sei darauf gerichtet, die mit dem Vertriebsweg „Internet" einhergehenden besonderen Suchtgefahren „auszuschalten". Dies spreche für „eine weite Auslegung des Verbotsbereichs".[1156] Der Schutzzweck werde nur dann wirksam verfolgt, wenn man von der Nichtigkeit des verbotswidrig abgeschlossenen „Online-Glücksspielvertrages" ausginge. Nur dann würden die Spieler vor den finanziellen Folgen eins solchen Vertrages geschützt.[1157]

Hieraus wird deutlich, dass das Internettotalverbot auch nach seinem Sinn und Zweck als Verbotsgesetz mit Nichtigkeitssanktion i. S. d. § 134 BGB auszulegen ist.

5. *Ergebnis*

Eine umfassende Auslegung der Norm ergibt, dass das Internettotalverbot aus § 4 Abs. 4 GlüStV ein Verbotsgesetz mit Nichtigkeitsfolge i. S. d. § 134 BGB darstellt. Dieses Ergebnis ist auch in Rechtsprechung und Literatur einhellig anerkannt.[1158]

D. Unwirksamkeit der Rechtsgeschäfte

Im Folgenden wird untersucht, welche Auswirkungen ein Verstoß der Beteiligten gegen § 4 Abs. 1 S. 1, S. 2, 1 Hs. GlüStV, § 4 Abs. 1 S. 2, 2 Hs. GlüStV und § 4

1155 BVerwG, Urt. v. 26.10.2017 – 8 C 14/16 –, Rn. 32, juris; Das BVerwG geht zudem davon aus, mithilfe des § 4 Abs. 4 GlüStV würden „verfassungs- und unionsrechtlich legitime Gemeinwohlzwecke" in „nichtdiskriminierender Weise" verfolgt, BVerwG, Urt. v. 26.10.2017 – 8 C 14/16 –, Rn. 29, juris.

1156 OLG Hamburg, Urt. v. 30.07.2009 – 3 U 53/09 –, Rn. 27, juris.

1157 OLG Hamburg, Urt. v. 30.07.2009 – 3 U 53/09 –, Rn. 27, juris.

1158 OLG Celle, Beschl. v. 04.05.2009 – 13 U 42/09; OLG Hamburg, Urt. v. 30.07.2009 – 3 U 53/09; OLG Schleswig, Urt. v. 31.07.2009 – 3 U 27/09; OVG Münster, Beschl. v. 29.04.2010 – 13 B 512/10; LG Hannover, Urt. v. 28.01.2009 – 21 O 105/08; LG Meiningen, Urt. v. 26.01.2021 – 2 O 616/20; LG Gießen, Urt. v. 25.02.2021 – 4 O 84/20; LG Coburg, Urt. v. 01.06.2021 – 23 O 416/20; LG Paderborn, Urt. v. 08.07.2021 – 4 O 323/20; LG Aachen, Urt. v. 13.07.2021 – 8 O 582/20; *Rock*, ZfWG 3/4/18, S. 20, 21; *Ennuschat*, in ZfWG 1/20, S. 2, 3; *Rock*, RdZ, 2/20, S. 115, 116; BeckOGK/*Vossler*, 01.06.2021, BGB, § 134, Rn. 219.

Abs. 4 GlüStV auf die jeweiligen Rechtsbeziehungen bei der Durchführung der Online-Glücksspiele hat.

I. Valutaverhältnis

Wie bereits an anderer Stelle ausgeführt, besteht das Valutaverhältnis aus dem „Glücksspiel-Vertrag“ zwischen dem Spieler und dem Glücksspiel-Anbieter.[1159] Die Online-Glücksspielanbieter, die im Internet öffentlich und ohne behördliche Erlaubnis Glücksspiele oder Lotterien veranstalten, vermitteln oder die Einrichtung hierzu bereitstellen, verstoßen gegen § 4 Abs. 4 GlüStV sowie §§ 284, 287 StGB.[1160] Der Spieler, der wissentlich an einem unerlaubten Online-Glücksspiel teilnimmt, verstößt gegen das Verbot der Beteiligung an unerlaubtem Glücksspiel gem. § 285 StGB. Wie bereits ausgeführt, stellen die § 4 Abs. 1 GlüStV, § 4 Abs. 4 GlüStV und §§ 284 ff. StGB Verbotsgesetze i. S. d. § 134 BGB dar.[1161] Liegt ein solches nach dem Glücksspielstaatsvertrag verbotenes Verhalten vor oder wird der Tatbestand der jeweiligen Strafnorm erfüllt, ist der daraus entstehende „Glücksspiel-Vertrag“ zwischen Spieler und Glücksspiel-Anbieter gem. § 134 BGB i. V. m. § 4 Abs. 1 GlüStV bzw. §§ 284, 287 StGB nichtig.[1162] Dies hat auch bereits der 7. Zivilsenat des BGH in seinem Urteil vom 12.07.1962 (Az.: VII ZR 28/16) festgestellt. Darin wird ausgeführt:

> *„Ein Spielvertrag, der gegen ein gesetzliches Verbot verstößt, ist schlechthin nichtig, und das auf Grund eines solchen Vertrages Geleistete kann aus dem Gesichtspunkt der ungerechtfertigten Bereicherung zurückgefordert werden. § 762 Abs. 1 Satz 2 BGB steht dem nicht entgegen; er schließt – bei nicht verbotenem Spiel – die Rückforderung nur aus, soweit sie darauf gestützt wird, daß das Spiel nach § 762 Abs. 1 Satz 1 BGB keine Verbindlichkeit begründet hat. Die Bestimmung ist auf Spiele, die gegen ein gesetzliches Verbot verstoßen, nicht anwendbar.“*[1163]

1159 Vgl. Drittes Kapitel, B., II.

1160 BeckOK StGB/*Hollering*, 46. Ed. 01.05.2020, StGB, § 284, Rn. 23.

1161 Vgl. Drittes Kapitel, C.

1162 *Laukemann*, in: Herberger/Martinek/Rüßmann/Weth/Würdinger, jurisPK-BGB, 9. Aufl., § 763 BGB (Stand: 01.02.2020), Rn. 40; *Rock/Seifert*, ZBB-Report, S. 259, 260 f.; vgl. auch Drittes Kapitel, D., I.; *Gebhardt*, in: Gebhardt/Korte, Glücksspiel, S. 288; BeckOGK/*Vossler*, 01.06.2020, BGB, § 134, Rn. 219, 351, OLG Nürnberg, Urt. v. 19.01.1978 – 8 U 110/77 –, Rn. 3, juris; *Rock*, RdZ, 2/20, S. 115, 116; *Rock*, ZfWG 3/4/18, S. 20, 21; *Hendricks/Lüder*, ZfWG 3/4/20, S. 216, 217.

1163 BGH, Urt. v. 12.07.1962 – VII ZR 28/61 –, BGHZ 37, 363–371, Rn. 15.

Die Unionsrechts- und Verfassungsmäßigkeit von § 4 Abs. 1, Abs. 4 GlüStV und §§ 284 ff. StGB ist höchstrichterlich anerkannt.[1164] Eine Pflicht zur Anerkennung von Glücksspiellizenzen anderer EU-Mitgliedstaaten besteht nicht.[1165] Folglich sind die verbotswidrig abgeschlossenen Online-Glücksspiel-Verträge gem. § 134 BGB i. V. m. § 4 Abs. 4 GlüStV nichtig. Auch dies ist in Rechtsprechung und Literatur anerkannt.[1166] Die „Glücksspiel-Verträge" entfalten somit zu keiner Zeit rechtliche Wirkung. Für dennoch durchgeführte „Glücksspiel-Verträge" ist das Bereicherungsrecht anwendbar.[1167]

1164 Vgl. Zweites Kapitel, B. I., 4.; BVerfG, Urt. v. 30.09.2013 – 1 BvR 3196/11; BVerwG, Urt. v. 26.10.2017 – 8 C 14/16.

1165 EuGH, Urt. v. 08.09.2009 – C-42/07 – *Liga Portuguesa*, Rn. 69, juris; vgl. EuGH, Urt. v. 08.09.2010, Rs. C-316/07, C-358/07 bis C-360/07, C-360/07 und C-410/07 – *Markus Stoß*, Rn. 109, juris; *Frenzel*, GPR 4/10, S. 183, 185.

1166 OLG Celle, Beschl. v. 04.05.2009 – 13 U 42/09; OLG Hamburg, Urt. v. 30.07.2009 – 3 U 53/09; OLG Schleswig, Urt. v. 31.07.2009 – 3 U 27/09; OVG Münster, Beschl. v. 29.04.2010 – 13 B 512/10; LG Hannover, Urt. v. 28.01.2009 – 21 O 105/08; LG Meiningen, Urt. v. 26.01.2021 – 2 O 616/20; LG Gießen, Urt. v. 25.02.2021 – 4 O 84/20; LG Coburg, Urt. v. 01.06.2021 – 23 O 416/20; LG Paderborn, Urt. v. 08.07.2021 – 4 O 323/20; LG Aachen, Urt. v. 13.07.2021 – 8 O 582/20; *Rock*, ZfWG 3/4/18, S. 20, 21; *Ennuschat*, in ZfWG 1/20, S. 2, 3; *Rock*, RdZ, 2/20, S. 115, 116; BeckOGK/*Vossler*, 01.06.2021, BGB, § 134, Rn. 219; *Palm/Gaibler*, ZfWG 5/19, S. 330, 334; vgl. auch Drittes Kapitel, C., III.

1167 *Laukemann*, in: Herberger/Martinek/Rüßmann/Weth/Würdinger, jurisPK-BGB, 9. Aufl., § 763 BGB (Stand: 01.02.2020), Rn. 40; Gem. § 762 Abs. 1 BGB wird durch Spiel oder durch Wette eine Verbindlichkeit nicht begründet, jedoch kann das aufgrund des Spiels oder der Wette Geleistete nicht deshalb zurückgefordert werden, weil eine Verbindlichkeit nicht bestanden hat. Das ist dann anders, wenn der Glücksspiel-Vertrag gem. § 134 BGB nichtig ist; vgl. OLG Celle, Beschl. v. 04.05.2009 – 13 U 42/09; OLG Hamburg, Urt. v. 30.07.2009 – 3 U 53/09; OLG Schleswig, Urt. v. 31.07.2009 – 3 U 27/09; OVG Münster, Beschl. v. 29.04.2010 – 13 B 512/10; LG Hannover, Urt. v. 28.01.2009 – 21 O 105/08; LG Meiningen, Urt. v. 26.01.2021 – 2 O 616/20; LG Gießen, Urt. v. 25.02.2021 – 4 O 84/20; LG Coburg, Urt. v. 01.06.2021 – 23 O 416/20; LG Paderborn, Urt. v. 08.07.2021 – 4 O 323/20; LG Aachen, Urt. v. 13.07.2021 – 8 O 582/20; BeckOGK/*Vossler*, 01.06.2021, BGB, § 134, Rn. 219; Zur Bereicherungsrechtlichen Rückabwicklung im Rahmen des Online-Glücksspiels geleisteter Zahlungen, siehe Drittes Kapitel, F.

II. Deckungsverhältnis

Zu prüfen ist nun, ob Gleiches auch für die Rechtsgeschäfte aus dem Deckungsverhältnis, dem Zahlungsdienstevertrag gem. §§ 675, 675f BGB zwischen dem Spieler und seiner Bank, gilt.

Da es sich bei dem Zahlungsdienstevertrag – wie bereits ausgeführt – um einen vom Glücksspiel unabhängigen Geschäftsbesorgungsvertrag handelt der die Erbringung von Zahlungsdiensten zum Gegenstand hat, sind die auf das Veranstalten, Vermitteln und Teilnehmen von bzw. an illegalem Online-Glücksspiel bezogenen Verbotsgesetze aus § 4 Abs. 1 S. 1, S. 2 1 Hs. GlüStV, § 4 Abs. 4 GlüStV und §§ 284 ff. StGB für das Deckungsverhältnis irrelevant.[1168] Jedoch ist gem. § 4 Abs. 1 S. 2, 2 Hs. GlüStV auch die Mitwirkung an Zahlungen im Zusammenhang mit unerlaubtem Glücksspiel verboten.[1169] Wie an anderer Stelle herausgearbeitet, stellt auch das Mitwirkungsverbot ein zivilrechtliches Verbotsgesetz mit Nichtigkeitssanktion i. S. d. § 134 BGB dar.[1170] Das Verbot soll die Zahlungsströme zum Zwecke des illegalen Online-Glücksspiels unterbinden.[1171] Somit stellt sich die Frage, ob bzw. an welcher Stelle innerhalb des Deckungsverhältnisses § 134 BGB i. V. m. § 4 Abs. 1 S. 2, 2 Hs. GlüStV dogmatisch anknüpft.

1. *Verwirklichung des Tatbestands des Mitwirkungsverbots aus § 4 Abs. 1 S. 2, 2 Hs. GlüStV*

Dafür ist zunächst zu klären, welche Handlungen durch welche Beteiligten den Tatbestand von § 4 Abs. 1 S. 2, 2 Hs. GlüStV erfüllen können.

a) Wortlaut

Ausgehend vom Wortlaut des § 4 Abs. 1 S. 2, 2 Hs. GlüStV ist *„die Mitwirkung an Zahlungen im Zusammenhang mit unerlaubtem Glücksspiel […] verboten“*. Der Begriff der *Mitwirkung* an Zahlungen ist gesetzlich nicht legaldefiniert und wird auch im Übrigen nicht näher konkretisiert. Es liegt die Vermutung nahe, dass mit dem Begriff der *Zahlung* der Zahlungsvorgang nach Art. 4 Nr. 5 der Zweiten Zahlungsdienste-Richtlinie [RL(EU) 2015/2366] (ZDRL) gemeint ist. Dieser Begriff wird für das deutsche Zahlungsdiensterecht in § 675f Abs. 4 S. 1 BGB legaldefiniert.[1172] Nach § 675f Abs. 4 S. 1 BGB gilt als Zahlungsvorgang

1168 Vgl. Drittes Kapitel, B., III.
1169 Siehe Normtext § 4 Abs. 1 S. 2, 2 Hs. GlüStV 2012; siehe Drittes Kapitel, D., II., 1.
1170 Vgl. Drittes Kapitel, C., II.
1171 Siehe Drittes Kapitel, C., II., 4.
1172 MüKoBGB/*Casper*, 8. Aufl. 2020, BGB, § 675f, Rn. 49.

jede Bereitstellung, Übermittlung oder Abhebung eines Geldbetrags. Hierunter können verschiedene Kategorien zusammengefasst werden. Der Gesetzgeber unterscheidet zwischen sog. Push-Zahlungen (vom Zahler angestoßen) und sog. Pull-Zahlungen (vom Empfänger initiiert).[1173] Insgesamt erfasst werden der Finanztransfer (bei Zahlungen ohne etabliertes Banksystem)[1174], Überweisungen[1175], der Lastschriftverkehr[1176], Kartenzahlungen (Debitkarten sowie Kreditkarten)[1177] und die Abwicklung von elektronischem Geld.[1178] Die Verwendung des nicht näher erläuterten Begriffs der *Mitwirkung* legt eine weite Auslegung des Tatbestandsmerkmals nahe. Es drängt sich der Rückschluss auf, dass hiermit jedenfalls die eigenständige Durchführung dieser Zahlungsvorgänge gemeint ist, darüber hinaus aber auch sonstige, den Zahlungsvorgang fördernde Beteiligungen erfasst werden sollen. Der Begriff der *Mitwirkung* dürfte also jede Form der Beteiligung an Zahlungsvorgängen erfassen. Aus dem Tatbestandsmerkmal „im Zusammenhang mit unerlaubtem Glücksspiel" ergibt sich sodann ein weiterer, weit gefasster Anwendungsbereich. Die vage Zuordnung der Abwicklung von Transaktionen in den „Zusammenhang mit unerlaubtem Glücksspiel" lässt darauf schließen, dass alle denkbaren Transaktionen, welche zum Glücksspiel führen oder vom Glücksspiel herrühren, erfasst sein sollen. So sieht es auch die 4. Zivilkammer des LG Ulm. In ihrem Urteil vom 16.12.2019 (Az.: 4 O 202/18) erfasst die erkennende Kammer auch „Vorfeldhandlungen" zum Online-Glücksspiel, wie das Einzahlen von Geldbeträgen auf Guthabenkonten.[1179]

Zusammenfassend ist unter dem Tatbestand der „Mitwirkung an Zahlungen im Zusammenhang mit unerlaubtem Glücksspiel" bei wörtlicher Auslegung somit jede denkbare Mitwirkungshandlung bei der Abwicklung einer Transaktion zu verstehen, welche entweder zur Teilnahme an einem unerlaubten Glücksspiel führt oder hieraus resultiert.

1173 BeckOK BGB/*Schmalenbach*, 58. Ed. 01.05.2021, BGB, § 675f, Rn. 59 unter Verweis auf Begr. RegE zur ZDRL 2007, BT-Drs. 16/11643, 102.

1174 BeckOK BGB/*Schmalenbach*, 58. Ed. 01.05.2021, BGB, § 675f, Rn. 61 unter Verweis auf die Legaldefinition in § 1 Abs. 2 Nr. 6 ZAG.

1175 BeckOK BGB/*Schmalenbach*, 58. Ed. 01.05.2021, BGB, § 675f, Rn. 62 ff. unter Verweis auf die Legaldefinition in § 1 Abs. 22 ZAG.

1176 BeckOK BGB/*Schmalenbach*, 58. Ed. 01.05.2021, BGB, § 675f, Rn. 79 ff. unter Verweis auf die Legaldefinition in § 1 Abs. 21 ZAG.

1177 BeckOK BGB/*Schmalenbach*, 58. Ed. 01.05.2021, BGB, § 675f, Rn. 88 ff.

1178 BeckOK BGB/*Schmalenbach*, 58. Ed. 01.05.2021, BGB, § 675f, Rn. 105 ff.

1179 LG Ulm, Urt. v. 16.12.2019 – 4 O 202/18 –, Rn. 93, juris; siehe auch Drittes Kapitel, D., c), bb.

b) Systematik

Wie bereits an anderer Stelle ausgeführt, stellt das Mitwirkungsverbot ein selbstständiges, den § 9 Abs. 1 S. 3 Nr. 4 GlüStV flankierendes Verbot dar, welches sich unmittelbar an alle am Zahlungsverkehr Beteiligten richtet.[1180] Art. 4 ZDRL kennt als wesentliche beteiligte Rechtssubjekte den Zahler (Art. 4 Nr. 8 ZDRL), den Zahlungsempfänger (Art. 4 Nr. 9 ZDRL), den Zahlungsdienstleister (Art. 4 Nr. 11 ZDRL), den Zahlungsauslösedienstleister (Art. 4 Nr. 18 ZDRL), den Kontoinformationsdienstleister (Art. 4 Nr. 19 ZDRL) und den Acquirer (Art. 4 Nr. 44 ZDRL). Zahler und Zahlungsempfänger sind die Zahlungsdienstnutzer auf den jeweiligen Seiten. Unter den Zahlungsdienstleistern ist nach früherem Verständnis das Kreditinstitut oder die Bank zu verstehen.[1181] Hinzu kommen moderne, nutzerkontoabhängige Online-Bezahlsysteme wie „Paypal" oder „Scrill".[1182] Mit den Zahlungsauslösedienstleistern und den Kontoinformationsdiensten wurde der Kreis der an einer Zahlungsabwicklung Beteiligten um weitere moderne Erscheinungsformen erweitert. Bekannte Zahlungsauslösedienste sind Online-Überweisungssysteme wie „giropay", „SOFORT Überweisung" oder „Klarna".[1183] Zahlungsauslösedienste ermöglichen es dem Zahler, auf der Internetseite des Online-Anbieters einen Zahlungsauftrag für das eigene Zahlungskonto auszulösen und damit eine Zahlung sehr zeitnah auszuführen, ohne dass der Online-Anbieter die persönlichen Daten des Zahlers erfährt.[1184] Entscheidet sich der Kunde eines Online-Angebots für eine Bezahlung per „giropay" oder „SOFORT Überweisung", vermitteln diese Dienste einen Überweisungsauftrag an das kontoführende Institut des Kunden.[1185] Der Dienst beschränkt sich aber nicht allein auf die Vermittlerrolle. Im Verhältnis zwischen Zahler und Zahlungsauslösedienst kommt vielmehr ein eigener Einzelzahlungsvertrag

---

1180 Drittes Kapitel, C., II., 2., c), bb.; LT-Drs. 18/607; vgl. auch LT-Drs. 18/1569: *„Grundlegend [zu § 9 Abs. 1 S. 3 Nr. 4 GlüStV] enthält § 4 Abs. 1 S. 2 GlüStV bereits ein allgemeines Verbot, an Zahlungen im Zusammenhang mit unerlaubtem Glücksspiel mitzuwirken, das sich unmittelbar an alle am Zahlungsverkehr Beteiligten richtet."*; vgl. LT-Drs. 18/3543.

1181 *Graf v Westphalen* in: Erman, BGB, 16. Aufl. 2020, § 675f BGB, Rn. 3.

1182 *Schwintowski*, Bankrecht, 5. Auflage 2018, C. Online-Bezahlsysteme, Rn. 67.

1183 *Schwintowski*, Bankrecht, 5. Auflage 2018, C. Online-Bezahlsysteme, Rn. 64.

1184 *Assies/Beule/Heise/Strube*, Handbuch des Fachanwalts Bank- und Kapitalmarktrecht, 5. Auflage 2019, F. Zahlungsauslösedienste und Kontoinformationsdienste, Rn. 190, 195.

1185 *Schwintowski*, Bankrecht, 5. Auflage 2018, C. Online-Bezahlsysteme, Rn. 64.

gem. § 675f Abs. 1 BGB zustande.[1186] Nach Auftragsbestätigung erhält der Online-Anbieter eine Zahlungsgarantie vom Zahlungsauslösedienstleister. Hierdurch wird die Wartezeit einer klassischen (Online-) Überweisung drastisch verkürzt.[1187] Die kontoführenden Banken wiederum haben die Pflicht, auch ohne bestehende Vertragsbeziehung zum Zahlungsauslösedienstleister, die eingereichten Aufträge auszuführen.[1188] Der Zahlungsauslösedienstleister ist damit dem Bereich der Push-Zahlungen zuzuordnen.[1189] Hingegen stellen Kontoinformationsdienste einem Kunden über das Internet lediglich Informationen über dessen Zahlungskonten die er bei einem oder mehreren Zahlungsdienstleistern führt zur Verfügung. Sie haben dabei keinerlei Zugriff auf Gelder des Kunden und können keine Zahlungsaufträge auslösen.[1190] Acquirer wiederum sind dem klassischen Kreditkartengeschäft zuzuordnen. Sie akquirieren Vertragsunternehmen für ein Kartenbezahlsystem der Kartenunternehmen.[1191] Acquirer treten zudem gegenüber dem Vertragsunternehmen oftmals als Dienstleister für die Abwicklung der über das Kartenbezahlsystem zu verarbeitenden Zahlungstransaktionen auf und übernehmen sonstige Serviceleistungen wie die Kartenkontoführung.[1192] Hierdurch werden sie selbst zum Zahlungsdienstleister.[1193] Damit kommen zunächst all die in Art. 4 ZDRL genannten Beteiligten als „am Zahlungsverkehr Beteiligte" i. S. d. § 4 Abs. 1 S. 2, 2 Hs. GlüStV in Betracht. Allerdings könnten die Zahler und die Zahlungsempfänger hiervon ausgenommen werden. Das Mitwirkungsverbot steht in systematischem Zusammenhang zu § 9 Abs. 1 S. 3 Nr. 4 GlüStV.[1194] Dieser hebt als am Zahlungsverkehr Beteilige Kredit- und Finanzdienstleistungsinstitute einschließlich E-Geld-Institute hervor.[1195] Vergleicht man zudem den Normtext des § 9 Abs. 1 S. 3 Nr. 4 GlüStV 2012 mit der vorherigen Fassung aus dem GlüStV 2008, so zeigt sich, dass in der alten Fassung nur Kredit- und Finanzdienstleistungsinstitute adressiert werden.

1186 *Assies/Beule/Heise/Strube*, Handbuch des Fachanwalts Bank- und Kapitalmarktrecht, 5. Auflage 2019, F. Zahlungsauslösedienste und Kontoinformationsdienste, Rn. 193.
1187 *Schwintowski*, Bankrecht, 5. Auflage 2018, C. Online-Bezahlsysteme, Rn. 65.
1188 *Schwintowski*, Bankrecht, 5. Auflage 2018, C. Online-Bezahlsysteme, Rn. 95.
1189 Vgl. MüKoBGB/*Zetzsche*, 8. Aufl. 2020, BGB, § 675y, Rn. 11–26.
1190 *Assies/Beule/Heise/Strube*, Handbuch des Fachanwalts Bank- und Kapitalmarktrecht, 5. Auflage 2019, F. Zahlungsauslösedienste und Kontoinformationsdienste, Rn. 197.
1191 MüKoBGB/*Casper*, 8. Aufl. 2020, BGB, § 675f, Rn. 115.
1192 MüKoBGB/*Casper*, 8. Aufl. 2020, BGB, § 675f, Rn. 115.
1193 MüKoBGB/*Casper*, 8. Aufl. 2020, BGB, § 675f, Rn. 115.
1194 Vgl. Drittes Kapitel, C., II., 2.
1195 Siehe Amtliche Begründung zu § 9 Abs. 1 S. 3 Nr. 4 GlüStV, LT.-Drs. 16/11995, S. 27

Das lässt den Rückschluss zu, dass der Gesetzgeber mit der offenen Formulierung der am Zahlungsverkehr Beteiligten, neben den alt-bekannten Banken und Kreditinstituten, lediglich zudem moderne Zahlungsdienstleistungsformen wie „Paypal“ oder „Klarna“ mit in den Adressatenkreis der Norm mit aufnehmen wollte. Dies spricht folglich gegen eine Berücksichtigung der Zahler und Zahlungsempfänger als Adressaten des Mitwirkungsverbots.[1196] Dem stimmt auch *Rock* zu.[1197] Zur Beteiligung der Zahler an der Mitwirkungshandlung merkt *Rock* an, das Mitwirkungsverbot adressiere allein die Zahlungsdienstleister. Mitwirkungshandlungen der Spieler würden hingegen vom Tatbestand des Mitwirkungsverbots nicht erfasst. Der Spieler wirke durch eine Zahlungsautorisierung ohnehin nicht an der Zahlung mit, sondern „veranlasse“ diese nur.[1198]

Damit begrenzt eine systematische Auslegung der Norm den Kreis der Adressaten auf Zahlungsdienstleister (ggf. inkl. Acquirer) und Zahlungsauslösedienstleister.

c) Sinn und Zweck

aa. Adressaten des Mitwirkungsverbots

Der zuvor identifizierte Adressatenkreis des Mitwirkungsverbots wird zudem durch eine teleologische Auslegung der Norm bestätigt. Sinn und Zweck des Mitwirkungsverbots ist es, den Anbietern von unerlaubten Online-Glücksspielen den „Cash Flow“ zu entziehen, indem Zahlungen für solche Spiele nicht mehr durchgeführt werden.[1199] Damit dürften vom Mitwirkungsverbot nur solche Beteiligten erfasst werden, die eine Zahlung auch tatsächlich „durchführen“ bzw., entsprechend dem bewusst weit gefassten Wortlaut (Begriff: Mitwirkung

---

1196 a.A. *Kemper*, Verbotenes Online-Glücksspiel und verbotene Zahlungen, S. 47, 52 ff., der darauf abstellt, dass die Tatbestandsmerkmale aus § 4 Abs. 1 S. 2, 2 Hs. GlüStV zu ermitteln seien und nicht aus § 9 Abs. 1 S. 3 GlüStV. Insbesondere überzeuge der Verweis auf die Zielbestimmung des GlüStV nicht. Die Auffassung, das Mitwirkungsverbot diene ausschließlich dem Schutz der Spieler, widerspreche dem insoweit absichtlich weit gefassten Wortlaut sowie dem Sinn und Zweck der Norm. Eine andere Auffassung würde bei der Anwendung der Norm zu nicht begründbaren Widersprüchen in praktischer Hinsicht führen. Im Ergebnis verstoße ein Spieler durch einen Zahlungsauftrag i. S. d. § 675f Abs. 4 S. 2 BGB damit selbst gegen das Mitwirkungsverbot.

1197 *Rock*, RdZ 2/20, S. 115, 118.

1198 *Rock*, RdZ 2/20, S. 115, 118.

1199 Zum Sinn und Zweck des Mitwirkungsverbots, siehe Drittes Kapitel, C., II., 4., a); LG Ulm, Urt. v. 16.12.2019 – 4 O 202/18 –, Rn. 82, juris; *Rock*, ZfWG 3/4/18, S. 20.

anstelle von Durchführung oder Abwicklung) an einer solchen Durchführung mitwirken können. Folglich können der Zahlungsempfänger und der Kontoinformationsdienstleister als Adressaten des Mitwirkungsverbots ausgeschlossen werden. Das Zutun des Zahlungsempfängers beschränkt sich auf die Entgegennahme der Zahlungen.[1200] Der Kontoinformationsdienstleister ist an Zahlungen überhaupt nicht beteiligt. Auch der Zahler ist an der Durchführung der Zahlung nicht beteiligt. Zwar sind die Zahler im Grunde die Initiatoren des „Cash Flows", eine historisch-ideologische Auslegung der Norm zeigt aber, dass diese ebenfalls nicht vom Mitwirkungsverbot erfasst werden soll. Vor Einführung des Mitwirkungsverbots wurden mit § 4 GlüStV 2008 allein die Glücksspielanbieter adressiert. Bereits damals wurde § 4 Abs. 4 GlüStV 2008 in ordnungsrechtlicher Hinsicht gegenüber den Online-Glücksspielanbietern mithilfe von Untersagungsverfügungen nach § 9 Abs. 1 S. 3 Nr. 3 GlüStV 2008 umgesetzt.[1201] Jedoch sind die ordnungsbehördlich adressierten Online-Glücksspielanbieter in vielen Fällen sogar gerichtlich bestätigten Untersagungsverfügungen nicht nachgekommen.[1202] Sie haben die nationale Glücksspielregulierung schlichtweg ignoriert. Nach Auffassung des für das Payment Blocking zuständigen Niedersächsischen Innenministeriums wurde aus dieser Erkenntnis heraus, neben dem Instrument der Zahlungsunterbindung, das Mitwirkungsverbot eingeführt.[1203] Es drängt sich daher der Verdacht auf, dass der Hintergedanke des Mitwirkungsverbots ist, mit den zum Teil sogar in Deutschland niedergelassenen Zahlungsdienstleistern (allen voran den Banken der Spieler) jeweils zumindest *einen* Adressaten zu haben, der sich einem Vollzug deutscher Ordnungsbehörden nicht oder nur schwer entziehen kann.[1204] Daraus lässt sich schließen, dass der Spieler nicht in den Fokus der Regelungen des § 4 GlüStV geraten sollte.

Folglich sind nach dem Sinn und Zweck der Norm allein Zahlungsdienstleister (ggf. inkl. Acquirer) und Zahlungsauslösedienstleister Adressaten des Mitwirkungsverbots nach § 4 Abs. 1 S. 2, 2 Hs. GlüStV.

1200 Zum Zustandekommen des abstrakten Schuldverhältnisses, vgl. Schur/Schur, JA 10/17, S. 739, 741; Staudinger/*Marburger*, 2015, BGB, § 783, Rn. 46 ff.

1201 Siehe Drittes Kapitel, C., II., 3.

1202 LT-Drs, 18/1569, S. 3, LT-Drs. 18/607, S. 2.

1203 LT-Drs. 18/1569, S. 3

1204 Vgl. Drittes Kapitel, C., II., 4., a).

bb. Umfang der Mitwirkungshandlungen

Nach Auffassung des AG Wiesbaden soll das Mitwirkungsverbot „explizit die Vornahme von entsprechenden Zahlungsgeschäften“ verhindern, welche zum unerlaubten Glücksspiel führen.[1205] Auch das Niedersächsische Innenministerium geht davon aus, dass mit dem Mitwirkungsverbot „die Zahlungswege für Online-Glücksspiele“ gekappt werden sollen.[1206] Auch die 4 Zivilkammer des LG Ulm geht in ihrem Urteil vom 16.12.2019 (Az.: 4 O 202/18) davon aus, dass das Mitwirkungsverbot dazu führen soll, dass „die dem illegalen Online-Glücksspiel zugrundeliegenden Zahlungsgeschäfte“ verhindert werden.[1207] Die erkennende Kammer ist der Auffassung, das Mitwirkungsverbot ergebe nur dann Sinn, wenn auch „Vorfeldhandlungen“ zum Glücksspiel, wie z. B. das Aufladen eines Spielkontos, von dem gesetzlichen Verbot erfasst seien. Andernfalls könne das Mitwirkungsverbot zu einfach umgangen werden. Dies mache die Regelung „wirkungslos und das Ziel den ‚Cash-Flow‘ zu unterbinden, könnte gerade nicht erreicht werden“.[1208] Dem ist zuzustimmen. Durch dieses weite Verständnis der Mitwirkungshandlung sollen insbesondere solche Geschäfte (zwischen den am Zahlungsverkehr Beteiligten und den Online-Glücksspielanbietern) miterfasst werden, die bewusst der Umgehung der geltenden Vorschriften dienen sollen. So z. B. der „Trick“ mancher Beteiligter, eingezahltes Geld vor dem Spielantritt in Spieljettons umzuwandeln, sodass vermeintlich kein Spiel um Echtgeld vorliegt bzw. keine Einzahlung zum Zwecke des illegalen Online-Glücksspiels stattfindet. Solche Umgehungsversuche zeigen, dass es erforderlich ist, den Tatbestand des Mitwirkungsverbots sehr weit zu verstehen. Es sollen alle Mitwirkungshandlungen der Adressaten zum Zahlungsverkehr erfasst werden, welche im Ergebnis zu einem illegalen Online-Glücksspiel führen. Dass damit auch solche Mitwirkungshandlungen an Zahlungen erfasst sind, die aus dem illegalen Online-Glücksspiel herrühren, also eine Mitwirkungshandlung ggf. auch nach hinten verlagert werden muss, zeigt der Tatbestand von § 9 Abs. 1 S. 3 Nr. 4 GlüStV, der

---

1205 AG Wiesbaden, Urt. v. 16.06.2017 – 92 C 4323/16 (41) –, Rn. 14, juris.

1206 Stellungnahme des Niedersächsischen Ministeriums für Inneres und Sport, Online-Glücksspiel: Innenministerium wendet sich an die Branchenverbände der Deutschen Kreditwirtschaft, https://www.mi.niedersachsen.de/startseite/aktuelles/presseinformationen/online-glucksspiel-innenministerium-wendet-sich-an-die-branchenverbande-der-deutschen-kreditwirtschaft-184716.html.

1207 LG Ulm, Urt. v. 16.12.2019 – 4 O 202/18 –, Rn. 81, juris; so auch AG Wiesbaden, Urt. v. 16.06.2017 – 92 C 4323/16 (41) –, Rn. 14, juris.

1208 LG Ulm, Urt. v. 16.12.2019 – 4 O 202/18 –, Rn. 108, juris = WM 2020, S. 742–749.

ordnungsbehördliche Umsetzungsnorm zu § 4 Abs. 1 S. 2, 2 Hs. GlüStV.[1209] Dieser nennt als Alternative zur Mitwirkung an Zahlungen für unerlaubtes Glücksspiel zudem „*Auszahlungen aus unerlaubtem Glücksspiel*". Daraus lässt sich der Rückschluss ableiten, dass jede Form der Ein- und Auszahlungshandlung unter die Mitwirkung i. S. d. § 4 Abs. 1 S. 2, 2 Hs. GlüStV fällt. Bestätigung kann dies in dem bewusst weit formulierten Tatbestand des Mitwirkungsverbots finden.[1210]

Folglich ist der Umfang der Mitwirkungshandlung weit zu verstehen. Erfasst werden auch solche Handlungen, welche nur mittelbar mit dem unerlaubten Online-Glücksspiel in Zusammenhang stehen (sog. „Vorfeldhandlungen") sowie Auszahlungen aus illegalen Online-Glücksspielen.

d) Ergebnis

Es lässt sich festhalten, dass als Adressaten des Mitwirkungsverbots nur Zahlungsdienstleister und Zahlungsauslösedienstleister in Betracht kommen. Der Begriff der *Mitwirkung an Zahlungen zum Zwecke des unerlaubten Glücksspiels* ist hingegen weit zu verstehen. Erfasst werden alle Formen der Beteiligung an Zahlungsvorgängen die zu illegalem Online-Glücksspiel führen oder daraus entstehen.

2. Pflichten beim Zahlungsdienstevertrag

Bei der Frage, ob bzw. an welcher Stelle innerhalb des Deckungsverhältnisses § 134 BGB i. V. m. § 4 Abs. 1 S. 2, 2 Hs. GlüStV dogmatisch anknüpft, ist sodann der Zahlungsdienstevertrag genauer zu untersuchen. § 675f BGB unterscheidet beim Zahlungsdienstevertrag zwischen einem Einzelzahlungsvertrag und einem Zahlungsdiensterahmenvertrag. Beim Einzelzahlungsvertrag gem. § 675f Abs. 1 BGB wird der Zahlungsdienstleister dazu verpflichtet, für seinen Kunden einen einzelnen Zahlungsvorgang i. S. d. § 675f Abs. 4 S. 1 BGB auszuführen.[1211] Wie bereits dargestellt, wird unter einem Zahlungsvorgang die Bereitstellung, Übermittlung oder Abhebung eines Geldbetrags, d. h. der tatsächliche Geldfluss unabhängig von der zugrundeliegenden Rechtsbeziehung zwischen Zahler und Zahlungsempfänger, verstanden.[1212] Beim Zahlungsdiensterahmenvertrag

---

1209 Zum systematischen Zusammenhang von § 4 Abs. 1 S. 2, 2 Hs. GlüStV und § 9 Abs. 1 S. 3 Nr. 4 GlüStV, vgl. Drittes Kapitel, C., II., 2., c) aa. (2).

1210 Etwa ist nicht nur von „Einzahlungen" zum Zwecke des unerlaubten Glückspiels die Rede.

1211 *Schmidt*, in: *Creifelds/Weber*, Rechtswörterbuch, 24. Aufl. 2020.

1212 *Schmieder*, in: Ebenroth/Boujong/Joost/Strohn, 4. Aufl. 2020, BGB, § 675f Rn. 25; *Beesch*, in: Dauner-Lieb/Langen, BGB, Schuldrecht, 1. Aufl., § 675f, Rn. 8.

gem. § 675f Abs. 2 BGB wird diese Verpflichtung auf mehrere Zahlungsvorgänge ausgeweitet.[1213] Dabei wird der Zahlungsdienstleister im Rahmen eines Dauerschuldverhältnisses zur Ausführung einer vorher nicht definierten Anzahl einzelner Zahlungsvorgänge verpflichtet. Zudem wird er für seinen Kunden i.d.R. ein Zahlungskonto führen. Der Kunde muss in jedem Fall gem. §§ 675c Abs. 1, 670 BGB den Geldbetrag stellen, etwaige Aufwendungen des Zahlungsdienstleisters ersetzen und je nach Vereinbarung ein Entgelt für den Dienst entrichten.[1214] Durch den Rahmenvertrag kommt dem Zahlungsdienstnutzer das Recht zu, den Zahlungsdienstleister durch Weisung (Zahlungsauftrag) zur Ausführung der jeweiligen Zahlungsvorgänge zu verpflichten.[1215] Bei Abschluss des Zahlungsdiensterahmenvertrages steht i.d.R. noch kein konkreter Zahlungsvorgang fest. Ein solcher wird erst später durch konkrete Weisung bestimmt.[1216] Gleichzeitig zum Zahlungsauftrag bzw. zur Weisung muss der Kunde den Zahlungsdienstleister zudem gem. § 675j Abs. 1 S. 1 BGB zur Abbuchung des angewiesenen Betrages von seinem Konto autorisieren.[1217] Gem. § 675j Abs. 1 S. 4 BGB kann auch vereinbart werden, dass die Autorisierung mittels Verwendung eines bestimmten Zahlungsmittels (z. B. Kreditkarte) erfolgen kann.[1218] Im Falle der Zahlungsanweisung durch den Zahlenden fallen Weisung und Autorisierung regelmäßig zusammen.[1219] Ein Aufwendungsersatzanspruch der Bank gegen den Zahler gem. §§ 675c Abs. 2, 670 BGB kann nur dann entstehen, wenn der Zahlungsvorgang autorisiert und nicht widerrufen worden ist, § 675j BGB.[1220]

3. *Nichtigkeit des Zahlungsdienstevertrages*

Als Anknüpfungspunkt für § 134 BGB i. V. m. § 4 Abs. 1 S. 2, 2 Hs. GlüStV kommt damit im Falle des Verstoßes eines Zahlungsdienstleisters gegen das Mitwirkungsverbot zunächst der gesamte Zahlungsdienstevertrag des Spielers mit seiner Bank in Betracht.

1213 *Schmidt*, in: *Creifelds/Weber*, Rechtswörterbuch, 24. Aufl. 2020.
1214 Vgl. BeckOGK/*Foerster*, 15.06.2020, BGB, § 675f, Rn. 5, 10, 22.
1215 BeckOGK/*Foerster*, 15.06.2020, BGB, § 675f, Rn. 26.
1216 BeckOGK/*Foerster*, 15.06.2020 Rn. 36, BGB, § 675f, Rn. 36.
1217 BeckOGK/*Foerster*, 15.06.2020 Rn. 87, BGB, § 675f, Rn. 87.
1218 BeckOGK/*Köndgen*, 01.03.2020, BGB, § 675j, Rn. 27.
1219 BeckOGK/*Köndgen*, 01.03.2020, BGB, § 675j, Rn. 27; vgl. auch *Rock*, RdZ 2/20, S. 115, 118.
1220 BeckOGK/*Foerster*, 15.06.2020 Rn. 36, BGB, § 675f, Rn. 61.

a) Nichtigkeit des Einzelzahlungsvertrages gem. § 675f Abs. 1 BGB

Zu prüfen ist daher zunächst, ob Einzelzahlungsverträge gem. § 675f Abs. 1 BGB von § 134 BGB i. V. m. § 4 Abs. 1 S. 2, 2 Hs. GlüStV erfasst werden und damit bei einem Verstoß gegen das Mitwirkungsverbot nichtig sind.

§ 134 BGB greift sobald ein Rechtsgeschäft gegen ein gesetzliches Verbot verstößt.[1221] Ein Rechtsgeschäft ist dann verbotswidrig, wenn es nach seinem Inhalt gegen ein gesetzliches Verbot verstößt, d. h. wenn der mit dem Rechtsgeschäft bezweckte Erfolg (etwa die Erfüllung des Vertrages) verbotswidrig wäre.[1222] Der Einzelzahlungsvertrag nach § 675f Abs. 1 BGB hat nur einen einzelnen Zahlungsvorgang i. S. d. § 675f Abs. 4 S. 1 BGB zum Gegenstand.[1223] Die Ausführung dieses Zahlungsdienstes ist die Hauptleistungspflicht des Zahlungsdienstleisters.[1224] Schließt ein Spieler mit seinem Zahlungsdienstleister einen Einzelzahlungsvertrag gem. § 675f Abs. 1 BGB und hat dieser Einzelzahlungsvertrag die Einzahlung für ein illegales Online-Glücksspiel zum Gegenstand, so dient dieser Einzelzahlungsvertrag allein dem Zwecke der Zahlungsabwicklung für illegales Online-Glücksspiel. Die Hauptleistungspflicht des Zahlungsdienstleisters besteht in der Ausführung des Zahlungsvorgangs zum Zwecke der Teilnahme an illegalem Online-Glücksspiel, mithin in der Mitwirkung an Zahlungsgeschäften i. S. d. § 4 Abs. 1 S. 2, 2 Hs. GlüStV.[1225] Dessen Erfüllung führt folglich zu einem Verstoß der Bank gegen das Mitwirkungsverbot. In der Folge ist der Einzelzahlungsvertrag zum Zwecke der Abwicklung von Zahlungen für illegales Online-Glücksspiel selbst verbotswidrig. Wie bereits an anderer Stelle festgestellt, ist § 4 Abs. 1 S. 2, 2 Hs. GlüStV ein Verbotsgesetz mit Nichtigkeitsfolge i. S. d. § 134 BGB.[1226] Es soll Zahlungsdienstleistungen zum Zwecke des illegalen Online-Glücksspiels unterbinden.[1227] Der Verbotstatbestand verbietet die Mitwirkung an Zahlungen im Zusammenhang mit unerlaubtem Glücksspiel und richtet sich damit jedenfalls gegen das Erfüllungsgeschäft. Ein Verstoß gegen das Mitwirkungsverbot hat zur Folge, dass das zugrundeliegende Rechtsgeschäft nichtig ist.[1228] Ein Einzelzahlungsvertrag gem. § 675f Abs. 1 BGB zum Zwecke der

1221 Staudinger/*Sack/Seibl*, 2017, BGB, § 134, Rn. 1.

1222 Staudinger/*Sack/Seibl*, 2017, BGB, § 134, Rn. 1.

1223 BeckOGK/*Foerster*, 01.01.2021, BGB, § 675f, Rn. 9.

1224 BeckOGK/*Foerster*, 01.01.2021, BGB, § 675f, Rn. 9.

1225 Siehe zum Umfang des Mitwirkungsverbots, Drittes Kapitel, C., II., 1., c), bb. und LG Ulm, Urt. v. 16.12.2019 – 4 O 202/18 –, Rn. 108, juris = WM 2020, S. 742–749.

1226 Siehe Drittes Kapitel, C., II.

1227 Zum Sinn und Zweck des Mitwirkungsverbots siehe Drittes Kapitel, C., II., 4.

1228 Zur Nichtigkeitsfolge beim Mitwirkungsverbot, siehe Drittes Kapitel, C., II., 4., b).

Zahlungsabwicklung für illegales Online-Glücksspiel ist somit nichtig. Zum gleichen Ergebnis kommt auch das AG Wiesbaden in seinem Urteil vom 16.06.2017 (Az.: 92 C 4323/16 (41)). Es erachtet jene Einzelzahlungsverträge für nichtig, bei denen der Zahlungsdienst bewusst für Online-Glücksspiele angeboten wird.[1229]

Somit werden Einzelzahlungsverträge gem. § 675f Abs. 1 BGB, die zum Zwecke der Zahlungsabwicklung für illegales Glücksspiel geschlossen werden, von § 134 BGB i. V. m. § 4 Abs. 1 S. 2, 2 Hs. GlüStV erfasst. Der Zahlungsdienstleister verstößt jedenfalls durch die Erfüllung der Hauptleistungspflicht, d. h. durch die konkrete Zahlungsabwicklung, gegen das Mitwirkungsverbot. In der Folge sind die zugrundeliegenden Einzelzahlungsverträge gem. § 675f Abs. 1 BGB nach § 134 BGB i. V. m. § 4 Abs. 1 S. 2, 2 Hs. GlüStV nichtig und entwickeln zu keiner Zeit rechtliche Wirksamkeit.

b) Nichtigkeit des Zahlungsdiensterahmenvertrages gem. § 675f Abs. 2 BGB

Sodann ist zu prüfen, ob Gleiches für Zahlungsdiensterahmenverträge nach § 675f Abs. 2 BGB gilt.

Hierfür könnte sprechen, dass beim Zahlungsdiensterahmenvertrag nach § 675f Abs. 2 BGB die Hauptpflicht des Zahlungsdienstleisters zunächst die gleiche ist wie beim Einzelzahlungsvertrag nach § 675f Abs. 1 BGB, lediglich mit dem Unterschied, dass diese beim Zahlungsdiensterahmenvertrag auf eine unbestimmte Anzahl aufeinander folgende Zahlungsvorgänge ausgeweitet wird.[1230] Zwar beinhaltet ein Zahlungsdiensterahmenvertrag regelmäßig zusätzlich die Pflicht zur Führung eines Zahlungskontos, dies ist aber keine zwingende Voraussetzung und damit unbeachtlich.[1231] Synallagmatische Leistungspflicht des Zahlungsdienstleisters ist grundsätzlich nur die Pflicht zur Ausführung von Zahlungsvorgängen. Je nach Vereinbarung können daneben weitere Pflichten wie die Führung eines Zahlungskontos treten.[1232] Hinzu kommt, dass der

1229 AG Wiesbaden, Urt. v. 16.07.2017 – 92 C 4323/16 (41) –, Rn. 15, juris = BeckRS 2017, 162862; Auch *Rock* ist der Auffassung, dass ein Einzelzahlungsvertrag der „gezielt" für die Teilnahme am unerlaubten Glücksspiel geschlossen wurde von § 134 BGB i. V. m. § 4 Abs. 1 S. 2, 2 Hs. GlüStV erfasst wird und nichtig ist, *Rock*, RdZ 2/20, S. 115, 117; a. A. LG München I, Urt. v. 28.02.2018 – 27 O 11716/17, juris, OLG München, Verf. v. 06.02.2019 – 19 U 793/18 –, juris; LG Düsseldorf, Urt. v. 10.10.2019 – 8 O 398/18, LG Berlin, Urt. v. 16.04.2019 – 37 O 367/18.

1230 Staudinger/*Omlor*, 2020, BGB, § 675f, Rn. 12; BeckOGK/*Foerster*, 15.6.2020, BGB, § 675f, Rn. 5.

1231 Staudinger/*Omlor*, 2020, BGB, § 675f, Rn. 12.

1232 Staudinger/*Omlor*, 2020, BGB, § 675f, Rn. 13.

Zahlungsdiensterahmenvertrag kein „klassischer Rahmenvertrag" ist.[1233] Ein Rahmenvertrag als solcher ist kein Vorvertrag. Hierbei werden lediglich die rahmengebenden Einzelheiten künftiger Verträge festgelegt, ohne dass hierdurch eine Hauptpflicht zum Abschluss eines Einzelvertrages begründet wird.[1234] Beim Zahlungsdiensterahmenvertrag nach § 675f Abs. 2 BGB wird der Zahlungsdienstleister hingegen bereits bei Vertragsschluss dazu verpflichtet, für den Zahlungsdienstnutzer in der Zukunft eine unbestimmte Anzahl von Zahlungsvorgängen auszuführen. Damit wird das Recht des Zahlungsdienstnutzers begründet, den Zahlungsdienstleister mittels Zahlungsauftrags zur Ausführung von Zahlungsvorgängen in unbestimmter Anzahl zu verpflichten.[1235] Insofern hat der Zahlungsdiensterahmenvertrag nicht nur rahmengebenden Charakter bzw. regelt er nicht nur die Bedingungen wiederkehrender aber erst künftig abzuschließender Einzelverträge. Vielmehr verpflichtet er selbst die Vertragsparteien unmittelbar. Diese Zahlungsverpflichtung kann, wie beim Einzelzahlungsvertrag, „gezielt" zum Zwecke der Teilnahme an illegalem Online-Glücksspiel begründet werden. Damit könnten Zahlungsdiensterahmenverträge nach § 675f Abs. 2 BGB, zumindest sofern sie „gezielt" für die Teilnahme am illegalen Online-Glücksspiel geschlossen werden, ebenfalls von § 134 BGB i. V. m. § 4 Abs. 1 S. 2, 2 Hs. GlüStV erfasst werden. Dagegen spricht jedoch, dass im Regelfall im Zeitpunkt der Rahmenvertragsschließung noch kein konkreter Zahlungsauftrag zum Zwecke des unerlaubten Glücksspiels bestehen dürfte.[1236] In der Praxis werden Zahlungsdiensterahmenverträge nach § 675f Abs. 2 BGB typischerweise als Girokontoeröffnungsverträge geschlossen.[1237] Im Vordergrund steht dabei lediglich das grundsätzliche Führen eines Zahlungskontos bzw. die generelle Möglichkeit der Zahlungsabwicklung unabhängig von konkreten Transaktionen.[1238] Es wird also zunächst der Girovertrag geschlossen. Erst danach, wenn der Zahlungsdienstnutzer einen Überweisungsauftrag erteilt, liegt ein konkreter Zahlungsauftrag

---

1233 Gleichwohl liegt ein Rahmenvertrag vor, bei dem neben konkreten Pflichten der Parteien auch der Rahmen für den Abschluss weiterer Einzelvereinbarungen geschaffen wird, BeckOGK/*Foerster*, 15.6.2020, BGB, § 675f, Rn. 26.

1234 BeckOGK/*Foerster*, 15.6.2020, BGB, § 675f, Rn. 26; vgl. Jauernig/*Stadler*, 18. Aufl. 2021, BGB, § 311, Rn. 22.

1235 BeckOGK/*Foerster*, 15.6.2020, BGB, § 675f, Rn. 26.

1236 MüKoBGB/*Casper*, 8. Aufl. 2020, BGB, § 675f, Rn. 21.

1237 Staudinger/*Omlor*, 2020, BGB, § 675f, Rn. 12; *Nobbe*, WM 21/2011, S. 961, 962.

1238 Zumindest folgt aus § 675f Abs. 2 S. 1 BGB lediglich die Verpflichtung des Zahlungsdienstleisters, für den Zahlungsdienstnutzer einzelne und aufeinander folgende Zahlungsvorgänge auszuführen sowie für diesen ggf. ein Zahlungskonto zu führen.

vor.[1239] Gleiches gilt beim Kreditkartenvertrag.[1240] Folglich steht der Zahlungsdiensterahmenvertrag bei Vertragsschluss in aller Regel noch nicht im Zusammenhang mit konkreten Transaktionen.[1241] Insofern vertritt *Rock* die Auffassung, Zahlungsdiensterahmenverträge seien „rechtlich neutral".[1242] Dem ist grundsätzlich zuzustimmen, sofern ein Zahlungsdiensterahmenvertrag nicht im Einzelfall „gezielt" für die Teilnahme am illegalen Online-Glücksspiel geschlossen wird. Insofern lässt sich der Zahlungsdiensterahmenvertrag als solcher regelmäßig nicht der Mitwirkung an Zahlungen zum Zwecke des unerlaubten Glücksspiels unterordnen. Damit wird weder der Zahlungsdiensterahmenvertrag an sich noch die generelle „Blanko-Verpflichtung" zur Ausführung von aufeinander folgenden Zahlungsvorgängen verbotswidrig sein, auch wenn möglicherweise einzelne Zahlungsvorgänge innerhalb der Rahmenvereinbarung faktisch dem Zwecke der Teilnahme an illegalen Online-Glücksspielen dienen. Eine insofern denkbare Teilnichtigkeit nach § 134 BGB könnte sich allenfalls auf die jeweilige Zahlungsanweisung oder die einzelnen Zahlungsvorgänge zum Zwecke des illegalen Online-Glücksspiels beziehen.[1243]

Folglich werden Zahlungsdiensterahmenverträge nach § 675f Abs. 2 BGB regelmäßig nicht von § 134 BGB i. V. m. § 4 Abs. 1 S. 2, 2 Hs. GlüStV erfasst, auch wenn diese möglicherweise im Einzelfall zur Mitwirkung an Zahlungen zum Zwecke des illegalen Online-Glücksspiels verwendet werden. Dies ist nur dann anders zu bewerten, wenn ein Zahlungsdiensterahmenvertrag im Einzelfall „gezielt" für die Teilnahme am illegalen Online-Glücksspiel geschlossen wurde.

4. Nichtigkeit des Zahlungsauftrags gem. § 675f Abs. 4 S. 2 BGB

Sodann kommt der jeweilige Zahlungsauftrag des Spielers als Anknüpfungspunkt für § 134 BGB in Betracht.

Der Zahlungsauftrag bzw. die zahlungsdienstrechtliche Weisung sowie die Autorisierung sind jeweils als einseitige empfangsbedürfte Willenserklärungen zu qualifizieren.[1244] Anders als auf den Abschluss von Verträgen gerichtete Willenserklärungen (Angebot und Annahme i. S. v. §§ 145 ff. BGB, diese unterfallen

1239 MüKoBGB/*Casper*, 8. Aufl. 2020, BGB, § 675f, Rn. 21.
1240 MüKoBGB/*Casper*, 8. Aufl. 2020, BGB, § 675f, Rn. 21.
1241 MüKoBGB/*Casper*, 8. Aufl. 2020, BGB, § 675f, Rn. 21.
1242 *Rock*, RdZ 2/20, S. 115, 117.
1243 Siehe hierzu, Drittes Kapitel, D., 3. und 4.
1244 BeckOGK/*Foerster*, 15.06.2020, BGB, § 675f, Rn. 85; BeckOGK/*Köndgen*, 01.03.2020, BGB, § 675j, Rn. 1.

regelmäßig §§ 104, 116 ff. BGB) unterliegen einseitige Rechtsgeschäfte den Regelungen des § 134 BGB.[1245] Somit käme der jeweilige Zahlungsauftrag durch den Spieler grundsätzlich als Anknüpfungspunkt für § 134 BGB i. V. m. § 4 Abs. 1 S. 2, 2 Hs. GlüStV in Frage. Auch könnte es der Telos des Mitwirkungsverbots im Grundsatz erforderlich machen, die Zahlungsanweisungen mit zu erfassen. Wenn nur bestimmte Handlungen der Zahlungsdienstleister vom Tatbestand des Mitwirkungsverbots erfasst würden, könnte die Gefahr bestehen, dass die Regelung ausgehöhlt oder umgangen wird und der Zweck des Mitwirkungsverbots, das Beseitigen der Finanzinfrastruktur des illegalen Online-Glücksspiels, nicht erreicht werden kann. So etwa argumentiert die 27. Zivilkammer des LG München I, Banken müssten nicht von sich aus prüfen, ob ihr Zahlungsdienst möglicherweise gegen das Mitwirkungsverbot nach § 4 Abs. 1 S. 2, 2 Hs. GlüStV verstoße, wenn der Spieler diese Zahlung selbst durch eine Zahlungsanweisung initiiert habe.[1246] Eine solche Auslegung würde dazu führen, dass das Mitwirkungsverbot unter Verweis auf einen vermeintlich wirksamen Zahlungsauftrag gem. § 675f Abs. 4 S. 2 BGB faktisch umgangen werden könnte. Allerdings gehören Spieler, wie bereits geklärt, nicht zum Adressatenkreis des Mitwirkungsverbots.[1247] Das Mitwirkungsverbot adressiert nur am Zahlungsverkehr Beteiligte. Hiervon werden die Spieler nicht erfasst.[1248] Für eine Anwendung des § 4 Abs. 1 S. 2, 2 Hs. GlüStV auf Mitwirkungshandlungen der Spieler besteht auch kein Bedürfnis. Der Sinn und Zweck des Mitwirkungsverbots kann auch dann erreicht werden, wenn allein sämtliche Mitwirkungshandlungen der Zahlungsdienstleister und Zahlungsauslösediente erfasst werden. Die Mitwirkungshandlungen der Zahlungsdienstleister sind für das Zustandekommen von illegalen Online-Glücksspielen zwingend erforderlich. D. h. es liegt in jedem Fall eine Mitwirkungshandlung der Banken vor. Auch hat die Zahlungsanweisung des Spielers, entgegen der Auffassung des LG München I, tatsächlich keinerlei Auswirkungen auf die Geltung des Mitwirkungsverbots für die beteiligten Banken.[1249] Es erschließt sich nicht, warum die Bank durch die Weisung eines Spielers von ihren gesetzlichen Verpflichtungen entbunden werden soll.[1250] Zudem

1245 Staudinger/*Sack/Seibl*, 2017, BGB, § 134, Rn. 15.

1246 Vgl. LG München I, Urt. v. 28.02.2018 – 27 O 11716/17 –, Rn. 31, juris = WM 2019, 1302–1304.

1247 Zu den Adressaten des Mitwirkungsverbots, siehe Drittes Kapitel, D., II., 1., c), aa.

1248 Vgl. Drittes Kapitel, D., II., 1., b).

1249 Zum Grundsatz der formalen Auftragsstrenge, siehe Drittes Kapitel, E., IV, 1., a), cc.

1250 Siehe zum Grundsatz der formalen Auftragsstrenge, Drittes Kapitel, E., IV., 1., a), cc.

spricht auch eine historische Auslegung der Norm gegen eine Anwendung des § 4 Abs. 1 S. 2, 2 Hs. GlüStV auf Mitwirkungshandlungen der Spieler. Bei einer historischen Auslegung der Norm stellt sich das Mitwirkungsverbot als Resultat von Problemen beim Vorgehen gegen die Banken und Access-Provider als Intermediäre des illegalen Online-Glücksspiels in der Vergangenheit dar.[1251] Auch in der Vergangenheit waren die Spieler nie Teil des Adressatenkreises, weder von § 4 GlüStV noch von § 9 GlüStV. Vielmehr wurde bereits mit Einführung des GlüStV auf eine Inanspruchnahme der Spieler, so wie es das Glücksspielstrafrecht in § 285 StGB vorsieht, verzichtet. Bestätigung findet dies durch den Entwurf des GlüStV 2021. § 4 Abs. 1 S. 3 GLüStV-E adressiert auch in Zukunft nach seinem Wortlaut ausdrücklich nur „am Zahlungsverkehr Beteiligte".[1252] In der Folge ist auch das für das Payment Blocking nach § 9 Abs. 1 S. 3 Nr. 4 GlüStV zuständige Niedersächsische Innenministerium der Auffassung, das Mitwirkungsverbot adressiere allein die Zahlungsdienstanbieter.[1253]

Mithin ist § 134 BGB i. V. m. § 4 Abs. 1 S. 2, 2 Hs. GlüStV nicht auf die Zahlungsanweisungen der Spieler anwendbar.

5. *Nichtigkeit des Zahlungsvorgangs gem. § 675f Abs. 4 S. 1 BGB (analog)*

Sodann kommt als Anknüpfungspunkt für § 134 BGB i. V. m. § 4 Abs. 1 S. 2, 2 Hs. GlüStV der jeweilige Zahlungsvorgang i. S. d. § 675f Abs. 4 S. 1 BGB in Betracht. Unter dem Begriff des Zahlungsvorgangs sind alle Zahlungsdienste einer Bank mit dem Ziel des tatsächlichen Geldflusses zu verstehen.[1254] Erfasst werden die Bereitstellung, der Transfer und die Abhebung von Buch- oder Bargeldbeträgen.[1255] Somit auch die hier relevanten Push- (z. B. Überweisungen) und Pull-Zahlungen (z. B. Lastschrift oder Kreditkartenzahlung).[1256] Wie bereits ausgeführt, ist es Sinn und Zweck des Mitwirkungsverbots, die Zahlungsgeschäfte zum Zwecke des illegalen Online-Glücksspiels zu unterbinden.[1257] Daraus ließe sich schließen, dass das Mitwirkungsverbot an die Zahlungsvorgänge

1251 Zur historischen Auslegung von § 4 Abs. 1 S. 2, 2 Hs. GlüStV, siehe Drittes Kapitel, C., II., 3.

1252 Vgl. *Rock*, RdZ 2/20, S. 115, 118.

1253 Vgl. LT-Drs. 18/1569, S. 5; LT-Drs. 18/3543, S. 4.

1254 Staudinger/*Omlor*, 2020, BGB, § 675f, Rn. 145; BT-Drs. 16/11643, S. 102.

1255 BT-Drs. 16/11643, S. 102; MüKoBGB/*Casper*, 8. Aufl. 2020, BGB, § 675f, Rn. 50.

1256 Staudinger/*Omlor*, 2020, BGB, § 675f, Rn. 145.

1257 Zum Sinn und Zweck des Mitwirkungsverbots, siehe Drittes Kapitel, C., II., 4.

nach § 675f Abs. 4 S. 1 BGB, d. h. an die jeweiligen Überweisungen bzw. Kreditkartenzahlungen, anknüpfen soll. Hierfür spricht, dass sich auch das ordnungsrechtliche Pendant zum Mitwirkungsverbot, die Untersagungsverfügung nach § 9 Abs. 1 S. 3 Nr. 4 GlüStV, gegen die Zahlungsvorgänge als solche richtet. Auch hiermit soll erreicht werden, dass Zahlungsdienstleister Zahlungsvorgänge im Zusammenhang mit unerlaubtem Glücksspiel nicht mehr durchführen.[1258] Dem folgend geht das AG München in seinem Urteil vom 21.02.2018 (Az.: 158 C 19107/17) davon aus, dass die betroffene Bank durch die „Ausgleichszahlungen" im Zusammenhang mit Online-Casinospielen gegen das Mitwirkungsverbot aus § 4 Abs. 1 S. 2, 2 Hs. GlüStV verstoßen habe.[1259] Auch die 4. Zivilkammer des LG Ulm stellt in ihrem Urteil vom 16.12.2019 (Az.: 4 O 202/18) auf die „Überweisung von Geld" bzw. einen „Geldtransfer" ab.[1260] Das könnte für die jeweiligen Zahlungsvorgänge nach § 675f Abs. 4 S. 1 BGB als Anknüpfungspunkt für § 134 BGB i. V. m. § 4 Abs. 1 S. 2, 2 Hs. GlüStV sprechen. Hiermit übereinstimmend führt das AG Wiesbaden in seinem Urteil vom 16.06.2017 (Az.: 92 C 4323/16 (41)) aus, das Mitwirkungsverbot aus § 4 Abs. 1 S. 2, 2 Hs. GlüStV beziehe sich „explizit auf Zahlungsvorgänge" gem. § 675f Abs. 4 S. 1 BGB.[1261] Hiergegen spricht jedoch, dass der Zahlungsvorgang nach § 675f Abs. 4 S. 1 BGB als „rein tatsächlicher Vorgang, der an die buchhalterische Verschiebung von Bar- oder Buchgeld geknüpft ist", verstanden wird.[1262] *Hambach*, *Fuchs* und *Berberich* gehen daher davon aus, dass bei der Durchführung der Zahlungen mangels Abgabe entsprechender Willenserklärungen keine Rechtsgeschäfte, sondern Realakte vorlägen.[1263] § 134 BGB erfasst jedoch nur einseitige Willenserklärungen und Verträge.[1264] Er ordnet die Nichtigkeit von Rechtsgeschäften an.[1265] Bei Realakten hingegen findet § 134 BGB keine Anwendung. Folglich muss eine direkte Anwendung des § 134 BGB i. V. m. § 4 Abs. 1 S. 2, 2 Hs. GlüStV auf die

---

1258 LT-Drs. 18/1569, S. 3.

1259 AG München, Urt. v. 21.02.2018 – 158 C 19107/17 –, Rn. 14, juris = ZfWG 2018, 585–587.

1260 LG Ulm, Urt. v. 16.12.2019 – 4 O 202/18 –, Rn. 93, juris = WM 2020, 742–749.

1261 AG Wiesbaden, Urt. v. 16.06.2017 – 92 C 4323/16 (41) –, Rn. 14, juris.

1262 MüKoBGB/*Casper*, 8. Aufl. 2020, BGB, § 675f Rn. 49; so auch BeckOGK/*Foerster*, 01.01.2021, BGB, § 675f Rn. 63; Vgl. *Graf v Westphalen* in: Erman, BGB, 16. Aufl. 2020, § 675f BGB, Rn. 41.

1263 *Hambach/Fuchs/Berberich*, ZfWG 6/18, S. 532, 535.

1264 *Nassall* in: Herberger/Martinek/Rüßmann/Weth/Würdinger, jurisPK-BGB, 9. Aufl., § 134 BGB (Stand: 18.05.2020), Rn. 21.

1265 BeckOGK/*Vossler*, 01.06.2021, BGB, § 134, Rn. 1.

Zahlungsvorgänge nach § 675f Abs. 4 S. 1 BGB ausscheiden. Allerdings kommt in engen Grenzen eine analoge Anwendung der Vorschrift in Betracht.[1266] So hat der BGH in seinem Urteil vom 17.12.2013 (Az.: KZR 65/12) entschieden, die unmittelbare Geltung von § 134 BGB nur für Rechtsgeschäfte dürfe bei identischer Interessenlage nicht dazu führen, dass ein unter Verstoß gegen ein gesetzliches Verbot geschlossener Vertrag zwar nichtig, eine demselben Mangel unterliegende, strukturverwandte Maßnahme aber gleichwohl wirksam bleibe. In diesen Fällen sei § 134 BGB entsprechend anzuwenden, um eine sinnwidrige Regelungslücke zu vermeiden.[1267] Eine solche Situation könnte hier vorliegen. Ein Einzelzahlungsvertrag gem. § 675f Abs. 1 BGB der „gezielt" zum Zwecke der Finanzierung eines illegalen Online-Glücksspiels geschlossen wird, ist gem. § 134 BGB i. V. m. § 4 Abs. 1 S. 2, 2 Hs. GlüStV nichtig.[1268] Ein so abgeschlossener Einzelzahlungsvertrag dient allein der Zahlungsabwicklung zum Zwecke der Teilnahme an illegalem Online-Glücksspiel, mithin der Mitwirkung an Zahlungen zum Zwecke des illegalen Online-Glücksspiels.[1269] Damit ist der „gezielt" zur Zahlungsabwicklung für ein illegales Online-Glücksspiel geschlossene Einzelzahlungsvertrag gerade deshalb nichtig, weil er einen Zahlungsvorgang nach § 675f Abs. 4 S. 1 BGB zum Gegenstand hat, welcher die Teilnahme an illegalem Online-Glücksspiel ermöglichen soll.[1270] Gleichzeitig wird derselbe Vorgang als Zahlungsvorgang nach § 675f Abs. 4 S. 1 BGB nicht von § 134 BGB erfasst, da er als Realakt zu qualifizieren ist. Dieser bleibt somit wirksam. Zahlungsvorgang und Einzelzahlungsvertrag sind jedoch strukturverwandt, da die Ausführung des Zahlungsvorgangs den Zahlungsdienst beim Einzelzahlungsvertrag darstellt.[1271] Folglich liegt die Situation vor, dass der Einzelzahlungsvertrag zum Zwecke der Zahlungsabwicklung für illegales Online-Glücksspiel zwar nichtig ist, der dabei entscheidende und gleichzeitig demselben Mangel unterliegende Zahlungsvorgang nach § 675f Abs. 4 S. 1 BGB hingegen gleichwohl wirksam bliebe. Gleichzeitig liegt der in dogmatischer Hinsicht alleinig von § 134 BGB erfasste Einzelzahlungsvertrag in den hiesigen Konstellationen praktisch nie

1266 BeckOGK/*Vossler*, 01.06.2021, BGB, § 134, Rn. 50; MüKoBGB/*Armbrüster*, 8. Aufl. 2018, BGB, § 134, Rn. 24.

1267 BGH, Urt. v. 17.12.2013 – KZR 65/12 –, Rn. 79, juris = NVwZ 2014, 817–824.

1268 Zur Nichtigkeit des Einzelvertrages, siehe Drittes Kapitel, D., 2., a); *Rock*, RdZ 2/20, S. 115, 117.

1269 Siehe Drittes Kapitel, D., 2., a)

1270 Vgl. zum weiten Mitwirkungsbegriff, LG Ulm, Urt. v. 16.12.2019 – 4 O 202/18 –, Rn. 108, juris = WM 2020, S. 742–749.

1271 BeckOGK/*Foerster*, 01.01.2021, BGB, § 675f, Rn. 9.

vor.[1272] Der sehr viel bedeutendere, weil in der Praxis regelmäßig vorkommende, Zahlungsdiensterahmenvertrag nach § 675f Abs. 2 S. 1 BGB wird hingegen nicht von § 134 BGB i. V. m. § 4 Abs. 1 S. 2, 2 Hs. GlüStV erfasst.[1273] Auch die Zahlungsanweisung des Spielers wird nicht von § 134 BGB i. V. m. § 4 Abs. 1 S. 2, 2 Hs. GlüStV erfasst.[1274] Dies führt dazu, dass das Mitwirkungsverbot nur in seltenen Ausnahmefällen zivilrechtliche Folgen für die am Zahlungsverkehr Beteiligten hat, obwohl durch die Abwicklung der konkreten Transaktionen in jedem Fall faktisch an Zahlungen zum Zwecke des illegalen Online-Glücksspiels mitgewirkt wird. Hierdurch entsteht eine sinnwidrige Regelungslücke. Der Gesetzgeber hat ein Verbotsgesetz i. S. d. § 134 BGB geschaffen, welches die Zahlungsabwicklung zum Zwecke des illegalen Online-Glücksspiels unterbinden soll, dieses Verbotsgesetz findet aber aus dogmatischen Gründen nur in seltenen Einzelfällen Anwendung. Mangels anderslautender Belege ist nicht davon auszugehen, dass der Gesetzgeber dieses Ergebnis beabsichtigt hat bzw. dass es ihm speziell auf die Regulierung der Einzelzahlungsverträge nach § 675f Abs. 1 BGB angekommen ist. Zudem ist die Interessenlage in allen Fällen dieselbe. Nach dem Telos des Mitwirkungsverbots sollen die Zahlungen für illegales Online-Glücksspiel ausnahmslos unterbleiben, damit illegales Online-Glücksspiel effektiv bekämpft werden kann.[1275] D. h. die konkreten Transaktionen sollen in jedem Fall unterbunden werden. Dabei kommt es dem Gesetzgeber darauf an, dass die zum Zwecke der Teilnahme an illegalem Online-Glücksspiel erforderlichen Zahlungsvorgänge gem. § 675f Abs. 4 S. 1 BGB ausbleiben.[1276] Dies hat zur Folge, dass § 134 BGB i. V. m. § 4 Abs. 1 S. 2, 2 Hs. GlüStV mit der Rechtsprechung des BGH entsprechend auf die Zahlungsvorgänge nach § 675f Abs. 4 S. 1 BGB anzuwenden ist.

Somit werden die jeweiligen Zahlungsvorgänge gem. § 675f Abs. 4 BGB, die zum Zwecke der Zahlungsabwicklung für illegales Glücksspiel getätigt werden, analog von § 134 BGB i. V. m. § 4 Abs. 1 S. 2, 2 Hs. GlüStV erfasst. Sie sind nichtig und entwickeln zu keiner Zeit rechtliche Wirksamkeit.

1272 Siehe Drittes Kapitel, D., II., 2., a); Staudinger/*Omlor*, 2020, BGB, § 675f, Rn. 10.

1273 Siehe Drittes Kapitel, D., II., 2., b); Staudinger/*Omlor*, 2020, BGB, § 675f, Rn. 10.

1274 Siehe Drittes Kapitel, D., II., 3.

1275 LG Ulm, Urt. v. 16.12.2019 – 4 O 202/18 –, Rn. 81, juris; so auch AG Wiesbaden, Urt. v. 16.06.2017 – 92 C 4323/16 (41) –, Rn. 14, juris; zum Sinn und Zweck des Mitwirkungsverbots, Drittes Kapitel, C., II., 4.

1276 Vgl. auch zum Sinn und Zweck des Mitwirkungsverbots, Drittes Kapitel, C., II., 4.

6. *Ergebnis*

Innerhalb des Deckungsverhältnisses zwischen dem Spieler und seiner Bank (bzw. seinem Zahlungsauslösedienstleister) sind bei einem Verstoß des Zahlungsdienstleisters gegen das Mitwirkungsverbot nach § 4 Abs. 1 S. 2, 2 Hs. GlüStV gem. § 134 BGB i. V. m. § 4 Abs. 1 S. 2, 2 Hs. GlüStV sowohl die betreffenden Einzelzahlungsverträge nach § 675f Abs. 1 BGB als auch gem. § 134 BGB i. V. m. § 4 Abs. 1 S. 2, 2 Hs. GlüStV analog die jeweiligen Zahlungsvorgänge nach § 675f Abs. 4 S. 1 BGB nichtig.

III. Vollzugsverhältnis (bei Verwendung einer Kreditkarte)

Darauf folgt die Frage, ob § 134 BGB i. V. m. § 4 Abs. 1 S. 1, S. 2, 1 Hs. GlüStV, § 4 Abs. 4 GlüStV, §§ 284 ff. StGB oder § 4 Abs. 1 S. 2, 2 Hs. GlüStV auch auf das Vollzugsverhältnis anwendbar sind.[1277]

1. *Schuldverhältnis zwischen Kreditkartenunternehmen / Acquirer-Bank und Vertragsunternehmen*

Das Vollzugsverhältnis bei Kreditkartenzahlungen ist das zwischen dem Kreditkartenunternehmen oder der (Acquirer-)Bank des Vertragsunternehmens und dem Vertragsunternehmen (dem Onlineglücksspiel-Anbieter) bestehende Schuldverhältnis.[1278] Dieses Schuldverhältnis ist ein Rahmenvertrag bestehend aus mehreren Teilen.[1279] Ein Teil besteht aus dem Akquisitionsvertag zwischen den Parteien.[1280] Damit verpflichtet sich das Vertragsunternehmen dazu, fortan als Zahlungsmittel die Kreditkarte des Kreditkartenunternehmens zu akzeptieren.[1281] Ein weiterer Teil besteht aus dem im Gegenzug hierzu vereinbarten Zahlungsdiensterahmenvertrag gem. § 675f Abs. 2 BGB, der dem Vertragsunternehmen unmittelbar die Zahlung auf eingereichte Leistungsbelege direkt von dem Kreditkartenunternehmen bzw. der Acquiring-Bank zusagt.[1282]

1277 Zum Vollzugsverhältnis, siehe Drittes Kapitel, B., IV.

1278 MüKoHGB/*Linardatos*, 4. Aufl. 2019, G., III., Rn. 196; *Graf v Westphalen* in: Erman, BGB, 16. Aufl. 2020, § 675f BGB, Rn. 115; siehe ausführlich zu den Vertragsbeziehungen, Staudinger/*Omlor*, 2020, BGB, § 675f, Rn. 73 ff.

1279 Vgl. MüKoHGB/*Linardatos*, 4. Aufl. 2019, G., Rn. 196.

1280 MüKoHGB/*Linardatos*, 4. Aufl. 2019, G., Rn. 196; Vgl. *Graf v Westphalen* in: Erman, BGB, 16. Aufl. 2020, § 675f BGB, Rn. 102, 112.

1281 MüKoHGB/*Linardatos*, 4. Aufl. 2019, G., Rn. 196.

1282 MüKoHGB/*Linardatos*, 4. Aufl. 2019, G., Rn. 197, Vgl. *Graf v Westphalen* in: Erman, BGB, 16. Aufl. 2020, § 675f BGB, Rn. 112, 113; Staudinger/*Omlor*, 2020, BGB, § 675f,

Diese Zahlungszusage wird als abstraktes Schuldversprechen nach § 780 BGB verstanden.[1283] Hierdurch verpflichtet sich die Bank gegenüber dem Vertragsunternehmen, die Geldschuld des Karteninhabers, welche durch die Verwendung der Kreditkarte beim Vertragspartner begründet wurde, zu tilgen.[1284] Zahlt die Bank auf die Geldschuld des Karteninhabers, so erhält sie hierfür einen Anspruch auf Erstattung der hierfür erforderlichen Aufwendungen gem. §§ 675c, 670 BGB gegen den Karteninhaber.[1285] Die Acquiring-Bank ist über eine Kette von Lizenzverträgen mit der (kartenemittierenden) Bank des Karteninhabers verbunden.[1286] Inhalt dieser Lizenzverträge ist zum einen die zu entrichtende Lizenz für die Nutzung der Rechte des Kreditkartenunternehmens und zum anderen die Vereinbarung eines Zahlungsausgleichs für solche Zahlungsvorgänge, welche durch ordnungsgemäß eingereichte Belastungsbelege ausgelöst wurden.[1287] Hierdurch entsteht folgender Ablauf: Nutzt der Spieler zur Teilnahme an Online-Glücksspielen seine Kreditkarte, so wird seiner Bank mit der Verwendung der Kreditkarte, mittels des Onlineglücksspiel-Anbieters als Boten, die Weisung erteilt, eine Zahlung nach Maßgabe des Valutaverhältnisses an das Vertragsunternehmen aufgrund des Kreditkartenvertrages bzw. aufgrund des über die Kette der Lizenzverträge weitergeleiteten abstrakten Schuldversprechens zu bewirken.[1288] Daraufhin belastet die Bank des Spielers im Rahmen des Emissionsvertrages bzw. im Rahmen des Deckungsverhältnisses das Konto des Spielers mit dem jeweiligen Betrag der Kartenzahlung.[1289] Gleichzeitig schreibt die Bank des Onlineglücksspiel-Anbieters diesen Betrag im Rahmen des Vollzugsverhältnisses auf dem Konto des Onlineglücksspiel-Anbieters gut.[1290] Ein Ausgleich dieser Zahlungen zwischen den Banken erfolgt sodann innerhalb eines sog. Clearingverhältnisses.[1291] Alle diese durch die Nutzung der Karte ausgelösten Transaktionen sind Zahlungsvorgänge i. S. d. § 675f Abs. 4 S. 1 BGB.[1292]

Rn. 94; *Schnauder*, NJW 12/03, S. 849, 850; Staudinger/*Marburger*, 2015, BGB, § 783, Rn. 46 ff.

1283 *Graf v Westphalen* in: Erman, BGB, 16. Aufl. 2020, § 675f BGB, Rn. 102.

1284 *Graf v Westphalen* in: Erman, BGB, 16. Aufl. 2020, § 675f BGB, Rn. 104.

1285 *Graf v Westphalen* in: Erman, BGB, 16. Aufl. 2020, § 675f BGB, Rn. 104.

1286 *Graf v Westphalen* in: Erman, BGB, 16. Aufl. 2020, § 675f BGB, Rn. 106.

1287 *Graf v Westphalen* in: Erman, BGB, 16. Aufl. 2020, § 675f BGB, Rn. 106.

1288 *Graf v Westphalen* in: Erman, BGB, 16. Aufl. 2020, § 675f BGB, Rn. 108.

1289 Vgl. *Graf v Westphalen* in: Erman, BGB, 16. Aufl. 2020, § 675f BGB, Rn. 108.

1290 Vgl. auch *Graf v Westphalen* in: Erman, BGB, 16. Aufl. 2020, § 675f BGB, Rn. 100.

1291 *Schur/Schur*, JA 10/17, S. 739, 741.

1292 *Graf v Westphalen* in: Erman, BGB, 16. Aufl. 2020, § 675f BGB, Rn. 104; MüKoHGB/*Linardatos*, 4. Aufl. 2019, G., Rn. 21.

Allein der Ausgleich im Clearingverhältnis stellt keinen solchen Zahlungsdienst dar.[1293]

2. *Rechtsfolge Verstoß gegen die Vorschriften des GlüStV*

a) *Keine Anwendung von § 134 BGB i. V. m. § 4 Abs. 4 GlüStV, §§ 284 ff. StGB auf die Zahlungsverpflichtung aus § 780 BGB*

Zunächst ist festzustellen, dass § 134 BGB i. V. m. § 4 Abs. 4 GlüStV, §§ 284 ff. StGB auf eine Zahlungsverpflichtung aus § 780 BGB nicht anzuwenden ist.

Aus § 780 BGB folgt, dass dem abstrakten Zahlungsanspruch keine Einwendungen aus dem Valutaverhältnis entgegengehalten werden können.[1294] Die Parteien haben die Zahlungsverbindlichkeit willentlich abstrakt, d. h. losgelöst von zugrundeliegenden Forderungen, begründet. Der Abstraktionswille ist Kernstück des Schuldversprechens.[1295] Hintergrund ist, dass das Vertragsunternehmen gegenüber dem Karteninhaber unter Verzicht auf die sofortige Gegenleistung in Vorleistung gehen soll. Damit der Vertragspartner hiermit kein wirtschaftliches Risiko eingeht, muss der durch das Bargeldersatzinstrument erhaltene Zahlungsanspruch mit der Barzahlung in jeglicher Hinsicht gleichwertig sein.[1296] Könnte nun die Bank des Karteninhabers der Zahlungsaufforderung eine Einwendung aus dem Valutaverhältnis entgegenhalten, müsste das Vertragsunternehmen seine Forderung vom Karteninhaber einklagen.[1297] Das Vertragsunternehmen stünde damit schlechter als bei einer Barzahlung.[1298] Das Kreditkartensystem soll aber gerade Bargeld in seiner Funktion gleichwertig ersetzen.[1299] Das erfordert, dass die Zahlungszusage frei von Einwendungen gehalten wird.[1300] Das Vertragsunternehmen darf folglich einem

---

1293 BT-Drs. 16/11613, S. 34; *Schur/Schur*, JA 10/17, S. 739, 741.

1294 Staudinger/*Omlor*, 2020, BGB, § 675f, Rn. 104; MüKoHGB/*Linardatos*, 4. Aufl. 2019, G., Rn. 217; BeckOK BGB/*Gehrlein*, 58. Ed. 01.05.2021, BGB, § 780, Rn. 2, 3; MüKoBGB/*Habersack*, 8. Aufl. 2020, BGB, § 780, Rn. 1; *Graf v Westphalen* in: Erman, BGB, 16. Aufl. 2020, § 675f BGB, Rn. 115.

1295 Vgl. MüKoBGB/*Habersack*, 8. Aufl. 2020, BGB, § 780, Rn. 16.

1296 *Schwintowski*, Bankrecht, 5. Auflage 2018, C. Die Vertragsverhältnisse, Rn. 58.

1297 *Schwintowski*, Bankrecht, 5. Auflage 2018, C. Die Vertragsverhältnisse, Rn. 58; vgl. auch MüKoHGB/*Linardatos*, 4. Aufl. 2019, G., Rn. 217 ff.

1298 *Schwintowski*, Bankrecht, 5. Auflage 2018, C. Die Vertragsverhältnisse, Rn. 58.

1299 *Schwintowski*, Bankrecht, 5. Auflage 2018, C. Die Vertragsverhältnisse, Rn. 58; BGH, Urt. v. 16.04.2002 – XI ZR 375/00 –, BGHZ 150, 286–299.

1300 *Schnauder*, NJW 12/03, S. 849, 850.

Rückzahlungsverlangen des Schuldners im Vollzugsverhältnis prinzipiell nicht ausgesetzt sein. Vielmehr müssen Einwendungen aus dem Valutaverhältnis auch allein dort geltend gemacht werden.[1301] In der Folge können dem Zahlungsanspruch im Vollzugsverhältnis grundsätzlich keine Einwendungen aus dem Valutaverhältnis entgegengehalten werden.[1302] Davon ausgenommen bleibt der Einwand des Rechtsmissbrauchs, sofern dieser mit liquiden Beweismitteln nachweisbar ist.[1303] Insofern wird auch von einer „Einwendungsunabhängigkeit der Zahlungsverpflichtung im Verhältnis von Schuldner und Gläubiger" gesprochen.[1304] § 134 BGB i. V. m. § 4 Abs. 1 S. 1, S. 2, 1 Hs. GlüStV, § 4 Abs. 4 GlüStV oder §§ 284 ff. StGB betreffen die Veranstaltung oder Vermittlung von unerlaubtem (Online-) Glücksspiel in der Öffentlichkeit und sind damit Einwendungen aus dem Valutaverhältnis.[1305] Eine Berücksichtigung der § 4 Abs. 1 S. 1, S. 2, 1 Hs. GlüStV, § 4 Abs. 4 GlüStV und §§ 284 ff. StGB im Rahmen des Vollzugsverhältnisses scheidet somit aus.

b) Grundsätzliche Anwendung von § 134 BGB i. V. m. § 4 Abs. 1 S. 2, 2 Hs. GlüStV auf eine Zahlungsverpflichtung aus § 780 BGB

Dass die Zahlungspflicht als abstraktes Schuldversprechen nach § 780 BGB, d. h. „zweckneutral"[1306], begründet wurde, heißt allerdings nicht, dass dem Anspruch grundsätzlich keine Einwendungen, insbesondere solche aus dem Vollzugsverhältnis selbst, entgegengehalten werden könnten. Vielmehr können abstrakten Schuldversprechen selbst Nichtigkeitsgründe anhaften.[1307] Abstrakte Schuldversprechen können gem. § 134 BGB nichtig sein, wenn die mit ihnen versprochene Leistung als solche gesetzes- oder sittenwidrig ist.[1308] Anders als bei § 4 Abs. 4 GlüStV, geht es bei § 4 Abs. 1 S. 2, 2 Hs. GlüStV nicht um Einwendungen aus dem

1301 *Schnauder*, NJW 12/03, S. 849, 850; *Schimansky/Bunte/Lwowski*, in: BankR-HdB, 2. Abschnitt, 13. Kapitel, § 68, Rn. 11, beck-online.

1302 BGH, Urt. v. 24.09.2002 – XI ZR 420/01 –, Rn. 19, juris = BGHZ 152, 75–83; BeckOK BGB/*Gehrlein*, 58. Ed. 01.05.2021, BGB, § 783, Rn. 23; Vgl. *Tonner/Krüger*, Bankrecht, 3. Aufl., S. 190; MüKoHGB/*Linardatos*, 4. Aufl. 2019, G., Rn. 217 ff.; Zum Dolo-agit-Einwand, siehe Drittes Kapitel, E., IV., 1., a), dd., (a).

1303 *Graf v Westphalen* in: Erman, BGB, 16. Aufl. 2020, § 675f BGB, Rn. 115.

1304 *Schnauder*, NJW 12/03, S. 849, 850.

1305 Siehe Drittes Kapitel, D., I.

1306 *Schnauder*, NJW 12/03, S. 849, 850.

1307 BeckOK BGB/*Gehrlein*, 58. Ed. 01.05.2021, BGB, § 780, Rn. 20.

1308 Staudinger/*Marburger*, 2015, BGB, § 780, Rn. 18; Vgl. Jauernig/*Stadler*, 18. Aufl. 2021, BGB, §§ 780, 781, Rn. 12.

Valutaverhältnis, sondern (hier, bei Mitwirkung durch z. B. die Aqcuirer-Bank) um Einwendungen aus dem Vollzugsverhältnis.

Mithin ist § 134 BGB i. V. m. § 4 Abs. 1 S. 2, 2 Hs. GlüStV grundsätzlich auf eine Zahlungsverpflichtung aus § 780 BGB anwendbar.

c) *Anwendung von § 134 BGB i. V. m. § 4 Abs. 1 S. 2, 2 Hs. GlüStV auf Einzelzahlungsverträge nach § 675f Abs. 1 BGB im Vollzugsverhältnis*

Sodann stellt sich die Frage, ob die § 134 BGB i. V. m. § 4 Abs. 1 S. 2, 2 Hs. GlüStV auf etwaige Einzelzahlungsverträge im Kreditkartengeschäft Anwendung finden.[1309]

Dabei ist jedoch bereits fraglich, ob im Kreditkartengeschäft überhaupt Einzelzahlungsverträge i. S. d. § 675f Abs. 1 BGB abgeschlossen werden. Hiergegen spricht, dass Akquisitions- und Emissionsverträge Zahlungsdiensterahmenverträge i. S. d. § 675f Abs. 2 BGB sind und damit – ähnlich wie etwa beim Girokontovertrag im Deckungsverhältnis – keine „klassischen Rahmenverträge“, welche nur die Bedingungen für weitere Einzelverträge festlegen.[1310] Im Deckungsverhältnis wird der Zahlungsdienstleister beim Zahlungsdiensterahmenvertrag nach § 675f Abs. 2 BGB regelmäßig bereits bei Vertragsschluss dazu verpflichtet, für den Zahlungsdienstnutzer eine unbestimmte Anzahl von Zahlungsvorgängen auszuführen, sodass es eines zusätzlichen Abschlusses von Einzelzahlungsverträgen dem Grunde nach nicht bedarf.[1311] So dürfte sich die Situation auch beim Akquisitionsvertrag darstellen. Dem entsprechend ist *Linardatos* der Auffassung, Einzelzahlungsverträge i. S. d. § 675f Abs. 1 BGB würden im Kreditkartengeschäft regelmäßig nicht geschlossen.[1312] Hingegen spricht *Graf v. Westphalen* vom Zustandekommen eines Einzelzahlungsvertrages[1313], was im Kontext der Ausführungen allerdings nicht ganz einzuleuchten vermag.[1314] So

1309 Siehe Drittes Kapitel, D., II., 3., a).

1310 Siehe Drittes Kapitel, D., II., 3., b); vgl. Assies/Beule/Heise/Strube, Handbuch des Fachanwalts Bank- und Kapitalmarktrecht, 5. Auflage 2019, C. Überweisungsgeschäft, Rn. 34.

1311 Siehe Drittes Kapitel, D., II., 3., b); BeckOGK/*Foerster*, 15.6.2020, BGB, § 675f, Rn. 26.

1312 MüKoHGB/*Linardatos*, 4. Aufl. 2019, G., Rn. 21.

1313 *Graf v. Westphalen* in Erman, BGB, 16. Aufl. 2020, § 675f BGB, Rn. 104.

1314 So führt dieser an anderer Stelle aus, *„Die Kreditkarte vermittelt nach ihrer Aushändigung und Freischaltung dem Inhaber ein Recht auf bargeldlose Zahlung, das ggü. dem jeweiligen Vertragsunternehmen auszuüben und von diesem im Rahmen einer Erfüllungsübernahme auszuführen ist. Der dadurch zustande gekommene Vertrag ist als selbständiger Zahlungsdiensterahmenvertrag einzuordnen, dem der Charakter eines Dauerschuldverhältnisses innewohnt. Der zusätzlich zwischen Vertragsunternehmen*

qualifiziert er den Akquisitionsvertrag einerseits als Zahlungsdiensterahmenvertrag zwischen Kreditkarten- und Vertragsunternehmen. Andererseits jedoch sollen mit Unterzeichnung der Kreditkarte durch den Karteninhaber bzw. mit Freischaltung durch eine PIN-Freigabe Einzelzahlungsverträge entstehen.[1315] Verständlicher sind dabei eher die Ausführungen des 11. Zivilsenats des BGH in der Entscheidung vom 16.04.2002 (Az.: XI ZR 375/00). Darin vertritt der erkennende Senat die Auffassung, das im Akquisitionsvertrag rahmenmäßig vereinbarte Zahlungsversprechen nach § 780 BGB sei gem. § 158 Abs. 1 BGB durch die Einreichung ordnungsgemäßer Belastungsbelege aufschiebend bedingt. Die Einreichung der Belastungsbelege lasse sodann die Zahlungspflicht des Kreditkartenunternehmens für den konkreten Einzelfall entstehen.[1316] Diese Ausführung spricht folglich gegen den Abschluss von Einzelverträgen i. S. d. § 675f Abs. 1 BGB.

Im Ergebnis ist davon auszugehen, dass beim Kreditkartenvertrag regelmäßig Zahlungsdiensterahmenverträge gem. § 675f Abs. 2 BGB und keine Einzelzahlungsverträge gem. § 675f Abs. 1 BGB abgeschlossen werden.

d) Keine Anwendung von § 134 BGB i. V. m. § 4 Abs. 1 S. 2, 2 Hs. GlüStV auf Zahlungsdiensterahmenverträge gem. § 675f Abs. 2 BGB im Vollzugsverhältnis

Somit ist zu prüfen, ob § 134 BGB i. V. m. § 4 Abs. 1 S. 2, 2 Hs. GlüStV auf Zahlungsdiensterahmenverträge gem. § 675f Abs. 2 BGB im Vollzugsverhältnis anzuwenden ist.

Akquisitionsverträge (wie auch die Emissionsverträge) werden regelmäßig ohne Bezug auf konkrete Transaktionen geschlossen und dürften in dieser Hinsicht damit „rechtlich neutral" sein.[1317] Zwar ließe sich an dieser Stelle argumentieren, dass die Rahmenvereinbarung beim Akquisitionsvertrag mit einem

---

und Kreditkartenunternehmen seinerseits bestehende Zahlungsdiensterahmenvertrag ist wie dargestellt als Vertrag zugunsten Dritter gem. § 328 I zu begreifen,[…]", *Graf v. Westphalen* in Erman, BGB, 16. Aufl. 2020, § 675f BGB, Rn. 112.

1315 „*Der Einzelzahlungsvertrag kommt erst dann zustande, wenn der Karteninhaber/Zahler die Karte unterzeichnet – autorisiert – hat oder sie unter Verwendung eins Zahlungsinstruments freigeschaltet worden ist (PIN-Freigabe)*", *Graf v. Westphalen* in Erman, BGB, 16. Aufl. 2020, § 675f BGB, Rn. 104.

1316 BGH, Urt. v. 16.04.2002 – XI ZR 375/00 –, BGHZ 150, 286–299, Rn. 28; so auch BeckOK BGB/*Schmalenbach*, 58. Ed. 01.05.2021, BGB, § 675f, Rn. 91, Staudinger/*Omlor*, 2020, BGB, § 675f, Rn. 98, 101.

1317 Vgl. *Rock*, RdZ 2/20, S. 115, 117; vgl. Drittes Kapitel, D., II., 3., b).

Online-Glücksspielanbieter geschlossen wird und damit regelmäßig auf die Abwicklung von Zahlungen zum Zwecke des (ggf. illegalen) Glückspiels i. S. d. § 4 Abs. 1, Abs. 4 GlüStV abzielt. Jedoch geht es den Beteiligten bei der Rahmenvereinbarung nicht um die Erfüllung von Forderungen aus dem Valutaverhältnis zwischen dem Vertragspartner und dessen Kunden. Ihnen geht es rein um den Vorgang des bargeldlosen Zahlungsverkehrs und damit um die wirtschaftliche Funktion der Kreditkarte als Bargeldersatz.[1318] Der Rahmenvertrag ist damit losgelöst von einer konkreten Transaktion zu bewerten.

Mithin sind die Verbotsgesetze des GlüStV auf die Rahmenvereinbarung zwischen Acquirer und Online-Glücksspielanbieter im Vollzugsverhältnis nicht anwendbar.

e) Anwendung von § 134 BGB i. V. m. § 4 Abs. 1 S. 2, 2 Hs. GlüStV analog auf die einzelnen Zahlungsvorgänge gem. § 675f Abs. 4 BGB im Vollzugsverhältnis?

Da § 134 BGB i. V. m. § 4 Abs. 1 S. 2, 2 Hs. GlüStV damit keinen Anknüpfungspunkt im Vollzugsverhältnis hätte, stellt sich – wie zuvor schon im Deckungsverhältnis – die Frage, ob § 134 BGB i. V. m. § 4 Abs. 1 S. 2, 2 Hs. GlüStV analog auf die einzelnen Zahlungsvorgänge nach § 675 Abs. 4 S. 1 BGB anwendbar sein könnte.

Im vorangehenden Abschnitt wurde bereits geklärt, dass § 134 BGB i. V. m. § 4 Abs. 1 S. 2, 2 Hs. GlüStV im Deckungsverhältnis grundsätzlich analog auf Zahlungsvorgänge gem. § 675 Abs. 4 S. 1 BGB anwendbar ist.[1319] Dies wird mit der sinnwidrigen Regelungslücke begründet, die andernfalls dadurch entstünde, dass zwar ein in der Praxis annähernd nie vorkommender Einzelzahlungsvertrag nach § 675f Abs. 1 BGB zum Zwecke des illegalen Online-Glücksspiels gem. § 134 BGB i. V. m. § 4 Abs. 1 S. 2, 2 Hs. GlüStV per Gesetz nichtig wäre, der dieser Nichtigkeit zugrundeliegende, strukturverwandte und stets vorliegende Zahlungsvorgang nach § 675f Abs. 4 S. 1 BGB aber als Realakt gleichwohl wirksam bliebe. Hierdurch würde der widersprüchliche und vom Gesetzgeber nicht beabsichtigte Zustand ausgelöst, dass mit § 4 Abs. 1 S. 2, 2 Hs. GlüStV zwar ein Verbotsgesetz mit Nichtigkeitsfolge vorliegt welches die Zahlungsgeschäfte zum Zwecke des illegalen Online-Glücksspiels ausnahmslos beseitigen will, in der Praxis aber die tatsächlich vorhandenen Rechtsbeziehungen aus dogmatischen Gründen verfehlt, wodurch die jeweiligen vom Gesetz missbilligten

---

1318 Vgl. *Schnauder*, NJW 12/03, S. 849, 850.
1319 Siehe Drittes Kapitel, D., II., 5.

Transaktionsgeschäfte wirksam blieben. Um diese Regelungslücke zu schließen, wird § 134 BGB i. V. m. § 4 Abs. 1 S. 2, 2 Hs. GlüStV analog auf die Zahlungsvorgänge nach § 675f Abs. 4 S. 1 BGB angewendet.[1320] Dies könnte auch im Vollzugsverhältnis der Fall sein. Wie sich gezeigt hat, ist § 134 BGB i. V. m. § 4 Abs. 1 S. 2, 2 Hs. GlüStV auf die Zahlungsdiensterahmenverträge nach § 675f Abs. 2 BGB im Vollzugsverhältnis nicht anwendbar.[1321] Würden im Rahmen des Kreditkartenvertrages gem. § 675f Abs. 1 BGB Einzelzahlungsverträge zum Zwecke der Mitwirkung an Zahlungen für illegales Online-Glücksspiel geschlossen, so würden diese Einzelzahlungsverträge „gezielt" der Mitwirkung an Zahlungen zur Teilnahme am unerlaubten Glücksspiel dienen und wären damit gem. § 134 BGB i. V. m. § 4 Abs. 1 S. 2, 2 Hs. GlüStV nichtig.[1322] Allerdings werden bei Kreditkartenverträgen regelmäßig keine Einzelzahlungsverträge gem. § 675f Abs. 1 BGB geschlossen. Damit liegt eine identische Situation zum vorangehenden Abschnitt vor: Der Gesetzgeber hat mit dem Mitwirkungsverbot ein gesetzliches Verbotsgesetz mit Nichtigkeitsfolge geschaffen, welches dazu dienen soll, Zahlungen zum Zwecke des unerlaubten Glücksspiels zu unterbinden.[1323] Allerdings werden die im Vollzugsverhältnis regelmäßig abgeschlossenen Rechtsverhältnisse nicht vom gesetzlichen Mitwirkungsverbot erfasst. Die Rechtsgeschäfte, die von § 134 BGB i. V. m. § 4 Abs. 1 S. 2, 2 Hs. GlüStV erfasst werden würden, werden bei Kreditkartenverträgen in der Praxis regelmäßig nicht abgeschlossen. In allen Fällen liegen mit den Zahlungsvorgängen nach § 675f Abs. 4 S. 1 BGB eine strukturverwandte Maßnahme vor, die als Realakte allerdings nicht von § 134 BGB erfasst werden und somit wirksam bleiben.[1324] In der Folge ist das Mitwirkungsverbot für die Beteiligten im Vollzugsverhältnis wirkungslos, obwohl die Parteien aus dem Vollzugsverhältnis ebenfalls Adressaten des Mitwirkungsverbots sind und diese zudem durch die Abwicklung der Transaktionen im Vollzugsverhältnis faktisch in jedem Fall verbotener Weise an Zahlungen zum Zwecke des illegalen Online-Glücksspiels mitwirken.[1325] Hierdurch entsteht auch hier eine sinnwidrige Regelungslücke. Es ist davon auszugehen, dass der Gesetzgeber dieses Ergebnis nicht beabsichtigt hat. Dies lässt sich zumindest

1320 Siehe Drittes Kapitel, D., II., 5.

1321 Zur Anwendung von § 134 BGB auf Zahlungsdiensterahmenverträge, siehe Drittes Kapitel, D, II., 3., b).

1322 Vgl. Drittes Kapitel, D., II., 3., a).

1323 Zum Sinn und Zweck des Mitwirkungsverbots, siehe Drittes Kapitel, C., II., 4.

1324 Siehe Drittes Kapitel, D., II. 5; Vgl. BeckOGK/*Vossler*, 01.06.2021, BGB, § 134, Rn. 1.

1325 Zu den Adressaten des Mitwirkungsverbots, siehe Drittes Kapitel, D., II., 1., c), aa.

nicht den Gesetzesmaterialien entnehmen. Andernfalls wäre das Mitwirkungsverbot zudem nur auf Zahlungsdienstleister bzw. Mitwirkungshandlungen auf Seiten des Deckungsverhältnisses bzw. auf Seiten des Spielers anwendbar, wodurch obendrein ein unbilliges Ergebnis erzeugt würde. Die Interessenlage ist in beiden Fällen dieselbe. Nach dem Telos des Mitwirkungsverbots sollen die Zahlungen für illegales Online-Glücksspiel ausnahmslos unterbleiben, damit illegales Online-Glücksspiel effektiv bekämpft werden kann.[1326] D. h. die konkreten Transaktionen sollen in jedem Fall unterbunden werden. Dabei kommt es dem Gesetzgeber darauf an, dass die zum Zwecke der Teilnahme an illegalem Online-Glücksspiel erforderlichen Zahlungsvorgänge gem. § 675f Abs. 4 S. 1 BGB ausbleiben.[1327] Um diese sinnwidrige Regelungslücke zu vermeiden, muss § 134 BGB in der Folge – in Übereinstimmung mit der Rechtsprechung des BGH – entsprechend auf die Zahlungsvorgänge im Vollzugsverhältnis angewendet werden.[1328]

Folglich ist § 134 BGB i. V. m. § 4 Abs. 1 S. 2, 2 Hs. GlüStV auf die einzelnen Zahlungsvorgänge nach § 675f Abs. 4 S. 1 BGB im Vollzugsverhältnis analog anzuwenden.

3. *Ergebnis*

Im Ergebnis lässt sich festhalten, dass im Vollzugsverhältnis die abstrakten Zahlungsverpflichtungen der Banken nach § 780 BGB von § 134 BGB i. V. m. § 4 Abs. 1 S. 2, 2 Hs. GlüStV erfasst werden, wenn hierbei die Mitwirkung an Zahlungen zum Zwecke des unerlaubten Online-Glücksspiels versprochen wird. Eine Anwendung von § 134 BGB i. V. m. § 4 Abs. 4 GlüStV, §§ 284 ff. StGB auf die abstrakten Zahlungsverpflichtungen der Banken nach § 780 BGB scheidet hingegen bereits nach allgemeinen Grundsätzen aus. Daneben findet auch im Vollzugsverhältnis § 134 BGB i. V. m. § 4 Abs. 1 S. 2, 2 Hs. GlüStV allein auf Einzelzahlungsverträge nach § 675f Abs. 1 BGB (unmittelbare) Anwendung. Auf Zahlungsdiensterahmenverträge gem. § 675f Abs. 2 BGB findet § 134 BGB i. V. m. § 4 Abs. 1 S. 2, 2 Hs. GlüStV hingegen auch hier keine Anwendung. Hieraus resultiert für das Vollzugsverhältnis, dass die jeweiligen Zahlungsvorgänge gem. § 675f Abs. 4 BGB, die zum Zwecke der Zahlungsabwicklung für illegales

---

1326 LG Ulm, Urt. v. 16.12.2019 – 4 O 202/18 –, Rn. 81, juris; so auch AG Wiesbaden, Urt. v. 16.06.2017 – 92 C 4323/16 (41) –, Rn. 14, juris; zum Sinn und Zweck des Mitwirkungsverbots, Drittes Kapitel, C., II., 4.

1327 Vgl. auch zum Sinn und Zweck des Mitwirkungsverbots, Drittes Kapitel, C., II., 4.

1328 BGH, Urt. v. 17.12.2013 – KZR 65/12 –, Rn. 79, juris = NVwZ 2014, 817–824.

Glücksspiel getätigt werden, analog von § 134 BGB i. V. m. § 4 Abs. 1 S. 2, 2 Hs. GlüStV erfasst werden. Sie sind nichtig und entwickeln zu keiner Zeit rechtliche Wirksamkeit.

E. Auswirkungen auf den Aufwendungsersatzanspruch der Banken gegen die Spieler aus §§ 675c, 670 BGB

In der Folge stellt sich die Frage, ob die Banken gem. §§ 675c, 670 BGB ihre Aufwendungen für gleichwohl ausgeführte Zahlungen zum Zwecke der Teilnahme an illegalem Online-Glücksspiel von den Spielern ersetzt verlangen können. Dem steht die Rechtsprechung uneins gegenüber.[1329]

I. Anspruch aus §§ 675c Abs. 1, 670 BGB

§ 675c BGB regelt den Anwendungsbereich des Zahlungsdiensterechts und die insoweit anwendbaren Rechtsvorschriften.[1330] § 675c BGB stellt klar, dass mangels anderslautender vertraglicher Vereinbarungen oder besonderer gesetzlicher Bestimmungen die allgemeinen Vorschriften des Geschäftsbesorgungs- und Auftragsrechts gelten.[1331] §§ 675c Abs. 1, 670 BGB statuieren sodann die Pflicht des Zahlungsdienstnutzers zum Ersatz der zur Durchführung der autorisierten Zahlungen vom Zahlungsdienstleister gemachten, erforderlichen Aufwendungen.[1332] Ein Aufwendungsersatzanspruch der Bank setzt damit einerseits eine wirksame Weisung des Zahlungsdienstnutzers an das Vertragsunternehmen voraus.[1333] Andererseits entsteht ein Aufwendungsersatzanspruch gem. § 670 BGB nur dann, wenn die Bank die Aufwendungen nach allgemein verständigem

---

1329 AG Wiesbaden, Urt. v. 16.06.2017 – 92 C 4323/16 (41), AG München, Urt. v. 21.02.2018 – 158 C 19107/17, AG Leverkusen, Urt. v. 19.02.2019 – 26 C 346/18; a. A. LG Hamburg, Urt. v. 03.01.2020 – 330 O 111/19, LG Wuppertal, Urt. v. 30.10.2019 – 3 O 384/18, LG Düsseldorf, Urt. v. 10.10.2019 – 8 O 398/18, OLG München, Verf. v. 06.02.2019 – 19 U 793/18, LG Berlin, Urt. v. 16.04.2019 – 37 O 367/18, LG Düsseldorf, Urt. v. 10.10.2019 – 8 O 398/18.

1330 BeckOK BGB/*Schmalenbach*, 53. Edition 2020, BGB § 675c Rn. 7.

1331 *Beesch*, in: Dauner-Lieb/Langen, BGB-Schuldrecht, 3. Aufl. 2016, § 675c, Rn. 6.

1332 *Beesch*, in: Dauner-Lieb/Langen, BGB-Schuldrecht, 3. Aufl. 2016, § 675c, Rn. 6.

1333 v. Westphalen/Thüsing VertrR/AGB-Klauselwerke, Kreditkartenvertrag, Rn. 32, beck-online.

Ermessen auch für erforderlich halten durfte.[1334] Für beides trägt die Bank als Beauftragte die Beweisdarlegungspflicht und Beweislast.[1335]

II. Grundsatz: Kein Ersatzanspruch für verbotene Handlungen

Im Rahmen seines Tätigwerdens muss der Beauftragte sich nicht nur nach dem Interesse des Auftraggebers richten, er muss sich bei seinen Aufwendungen auch an die Rechtsordnung halten.[1336] Aufwendungen, die aus einer rechtswidrigen, vom Gesetz verbotenen Tätigkeit stammen, können nicht erstattet werden.[1337] Solche Aufwendungen darf der Beauftragte entsprechend § 670 BGB bereits nicht den Umständen nach für erforderlich halten. Für den Beauftragten kommt in solchen Fällen allenfalls ein Anspruch aus ungerechtfertigter Bereicherung nach § 812 BGB in Betracht.[1338] Insofern könnte ein Aufwendungsersatzanspruch einer Bank für Zahlungen zum Zwecke der Teilnahme an illegalem Online-Glücksspiel am Mitwirkungsverbot gem. § 4 Abs. 1 S. 2, 2 Hs. GlüStV scheitern.

III. Beurteilung der Erforderlichkeit von Aufwendungen durch die Rechtsprechung

Ein großer Teil der aktuellen Rechtsprechung hält die Aufwendungen der Banken im Rahmen von Glücksspieltransaktionen gleichwohl für erforderlich und somit ersatzfähig.[1339]

1334 *Mansel*, in: Jauernig, BGB, 17. Aufl. 2018, § 670 Rn. 2; Formularmäßige Bestimmungen etwa in Giroverträgen, wonach eine Bank Aufwendungen auch ohne Prüfung der Erforderlichkeit i. S. v. § 670 BGB ersetzt verlangen kann, sind gem. § 307 Abs. 2 Nr. 1 BGB unwirksam. Sie verstoßen gegen das gesetzliche Leitbild aus §§ 675 Abs. 1, 670 BGB, Staudinger/*Martinek/Omlor,* 2017, BGB, § 670, Rn. 5.

1335 BeckOK BGB/*Detlev Fischer*, 53. Edition 2020, BGB § 670 Rn. 28; v. Westphalen/Thüsing VertrR/AGB-Klauselwerke, Kreditkartenvertrag, Rn. 32, beck-online.

1336 Staudinger/*Martinek/Omlor*, 2017, BGB, § 670, Rn. 14.

1337 Staudinger/*Martinek/Omlor*, 2017, BGB, § 670, Rn. 14; BGH, Urt. v. 25.06.1962 – VII ZR 120/61 –, BGHZ 37, 258–264, Rn. 32.

1338 BGH, Urt. v. 25.06.1962 – VII ZR 120/61 –, BGHZ 37, 258–264, Rn. 32.

1339 LG Hamburg, Urt. v. 03.01.2020 – 330 O 111/19, LG Wuppertal, Urt. v. 30.10.2019 – 3 O 384/18, LG Düsseldorf, Urt. v. 10.10.2019 – 8 O 398/18, OLG München, Vfg. v. 06.02.2019 – 19 U 793/18, LG Berlin, Urt. v. 16.04.2019 – 37 O 367/18, LG München I, Urt. v. 28.02.2018 – 27 O 11716/17; a. A. AG Wiesbaden, Urt. v. 16.06.2017 – 92 C 4323/16 (41), AG München, Urt. v. 21.02.2018 – 158 C 19107/17, AG Leverkusen, Urt. v. 19.02.2019 – 26 C 346/18, LG Ulm, Urt. v. 16.12.2019 – 4 O 202/18.

Dieser Rechtsprechung liegt u. a. die Auffassung zugrunde, dass der Tatbestand des Mitwirkungsverbots gem. § 4 Abs. 1 S. 2, 2 Hs. GlüStV in den abgeurteilten Fällen jeweils nicht vollständig erfüllt worden sei. Die betreffenden Gerichte sind der Auffassung, um seine Wirksamkeit zu entfalten, bedürfe das Mitwirkungsverbot einer zusätzlichen behördlichen Mitteilung. Da dies jeweils nicht erfolgt sei, sei in den abgeurteilten Fällen trotz ausgeführter Zahlungen nicht von einer Mitwirkung der Banken i. S. d. § 4 Abs. 1 S. 2, 2 Hs. GlüStV auszugehen.[1340] Insgesamt seien die gegenständlichen Rechtsverhältnisse damit nicht von Wirksamkeitshindernissen betroffen.[1341] Weder wirkten die Banken durch die Ausführung der autorisierten Transaktionen an Zahlungen im Zusammenhang mit unerlaubtem Online-Glücksspiel mit[1342] noch seien die einzelnen Zahlungsautorisierungen der Spieler nichtig[1343]. Selbst wenn dies anders zu beurteilen wäre, würde das Internetverbot aus § 4 Abs. 4 GlüStV nicht auf das Deckungs- oder Vollzugsverhältnis durchschlagen.[1344] In einer Gesamtschau zeigt sich, dass sich der einen Aufwendungsersatzanspruch bejahende Teil der Rechtsprechung dem Grunde nach auf die Entscheidungen der 27. Zivilkammer des Landgericht München I vom 28.02.2018 (Az.: 27 O 11716/17) und des 19. Zivilsenats des Oberlandesgericht München vom 06.02.2019 (Az.: 19 U 793/18) stützt. Die darin enthaltenen Auffassungen wurden im Rahmen dieser Arbeit

---

1340 LG Hamburg, Urt. v. 03.01.2020 – 330 O 111/19–, Rn. 29, 30, juris, LG Wuppertal, Urt. v. 30.10.2019 – 3 O 384/18 –, Rn. 26, juris, LG Düsseldorf, Urt. v. 10.10.2019 – 8 O 398/18 –, Rn. 23 ff., juris, LG Berlin, Urt. v. 16.04.2019 – 37 O 367/18 –, Rn. 30, 31, juris, OLG München, Verf. v. 06.02.2019 – 19 U 793/18 –, Rn. 5–6, juris, LG München I, Urt. v. 28.02.2018 – 27 O 11716/17 –, Rn. 25, juris.

1341 LG Hamburg, Urt. v. 03.01.2020 – 330 O 111/19 –, Rn. 25, juris, LG Wuppertal, Urt. v. 30.10.2019 – 3 O 384/18 –, Rn. 22, 36, juris, LG Düsseldorf, Urt. v. 10.10.2019 – 8 O 398/18 –, 20, juris, LG Berlin, Urt. v. 16.04.2019 – 37 O 367/18 –, Rn. 30, juris, OLG München, Vfg. v. 06.02.2019 – 19 U 793/18 –, Rn. 4, juris, LG München I, Urt. v. 28.02.2018 – 27 O 11716/17 –, Rn. 24, juris.

1342 LG Wuppertal, Urt. v. 30.10.2019 – 3 O 384/18 –, Rn. 21, juris, LG Berlin, Urt. v. 16.04.2019 – 37 O 367/18 –, Rn. 31, juris, OLG München, Vfg. v. 06.02.2019 – 19 U 793/18 –, Rn. 5, juris.

1343 LG Hamburg, Urt. v. 03.01.2020 – 330 O 111/19 –, Rn. 28, juris, LG Wuppertal, Urt. v. 30.10.2019 – 3 O 384/18 –, Rn. 38, juris, LG Düsseldorf, Urt. v. 10.10.2019 – 8 O 398/18 –,Rn. 23, juris, LG München I, Urt. v. 28.02.2018 – 27 O 11716/17 –, Rn. 26, juris.

1344 LG Berlin, Urt. v. 16.04.2019 – 37 O 367/18 –, Rn. 29, juris, OLG München, Verf. v. 06.02.2019 – 19 U 793/18 –, Rn. 4, juris; LG München I, Urt. v. 28.02.2018 – 27 O 11716/17 –, Rn. 29, juris.

bereits widerlegt.[1345] Insbesondere die Auffassung, dass eine Mitwirkung an Zahlungen im Zusammenhang mit unerlaubtem Glücksspiel gem. § 4 Abs. 1 S. 2, 2 Hs. GlüStV erst dann sanktionsfähig sei, wenn zuvor die zuständige Glücksspielbehörde dem betroffenen Zahlungsanbieter gem. § 9 Abs. 1 S. 3 Nr. 4 GlüStV das zugrundeliegende unerlaubte Glücksspielangebot mitgeteilt und sodann eine weitere Mitwirkung an Zahlungen für unerlaubtes Glücksspiel untersagt habe, wurde widerlegt.[1346] Diese Auffassung lässt sich im Ergebnis auf ein unrichtiges Verständnis des Urteils des 11. Zivilsenats des BGH vom 24.04.20212 (Az.: XI ZR 96/11) sowie auf eine unvollständige und fehlerhafte Auslegung von § 4 Abs. 1 S. 2, 2 Hs. GlüStV bzw. der Gesetzesbegründungen zu § 4 Abs. 1 S. 2, 2 Hs. GlüStV und § 9 Abs. 1 S. 3 Nr. 4 GlüStV zurückführen.[1347] Eine ausführliche Auslegung von § 4 Abs. 1 S. 2, 2 Hs. GlüStV ergibt vielmehr, dass die Norm ein eigenständiges, die Banken unmittelbar adressierendes Verbotsgesetz mit Nichtigkeitssanktion i. S. d. § 134 BGB ist.[1348] Entgegen der Auffassung des LG München I werden dabei sowohl das Deckungsverhältnis zwischen dem Spieler und seiner Bank als auch bei Kreditkartenzahlungen das Vollzugsverhältnis zwischen Bank und Online-Glücksspielanbieter von § 4 Abs. 1 S. 2, 2 Hs. GlüStV i. V. m. § 134 BGB erfasst.[1349] Auf ein „Durchschlagen" eines Verstoßes gegen den § 4 Abs. 4 GlüStV aus dem Valutaverhältnis auf das Deckungs- bzw. Vollzugsverhältnis kommt es insoweit nicht an.[1350] In der Folge sind die gegenständlichen Rechtsverhältnisse sehr wohl vom Wirksamkeitshindernis des § 134 BGB betroffen. Nimmt eine Bank im Rahmen ihrer Verpflichtung aus dem entgeltlichen Geschäftsbesorgungsvertrag auf Geheiß ihres Kunden eine Einzahlung zum Zwecke der Teilnahme am unerlaubten Online-Glücksspiel vor, so wirkt sie damit, entgegen der Auffassung des 19. Zivilsenats des OLG München, gem. § 4 Abs. 1 S. 2, 2 Hs. GlüStV an einer Zahlung zum Zwecke des unerlaubten

1345 Siehe Drittes Kapitel, C., II., 2., c) aa., bb., cc., D., II.

1346 Siehe Drittes Kapitel, C., II., 2., c) aa., bb., cc.

1347 Siehe Drittes Kapitel, C., II., 2., c) aa.

1348 Siehe Drittes Kapitel, C., II.

1349 Siehe Drittes Kapitel, D., II., III.

1350 LG München I, Urt. v. 28.02.2018 – 27 O 11716/17 –, Rn. 30, juris; OLG München, Verf. v. 06.02.2019 – 19 U 793/18 –, Rn. 4, juris; so auch anschließend: LG Hamburg, Urt. v. 03.01.2020 – 330 O 111/19 –, Rn. 25, juris, LG Wuppertal, Urt. v. 30.10.2019 – 3 O 384/18 –, Rn. 22, 36, juris, LG Düsseldorf, Urt. v. 10.10.2019 – 8 O 398/18 –, Rn. 20, juris, LG Berlin, Urt. v. 16.04.2019 – 37 O 367/18 –, Rn. 29, juris; vgl. *Rock*, ZfWG 3/4/19, S. 412, 413.

Glücksspiels mit und verstößt gegen das Mitwirkungsverbot.[1351] In diesem Fall versagt das Mitwirkungsverbot nicht nur dem Rechtsgeschäft im Deckungs- bzw. Vollzugsverhältnis die Wirksamkeit, sondern resultieren auch die Aufwendungen, welche die Bank gem. § 675c Abs. 1, 670 BGB vom Spieler ersetzt verlangen möchte, aus einer per Gesetz verbotenen Tätigkeit.[1352]

Damit erweisen sich die Grundannahmen, mit denen Teile der Rechtsprechung die Aufwendungen der Banken als für erforderlich ansehen, als falsch. Mithin sind jene Entscheidungen, welche die Aufwendungen der Banken im Rahmen von Glücksspieltransaktionen gleichwohl für erforderlich und somit ersatzfähig halten, abzulehnen.

IV. Prüfpflicht i. R. v. § 670 BGB

Abweichend von dem zuvor ausgeführten Grundsatz, kann ein Aufwendungsersatzanspruch gem. § 670 BGB für tatsächlich nicht erforderliche Aufwendungen gleichwohl dann entstehen, wenn die Bank die Aufwendungen nach allgemein verständigem Ermessen berechtigterweise für erforderlich halten durfte.[1353] Hierfür trägt die Bank als Beauftragte die Beweisdarlegungspflicht und Beweislast.[1354]

Damit stellt sich die Frage, ab wann Banken Aufwendungen im Falle von Zahlungen zum Zwecke des unerlaubten Online-Glücksspiels nach allgemein verständigem Ermessen für erforderlich halten dürfen.

1. Beurteilung der Erforderlichkeit von Aufwendungen anhand eines subjektiv-objektiven Maßstabes

Was im Fall von § 670 BGB unter allgemein verständigem Ermessen zu verstehen ist, lässt sich der Rechtsprechung des 11. Zivilsenats des BGH entnehmen. In seiner Entscheidung vom 08.05.2012 (Az.: XI ZR 61/11) führt der erkennende Senat aus, die Erforderlichkeit von Aufwendungen sei nach einem subjektiv-objektiven Maßstab zu beurteilen.[1355] Danach müsse der Beauftragte

---

1351 Siehe Drittes Kapitel, D., II., III.; a. A. OLG München, Verf. v. 06.02.2019 – 19 U 793/18 –, Rn. 5, juris; so auch LG Wuppertal, Urt. v. 30.10.2019 – 3 O 384/18, LG Berlin, Urt. v. 16.04.2019 – 37 O 367/18.

1352 Zum Tatbestand des Mitwirkungsverbots, siehe Drittes Kapitel, D., II., 1., c), bb.

1353 *Mansel*, in: Jauernig, BGB, 17. Aufl. 2018, § 670 Rn. 2; Staudinger/*Martinek/Omlor*, 2017, BGB, § 670, Rn. 15.

1354 BeckOK BGB/*Detlev Fischer*, 53. Edition 2020, BGB § 670 Rn. 28; v. Westphalen/Thüsing VertrR/AGB-Klauselwerke, Kreditkartenvertrag, Rn. 32, beck-online.

1355 BGH, Urt. v. 08.05.2012 – XI ZR 61/11 –, Rn. 20, juris = NJW 32/2012, S. 2337.

das Vermögensopfer für die Verfolgung des Auftragszwecks für geeignet halten, das Vermögensopfer müsse ihm notwendig erscheinen und er müsse es als in einem angemessenen Verhältnis zur Bedeutung der Geschäftsführung für den Geschäftsherrn stehend beurteilen. Würden sich Aufwendungen nachträglich als objektiv nicht notwendig herausstellen, könne eine anderslautende subjektive Beurteilung der Erforderlichkeit durch den Beauftragten nur dann gerechtfertigt sein, wenn diese Beurteilung auf einer sorgfältigen, den Umständen des Falles nach gebotenen Prüfung des Sachverhalts beruhe.[1356] Damit dürfen Banken Aufwendungen nicht per se für erforderlich halten. In bestimmten Fällen ist es vielmehr notwendig, dass die Erforderlichkeit von Aufwendungen nachgeprüft wird.[1357] Andernfalls kann eine möglicherweise bestehende Fehlvorstellung über die Erforderlichkeit von Aufwendungen nicht gerechtfertigt sein. Führt nun eine Bank eine Zahlung im Zusammenhang mit einem Online-Glücksspiel-Angebot aus, wird die Bank die Durchführung dieser Zahlung regelmäßig subjektiv für geeignet, notwendig und angemessen halten. Schließlich wird ihr dies entweder durch die Anweisung des Spielers oder durch entsprechenden Informationsaustausch mit dem Acquirer suggeriert.[1358] Im Falle der Transaktionsabwicklung für unerlaubtes Online-Glücksspiel fehlt es jedoch an einer objektiven Notwendigkeit der hierdurch entstehenden Aufwendungen. Einerseits, weil bereits der der Forderung zugrundeliegende „Glücksspielvertrag" gem. § 134 BGB i. V. m. § 4 Abs. 1, Abs. 4 GlüStV und §§ 284, 285 StGB nichtig ist.[1359] Andererseits aber auch, weil die Aufwendungen auf einer gem. § 4 Abs. 1 S. 2 Hs. 2 GlüStV

1356 BGH, Urt. v. 08.05.2012 – XI ZR 61/11 –, Rn. 20, juris; BGH, Urt. v. 19.09.1985 – IX ZR 16/85 –, BGHZ 95, 375–392, Rn. 50; NK-BGB/*Martin Schwab*, 4. Aufl. 2021, BGB, § 670, Rn. 17.

1357 Der subjektive Beurteilungsmaßstab ist durch ein pflichtgemäßes Ermessen eingeschränkt, Staudinger/*Martinek/Omlor*, 2017, BGB, § 670, Rn. 15. Dabei sind insbesondere jene Fälle zu berücksichtigen, bei denen Aufwendungen mit einer gewissen Wahrscheinlichkeit objektiv nicht notwendig sind bzw. es einen Anlass zum Verdacht einer fehlenden objektiven Notwendigkeit gibt.

1358 Vgl. *Schur/Schur*, JA 10/17, S. 739, 740; *Beyer*, ZfWG 3/4/19, S. 235, 236.

1359 Drittes Kapitel, D., II.; Vgl. BeckOK BGB/*Detlev Fischer*, 53. Edition 2020, BGB § 670 Rn. 13; Staudinger/*Engel*, (2015), BGB, § 762, Rn. 45; Vgl.: OLG Celle, Beschl. v. 04.05.2009 – 13 U 42/09; OLG Hamburg, Urt. v. 30.07.2009 – 3 U 53/09; OLG Schleswig, Urt. v. 31.07.2009 – 3 U 27/09; OVG Münster, Beschl. v. 29.04.2010 – 13 B 512/10; LG Hannover, Urt. v. 28.01.2009 – 21 O 105/08; LG Meiningen, Urt. v. 26.01.2021 – 2 O 616/20; LG Gießen, Urt. v. 25.02.2021 – 4 O 84/20; LG Coburg, Urt. v. 01.06.2021 – 23 O 416/20; LG Paderborn, Urt. v. 08.07.2021 – 4 O 323/20; LG Aachen, Urt. v. 13.07.2021 – 8 O 582/20.

per Gesetz verbotenen Mitwirkung der Bank beruhen.[1360] Dem subjektiv-objektiven Maßstab des erkennenden Senats des BGH zu folge kommt es nun also darauf an, ob die Fehlvorstellung der Bank über die objektive Erforderlichkeit ihrer Aufwendungen auch gerechtfertigt ist. Es ist also danach zu fragen, ob die Bank nach gebotener, sorgfältiger Prüfung die Zahlungen berechtigterweise für erforderlich halten durfte.

a) Gebotenheit einer Prüfpflicht

Es stellt sich somit zunächst die Frage, ob eine solche Prüfpflicht für Banken für die Fälle der Zahlungen im Zusammenhang mit (Online-)Glücksspiel überhaupt geboten erscheint.

Der Begriff der Gebotenheit ist nicht legaldefiniert.[1361] Nach allgemeinem Sprachgebrauch ist geboten, was angebracht, vernünftig oder notwendig erscheint.[1362] Das Kriterium der Gebotenheit eröffnet folglich die Möglichkeit einer wertenden Prüfung.[1363]

aa. Ablehnung einer Prüfpflicht für Banken wegen fehlender Schutz- oder Warnpflichten

Ein größerer Teil der Rechtsprechung ist der Auffassung, dass die Banken nicht dazu verpflichtet seien, generell die Zahlungsvorgänge ihrer Kunden zu überprüfen oder zu überwachen. Für die Banken bestünden gegenüber ihren spielenden Kunden keine gesonderten Schutz- oder Warnpflichten.[1364] Hierbei bezieht

---

1360 Siehe Drittes Kapitel, C., II., D., II., 1; Vgl. BeckOK BGB/*Detlev Fischer*, 53. Edition 2020, BGB § 670 Rn. 13, NZG 2010, 1390 Rn. 6, beck-online.

1361 Das Kriterium der Gebotenheit wird verschiedenartig verwendet, z. B. in § 83 Abs. 1 VVG, § 140 Abs. 3 FamFG, § 32 Abs. 1 StGB (so auch § 227 Abs. 1 BGB, § 15 Abs. 1 OWiG). Aus dem Strafrecht ist im Zusammenhang mit § 32 Abs. 1 StGB bekannt, dass Gebotenheit nicht gleich Verhältnismäßigkeit bedeutet. Vielmehr erfolgt hierüber die normative Einschränkung einer objektiv erforderlichen (damit zugleich verhältnismäßigen) Notwehrhandlung im Falle von „krassen Missverhältnissen" oder „sozialethischen Schranken", Vgl. *Fahl*, JA 2/20, S. 102, 104. Im Versicherungsvertragsgesetz hingegen ist geboten, was sich aus der im Verkehr erforderlichen Sorgfalt ergibt, vgl. Langheid/Wandt/*Looschelders*, 2. Aufl. 2016, VVG, § 83 Rn. 21–24; *Voit*, in: Prölss/Martin/Voit, 31. Aufl. 2021, VVG § 83 Rn. 7.

1362 Synonyme für *geboten*, https://synonyme.woxikon.de/synonyme/geboten.php, zuletzt abgerufen am 21.05.2021.

1363 MüKoFamFG/*Heiter*, 3. Aufl. 2018, FamFG, § 140, Rn. 79.

1364 LG Hamburg, Urt. v. 03.01.2020 – 330 O 111/19–, Rn. 18, juris, LG Wuppertal, Urt. v. 30.10.2019 – 3 O 381/18 –, Rn. 31, 32, juris, LG Düsseldorf, Urt. v. 10.10.2019 – 8 O

sich dieser Teil der Rechtsprechung auf eine frühere BGH-Entscheidung vom 06.05.2008 (Az.: XI ZR 56/07). Danach träfe die Banken lediglich dann die *vertragliche Nebenleistungspflicht* ihre Kunden vor drohenden Schäden zu warnen, sofern sich ihnen ohne nähere Prüfung der Verdacht eines Missbrauchs durch einen Vertragspartner aufdränge.[1365] Anders als von dem genannten Teil der Rechtsprechung vertreten, ist es jedoch nicht von Belang, ob die Banken im Einzelfall im Rahmen einer *vertraglichen Nebenpflicht* eine gesonderte Schutz- oder Warnpflicht gegenüber ihren Kunden trifft.[1366] Für die Pflicht der Banken, den Zahlungsablauf ihrer Kunden zu überprüfen und notfalls zu unterbinden, bedarf es des Rückgriffs auf vertragliche Nebenleistungspflichten nicht. Die Banken sind durch das Mitwirkungsverbot gem. § 4 Abs. 1 S. 2, 2 Hs. GlüStV von Gesetzes wegen dazu verpflichtet, Zahlungen im Zusammenhang mit unerlaubtem Online-Glücksspiel zu unterbinden.[1367] Dabei wird vertreten, Sinn und Zweck des Mitwirkungsverbots sei es u. a., dass die Banken eigenverantwortliche Maßnahmen zur Verhinderung der Zahlungsabwicklung zum Zwecke des unerlaubten Glücksspiels träfen.[1368] Eine gesetzliche Pflicht zur proaktiven Verhinderung der Mitwirkung an Zahlungen zum Zwecke des unerlaubten Online-Glücksspiels lässt es angebracht, vernünftig und notwendig erscheinen, dass Banken entsprechende Zahlungen in einem gewissen Umfang überprüfen, damit insbesondere der geforderten Proaktivität Genüge getan werden kann. Dies würde entscheidend für die Gebotenheit einer Prüfpflicht (aus Gesetz) sprechen.

Mithin lässt sich das Argument fehlender vertraglicher Schutz- oder Warnpflichten schon nicht gegen die Gebotenheit einer Prüfpflicht der Banken aufgrund von § 4 Abs. 1 S. 2, 2 Hs. GlüStV vorbringen.

398/18 –, Rn. 13, juris, LG München I, Urt. v. 28.02.2018 – 27 O 11716/17 –, Rn. 30, juris; OLG München, Verf. v. 06.02.2019 – 19 U 793/18 –, Rn. 8, juris; LG Berlin, Urt. v. 16.04.2019 – 37 O 367/18 –, Rn. 41, juris.

1365 Vgl. BGH, Urt. v. 06.05.2008 – XI ZR 56/07 –, BGHZ 176, 281–301, Rn. 14–17, 20.

1366 Vgl. LG Hamburg, Urt. v. 03.01.2020 – 330 O 111/19, LG Wuppertal, Urt. v. 30.10.2019 – 3 O 384/18, LG Düsseldorf, Urt. v. 10.10.2019 – 8 O 398/18.

1367 Siehe Drittes Kapitel, C., II., 2., a) und C., II.,4; Darüber hinaus ergeben sich etwa aus dem Gesetz über das Aufspüren von Gewinnen aus schweren Straftaten (Geldwäschegesetz – GwG) anerkannte Überwachungs- und Prüfpflichten, welche auf die Banken übertragen worden sind, vgl. §§ 4–6, 10 ff. GwG; ausdrücklich a. A. LG Wuppertal, Urt. v. 30.10.2019 – 3 O 384/18 –,Rn. 31, juris.

1368 Siehe Drittes Kapitel, C., 4., a), aa.

bb. Wahrscheinlichkeit für illegales Online-Glücksspiel

An die vorangehenden Ausführungen anknüpfend, könnte sich die Gebotenheit einer Prüfpflicht sodann aus der Wahrscheinlichkeit für das Vorliegen von illegalem Online-Glücksspiel ergeben.

Bei Kreditkartenzahlungen besteht ein System mit dem Transaktionen gekennzeichnet werden, der sog. Merchant Category Code (MCC).[1369] Zahlungen, die zum Zwecke des Glücksspiels verwendet werden, sind mit dem MCC 7995 gekennzeichnet. Zahlungsdienstleister können also erkennen, wenn eine abgewickelte Zahlung für Glücksspiel verwendet wird.[1370] Der gesamte Glücksspielmarkt in Deutschland hat im Jahr 2018 einen Bruttospielertrag von 13,9 Mrd. Euro erwirtschaftet.[1371] Davon stammten schätzungsweise mindestens 2,6 Mrd. Euro aus dem nicht regulierten (illegalen) Markt.[1372] Ginge man davon aus (was nicht ist), dass die gesamten Glücksspielumsätze in Deutschland, sowohl terrestrisch als auch online, gleichsam unbar durch die Zahlungsdienstleister abgewickelt würden, so lässt sich auf Grundlage dieser Zahlen aus 2018 eine Wahrscheinlichkeit i. H. v. 19 % dafür ableiten, dass eine mit einem MCC 7995 gekennzeichnete Zahlung im Zusammenhang mit illegalem Glücksspiel steht. D. h. jede fünfte gekennzeichnete Zahlung wäre im hiesigen Zusammenhang objektiv nicht notwendig, da sie ihren Ursprung in illegalem Online-Glücksspiel hätte und somit gem. § 134 BGB i. V. m. § 4 Abs. 1, Abs. 4 GlüStV eine der Zahlung zugrundeliegende Forderung im Valutaverhältnis nicht bestünde bzw. die Bank mit der Durchführung der Transaktion gegen das gesetzliche Mitwirkungsverbot aus § 4 Abs. 1 S. 2, 2 Hs. GlüStV verstoßen würde.[1373] Bereits diese Wahrscheinlichkeit dürfte Nachforschungen hinsichtlich der Erforderlichkeit bzw. der Ersatzfähigkeit von Aufwendungen im Zusammenhang mit (Online-) Glücksspiel für einen objektiven Dritten vernünftig und notwendig, mithin geboten erscheinen lassen. Das gilt umso mehr, wenn man folgenden Umstand berücksichtigt: Tatsächlich werden nicht die gesamten Glücksspielumsätze unbar

---

1369 Beispielhafte Übersicht der Visa MCC findet sich unter https://www.dm.usda.gov/procurement/card/card_x/mcc.pdf, zuletzt abgerufen am 06.06.2020.

1370 Vgl. auch *Rock*, ZfWG 5/19, S. 412, 413, 414; *Beyer*, ZfWG 3/4/2019, S. 235, 237.

1371 Jahresreport 2018 der Glücksspielaufsichtsbehörden der Länder, S. 4, abrufbar unter: https://innen.hessen.de/sites/default/files/media/hmdis/jahresreport_2018.pdf, zuletzt abgerufen am 11.06.2020.

1372 Vgl. *Gemeinsame Geschäftsstelle Glücksspiel*, Jahresreport 2018 der Glücksspielaufsichtsbehörden der Länder, S. 4.

1373 Vgl. Drittes Kapitel, D., I., II., 1.

abgewickelt. Ein großer Teil des legalen terrestrischen Glücksspiels wird regelmäßig weiterhin per Barzahlung abgewickelt (z. B. beim Kauf von Lottoscheinen in Schreibwarenläden oder Kiosken oder bei Spielautomaten in Spielhallen). In diesen Fällen werden die Zahlungsdienstleister gar nicht erst bei einer Zahlungsabwicklung beteiligt. Zudem kann es dazu kommen, dass bei Kartenzahlungen zum Zwecke des terrestrischen Glücksspiels als Empfänger kein Glücksspielanbieter ausgewiesen wird (z. B. beim Kauf von Lottoscheinen in Schreibwarenläden oder Kiosken).[1374] Auch diese (legalen) Zahlungen werden bei den gekennzeichneten Transaktionen folglich nicht berücksichtigt. Sie erhalten nicht die Kennzeichnung MCC 7995. Dem gegenüber werden Zahlungen zum Zwecke des Online-Glücksspiels ausschließlich unbar abgewickelt. Hierbei ist auch stets als Empfänger ein Online-Glücksspielanbieter identifizierbar.[1375] Für das Online-Glücksspiel gilt dabei, dass 84 % aller Online-Umsätze dem unregulierten und damit illegalen Markt zuzuordnen sind.[1376] Legt man die Ausführungen übereinander, so dürfte die Wahrscheinlichkeit dafür, dass die mit einem MCC 7995 gekennzeichneten Zahlungen im Zusammenhang mit illegalem Online-Glücksspiel stehen und damit dafür, dass Banken bei Zahlungen im Zusammenhang mit Glücksspiel-Umsätzen verbotenerweise an Zahlungen zum Zwecke des unerlaubten Glücksspiels mitwirken, in Wirklichkeit weit über 19 % betragen. Damit drängt sich eine Prüfung der Erforderlichkeit bzw. der Ersatzfähigkeit der Aufwendungen im Zusammenhang mit (Online-) Glücksspiel durch die Banken geradezu auf. Mindestens aber erscheint eine solche Prüfung angebracht, mithin geboten.

1374 Der MCC 7995 zeigt an, dass Lotteriescheine, Casino-Glücksspiel-Chips oder Wettscheine gekauft werden. Hierfür ist erforderlich, dass der Zahlungsempfänger hierzu entsprechende Angaben macht. Die Ausführungen in den Preis- und Leistungsverzeichnissen der Banken legen nahe, dass hierfür der Einsatz einer Kreditkarte bei Wettbüros, Casinobetrieben oder Lotteriegesellschaften im Rahmen von deren Geschäftsbetrieb erforderlich ist, vgl. Preis- und Leistungsverzeichnis/ Konditionen der ING-DiBa AG, Stand 16.04.2021; Preis- und Leistungsverzeichnis Postbank, Stand: 01.01.2021; Preis- und Leistungsverzeichnis, Consorsbank by BNP PARIBAS, Stand: 27.03.2021. Dies lässt den Rückschluss zu, dass etwa der Kauf von Lotteriescheinen in Zeitschriften- und Schreibwarenläden oder Kiosken per Kreditkarte regelmäßig nicht zu einer Kennzeichnung mit dem MCC 7995 führt.

1375 Vorausgesetzt, es werden keine Zahlungsdienstleister wie z. B. Worldpay oder Adyen zwischengeschaltet.

1376 *Hartmann/Barczak*, ZfWG 1/19, S. 8, 10.

Folglich spricht bereits die Wahrscheinlichkeit eines illegalen Ursprungs der Zahlung (bezogen auf § 4 Abs. 4 GlüStV im Valutaverhältnis) bzw. die Wahrscheinlichkeit eines Gesetzesverstoßes seitens der Banken (bezogen auf § 4 Abs. 1 S. 2, 2 Hs. GlüStV im Deckungsverhältnis) für die Gebotenheit einer Prüfpflicht im Einzelfall.

cc. Grundsatz der formalen Auftragsstrenge im Deckungsverhältnis

Dieses Ergebnis könnte jedoch unter Berücksichtigung des Grundsatzes der formalen Auftragsstrenge im Deckungsverhältnis anders zu bewerten sein.

Es ließe sich argumentieren, dass allein eine Zahlungsanweisung des Spielers oder eine Zahlungsbestätigung durch einen Vertragspartner ausreichen dürfte, damit eine Bank die Zahlung bzw. die hierzu erbrachte Aufwendung berechtigterweise für erforderlich halten darf.[1377] In diesem Falle wäre eine Prüfpflicht der Banken also entbehrlich. Dem liegt der Gedanke zugrunde, dass sich die Frage nach der Erforderlichkeit von Aufwendungen für den Beauftragten nur dann stellen kann, wenn ihm im Rahmen des Auftragsverhältnisses auch eine Entscheidungskompetenz über die Aufwendungen zusteht.[1378] Anderenfalls ist es allein Aufgabe des Auftraggebers, über Aufwendungen zu entscheiden. Steht dem Beauftragten also keine Entscheidungskompetenz zu, so müsste er berechtigterweise auch für solche Aufwendungen Ersatz verlangen können, die weder nach allgemeiner objektiver noch nach seiner eigenen subjektiven Einschätzung, wohl aber nach der Beurteilung des Auftraggebers erforderlich waren.[1379] Für diese Auffassung spricht der Grundsatz der formalen Auftragsstrenge im Deckungsverhältnis.[1380] Dieser Grundsatz stellt für den bargeldlosen Zahlungsverkehr ein prägendes Prinzip dar.[1381] Der Grundsatz der formalen Auftragsstrenge besagt, dass sich die Bank nur an ihren Zahlungsauftrag zu halten hat bzw. aus dem Deckungsverhältnis mit ihrem Kunden dazu verpflichtet ist, Zahlungen entsprechend den Weisungen des Kunden auszuführen.[1382] Daraus folgt, dass das Valutaverhältnis zwischen Zahler und Zahlungsempfänger vom

---

1377 So etwa *Beyer*, ZfWG 3/4/19, S. 235, 236.

1378 Staudinger/*Martinek/Omlor*, 2017, BGB, § 670, Rn. 12.

1379 Staudinger/*Martinek/Omlor*, 2017, BGB, § 670, Rn. 12.

1380 Vgl. *Rock*, RdZ 2/2020, 115–122.

1381 MüKoBGB/*Casper*, BGB, Vor §§ 675c–676c, § 675c, Rn. 14.

1382 Tonner/Krüger, Bankrecht, S. 161; BeckOGK/*Zahrte*, 01.03.2021, BGB, § 675r, Rn. 24; *Schmieder*, in: Schimansky/Bunte/Lwowski, BankR-HdB, 2. Abschnitt. Bargeldloser Zahlungsverkehr, 9. Kapitel, Überweisungsverkehr § 49, Rechtsbeziehungen im Inlands-Überweisungsverkehr, Rn. 67.

Zahlungsdienstleister regelmäßig nicht zu berücksichtigen ist.[1383] Die Bank muss sich auch nicht um verfolgte Interessen oder die Richtigkeit der gemachten Angaben kümmern.[1384] Sie ist grundsätzlich nicht dazu verpflichtet, Kunden vor Fehlern bzw. unzweckmäßigen Überweisungen zu warnen oder zu schützen.[1385] Begründet wird dies damit, dass die Banken regelmäßig keinen Einblick in das Valutaverhältnis zwischen Zahler und Zahlungsempfänger erhalten.[1386] Sie können damit in der Regel nicht beurteilen, welche Auswirkungen es hat, wenn sie von einem Überweisungsauftrag abweichen.[1387] Etwas anderes gilt nur dann, wenn für die Bank ein Rechtsmissbrauch im Valutaverhältnis offensichtlich oder liquide nachweisbar ist.[1388] In diesem Fall ist die Bank dazu berechtigt bzw. unter Berücksichtigung des zugrundeliegenden Vertragsverhältnisses mit dem Bankkunden ggf. sogar verpflichtet, Zahlungen zu verweigern.[1389] In einem solchen Fall ist zudem die Ausführung der Zahlung erkennbar nicht im Interesse des Bankkunden und eine Aufwendung hierzu darf von der ausführenden Bank i. S. d. § 670 BGB nicht für erforderlich gehalten werden.[1390] Ob ein Rechtsmissbrauch im Valutaverhältnis in den Fällen des illegalen Online-Glücksspiels für die Banken offensichtlich oder liquide beweisbar ist, lässt sich nicht abschließend klären.[1391] Da in allen anderen Fällen das Valutaverhältnis für die Zahlungsausführung unbeachtlich ist, könnte sich daraus ergeben, dass sich die

---

1383 BeckOGK/*Zahrte*, 01.03.2021, BGB, § 675r, Rn. 24.

1384 Vgl. *Schmieder*, in: Schimansky/Bunte/Lwowski, BankR-HdB, 2. Abschnitt. Bargeldloser Zahlungsverkehr, 9. Kapitel, Überweisungsverkehr § 49, Rechtsbeziehungen im Inlands-Überweisungsverkehr, Rn. 67.

1385 *Schmieder*, in: Schimansky/Bunte/Lwowski, BankR-HdB, 2. Abschnitt. Bargeldloser Zahlungsverkehr, 9. Kapitel, Überweisungsverkehr § 49, Rechtsbeziehungen im Inlands-Überweisungsverkehr, Rn. 68.

1386 MüKoHGB/*Häuser*, B. Überweisungsverkehr, Rn. 247.

1387 MüKoHGB/*Häuser*, B. Überweisungsverkehr, Rn. 247.

1388 Vgl. BGH, 24.04.2012 – XI ZR/96/11, Rn. 32; LG Berlin, Urt. v. 16.04.2019 – 37 O 367/18 –, Rn. 41, juris; LG Düsseldorf, Urt. v. 10.10.2019 – 8 O 398/18 –, Rn. 21, juris; *Breyer*, ZfWG 3/4/2019, 235, 236; *Rock* hält die Nichtigkeit von Forderungen bei Kreditkartenzahlungen für illegales Online-Glücksspiel für „leicht beweisbar", *Rock*, ZfWG 5/2019, 412, 414.

1389 *Fischer*, in: Schimansky/Bunte/Lwowski, BankR-HdB, 4. Abschnitt. Kapitalmarkt, Wertpapier-, Geld- und Auslandsgeschäfte, 21. Kapitel, Einzelne Auslandsgeschäfte, § 121, Bankgarantien bei Außenhandelsgeschäften, Rn. 195.

1390 *Hopt*, in: Baumbach/Hopt, HGB, 2. Teil. V. (7) Bankgeschäfte Rn. F/35-F/51 Rn. F/41, beck-online.

1391 Vgl. Drittes Kapitel, E., IV., a), dd.

Banken eine fehlende objektive Notwendigkeit der Zahlungen grundsätzlich nicht vorhalten lassen müssen. Dies könnte zur Folge haben, dass eine Zahlungsanweisung des Spielers an seine Bank ausreicht, damit die Bank hierfür gemachte Aufwendungen i. S. d. § 670 BGB für erforderlich halten durfte.[1392] Dem stimmt *Rock* zu. Er vertritt die Auffassung, die formale Auftragsstrenge zwinge die Banken dazu, Zahlungen ungeprüft durchzuführen. Eine Prüfpflicht der Banken könne damit allenfalls gem. § 241 Abs. 2 BGB bei Vorliegen von Verdachtsmomenten entstehen.[1393] Gegen dieses Argument spricht jedoch, dass der Grundsatz der formalen Auftragsstrenge nicht besagt, dass die Bank – sozusagen „komme was wolle" – jede angewiesene Zahlung auszuführen hat.[1394] Vielmehr sollen die Banken einen Zahlungsauftrag nach § 675f Abs. 4 S. 2 BGB allein anhand der Angaben des Zahlers ausführen können und diese Angaben nicht nochmal hinterfragen müssen.[1395] Diese Regelung trägt dem modernen elektronischen Massenzahlungsverkehr Rechnung, bei dem insbesondere eine schnelle, einfache und technisch einwandfreie Zahlung im Vordergrund steht.[1396] Das spiegelt sich auch in § 675r Abs. 1 BGB wider.[1397] Hiernach ist für Banken nach neuem Zahlungsdiensterecht ein Kontonummer-Namens-Abgleich nicht mehr erforderlich, wenn sie die Zahlung entsprechend der vom Zahler gemachten Angaben ausgeführt haben. In diesem Fall gilt die Zahlung hinsichtlich des Empfängers als ordnungsgemäß ausgeführt und es greift eine Haftungsbeschränkung zu Gunsten der ausführenden Bank.[1398] Gem. § 675f Abs. 1 und Abs. 2 BGB gilt zwar eine Pflicht der Banken zur Ausführung von Zahlungsvorgängen für den Kunden. Diese Pflicht gilt jedoch nicht uneingeschränkt. Insbesondere im Falle eines drohenden eigenen Verstoßes der Bank gegen Rechtsvorschriften erlischt die Ausführungspflicht der Bank nach § 675o Abs. 2, 2 Hs. BGB. Im Falle eines drohenden Rechtsverstoßes darf bzw. muss die Bank zur Verhinderung

---

1392 So auch *Beyer*, ZfWG 3/4/2019, S. 235, 236.

1393 *Rock*, RdZ 2/2020, 115–122.

1394 Vgl. *Schmieder*, in: Schimansky/Bunte/Lwowski, BankR-HdB, 2. Abschnitt. Bargeldloser Zahlungsverkehr, 9. Kapitel, Überweisungsverkehr § 49, Rechtsbeziehungen im Inlands-Überweisungsverkehr, Rn. 69.

1395 MüKoBGB/*Casper*, BGB, Vor §§ 675c–676c, § 675c, Rn. 14.

1396 Vgl. *Schmieder*, in: Schimansky/Bunte/Lwowski, BankR-HdB, 2. Abschnitt. Bargeldloser Zahlungsverkehr, 9. Kapitel, Überweisungsverkehr § 49, Rechtsbeziehungen im Inlands-Überweisungsverkehr, Rn. 68; Vgl. BeckOK BGB/*Schmalenbach*, 57. Ed. 01.02.2021, BGB, § 675o, Rn. 10.

1397 MüKoBGB/*Casper*, BGB, Vor §§ 675c–676c, § 675c, Rn. 14.

1398 NK-BGB/*Anna-Maria Beesch*, 4. Aufl. 2021, BGB, § 675r, Rn. 7.

einer Pflichtenkollision die Ausführung der Zahlung vielmehr ablehnen.[1399] Damit ist die Bank aufgrund des Grundsatzes der formalen Auftragsstrenge im Deckungsverhältnis zwar regelmäßig nicht dazu verpflichtet zu prüfen, ob Einwendungen aus dem Valutaverhältnis vorliegen oder ob der Kunde mit der Beauftragung gegen ein gesetzliches Verbot verstoßen würde.[1400] Auch muss sie nicht ohne Anlass prüfen, ob der Empfänger die Zahlung rechtsmissbräuchlich für sich beansprucht. Allerdings muss sie stets – d. h. auch ohne Anlass – prüfen, ob sie selbst mit der Ausführung der Zahlung möglicherweise gegen ein gesetzliches Verbot verstoßen würde bzw. ob ein Verbot vorliegt, welches ihr die Durchführung der Zahlung verbieten könnte.[1401] Als beachtenswerte Vorschriften, welche die Zahlung an sich verbieten können, werden regelmäßig die Vorschriften des Geldwäschegesetzes (GwG) genannt.[1402] Eine weitere gesetzliche Ausführungsbeschränkung für die Banken stellt darüber hinaus das Mitwirkungsverbot aus § 4 Abs. 1 S. 2, 2 Hs. GlüStV dar. Erforderlich für das Vorliegen einer Ausführungsbeschränkung ist, dass die Vorschrift die Durchführung der Zahlung an sich verbietet.[1403] Das ist beim Mitwirkungsverbot aus § 4 Abs. 1 S. 2, 2 Hs. GlüStV der Fall. Die Norm ist ein Verbotsgesetz i. S. d. § 134 BGB und verbietet den Banken unmittelbar eine Mitwirkung an Zahlungen im Zusammenhang mit unerlaubtem Glücksspiel.[1404] Damit wird ersichtlich, dass

---

1399 BeckOK BGB/*Schmalenbach*, 57. Ed. 01.02.2021, BGB, § 675o, Rn. 11; BeckOGK/*Zahrte*, 01.03.2021, BGB, § 675o, Rn. 22; MüKoBGB/*Jungmann*, 8. Aufl. 2020, BGB, § 675o, Rn. 12; Tonner/Krüger, Bankrecht, S. 161; Vgl. *Schmieder*, in: Schimansky/Bunte/Lwowski, BankR-HdB, 2. Abschnitt. Bargeldloser Zahlungsverkehr, 9. Kapitel, Überweisungsverkehr § 49, Rechtsbeziehungen im Inlands-Überweisungsverkehr, Rn. 68.

1400 Die Bank trägt damit keine Prüfpflicht für Einwendungen aus dem Valutaverhältnis. Sie ist jedoch grundsätzlich dazu verpflichtet, ihren Kunden auf Bedenken hinsichtlich des erteilten Auftrages aufmerksam zu machen, Vgl. *Schmieder*, in: Schimansky/Bunte/Lwowski, BankR-HdB, 2. Abschnitt. Bargeldloser Zahlungsverkehr, 9. Kapitel, Überweisungsverkehr § 49, Rechtsbeziehungen im Inlands-Überweisungsverkehr, Rn. 68.

1401 Vgl. BeckOGK/*Zahrte*, 01.03.2021, BGB, § 675o, Rn. 22, 28.

1402 BeckOGK/*Zahrte*, 01.03.2021, BGB, § 675o, Rn. 25.

1403 BeckOGK/*Zahrte*, 01.06.2021, BGB, § 675o, Rn. 28.

1404 Siehe Drittes Kapitel, C., II., D, II., 1.; Der Entwurf des GlüStV 2021 sieht über § 4 Abs. 1 S. 2 GlüStV-E hinaus in § 4 Abs. 1 S. 3 GLüStV-E für die Zukunft nochmal eine Verschärfung vor. Danach sollen auch solche Zahlungen verboten sein, bei denen die Veranstalter bzw. Vermittler den Banken nicht „vollständig unterscheidbar und getrennt nach Angeboten" zu erkennen geben, ob die jeweiligen Spiele legal oder illegal sind. Der Entwurf geht also nicht nur von einem unmittelbaren

es bei der hiesigen Prüfpflicht der Banken nur im seltenen Ausnahmefall um Einwendungen aus dem Valutaverhältnis zwischen dem Zahlenden und dem Zahlungsempfänger geht.[1405] Damit geht es vorliegend auch nicht mehr um die Frage, ob eine Bank aufgrund mangelnder Entscheidungskompetenz Aufwendungen zu tätigen hat, die sie selbst möglicherweise als nicht erforderlich erkennen könnte, die aber der Spieler für erforderlich hält und daher eine „zwingende" Weisung erteilt. Vielmehr geht es vorrangig um die Frage, ob die Bank das Vorliegen einer gesetzlichen Ausführungsbeschränkung i. S. d. § 675o Abs. 2 BGB, d. h. das Vorliegen eines die Bank selbst betreffenden gesetzlichen Verbots, prüft. Wenn eine solche Ausführungsbeschränkung vorliegt, darf die Bank die Zahlung nicht ausführen und hierfür erbrachte Aufwendungen dürfen aus subjektiver ex-ante-Sicht auch nicht i. S. d. § 670 BGB für erforderlich gehalten werden.[1406] Diese Beschränkungen liegen im eigenen Geschäftsbereich der Bank. Insofern liegt auch eine Entscheidungskompetenz der Banken vor, welche durch ein pflichtgemäßes Ermessen der Banken eingeschränkt ist.[1407] Hieraus resultiert eine Prüfpflicht der Banken. In der Folge kann auch eine Zahlungsanweisung des Bankkunden die Bank nicht von der Verpflichtung zur Beachtung von (sie selbst treffenden) gesetzlichen Ausführungsbeschränkungen entbinden.[1408] Eine solche „Freistellung" gilt allenfalls für Einwendungen aus dem Valutaverhältnis und auch nur dann, wenn für die Bank nicht offensichtlich oder liquide beweisbar ist, dass eine Forderung des Zahlungsempfängers aus dem Valutaverhältnis nicht besteht. Folglich kann die Zahlungsanweisung eines Spielers in den Fällen, in denen eine sorgfältige Prüfung der Erforderlichkeit der Aufwendungen geboten erscheint, eine Prüfpflicht nicht obsolet machen. Schließlich liegt in den Fällen mit Glücksspielbezug auch stets eine Ausführungsbeschränkung für die Banken gem. § 675o Abs. 2 BGB i. V. m. § 4 Abs. 1 S. 2, 2 Hs. GlüStV nahe. Die Anweisung eines Bankkunden führt damit nicht

---

Mitwirkungsverbot aus, er erstreckt dieses sogar sowohl auf illegale wie auch legale Angebote, BeckOK BGB/*Schmalenbach*, 57. Ed. 01.02.2021, BGB, § 675o, Rn. 10; str. BeckOK BGB/*Schmalenbach*, 57. Ed. 01.02.2021, BGB, § 675o, Rn. 10.

1405 Nämlich nur in jenen Fällen, in denen offensichtlich oder liquide beweisbar ein Rechtsmissbrauch vorliegt und Auszahlungen somit nicht im Interesse des Zahlers sind, vgl. *Hopt* in, Baumbach/Hopt, 2. Teil. V. (7) Bankgeschäfte Rn. F/35–F/51 Rn. F/ 41, beck-online.

1406 Vgl. NK-BGB/*Martin Schwab*, 4. Aufl. 2021, BGB, § 670, Rn. 17.

1407 Vgl. Staudinger/*Martinek/Omlor*, 2017, BGB, § 670, Rn. 13–15.

1408 Auch die Zahlungen im Zusammenhang mit Geldwäsche oder Terrorismusfinanzierung beruhen auf einer Weisung des Zahlers.

dazu, dass die Gebotenheit einer Prüfung der Erforderlichkeit von Aufwendungen entfällt.

Folglich schließt der Grundsatz der formalen Auftragsstrenge allenfalls eine Prüfpflicht aufgrund von Einwendungen aus dem Valutaverhältnis (insb. aufgrund von § 4 Abs. 4 GlüStV) aus. Bezogen auf einen Verstoß gegen das Mitwirkungsverbot ist die Gebotenheit einer Prüfpflicht der Banken durch eine vorliegende Weisung des Zahlers bzw. durch den Grundsatz der formalen Auftragsstrenge hingegen nicht anders zu bewerten.

dd. Einwendungen aus dem Valutaverhältnis nicht offensichtlich oder liquide beweisbar

Eine solche, aus § 4 Abs. 1 S. 2, 2 Hs. GlüStV resultierende Prüfpflicht ignoriert die 27. Zivilkammer des LG München I. Sie stellt sich auf den Standpunkt, eine Prüfpflicht der Zahlungsdienstleister ergebe sich nicht, da die Spieler zum einen die Zahlungen selbst initiieren und zum anderen, weil für die Banken nicht offensichtlich oder liquide beweisbar sei, dass die Zahlungsforderung im Valutaverhältnis nicht bestehe. Die Banken dürften daher von der Erforderlichkeit der jeweiligen Zahlung ausgehen. Eine anlasslose Prüfpflicht sei den Banken nicht zumutbar.[1409]

(a). BGH: Abstrakter Zahlungsanspruch der Online-Glücksspielanbieter bei Kreditkartenzahlungen & „Dolo-Agit“-Einwand

Das LG München I bezieht sich dabei auf eine frühere Entscheidung des 11. Zivilsenat des BGH vom 24.09.2002 (Az.: XI ZR 420/01).[1410] Darin hat der erkennende Senat ausgeführt, ein Kreditkartenunternehmen dürfe eine Zahlung an ein Vertragsunternehmen grundsätzlich für erforderlich halten, sofern das entsprechende Vertragsunternehmen zuvor ordnungsgemäße Belastungsbelege eingereicht habe. Dies gelte selbst dann, wenn das Kreditkartenunternehmen zuvor nicht geprüft habe, ob dem Vertragsunternehmen eine wirksame Forderung gegen den Karteninhaber zustehe.[1411] Die Zahlung des Kreditkartenunternehmens an das Vertragsunternehmen gelte nur dann ausnahmsweise nicht als erforderliche Aufwendung, wenn das Vertragsunternehmen das

1409 LG München I, Urt. v. 28.02.2018 – 27 O 11716/17 –, Rn. 23, 29–31, juris, bestätigt durch OLG München, Verf. v. 06.02.2019 – 19 U 793/18 –, juris. = WM 28/2019, S. 1302.

1410 BGH, Urt. v. 24.09.2002 – XI ZR 420/01 –, juris = BGHZ 152, 75–83.

1411 BGH, Urt. v. 24.09.2002 – XI ZR 420/01 –, Rn. 18, juris = BGHZ 152, 75–83.

Kreditkartenunternehmen rechtsmissbräuchlich in Anspruch nehme, indem es eine formale Rechtsposition ersichtlich treuwidrig ausnutze. Ersichtlich sei ein solcher Rechtsmissbrauch jedenfalls dann, wenn für den Zahlungsdienstleister offensichtlich oder liquide beweisbar sei, dass dem Vertragsunternehmen eine Forderung aus dem Valutaverhältnis gegen den Zahlungsdienstnutzer nicht zusteht. In diesem Fall sei der Zahlungsdienstleister einerseits gem. § 242 BGB zur Zahlungsverweigerung berechtigt und andererseits aufgrund des Geschäftsbesorgungsvertrages mit dem Zahlungsdienstnutzer hierzu sogar verpflichtet. [1412] In dem der Entscheidung zugrundeliegenden Fall hatte der Kreditkarteninhaber in einem Nachtlokal innerhalb weniger Stunden Belastungsbelege i. H. v. 18.000, – DM unterzeichnet und diese am nächsten Morgen bei seinem Kreditkartenunternehmen mit der Begründung „widerrufen", er sei „sturzbetrunken" und insofern (i. S. d. § 105 Abs. 2 BGB) nicht Herr seiner Sinne gewesen.[1413] Das Kreditkartenunternehmen aber zahlte dennoch an den Vertragspartner aus. Der BGH lehnte die daraufhin erhobene Klage mit der Begründung ab, eine Unwirksamkeit des Valutaverhältnisses sei für die Bank weder offensichtlich noch liquide beweisbar gewesen.[1414] Der BGH urteilte, da im Rahmen einer Kreditkartenzahlung durch die Unterzeichnung des Belastungsbeleges ein eigenständiger abstrakter Zahlungsanspruch gem. § 780 BGB zwischen dem Vertragspartner und dem Kreditkartenunternehmen entstehe, könnten Einwendungen aus dem Valutaverhältnis zwischen Karteninhaber und Vertragspartner grundsätzlich nicht entgegengehalten werden.[1415] Hieraus schlussfolgert die 27 Zivilkammer des LG München I nun, dass eine Prüfpflicht der Banken bezogen auf die Erforderlichkeit der Aufwendungen generell entbehrlich sei, solange ein Mangel im Valutaverhältnis nicht offensichtlich oder liquide beweisbar sei.[1416] Dieser Rückschluss greift aber zu kurz. Die Entscheidung des 11. Zivilsenats des BGH weist im Grunde darauf hin, dass im Falle einer Kreditkartenzahlung eine eigenständige und abstrakte Zahlungsverpflichtung der Kreditkartenunternehmen gem. § 780 BGB besteht, aufgrund derer Kreditkartenunternehmen Zahlungen i. S. d. § 670 BGB für erforderlich halten dürfen. Diese abstrakte Zahlungsverpflichtung wird ausgelöst, wenn vom Vertragspartner des Kreditkartenunternehmens ordnungsgemäße Belastungsbelege eingereicht werden.

1412 BGH, Urt. v. 24.09.2002 – XI ZR 420/01 –, Rn. 19, juris = BGHZ 152, 75–83.
1413 BGH, Urt. v. 24.09.2002 – XI ZR 420/01 –, Rn. 2, juris = BGHZ 152, 75–83.
1414 BGH, Urt. v. 24.09.2002 – XI ZR 420/01 –, Rn. 20–21, juris = BGHZ 152, 75–83.
1415 Vgl. BGH, Urt. v. 24.09.2002 – XI ZR 420/01 –, Rn. 19, juris = BGHZ 152, 75–83.
1416 Vgl. LG München I, Urt. v. 28.02.2018 – 27 O 11716/17 –, Rn. 29–30, juris.

Ob darüber hinaus tatsächlich eine Zahlungsverpflichtung des Karteninhabers im Valutaverhältnis besteht oder nicht, ist für den Schuldner der abstrakten Zahlungsverpflichtung insofern irrelevant. Rechtsgrund der Zahlung ist nicht die Forderung aus dem Valutaverhältnis zwischen Kreditkartennutzer und dessen Vertragspartner, sondern der zwischen Kreditkartenunternehmen und dessen Vertragsunternehmen geschlossene Rahmenvertrag nebst Bedingungseintritt. Damit ist für den Aufwendungsersatzanspruch eines Kreditkartenunternehmens zunächst einmal nur relevant, ob seitens des Vertragspartners ordnungsgemäße Belastungsbelege eingereicht wurden, mithin ob die Bedingung für eine Zahlungspflicht des Kreditkartenunternehmens aus § 780 BGB ausgelöst wurde.[1417] Eine Forderung im Valutaverhältnis ist daneben für das Kreditkartenunternehmen nur dann relevant, wenn diese für das Kreditkartenunternehmen ersichtlich oder leicht nachweisbar nicht besteht. Denn in diesem Fall müsste das Kreditkartenunternehmen die Durchführung einer Zahlung entsprechend dem Dolo-agit-Einwand gem. § 242 BGB verweigern, da der Zahlungsempfänger das Geleistete andernfalls augenblicklich wieder an den Karteninhaber zurückgeben müsste.[1418] Daneben würde gem. § 241 Abs. 2 BGB eine vertragliche Nebenpflicht des Kreditkartenunternehmens gegenüber seinem Vertragspartner bestehen, diesen vor sich aufdrängenden wirtschaftlichen Schäden durch die Ausführung einer Zahlung trotz erkennbar fehlendem Forderungsrecht zu schützen. Führt das Kreditkartenunternehmen eine Zahlung gleichwohl aus, besteht nur in diesem Fall kein Aufwendungsersatzanspruch gem. §§ 675c, 670 BGB. Diese Argumentation ist für die Fälle der Zahlungsabwicklung zur Teilnahme an illegalem Online-Glücksspiel aber nur bedingt übertragbar. Zunächst gilt diese Argumentation nur für Kreditkartenzahlungen. Nur hier liegt eine abstrakte Zahlungsverpflichtung nach § 780 BGB vor, welche losgelöst von einem Forderungsrecht im Valutaverhältnis, allein durch das Einreichen ordnungsgemäßer Belastungsbelege ausgelöst wird. Sodann bezieht sich diese Argumentation allein auf Einwendungen aus dem Valutaverhältnis, mithin auf einen Verstoß der Online-Glücksspielanbieter gegen § 4 Abs. 4 GlüStV. Sie bezieht sich

1417 Siehe BGH, Urt. v. 24.09.2002 – XI ZR 420/01 –, Anmerkungen Prof. Dr. Stephan Lorenz, Institut für Internationales Recht, Ludwig-Maximilians-Universität, München, zu finden unter http://lorenz.userweb.mwn.de/urteile/njw02_3698.htm, zuletzt abgerufen am 06.07.2020.

1418 BGH, Urt. v. 24.09.2002 – XI ZR 420/01 –, Anmerkungen Prof. Dr. Stephan Lorenz, Institut für Internationales Recht, Ludwig-Maximilians-Universität, München, zu finden unter http://lorenz.userweb.mwn.de/urteile/njw02_3698.htm, zuletzt abgerufen am 06.07.2020.

hingegen nicht auf Einwendungen aus dem Deckungs- bzw. Vollzugsverhältnis selbst und ist somit für Verstöße der Zahlungsdienstleister gegen § 4 Abs. 1 S. 2, 2 Hs. GlüStV nicht übertragbar. Das Mitwirkungsverbot aus § 4 Abs. 1 S. 2, 2 Hs. GlüStV verbietet den Zahlungsdienstleistern die Mitwirkung an Zahlungen zum Zwecke des illegalen Online-Glücksspiels. Es stellt insofern eine Ausführungsbeschränkung nach § 675o BGB dar. Wie vorangehend bereits dargestellt, betrifft diese Ausführungsbeschränkung die Banken selbst.[1419] Die Banken müssen stets prüfen, ob sie mit der Durchführung von Zahlungen gegen geltendes Recht bzw. bestehende Ausführungsbeschränkungen verstoßen würden. Prüfen die Banken dies nicht und verstoßen sie sodann gegen sie treffende Ausführungsbeschränkungen, so dürfen sie hierfür anfallende Aufwendungen nicht für erforderlich halten.[1420] Das LG München I ignoriert all dies.

Folglich kann die Auffassung der 27. Zivilkammer des LG München I bzw. die BGH-Rechtsprechung zur Erforderlichkeit von Aufwendungen bei Kreditkartenzahlungen der Gebotenheit einer Prüfpflicht (bezogen auf § 4 Abs. 1 S. 2, 2 Hs. GlüStV) nicht entgegengehalten werden.

(b). „Dolo-Agit“-Einwand & Liquide Beweisbarkeit beim Online-Glücksspiel

Hinsichtlich der Einwendungen aus dem Valutaverhältnis (§ 134 BGB i. V. m. § 4 Abs. 4 GlüStV) stellt sich bei „Online-Glücksspiel-Verträgen“ die Frage, ob diese Einwendungen für die Bank offensichtlich oder liquide beweisbar sein könnten.

Das Landgericht München I lehnt dies mit der Begründung ab, für Banken sei nicht offenkundig, ob ein Online-Glücksspiel legal oder illegal sei, da im Ausland und zum Teil auch in Deutschland legales Online-Glücksspiel durchaus möglich sei. Für die Banken sei insbesondere nicht ersichtlich, von wo aus der Bankkunde an welchen Spielen teilnehme. Diese Informationen seien aber zwingend notwendig, um die Legalität eines Spiels bestimmen zu können.[1421] *Rock* und *Seifert* hingegen sind der Auffassung, zumindest Kreditinstitute könnten anhand des Merchant Category Codes leicht erkennen, welcher Branche der Zahlungsempfänger angehöre. Dies müsse bereits Anlass zur weiteren Prüfung geben.[1422] Dem stimmt auch das AG Leverkusen in seinem Urteil vom 19. Februar 2019

1419 Siehe Drittes Kapitel, E., IV., 1., a), cc.

1420 Siehe Drittes Kapitel, E., II.; Staudinger/*Martinek/Omlor,* 2017, BGB, § 670, Rn. 14.

1421 LG München I, Urt. v. 28.02.2018 – 27 O 11716/17 –, Rn. 23, 32, juris; bestätigt durch OLG München, Verf. v. 06.02.2019 – 19 U 793/18 –, juris.

1422 *Rock/Seifert*, ZBB 4/08, S. 259, 264.

(Az.: 26 C 346/18) zu. Für die Banken sei es offensichtlich und liquide beweisbar, dass den Zahlungsempfängern eine Forderung aus dem Valutaverhältnis nicht zustehe. Das ergebe sich bereits aus dem MCC 7995, woraus die Banken das Geschäftsfeld der Zahlungsempfänger ableiten könnten. Diese Information lege eine Rückfrage bei der zuständigen Glücksspielaufsichtsbehörde oder einen Abgleich mit der White List der Glücksspielaufsichtsbehörden der Länder nahe, woraus sich sodann ergebe, ob das konkrete Spiel legal oder illegal sei.[1423] Hiergegen wendet das LG München I ein, die Banken seien nicht zur Rückfrage bei den Behörden oder zu einem Abgleich mit der White List verpflichtet. Vielmehr könnten sie auf das rechtstreue Verhalten ihrer Kunden vertrauen.[1424] Dem lässt sich entgegnen, dass es bei den Einwendungen aus dem Valutaverhältnis aufgrund der Illegalität von Online-Glücksspielen nicht um Einzelfall-Störungen geht, wie etwa bei der vorübergehenden Störung der Geistestätigkeit des Zahlungsdienstnutzers bei Vertragsschluss aufgrund einer massiven Alkoholintoxikation.[1425] Einzelfall-Störungen im Valutaverhältnis müssen sich der Bank berechtigterweise erst aufdrängen, bevor für die Bank ein „dolo agit"-Einwand im Raum stehen kann. Bei Zahlungen im Zusammenhang mit Online-Glücksspielen ist die Grundkonstellation jedoch eine andere. Hierbei geht es um eine gesamte „Zahlungskategorie", welche mit einer gewissen Wahrscheinlichkeit stets an derselben Störung leidet. Diese Wahrscheinlichkeit könnte dazu führen, dass sich ein Einwand im Valutaverhältnis gewissermaßen von selbst aufdrängen muss, wenn klar ist, dass eine Zahlung im Zusammenhang mit Online-Glücksspielen steht. 84 % der Online-Glücksspiel-Umsätze entstammen dem illegalen Glücksspiel-Markt und resultieren damit aus einem Verstoß gegen § 134 BGB i. V. m. § 4 Abs. 4 GlüStV[1426]. Das bedeutet, dass bei mehr als 8 von 10 Zahlungen zum Zwecke des Online-Glücksspiels eine Forderung im Valutaverhältnis nicht besteht. Es kann damit keineswegs von einer Vertragsstörung im Einzelfall gesprochen werden, an welche überhaupt erst durch das Hinzutreten weiterer (sichtbarer) Umstände zu denken wäre. Somit erscheinen die Ausführungen des AG Leverkusen naheliegend. Gleichzeitig erscheint die Auffassung

---

1423 AG Leverkusen, Urt. v. 19.02.2019 – 26 C 346/18 –, Rn. 11, juris.

1424 LG München I, Urt. v. 28.02.2018 – 27 O 11716/17 –, Rn. 31, juris, S. 1302; bestätigt durch OLG München, Verf. v. 06.02.2019 – 19 U 793/18 –, juris; so auch: LG Hamburg, Urt. v. 03.01.2020 – 330 O 111/19 –, Rn. 20, juris, LG Wuppertal, Urt. v. 30.10.2019 – 3 O 384/18 –, Rn. 32, juris, LG Düsseldorf, Urt. v. 10.10.2019 – 8 O 398/18 –, Rn. 15, 16, juris, LG Berlin, Urt. v. 16.04.2019 – 37 O 367/18 –, Rn. 40, juris.

1425 Vgl. BGH, Urt. v. 24.09.2002 – XI ZR 420/01 –, Rn. 2, juris = BGHZ 152, 75–83.

1426 Vgl. *Hartmann/Barczak*, ZfWG 1/19, S. 8, 10.

des LG München I – die Bank könne auf das rechtstreue Verhalten ihrer Kunden vertrauen – lebensfremd. Die spielenden Kunden wissen regelmäßig selbst nichts von der Illegalität des Spiels. Zudem könnte eine vom LG München I geforderte liquide Beweisbarkeit vorliegen. Eine Legaldefinition des liquiden Beweises existiert nicht.[1427] Für *Kopp* soll unter einer liquiden Beweisbarkeit im materiellen Recht eine einfache, unkomplizierte Nachweisbarkeit der Tatsachen, auf die sich ein Rechtsmissbrauch gründet, zu verstehen sein.[1428] Aus Sicht des 11. Zivilsenats des BGH soll hingegen entscheidend sein, ob eine zu beweisende Tatsache sofort geklärt werden könne oder ob hierfür unter Umständen eine aufwendige Beweisaufnahme erforderlich sei.[1429] Damit kann nicht abschließend geklärt werden, wie ein liquider Beweis des Nichtbestehens der Forderung im Valutaverhältnis überhaupt erbracht werden könnte. Fest steht, anhand des MCC 7995 in Verbindung mit einem Abgleich mit der White List der Länder lässt sich die bundesweite Legalität eines Anbieters in jedem Fall positiv feststellen. Ob dies im Umkehrschluss für eine liquide Beweisbarkeit der Illegalität des Spiels ausreicht, ist fraglich. Mindestens aber sollte dies einen Anlass zur Nachfrage beim Vertragspartner liefern.[1430] Hierdurch ließe sich sodann klären, ob ein Anbieter für ein bestimmtes Spiel in Deutschland eine staatliche Erlaubnis innehat, ohne dass hierfür eine aufwendige Beweisaufnahme erforderlich ist.

Ob eine Nichtigkeit des zugrundeliegenden „Glücksspielvertrags" für eine Bank offensichtlich oder liquide beweisbar ist, lässt sich mangels Definition der liquiden Beweisbarkeit also nicht abschließend klären. In jedem Fall aber wird die Gebotenheit einer Prüfung der Erforderlichkeit von Aufwendungen seitens der Banken nicht dadurch beseitigt, dass diese Einwendungen aus dem Valutaverhältnis nicht offensichtlich oder liquide beweisbar wären, da es – wie im vorangehenden Unterabschnitt ausgeführt – vor dem Hintergrund des gesetzlichen Mitwirkungsverbots aus § 4 Abs. 1 S. 2, 2 Hs. GlüStV auf Einwendungen aus dem Valutaverhältnis im Ergebnis ohnehin nicht ankommt.

1427 MüKoHGB/*Samhat*, J. Bankgarantie, Rn. 140, beck-online.

1428 *Kopp*, WM 14/10, S. 640, 644; *Kopp* hält das Kriterium der liquiden Beweisbarkeit i. Ü. für systemwidrig. Auf eine prozessuale Beweislage könne es aber im Ergebnis nicht ankommen, *Kopp*, WM 14/10, S. 640, 644–647.

1429 BGH, Urt. v. 05.03.2002 – XI ZR 113/01 –, Rn. 13–14, juris.

1430 Vgl. *Schmieder*, in: Schimansky/Bunte/Lwowski, BankR-HdB, 2. Abschnitt. Bargeldloser Zahlungsverkehr, 9. Kapitel, Überweisungsverkehr § 49, Rechtsbeziehungen im Inlands-Überweisungsverkehr, Rn. 68.

ee. *Andere Beurteilung der Gebotenheit einer Prüfpflicht aufgrund von Praktikabilitätserwägungen?*

Zu prüfen ist sodann, ob die Gebotenheit einer sorgfältigen Prüfung der Erforderlichkeit von Aufwendungen im Zusammenhang mit Glücksspieltransaktionen mit Blick auf etwaige Praktikabilitätserwägungen möglicherweise anders zu bewerten ist.

Es ließe sich argumentieren, dass eine Überprüfung aller beabsichtigten Transaktionen auf eine Mitwirkung an Zahlungen zum Zwecke des illegalen Online-Glücksspiels in der Praxis des Massenzahlungsverkehrs wenig praktikabel, bis gar nicht umsetzbar sein könnte. Hierfür sprechen jedenfalls die jährlichen Bruttospielerträge des Online-Glücksspielmarktes in Deutschland. Diese belaufen sich auf mehrere Milliarden Euro.[1431] Da Online-Glücksspiel nur unter Zuhilfenahme der Zahlungsdienstleister möglich ist, liegt die Vermutung nahe, dass die Banken jährlich mit der Durchführung einer enormen Anzahl von Transaktionen zum Zwecke des Online-Glücksspiels betraut werden. Gleichzeitig enthält die MCC 7995-Kennzeichnung bei Kreditkartenzahlungen nur die Information, dass eine Zahlung zum Zwecke des Glücksspiels geleistet wurde.[1432] Eine Aussage über die Legalität des Spiels bzw. ob die jeweiligen Online-Glücksspielanbieter eine staatliche Erlaubnis für das jeweils angebotene Spiel besitzen, enthält die Kennzeichnung nicht.[1433] Die Banken müssten im Falle einer bestehenden Prüfpflicht somit eigenständig herausfinden, ob ein Fall des

---

1431 Zu den Zahlen, siehe Erstes Kapitel, B.; vgl. *Gemeinsame Geschäftsstelle Glücksspiel*, Jahresreport 2018 der Glücksspielaufsichtsbehörden der Länder, S. 4.

1432 Visa Merchant Category Classification (MCC) Codes Directory, MCC 7995: *„Betting (including Lottery Tickets, Casino Gaming Chips, Off-track Betting and Wagers)"*, https://www.dm.usda.gov/procurement/card/card_x/mcc.pdf, zuletzt abgerufen am 06.06.2020; Definition Mastercard: „Gambling Transactions", https://www.mastercard.us/content/dam/mccom/en-us/documents/rules/quick-reference-booklet-merchant-edition.pdf, zuletzt abgerufen am 29.06.2020; Definition Visa: „Betting (including Lottery Tickets, Casino Gaming Chips, Off-track Betting and Wagers)", https://www.dm.usda.gov/procurement/card/card_x/mcc.pdf, zuletzt abgerufen am 29.06.2020; exemplarische Definition Citibank: „Gambling Transactions, Betting (Sportsbook, fantasy, social gaming; when regulated and not covered by other MCCs) (D)", https://www.citibank.com/tts/solutions/commercial-cards/assets/docs/govt/Merchant-Category-Codes.pdf, zuletzt abgerufen am 29.06.2020; US-Klassifikation als „restricted" bzw. „beschränkt", vgl. US-Bundesstaat Florida, https://fs.fldfs.com/iwpapps/pcard/docs/MCCs.pdf, zuletzt abgerufen am 29.06.2020.

1433 *Hambach/Kienzerle*, ZfWG 1/20, S. 74, 76.

illegalen Glücksspiels vorliegt. Hierbei besteht in Deutschland die Besonderheit, dass ein verbotenes Online-Glücksspiel möglicherweise nicht in allen deutschen Bundesländern verboten ist. Die Online-Glücksspiel-Lizensierung in Deutschland ist nicht einheitlich geregelt.[1434] Es besteht die Möglichkeit, dass für ein Online-Glücksspiel, welches im restlichen deutschen Bundesgebiet verboten ist, in Schleswig-Holstein eine geltende staatliche Erlaubnis vorliegt. Dies könnte dafür sprechen, dass eine Prüfung für jeden Einzelfall erfolgen und diese darauf gerichtet sein müsste, herauszufinden welche Art von Glücksspiel der Spieler aus welchem Bundesland heraus getätigt hat und ob hierfür eine staatliche Genehmigung auf Seiten der Online-Glücksspielanbieter vorliegt. Hierfür könnten die Banken einen Abgleich mit der White-List der Glücksspielaufsichtsbehörden der Länder vornehmen.[1435] Darin findet sich eine Auflistung aller Glücksspielanbieter in Deutschland mit einer aktuellen staatlichen Erlaubnis.[1436] Auch könnte der anweisende Spieler zu den Umständen des Spiels befragt werden, wenn sich etwa der Aufenthaltsort des Spielers zum Zeitpunkt des Spiels nicht schon aus den bereits bekannten Merkmalen der Zahlung ergibt. Ein solcher Prüfaufwand könnte angesichts der Anforderungen an einen schnellen Massenzahlungsverkehr allerdings unpraktikabel sein. So sieht es die 27. Zivilkammer des LG München I in ihrem Urteil vom 28.02.2018 (Az.: 27 O 11716/17).[1437] Die Kammer ist der Auffassung, dass eine Überprüfung der Zahlungen seitens der Banken „kaum möglich" sei. Insbesondere gehe der Prüfaufwand durch eine Identifizierung des Zahlungsempfängers samt Abgleich mit der White-List der Glücksspielaufsichtsbehörden der Länder über die normale Bearbeitung von Zahlungsvorgängen hinaus.[1438] So sieht es auch die 3. Zivilkammer des LG Wuppertal ihrem Urteil vom 30.10.2019 (Az.: 3 O 384/18). Darin erachtet die erkennende Kammer eine Prüfpflicht der Banken angesichts der fehlenden Erkennbarkeit der Legalität der wahrgenommenen Spiele, übereinstimmend mit der Auffassung der 27. Zivilkammer des LG München I, für „kaum möglich".[1439] Der beschriebene Prüfaufwand könnte damit in einem Missverhältnis zur

1434 Zumindest bestehen noch unterschiedliche Regelungen, siehe Sonderweg Schleswig-Holsteins, Zweites Kapitel, A., II., 5.

1435 Abrufbar unter: https://innen.hessen.de/sites/default/files/media/hmdis/white_list_1_0.pdf; zuletzt abgerufen am 08.05.2021.

1436 *Gemeinsame Geschäftsstelle Glücksspiel*, Jahresreport 2018 der Glücksspielaufsichtsbehörden der Länder, S. 5.

1437 LG München I, Urt. v. 28.02.2018 – 27 O 11716/17 –, Rn. 31–32, juris.

1438 LG München I, Urt. v. 28.02.2018 – 27 O 11716/17 –, Rn. 31–32, juris.

1439 LG Wuppertal, Urt. v. 30.10,2019 – 3 O 384/18 –, Rn. 33, juris.

angenommenen Quote nicht erforderlicher Aufwendungen stehen, was gegen die Gebotenheit einer Prüfpflicht im Einzelfall spräche. Dem ist jedoch entgegenzuhalten, dass tatsächlich nicht bei jeder einzelnen Zahlung im Zusammenhang mit dem MCC 7995 nachgefragt werden müsste, für welches Glücksspiel genau die Aufwendung erbracht werden soll. Vielmehr kann eine Vorauswahl getroffen und damit der Aufwand für eine gebotene Prüfung im Einzelfall deutlich reduziert werden. Es müsste nicht bei jeder Zahlung mit jedem Geschäftspartner „bei null" angefangen werden.[1440] Für eine gebotene Prüfung der Erforderlichkeit von Aufwendungen könnte es vielmehr ausreichen, wenn die Banken sich einen Überblick über die Anbieter am Markt und deren Produktportfolio verschaffen würden. Sobald sie wissen, welcher der regelmäßig in Deutschland aufgesuchten Online-Glücksspielanbieter eine staatliche Erlaubnis für welche Spiele besitzt, könnten sie bei einer angewiesenen Zahlung sodann eine Risikobewertung anhand der Identifizierung des Zahlungsempfängers vornehmen. Dieser Vorgang lässt sich zudem durchaus automatisieren bzw. bei zwischengeschalteten Zahlungsdienstleistern an diese weitergeben. Die Notwendigkeit einer tiefergehenden Prüfung würde sich dann nur noch für die Fälle ergeben, bei denen eine Risikobewertung negativ ausfällt. Damit wäre es also nicht erforderlich, die Umstände des Glücksspiels für jeden Einzelfall bis ins Detail zu erforschen, um einen angemessenen Prüfaufwand nachweisen zu können. Hiergegen ließe sich auch nicht das Argument der fehlenden Praktikabilität bzw. eines unangemessenen Prüfaufwandes entgegnen. Entgegen der Auffassung des LG München I lässt sich diese Erwägung wie folgt begründen: Die Zahlungsdienstleister sind bereits im Zuge des Gesetzes über das Aufspüren von Gewinnen aus schweren Straftaten (Geldwäschegesetz, GwG)[1441] durch das sog.

1440 Vgl. in anderem Zusammenhang BGH, Urt. v. 06.05.2008 – XI ZR 56/07 –, BGHZ 176, 281–301, Rn. 16 – keine allgemeine Kontoüberwachung ohne besondere Anhaltspunkte. Überwachung erst, wenn im Rahmen der allgemeinen Bearbeitung eines Zahlungsvorgangs massiver Verdacht aufgrund objektiver Evidenz vorliegt.

1441 Gem. § 2 Abs. 1 Nr. 1–3 GwG sind Kreditinstitute, Finanzdienstleistungsinstitute, Zahlungsinstitute und E-Geld-Institute Verpflichtete des GwG. Gem. § 4 GwG müssen die Verpflichteten über ein verhältnismäßiges Risikomanagement zur Verhinderung von Geldwäsche und Terrorismusfinanzierung verfügen. Teil dieses Risikomanagements sind u. a. eine Risikoanalyse (§ 5 GwG), Interne Sicherungsmaßnahmen (§ 6 GwG) – insb. Datenverarbeitungssysteme zur Erkennung zweifelhafter Transaktionen, gem. § 6 Abs. 4 GwG – und das Know-Your-Customer-Prinzip nach §§ 10 ff. GwG. Daneben besteht z. B. eine Meldepflicht bei Geldwäscheverdacht, § 43 GwG. Das GwG setzt die EU-Richtlinie 2015/849 zur Verhinderung der Nutzung des Finanzsystems zum Zwecke der Geldwäsche und Terrorismusfinanzierung um.

Know-Your-Customer-Prinzip dazu verpflichtet ihre Kunden zu kennen.[1442] Sie müssen kontinuierlich über ihre Geschäftsbeziehungen wachen und vorhandene Informationen aktualisieren.[1443] Verstoßen die Zahlungsdienstleister gegen diese Vorgaben, kann dies ein Transaktionsverbot oder Beendigungsgebot für den Zahlungsdienstleister zur Folge haben.[1444] Damit bestehen für die Zahlungsdienstleister bereits jetzt konkrete Prüf- und Dokumentationspflichten in Bezug auf ihre Geschäfts- und Transaktionspartner.[1445] Dabei müssen die Zahlungsdienstleister i. R. d. allgemeinen Sorgfaltspflichten gem. § 10 Abs. 1 S. 1 Nr. 3 GwG Informationen über den Zweck (subjektives Merkmal) und die angestrebte Art (objektives Merkmal) der Geschäftsbeziehung einholen und diese bewerten. Mit diesen Informationen sollen die Zahlungsdienstleister sodann ein Risikoprofil über ihre jeweiligen Vertragspartner erstellen.[1446] Dabei muss der Umfang der Maßnahmen nach § 10 Abs. 1 Nr. 3 GwG und damit gleichzeitig der einzuholende Informationsgehalt dem konkreten Risiko der Geldwäsche entsprechen. Ein eigener Freiraum der Verpflichteten bei der Einschätzung der erforderlichen Maßnahmen wird durch das Risiko der Geldwäsche in Bezug auf den Vertragspartner, die konkrete Geschäftsbeziehung oder die konkrete Transaktion eingeschränkt.[1447] Es zeigt sich also, dass bereits ein Prüfaufwand besteht, welcher potenziell tiefergehender ist als bei einer Prüfung der Erforderlichkeit von Aufwendungen im Zusammenhang mit Online-Glücksspieltransaktionen und welcher trotz gleicher Anforderungen durch den Massenzahlungsverkehr nicht per se als unverhältnismäßig oder unpraktikabel wahrgenommen wird. Es erschließt sich somit nicht, warum ein Prüfaufwand bei Zahlungen zum Zwecke des (Online-)Glücksspiels unverhältnismäßig, „kaum möglich“ oder mit dem Charakter des Massenzahlungsverkehrs unvereinbar sein soll, während ein vergleichbarer Prüfaufwand im Zuge der Vorgaben des GwG keine Beanstandung findet. Jedenfalls kann diese Argumentation nicht gegen die grundsätzliche Gebotenheit einer Prüfpflicht der Banken bei Zahlungen im Zusammenhang mit Online-Glücksspiel vorgebracht werden. Angesichts der bereits ausgeführten Wahrscheinlichkeit nicht erforderlicher Aufwendungen kann zudem nicht davon ausgegangen werden, dass ein geforderter Prüfaufwand in einem solchen

1442 Vgl. §§ 10 ff. GwG; BeckOK GwG/*Krais*, 2. Edition 2020, GwG § 10, Rn. 1.
1443 BeckOK GwG/*Krais*, 2. Edition 2020, GwG § 10, Rn. 22, 30.
1444 § 10 Abs. 9 GwG, vgl. BeckOK GwG/*Krais*, 2. Edition 2020, GwG § 10, Rn. 29.
1445 BeckOK GwG/*Krais*, 2. Edition 2020, GwG § 10, Rn. 1.
1446 BeckOK GwG/*Krais*, 2. Edition 2020, GwG § 10, Rn. 22.
1447 BeckOK GwG/*Krais*, 2. Edition 2020, GwG § 10, Rn. 31, 32.

Missverhältnis zum erwarteten Erfolg stünde, dass von einer Prüfung der Erforderlichkeit von Aufwendungen im Grundsatz abzusehen wäre. Dass eine solche Prüfpflicht bei Zahlungen zum Zwecke des Online-Glücksspiels nach Auffassung des LG München I möglicherweise über den üblichen Bearbeitungsaufwand für Zahlungsvorgänge hinausgeht, dürfte richtig sein.[1448] Allerdings lassen sich die Banken diesen Mehraufwand auch bereits jetzt schon durch hohe Sondergebühren für Zahlungen im Zusammenhang mit Glücksspiel vergüten.[1449] Darüber hinaus lässt sich dieser Mehraufwand insbesondere mit der aufgeführten hohen Wahrscheinlichkeit illegaler Zahlungen bzw. nicht erforderlicher Aufwendungen rechtfertigen. Hierin liegt eine deutliche Abweichung zu den „normalen Zahlungen". Die Vermutung einer größeren Anzahl zu prüfender Fälle bzw. ein die Identifizierung der Zahlungsempfänger samt Abgleich mit der White-List der Glücksspielaufsichtsbehörden der Länder umfassender Prüfumfang kann daher nicht gegen die grundsätzliche Gebotenheit einer Prüfpflicht sprechen. Diese Argumente sind allenfalls bei der Bewertung des gebotenen Umfangs bzw. der Tiefe einer anzunehmenden Prüfpflicht zu berücksichtigen.

Daraus ergibt sich, dass die Gebotenheit einer sorgfältigen Prüfung der Erforderlichkeit von Aufwendungen im Zusammenhang mit Glücksspieltransaktionen mit Blick auf etwaige Praktikabilitätserwägungen nicht anders zu bewerten ist.

b) Zwischenergebnis

Zusammenfassend lässt sich festhalten, dass eine Prüfpflicht der Banken jedenfalls mit Blick auf das gesetzliche Mitwirkungsverbot aus § 4 Abs. 1 S. 2, 2 Hs. GlüStV geboten ist. Dies lässt sich bereits durch die hohe Wahrscheinlichkeit des Vorliegens von illegalem Online-Glücksspiel begründen. Für Zahlungen zum Zwecke des Online-Glücksspiels besteht eine Wahrscheinlichkeit von 84 % dafür, dass einer Zahlung keine Forderung aus dem Valutaverhältnis entgegensteht (§ 4 Abs. 4 GlüStV) oder – noch relevanter – der Zahlung eine verbotene Mitwirkung seitens der Banken zugrunde liegt (§ 4 Abs. 1 S. 2, 2 Hs. GlüStV). Der Grundsatz der formalen Auftragsstrenge kann dabei allenfalls einer Prüfpflicht bezogen auf Einwendungen aus dem Valutaverhältnis entgegenstehen. Insbesondere können Zahlungsanweisungen von spielenden Bankkunden keine legitimierende Wirkung hinsichtlich eines die Banken treffenden gesetzlichen Verbotes haben. Das Mitwirkungsverbot stellt zudem eine Ausführungsbeschränkung

---

1448 Vgl. LG München I, Urt. v. 28.02.2018 – 27 O 11716/17 –, Rn. 31–32, juris.

1449 Siehe Erstes Kapitel, D., I.

i. S. d. § 675o Abs. 2 BGB dar. Aus diesem Grund muss die Bank die Ausführung von Zahlungen im Zusammenhang mit unerlaubtem Online-Glücksspiel ablehnen. Damit kommt es im Ergebnis für eine Prüfpflicht der Banken auch nicht auf Einwendungen aus dem Valutaverhältnis an. Folglich kann einer Prüfpflicht auch keine entsprechende Rechtsprechung des BGH zum Prüfaufwand bezüglich Einwendungen aus dem Valutaverhältnis entgegengehalten werden. Eine andere Beurteilung der Gebotenheit einer Prüfpflicht ergibt sich auch nicht aus dem Charakter des Massenzahlungsverkehrs. Das zeigt sich bereits dadurch, dass Prüfpflichten in anderen, gleich gelagerten Fällen praktisch umsetzbar und mit dem Charakter des Massenzahlungsverkehrs vereinbar sind.

2. *Anforderungen an eine gebotene, sorgfältige Prüfung*

Es stellt sich sodann die Frage, welche Maßnahmen eine Bank ergreifen müsste, um den Anforderungen an eine gebotene, sorgfältige Prüfung gerecht zu werden.

Hierzu lässt sich zunächst ausführen, dass für eine gebotene Prüfung keine Vorgaben existieren. Weder abstrakt in Bezug auf die subjektiv-objektive Theorie noch konkret in Bezug auf das Mitwirkungsverbot. Wie eine Bank die Prüfung der Erforderlichkeit von Zahlungen im Einzelfall durchführt, ist ihr selbst überlassen.[1450] Mithin kann nicht auf bestimmte obligatorische Maßnahmen verwiesen werden, mit denen eine Bank in jedem Fall einem erforderlichen Prüfumfang gerecht werden würde. Fest steht allein, dass die ergriffenen Maßnahmen geeignet sein müssen, um nicht erforderliche Zahlungen aufzudecken.[1451] Wie bereits an anderer Stelle ausgeführt, können die Banken sehen, von wem eine Zahlung kommt und an wen diese geht. Der im Kreditgeschäft verwendete MCC 7995 zeigt zudem, dass Banken unter gewissen Umständen auch in der Lage sind zu klassifizieren, wofür eine Zahlung verwendet wird.[1452] Auf Grundlage der bestehenden Informationen bzw. Informationsquellen sind mehrere Maßnahmen denkbar, um Zahlungen mit potenziell illegalem Online-Glücksspiel-Hintergrund herausfiltern zu können.

1450 Vgl. LT-Drs. 18/1569, S. 4, 5.

1451 Vgl. LT-Drs. 18/1569, S. 5.

1452 Dies wird u. a. dadurch erreicht, indem Kreditkartenunternehmen ihre Vertragspartner in Akquisitionsverträgen dazu verpflichten, betroffene Transaktionen mit dem Merchant Category Code zu kennzeichnen, *Katko*, MMR 5/07, S. 278, 280; *Rock/Seifert*, ZBB 4/08, S. 259, 264; *Steegmann*, Die Haftung der Basisinfrastruktur bei rechtswidrigen Internetangeboten, S. 213.

a) *Abgleich mit der White List der Glücksspielaufsichtsbehörden der Länder*

In Betracht kommt zuerst ein Abgleich mit der White-List der Glücksspielaufsichtsbehörden der Länder, sofern der Verdacht besteht, dass eine Zahlung zum Zwecke des Glücksspiels verwendet wird.[1453] Die White List ist frei einsehbar, wird fortlaufend aktualisiert und soll Spielern wie Banken gleichermaßen eine Überprüfungsmöglichkeit liefern, um herauszufinden, ob ein Online-Glücksspielanbieter eine staatliche Glücksspiel-Erlaubnis innehat. Durch einen Abgleich mit der White List können Zahlungsdienstleister erkennen, welche Online-Glücksspielanbieter legal operieren und hieraus ableiten, ob Aufwendungen für Zahlungen zugunsten dieses Anbieters aller Wahrscheinlichkeit nach objektiv erforderlich sind. Sowohl das AG München (Urteil vom 21.02.2018, Az.: 158 C 19107/17) als auch das AG Leverkusen (Urteil vom 19.02.2019, Az.: 26 C 346/18) erachten einen Abgleich mit der White List der Glücksspielaufsichtsbehörden der Länder als Alternative zur Rückfrage bei den zuständigen Glücksspielaufsichtsbehörden für geeignet, um die Legalität des jeweiligen Glücksspielanbieters bzw. dessen Angebote zu prüfen.[1454] Beide Gerichte halten die Maßnahme mit Blick auf das von den Banken einzuhaltende Mitwirkungsverbot aus § 4 Abs. 1 S. 2, 2 Hs. GlüStV zudem für zumutbar.[1455] Hiergegen wenden *Hambach* und *Kienzerle* ein, ein Abgleich mit der White List sei ungeeignet, da auf der White List „eine überwiegende Anzahl" legaler Anbieter nicht aufgeführt sei.[1456] So würden die Anbieter mit einer Schleswig-Holstein Lizenz sowie geduldete Sportwettanbieter darin nicht aufgeführt.[1457] Der Auffassung von *Hambach* und *Kienzerle* kann aus mehreren Gründen nicht gefolgt werden: Zwar führt die White List geduldete Unternehmen aus dem Sportwettbereich nicht auf.[1458]

1453 Zu finden unter https://innen.hessen.de/sites/default/files/media/hmdis/white_list_0.pdf, zuletzt abgerufen am 06.04.2020; siehe auch Zweites Kapitel, C., II.

1454 AG München, Urt. v. 21.02.2018 – 158 C 19107/17 –, Rn. 18, juris; AG Leverkusen, Urt. v. 19.02.2019 – 26 C 346/18 –, Rn. 11, juris.

1455 AG München, Urt. v. 21.02.2018 – 158 C 19107/17 –, Rn. 18, juris; AG Leverkusen, Urt. v. 19.02.2019 – 26 C 346/18 –, Rn. 11, juris.

1456 *Hambach/Kienzerle*, ZfWG 1/20, S. 74, 76; so auch schon *Hambach/Fuchs/Berberich*, ZfWG 6/18 S. 532, 534; LG Düsseldorf, Urt. v. 10.10.2019 – 8 O 398/18 –, Rn. 16, juris.

1457 *Hambach/Kienzerle*, ZfWG 1/20, S. 74, 76; *Hambach/Fuchs/Berberich*, ZfWG 6/18 S. 532, 534.

1458 *Fiedler/Steinmetz/Ante/von Meduna*, Regulierungsoptionen für den deutschen Glücksspielmarkt – Endbericht 16.09.2019, S. 488.

Hierzu ist jedoch anzumerken, dass den nur geduldeten Online-Sportwettangeboten keine staatliche Erlaubnis zugrunde liegt und diese damit weiterhin formal illegal sind.[1459] Sie werden lediglich faktisch von den Behörden für die Zeit eines noch nicht abgeschlossenen Konzessionsverfahrens geduldet und auch nur dann, wenn ihr Angebot die Voraussetzungen für eine Konzessionserteilung erfüllen würde.[1460] Damit ist es richtig, dass diese Anbieter nicht auf der White List der legal operierenden Glücksspielanbieter mit einer staatlichen Erlaubnis vermerkt sind. Banken würden sich damit mit Blick auf § 4 Abs. 1 S. 2, 2 Hs. GlüStV also rechtskonform verhalten, wenn sie Zahlungen für solche Angebote mindestens überprüfen oder sogar sperren. Mithin führen die nicht aufgeführten, geduldeten Sportwettangebote nicht zu einer generellen Ungeeignetheit eines Abgleichs mit der White List. Daneben enthält die White List zu den für § 4 Abs. 1 S. 2, 2 Hs. GlüStV in großem Maße relevanten Casinogeschäften ausreichende Einträge. Auch hier werden bei der Aufzählung der Glücksspielanbieter mit einer Erlaubnis aus Deutschland zwar jene Anbieter nicht berücksichtigt, die eine Erlaubnis nach dem schleswig-holsteinischen Glücksspielgesetz innehaben.[1461] Jedoch hat auch dies keinerlei Auswirkungen auf die Geeignetheit eines Abgleichs mit der White List. Hinsichtlich der Schleswig-Holstein Lizenzen lässt sich ausführen, dass der Großteil der 46[1462] erteilten befristeten Schleswig-Holstein Lizenzen im Jahre 2019 ausgelaufen ist. Von einer möglichen Verlängerung der Lizenz haben nur 11 Anbieter Gebrauch gemacht.[1463] Damit

1459 LT Drs. 18/3543, S. 2.

1460 Vgl. *Ukrow*, ZfWG, 3/4/19, S. 223, 226; *Weidemann*, NVwZ 6/16, S. 369, 374; *Kleibrink/Köster*, Der Glücksspielmarkt in Deutschland, S. 16; Leitlinien zum Vollzug im Bereich Sportwetten während des laufenden Konzessionsverfahrens, Stand 28.01.2016, abrufbar unter: https://www.im.nrw/sites/default/files/media/document/file/160129ll_Leitlinien%20Sportwetten_.pdf, zuletzt abgerufen am 30.03.2020.

1461 Siehe 8) Anhang White List der Glücksspielaufsichtsbehörden der Länder, abrufbar unter https://innen.hessen.de/sites/default/files/media/hmdis/white_list_1_0.pdf, zuletzt abgerufen am 24.05.2021.

1462 Die Anzahl der vergebenen Lizenzen divergiert je nach Quelle leicht, so waren es lt. Stellungnahme des Unabhängigen Landeszentrums für Datenschutz Schleswig-Holstein 25 Sportwettlizenzen und 23 Online-Casino-Lizenzen, *ULD Schleswig-Holstein*, ZfWG 2/15, S. 121.

1463 Cashpoint Malta Ltd. (Merkur-Spielcasino), Electraworks Kiel Ltd. (Bwin), Greentube Malta Ltd. (Stargames), Löwen Play GmbH (Löwen Casino), Megapixel Entertainment Ltd. (Wunderino, Hyperino, Vera&John), OnlineCasino Deutschland AG (OnlineCasino Deutschland, RIZK Casino, SLOTILDA), PlayCherry Ltd. (Sunmaker), REEL Germany Ltd. (Pokerstars), Skill on Net Ltd. (DrückGlück), World of

sind im Ergebnis 11 ausschließlich in Schleswig-Holstein erlaubte Anbieter nicht in der White List bundesweit erlaubter Anbieter aufgeführt. Die White List enthält derzeit insgesamt 192 Einträge.[1464] Bei diesem Verhältnis kann keinesfalls von einer „überwiegenden Anzahl" nicht aufgeführter legaler Anbieter die Rede sein. Aktuell ist nicht bekannt, dass ein Online-Glücksspielanbieter für ein Online-Casino-Spiel eine bundesweite Erlaubnis innehat und nicht in dieser Liste vermerkt ist. Die Liste ist also ausreichend vollständig, um für eine Prüfung der in jedem Fall erforderlichen Zahlungen geeignet zu sein. Hinsichtlich der 11 nicht berücksichtigten Anbieter mit einer Schleswig-Holstein Lizenz erscheint es für die Banken als zumutbar, einen internen Prozess anzulegen, bei dem ein Abgleich mit diesen nicht berücksichtigten Anbietern erfolgt. Zur Prüfung der Legalität der beliebten Online-Casinospiele (wie z. B. Slotmachines, Poker, Roulette usw.) ist die White List folglich grundsätzlich geeignet.

Wenn also ein Zahlungsdienstleister darlegen kann, dass er zur Prüfung der Erforderlichkeit der Aufwendungen für Zahlungen zum Zwecke des Online-Glücksspiels einen Abgleich mit der von den Glücksspielaufsichtsbehörden der Länder gestellten White List durchgeführt hat und dieser Abgleich positiv bestätigen konnte, dass der Zahlungsempfänger eine gültige Erlaubnis zum Veranstalten von Online-Glücksspiel in Deutschland hat, wird dies ausreichend sein, um den Anforderungen an eine gebotene Prüfung im Einzelfall gerecht zu werden. Schließlich dürfte ein bestätigender Abgleich mit der White List der Länder gleichbedeutend sein mit einer Bestätigung der Legalität des Anbieters durch die zuständige Glücksspielaufsichtsbehörde.

b) Internes Kontrollsystem: Abgleich mit einer internen Black List

Steegmann spricht sich für ein internes Kontrollsystem der Banken aus. Hierbei könne die Bank anhand eigener Recherchen eine Black List illegaler Anbieter anlegen.[1465] Dem liegt die auch von *Rock* und *Seifert* vertretene Auffassung zugrunde, dass Kreditkartenunternehmen bei umsatzstarken Geschäftspartnern – so auch bei größeren Online-Glücksspielanbietern – ohnehin zunächst

---

Sportsbetting Ltd. (LeoVegas), Tipico Company Ltd. (Tipico) und 888 Germany Ltd. (888), https://www.schleswig-holstein.de/DE/Fachinhalte/G/gluecksspiel/_documents/onlineCasinospiele.html, zuletzt abgerufen am 05.02.2020.

1464 Stand 05.11.2020, https://innen.hessen.de/sites/default/files/media/hmdis/white_list_1_0.pdf, zuletzt abgerufen 24.05.2021.

1465 *Steegmann*, Die Haftung der Basisinfrastruktur bei rechtswidrigen Internetangeboten, S. 214.

aufwendige Recherchen durchführen, bevor sie für diese umfangreiche Transaktionen tätigen würden.[1466] Der durch das Online-Glücksspiel hervorgebrachte Umsatz-Anteil der Kreditinstitute sei derart hoch, dass bereits aufgrund „gebotener Sorgfalt der Transaktionsabwicklung" davon auszugehen sei, dass Kreditkartenunternehmen ihre „Cash-Cows" durch vielfältige Marktanalysen genau unter die Lupe nähmen.[1467] Hierzu merkt *Steegmann* allerdings selbst an, die Umsetzung eines solchen internen Kontrollsystems mit Hilfe einer Black List sei mit Blick auf die vielen kleineren Glücksspielanbieter – für die ggf. keine umfassende Marktanalyse erfolgt – jedoch nur lückenhaft realisierbar.[1468] Dem kann entgegengehalten werden, dass ein internes Kontrollsystem auf die Kombination mehrerer Maßnahmen zurückgreifen könnte, um im Ergebnis geeignet zu sein. Auch könnten etwaige Mitteilungen der Behörden Berücksichtigung finden. So erklärt das zuständige Niedersächsische Ministerium für Inneres und für Sport, in der aktuellen Praxis würden die Behörden bei laufenden Verfahren gegen Online-Glücksspielanbieter den Banken proaktiv mitteilen, dass ein Anbieter illegal auf dem deutschen Markt tätig ist, wenn dieser Anbieter die jeweilige Bank im laufenden Verfahren als beteiligten Zahlungsabwickler nenne.[1469] Daneben ist eine eigene Internetrecherche der Banken denkbar. *Hambach* und *Kienzerle* wie auch *Rock* und *Seifert* vertreten hierzu die Auffassung, es könne „ohne Weiteres" „durch einfache Recherche im Internet" herausgefunden werden, ob es sich bei einem Online-Glücksspielanbieter um einen in Deutschland genehmigten Glücksspielanbieter handelt bzw. ob die Teilnahme an einem Spiel im Einzelfall aus Deutschland heraus legal ist.[1470] Ob dieser Aussage uneingeschränkt gefolgt werden kann, ist jedoch fraglich.[1471] In jedem Fall aber könnte eine Lücke in der

---

1466 *Rock/Seifert*, ZBB 4/08, S. 259, 264; laut *Rock* und *Seifert* liegt der Umsatzanteil des Online-Gamblings am weltweiten Kreditkartenumsatz bei 10 %, *Rock/Seifert*, ZBB 5/09, S. 377, 378.

1467 *Rock/Seifert*, ZBB 4/08, S. 259, 264; vgl. *Steegmann*, Die Haftung der Basisinfrastruktur bei rechtswidrigen Internetangeboten, S. 214.

1468 *Steegmann*, Die Haftung der Basisinfrastruktur bei rechtswidrigen Internetangeboten, S. 214.

1469 LT-Drs. 18/1569, S. 4.

1470 *Hambach/Kienzerle*, ZfWG 1/20, S. 74, 76; Rock/Seifert, ZBB 4/08, S. 259, 264.

1471 Noch wenige Jahre zuvor vertrat *Hambach* im Kontext von § 285 StGB selbst eine andere Auffassung: *„Führt man eine entsprechende Suche über „Google" durch […] lässt sich überdies nur eines feststellen: Die Rechtslage ist äußerst komplex, nicht zu sagen chaotisch. Wie das Gericht dazu kommt, die Strafbarkeit werde hierdurch „deutlich vor Augen geführt", erscheint nicht nachvollziehbar."*, *Hambach/Berberich* ZfWG 2/15, S. 150, 151.

Informationskette durch eine Rückfrage bei den Online-Glücksspielanbietern selbst geschlossen werden. Das zuständige Niedersächsische Innenministerium schlägt zudem vor, insb. Kreditkartenunternehmen könnten nicht nur durch ein geeignetes Screening die jeweiligen illegalen Zahlungen herausfiltern, sondern zudem durch eine entsprechende Vertragsgestaltung mit zwischengeschalteten Acquirer-Banken sicherstellen, dass diese sich rechtskonform verhalten und auch ihre Vertragspartner – die Online-Glücksspielanbieter – zu rechtskonformen Verhalten zwingen oder zumindest Rechtsverstöße melden.[1472]

Es zeigt sich, ein internes Kontrollsystem der Banken mit einer Black List kann ein geeignetes Mittel sein, um Zahlungen mit potenziell illegalem Online-Glücksspiel-Hintergrund herauszufiltern. Je nach Umfang der zugrundeliegenden Recherchen kann diese Maßnahme ausreichen, um einer gebotenen, sorgfältigen Prüfung der Erforderlichkeit der Aufwendungen gerecht zu werden.

c) Rückfrage beim Spieler

Sodann verbleibt die Möglichkeit einer Rückfrage beim Spieler.[1473] Dieser wird aller Voraussicht nach jedoch keine validen Aussagen darüber machen können, ob der jeweilige Anbieter eine staatliche Erlaubnis für das beabsichtigte Online-Glücksspiel besitzt. Entweder, weil der Spieler nichts von der Illegalität des Spiels weiß und dementsprechend hierzu auch nicht weiter recherchiert hat oder aber, weil er hierüber, mit Blick auf eine mögliche Strafbarkeit gem. § 285 StGB, die Unwahrheit sagt.[1474] Letzteres dürfte eine Bank jedoch gleichwohl entlasten. Auch wenn *Hambach* und *Kienzerle* sowie *Rock* und *Seifert* der Auffassung sind, die Legalität eines Online-Glücksspielangebots ließe sich durch einfache Recherche im Internet herausfinden, so dürfte dies allenfalls für Banken, aber nicht für die Spieler gelten. Der Durchschnittsspieler wird in der Regel bereits durch ausufernde TV- und Internet-Werbung in dem Glauben sein, die angepriesenen Spiele seien legal. Eine gleichwohl durchgeführte Internetrecherche wird sodann regelmäßig nur für das juristisch geschulte Auge aufschlussreich

---

1472 LT-Drs. 18/1569, S. 5.

1473 *Beyer, Hambach* und *Kienzerle* vertreten die Auffassung, der Spieler wisse über alle relevanten Tatsachen Bescheid. Für sie habe aber der Spieler der Bank diese relevanten Tatsachen proaktiv mitzuteilen, *Beyer*, ZfWG 3/4/2019, S. 235, 237; *Hambach/ Kienzerle*, 1/20, S. 74, 74.

1474 Bereits aus dem Grund dürfte sich eine Bank nicht auf den Standpunkt stellen können, der spielende Kunde habe sie über alle relevanten Tatsachen einer Zahlung zu informieren, *Beyer*, ZfWG 3/4/19, S. 235, 237.

sein: So findet sich etwa auf der Startseite des Online-Casinos www.mrgreen.de der Hinweis: *„Mr Green verfügt in der Europäischen Union über die von der Malta Gaming Authority am 1. November 2018 ausgestellte und bis 19. März 2028 gültige Lizenz MGA/CRP/121/2006."*[1475] Für den juristischen Laien wird nicht verständlich sein, warum eine in der Europäischen Union „gültige Lizenz" nicht für Deutschland gelten sollte. Schließlich wird den wenigsten Verbrauchern bekannt sein, dass für Online-Glücksspiel in Europa unterschiedliche Regelungen gelten und dass etwa eine maltesische Glücksspiellizenz in Deutschland keine legalisierende Wirkung entfaltet. Solche für den Spieler verwirrenden Angaben finden sich auf annähernd allen Online-Glücksspielseiten in deutscher Sprache.[1476] Eine ausdrücklich klarstellende Aussage über die tatsächliche Illegalität der Spiele in Deutschland findet sich auf den Seiten hingegen nicht. Bestärkt werden dürfte eine Rechtsunsicherheit auf Seiten der Spieler zudem durch bewusst unverständlich formulierte Allgemeine Geschäftsbedingungen. So führen die AGB zur Nutzung der Angebote des Online-Casinos www.Wildz.com aus, durch eine Anmeldung werde ein *„rechtsgültiger Vertrag mit Rootz Ltd"* abgeschlossen, ein Unternehmen, das *„unter maltesischem Recht und der Registrierungsnummer C83903 befugt und lizenziert"* sei *„Glücksspiele anzubieten"*.[1477] Dass eine solche Lizensierung für den deutschen Markt keine Legalisierungswirkung entfaltet, wird auch hier nicht angegeben. In den auf Deutsch verfassten AGB findet sich auch sonst kein Hinweis darauf, dass die jeweiligen Spiele für den deutschen Markt illegal angeboten werden. Vielmehr findet sich

---

1475 Onlinepräsenz Mr. Green, abrufbar unter https://www.mrgreen.de/, zuletzt abgerufen am 24.05.2021; Ähnliches führt auch der Anbieter Rhinoceros Operations Ltd. auf der Startseite eines seiner Online-Casinos auf www.wunderino.de aus. Hierbei geht der Anbieter aber noch einen Schritt weiter und führt zudem in seinen „Über uns"-Ausführungen aus: *„DU KANNST UNS VERTRAUEN: – EU-Lizenz: Wunderino unterliegt den strengen Richtlinien und Überwachungsmodalitäten der Malta Gaming Authority (MAG), die Lizenzen zur Durchführung von Wettgeschäften vergibt. […].“*, Onlinepräsenz Wunderino, abrufbar unter https://www.wunderino.de/, https://www.wunderino.de/de/about/ zuletzt abgerufen am 01.07.2021.

1476 Vgl. exemplarisch Onlinepräsenz der beliebten Plattform für Slotmachines Wildz, abrufbar unter https://www.wildz.com/de/, zuletzt abgerufen am 22.05.2021; Onlinepräsenz von Hyperino, abrufbar unter https://www.hyperino.com/, zuletzt abgerufen am 24.05.2021.

1477 Ziff. 1.1 der Allgemeinen Geschäftsbedingungen zur Nutzung der Angebote der Wildz Online Spielothek (Version 3.0, Stand: 05.08.2020), abrufbar unter https://www.wildz.com/de/info/agb/, zuletzt abgerufen am 22.05.2021.

u. a. der Hinweis: „*Du darfst nicht auf unsere Website, Anwendungen und Spiele zugreifen oder diese nutzen, wenn du in Afghanistan, Curacao, Zypern, Äthiopien, Iran, Irak, Kuwait, Somalia, Syrien, USA (sowie deren Schutzgebiete, Militärbasen und Territorien wie z. B., aber nicht ausschließlich, Amerikanisch-Samoa, Guam, Marshall Inseln, die Nördlichen Marianen Inseln, Puerto Rico und Amerikanische Jungferninseln) oder im Jemen gemeldeter Einwohner oder in jeder weiteren Gerichtsbarkeit wohnhaft sein, bei der du durch die Teilnahme in einen Konflikt mit gültigem Recht oder anderen Regeln hinsichtlich online Glücksspiel gerätst. Von diesen Zuständigkeiten aus darfst du nicht auf die Wildz Webseite, Anwendungen und Spiele zugreifen.*“[1478] Auch hieraus wird der Durchschnittsverbraucher in Deutschland nicht ableiten können, ob das konkrete Spiel für ihn legal ist oder nicht. Eine Rückfrage beim Spieler dürfte also keine validen Anhaltspunkte über die Legalität des Spiels bringen. Worüber der Spieler jedoch eine valide Aussage treffen kann, ist, aus welchem Bundesland heraus er an welchem Online-Glücksspiel beim welchem Online-Glücksspielanbieter teilgenommen hat. Über diese Information wird ein Spieler auch mit Blick auf eine mögliche Strafbarkeit gem. § 285 StGB die Wahrheit sagen können, da diese Informationen nichts über einen möglicherweise vorliegenden subjektiven Tatbestand aussagen und damit nicht selbstbelastend wirken können.

Damit wird allein eine Rückfrage beim Spieler für eine gebotene, sorgfältige Prüfung der Zahlung im Einzelfall nicht ausreichend sein. Eine solche Rückfrage kann allenfalls in ein internes Kontrollsystem integriert werden und hierbei bereits bestehende Maßnahmen ergänzen.

d) Zwischenergebnis

Wie bereits eingangs aufgeführt, lassen sich keine konkreten obligatorischen Maßnahmen anführen, welche eine Bank ergreifen müsste, um den Anforderungen an eine gebotene, sorgfältige Prüfung in jedem Fall gerecht zu werden. Allerdings gibt es eine Reihe von denkbaren Maßnahmen; u. a. der Abgleich mit der White List der Glücksspielaufsichtsbehörden der Länder oder ein internes Kontrollsystem basierend auf eigenen Recherchen. Welche Maßnahmen eine Bank ergreift, ist ihr selbst überlassen. Eine betroffene Bank muss im Ergebnis

---

1478 Ziff. 4.10 der Allgemeinen Geschäftsbedingungen zur Nutzung der Angebote der Wildz Online Spielothek (Version 3.0, Stand: 05.08.2020), abrufbar unter https://www.wildz.com/de/info/agb/, zuletzt abgerufen am 22.05.2021; so auch Ziff. 13 der AGB von Hyperino (Version 2.0, Stand 02.09.2020) abrufbar unter https://www.hyperino.com/terms-and-conditions, zuletzt abgerufen am 24.05.2021.

jedoch in jedem Fall darlegen können, dass sie (überhaupt) geeignete Maßnahmen getroffen hat, um nicht erforderliche illegale Zahlungen zu identifizieren. Eine auf Grundlage geeigneter Maßnahmen durchgeführte Prüfung kann sodann dazu führen, dass die beteiligte Bank objektiv nicht erforderliche Aufwendungen gleichwohl berechtigterweise für erforderlich halten durfte.

3. Ergebnis: Aufwendungsersatzanspruch für Zahlungen im Zusammenhang mit Glücksspiel erfordert Prüfung der Zahlungen im Einzelfall

Somit lässt sich zusammenfassen, dass ein Aufwendungsersatzanspruch der Banken gem. §§ 675c Abs. 1, 670 BGB nur besteht, wenn sie die Aufwendungen zum Zwecke des unerlaubten Glücksspiels nach allgemein verständigem Ermessen auch für erforderlich halten durften. Dabei reicht es nach dem subjektiv-objektiven Maßstab des BGH nicht aus, dass die Bank lediglich subjektiv davon ausgeht, dass eine Aufwendung erforderlich ist. Im Falle objektiv nicht notwendiger Aufwendungen ist eine anderslautende subjektive Beurteilung der Erforderlichkeit durch die Banken nur dann gerechtfertigt, wenn diese Beurteilung auf einer sorgfältigen, den Umständen des Falles nach gebotener Prüfung des Sachverhalts beruht. Im Falle von Zahlungen zum Zwecke des Glücksspiels ist eine Prüfung bereits aufgrund der hohen Wahrscheinlichkeit eines Verstoßes gegen § 4 Abs. 4 GlüStV seitens der Anbieter bzw. eines Verstoßes gegen § 4 Abs. 1 S. 2, 2 Hs. GlüStV seitens der Banken (zugleich eine Ausführungsbeschränkung nach § 675o BGB) geboten. Wie sorgfältig diese Prüfung zu erfolgen hat, ist einzelfallabhängig. Erfolgt eine solche Prüfung jedoch (grundsätzlich) nicht, so dürfen Banken Aufwendungen für Zahlungen zum Zwecke des illegalen Online-Glücksspiels (grundsätzlich) nicht für erforderlich halten.

V. Ergebnis: Kein Aufwandsersatzanspruch der Banken gegen die Spieler aus §§ 675c, 670 BGB ohne Prüfung der Erforderlichkeit

Zusammenfassend lässt sich damit ausführen, dass Aufwendungen der Banken für Transaktionen im Zusammenhang mit unerlaubtem Online-Glücksspiel objektiv nicht erforderlich sind. Zum einen, da aufgrund des § 134 BGB i. V. m. § 4 Abs. 4 GlüStV eine der Zahlung zugrundeliegende Forderung im Valutaverhältnis nicht besteht. Zum anderen, da die Banken mit der Durchführung der Zahlung zum Zwecke des illegalen Online-Glücksspiels gegen das gesetzliche Mitwirkungsverbot aus § 4 Abs. 1 S. 2, 2 Hs. GlüStV verstoßen. Erweisen sich die Aufwendungen der Banken als objektiv nicht erforderlich, ist eine anderslautende subjektive Beurteilung grundsätzlich nur dann gerechtfertigt, wenn diese Beurteilung auf einer sorgfältigen, den Umständen des Falles nach gebotenen Prüfung des Sachverhalts beruht. Hiervon ausgenommen lässt sich eine fehlende objektive Notwendigkeit durch eine nicht bestehende Forderung im Valutaverhältnis (§ 4 Abs. 4 GlüStV) durch den Grundsatz der formalen Auftragsstrenge im Deckungsverhältnis bzw. bei Kreditkartenzahlungen durch Verweis auf ordnungsgemäß eingereichte Belastungsbelege überwinden. In diesen Fällen können Einwendungen aus dem Valutaverhältnis nur dann schädlich sein, wenn sie offensichtlich oder liquide beweisbar waren. Dies gilt jedoch nicht für einen Verstoß gegen das Mitwirkungsverbot im Deckungs- bzw. Vollzugsverhältnis (§ 4 Abs. 1 S. 2, 2 Hs. GlüStV). Das Mitwirkungsverbot stellt eine Ausführungsbeschränkung der Banken gem. § 675o Abs. 2 BGB dar. Insofern erfordert eine anderslautende subjektive Bewertung der Erforderlichkeit der Aufwendungen in jedem Fall eine sorgfältige, den Umständen des Falles nach gebotene Prüfung des Sachverhalts. Mithin resultiert aus dem Mitwirkungsverbot gem. § 4 Abs. 1 S. 2, 2 Hs. GlüStV eine Prüfpflicht der Banken. Hierbei müssen die Banken prüfen, ob sie mit der Durchführung der jeweiligen Zahlungen gegen das Mitwirkungsverbot verstoßen würden. Ergreifen sie entsprechende Maßnahmen und kann hierdurch ein Verstoß gegen das Mitwirkungsverbot trotzdem nicht verhindert werden, durften sie die Aufwendungen aufgrund einer zufriedenstellenden Prüfung im Zweifel gleichwohl für erforderlich halten. Führen sie die Transaktionen hingegen ungeprüft durch, können sie nicht nachweisen dass sie unter Berücksichtigung der Interessen des spielenden Bankkunden über die Notwendigkeit der Aufwendungen im Rahmen eines ihnen zustehenden pflichtgemäßen Ermessens entschieden haben. In diesem Fall dürfen die Banken die Aufwendungen den Umständen entsprechend nicht für erforderlich halten und ein Aufwendungsersatzanspruch nach §§ 675c, 670 BGB scheidet aus.

F. Bereicherungsrechtliche Rückabwicklung geleisteter Zahlungen zum Zwecke der Teilnahme an illegalen Online-Glückspielen

Auf die Ausführungen der vorangehenden Abschnitte folgt die Frage, ob trotz nicht bestehender Zahlungs- und Aufwendungsersatzansprüche erfolgte Ausgleichszahlungen der Spieler bereicherungsrechtlich rückabgewickelt werden müssen.

I. Anwendung deutschen Rechts auf die Fälle des illegalen Online-Glücksspiels

Wie bereits an anderer Stelle ausführlich dargestellt, findet über Art. 6 Abs. 1 lit. a) bzw. b), Abs. 2 Rom I-VO zwingendes deutsches materielles Recht auf die „Online-Glücksspielverträge" Anwendung.[1479] Zum ius cogens gehören dabei auch die § 4 GlüStV und § 134 BGB.[1480] Hieran vermag auch eine per AGB vereinbarte Rechtswahl, etwa zugunsten maltesischen Rechts, nichts zu ändern. Neben der Tatsache, dass eine solche Rechtswahl gem. Art. 6 Abs. 2 Rom I-VO die verbraucherschützenden Vorschriften des GlüStV nicht gänzlich verdrängen kann, sind die Rechtswahlklauseln der Online-Glücksspielanbieter zudem oftmals gem. Art. 3 Abs. 3, 10 Abs. 1, 6 Abs. 2, S. 2 Rom I-VO i. V. m. § 307 Abs. 1, S. 2 BGB unwirksam, da sie in der Regel ohne Hinweis auf die weiterhin anwendbaren zwingenden Vorschriften des deutschen Rechts erfolgen.[1481] Insbesondere verschweigen die Online-Glücksspielanbieter im Rahmen ihrer Rechtswahlklauseln regelmäßig, dass trotz einer vereinbarten Abwahl deutschen Rechts die Vorschriften des GlüStV gleichwohl anwendbar bleiben und die „Online-Glücksspielverträge" daher gem. § 134 BGB i. V. m. § 4 Abs. 4 GlüStV nichtig sind.[1482] Insofern verbleibt es trotz Verwendung einer etwaigen Rechtswahlklausel bei der Anwendung deutschen Rechts auf die Fälle des illegalen Online-Glücksspiels. Über Art. 12 Abs. 1 lit. e) Rom I-VO findet sodann das deutsche Bereicherungsrecht Anwendung.[1483]

II. Anwendung des Bereicherungsrechts auf die Fälle des illegalen Online-Glücksspiels

Zu prüfen ist sodann, ob die bereicherungsrechtlichen Normen aus §§ 812 ff. BGB überhaupt auf die hiesigen Fälle mit bankrechtlichem Bezug anwendbar sind.

1479 Zur Anwendbarkeit deutschen Rechts beim Online-Glücksspiel, siehe Drittes Kapitel, A.

1480 Siehe Drittes Kapitel, A., I., 2., c).

1481 Siehe Drittes Kapitel, A., II.

1482 Siehe Drittes Kapitel, A., II.; so auch LG Gießen, Urt. v. 25.02.2021 – 4 O 84/20 –, Rn. 18, juris.

1483 Zum Vorrang von Art. 12 Abs. 1 lit. e) Rom I-VO im Verhältnis zu Art. 10 Abs. 1 Rom II-VO bei der Rückabwicklung nichtiger Verträge, siehe BeckOK BGB/*Spickhoff*, 58. Ed. 01.11.2020, VO (EG) 593/2008 Art. 12, Rn. 15; BGH Urt. v. 08.02.2018 – IX ZR 92/17, Rn. 27.

Das Bereicherungsrecht wird als „Ausgleichsordnung“ verstanden, dessen Funktion darin besteht, rechtsgrundlos erfolgte Vermögensverschiebungen rückgängig zu machen.[1484] Dabei geht es nur sekundär um die Interessen der Gläubiger. Die Hauptfunktion der bereicherungsrechtlichen Rückabwicklung besteht darin, ein „Zuviel“ auf Seiten des Schuldners wieder abzuschöpfen.[1485] Hierdurch soll verhindert werden, dass ein unrechtmäßiger Zustand durch die Billigung einer Vermögensverschiebung perpetuiert wird. Insofern hat ein Bereicherungsausgleich im Grundsatz immer dort zu erfolgen, wo die Rechtsordnung eine Vermögensverschiebung missbilligt.[1486] Dies könnte den bisherigen Ausführungen zu Folge bei Zahlungen im Zusammenhang mit illegalem Online-Glücksspiel der Fall sein. Die §§ 812 ff. BGB können jedoch nur dann zur Anwendung kommen, wenn sie nicht durch lex specialis verdrängt werden. In Betracht hierfür kommen die Regelungen des Zahlungsdiensterechts aus §§ 675c–676c BGB.[1487] So regelt § 675u BGB die Haftung des Zahlungsdienstleisters für nicht autorisierte Zahlungen. Gem. § 675u BGB steht dem Zahlungsdienstleister für nicht autorisierte Zahlungen kein Aufwendungsersatz gem. §§ 675c Abs. 1, 670 BGB gegen den Zahler zu. Vielmehr ist der Zahlungsdienstleister gem. § 675u S. 2 BGB dazu verpflichtet Belastungsbeträge für solche Zahlungen unverzüglich zu erstatten. Gem. § 675z BGB sind die Regelungen des Zahlungsdiensterechts abschließend. Dies könnte dafürsprechen, dass daneben kein bereicherungsrechtlicher Anspruch des Spielers gegen seine Bank gem. §§ 812 ff. BGB bestehen kann.[1488] Hiergegen spricht jedoch, dass es vorliegend nicht um nichtautorisierte Zahlungen i. S. d. § 675u BGB geht.[1489] In den Fällen des illegalen Online-Glücksspiels geht es vielmehr um Mängel

1484 BeckOK BGB/*Wendehorst*, 58. Ed. 01.05.2021, BGB, § 812, Rn. 3; *Prütting*, in: Prütting/Wegen/Weinreich, BGB, 16. Auflage 2021, § 812 BGB, Rn. 1.

1485 BeckOK BGB/*Wendehorst*, 58. Ed. 01.05.2021, BGB, § 812, Rn. 4; *Prütting*, in: Prütting/Wegen/Weinreich, BGB, 16. Auflage 2021, § 812 BGB, Rn. 3.

1486 *Prütting*, in: Prütting/Wegen/Weinreich, BGB, 16. Auflage 2021, § 812 BGB, Rn. 5, 20.

1487 Vgl. BeckOK BGB/*Schmalenbach*, 58. Ed. 01.05.2021, BGB, § 675c, Rn. 1 ff.

1488 *Schimansky*, in: Schimansky/Bunte/Lwowski, BankR-HdB, 2. Abschnitt. Bargeldloser Zahlungsverkehr 9. Kapitel. Überweisungsverkehr § 50. Bereicherungsausgleich und insolvenzrechtliche Fragen, Rn. 17; BeckOK BGB/*Schmalenbach*, 58. Ed. 01.05.2021, BGB, § 675u, Rn. 7a.

1489 a.A. *Kemper*, Verbotenes Online-Glücksspiel und verbotene Zahlungen, S. 243, der i. R. d. § 134 BGB i. V. m. § 4 Abs. 1 S. 2, 2 Hs. GlüStV von einer Nichtigkeit der Zahlungsautorisierung durch den Spieler und somit von einer Anwendbarkeit des § 675u S. 2 BGB ausgeht.

aus dem Valutaverhältnis (Abschnitt III.) bzw. um Mängel aus dem Deckungsverhältnis (Abschnitt IV.), welche jeweils nicht von §§ 675u–676c BGB erfasst werden.[1490] Mängel im Valutaverhältnis sind innerhalb des Valutaverhältnisses rückabzuwickeln. Die Wirksamkeit des Valutaverhältnisses ist selbstständig zu beurteilen und hat insofern keine Auswirkungen auf die Beurteilung der Zahlungsvorgänge.[1491] Für Mängel aus dem Deckungsverhältnis gilt, speziell die Ansprüche aus §§ 675u, 675y BGB befassen sich mit der Frage der Haftung des Zahlungsdienstleisters bei der Ausführung nicht autorisierter oder mangelhaft ausgeführter Zahlungsvorgänge.[1492] Allerdings ist § 675u S. 2 BGB nur in den Fällen lex specialis, in denen eine Kondiktion aufgrund einer fehlerhaften Autorisierung oder aufgrund eines Mangels der Autorisierung zu erfolgen hat.[1493] Im Falle eines Verstoßes gegen das Mitwirkungsverbot soll es aber um die Frage gehen, ob zu kondizieren ist, wenn Zahlungen von einem Spieler an seine Bank erfolgt sind, obwohl ein Aufwendungsersatzanspruch nach §§ 675c Abs. 1, 670 BGB nie bestanden hat. Damit liegt bereits ein Fall außerhalb des Anwendungsbereichs der §§ 675u ff. BGB vor. Daneben ist in Deutschland die Mitwirkung an Zahlungen im Zusammenhang mit unerlaubtem Glücksspiel gem. § 4 Abs. 1 S. 2, 2 Hs. GlüStV verboten. Im Falle eines Verstoßes gegen das Mitwirkungsverbot aus § 4 Abs. 1 S. 2, 2 Hs. GlüStV sind im Deckungs- bzw. Vollzugsverhältnis zwischen Spieler bzw. Online-Glücksspielanbieter und Zahlungsdienstleister bzw. Acquirer-Bank, soweit vorliegend, betroffene Einzelzahlungsverträge nach § 675f Abs. 1 BGB sowie die jeweiligen Zahlungsvorgänge nach § 675f Abs. 4 S. 1 BGB gem. § 134 BGB i. V. m. § 4 Abs. 1 S. 2, 2 Hs. GlüStV (analog) nichtig.[1494] Im Falle eines Verstoßes gegen das Mitwirkungsverbot aus § 4 Abs. 1 S. 2, 2 Hs. GlüStV dürfen die Banken hierbei gemachte Aufwendungen nicht für erforderlich halten, sodass ein Aufwendungsersatzanspruch gem. §§ 675c, 670 BGB

1490 *Schimansky*, in: Schimansky/Bunte/Lwowski, BankR-HdB, 2. Abschnitt. Bargeldloser Zahlungsverkehr 9. Kapitel. Überweisungsverkehr § 50. Bereicherungsausgleich und insolvenzrechtliche Fragen, Rn. 25.

1491 MüKoBGB/*Casper*, 8. Aufl. 2020, BGB, Vor § 675c, Rn. 13.

1492 BeckOK BGB/*Schmalenbach*, 58. Ed. 01.05.2021, BGB, § 675u, Rn. 7a; BeckOK BGB/*Schmalenbach*, 58. Ed. 01.05.2021, BGB, § 675y, Rn. 2.

1493 Vgl. BeckOK BGB/*Schmalenbach*, 58. Ed. 01.05.2021, BGB, § 675u, Rn. 8, 9.

1494 Zum Verbotsgesetzcharakter mit Nichtigkeitsfolge des § 4 Abs. 1 S. 2, 2 Hs. GlüStV, siehe Drittes Kapitel, C., II.; Zur Unwirksamkeit der Rechtsgeschäfte im Deckungs- und Vollzugsverhältnis, siehe Drittes Kapitel, D., I, III.

nicht entsteht.[1495] Insofern ist für dennoch geleistete Zahlungen zum Ersatz der Aufwendungen der Zahlungsdienstleister im Zusammenhang mit Zahlungen für illegales Online-Glücksspiel das Bereicherungsrecht anwendbar. Bei einer fehlerfreien Anweisung erfolgt also eine Rückabwicklung gem. §§ 812 ff. BGB entlang der Leistungsbeziehungen.[1496]

In beiden Fällen gilt es, die wirksame dingliche Vollziehung eines unwirksamen Kausalgeschäfts auszugleichen, sodass die gebotene Rückabwicklung des Erfüllungsgeschäfts nach der *condictio indebiti* gem. § 812 Abs. 1 S. 1 Alt. 1 BGB erfolgt.[1497]

III. Innerhalb welcher Rechtsverhältnisse muss rückabgewickelt werden?

Für den Bereicherungsausgleich gilt, dass eine Rückabwicklung grundsätzlich innerhalb desjenigen Leistungsverhältnisses zu erfolgen hat, bei dem der Mangel vorliegt.[1498] Dies ist auch bei den Fällen des Bereicherungsausgleichs aufgrund von illegalem Online-Glücksspiel nicht anders. Schließlich liegt kein Fall einer fehlerhaften Anweisung vor.[1499] D. h. Mängel im Valutaverhältnis führen zu einem Bereicherungsausgleich im Verhältnis zwischen Spieler und Online-Glücksspielanbieter. Dem gegenüber sind Mängel aus dem Deckungsverhältnis nur zwischen (kartenemittierender) Bank des Spielers und Spieler geltend zu machen. Spiegelbildlich hierzu sind Mängel aus dem Vollzugsverhältnis zwischen Kreditkartenunternehmen bzw. Acquirer-Bank und Online-Glücksspielanbieter geltend zu machen.[1500] Folglich hat eine bereicherungsrechtliche

---

1495 Zum Fehlenden Aufwendungsersatzanspruch der Banken, siehe Drittes Kapitel, E., V.; die §§ 675u – 676c BGB regeln diesen Fall nicht.

1496 MüKoBGB/*Schwab*, 8. Aufl. 2020, § 812, Rn. 71.

1497 *Prütting*, in: Prütting/Wegen/Weinreich, BGB, 16. Auflage 2021, § 812 BGB, Rn. 6.

1498 BGH, Urt. v. 24.04.2001 – VI ZR 36/00 –, BGHZ 147, 269–279, Rn. 10 ff.; Baumbach/*Hopt*, 2. Teil. V. (7) Bankgeschäfte Rn. F/59, beck-online; Jauernig/*Stadler*, 18. Aufl. 2021, BGB, § 812, Rn. 23; Schimansky/Bunte/Lwowski, BankR-HdB, 2. Abschnitt. Bargeldloser Zahlungsverkehr 9. Kapitel. Überweisungsverkehr § 50. Bereicherungsausgleich und insolvenzrechtliche Fragen Rn. 1, 25, 30; MüKoBGB/*Schwab*, 8. Aufl. 2020, BGB, § 812, Rn. 69, 71.

1499 Zur Wirksamkeit des Zahlungsauftrags, siehe Drittes Kapitel, D., II., 4; Zur Grundregel in Anweisungslagen, siehe MüKoBGB/*Schwab*, 8. Aufl. 2020, BGB, § 812, Rn. 68 ff.

1500 Baumbach/*Hopt*, 2. Teil. V. (7) Bankgeschäfte Rn. F/60, 61, 64, beck-online; MüKoBGB/*Schwab*, 8. Aufl. 2020, BGB, § 812, Rn. 69, 71.

Rückabwicklungen aufgrund eines Verstoßes gegen § 4 Abs. 4 GlüStV im Rechtsverhältnis zwischen Spieler und den Online-Glücksspielanbieter zu erfolgen. Hingegen hat eine bereicherungsrechtliche Rückabwicklungen aufgrund eines Verstoßes gegen § 4 Abs. 1 S. 2, 2 Hs. GlüStV im Rechtsverhältnis zwischen dem Spieler und seiner Bank bzw. zwischen dem Online-Glücksspielanbieter und dessen Kreditkartenunternehmen bzw. Acquirer-Bank zu erfolgen.

IV. Bereicherungsrechtliche Rückabwicklung zwischen Spieler und Online-Glücksspielanbieter wegen Verstoßes gegen § 4 Abs. 4 GlüStV

Somit ist zu prüfen, ob ein Spieler im Falle einer unerlaubten Veranstaltung oder Vermittlung öffentlicher Glücksspiele im Internet von seinem Online-Glücksspielanbieter zuvor eingezahlte Glücksspieleinsätze gem. § 812 Abs. 1 S. 1 Alt. 1 BGB zurückfordern kann.

1. „Etwas" erlangt

Zunächst müsste der Online-Glücksspielanbieter „etwas" erlangt haben.

„Etwas" i. S. d. § 812 Abs. 1 BGB kann jede Verbesserung der Vermögenssituation sein.[1501] In den hiesigen Fällten erhalten die Online-Glücksspielanbieter mit den Spieleinsätzen Einzahlungen zum Zwecke der Teilnahme an illegalem Online-Glücksspiel, d. h. Geld als ihnen gehörig.[1502]

Folglich erlangen die Online-Glücksspielanbieter mit den Spieleinsätzen „etwas" i. S. d. § 812 Abs. 1 BGB.

2. Durch „Leistung"

Diese Verbesserung der Vermögenssituation müsste durch „Leistung" des Spielers erfolgt sein.

„Leistung" i. S. d. § 812 Abs. 1 BGB meint jede bewusste und zweckgerichtete Mehrung fremden Vermögens.[1503] Bei der Einzahlung von Spieleinsätzen zur

---

1501 Jauernig/*Stadler*, 18. Aufl. 2021, BGB, § 812, Rn. 8; zum gegenstandsbezogenen Vermögensbegriff, vgl. *Prütting*, in: Prütting/Wegen/Weinreich, BGB, 16. Auflage 2021, § 812 BGB, Rn. 28.

1502 Vgl. *Prütting*, in: Prütting/Wegen/Weinreich, BGB, 16. Auflage 2021, § 812 BGB, Rn. 29;
Vgl. NK-BGB/ *Prinz von Sachsen Gessaphe*, 4. Aufl. 2021, BGB, § 812, Rn. 11.

1503 BeckOK BGB/*Wendehorst*, 58. Ed. 01.05.2021, BGB, § 812, Rn. 38 unter Verweis auf BGHZ 40, 272 [277] = NJW 1964, 399; BGHZ 58, 184 [188]; BGH NJW 1999, 1393

Teilnahme an Online-Glücksspielen zahlt der Spieler aufgrund eines vermeintlich bestehenden „Glücksspiel-Vertrages". Dieser „Glücksspiel-Vertrag" erfordert aus seiner Sicht die Einzahlung von Spieleinsätzen, garantiert im Falle des erfolgreichen Spiels im Gegenzug aber auch die Auszahlung eines versprochenen Gewinns. D. h. der Spieler zahlt in dem Glauben an ein zwischen ihm und dem Online-Glücksspielanbieter bestehendes Schuldverhältnis, welches diese Zuwendung vermeintlich erforderlich macht. Mithin zahlt der Spieler in Erfüllung einer Verbindlichkeit.[1504] Damit liegt eine bewusste und zweckgerichtete Mehrung fremden Vermögens durch den Spieler vor. Dies stellt sich auch aus objektiver Empfängersicht so dar. Auch aus Sicht des Online-Glücksspielanbieters liegt nicht etwa eine Leistung der Bank vor, sondern zahlt der Spieler aufgrund eines vermeintlich bestehenden „Glücksspiel-Vertrages".[1505]

In der Folge liegt mit der Zahlung des Spieleinsatzes durch den Spieler auch eine Leistung i. S. d. § 812 Abs. 1 BGB vor.

3. *„Ohne Rechtsgrund"*

Diese Vermögensmehrung durch Leistung müsste für einen Rückforderungsanspruch sodann „ohne rechtlichen Grund" erfolgt sein.

Die Zuwendung erfolgt „ohne rechtlichen Grund", wenn der Empfänger sie weder im Rahmen einer rechtsgeschäftlichen noch ein gesetzlichen Güterzuordnung behalten darf.[1506] Bei der Leistungskondiktion nach § 812 Abs. 1 S. 1 Alt. 1 BGB ist damit eine fehlende die Vermögensverschiebung rechtfertigende causa gemeint.[1507] Bei einer Einzahlung von Spieleinsätzen zur Teilnahme am illegalen Online-Glücksspiel besteht der Rechtsgrund zum Behaltendürfen (subjektiv wie objektiv) in dem zugrundeliegenden „Glücksspiel-Vertrag" zwischen Spieler und Online-Glücksspielanbieter.[1508] Dieser Vertrag ist – wie bereits vorangehend

---

[1394]; 2004, 1169; *Wendehorst* bevorzugt aber *„Leistung iSv § 812 Abs. 1 ist jede zurechenbare Verschaffung eines Vorteils, die der Empfänger auf ein Kausalverhältnis zum anderen beziehen darf.*"; BeckOK BGB/*Wendehorst*, 58. Ed. 01.05.2021, BGB; § 812; Rn. 38.

1504 Vgl. BeckOK BGB/*Wendehorst*, 58. Ed. 01.05.2021, BGB, § 812, Rn. 47.

1505 Vgl. BeckOK BGB/*Wendehorst*, 58. Ed. 01.05.2021, BGB, § 812, Rn. 50.

1506 *Prütting*, in: Prütting/Wegen/Weinreich, BGB, 16. Auflage 2021, § 812 BGB, Rn. 32.

1507 Staudinger/*Lorenz*, 2007, BGB, § 812, Rn. 1.

1508 Vgl. *Prütting*, in: Prütting/Wegen/Weinreich, BGB, 16. Auflage 2021, § 812 BGB, Rn. 32.

aufgezeigt – gem. § 134 BGB i. V. m. § 4 Abs. 4 GlüStV nichtig.[1509] § 4 Abs. 4 GlüStV erweist sich auch als unionsrechts- bzw. verfassungskonform.[1510] Die Rechtsgrundlosigkeit hat mit § 134 BGB auch schon im Zeitpunkt der Leistungserbringung vorgelegen.[1511]

Mithin liegt im Falle einer Einzahlung zu Teilnahme am illegalen Online-Glücksspiel eine Zahlung „ohne Rechtsgrund" i. S. d. § 812 Abs. 1 BGB vor.

4. *Ausschlussgründe*

a) *§ 814 Alt. 1 BGB*

Ein somit im Grundsatz bestehender Rückforderungsanspruch nach § 812 Abs. 1 S. 1 Alt. 1 BGB könnte jedoch gem. § 814 BGB ausgeschlossen sein.

Nach § 814 Alt. 1 BGB kann das zum Zwecke der Erfüllung einer Verbindlichkeit Geleistete nicht zurückgefordert werden, wenn der Spieler gewusst hat, dass ein Rechtsgrund zur Leistung nicht bestanden hat.[1512] Dieser Ausschlussgrund beruht einerseits auf dem Gedanken der Unzulässigkeit widersprüchlichen Verhaltens. Andererseits bringt er zum Ausdruck, dass das Zusprechen von Rückzahlungsansprüchen einen Irrtum des Leistenden über seine Verpflichtung zur Leistung voraussetzt.[1513] Gefordert wird eine vom Empfänger zu beweisende positive Kenntnis des fehlenden Rechtsgrunds im Zeitpunkt der Leistung.[1514] Als ausreichend hierfür wird erachtet, wenn sich eine Kenntnis vom Fehlen der Leistungsverpflichtung aus der „Parallelwertung in der Laiensphäre" ergibt, dem Spieler also ohne besondere rechtliche Vorbildung bewusst ist, dass ein „Glücksspiel-Vertrag" nicht existiert.[1515] Nicht ausreichend ist hingegen die bloße Kenntnis der Tatsachen, aus denen sich eine nicht bestehende Leistungspflicht ergibt.[1516] Wie bereits ausgeführt, hat der deutsche Durchschnittsspieler regelmäßig keine positive Kenntnis von der Illegalität der Online-Glücksspiele in Deutschland.[1517] § 814 BGB ist daher nicht anwendbar. Das gilt auch für die

---

1509 Zur Unwirksamkeit der Rechtsgeschäfte im Valutaverhältnis, siehe Drittes Kapitel, D., I.

1510 Siehe Zweites Kapitel, B., II., 4.

1511 Vgl. *Prütting*, in: Prütting/Wegen/Weinreich, BGB, 16. Auflage 2021, § 812 BGB, Rn. 34.

1512 Vgl. MüKoBGB/*Schwab*, 8. Aufl. 2020, BGB, § 814, Rn. 1.

1513 MüKoBGB/*Schwab*, 8. Aufl. 2020, BGB, § 814, Rn. 2.

1514 MüKoBGB/*Schwab*, 8. Aufl. 2020, BGB, § 814, Rn. 3, 16, 23.

1515 MüKoBGB/*Schwab*, 8. Aufl. 2020, BGB, § 814, Rn. 16.

1516 MüKoBGB/*Schwab*, 8. Aufl. 2020, BGB, § 814, Rn. 17.

1517 Zum Kenntnisstand des Spielers, siehe Drittes Kapitel, E., IV., 2., c).

Fälle bei denen Spieler (verschuldet) falsche Rückschlüsse über die Legalität des jeweiligen Online-Glücksspiels ziehen oder sogar Zweifel an der bestehenden Rechtslage haben.[1518] Darüber hinaus dürfte ein Haftungsausschluss nach § 814 BGB selbst dann scheitern, wenn die Spieler zum Zeitpunkt der Zahlung von der Illegalität des Spiels wissen. Die Zahlungsempfänger sind selbst nicht schutzwürdig, da sie als Anbieter der illegalen Online-Glücksspiele ebenfalls von der Illegalität ihrer Angebote wissen. Sie werden daher nicht darauf vertrauen dürfen, die Leistungen behalten zu können.[1519]

Folglich wird ein Rückforderungsanspruch nach § 812 Abs. 1 S. 1 Alt. 1 BGB bereits mangels positiver Kenntnis der Spieler von der Illegalität der Online-Glücksspiele nicht gem. § 814 Alt. 1 BGB ausgeschlossen.

b) § 817 S. 2 BGB

Sodann könnte ein Rückforderungsanspruch nach § 812 Abs. 1 S. 1 Alt. 1 BGB gem. § 817 S. 2 BGB ausgeschlossen sein.

§ 817 S. 2 BGB enthält für die Fälle einen Kondiktionsausschlussgrund, in denen dem Leistenden selbst Gesetzes- oder Sittenverstöße entgegengehalten werden können.[1520] Entgegen des Wortlauts von § 817 S. 2 BGB werden davon auch einseitige Sitten- oder Gesetzesverstöße des Leistenden erfasst.[1521] § 4 Abs. 4 GlüStV adressiert nur die Online-Glücksspielanbieter. Auch sonst enthält § 4 GlüStV kein Verbot, welches die Spieler adressiert. Die Spieler adressierende Vorschriften finden sich im Rahmen der deutschen Glücksspielregulierung allein in den §§ 284 ff. StGB.[1522] Ein Kondiktionsausschlussgrund nach § 817 S. 2 BGB könnte sich daher allenfalls aus der Strafbarkeit eines Spielers nach § 285 StGB ergeben.[1523]

1518 MüKoBGB/*Schwab*, 8. Aufl. 2020, BGB, § 814, Rn. 17.

1519 MüKoBGB/*Schwab*, 8. Aufl. 2020, BGB, § 814, Rn. 8.

1520 *Prütting*, in: Prütting/Wegen/Weinreich, BGB, 16. Auflage 2021, § 817 BGB, Rn. 1.

1521 Was allerdings im Gegenzug eine punktuelle Einschränkung des § 817 S. 2 BGB unter Berücksichtigung des Schutzzwecks der Norm erfordere, so *Prütting*, in: Prütting/Wegen/Weinreich, BGB, 16. Auflage 2021, § 817 BGB, Rn. 7.

1522 Siehe Zweites Kapitel, D., I.

1523 So etwa LG München I, Urt. v. 13.04.2021 – 8 O 16058/20 –, Rn. 30 ff., juris; LG Wuppertal, Urt. v. 30.10.2019 – 3 O 384/18 –, Rn. 40, juris = MMR 2020, 561–563, a. A. *Kemper*, Verbotenes Online-Glücksspiel und verbotene Zahlungen, S. 191 ff., 192, 195, der aufgrund eines weit verstandenen Adressatenkreises der Norm zunächst einen Verstoß der Spieler gegen das Mitwirkungsverbot aus § 4 Abs. 1 S. 2, 2 Hs. GlüStV für möglich hält, einen Kondiktionsausschluss nach § 817 S. 2 BGB aber sodann gleichwohl für nicht anwendbar erachtet. Zum einen führe die zeitliche Zäsur

aa. Verstoß der Spieler gegen § 285 StGB

§ 285 StGB verbietet den Spielern die Teilnahme an unerlaubten öffentlichen Glücksspielen i. S. d. § 284 StGB.[1524] § 284 StGB und § 4 Abs. 1 GlüStV sind weitgehend deckungsgleich. Daraus ergibt sich, immer wenn § 4 Abs. 1, Abs. 4 GlüStV erfüllt ist, kommt auch eine Strafbarkeit der Spieler gem. § 285 StGB in Betracht.[1525] Am unerlaubten Glücksspiel beteiligt sich zwar objektiv, wer selbst spielt.[1526] Eine Strafbarkeit nach § 285 StGB setzt allerdings stets einen subjektiven Tatbestand und damit vorsätzliches Handeln voraus.[1527] Vorsätzliches Handeln liegt dann vor, wenn der Täter „mit dem Willen zur Verwirklichung des Straftatbestandes in Kenntnis all seiner objektiven Tatumstände" handelt.[1528] Anders ausgedrückt, Vorsatz ist „Wissen und Wollen der Tatbestandsverwirklichung".[1529] Damit muss der jeweilige Spieler für eine Strafbarkeit nach § 285 StGB alle Umstände kennen, die das Spiel zu einem illegalen Glücksspiel machen.[1530] Er muss mindestens wissen, dass er sich an einem behördlich nicht erlaubten Glücksspiel beteiligt.[1531] Wie bereits andernorts ausführlich besprochen, wird der deutsche Durchschnittsspieler jedoch regelmäßig von einer Illegalität der

---

zwischen Einzahlung und Spielteilnahme zu einer Unterbrechung durch das Unmittelbarkeitsprinzip, zum anderen liege bei den Spielern der erforderliche subjektive Tatbestand hinsichtlich eines Verstoßes gegen das Mitwirkungsverbot nicht vor.

1524 Zu § 285 StGB, siehe Zweites Kapitel, D., I; BeckOK StGB/*Hollering*, 50. Ed. 01.05.2021, StGB, § 285, Rn. 3.

1525 Zur weitgehenden Deckungsgleichheit der § 284 StGB und § 4 Abs. 1 GlüStV, siehe Drittes Kapitel, C., I., 2., b), aa.

1526 BeckOK StGB/*Hollering*, 50. Ed. 01.05.2021, StGB, § 285, Rn. 4.

1527 NK-StGB/*Gaede*, 5. Aufl. 2017, StGB, § 285, Rn. 6; daneben würde i. R. v. § 817 S. 2 BGB auch der Verstoß gegen ein zivilrechtliches Verbotsgesetz mindestens Kenntnis des Leistenden vom Gesetzesverstoß voraussetzen, NK-BGB/*von Sachsen Gessaphe*, 4. Aufl. 2021, BGB, § 817, Rn. 15; a. A. *Hohmann*, dieser lässt bedingten Vorsatz ausreichen, MüKoStGB/*Hohmann*, 3. Aufl. 2019, StGB, § 285, Rn. 13.

1528 BeckOK StGB/*Kudlich,* 50. Ed. 01.05.2021, StGB, § 15 Rn. 3 unter Verweis auf BGH, Urt. v. 05.05.1964 – 1 StR 26/64 = NJW 1964, 1330.

1529 BeckOK StGB/*Kudlich,* 50. Ed. 01.05.2021, StGB, § 15 Rn. 3.

1530 BeckOK StGB/*Hollering*, 50. Ed. 01.05.2021, StGB, § 285, Rn. 9; BeckOK StGB/*Kudlich*, 50. Ed. 01.05.2021, StGB, § 15, Rn. 4; NK-StGB/*Gaede*, 5. Aufl. 2017, StGB, § 285, Rn. 6.

1531 NK-StGB/*Gaede*, 5. Aufl. 2017, StGB, § 285, Rn. 6; BeckOK StGB/*Kudlich,* 50. Ed. 01.05.2021, StGB, § 15 Rn. 11; a. A. *Hohmann*, der Täter müsse die Teilnahme an einem illegalen Online-Glücksspiel zumindest billigend in Kauf nehmen, MüKoStGB/*Hohmann*, 3. Aufl. 2019, StGB, § 285, Rn. 13.

Angebote bzw. von einer fehlenden behördlichen Erlaubnis der Anbieter keine Kenntnis haben.[1532] Bereits ausufernde TV- und Internet-Werbung versetzen den deutschen Durchschnittsspieler in den Glauben, die angepriesenen Spiele seien legal. Dem liegt die Vorstellung zugrunde, was im Fernsehen so intensiv beworben wird, kann nicht illegal sein. Auch der ggf. mitgeteilte Hinweis, das Angebot richte sich nur an Spieler in Schleswig-Holstein, wird daran in der Regel nichts ändern können. Schließlich geht aus diesem (regelmäßig in stark beschleunigter Geschwindigkeit vorgetragenen) Hinweis nicht hervor, dass Online-Glücksspiele in Deutschland grundsätzlich verboten sind. Sollte dieser Hinweis den Spieler aber dennoch zu einer Internetrecherche bewogen haben, so wird diese Internetrecherche regelmäßig ebenfalls zu dem Ergebnis führen, dass die angepriesenen Spiele legal seien dürften. Dies ist darauf zurückzuführen, dass sich die Anbieter intensiv darum bemühen, den Eindruck der Rechtmäßigkeit ihrer Angebote zu erwecken. Nicht nur findet sich keinerlei Hinweis darauf, dass das Angebot in Deutschland (ggf. mit Ausnahme von Schleswig-Holstein) ausdrücklich verboten ist. Die Anbieter werben sogar mit „gültigen Lizenzen“, „EU-Lizenzen“, der „Aufsicht und Kontrolle“ durch behördliche Einrichtungen oder „rechtsgültigen Verträgen“.[1533] Gleichzeitig sind die Online-Glücksspiel-Seiten stets in deutscher Sprache, werden unter deutschen Domains oder Sub-Domains geführt und enthalten oftmals offiziell anmutende Verweise, etwa zur

1532 Zum Kenntnisstand des Spielers, siehe Drittes Kapitel, E., IV., 2., c); zum Kenntnisstand des Spielers bezogen auf § 285 StGB siehe auch Drittes Kapitel C., II., 4., b), aa); a. A. LG München I, Urt. v. 13.04.2021 – 8 O 16058/20 –, Rn. 33, juris. Darin geht die erkennende Kammer davon aus, der Spieler habe sich der *„Einsicht in die Gesetzeswidrigkeit seines Handelns leichtfertig verschlossen“*. Aus Funk und Fernsehen sei *„allgemein bekannt, dass Online-Glücksspiel in Deutschland mit Ausnahme von Schleswig-Holstein verboten ist“*.

1533 Onlinepräsenz Mr. Green, abrufbar unter https://www.mrgreen.de/, zuletzt abgerufen am 24.05.2021; Ähnliches führt auch der Anbieter Rhinoceros Operations Ltd. auf der Startseite eines seiner Online-Casinos auf www.wunderino.de aus. Hierbei geht der Anbieter aber noch einen Schritt weiter und führt zudem in seinen „Über uns“-Ausführungen aus: *„DU KANNST UNS VERTRAUEN: – EU-Lizenz: Wunderino unterliegt den strengen Richtlinien und Überwachungsmodalitäten der Malta Gaming Authority (MAG), die Lizenzen zur Durchführung von Wettgeschäften vergibt. […].“*, Onlinepräsenz Wunderino, abrufbar unter https://www.wunderino.de/, https://www.wunderino.de/de/about/ zuletzt abgerufen am 01.07.2021; Ziff. 1.1 der Allgemeinen Geschäftsbedingungen zur Nutzung der Angebote der Wildz Online Spielothek (Version 3.0, Stand: 05.08.2020), abrufbar unter https://www.wildz.com/de/info/agb/, zuletzt abgerufen am 22.05.2021.

Bundeszentrale für gesundheitliche Aufklärung (BZgA) oder dem Fachverband für Glücksspielsucht e. V.[1534] Es erschließt sich nicht, wie der rechtlich nicht vorgebildete Durchschnittsspieler aus solch irreführenden Angaben in Verbindung mit intensiver Werbung im bundesweiten Fernsehen ableiten können soll, dass das konkrete Spiel in Deutschland grundsätzlich nicht legal ist.[1535] Insbesondere wird für einen Durchschnittsspieler nicht verständlich sein, warum eine „in der Europäischen Union gültige Lizenz“ nicht für einen deutschen Spieler gelten sollte. Schließlich wird den wenigsten Verbrauchern bekannt sein, dass für das grenzüberschreitende Online-Glücksspiel in Europa unterschiedliche Regelungen gelten, dass für die Teilnahme eines deutschen Spielers an einem Online-Glücksspiel aus Deutschland heraus in Teilen deutsches Recht gilt, dass danach öffentliches Glücksspiel in Deutschland verboten ist und dass etwa eine maltesische Glücksspiellizenz in Deutschland keinerlei legalisierende Wirkung entfaltet.[1536] Folglich wird man zu dem Ergebnis kommen müssen, dass dem deutschen Durchschnittsspieler bereits die Umstände, welche das Spiel zu einem nicht erlaubten Glücksspiel machen, regelmäßig nicht bekannt sein dürften und dass folglich auch kein subjektiver Tatbestand bezüglich einer strafbaren Teilnahme an illegalem Glücksspiel vorliegen kann.

Mithin wird man zu dem Ergebnis kommen müssen, dass sich die Spieler in der Regel nicht gem. § 285 StGB strafbar machen und damit selbst keinen Gesetzesverstoß i. S. d. § 817 S. 2 BGB begehen.

bb. Teleologische Reduktion von § 817 S. 2 BGB

Unabhängig davon könnte es der Schutzzweck der Glücksspielregulierung durch den GlüStV (namentlich § 4 Abs. 4 GlüStV) notwendig machen, § 817 S. 2 BGB teleologisch zu reduzieren.

In seiner Entscheidung vom 19.04.1961 (Az.: IV ZR 217/60) führte der 4. Zivilsenat des BGH zu § 817 S. 2 BGB aus, die Norm sei „eine Ausnahmevorschrift,

---

1534 Online-Präsenz von Wildz, abrufbar unter https://www.wildz.com/de/, zuletzt abgerufen am 01.07.2021.

1535 *Kemper* geht (im Kontext des Verbotsirrtums nach § 17 StGB) davon aus, dass die öffentlich zugängliche Rechtsprechung derart offensichtlich sei, dass die Spieler aus den Informationen der Webseiten ableiten könnten, ob die Spiele illegal seien. Gleichwohl gibt er selbst zu, die Hinweise auf den Webseiten würden die Spieler eher von einer Legalität überzeugen, *Kemper*, Verbotenes Online-Glücksspiel und verbotene Zahlungen, S. 138 f., Fußnote 132.

1536 Siehe Drittes Kapitel, E., IV., 2., c); a. A. *Beyer*, ZfWG ¾/2019, S. 235, 237; *Hambach/Kienzerle*, 1/20, S. 74, 74.

die aus bestimmtem Grunde einen gesetz- oder sittenwidrig geschaffenen Zustand aufrechterhält".[1537] Dem liegt folgender Gerechtigkeitsgedanke zugrunde: „Wer sich an gesetzes- oder sittenwidrigen Transaktionen beteiligt, muss wissen, dass seine Leistung selbst dann unwiederbringlich und ersatzlos verloren ist, wenn im Rahmen solcher Transaktionen Störungen auftreten".[1538] Dieser Grundsatzgedanke kann im Einzelfall jedoch mit den Zielen der verletzten Rechtsvorschrift kollidieren.[1539] So darf ein Kondiktionsausschluss nicht dazu führen, dass durch eine Legalisierung der Vermögensverschiebung letztlich jener rechtswidrige Zustand perpetuiert werden würde, den die verletzte Rechtsvorschrift eigentlich zu verhindern sucht. Ein Kondiktionsausschluss darf im Ergebnis nicht dazu führen, dass einem verbotenen Handeln Vorschub geleistet würde.[1540] Ausgehend von der amtlichen Begründung soll § 4 Abs. 4 GlüStV den Vertriebsweg Internet für Glücksspiele sperren.[1541] Dem liegt die Auffassung zugrunde, Online-Glücksspiele würden im Vergleich zu terrestrischen Glücksspielen eine größere Gefahr für Verbraucher, Jugendliche und Personen „die eine besonders ausgeprägte Spielneigung besitzen oder eine solche Neigung entwickeln können" bergen.[1542] Besonders gefährlich sei dabei die höhere Anzahl und leichtere Verfügbarkeit der Angebote sowie die Isolation der Spieler. „Anonymität" und „fehlende soziale Kontrolle" würden „die Entwicklung von Spielsucht und übermäßige Ausgaben für das Spielen begünstigen".[1543] Eine Nachfrage nach Glücksspielen solle daher allein über terrestrische Glücksspielangebote bedient werden.[1544] Übereinstimmend damit ist nach Auffassung des 8. Senats des BVerwG in seinem Urteil vom 26.10.2017 (Az.: 8 C 14/16) der Zweck des Internettotalverbots, die Spieler dazu zu zwingen die „Glücksspielangebote

---

1537 BGH, Urt. v. 19.04.1961 – IV ZR 217/60 –, BGHZ 35, 103–111, Rn. 31.

1538 MüKoBGB/*Schwab*, 8. Aufl. 2020, BGB, § 817, Rn. 10; vgl. auch Drittes Kapitel, C., II., 4., b), aa.

1539 MüKoBGB/*Schwab*, 8. Aufl. 2020, BGB, § 817, Rn. 22; BGH, Urt. v. 05.05.1992 – X ZR 134/90 – BGHZ 118, 182–193, Rn. 40.

1540 Staudinger/*Lorenz*, 2007, BGB, § 817, Rn. 10; BGH, Urt. v. 13.03.2008 – III ZR 282/07 –, Rn. 10, juris = NJW 27/2008, S. 1942; BeckOK BGB/*Wendehorst*, 58. Ed. 01.05.2021, BGB, § 817, Rn. 23, 24.

1541 Amtliche Begründung zum GlüStV 2012, Bay LT-Drs. 16/11995, S. 20; zum Sinn und Zweck des § 4 Abs. 4 GlüStV, siehe Drittes Kapitel, C., III., 4.

1542 Amtliche Begründung zu § 4 Abs. 4 GlüStV 2012, Bay LT-Drs. 16/11995, S. 22 unter Verweis auf EuGH, Urt. v. 30.06.2011 – C-212/08 –, Rn. 80, juris.

1543 EuGH, Urt. v. 30.06.2011 – C-212/08 –, Rn. 80, juris.

1544 Amtliche Begründung zum GlüStV 2012, Bay LT-Drs. 16/11995, S. 20.

real aufzusuchen und so die spielsuchtfördernde häusliche Online-Spielvariante zu vermeiden".[1545] Dürften nun die Online-Glücksspielanbieter die Spieleinsätze für ihre illegalen Angebote aufgrund einer Kondiktionssperre behalten, so würde dieses Ziel konterkariert. Da die Spieler regelmäßig nichts von der Illegalität der Angebote wissen, würden sie diese weiterhin nutzen und würden hierfür auch weiter Spieleinsätze einzahlen. Aus Sicht der Anbieter gäbe es daher keinen Anlass dafür, ihre Online-Angebote in Deutschland vom Markt zu nehmen, denn sie würden ihren Geschäftszweck gleichwohl erreichen. Ihre Motivation zum verbotswidrigen Veranstalten und Vermitteln öffentlicher Glücksspiele im Internet wäre ungebrochen. Der Leistungsaustausch würde nicht blockiert, sondern verewigt.[1546] Darüber hinaus könnte ein Kondiktionsausschluss sogar einen Anreiz für weitere illegale Online-Glücksspielangebote in Deutschland schaffen. Schließlich dürften die Anbieter hiernach die Einzahlungen einbehalten und könnten sich im Gegenzug bei Gewinnauszahlungsansprüchen der Spieler nach Belieben auf eine Unwirksamkeit der „Glücksspiel-Verträge" berufen. Sie könnten sich ausrechnen, bis zu welcher Auszahlungshöhe sie selbst an einem „Glücksspiel-Vertrag" festhalten wollen bzw. ab welcher Summe es sich mehr lohnen würde, sich auf dessen Nichtigkeit zu berufen. Damit würde eine Kondiktionssperre zu einem „Angebot ohne finanzielles Risiko" für die Anbieter führen.[1547] Die Anbieter, die sich über ein Internettotalverbot hinwegsetzen, könnten damit die deutsche Glücksspielregulierung zu ihrem Vorteil nutzen. Eine so erzielte Gewinnmaximierung würde nicht zur Eindämmung von illegalem Online-Glücksspiel führen. Jedenfalls bliebe der Vertriebsweg Internet für Glücksspiele in Deutschland faktisch weiter geöffnet. Somit liefe eine mit einem Kondiktionsausschluss einhergehende Legalisierung der Vermögensverschiebungen beim illegalen Online-Glücksspiel dem Sinn und Zweck des § 4 Abs. 4 GlüStV drastisch zuwider. Darüber hinaus spricht gegen die Annahme eines Kondiktionsausschlusses nach § 817 S. 2 BGB, dass § 4 Abs. 4 GlüStV zu einem beachtlichen Teil dem Schutz des Spielers dient.[1548] Der 5. Senat des BAG ist in seinem Urteil vom 28.07.1982 (Az.: 5 AZR 46/81) der Auffassung, dass

---

1545 BverwG, Urt. v. 26.10.2017 – 8 C 14/16 –, Rn. 32, juris.

1546 *Klöhn*, AvP 210 (2010), Band 6, S. 804, 829.

1547 Vgl. LG München I, Urt. v. 28.02.2018 – 27 O 11716/17 –, Rn. 27, juris, hierbei spricht das Gericht von einem „Freibrief" bzw. einem „Glücksspiel ohne jegliches finanzielles Risiko".

1548 Vgl. BeckOK BGB/*Wendehorst*, 58. Ed. 01.05.2021, BGB, § 817, Rn. 23; *Heintz/Scholer*, VuR 09/20, 323, 329.

eine strikte Anwendung des § 817 S. 2 BGB dann mit dem Schutzzweck der verletzten Norm unvereinbar sei, wenn dieser gerade darin bestehe die betreffende Vermögensverschiebung zum Schutz des Leistenden zu verhindern.[1549] Laut des 3. Zivilsenats des OLG Hamburg in seinem Urteil vom 30.07.2009 (Az.: 3 U 53/09) ist dies bei § 4 Abs. 4 GlüStV der Fall. Darin vertritt der erkennende Senat die Auffassung, die Spieler sollten durch das Internettotalverbot vor den finanziellen Folgen der Glücksspiel-Verträge im Internet geschützt werden.[1550] Dieser Schutz würde allerdings nicht eintreten, wenn die Vermögensverschiebung durch eine strikte Anwendung von § 817 S. 2 BGB legalisiert würde. In der Folge ist § 817 S. 2 BGB im Zusammenhang mit einer Rückforderung von zur Teilnahme an illegalem Online-Glücksspiel geleisteten Spieleinsätzen nicht anzuwenden. So sieht es auch die 4. Zivilkammer des LG Gießen in ihrem Urteil vom 25.02.2021 (Az.: 4 O 84/20). Darin führt die erkennende Kammer aus, § 817 S. 2 BGB sei teleologisch zu reduzieren, da die Regelungen des GlüStV, allen voran § 4 Abs. 4 GlüStV, gerade dazu bestimmt seien, illegales Online-Glücksspiel zum Schutze der Spieler zu unterbinden.[1551] Zum gleichen Ergebnis gelangt man, wenn man die Anwendung von § 817 S. 2 BGB nach *Klöhn* an der „generalpräventiven Zwecksetzung" der Norm ausrichtet.[1552] Danach soll § 817 S. 2 BGB einseitig zu Lasten jener Partei angewendet werden, von der die Befolgung des Normbefehls am ehesten zu erwarten ist.[1553] Dabei soll zwischen sog. *„repeat players"* und *„one-shooters"*, d. h. Parteien, die immer wieder gesetzeswidrige Absprachen derselben Art treffen und Parteien die dies selten bis nur einmalig tun, unterschieden werden. Der Gedanke der „generalpräventiven Zwecksetzung" beruht darauf, dass der *„one-shooter"* im Zweifel die Wirkung des § 817 S. 2 BGB bzw. die Auffassung der Zivilgerichte zu dessen Anwendbarkeit nicht kennt und sein Handeln folglich auch nicht daran ausrichten wird, während für den *„repeat player"* das Gegenteil gilt.[1554] Vorliegend sind die Online-Glücksspielanbieter die *„repeat player"*. Sie sind sich über die Rechtslage im Klaren und verstoßen jahrelang in großem Umfang gegen das Internettotalverbot. Gleichzeitig werden sie die Rechtsprechung zum Thema Online-Glücksspiel bzw. der Rückforderung

---

1549 BAG, Urt. v. 28.06.1982 – 5 AZR 46/81 –, BAGE 39, 226–230, Rn. 15.

1550 OLG Hamburg, Urt. v. 30.09.2009 – 3 U 53/09 –, Rn. 27, juris.

1551 LG Gießen, Urt. v. 25.02.2021 – 4 O 84/20 –, Rn. 26, 27, juris; *Korff*, jurisPR-BKR 6/2021 Anm. 6.

1552 Vgl. BeckOK BGB/*Wendehorst*, 58. Ed. 01.05.2021, BGB, § 817, Rn. 25; *Klöhn*, AvP 210 (2010), Band 6, S. 804, 828 ff.; a. A. *Hendricks/Lüder*, VuR 09/21, S. 333, 336.

1553 Vgl. *Klöhn*, AvP 210 (2010), Band 6, S. 804, 830.

1554 Vgl. *Klöhn*, AvP 210 (2010), Band 6, S. 804, 830.

von Einsätzen zum Zwecke der Teilnahme an illegalen Online-Glücksspielen genau beobachten und ihr Verhalten daran ausrichten. Wenn die Online-Glücksspielanbieter also wissen, dass ein Verstoß gegen § 4 Abs. 4 GlüStV aufgrund der restriktiven Anwendung von § 817 S. 2 BGB zur Folge hat, dass sie mit ihren unerlaubten Angeboten keine Umsätze mehr generieren können, so steigt die Wahrscheinlichkeit dafür, dass sie ihre illegalen Online-Glücksspiele in Deutschland nicht mehr anbieten, sie mithin den Normbefehl des § 4 Abs. 4 GlüStV befolgen. Dagegen ist der juristisch nicht vorgebildete deutsche Durchschnittsspieler in dieser Konstellation der *„one-shooter"*. Sofern er denn Kenntnis von der Illegalität des Spiels hat, wird er im Zweifel keine Kenntnis von der Auffassung der Zivilgerichte über die Anwendung von § 817 S. 2 BGB haben und sein Verhalten damit auch nicht danach ausrichten. In der Folge ist eine Befolgung des Normbefehls am ehesten von den Online-Glücksspielanbietern zu erwarten. Damit ist auch bei einer Ausrichtung der Anwendung von § 817 S. 2 BGB nach „generalpräventiver Zwecksetzung" von einer teleologischen Reduktion des § 817 S. 2 BGB zu Gunsten des Spielers auszugehen.

Mithin ist § 817 S. 2 BGB im Zusammenhang mit der Rückforderung von Spieleinsätzen nach allen Auffassungen zu Gunsten der Spieler teleologisch zu reduzieren.[1555]

5. *Durchsetzbarkeit*

Zu prüfen ist sodann, ob ein Rückzahlungsanspruch der Spieler gem. § 812 Abs. 1 S. 1, Alt. 1 BGB durchsetzbar ist.

a) *Verjährung*

Sofern Spieler Spieleinsätze aus länger zurückliegenden Spielen zurückverlangen, kommt eine Verjährung dieser Ansprüche in Betracht.

Für bereicherungsrechtliche Rückabwicklungsansprüche gilt grundsätzlich die dreijährige Regelverjährung gem. § 195 BGB.[1556] Die Verjährungsfrist beginnt gem. § 199 Abs. 1 Nr. 1, 2 BGB frühestens mit dem Schluss des Jahres,

1555 A.A. *Hendricks/Lüder*, VuR 9/21, S. 333, 340 unter Verweis auf „drohende Fehlanreize"; *Kemper*, Verbotenes Online-Glücksspiel und verbotene Zahlungen, S. 201 ff., unter Verweis auf einen Wertungswiderspruch zur strafrechtlichen Vermögensabschöpfung aus §§ 73 ff. StGB.

1556 BGH, Urt. v. 28.10.2014 – XI ZR 348/13 –, BGHZ 203, 115–140, Rn. 35; MüKoBGB/*Schwab*, 8. Aufl. 2020, BGB, § 812, Rn. 553; *Prütting*, in: Prütting/Wegen/Weinreich, BGB, 16. Auflage 2021, § 812 BGB, Rn. 108.

in dem der Anspruch entstanden ist und der Anspruchsgläubiger von den anspruchsbegründenden Tatsachen und der Person des Schuldners Kenntnis erlangt hat oder ohne grobe Fahrlässigkeit hätte erlangen müssen.[1557]

aa. Objektive Anspruchsentstehung

Ein Anspruch entsteht i. S. d. § 199 Abs. 1 Nr. 1 BGB dann, wenn er erstmals geltend gemacht und notfalls im Wege der Klage durchgesetzt werden kann.[1558] Hierzu gehört, dass der Anspruch hinsichtlich seines Inhalts, Gläubigers und Schuldners hinreichend bestimmt ist.[1559] Aus §§ 203 ff. BGB (insbesondere § 206 BGB) ergibt sich sodann, dass Verjährungsfristen nur dann zu laufen beginnen, wenn der Gläubiger die Möglichkeit bekommen hat, verjährungshemmende Maßnahmen einzuleiten.[1560] Dies setzt wiederum voraus, dass die zugrundeliegende Leistung i. S. d. § 271 BGB fällig geworden ist.[1561] Für bereicherungsrechtliche Ansprüche gilt, dass diese im Zeitpunkt der rechtsgrundlosen Zuwendung durch den Gläubiger an den Schuldner entstehen.[1562] Ab diesem Moment ist es dem Gläubiger tatsächlich möglich einen Rückzahlungsanspruch in etwa zu beziffern und der Anspruch wird fällig.[1563]

Folglich entsteht ein Rückzahlungsanspruch aus § 812 Abs. 1 S. 1, Alt. 1 BGB in den vorliegenden Fällen in dem Moment, in dem die Spieler den Online-Glücksspielanbietern Geld zur Spielteilnahme überweisen.

1557 BGH, Urt. v. 28.10.2014 – XI ZR 348/13 –, BGHZ 203, 115–140, Rn. 35; MüKoBGB/*Schwab*, 8. Aufl. 2020, BGB, § 812, Rn. 553; *Prütting*, in: Prütting/Wegen/Weinreich, BGB, 16. Auflage 2021, § 812 BGB, Rn. 108.

1558 *Deppenkemper*, in: Prütting / Wegen / Weinreich, BGB, 16. Auflage 2021, § 199 BGB, Rn. 3; MüKoBGB/*Grothe*, 8. Aufl. 2018, BGB § 199 Rn. 4.

1559 BGH, Urt. v. 16.04.2014 – IV ZR 153/13 –, Rn. 14, juris; BeckOK BGB/*Henrich*, 58. Ed. 01.05.2021, BGB, § 199, Rn. 4.

1560 BGH, Urt. v. 16.07.2015 – IX ZR 127/14 –, Rn. 14, juris.

1561 *Deppenkemper*, in: Prütting / Wegen / Weinreich, BGB, 16. Auflage 2021, § 199 BGB, Rn. 3, 14, unter Hinweis darauf, dass die Begriffe Fälligkeit und Anspruchsentstehung aufgrund der Möglichkeit, vor Fälligkeit verjährungsunterbrechende Feststellungsklage zu erheben, im Ergebnis nicht deckungsgleich sind.

1562 BGH, Urt. v. 13.01.2015 – XI ZR 303/12 –, BGHZ 204, 30–44, Rn. 16; BGH, Urt. v. 18.12.2008 – III ZR 132/08 –, Rn. 13, juris; *Deppenkemper*, in: Prütting / Wegen / Weinreich, BGB, 16. Auflage 2021, § 199 BGB, Rn. 8; Staudinger/*Peters/Jacoby*, 2019, BGB § 199, Rn. 26.

1563 Vgl. Staudinger/*Bittner/Kolbe*, 2019, BGB, § 271, Rn. 24.

bb. Subjektive Tatsachenkenntnis

Neben dem objektiven Kriterium der Anspruchsentstehung fordert § 199 Abs. 1 Nr. 2 BGB zudem als weitere Voraussetzung des Verjährungsbeginns die positive Kenntnis bzw. grob fahrlässige Unkenntnis des Gläubigers von den anspruchsbegründenden Umständen.[1564] Anspruchsbegründende Umstände sind jene Tatsachen, aus denen der Anspruch hergeleitet wird bzw. die den Anspruchstatbestand ausfüllen.[1565] Der 3. Zivilsenat des BGH ist in seinem Beschluss vom 31.01.2014 (Az.: III ZR 84/13) der Auffassung, eine erforderliche Kenntnis sei dann vorhanden, wenn der Gläubiger aufgrund der ihm bekannten Tatsachen Klage gegen den Schuldner erheben könne, die bei verständiger Würdigung so viel Erfolgsaussicht habe, dass sie zumutbar erscheine.[1566]

(1) Positive Kenntnis der Spieler

Der Verjährungsbeginn eines Anspruchs aus § 812 Abs. 1 S. 1, Alt. 1 BGB erfordert insofern eine Kenntnis von der Leistung, vom Leistungsempfänger und den Umständen, aus denen sich das Fehlen des Rechtsgrundes ergibt.[1567]

Die Spieler nehmen bewusst an Online-Glücksspielen teil. Ebenfalls initiieren sie hierzu bewusst Zahlungen an die Online-Glücksspielanbieter. Sie haben im Zeitpunkt der Zahlung positive Kenntnis davon, dass sie auf eine vermeintliche Schuld aus einem „Glücksspielvertrag" geleistet haben, dass der Empfänger dieser Zahlung Glücksspiel öffentlich im Internet veranstaltet, dass ihre Einzahlung der Teilnahme an einem solchen Online-Glücksspiel dient und dass der Online-Glücksspielanbieter Schuldner eines sodann entstehenden Rückzahlungsanspruches ist.

1564 *Deppenkemper*, in: Prütting / Wegen / Weinreich, BGB, 16. Auflage 2021, § 199 BGB, Rn. 11; BGH, Urt. v. 14.01.2010 – VII ZR 213/07 –, Rn. 13, juris; BeckOK BGB/*Henrich*, 58. Ed. 01.05.2021, BGB, § 199; Staudinger/*Peters/Jacoby*, 2019, BGB § 199, Rn. 62.

1565 *Deppenkemper*, in: Prütting / Wegen / Weinreich, BGB, 16. Auflage 2021, § 199 BGB, Rn. 14; Staudinger/*Peters/Jacoby*, 2019, BGB § 199, Rn. 62.

1566 BGH, Beschl. v. 31.01.2014 – III ZR 84/13 –, Rn. 6, juris.

1567 BGH, Urt. v. 04.07.2017 – XI ZR 562/15 –, BGHZ 215, 172–200, Rn. 85; BGH, Urt. v. 28.10.2014 – XI ZR 348/13 –, BGHZ 203, 115–140, Rn. 35; BGH, Urt. v. 29.01.2008 – XI ZR 160/07 –, BGHZ 175, 161–172, Rn. 26; Staudinger/*Peters/Jacoby*, 2019, BGB § 199, Rn. 64.

Was sie regelmäßig nicht wissen ist, dass Online-Glücksspiel in Deutschland gem. § 4 Abs. 4 GlüStV generell verboten ist bzw. dass die jeweiligen Anbieter die tatsächlich in Deutschland erforderliche Genehmigung nicht innehaben.

(2) Abgrenzung Tatsachenkenntnis von Rechtskenntnis

Fraglich ist nun wie zu bewerten ist, dass die Spieler keine positive Kenntnis vom Internettotalverbot gem. § 4 Abs. 4 GlüStV in Deutschland haben bzw. dass das konkret von ihnen wahrgenommene Glücksspiel in Deutschland verboten ist.

Im Rahmen von § 199 Abs. 1 Nr. 2 BGB ist zwischen einer erforderlichen Tatsachenkenntnis und einer nicht erforderlichen Rechtskenntnis abzugrenzen. Aus Gründen der Rechtssicherheit und Billigkeit bedarf es für § 199 Abs. 1 Nr. 2 BGB nur der Kenntnis des Gläubigers von den anspruchsbegründenden Umständen. Nicht erforderlich ist hingegen eine sich hieraus ergebende zutreffende rechtliche Würdigung.[1568] Die Spieler müssen also nur die Tatsachen kennen, aus denen sich ein Rückzahlungsanspruch herleiten lässt.[1569] Ob den Spielern auch tatsächlich klar wird, dass aus der Tatsachenlage eine rechtsgrundlose Zahlung und hieraus ein bereicherungsrechtlicher Anspruch gegen den jeweiligen Online-Glücksspielanbieter folgen, ist mithin nicht erforderlich.[1570] Aus der Unbeachtlichkeit der Rechtskenntnis folgt zudem, dass auch ein Rechtsirrtum des Gläubigers grundsätzlich unerheblich ist.[1571] Irrt sich ein Spieler über die bestehende Rechtslage, hat dies grundsätzlich keine Auswirkungen auf eine bestehende Tatsachenkenntnis. Hieraus könnte sich ergeben, dass für einen Verjährungsbeginn von Ansprüchen aus § 812 Abs. 1 S. 1, Alt. 1 BGB die generelle Kenntnis der Spieler vom Internettotalverbot gem. § 4 Abs. 4 GlüStV in Deutschland bzw. von einem Verstoß des jeweiligen Anbieters gegen § 4 Abs. 4 GlüStV nicht erforderlich ist. Hiergegen spricht, dass ein Rechtsirrtum des Gläubigers grundsätzlich nur solange unerheblich sein kann, bis ein solcher Irrtum dazu führt, dass dem Gläubiger die Kenntnis der anspruchsbegründenden Umstände abgesprochen werden muss.[1572] Für die erforderliche Kenntnis der

---

1568 BGH, Urt. v. 04.07.2017 – XI ZR 562/15 –, BGHZ 215, 172–200, Rn. 86; BGH, Urt. v. 28.10.2014 – XI ZR 348/13 –, BGHZ 203, 115–140, Rn. 35; BGH, Urt. v. 29.01.2008 – XI ZR 160/07 –, BGHZ 175, 161–172, Rn. 26; *Deppenkemper*, in: Prütting / Wegen / Weinreich, BGB, 16. Auflage 2021, § 199 BGB, Rn. 13.

1569 Staudinger/*Peters/Jacoby*, 2019, BGB, § 199, Rn. 62.

1570 Vgl. MüKoBGB/*Grothe*, 8. Aufl. 2018, BGB, § 199, Rn. 29; Vgl. Staudinger/*Peters/Jacoby*, 2019, BGB § 199, Rn. 62.

1571 MüKoBGB/*Grothe*, 8. Aufl. 2018, BGB, § 199, Rn. 29.

1572 MüKoBGB/*Grothe*, 8. Aufl. 2018, BGB, § 199, Rn. 29.

Rechtsgrundlosigkeit der Zahlungen müssen jene Tatsachen bekannt sein aus denen sich die Rechtsgrundlosigkeit ergibt.[1573] Bei einem Kondiktionsanspruch aufgrund nichtiger Verträge ist damit speziell die Kenntnis der die Nichtigkeit des Vertrages begründenden Tatsachen erforderlich.[1574] Dies könnte es notwendig machen, dass die Spieler auch vom Internettotalverbot wissen müssen. Ohne das Internettotalverbot aus § 4 Abs. 4 GlüStV bzw. den Verstoß des Anbieters gegen § 4 Abs. 4 GlüStV wäre eine entsprechende Zahlung nicht rechtsgrundlos erfolgt.[1575] Allerdings müssen – wie bereits dargestellt – für einen Verjährungsbeginn lediglich alle Umstände bekannt sein, aus denen sich der Kondiktionsanspruch herleiten lässt.[1576] Damit müssen lediglich die Umstände bekannt sein, die für sich genommen die jeweiligen Tatbestandsmerkmale erfüllen; hier also den Tatbestand von § 812 Abs. 1 S. 1, Alt. 1 BGB i. V. m. § 134 BGB, § 4 Abs. 4 GlüStV. Hierfür reicht die Kenntnis darüber aus, dass Glücksspiele vom jeweiligen Anbieter im Internet öffentlich veranstaltet oder vermittelt werden, dass der Spieler an einem solchen Online-Glücksspiel teilgenommen hat oder hieran teilnehmen wollte und dass der Anbieter hierfür vom Spieler einen Geldbetrag überwiesen bekommen hat. Diese Voraussetzungen erfüllen die Tatbestandsvoraussetzungen von § 812 Abs. 1 S. 1, Alt. 1 BGB i. V. m. § 134 BGB, § 4 Abs. 4 GlüStV. Liegt eine entsprechende Tatsachenkenntnis vor, so lässt sich heraus auf die Nichtigkeit eines zugrundeliegenden Vertrages bzw. das Fehlen des rechtlichen Grundes für die geleisteten Zahlungen schließen. Eine Kenntnis vom generellen Internettotalverbot ist hierfür nicht erforderlich. Auch führt diese nicht dazu, dass einem Spieler die Kenntnis der anspruchsbegründenden Tatsachen abgesprochen werden muss. Dem stimmt auch *Grothe* zu[1577]. Dieser vertritt die Auffassung, dass zwar das Fehlen eines rechtlichen Grundes zu den Anspruchsvoraussetzungen gehöre. Dies habe aber nicht zur Folge, dass der Gläubiger des Bereicherungsanspruchs Kenntnis vom Fehlen des rechtlichen Grundes selbst haben müsse. So sei im Falle der Nichtigkeit eines zugrundeliegenden Vertrages wegen Verstoßes gegen § 134 BGB das Bestehen des gesetzlichen Verbotes selbst nicht Gegenstand der maßgeblichen Kenntnis nach § 199 Abs. 1 Nr. 2 BGB. Vielmehr sei lediglich erforderlich, dass der Gläubiger die Umstände kenne, die den Tatbestand des gesetzlichen Verbotes erfüllen.[1578] Die positive Kenntnis von der

1573 Staudinger/*Peters/Jacoby*, 2019, BGB § 199, Rn. 64.
1574 Staudinger/*Peters/Jacoby*, 2019, BGB § 199, Rn. 64.
1575 Siehe Drittes Kapitel, D., I.; siehe Drittes Kapitel, F., III., 3.
1576 Staudinger/*Peters/Jacoby*, 2019, BGB § 199, Rn. 62, 64.
1577 MüKoBGB/*Grothe*, BGB, § 199, Rn. 29.
1578 MüKoBGB/*Grothe*, BGB, § 199, Rn. 29.

Existenz des Internettotalverbots bzw. des § 4 Abs. 4 GlüStV als Verbotsgesetz sind Rechtskenntnisse. Die Rückschlüsse, dass die konkreten Angebote gegen das Internettotalverbot verstoßen und dass die zugrundeliegenden „Glücksspielverträge" gem. § 134 BGB nichtig sind, sind das Ergebnis einer rechtlichen Würdigung. Es würde für den Schuldner von Haftungsansprüchen zu einer enormen Rechtsunsicherheit führen, würde es für die Verjährung seiner Haftungspflicht darauf ankommen, ob bzw. ab wann der Gläubiger das Gesetzt kennt oder ab wann er beginnt hierunter richtig zu subsumieren. Entsprechend hat auch der 3. Zivilsenat des BGH in seiner Entscheidung vom 07. März 2019 (Az.: III ZR 117/18) ausgeführt:

> *„Die erforderliche Kenntnis des Verletzten vom Schaden und der Person des Ersatzpflichtigen setzt aus Gründen der Rechtssicherheit und Billigkeit grundsätzlich nicht voraus, dass der Geschädigte aus den ihm bekannten Tatsachen auch die richtigen rechtlichen Schlüsse zieht, diese also zutreffend rechtlich würdigt. Daher beeinflussen rechtlich fehlerhafte Vorstellungen seinerseits den Beginn der Verjährung in der Regel nicht, zumal er sich jederzeit rechtlich beraten lassen kann."*[1579]

Insofern ist für eine Kenntnis des fehlenden Rechtsgrundes i. S. d. § 199 Abs. 1 Nr. 2 BGB grundsätzlich nicht erforderlich, dass die Spieler die deutsche Online-Glücksspielregulierung bzw. das für Deutschland geltende generelle Internettotalverbot aus § 4 Abs. 4 GlüStV kennen. Hiervon zu trennen ist die Frage, ob Spieler (aus Schleswig-Holstein) Kenntnis von einer fehlenden (Schleswig-Holstein-) Lizenz haben müssen. Dies ist zu bejahen. Gem. § 4 Abs. 5 GlüStV können bundesweite behördliche Lizenzen lediglich ausnahmsweise erteilt werden und das auch nur für staatliche Anbieter von öffentlichen Online-Lotterien und -Sportwetten. Für private Online-Glücksspielanbieter gilt das grundsätzliche Internettotalverbot aus § 4 Abs. 4 GlüStV, d. h. das Veranstalten und Vermitteln von öffentlichen Glücksspielen im Internet ist für private Anbieter grundsätzlich verboten. Hiervon kann nach der Konzeption des GlüStV im Grundsatz auch nicht abgewichen werden.[1580] Lediglich die Erteilung von Online-Glücksspiellizenzen des Bundeslandes Schleswig-Holstein war für eine kurze Zeit möglich. Da solche Schleswig-Holstein-Lizenzen aus dieser Zeit zum Teil noch heute bestehen, ist es allein Spielern mit Wohnsitz oder gewöhnlichem Aufenthalt in Schleswig-Holstein möglich, legal aus Schleswig-Holstein heraus

1579 BGH, Urt. v. 07.03.2019 – III ZR 117/18 –, BGHZ 221, 253–266, Rn. 18; so auch BGH, Urt. v. 25.02.1999 – IX ZR 30/98 –, Rn. 19, juris.

1580 Siehe auch Zusammenfassung – System der Glücksspielregulierung in Deutschland, Zweites Kapitel, E.

an Online-Glücksspielen teilzunehmen, sofern dem Angebot eine entsprechende Lizenz zugrunde liegt.[1581] Insofern stellt das Nichtvorliegen einer erforderlichen Schleswig-Holstein-Lizenz für Spieler aus Schleswig-Holstein eine anspruchsbegründende Tatsache i. S. d. § 812 Abs. 1 S. 1 Alt. 1 BGB dar. Nur wenn eine entsprechende Schleswig-Holstein-Lizenz nicht vorliegt, ist die Einzahlung eines Spielers aus Schleswig-Holstein zum Zwecke des Online-Glücksspiels rechtsgrundlos erfolgt. Da die Kenntnis über das Innehaben einer solchen erforderlichen Lizenz zudem eine Tatsachenkenntnis und keine Rechtskenntnis oder das Ergebnis einer rechtlichen Würdigung ist, ist für solche Spieler gem. § 199 Abs. 1 Nr. 2 BGB eine entsprechende Kenntnis erforderlich. Für Spieler außerhalb von Schleswig-Holstein bleibt das Online-Glücksspiel generell und ohne Erlaubnismöglichkeit verboten. Sie können insofern auch ohne Kenntnis einer konkreten Lizensierung Klage auf Rückforderung geleisteter Glücksspieleinsätze erheben, ohne dass dies unzumutbar erschiene.[1582] Dies gilt insbesondere, da nicht alle Informationen für eine Anspruchserhebung bekannt sein müssen. Restliche Zweifel dürfen bei der erforderlichen Kenntnis nach § 199 Abs. 1 Nr. 2 BGB verbleiben, sofern eine Klage insgesamt zumutbar bleibt.[1583]

(3) Zwischenergebnis

Da den Spielern ab Zahlung an die Anbieter regelmäßig alle anspruchsbegründenden Umstände bekannt sind, lässt sich als Zwischenergebnis festhalten, dass Rückforderungsansprüche gem. § 812 Abs. 1 S. 1 Alt. 1 BGB i. V. m. § 134 BGB, § 4 Abs. 4 GlüStV grundsätzlich ab diesem Moment innerhalb der dreijährigen Regelverjährung gem. §§ 195, 199 Abs. 1 Nr. 1, 2 BGB verjähren.

cc. Unzumutbarkeit der Klageerhebung – Unsichere Rechtslage

Entsprechend der ständigen Rechtsprechung des BGH ist eine Klageerhebung als übergreifende Voraussetzung für den Verjährungsbeginn allerdings nur dann zumutbar, wenn sie „erfolgversprechend, wenn auch nicht risikolos möglich ist“.[1584] An der Zumutbarkeit einer Klageerhebung fehlt es indes, „wenn eine

---

1581 Zum Sonderweg Schleswig-Holsteins, siehe Zweites Kapitel, A., II., 5.; Zu den Schleswig-Holstein Lizenzen, siehe Zweites Kapitel, E., VI.

1582 Vgl. BGH, Beschl. v. 31.01.2014 – III ZR 84/13 –, Rn. 6, juris.

1583 Staudinger/*Peters/Jacoby*, 2019, BGB, § 199, Rn. 71.

1584 BGH, Urt. v. 19.03.2019 – XI ZR 95/17 –, Rn. 35, juris; BGH, Urt. v. 04.07.2017 – XI ZR 562/15 –, BGHZ 215, 172–200, Rn. 85; BGH, Urt. v. 28.10.2014 – XI ZR 348/13 –, BGHZ 203, 115–140, Rn. 56; Staudinger/*Peters/Jacoby*, 2019, BGB, § 199, Rn. 84a.

unsichere und zweifelhafte Rechtslage vorliegt, die selbst ein rechtskundiger Dritter nicht zuverlässig einzuschätzen vermag."[1585] In einem solchen Fall kann der Gläubiger nicht in ausreichendem Maße beurteilen, ob seine Klage erfolgversprechend ist.[1586] Dies könnte hier gegeben sein. Eine unsichere und zweifelhafte Rechtslage liegt in jedem Fall dann vor, wenn der Anspruchsdurchsetzung eine gegenteilige höchstrichterliche Rechtsprechung oder eine gefestigte Auffassung der Oberlandesgerichte entgegensteht.[1587] Daneben kann eine unsichere und zweifelhafte Rechtslage auch dann vorliegen, wenn ein Anspruch von der instanzgerichtlichen Rechtsprechung sowie der Literatur völlig unterschiedlich entschieden bzw. kontrovers diskutiert wird.[1588] Hinsichtlich des generellen Internettotalverbots aus § 4 Abs. 4 GlüStV war längere Zeit streitig, ob dieses unionsrechts- und verfassungskonform und damit rechtmäßig ist.[1589] In den Urteilen *Markus Stoß u. a., Carmen Media Group Ltd.* und *Winner Winner Wetten* vom 08.09.2010 (verb. Rs.: C-316/07, C-358/07 bis C-360/07, C-409/07, C-410/07 – *Markus Stoß u. a.*; Rs.: C-46/08 – *Carmen Media*; C-409/06 – *Winner Winner*) hat der EuGH das Erfordernis einer kohärenten und systematischen Glücksspielregulierung konkretisiert.[1590] Speziell in der Rechtssache *Carmen Media* stellte der Gerichtshof fest, dass ein nationales Sportwettenmonopol wie es in Deutschland besteht eine Beschränkung der unionsrechtlich gewährleisteten Dienstleistungsfreiheit darstelle und nur gerechtfertigt werden könne, wenn es dazu beitrage, Glücksspiel in kohärenter und systematischer Weise zu begrenzen. Dies stünde jedoch dann in Frage, wenn die zuständigen Behörden – wie

---

1585 BGH, Urt. v. 04.07.2017 – XI ZR 562/15 –, BGHZ 215, 172–200, Rn. 86; Staudinger/*Peters/Jacoby*, 2019, BGB, § 199, Rn. 84a.

1586 Vgl. Staudinger/*Peters/Jacoby*, 2019, BGB, § 199, Rn. 84a; Vgl. BT-Drs. 14/6040, S. 95.

1587 BGH, Urt. v. 19.03.2019 – XI ZR 95/17 –, Rn. 34, juris; BGH, Urt. v. 04.07.2017 – XI ZR 562/15 –, BGHZ 215, 172–200, Rn. 86; BGH, Urt. v. 28.10.2014 – XI ZR 348/13 –, BGHZ 203, 115–140, Rn. 35; Staudinger/*Peters/Jacoby*, 2019, BGB § 199, Rn. 84b, 84b_1; a. A. BGH, Urt. v. 18.12.2008 – III ZR 132/08 –, Rn. 14, juris bei zwar entgegenstehender OLG Rechtsprechung aber fehlender entgegenstehender BGH-Rechtsprechung.

1588 Vgl. BGH, Urt. v. 28.10.2014 – XI ZR 348/13 –, BGHZ 203, 115–140, Rn. 40 ff.; von einem erforderlichen „ernsthaften Meinungsstreit in Rechtsprechung und Schrifttum" ist in BGH, Urt. v. 07.12.2010 – XI ZR 348/09, Rn. 21 die Rede.

1589 *Schenke*, ZfWG 5/18, Sonderbeilage 4/18, S. 21 ff.; *Wittig/Hagenbruch*, EuZW 15/18, S. 631 ff.; *Korte*, GewArch 1/17, S. 1 ff.; *Koenig*, ZfWG 5/17, S. 333, 333, 334; *Schenke*, ZfWG ¾/15, S. 170 ff.; Engel/Hornuf, ZfW, 1/11, S. 86 ff.; siehe auch Zweites Kapitel, B., I. 4.

1590 Siehe zu den wegweisenden EuGH-Entscheidungen, Zweites Kapitel, B., I., 4., b).

im vorliegenden Fall – gleichzeitig bei anderen Spielarten eine Politik der Angebotserweiterung betrieben.[1591] In den Medien wurden diese Urteile zum Teil dahingehend verstanden, der EuGH habe mit diesen Entscheidungen die deutsche Glücksspielregulierung insgesamt für unionsrechtswidrig erklärt.[1592] In dem Urteil vom 04.02.2016 (Rs.: C-336/14 – *Ince*) setzte der EuGH seine Rechtsprechung zur deutschen Glücksspielregulierung von 2010 fort und erstreckte diese nun auch auf die Regelungen des GlüStV 2012. Zwar stellte der Gerichtshof hierbei lediglich fest, dass das von den deutschen Gerichten in Anschluss an *Carmen Media, Markus Stoß* und Co. für unionsrechtswidrig befundene vormalige Sportwettmonopol faktisch weiterbestehe, da von den durch die sog. „Experimentierklausel" ermöglichten 20 deutschen Lizenzen keine einzige ausgestellt worden sei.[1593] Allerdings wurde auch hierdurch in der Literatur wieder die Unionsrechtmäßigkeit der gesamten Regelungen des GlüStV 2012 in Frage gestellt.[1594] Dieser Streit wurde sodann, beginnend mit dem Urteil des 8. Senats des BVerwG vom 26.10.2017 (Az.: 8 C 18/16), sukzessive beigelegt. Darin wurde zunächst entschieden, dass das Verbot für Online-Poker-, -Casinospiele und -Sportwetten unionsrechts- und verfassungskonform sei.[1595] Nachfolgende obergerichtliche Entscheidungen schlossen sich dem sodann übereinstimmend an und erklärten schlussendlich das Internettotalverbot aus § 4 Abs. 4 GlüStV für insgesamt unionsrechts- und verfassungskonform.[1596] Zwar berufen sich auch heute noch Online-Glücksspielanbieter bzw. deren rechtliche Vertreter weiterhin auf eine angebliche Unionsrechtswidrigkeit von § 4 Abs. 4 GlüStV, allerdings wurde die Rechtmäßigkeit des Totalverbots insgesamt weder höchstrichterlich noch von den Instanzgerichten je in Frage gestellt.[1597] Auch wenn

---

1591 EuGH, Urt. v. 08.10.2010 – C-46/08 –, Rn. 70, juris.

1592 Vgl. Glücksspielmonopol gekippt, Kölnische Rundschau, https://www.rundschau-online.de/europaeischer-gerichtshof-gluecksspiel-monopol-gekippt-11482772, zuletzt abgerufen am 11.02.2020; tatsächlich jedoch hat das EuGH im Grundsatz das Gegenteil erklärt, siehe EuGH, Urt. v. 08.10.2010 – C-46/08 –, Rn. 105, juris.

1593 Siehe Zweites Kapitel, A., III., 6.

1594 Vgl. *Stulz-Herrnstadt*, GRUR-PRAX 5/16, S. 106.

1595 BverwG, Urt. v. 26.10.2017 – 8 C 18/16 –, BverwGE 160, 193–212.

1596 OLG Koblenz, Urt. v. 03.07.2019 – 9 U 1359/18 –, juris; OLG Köln, Urt. v. 10.05.2019 – I-6 U 196/18 –, juris; OVG Lüneburg, Beschl. v. 16.06.2018 – 11 LA 237/16 –, juris.

1597 Siehe bereits EuGH, Urt. v. 08.10.2010 – C-46/08 – (*Carmen Media)*, Rn. 105, juris; Vgl. BGH, Urt. v. 19.03.2019 – XI ZR 95/17 –, Rn. 34, juris; BGH, Urt. v. 04.07.2017 – XI ZR 562/15 –, BGHZ 215, 172–200, Rn. 86; BGH, Urt. v. 28.10.2014 – XI ZR 348/13 –, BGHZ 203, 115–140, Rn. 35; Staudinger/*Peters/Jacoby*, 2019, BGB § 199, Rn. 84b, 84b_1.

diese Auffassung in der Literatur vertreten worden ist, wird dies entsprechend den Anforderungen in der BGH-Rechtsprechung wohl nicht ausreichend dafür sein eine hinreichend kontroverse Diskussion in der Literatur anzunehmen.[1598] Insofern war den Spielern eine Klageerhebung aufgrund unsicherer Rechtslage hinsichtlich der Verfassungs- und Unionsrechtwidrigkeit des Totalverbots nicht unzumutbar. Allerdings könnte im Jahre 2020 andernorts eine Rechtsunsicherheit aufgekeimt sein. Am 08.09.2020 haben sich die Chefs der Staats- und Senatskanzleien der Länder in einem Umlaufbeschluss darauf geeinigt, Anbieter von Online-Poker, -Automatenspielen und -Sportwetten bis zur Einführung des GlüStV 2021 ordnungsrechtlich nicht mehr zu verfolgen, sofern diese sich bereits jetzt an die Anforderungen des zukünftigen GlüStV 2021 halten.[1599] Dieser Umlaufbeschluss sorgt bei den Beteiligten des Online-Glücksspiels faktisch für Verwirrung. So nehmen die Anbieter von illegalem Online-Glücksspiel diesen Duldungsbeschluss als Anlass dafür, von einer Legalisierung ihrer Angebote bis zur Neuregelung durch den GlüStV 2021 auszugehen.[1600] Gleichzeitig ist den bundesweiten Nachrichten zum Teil zu entnehmen, zuständige Behörden seien sich selbst nicht im Klaren darüber, welche rechtlichen Konsequenzen diese Duldungsverfügung nun habe.[1601] Nur vereinzelt wird behördenseitig hierzu Stellung genommen. Etwa mit dem Hinweis darauf, dass die §§ 284 ff. StGB sowie der § 4 Abs. 4 GlüStV durch eine Verwaltungsvereinbarung nicht außer Kraft gesetzt würden.[1602] Letzterem ist zuzustimmen. Eine Duldungsverfügung

---

1598 Vgl. BGH, Urt. v. 28.10.2014 – XI ZR 348/13 –, BGHZ 203, 115–140, Rn. 40 ff.

1599 Umlaufbeschluss der Chefinnen und Chefs der Staats- und Senatskanzleien der Länder vom 08.09.2020, abrufbar unter: https://www.bayern.de/wp-content/uploads/2020/10/Umlaufbeschluss-Gluecksspiel.pdf, zuletzt abgerufen am 01.05.2021.

1600 So führt etwa das Online-Casino Sunmaker auf seiner Startseite aus, es sei „genehmigt sowie reguliert“ durch die maltesische Glücksspielaufsicht und nehme „außerdem an der Übergangsregulierung teil, wonach die Duldung von Online-Automaten in Deutschland mit dem Umlaufbeschluss vom 8. September 2020 beschlossen wurde“, abrufbar unter: https://www.sunmaker.de/de; Siehe Strafjustiz legt sich mit Online-Casinos an, Süddeutsche Zeitung, abrufbar unter: https://www.sueddeutsche.de/wirtschaft/online-casino-lottoland-tipico-staatsanwaltschaft-1.5105994, zuletzt abgerufen am 01.05.2020.

1601 Siehe Bewährung für Online-Casino-Anbieter, Tagesschau, abrufbar unter: https://www.tagesschau.de/investigativ/ndr/gluecksspiel-113.html, zuletzt abgerufen am 01.05.2020.

1602 Strafjustiz legt sich mit Online-Casinos an, Süddeutsche Zeitung, abrufbar unter: https://www.sueddeutsche.de/wirtschaft/online-casino-lottoland-tipico-staatsanwaltschaft-1.5105994, zuletzt abgerufen am 01.05.2020.

der Chefs der Staats- und Senatskanzleien hat innerhalb der Normenhierarchie keine Auswirkungen auf die Gültigkeit eines gesetzlichen Verbotes. In der Folge bleibt Online-Glückspiel in Deutschland bis zur Neuregelung des GlüStV gem. § 4 Abs. 4 GlüStV weiterhin per Gesetz verboten.[1603] Zwar besteht hierdurch faktisch eine größere Unsicherheit hinsichtlich der Legalität der jeweiligen Online-Glücksspielangebote. Diese Unsicherheit wird jedoch weder durch höchstrichterliche oder obergerichtliche Entscheidungen noch durch sich widersprechende instanzgerichtliche Entscheidungen erzeugt. Eine gleichwohl bestehende Fehlvorstellung der rechtlichen Lage lässt sich somit allenfalls auf einen unbeachtlichen Rechtsirrtum zurückführen.

Mithin lässt sich keine den Anforderungen des BGH entsprechende unsichere Rechtslage aufzeigen, welche eine abweichende Beurteilung des Verjährungsbeginns rechtfertigen könnte.

dd. Zwischenergebnis

Für Rückforderungsansprüche gem. § 812 Abs. 1 S. 1 Alt. 1 BGB i. V. m. § 134 BGB, § 4 Abs. 4 GlüStV gilt grundsätzlich die dreijährige Regelverjährung gem. §§ 195, 199 Abs. 1 Nr. 1, 2 BGB. Eine Verschiebung des Verjährungsbeginns aufgrund unsicherer Rechtslage ist abzulehnen. Eine solch unsichere Rechtslage konnte weder durch eine diskutierte Unions- und Verfassungswidrigkeit von § 4 Abs. 4 GlüStV noch durch den Umlaufbeschluss der Cheffinnen und Chefs der Staats- und Senatskanzleien der Länder zur ordnungsbehördlichen Duldung der illegalen Angebote in ausreichendem Maße belegt werden.

Folglich verjähren die Kondiktionsansprüche der Spieler nach 3 Jahren, beginnend mit dem Schluss des Jahres, in dem die Ansprüche entstanden sind und die Spieler von den anspruchsbegründenden Tatsachen sowie der Person der Online-Glücksspielanbieter erfahren haben.

ee. Einwand der unzulässigen Rechtsausübung gegenüber der Verjährungseinrede

Nach dem Eintritt der Verjährung ist der Schuldner berechtigt, die Leistung gem. § 214 BGB zu verweigern. Damit soll in erster Linie erreicht werden, dass der Schuldner sich nicht zeitlich unbegrenzt Ansprüchen ausgesetzt sehen muss und

---

1603 Vgl. Ausarbeitung des Wissenschaftlichen Dienstes des deutschen Bundestages, Frage zur Vorwegnahme des Glücksspielstaatsvertrages 2021 vor seinem Inkrafttreten, WD 3 – 3000 – 210/20.

dass er vor der „verdunkelnden Wirkung der Zeit“ geschützt wird.[1604] Daneben soll im Sinne des öffentlichen Interesses Rechtssicherheit und Rechtsfrieden hinsichtlich jener tatsächlichen Zustände geschaffen werden, die über längere Zeit unangefochten bestanden haben.[1605] Das Verjährungsrecht unterliegt in besonderem Maße dem Prinzip von Treu und Glauben, wobei es eines angemessenen Ausgleichs zwischen den Interessen des Gläubigers an der Durchsetzung seiner Forderung und dem Interesse des Schuldners vor Inanspruchnahme bedarf.[1606] Im Falle eines treuwidrigen Verhaltens des Schuldners kann es insofern gerechtfertigt erscheinen, die Erhebung der schuldnerschützenden Verjährungseinrede mit Hilfe des § 242 BGB zu überwinden.[1607] Hierzu muss ein derart schwerwiegender Verstoß gegen Treu und Glauben vorliegen, dass nicht nur die Interessen des Schuldners, sondern auch das öffentliche Interesse am Eintritt der Verjährung hierhinter zurücktreten.[1608]

Fraglich ist sodann, wie es sich auswirkt, dass die Online-Glücksspielanbieter den Spielern regelmäßig aktiv suggerieren, ihre Angebote seien in Deutschland legal.

Wie schon an anderer Stelle erwähnt, vertreten *Hambach* und *Kienzerle* die Auffassung, die Spieler könnten „ohne Weiteres“ herausfinden, „ob die Teilnahme an den von [ihnen] selbst ausgewählten Spielen im Einzelfall legal ist“.[1609] Untersucht man jedoch die Online-Glücksspielseiten auf entsprechende rechtliche Hinweise, so zeigt sich, dass die Glücksspielseiten regelmäßig so ausgestaltet sind, dass sie die Spieler hinsichtlich der Legalität der Angebote in Deutschland in die Irre führen.[1610] Auf den Seiten finden sich Aussagen wie:

1604 Staudinger/*Looschelders/Olzen*, 2019, BGB, § 242, Rn. 531.

1605 Staudinger/*Looschelders/Olzen*, 2019, BGB, § 242, Rn. 531; BGH, Urt. v. 08.12.1992 – X ZR 123/90 –, Rn. 26.

1606 Staudinger/*Looschelders/Olzen*, 2019, BGB, § 242, Rn. 532.

1607 Staudinger/*Looschelders/Olzen*, 2019, BGB, § 242, Rn. 533; MüKoBGB/*Schubert*, BGB, § 242, Rn. 290.

1608 Staudinger/*Looschelders/Olzen*, 2019, BGB, § 242, Rn. 537.

1609 *Hambach/Kienzerle*, ZfWG 1/20, S. 74, 76; siehe auch Drittes Kapitel, E., IV., 2., b).

1610 Hinsichtlich einer generellen Google-Suche führen *Hambach* und *Berberich* selbst aus, eine solche Internetrecherche ergebe lediglich, dass die Rechtslage komplex bis chaotisch sei, sodass es „nicht nachvollziehbar“ erscheine, käme man zu dem Schluss, die Rechtslage würde einem Spieler hierdurch „deutlich vor Augen geführt“, *Hambach/Berberich*, ZfWG 2/15, S. 150, 151.

„DU KANNST UNS VERTRAUEN: – EU-Lizenz: Wunderino unterliegt den strengen Richtlinien und Überwachungsmodalitäten der Malta Gaming Authority (MGA), die Lizenzen zur Durchführung von Wettgeschäften vergibt. […]"[1611],

„Rootz Limited wird von der Malta Gaming Authority reguliert und ist Inhaber der Lizenz […]"[1612],

„Durch deine Registrierung bei Wildz.com, schließt du einen rechtsgültigen Vertrag mit Rootz Ltd. […] ab, einem Unternehmen […] welches unter maltesischem Recht und der Registrierungsnummer C83903 befugt und lizenziert ist, Glücksspiele anzubieten. […]"[1613],

„TSG betreibt die Echtgeldpoker- und Slot-Spiele […], die Ihnen auf den Internetsites unter www.pokerstars.de und www.pokerstarsvegas.de unter der Lizenznummer MGA/B2C/213/2011 angeboten werden"[1614] oder

„PlayCherry Limited ist ein ordnungsgemäß, nach maltesischen Gesetzen, registriertes Unternehmen […], lizensiert von der MGA […]; sunmaker nimmt außerdem an der Übergangsregelung teil, wonach die Duldung von Online-Automaten in Deutschland mit dem Umlaufbeschluss vom 8. September 2020 beschlossen wurde. […]

Diese Vereinbarung unterliegt den maltesischen Gesetzen. Das Unternehmen ist auf Malta lizensiert und wird reguliert durch die Lotterie- und Glücksspielbehörde von Malta („MGA"). Die MGA ist die Aufsichtsbehörde für alle Arten des Glücksspiels in Malta."[1615]

Obwohl die Online-Glücksspielanbieter die Rechtslage zum Online-Glücksspiel in Deutschland genau kennen und wissen, dass ihre Online-Glücksspielangebote in Deutschland grundsätzlich gem. § 4 Abs. 4 GlüStV verboten sind, machen Sie gleichsam gegenüber den deutschen Spielern auf ihren Webseiten und in ihren Allgemeinen Geschäftsbedingungen Ausführungen bezüglich einer Zulässigkeit der Angebote in anderen europäischen Ländern, ohne die Spieler darüber aufzuklären, dass hieraus keine Zulässigkeit der Angebote für den deutschen Markt

1611 Onlinepräsenz Wunderino, abrufbar unter https://www.wunderino.de/, https://www.wunderino.de/de/about/ zuletzt abgerufen am 01.07.2021.

1612 Onlinepräsenz Wildz, abrufbar unter https://www.wildz.com/de/, zuletzt abgerufen am 22.05.2021.

1613 Ziff. 1.1 der Allgemeinen Geschäftsbedingungen zur Nutzung der Angebote der Wildz Online Spielothek (Version 3.0, Stand: 05.08.2020), abrufbar unter https://www.wildz.com/de/info/agb/, zuletzt abgerufen am 22.05.2021.

1614 Präambel der Onlinesoftware-Endnutzer-Lizenzvereinbarung von Pokerstars, abrufbar unter https://www.pokerstars.de/tos/, zuletzt abgerufen am 22.05.2021.

1615 Ziff. 1.1, 1.3 der Allgemeinen Geschäftsbedingungen der Sunmaker Online-Spielothek, abrufbar unter: https://www.sunmaker.de/de/terms-and-conditions.

folgt. Durch solche Ausführungen verschleiern sie die wahre Rechtslage gegenüber den regelmäßig juristisch nicht vorgebildeten Spielern.[1616] Die Anbieter wollen hiermit nicht darüber aufklären, dass die Online-Glücksspielangebote etwa auf Malta legal sind. Vielmehr sollen die Spieler hierdurch gezielt in den Glauben versetzt werden, die ausgesuchten Spiele seien aufgrund von geltendem EU-Recht bzw. europäischer Glücksspiel-Lizenzen auch in Deutschland legal. Es wird die Fehlvorstellung erzeugt, die Angebote würden den Spielern in Deutschland z. B. nach maltesischem Recht und von einer maltesischen Aufsichtsbehörde geprüft, legalisiert und überwacht angeboten. Dass für die Rechtsverhältnisse zwischen den Beteiligten trotz einer etwaigen Rechtswahlklausel in den AGB der Online-Glücksspielanbieter im Regelfall deutsches Recht, hier speziell § 4 Abs. 4 GlüStV, anwendbar bleibt, dass die Online-Glücksspielangebote damit in Deutschland grundsätzlich verboten sind und dass eine europäische Lizenz in Deutschland keinerlei Legalisierungswirkung entfaltet, erfahren die Spieler hingegen nicht.[1617] Sofern Spieler durch solche Aussagen auf den Online-Glücksspielseiten noch nicht überzeugt wurden und insofern weitergehenden Kontakt zu den Anbietern suchen, werden sie darüber hinaus auf konkrete Rückfrage zum Teil sogar noch deutlicher in die Irre geführt. So lässt etwa das Online-Casino Partyslots.de auf Kunden-Anfrage verlauten:

> *„[…] Unser weiteres Glücksspielangebot in Deutschland wird auf Grundlage einer innerhalb der Europäischen Union erteilten Glücksspiellizenz zur Verfügung gestellt und unterliegt den strengen Anforderungen der zuständigen staatlichen Behörden. Es wird gegenwärtig auf Basis der in der Europäischen Union geltenden europarechtlichen Grundfreiheiten, sowie im Einklang mit den Richtlinien, welche von den Deutschen Bundesländern für das Betreiben von Online Slot- und Pokerangeboten eingeführt wurden, betrieben. Auch unser partycasino.com Glücksspielangebot in Deutschland wurde auf Basis der in der*

1616 Für sich genommen sind die Aussagen nicht falsch. Auch begründet bloßes Verschweigen der in Deutschland geltenden Rechtslage keine unzulässige Rechtsausübung, Staudinger/*Looschelders/Olzen*, 2019, BGB, § 242, Rn. 553. Bei dem juristisch nicht vorgebildeten Durchschnittsspieler dürften die Aussagen aber die Vorstellung erzeugen, dass die Spiele aufgrund einer europäischen Lizenzierung für den Spieler legal sind. Dass diese Fehlvorstellung kein Zufall ist, sondern von den Anbietern absichtlich erzeugt werden dürfte, zeigt sich sodann durch die aktiven Falschinformationen der Anbieter auf Rückfrage, siehe Stellungnahme des Online-Casinos Partyslots.de auf Kunden-Anfrage.

1617 Zum Internettotalverbot in Deutschland, siehe Zweites Kapitel, E., II.; zu den EU-Lizenzen, siehe Zweites Kapitel, E., V.; zur Anwendbarkeit deutschen Rechts beim Online-Glücksspiel, siehe Drittes Kapitel, A.

Europäischen Union geltenden europarechtlichen Grundfreiheiten, sowie einer innerhalb der Europäischen Union erteilten Glücksspiellizenz zur Verfügung gestellt. Zum deutschen Konzessionsverfahren hat der Gerichtshof der Europäischen Union in der Rechtssache Ince (C-336/14) entschieden, dass eine fehlende Konzession dem Glücksspielanbieter angesichts des fortbestehenden unionsrechtswidrigen Staatsmonopols nicht entgegengehalten werden kann. Allein innerhalb der EU verfügt unser Unternehmen in der Hälfte der Mitgliedsstaaten über nationale Lizenzen und bietet somit fast 80 % der Bevölkerung der Europäischen Union lokal lizenzierte Glücksspielprodukte an. Es ist bedauerlich, dass dies in Deutschland aufgrund der fehlenden gesetzlichen Regelung lange nicht der Fall war, dies hat jedoch aus den oben erläuterten Gründen keinen Einfluss auf die Zulässigkeit unseres Angebots. [...] Wir hoffen, dass sie keine Zweifel mehr an unserem Service haben. [...]"[1618]

Diese Aussagen spiegeln die geltende Rechtslage zu Online-Glücksspielen in Deutschland nicht im Ansatz wahrheitsgemäß wider.[1619] Sie dienen allein dem Zweck, die komplexe Rechtslage auszunutzen und jene gutgläubigen Spieler, welche möglicherweise Zweifel hinsichtlich der Rechtslage hatten und zunächst noch versucht haben die Rechtslage eigenständig zu sondieren, in den Glauben zu versetzen, die Angebote seien im Ergebnis legal.[1620] Indem die Online-Glücksspielanbieter den Spielern proaktiv und auch auf Rückfrage wahrheitswidrig suggerieren, die Rechtslage sei zwar komplex, die Spiele seien im Ergebnis aber aus den verschiedensten Gründen legal, erzeugen sie auf Seiten des Spielers eine Fehlvorstellung über die geltende Rechtslage. Diese Fehlvorstellung führt nicht nur dazu, dass die Spieler mit gutem Gewissen an den Spielen teilnehmen, sie führt auch dazu, dass sich die Spieler zur tatsächlich geltenden Rechtslage vorerst nicht weiter beraten lassen. Ein rechtsunkundiger Spieler wird, nachdem er gelesen hat, dass das Angebot von einer europäischen Glücksspielbehörde überwacht und lizensiert werde, erst recht aber nachdem ihn der Online-Glücksspielanbieter nochmals ausführlich auf Rückfrage über die vermeintliche Zulässigkeit der Angebote informiert hat, nicht nochmal Zeit und Kosten aufwenden, um die bestehende Informationslage von einem Anwalt oder einer anderen rechtskundigen Stelle gegenprüfen zu lassen. Diese Auskünfte sind – ob beabsichtigt oder nicht – dazu geeignet, die in Deutschland niedergelassenen Spieler hinsichtlich der Legalität der Angebote in Sicherheit zu wiegen

1618 Stellungnahme des Online-Casinos Partyslots.de auf Kunden-Anfrage.

1619 Zu den EU-Lizenzen, siehe Zweites Kapitel, E., V.; zum Internettotalverbot in Deutschland, siehe Zweites Kapitel, E., II.; zu den Wegweisenden Entscheidungen des EuGH, siehe Zweites Kapitel, B., I., 4., b).

1620 Zur Zusammenfassung – System der Glücksspielregulierung in Deutschland, siehe Zweites Kapitel, A–E.

und von einer rechtzeitigen Erhebung einer Forderungsklage abzuhalten.[1621] Ohne gesonderten Hinweis wird ein juristisch nicht vorgebildeter Spieler auf eine einheitliche europäische Regelung und damit auf eine vermeintliche Legalität der Angebote auch für den deutschen Markt schließen. Dass die von ihnen wahrgenommenen Angebote in Deutschland tatsächlich illegal sind, erfahren die Spieler regelmäßig – wenn überhaupt – erst sehr viel später nach ihrer Spielteilnahme. In vielen Fällen ist zu diesem Zeitpunkt die dreijährige Regelverjährungsfrist des §§ 195, 199 Abs. 1 Nr. 1, 2 BGB aber bereits abgelaufen. In diesen Fällen wird das Verhalten der Online-Glücksspielanbieter entscheidend dazu beigetragen haben, dass die Spieler nicht rechtzeitig Klage erhoben haben und ihre Rechte geltend machen konnten. In diesen Fällen dürfte es nicht als vertretbar erscheinen, dem Schuldner die Einrede der Verjährung zu gewähren. Zum einen stellt sich das (Vor-)Verhalten der Anbieter in den beschriebenen Fällen als treuwidrig dar. Dabei wird man von der Art und Weise des Vorgehens auch auf einen erforderlichen schwerwiegenden Verstoß gegen Treu und Glauben schließen können. Die rechtlichen Ausführungen auf den Internetseiten der Anbieter sind, wie angenommen werden muss, bewusst so gestaltet, dass die Spieler unter Ausnutzung ihres Vertrauens gezielt in den Irrglauben versetzt werden, bei den Angeboten würde es sich um legales Online-Glücksspiel handeln. Insbesondere wird dies dadurch erreicht, dass die Anbieter an die Vertrauenswürdigkeit und Rechtsstaatlichkeit des europäischen Rechtsraums appellieren. Damit dürfte sich das Vorverhalten der Anbieter im Ergebnis als derart treuwidrig darstellen, dass die Erhebung der Verjährungseinrede in den Fällen, in denen die Anbieter die Spieler auf ihren Webseiten bewusst über die Legalität ihrer Angebote täuschen, per § 242 BGB ausgeschlossen werden muss. Darüber hinaus erscheint es in diesen Fällen auch mit Blick auf die spezifische Risikoverteilung, welche dem Verjährungsrecht zugrunde liegt, nicht vertretbar, den Online-Glücksspielanbietern die Einrede der Verjährung zu gewähren. Dem Grundsatz nach wird das Risiko des Verjährungseintritts allein vom Gläubiger getragen. Dieser verliert das Recht auf Durchsetzung seiner Ansprüche, wenn er, ggf. in nachlässiger Weise, über den Zeitpunkt des Verjährungseintritts hinaus mit der Durchsetzung seiner Ansprüche zugewartet hat.[1622] Der Schuldner hingegen soll u. a. davor geschützt werden, dass sich seine Beweissituation – veranlasst durch den Gläubiger – durch Zeitablauf verschlechtert.[1623] Der Vorrang

1621 Vgl. zur Kausalität des Verhaltens des Schuldners, Staudinger/*Looschelders/Olzen*, 2019, BGB, § 242, Rn. 552, 553.

1622 Staudinger/*Looschelders/Olzen*, 2019, BGB, § 242, Rn. 550.

1623 BeckOK BGB/*Henrich*, 58. Ed. 01.05.2021, BGB, § 194, Rn. 1.

der Schuldnerinteressen wird dadurch gerechtfertigt, dass der Gläubiger es grundsätzlich selbst in der Hand hat den Verjährungseintritt zu verhindern.[1624] In den Fällen der Falschinformation hinsichtlich der Legalität ihrer Angebote durch die Anbieter von illegalem Online-Glücksspiel wird diese grundsätzliche Risikoverteilung gestört. Durch ihr unlauteres Verhalten lösen die Anbieter die Fehlvorstellungen der Spieler über ihre Ansprüche und im Fortgang dann die verpasste Verjährungshemmung selbst aus. Im Ergebnis verursachen sie selbst damit auch die mit einem Zeitablauf gewöhnlicherweise verbundenen Nachteile. Der Zurechnungsgrund der Veranlassung wandert insofern vom Gläubiger zum Schuldner.[1625] Bei einer Abwägung der widerstreitenden Interessen muss daher das Interesse der Anbieter, vor den Nachteilen eines Zeitablaufs geschützt zu werden, hinter dem Interesse der Spieler, hinreichend Gelegenheit zu bekommen eine Forderung zu erkennen und gerichtlich durchzusetzen, zurücktreten.

Folglich ist einer Verjährungseinrede durch die Anbieter in den Fällen, in denen sie auf ihren Webseiten und in ihren AGB irreführende Angaben zur Legalität der Online-Glücksspiele gemacht haben, unter dem Gesichtspunkt der unzulässigen Rechtsausübung die Wirksamkeit zu versagen. Der jeweilige Spieler ist so lange geschützt, bis dieser die wahre Rechtslage erkennt oder erkennen muss.[1626]

b) § 242 BGB

Möglicherweise könnte eine Rückforderung von Spieleinsätzen, insbesondere nachdem das Spiel bereits verloren wurde, gegen Treu und Glauben verstoßen und damit gem. § 242 BGB gehemmt sein.

Der Grundsatz von Treu und Glauben bildet bei Rechtsnormen, Rechtslagen und bei der Ausübung von Rechten eine Inhaltsbegrenzung.[1627] Zu § 242 BGB

1624 BeckOK BGB/*Henrich*, 58. Ed. 01.05.2021, BGB, § 194, Rn. 1; Staudinger/*Looschelders/Olzen*, 2019, BGB, § 242, Rn. 550.

1625 Der Schuldner veranlasst die Aufrechterhaltung der Durchsetzbarkeit der Ansprüche des Gläubigers. Vgl. Staudinger/*Looschelders/Olzen*, 2019, BGB, § 242, Rn. 550. Diese stellen darauf ab, der Verjährungseintritt würde allein durch die Untätigkeit des Gläubigers veranlasst.

1626 BeckOK BGB/*Henrich*, 58. Ed. 01.05.2021, BGB, § 214, Rn. 12, der darauf hinweist, dass dieser Moment spätestens dann gekommen sei, wenn sich der Schuldner entgegen seinem früheren Verhalten auf die Verjährungseinrede berufen will; Staudinger/*Looschelders/Olzen*, 2019, BGB, § 242, Rn. 561, 562, sprechen insofern von einer Frist von vier Wochen bzw. einem Monat.

1627 BeckOK BGB/*Sutschet*, 58. Ed. 01.05.2021, BGB, § 242, Rn. 47.

hat die Rechtsprechung im Laufe der Zeit verschiedene Fallgruppen als Orientierungshilfe gebildet.[1628] In den hiesigen Fällen ist allein die Fallgruppe des Rechtsmissbrauchs bzw. der unzulässigen Rechtsausübung relevant.[1629] Danach soll die Verwirklichung eines subjektiven Rechts, einer günstigen Rechtslage oder -position dann verhindert werden, wenn eine Interessenabwägung im Einzelfall ergibt, dass hierdurch eine unzumutbare Unbilligkeit ausgelöst würde.[1630] Die Fallgruppe des Rechtsmissbrauchs lässt sich grob in zwei Ausprägungen unterscheiden: in den „institutionellen" und den „individuellen Rechtsmissbrauch".[1631] Beim individuellen Rechtsmissbrauch ergibt eine Interessenabwägung, dass die Rechtsausübung im Einzelfall aufgrund des Verhaltens des Gläubigers gegen Treu und Glauben verstößt, während ein institutioneller Rechtsmissbrauch immer dann möglich erscheint, wenn sich aus dem Rechtsinstitut selbst Rechtsfolgen ergeben, die zu einem untragbaren Ergebnis führen, etwa weil sie dem Sinn und Zweck des verletzten Rechts widersprechen.[1632] Übereinstimmend hat die 27. Zivilkammer des LG München I in ihrem Urteil vom 28.02.2018 (Az.: 27 O 11716/17) mit einem institutionellen Rechtsmissbrauch argumentiert.[1633] Die erkennende Kammer ist der Auffassung, ein Rückforderungsanspruch würde den Spielern einen „Freibrief" für ein Spiel ohne Risiko auf dem Rücken der übrigen Beteiligten erteilen.[1634] Dies würde den Schutzzweck des § 4 Abs. 4 i. V. m. § 1 GlüStV, allen voran die Lenkung des natürlichen Spieltriebs der Bevölkerung in geordnete und überwachte Bahnen, die Verhinderung der Entstehung von Glücksspiel- und Wettsucht sowie die

---

1628 Staudinger/*Looschelders/Olzen*, 2019, BGB, § 242, Rn. 210.

1629 Zu den verschiedenen Fallgruppen, siehe MüKoBGB/*Schubert*, 8. Aufl. 2019, BGB, § 242, Rn. 139 ff.

1630 BeckOK BGB/*Sutschet*, 58. Ed. 01.05.2021, BGB, § 242, Rn. 47; MüKoBGB/*Schubert*, 8. Aufl. 2019, BGB, § 242, Rn. 200.

1631 Staudinger/*Looschelders/Olzen*, 2019, BGB, § 242, Rn. 217; zu den vier Unterfallgruppen rechtsmissbräuchlichen Verhaltens siehe MüKoBGB/*Schubert*, 8. Aufl. 2019, BGB, § 242, Rn. 145; Staudinger/*Looschelders/Olzen*, 2019, BGB, § 242, Rn. 233 ff.

1632 Staudinger/*Looschelders/Olzen*, 2019, BGB, § 242, Rn. 217.

1633 LG München I, Urt. v. 28.02.2018 – 27 O 11716/17 –, Rn. 27, juris; mit diesem Argument versuchte die erkennende Kammer allerdings den Verbotsgesetzcharakter von § 4 Abs. 1 S. 2, 2 Hs. GlüStV zu widerlegen. Richtigerweise gehört dieses Argument zur Frage der Durchsetzbarkeit eines Rückforderungsanspruchs gem. § 812 BGB. Zur tiefergehenden Auseinandersetzung mit dieser Argumentation, siehe Drittes Kapitel, C., II., 4. B), aa.

1634 LG München I, Urt. v. 28.02.2018 – 27 O 11716/17 –, Rn. 27, juris.

Abwehr von Folge- und Begleitkriminalität, „geradezu torpedieren".[1635] Einen so verstandenen institutionellen Rechtsmissbrauch können *Hendricks* und *Lüder* jedoch widerlegen. Diese führen aus, eine ständig drohende Rückforderungsgefahr wirke für die beteiligten Anbieter vielmehr potenziell motivierend, den Vorgaben des GlüStV entsprechend zu handeln.[1636] Insbesondere wäre „auf Kosten eines kurzfristigen Freibriefs einem langfristigen Zweck gedient, namentlich dem, es den Glücksspielanbietern zu erschweren, ihr illegales Handeln fortzuführen".[1637] Diese Argumentation leuchtet ein. Es erscheint sinnvoll, dass jene Anbieter von illegalem Online-Glücksspiel, die ihre Gewinne wieder herausgeben müssen, erkennen, dass sie aufgrund einer Rückzahlungsverpflichtung mit den illegalen Angeboten in Deutschland nichts mehr verdienen können und diese in der Folge vom Markt nehmen. Damit kommt ein Rückforderungsanspruch den Zielen des § 4 Abs. 4 GlüStV vielmehr zugute und „torpediert" diesen nicht. Darüber hinaus ist das „Freibriefargument" auch noch aus anderen Gründen fehlerhaft. Wie *Hendricks* und *Lüder* richtigerweise feststellen, würde ein bösgläubiger Spieler zunächst einmal wissen, dass seinem „Spiel ohne Risiko" zugleich auch ein „Spiel ohne Chance" gegenüberstünde.[1638] Daraus würde bereits resultieren, dass die bewusste Teilnahme an einem illegalen Online-Glücksspiel für die Spieler reizlos sei.[1639] Darüber hinaus bestehe kein Automatismus, der den Spielern ihr verspieltes Geld ohne jeden Aufwand ersetzen würde.[1640] Vielmehr müssten die Spieler für eine Rückerlangung der verspielten Einsätze selbst aktiv werden, ggf. weiteres Geld für eine anwaltliche Vertretung aufwenden und sodann ihren verlorenen Einsätzen innerhalb eines langwierigen gerichtlichen Prozesses mit bisher unklaren Erfolgsaussichten hinterherlaufen.[1641] Einem „Spiel ohne Risiko" stünde, neben einer fehlenden Gewinnaussicht, zudem ein hoher zeitlicher und auch finanzieller Aufwand für die

---

1635 Vgl. LG München I, Urt. v. 28.02.2018 – 27 O 11716/17 –, Rn. 27, juris.

1636 Die Ausführungen erfolgen zwar im Kontext von § 4 Abs. 1 S. 2, 2 Hs. GlüStV und beziehen sich damit primär auf die Zahlungsdienstleister als Beteiligte. Sie sind aber uneingeschränkt auch auf § 4 Abs. 4 GlüStV und die Online-Glücksspielanbieter übertragbar, *Hendricks/Lüder*, ZfWG ¾/20, S. 216, 220.

1637 *Hendricks/Lüder*, ZfWG ¾/20, S. 216, 220.

1638 *Hendricks/Lüder*, VuR 09/2021, S. 333, 336.

1639 Vgl. *Hendricks/Lüder*, VuR 09/2021, S. 333, 336.

1640 *Hendricks/Lüder*, VuR 09/2021, S. 333, 336.

1641 *Hendricks/Lüder*, VuR 09/2021, S. 333, 336; dies gilt daneben auch für die von *Hendricks/Lüder* vorgebrachten vermeintlichen „rundumsorglos-Modelle", welche dem Spieler die Durchsetzung seiner Ansprüche versprechen, *Hendricks/Lüder*, VuR 09/2021, S. 333, 336, 337.

Rückerlangung der Einsätze gegenüber. Hinzu kommt, dass ein Spieler durch die gerichtliche Geltendmachung eines Rückzahlungsanspruches im Zusammenhang mit illegalem Online-Glücksspiel zugleich dokumentiert, dass er ab dem Moment der Geltendmachung seiner Ansprüche Kenntnis von der grundsätzlichen Illegalität von Online-Glücksspiel in Deutschland hat.[1642] Eine erneute Rückforderung wäre damit, jedenfalls gem. § 242 BGB, ausgeschlossen.[1643] Ein institutioneller Rechtsmissbrauch durch die generelle Möglichkeit eines Rückforderungsanspruchs ist also abzulehnen. Weiterhin möglich erscheint jedoch ein individueller Rechtsmissbrauch. Für eine erforderliche Abwägung zur Feststellung eines missbilligten Verhaltens kommt es auf den Zeitpunkt der Rechtsausübung, d. h. den Zeitpunkt der Rückforderung an.[1644] Es ließe sich argumentieren, dass eine Rückforderung von Spieleinsätzen im Zeitpunkt der Realisierung des Verlusts eine zu missbilligende Inanspruchnahme eines Rechts darstellen könnte. Dies hat auch die 8. Zivilkammer des LG München I in ihrem Urteil vom 13.04.2021 (Az.: 8 O 16058/20) angenommen. Darin ist die erkennende Kammer der Auffassung, sofern ein Rückforderungsanspruch nicht schon wegen § 817 S. 2 BGB ausgeschlossen sei, verstoße eine Rückforderung jedenfalls gegen § 242 BGB, da der Spieler „sehenden Auges und aus eigenem Handlungsantrieb heraus am illegalen Online-Glücksspiel teilgenommen und sodann Verluste eingespielt" habe.[1645] Dem liegt folgender Gedanke zugrunde: Würde ein Spieler an einem illegalen Glücksspiel teilnehmen, um sich im Falle eines Verlusts – sozusagen als Sicherheitsnetz – auf dessen Unwirksamkeit zu berufen, dann stünde ein so geltend gemachter Rückforderungsanspruch im Widerspruch zu seinem früheren Verhalten.[1646] Der Spieler würde sich auf der einen Seite die Vorteile des rechtswidrigen Verhaltens des Anbieters sichern, während er sich auf der anderen Seite auf eine daraus resultierende Nichtigkeit berufen würde.[1647] Dies würde eine widersprüchliche und zugleich treuwidrige Rechtsausübung (*venire contra factum proporum*) darstellen, welche gem. § 242 BGB gehemmt sein müsste.[1648] Den Auffassungen der beiden erkennenden Kammern

1642 Selbst wenn die Argumentation wäre, dass man von der Illegalität eines konkreten (später anderen) Spiels nichts gewusst habe, so würde sich dann die Frage nach einer grob fahrlässigen Unkenntnis bzw. nach bedingtem Vorsatz stellen.

1643 Siehe Drittes Kapitel, F., IV., 4., b) und F., IV., 5., b)

1644 Staudinger/*Looschelders/Olzen*, 2019, BGB, § 242, Rn. 218.

1645 LG München I, Urt. v. 13.04.2021 – 8 O 16058/20 –, Rn. 37, juris.

1646 Vgl. BeckOK/*Sutschet*, 58. Ed. 01.05.2021, BGB, § 242, Rn. 131; BeckOGK/*Kähler*, 15.07.2020, BGB, § 242, Rn. 1222.

1647 Vgl. Staudinger/*Looschelders/Olzen*, 2019, BGB, § 242, Rn. 238.

1648 Vgl. BeckOGK/*Kähler*, 15.07.2020, BGB, § 242, Rn. 1193, 1223.

des LG München I ist jedoch entgegenzuhalten, dass sie unterstellen, die Spieler seien umfassend informiert, würden die Rechtslage durchschauen und aufgrund dieses überlegenen Wissens am Spiel teilnehmen.[1649] Wie bereits in vorherigen Abschnitten herausgearbeitet, sind diese Grundannahmen falsch.[1650] Ein solch umfassend informierter Spieler entspricht nicht dem typischen Durchschnittsspieler.[1651] Der Durchschnittsspieler weiß nicht, dass er an einem illegalen Spiel teilnimmt.[1652] Insofern kann schon nicht von einem generell bösgläubigen Spieler oder einer generell treuwidrigen Rückforderung ausgegangen werden. Nun ließe sich argumentieren, dass auch gutgläubige Spieler durch eine Rückforderungsmöglichkeit zumindest einmalig die Verluste eines Spiels ungeschehen machen könnten und so ebenfalls zu einem „Spiel ohne Risiko" kommen könnten. Es ließe sich ausführen, auch bei gutgläubigen Spielern würde ein Rückforderungsanspruch missachten, dass diese Spieler zuvor bewusst ein Verlustrisiko eingegangen sind, welches ihnen nun nachträglich auf Kosten der Anbieter abgenommen würde. Dies würde jedoch missachten, dass dieses „Spiel ohne Risiko" den gutgläubigen Spielern aufgezwungen wird. Bereits im Grundsatz gilt, dass nicht jede Unbilligkeit die Beschränkung von Rechten rechtfertigt.[1653] Erforderlich ist vielmehr eine Interessenabwägung welche zu Lasten der Spieler ausfällt. Hierbei ist zu berücksichtigen, dass die Spieler an einem legalen Spiel teilnehmen wollten und den Anbietern illegaler Angebote kein schützenswertes Interesse zuzuschreiben ist. Allein aus dem zeitlichen Ablauf, bei dem der Spieler erst (im Glauben an die Legalität des Spiels) Spieleinsätze tätigt, die Einsätze dann durch eine Spielteilnahme verliert und erst danach (nachdem er von der Illegalität des Spiels erfahren hat) die Spieleinsätze zurückfordert, entsteht kein schutzwürdiges Vertrauen eines bösgläubigen Anbieters auf den Vollzug eines nichtigen Vertrages.[1654] Vielmehr ist in den Vordergrund zu stellen, dass die Anbieter die Rechtslage kennen, insofern von dem generellen Internettotalverbot wissen und den Spielern gleichwohl suggerieren, ihre Online-Glücksspielangebote seien nach EU-Recht legal.[1655] Unter diesem Vorzeichen nehmen die Spieler an den Spielen teil. Insofern ist es allein der Risikosphäre der

1649 Siehe Drittes Kapitel, C., II., 4. B), aa; *Hendricks/Lüder*, VuR 09/2021, S. 333, 336.

1650 Siehe Drittes Kapitel, C., II., 4. B), aa und F., IV., 5., a).

1651 *Hendricks/Lüder*, VuR 09/2021, S. 333, 336.

1652 Zum Kenntnisstand des Spielers, siehe Drittes Kapitel, C., II., 4., b), aa); Drittes Kapitel, E., IV., 2., c); Drittes Kapitel, F. IV., 4., b), aa.

1653 BeckOK BGB/*Sutschet*, 58. Ed. 01.05.2021, BGB, § 242, Rn. 49.

1654 Vgl. Staudinger/*Looschelders/Olzen*, 2019, BGB, § 242, Rn. 290.

1655 Siehe zu den Aussagen der Online-Glücksspielanbieter, Drittes Kapitel, F., IV.,5., a).

Anbieter von illegalen Glücksspielangeboten zuzuschreiben, wenn einem gutgläubigen Spieler ein „Freispiel“[1656] „auf dessen Kosten“[1657] gewährt würde.[1658] In dem Moment, in dem der Anbieter seine unerlaubten Angebote wissentlich stellt, geht er das Risiko ein, die hiermit erzielbaren Gewinne nicht behalten zu dürfen. Würde in diesen Zusammenhang eingegriffen, würde eine Risikoverteilung in nicht sachgerechter Weise auf die gutgläubigen Spieler verlagert.[1659] Auch sonst spricht nichts für eine Unbilligkeit des Verhaltens der gutgläubigen Spieler. Insbesondere kann eine Rückforderung nicht schon deshalb unbillig erscheinen, weil der Spieler vermeintlich unter anderen Vorzeichen sowieso gespielt hätte. Der gutgläubige Spieler möchte an einem legalen Online-Glücksspiel teilnehmen und wird dahingehend vom Anbieter getäuscht. Durch die Teilnahme an einem illegalen Online-Glücksspiel, im Glauben an ein legales Online-Glücksspiel, wird ein schutzwürdiges Interesse der Spieler verletzt.[1660] Die Spieler, die an ein legales Online-Glücksspiel glauben, glauben auch an eine Gewinn-Chance und daran, dass es eine rechtliche Handhabe gibt das Unternehmen zur Auszahlung von Gewinnen zwingen zu können.[1661] Faktisch besteht diese rechtliche Handhabe aber nicht.[1662] Allein dies führt bereits dazu, dass die Spieler durch einen Rückforderungsanspruch nicht nur eine formale Rechtsposition ausnutzen.[1663] Daneben treten Aspekte wie die unwissentliche Beteiligung am Schwarzmarkt sowie die unwissentliche Förderung von damit einhergehender Begleitkriminalität.[1664] Es zeigt sich, dass eine Interessenabwägung nicht zum Nachteil der Spieler ausfallen kann. Es liegt keinerlei schutzwürdiges Interesse der Anbieter auf Vollzug eines nichtigen Glücksspielvertrages vor. Hingegen wird durch die illegalen Online-Glücksspielangebote ein schutzwürdiges Vertrauen der gutgläubigen Spieler auf die Legalität der Angebote verletzt. Nach

---

1656 Freispiel ist hier schon der falsche Ausdruck. Ein Freispiel wäre ein Spiel mit Gewinnchance. Bei den illegalen Angeboten kann der Spieler aber keinen Gewinn herausfordern, Vgl. *Hendricks/Lüder*, VuR 09/2021, S. 333, 337.

1657 Auch ist auf dessen Kosten der falsche Ausdruck. Der Anbieter illegaler Angebote macht bei einer Rückforderung mit seinen illegalen Angeboten lediglich keinen Gewinn.

1658 Vgl. MüKoBGB/*Schubert*, 8. Aufl. 2019, BGB, § 242, Rn. 47.

1659 Vgl. MüKoBGB/*Bachmann*, 8. Aufl. 2019, BGB, § 241, Rn. 131.

1660 Vgl. Staudinger/*Looschelders/Olzen*, 2019, BGB, § 242, Rn. 258.

1661 Vgl. *Hendricks/Lüder*, VuR 09/2021, S. 333, 337.

1662 *Hendricks/Lüder*, VuR 09/2021, S. 333, 337.

1663 Vgl. BeckOK BGB/*Sutschet*, 58. Ed. 01.05.2021, BGB, § 242, Rn. 82.

1664 Etwa zu den Steuereinnahmen des Staates, siehe Erstes Kapitel, B., III.

dem geltenden Prinzip der Risikozuordnung erscheint es sachgerecht, die Anbieter illegaler Angebote alle Nachteile tragen zu lassen. Zudem spricht die gesetzgeberische Wertentscheidung des § 4 Abs. 4 GlüStV nicht gegen einen Rückforderungsanspruch eines gutgläubigen Spielers. Die gutgläubigen Spieler wollen zu keiner Zeit an illegalen Glücksspielen teilnehmen. Sie wollen das „Spiel ohne Risiko" weder vor noch nach einer Rückforderung. Sollten die Spieler den so zurückerlangten Spieleinsatz nutzen, um diesen erneut bei einem legalen Glücksspiel einzusetzen, so widerspricht dies nicht der gesetzgeberischen Wertentscheidung des § 4 Abs. 4 GlüStV. Vielmehr führt es dazu, dass der natürliche Spieltrieb der Spieler entsprechend § 1 GlüStV in geordnete und überwachte Bahnen gelenkt wird. Insofern wäre eine Beschränkung der Spielerrechte im Rahmen einer vermeintlich unzulässigen Rechtsausübung unbillig. Mithin liegt auch kein institutioneller Rechtsmissbrauch vor.

Gleichwohl kann es in konkreten Einzelfällen vorkommen, dass ein bösgläubiger Spieler einen Rückforderungsanspruch ganz bewusst für ein Spiel ohne Risiko ausnutzt. In diesem Einzelfall wäre ein Rückforderungsanspruch nach § 812 BGB dann wegen Verstoßes gegen das Verbot widersprüchlichen Verhaltens gem. § 242 BGB gehemmt.

In allen anderen Fällen ist eine Rückforderung von Spieleinsätzen, insbesondere nachdem das Spiel bereits verloren wurde, nicht gem. § 242 BGB gehemmt.

6. *Rechtsfolge*

a) *§ 818 BGB*

Sofern dem Spieler ein Herausgabeanspruch aus § 812 Abs. 1 S. 1 Alt. 1 BGB zusteht, richtet sich die Herausgabepflicht nach § 818 Abs. 1, Abs. 2 BGB. Danach hat der Anbieter das von ihm jeweils erlangte „Etwas", d. h. den konkret erlangten Kondiktionsgegenstand, herauszugeben.[1665] Die Anbieter erhalten mit den Spieleinsätzen eine Geldsumme von den Spielern.[1666] Diese empfangene Geldsumme ist grundsätzlich zurückzuzahlen.[1667] Kondiktionsgegenstand ist dabei das Eigentum am konkret gezahlten Geld. Dies ist regelmäßig nur noch durch Wertersatz gem. § 818 Abs. 2 BGB kondizierbar. Neben dem Hauptanspruch sind gem. § 818 Abs. 1 BGB zudem Nutzungen i. S. d. § 100 BGB herauszugeben.

1665 MüKoBGB/*Schwab*, 8. Aufl. 2020, BGB, § 818, Rn. 1; Staudinger/*Lorenz*, 2007, BGB, § 818, Rn. 3.

1666 Siehe Drittes Kapitel, F., IV., 1.

1667 Staudinger/*Lorenz*, 2007, BGB, § 818, Rn. 3.

Hierzu gehören insb. Zinsen auf den erlangten Geldbetrag. Gem. § 288 Abs. 1 BGB analog ist die herauszugebende Geldsumme ab Erhalt mit jährlich 5 %-Punkten über dem Basiszinssatz zu verzinsen.[1668]

b) Sonderfall: Kryptocasinos

Der Frage nach dem Kondiktionsgegenstand kommt bei sog. Kryptocasinos, d. h. Online-Glücksspielseiten welche Bitcoins und andere Kryptowährungen als Einsatz für ihre illegalen Online-Glücksspiele akzeptieren, eine besondere Relevanz zu. Dies resultiert daraus, dass Kryptowährungen zunehmend als Spekulationsobjekt wahrgenommen werden und sich der Wert des Spieleinsatzes aufgrund der zum Teil höchst volatil verlaufenden Werte der Kryptowährungen in der Zeit zwischen Einzahlung und Rückforderung drastisch verändern kann.[1669] Dies könnte dem Abschöpfungscharakter des Bereicherungsrechts zuwiderlaufen. Grundsätzlich hat der Kondiktionsschuldner die vom Vertragspartner erbrachte Leistung in natura zurückzugewähren.[1670] Wäre der Kondiktionsgegenstand also ein Anlageobjekt (z. B. eine Aktie), müsste die entsprechende Aktie zurückgegeben werden. Wäre der Kondiktionsgegenstand hingegen eine Geldsumme, müsste diese in „währungsmäßiger Stoffgleichheit zwischen erlangter und rückzahlbarer Summe“ erstattet werden.[1671] Allerdings sind Krypto-Transaktionen (wie Bitcoin-Zahlungen) durch die Dokumentation im Rahmen der Blockchain-Technologie irreversibel. Eine einmal vorgenommene Fortschreibung in der Transaktionshistorie (Zuordnungsverschiebung) kann nicht mehr zurückgenommen werden.[1672] Damit ist eine Rückgewähr der tatsächlich gezahlten Kryptowährung faktisch unmöglich.[1673] Die Rückzahlung einer entsprechenden Bitcoin-Einheit, d. h. einer anderen Einheit gleichen Wertes aber mit einer anderen Transaktionshistorie, entspricht wiederum nicht dem Leitbild der Herausgabepflicht aus §§ 812 ff. BGB.[1674] In der Folge kann sich ein Rückgewähranspruch bei Kryptowährungen gem. § 818 Abs. 2 BGB allein auf den hingegebenen Nennbetrag als Wertersatz beziehen.[1675] Grundsätzlich

---

1668 Staudinger/*Lorenz*, 2007, BGB, § 818, Rn. 50.

1669 Etwa lag die Wertsteigerung eines Bitcoin im Zeitraum zwischen dem 20.05.2019 und dem 20.05.2021 bei über 500%.

1670 *Beck/König*, AcP 215 (2015), Band 5, S. 656, 659.

1671 BeckOK BGB/*Grothe*, 58. Ed. 01.02.2020, BGB, § 244, Rn. 27.

1672 *Beck/König*, AcP 215 (2015), Band 5, S. 656, 660.

1673 *Beck/König*, AcP 215 (2015), Band 5, S. 656, 660.

1674 *Beck/König*, AcP 215 (2015), Band 5, S. 656, 660.

1675 *Beck/König*, AcP 215 (2015), Band 5, S. 656, 662.

ist bei § 818 Abs. 2 BGB der objektive Wert des Erlangten der im Moment der Entstehung des Rückzahlungsanspruchs vorlag, i. d. R. also der Moment der vollständigen Erlangung des Kondiktionsgegenstandes, zu ersetzen.[1676] Damit würde der Spieler also nur den Wert der Bitcoins ersetzt bekommen, welcher zur Zeit der Einzahlung vorlag. Wenn dies so wäre, bliebe der Anbieter um die derzeit bestehende, enorme Wertsteigerung der Kryptowährungen bereichert. Hierfür spricht, dass die Parteien Kryptowährungen zu ihrem ursprünglichen Zweck, d. h. als Währungsersatz und nicht als Anlage- bzw. Tauschobjekt nutzen. Dies ist möglich, da Zahlungen gem. § 244 Abs. 1 BGB im Inland auch in anderen Währungen als Euro vereinbart werden können.[1677] Die Vereinbarung der Zahlung in Kryptowährung erfolgt in der Praxis dadurch, dass die Parteien zum Ausdruck bringen, die Spielteilnahme gegen Verschaffung von Bitcoins unter Verwendung des Verbs „zahlen" erreichen zu wollen.[1678] Bei gewöhnlichen Geldschulden trägt der Rückgewährgläubiger das Risiko von Wertschwankungen in der Zeit zwischen Anspruchsentstehung und -geltendmachung.[1679] Es erscheint naheliegend diese Risikoverteilung auch bei Kryptowährungen anzunehmen, wenn diese als Währungsersatz und nicht als Anlageobjekt ausgetauscht werden.[1680] Hierfür spricht auch § 244 Abs. 2 BGB, wonach die Umrechnung einer Fremdwährungsschuld nach dem Kurswert zur Zeit der Zahlung erfolgen soll. Hiergegen spricht jedoch, dass man bei gewöhnlichen Geldschulden von einer gewissen Stabilität der Währung ausgeht.[1681] Diese Stabilität lässt sich bei Kryptowährungen regelmäßig nicht finden. Insbesondere in den letzten Jahren wurden Kryptowährungen zunehmend nicht mehr als digitaler Währungsersatz, sondern als hochspekulatives Anlageobjekt wahrgenommen. So hatte ein Bitcoin im Jahr 2010 (2 Jahre nach seiner Gründung) einen Wert von 0,08 Dollar-Cent. Ein Jahr später, im Jahr 2011, ist dieser Wert schon auf einem US-Dollar gestiegen. 10 Jahre später, im April 2021, hatte ein Bitcoin sodann

1676 Staudinger/*Lorenz*, 2007, BGB § 818, Rn. 2.

1677 Str. zur Geldfunktion von Bitcoins, BeckOK BGB/*Grothe*, 58. Ed. 01.02.2020, BGB, § 244, Rn. 2.

1678 Vgl. BeckOK BGB/*Grothe*, 58. Ed. 01.02.2020, BGB, § 244, Rn. 2.

1679 *Beck/König*, AcP 215 (2015), Band 5, S. 656, 667; BGH, Urt. v. 13.06.1987 – II ZR 280/86 –, BGHZ 101, 296–307, Rn. 59.

1680 *Beck/König*, AcP 215 (2015), Band 5, S. 656, 667.

1681 *Beck/König*, AcP 215 (2015), Band 5, S. 656, 667.

den Höchstwert von 64.365 US-Dollar.[1682] Eine nicht dem Empfänger zuzuschreibende Wertsteigerung eines solchen Ausmaßes beim Empfänger zu belassen, widerspricht zudem der grundsätzlichen Aufgabe des Bereicherungsrechts. Diese besteht darin, eine ungerechtfertigte Bereicherung auf Seiten des Kondiktionsschuldners wieder abzuschöpfen. Insofern könnte es sinnvoll erscheinen, bei Kryptowährungen für die Bewertung der Bereicherung auf den Zeitpunkt des Herausgabeverlangens abzustellen. Hierfür spricht, dass der Empfänger die geleistete Bitcoin-Einheit zurückgeben müsste, wenn diese nicht aufgrund der Technologie (zufällig) irreversibel wäre. Der Leistende erhielt in diesem Fall also die Bitcoin-Einheit mit samt ihres Wertes im Zeitpunkt der Rückforderung zurück. Dies könnte es erforderlich machen, beim Wertersatzanspruch im Falle von Kryptowährung für eine Wertberechnung auf den Zeitpunkt der Erstattung abzustellen. Hiergegen spricht aber, dass neben dem Kondiktionsgegenstand lediglich „dasjenige, was der Empfänger aus dem Geleisteten erworben hat" herauszugeben ist.[1683] Auch wenn man Kryptowährungen als Anlageobjekt betrachten würde, so wären die hiermit erzielten Wertsteigerungen keine Gebrauchsvorteile i. S. d. §§ 818 Abs. 1, 100 BGB. Denn Vorteile, die sich aus der Verwertung einer Sache ergeben, wie etwa die Realisierung von Kursgewinnen aus dem Verkauf von Wertpapieren, stellen Vorteile aus der rechtsgeschäftlichen Verwertung der Sache dar und sind somit keine Gebrauchsvorteile der Sache selbst.[1684] Dies stellt darauf ab, dass der Inhaber des Anlageobjektes dieses auch (zur richtigen Zeit) veräußern muss, um entsprechende Gewinne zu realisieren. Gleiches gilt für Kryptowährungen wie Bitcoin. Zudem würde es zu unbilligen Ergebnissen führen, würde man den Zeitpunkt der Berechnung des objektiven Verkehrswertes des Kondiktionsgegenstandes am Kondiktionsgegenstand selbst festmachen. Dass sich Kryptowährungen zugleich als Anlageobjekt entwickelt haben, sollte daher dem allgemeinen Lebensrisiko der Spieler (bzw. insgesamt der Vertragsparteien) zugeordnet werden, die sich für eine solche Verwendung ihrer Kryptowährung entscheiden. Eine andere Bewertung würde zudem missachten, dass die Vertragsparteien der Leistung zur Zeit der Leistungserbringung einen übereinstimmenden subjektiven Wert zugeordnet haben. Dieser Wert ist

1682 Wirtschaftswoche, Bitcoin in der Kurshistorie – Der Kurs der ältesten Kryptowährung in der Chronologie, https://www.wiwo.de/finanzen/boerse/bitcoin-in-der-kurshistorie-der-kurs-der-aeltesten-kryptowaehrung-in-der-chronologie/27269248.html.

1683 Staudinger/*Lorenz*, 2007, BGB, § 818, Rn. 17.

1684 BeckOGK/*Mössner*, 01.03.2021, BGB, § 100, Rn. 7, 7.1.

in der konkreten Einzahlungshöhe zum Zeitpunkt der Leistung zum Ausdruck gekommen. Dieser Geldwert, um die der Glücksspiel-Anbieter bereichert werden sollte, entspricht regelmäßig dem objektiven Marktwert der Kryptowährung zum Zeitpunkt der Einzahlung.[1685] Diesen Wert sollte der Spieler nach den Grundzügen von Treu und Glauben erstattet bekommen. Das Problem der faktisch beim Anbieter verbleibenden Bereicherung im Falle der Kryptowährungen lässt sich in der Folge nicht verallgemeinernd über die allgemeinen Grundsätze des Bereicherungsrechts klären. Damit ist der Zeitpunkt der Wertberechnung für einen Anspruch aus § 812 Abs. 2 BGB im Zusammenhang mit Kryptowährungen nicht abweichend zu bestimmen. Dass ein Anbieter im Falle des Ersatzes des objektiven Verkehrswertes der Währung bei Spielteilnahme dennoch faktisch (enorm) bereichert bleiben könnte, lässt sich durch andere zivilrechtliche Ansprüche ausgleichen. So könnte ein Spieler Wechselkursverluste infolge säumiger Zahlungen nach §§ 280 Abs. 1, Abs. 2, 286, 288, 249 ff. BGB geltend machen.[1686]

Mithin ist auf den objektiven Verkehrswert der geleisteten Kryptowährung zur Zeit der Einzahlung abzustellen.

c) § 818 Abs. 3 BGB

Gem. § 818 Abs. 3 BGB entfällt im Grundsatz eine Herausgabeverpflichtung in der Höhe, in der der Empfänger ersatzlos nicht mehr bereichert ist.[1687] Hierbei gilt es jedoch zu berücksichtigen, dass die Anbieter von illegalem Online-Glücksspiel bereits bei Aufnahme ihrer Tätigkeit wissen, dass ihre Angebote für den deutschen Markt illegal sind. Insofern greift zu Lasten der Anbieter von illegalen Online-Glücksspielen die Haftungsverschärfung gem. §§ 818 Abs. 4, 819 BGB. Die Anbieter illegaler Online-Glücksspiele haben daher jederzeit damit zu rechnen, dass sie das Erlangte wieder herausgeben müssen.[1688]

7. Ergebnis

Mithin besteht im Falle einer unerlaubten Veranstaltung oder Vermittlung öffentlicher Glücksspiele ein Bereicherungsanspruch der Spieler gem. § 812 Abs. 1 S. 1 Alt. 1 BGB gegen die Anbieter von illegalen Online-Glücksspielen wegen der Verletzung von § 4 Abs. 4 GlüStV. Die Herausgabepflicht ist nicht

---

1685 Vgl. *Beck/König*, AcP 215 (2015), Band 5, S. 656, 674.

1686 BeckOK BGB/*Grothe*, 58. Ed. 01.02.2020, BGB, § 244, Rn. 30.

1687 Staudinger/*Lorenz*, 2007, BGB, § 818, Rn. 33.

1688 Vgl. Staudinger/*Lorenz*, 2007, BGB, § 818, Rn. 49 ff.

gem. §§ 814 Alt. 1, 817 S. 2 BGB ausgeschlossen. Selbst wenn dem Spieler aufgrund einer groben Fahrlässigkeit ein Verstoß gegen § 285 StGB vorwerfbar wäre (was regelmäßig nicht der Fall ist), ist § 817 S. 2 BGB teleologisch zu reduzieren. Für einen Anspruch aus § 812 Abs. 1 S. 1 Alt. 1 BGB i. V. m. § 4 Abs. 4 GlüStV gilt die dreijährige Regelverjährung gem. §§ 195, 199 Abs. 1 Nr. 1, 2 BGB. Sofern die Online-Glücksspielanbieter den Spielern auf ihren Glücksspielwebseiten und auf Rückfrage allerdings suggerieren, dass ihre Angebote aufgrund einer europäischen Glücksspielerlaubnis auch in Deutschland legal seien, steht einer Einrede der Verjährung ein Arglisteinwand entgegen

V. Bereicherungsrechtliche Rückabwicklung zwischen Spieler und Zahlungsdienstleister wegen Verstoßes gegen § 4 Abs. 1 S. 2, 2 Hs. GlüStV

Sodann ist zu prüfen, ob ein Spieler im Falle einer unerlaubten Mitwirkung an Zahlungen zum Zwecke des illegalen Online-Glücksspiels durch seinen Zahlungsdienstleister von diesem transferierte Gelder gem. § 812 Abs. 1 S. 1 Alt. 1 BGB zurückfordern kann.

1. „Etwas" erlangt

Zunächst müsste der Zahlungsdienstleister „etwas" erlangt haben.

Verwendet der Spieler zur Spielteilnahme seine Kreditkarte oder tätigt er hierzu eine Überweisung, so tilgt dessen Zahlungsanbieter mit Durchführung der angewiesenen Zahlung regelmäßig eine Verbindlichkeit aus einem Zahlungsdiensterahmenvertrag mit dem Spieler.[1689] Durch die Tilgung dieser Verbindlichkeit erlangt der Zahlungsdienstleister einen Aufwendungsersatzanspruch gem. §§ 675c Abs. 1, 670 BGB.[1690] *Heintz* und *Scholer* sind der Auffassung, dass dieser Aufwendungsersatzanspruch jener vermögenswerte Vorteil sei, der den Kondiktionsgegenstand bilde.[1691] Hiergegen spricht jedoch, dass der Zahler den konkreten Geldbetrag herausverlangen möchte, welchen die Bank eben aufgrund des vermeintlich bestehenden Aufwendungsersatzanspruchs nach §§ 675c Abs. 1, 670 BGB von dessen Konto eingezogen hat. In dieser Konstellation bildet also der Aufwendungsersatzanspruch nach §§ 675c Abs. 1, 670 BGB den Rechtsgrund für den Erhalt einer Geldsumme. Damit erscheint

1689 Siehe Drittes Kapitel, D., III., 1.

1690 Zum Aufwendungsersatzanspruch, siehe Drittes Kapitel, E., I., III.

1691 *Heintz/Scholer*, VuR 09/20, S. 323, 328.

es naheliegender, auf den konkreten Geldbetrag abzustellen. Dies deckt sich auch mit §§ 675u ff. BGB, die bei Anwendbarkeit Vorrang genießen würden. So bezieht sich der Kondiktionsanspruch aus § 675u S. 2 BGB, welcher konkret die Ansprüche aus §§ 812 ff. BGB verdrängen würde, nach seinem Wortlaut auf den konkreten Zahlungsbetrag, mit dem das Zahlungskonto des Zahlers belastet worden ist. In der Folge ist auf den konkret vom Spieler eingezogenen Geldbetrag als vermögenswerter Vorteil i. S. d. § 812 Abs. 1 BGB abzustellen.

Folglich erlangt der Zahlungsdienstleister mit dem konkret vom Spieler eingezogenen Geldbetrag „etwas" i. S. d. § 812 Abs. 1 BGB.

2. *Durch „Leistung"*

Diese Verbesserung der Vermögenssituation müsste i. R. v. § 812 Abs. 1 S. 1 Alt. 1 BGB durch „Leistung" des Spielers erfolgt sein.

Bei der Leistungsbestimmung kommt es in erster Linie auf die Zweckbestimmung der Zuwendung an. Nur wenn die Zweckvorstellungen der Beteiligten nicht übereinstimmen, ist eine objektive Betrachtungsweise aus Sicht des Zahlungsempfängers geboten.[1692] Beim Überweisungsverkehr leistet die Bank mit Ausführung der angewiesenen Zahlung an den Spieler in Erfüllung einer vertraglichen Verpflichtung aus dem Deckungsverhältnis.[1693] Für den Fall, dass die Bank eine Zahlung für ihren Kunden rechtmäßig durchgeführt hat, verlangt sie von diesem die Zahlung eines Ausgleichsbetrages. Gleicht der Zahler den Betrag aus bzw. lässt er eine Abbuchung von seinem Konto gewähren, so will auch er mit dieser Leistung eine aus der ordnungsgemäß durchgeführten Zahlungsabwicklung entstandene Verbindlichkeit gegenüber seiner Bank tilgen. Mithin beziehen die Beteiligten die Tilgungsbestimmung auf dasselbe Kausalverhältnis.[1694] Erhält die Bank den Ausgleichsbetrag vom Zahler, so liegt darüber hinaus auch aus Sicht eines objektiven Empfängers eine Leistung des Zahlers in Erfüllung der Verbindlichkeit aus §§ 675c Abs. 1, 670 BGB vor.[1695]

In der Folge liegt mit der Gewährung der Abbuchung des Spieleinsatzes vom Konto des Spielers eine Leistung i. S. d. § 812 Abs. 1 BGB seitens des Spielers vor.

1692 BGH, Urt. v. 02.11.1988 – IV b ZR 102/87 –, BGHZ 105, 365–373, Rn. 13; mangels Anwendbarkeit von § 675u BGB liegt hier auch keine Abkehr vom Horizont des Zahlungsempfängers als maßgebendes Wertungskriterium vor, vgl. BGH, Urt. v. 16.06.2015 – XI ZR 243/13 –, BGHZ 205, 377–387, Rn. 23.

1693 Vgl. Drittes Kapitel, D., 2.

1694 Vgl. BeckOK BGB/*Wendehorst*, 58. Ed. 01.05.2021, BGB, § 812, Rn. 49.

1695 Vgl. BeckOK BGB/*Wendehorst*, 58. Ed. 01.05.2021, BGB, § 812, Rn. 49.

3. *„Ohne Rechtsgrund“*

Die durch die Abbuchung der Spieleinsätze vom Konto des Spielers eingetretene Vermögensmehrung auf Seiten der Bank müsste für einen Rückforderungsanspruch sodann „ohne rechtlichen Grund“ erfolgt sein.

Der Rechtsgrund für die Leistung des Zahlers im Deckungsverhältnis ist der Aufwendungsersatzanspruch seines Zahlungsdienstleisters für ordnungsgemäß durchgeführte Transaktionen gem. §§ 675c Abs. 1, 670 BGB. Dieser Rechtsgrund besteht, wie zum Teil bereits ausgeführt[1696], aus zweierlei Gründen nicht:

a) Prüfpflicht i. R. v. § 670 BGB

Zunächst entsteht ein Aufwendungsersatzanspruch der Banken gem. §§ 675c Abs. 1, 670 BGB nur dann, wenn die Banken die von ihnen durchgeführten Zahlungen nach allgemein verständigem Ermessen für erforderlich halten durften.[1697] Hierzu hat der 11. Zivilsenat des BGH in seiner Entscheidung vom 08.05.2012 (Az.: XI ZR 61/11) den subjektiv-objektiven Maßstab zur Beurteilung der Erforderlichkeit von Aufwendungen festgelegt. Daraus ergibt sich für den Aufwendungsersatzanspruch der Banken, dass dieser bei objektiv nicht notwendigen Aufwendungen nur dann besteht, wenn eine anderslautende subjektive Beurteilung auf einer sorgfältigen, den Umständen des Falles nach gebotenen Prüfung des Sachverhalts beruht.[1698] Die Gebotenheit einer Prüfpflicht der Banken ergibt sich dabei einerseits aus der sehr hohen Wahrscheinlichkeit für das Vorliegen von illegalem Online-Glücksspiel sowie aus dem Mitwirkungsverbot gem. § 4 Abs. 1 S. 2, 2 Hs. GlüStV.[1699] Andererseits stellt das Mitwirkungsverbot aus § 4 Abs. 1 S. 2, 2 Hs. GlüStV für die Banken eine Ausführungsbeschränkung i. S. d. § 675o Abs. 2 BGB dar.[1700] Zwar müssen die Banken zur Ausführung einer angewiesenen Transaktion nicht prüfen, ob der Bankkunde mit der Beauftragung gegen ein gesetzliches Verbot verstoßen würde. Da das Mitwirkungsverbot den

1696 Zum Fehlenden Aufwendungsersatzanspruch der Banken, siehe Drittes Kapitel, E.

1697 Zum Aufwendungsersatzanspruch, siehe Drittes Kapitel, E., I., III.

1698 Zur Prüfpflicht der Banken, Drittes Kapitel, E., IV; BGH, Urt. v. 08.05.2012 – XI ZR 61/11 –, Rn. 20, juris = NJW 32/2012, S. 2337; BGH, Urt. v. 19.09.1985 – IX ZR 16/85 –, BGHZ 95, 375–392, Rn. 50; NK-BGB/*Martin Schwab*, 4. Aufl. 2021, BGB, § 670, Rn. 17.

1699 Zur Gebotenheit der Prüfpflicht, siehe Drittes Kapitel, E., IV., 1., a); siehe Drittes Kapitel, E., IV., 1., a), bb., cc.

1700 Zu § 4 Abs. 1 S. 2, 2 Hs. GlüStV als Ausführungsbeschränkung i. S. d. § 675o Abs. 2 BGB, siehe Drittes Kapitel, E., IV., 1., a), cc.

Banken aber ausdrücklich die Mitwirkung an Zahlungen zum Zwecke des illegalen Online-Glücksspiels per Gesetz verbietet, müssen die Banken in jedem Fall prüfen, ob sie selbst mit der Ausführung der Transaktion an einer Zahlung zum Zwecke der Teilnahme an illegalem Online-Glücksspiel mitwirken und damit gegen geltendes Recht verstoßen würden.[1701] Bereits der Charakter des Mitwirkungsverbots als Ausführungsbeschränkung führt sodann dazu, dass die Bank die hier gegenständlichen Zahlungen nicht ausführen darf und hierfür gemachte Aufwendungen aus einer subjektiven ex-ante-Sicht auch nicht i. S. d. § 670 BGB für erforderlich halten darf.[1702] Nur eine sorgfältige Prüfung der Erforderlichkeit der Aufwendungen im Einzelfall kann dazu führen, dass ein Aufwendungsersatzanspruch (im Einzelfall) überhaupt entstehen kann. Nehmen die Banken eine solche sorgfältige, den Umständen des Falles nach gebotene Prüfung des Sachverhalts nicht vor, ist ein Aufwendungsersatzanspruch gem. §§ 675c Abs. 1, 670 BGB ausgeschlossen.[1703] In der Folge kann ein Recht der Banken auf die Leistung nur dann entstehen, wenn diese die Erforderlichkeit entsprechender Aufwendungen im Vorfeld der Leistung ausreichend geprüft haben. In der Praxis prüfen die Banken die Sachverhalte jedoch unter Verweis auf einen vermeintlich zu hohen Prüfaufwand im Einzelnen nicht.

Mithin liegt in den Fällen, in denen die Banken die Erforderlichkeit der Aufwendungen im Einzelfall nicht prüfen, kein Aufwendungsersatzanspruch gem. §§ 675c Abs. 1, 670 BGB vor.

b) *Nichtigkeit des Zahlungsdiensteeinzelvertrages nach § 675f Abs. 1 BGB und des Zahlungsvorgangs nach § 675f Abs. 4 S. 1 BGB*

Hinzukommt, dass im Deckungsverhältnis zwischen dem Spieler und seiner Bank (bzw. Zahlungsdienstleister) die betreffenden Einzelzahlungsverträge nach § 675f Abs. 1 BGB bzw. die jeweiligen Zahlungsvorgänge nach § 675f Abs. 4 S. 1 BGB bei einem Verstoß gegen das Mitwirkungsverbot gem. § 134 BGB i. V. m. § 4 Abs. 1 S. 2, 2 Hs. GlüStV (analog) nichtig sind.[1704] Dabei stellt sich zu keiner Zeit die Frage nach einem „Durchschlagen" einer Nichtigkeit im Valutaverhältnis.[1705]

1701 Siehe Drittes Kapitel, E., IV., 1., a), cc.

1702 Siehe Drittes Kapitel, E., IV., 1., a), cc.

1703 Siehe Drittes Kapitel, E., V.

1704 Zur Unwirksamkeit der Rechtsgeschäfte im Deckungsverhältnis, siehe Drittes Kapitel, D., II.

1705 Vgl. LG Berlin, Urt. v. 16.04.2019 – 37 O 367/18 –, Rn. 29, juris, OLG München, Verf. v. 06.02.2019 – 19 U 793/18 –, Rn. 4, juris, LG München I, Urt. v. 28.02.2018 – 27 O 11716/17 –, Rn. 29, juris.

Vielmehr stellt das Mitwirkungsverbot aus § 4 Abs. 1 S. 2, 2 Hs. GlüStV ein eigenständiges Verbotsgesetz mit Nichtigkeitsfolge dar, welches mit einem anderen Tatbestand als dem des Internettotalverbots aus § 4 Abs. 4 GlüStV ausgestattet ist und dabei einen anderen Personenkreis adressiert.[1706] Eine Auslegung des Mitwirkungsverbots ergibt, dass jede Form der Beteiligung von Banken bzw. Zahlungsdienstleistern an Zahlungsvorgängen gem. § 675f Abs. 4 S. 1 BGB zum Zwecke der Teilnahme an unerlaubtem Glücksspiel per Gesetz verboten ist.[1707] Damit führt grundsätzlich jeder Zahlungstransfer einer Bank, welcher die Ein- bzw. Auszahlung von Geldern zum Zwecke der Teilnahme am illegalen Glücksspiel zum Gegenstand hat, zur Nichtigkeit der zugrundeliegenden Rechtsverhältnisse.[1708] Faktisch resultiert daraus, dass allein zum Zwecke der Zahlungsabwicklung für illegales Online-Glücksspiel abgeschlossene Einzelzahlungsverträge nach § 675f Abs. 1 BGB gem. § 134 BGB i. V. m. § 4 Abs. 1 S. 2, 2 Hs. GlüStV nichtig sind. In diesen Fällen besteht die Hauptleistungspflicht des Zahlungsdienstleisters in der Ausführung eines Zahlungsvorgangs zum Zwecke der Teilnahme an illegalem Online-Glücksspiel, mithin in der Mitwirkung an Zahlungsgeschäften i. S. d. § 4 Abs. 1 S. 2, 2 Hs. GlüStV.[1709] Allerdings ist zu beachten, dass Einzelzahlungsverträge zum Zwecke der Teilnahme am illegalen Online-Glücksspiel in der Praxis eine absolute Ausnahme darstellen. Im Regelfall wird zwischen dem Spieler und seiner Bank ein Zahlungsdiensterahmenvertrag nach § 675f Abs. 2 BGB (z. B. Girovertrag) vorliegen. Auch wenn ein solcher Zahlungsdiensterahmenvertrag im Einzelfall möglicherweise zur Mitwirkung an Zahlungen zum Zwecke des illegalen Online-Glücksspiels genutzt wird, wird dieser nicht von § 134 BGB i. V. m. § 4 Abs. 1 S. 2, 2 Hs. GlüStV erfasst, da er regelmäßig nicht „gezielt" zum Zwecke der Teilnahme an illegalem Online-Glücksspiel abgeschlossen wird und damit als solcher nicht gegen § 134 BGB i. V. m. § 4 Abs. 1 S. 2, 2 Hs. GlüStV verstößt.[1710] Vielmehr wird einem Zahlungsdiensterahmenvertrag zur Zeit des Vertragsschlusses in der Regel noch kein konkreter Zahlungsauftrag zum Zwecke der Teilnahme an illegalem Online-Glücksspiel zugrunde liegen, sodass die Rahmenvereinbarung als „rechtlich

1706 Zum Verbotsgesetzcharakter des Mitwirkungsverbots, siehe Drittes Kapitel, C., II; zum Tatbestand und Adressatenkreis, siehe Drittes Kapitel, D., II., 1.

1707 Zum Tatbestand und Adressatenkreis, siehe Drittes Kapitel, D., II., 1.

1708 Zur Unwirksamkeit der zugrundeliegenden Rechtsgeschäfte, siehe Drittes Kapitel, D.

1709 Zur Nichtigkeit der Einzelzahlungsverträge, siehe Drittes Kapitel, D., II., 3., a).

1710 Zur Anwendbarkeit von § 134 BGB i. V. m. § 4 Abs. 1 S. 2, 2 Hs. GlüStV auf Zahlungsdiensterahmenverträge, siehe Drittes Kapitel, D., II., 3., b).

neutral" anzusehen ist.[1711] Hierdurch entsteht eine planwidrige Regelungslücke: Zwar liegt bei einer Zahlungsabwicklung für illegales Online-Glücksspiel in jedem Fall eine verbotene Mitwirkung i. S. d. § 4 Abs. 1 S. 2, 2 Hs. GlüStV vor. Zivilrechtliche Folgen ergeben sich aus dem Verstoß gegen das Verbotsgesetz aber aus dogmatischen Gründen nur im Ausnahmefall.[1712] Dabei ist nicht davon auszugehen, dass der Gesetzgeber beabsichtigt hat, speziell nur Einzelzahlungsverträge nach § 675f Abs. 1 BGB zu regulieren. Vielmehr sollen nach dem Telos des Mitwirkungsverbots die konkreten Zahlungen für illegales Online-Glücksspiel ausnahmslos unterbleiben.[1713] Die planwidrige Regelungslücke bei der Anwendung von § 4 Abs. 1 S. 2, 2 Hs. GlüStV ist dadurch zu schließen, dass § 134 BGB i. V. m. § 4 Abs. 1 S. 2, 2 Hs. GlüStV analog auf die jeweiligen Zahlungsvorgänge zum Zwecke der Teilnahme an illegalem Online-Glücksspiel nach § 675f Abs. 4 S. 1 BGB anzuwenden ist.[1714] Dies lässt sich auf die Rechtsprechung des BGH in dessen Urteil vom 17.12.2013 (Az.: KZR 65/12) zurückführen. Darin hatte der erkennende Senat entschieden, die unmittelbare Geltung von § 134 BGB nur für Rechtsgeschäfte dürfe bei identischer Interessenlage nicht dazu führen, dass ein unter Verstoß gegen ein gesetzliches Verbot geschlossener Vertrag zwar nichtig, eine demselben Mangel unterliegende, strukturverwandte Maßnahme aber gleichwohl wirksam bleibe. In diesen Fällen sei § 134 BGB entsprechend anzuwenden, um eine sinnwidrige Regelungslücke zu vermeiden.[1715] Diese Situation liegt hier vor.[1716] In Übereinstimmung mit der Rechtsprechung des BGH werden damit im Ergebnis die jeweiligen Zahlungsvorgänge nach § 675f Abs. 4 S. 1 BGB analog von § 134 BGB i. V. m. § 4 Abs. 1 S. 2, 2 Hs. GlüStV erfasst. Diese sind mithin nichtig, sodass es auf die Wirksamkeit der Zahlungsdiensterahmenverträge gem. § 675f Abs. 2 BGB im Ergebnis nicht mehr ankommt.

1711 Zur Anwendbarkeit von § 134 BGB i. V. m. § 4 Abs. 1 S. 2, 2 Hs. GlüStV auf Zahlungsdiensterahmenverträge, siehe Drittes Kapitel, D., II., 3., b); *Rock*, RdZ 2/20, S. 115, 117.

1712 Zur Nichtigkeit des Zahlungsvorgangs, siehe Drittes Kapitel, D., II., 5.

1713 Siehe Drittes Kapitel, D., II., 5; Zum Sinn und Zweck des Mitwirkungsverbots, Drittes Kapitel, C., II., 4.

1714 Zur analogen Anwendung von § 134 BGB auf Zahlungsvorgänge, siehe Drittes Kapitel, D., II., 5.

1715 BGH, Urt. v. 17.12.2013 – KZR 65/12 –, Rn. 79, juris = NVwZ 2014, 817–824; Siehe Drittes Kapitel, D., II., 5.

1716 Siehe Drittes Kapitel, D., II., 5.

Mangels wirksamen Zahlungsvorgangs nach § 674f Abs. 4 S. 1 BGB, konnte ein Aufwendungsersatzanspruch gem. §§ 675c Abs. 1, 670 BGB i. V. m. § 675f BGB folglich zu keiner Zeit entstehen.

c) Zwischenergebnis

In der Folge wurde im Falle eines Verstoßes der Banken gegen das Mitwirkungsverbot aus § 4 Abs. 1 S. 2, 2 Hs. GlüStV ein Recht auf die Leistung gem. §§ 675c Abs. 1, 670 BGB zu keiner Zeit geschaffen.[1717] Mithin liegt in diesen Fällen eine Zahlung „ohne Rechtsgrund" i. S. d. § 812 Abs. 1 BGB vor.

4. Ausschlussgründe

Sodann dürfte ein Rückforderungsanspruch der Spieler gegen ihre Banken nicht ausgeschlossen sein.

a) § 814 Alt. 1 BGB

In Betracht kommt ein Kondiktionsausschluss gem. § 814 Alt. 1 BGB.

Der Ausschlussgrund des § 814 Alt. 1 BGB erfordert positive Kenntnis vom Nichtbestehen der Verbindlichkeit.[1718] Wie bereits ausgeführt, hat der deutsche Durchschnittsspieler regelmäßig keine positive Kenntnis von der Illegalität der Online-Glücksspiele in Deutschland.[1719] Ein Spieler der das generelle Internettotalverbot in Deutschland gem. § 4 Abs. 4 GlüStV nicht kennt, wird auch nicht wissen, dass eine Mitwirkung der Banken an Zahlungen hierzu illegal ist. Daraus ergibt sich, dass die Spieler regelmäßig von der Wirksamkeit der Verbindlichkeit aus §§ 675c Abs. 1, 670 BGB ausgehen dürften. Darüber hinaus gilt, dass die bloße Kenntnis der Tatsachen, aus denen sich das Nichtbestehen der Verbindlichkeit ergibt, für die Anwendbarkeit von § 814 BGB nicht ausreicht.[1720]

Folglich ist das Vorliegen des Ausschlussgrundes nach § 814 Alt. 1 BGB regelmäßig abzulehnen.

b) § 817 S. 2 BGB

Sodann könnte ein Rückforderungsanspruch gem. § 817 S. 2 BGB ausgeschlossen sein.

1717 Vgl. BeckOK BGB/*Wendehorst*, 58. Ed. 01.05.2021, BGB, § 812, Rn. 60.

1718 BeckOK BGB/*Wendehorst*, 58. Ed. 01.05.2021, BGB, § 814, Rn. 8.

1719 Zum Kenntnisstand des Spielers, siehe Drittes Kapitel, E., IV., 2., c).

1720 BeckOK BGB/*Wendehorst*, 58. Ed. 01.05.2021, BGB, § 814, Rn. 8.

aa. Kein Rechtsverstoß des Spielers

Wie bereits im vorherigen Abschnitt ausgeführt, erfordert der Kondiktionsausschluss gem. § 817 S. 2 BGB, dass dem Spieler selbst ein Gesetzes- oder Sittenverstoß zur Last gelegt werden kann.[1721] Hierfür kommt allein ein Verstoß gegen § 285 StGB in Betracht.[1722] Eine Strafbarkeit nach § 285 StGB setzt allerdings einen subjektiven Tatbestand und damit ein vorsätzliches Handeln voraus.[1723] Wie bereits geklärt wird man jedoch im Regelfall zu dem Ergebnis kommen müssen, dass bei einem deutschen Durchschnittsspieler kein subjektiver Tatbestand bezüglich einer strafbaren Teilnahme an illegalem Glücksspiel vorliegen wird. Mithin wird man zu dem Ergebnis kommen müssen, dass sich die Spieler in der Regel nicht gem. § 285 StGB strafbar machen und damit selbst keinen Gesetzesverstoß i. S. d. § 817 S. 2 BGB begehen.[1724]

Folglich ist das Vorliegen des Ausschlussgrundes nach § 817 S. 2 BGB regelmäßig abzulehnen.

bb. Teleologische Reduktion von § 817 S. 2 BGB

Unabhängig davon könnte es auch hier der Schutzzweck von § 4 Abs. 1 S. 2, 2 Hs. GlüStV notwendig machen, § 817 S. 2 BGB teleologisch zu reduzieren.[1725]

Wie bereits an anderer Stelle ausgeführt, ist der Sinn und Zweck des Mitwirkungsverbots, dem international verfügbaren Online-Glücksspiel den „Cash Flow“ zu entziehen.[1726] Hierfür sollen Zahlungsdienstleistungen zum Zwecke der Teilnahme an illegalem Online-Glücksspiel ausnahmslos nicht mehr stattfinden.[1727] Durch die Unterbindung der dem illegalen Online-Glücksspiel

---

1721 Siehe Drittes Kapitel, F., IV., 4., b); a.A. *Kemper*, Verbotenes Online-Glücksspiel und verbotene Zahlungen, S. 191 ff.

1722 Siehe Drittes Kapitel, F., IV., 4., b).

1723 NK-StGB/*Gaede*, 5. Aufl. 2017, StGB, § 285, Rn. 6; a. A. *Hohmann*, dieser lässt bedingten Vorsatz ausreichen, MüKoStGB/*Hohmann*, 3. Aufl. 2019, StGB, § 285, Rn. 13; daneben würde i. R. v. § 817 S. 2 BGB auch der Verstoß gegen ein zivilrechtliches Verbotsgesetz mindestens Kenntnis des Leistenden vom Gesetzesverstoß voraussetzen, NK-BGB/*von Sachsen Gessaphe*, 4. Aufl. 2021, BGB, § 817, Rn. 15.

1724 Siehe Drittes Kapitel, F., III., 4, b), aa.

1725 Vgl. Drittes Kapitel, F., IV., 4., b), bb.

1726 Siehe Drittes Kapitel, C., II., 4., a), bb; LG Ulm, Urt. v. 16.12.2019 – 4 O 202/18 –, Rn. 82, juris; *Rock*, ZfWG ¾/18, S. 20.

1727 Siehe Drittes Kapitel, C., II., 4., a), bb; LG Ulm, Urt. v. 16.12.2019 – 4 O 202/18 –, Rn. 81, juris; so auch AG Wiesbaden, Urt. v. 16.06.2017 – 92 C 4323/16 (41) –, Rn. 14, juris.

zugrundeliegenden Zahlungsströme sollen die entsprechenden Glücksspiel-Angebote zurückgedrängt und das illegale Online-Glücksspiel im Ergebnis effektiv bekämpft werden.[1728] Dies sei laut dem Niedersächsischen Innenministerium erforderlich geworden, da die praktischen Erfahrungen gezeigt hätten, dass die Anbieter selbst, im Ausland niedergelassen und glücksspielfreundlichen Jurisdiktionen unterliegend, das Internettotalverbot aus § 4 Abs. 4 GlüStV schlicht ignorieren würden.[1729] Aus diesem Grund würden mit dem Mitwirkungsverbot nun auch die an den Zahlungen zum Zwecke des illegalen Online-Glücksspiels beteiligten Banken mit in die Pflicht genommen.[1730] Im Ergebnis dient das Mitwirkungsverbot aus § 4 Abs. 1 S. 2, 2 Hs. GlüStV also der Umsetzung des Internettotalverbots aus § 4 Abs. 4 GlüStV und damit dem Schutz des Verbrauchers vor den besonderen Gefahren des Online-Glücksspiels.[1731] Würde man nun einen Rückforderungsanspruch der Spieler gegen die Banken aufgrund einer Kondiktionssperre ausschließen, so würde in der Folge der Schutzzweck des § 4 Abs. 1 S. 2, 2 Hs. GlüStV durchkreuzt. Dürften die Banken die von ihnen eingezogenen Gelder behalten, hätten diese keinen Anreiz solche Zahlungen zu unterbinden. Der Finanzfluss für illegale Online-Glücksspielangebote bliebe weiter bestehen und den verbotswidrigen Online-Glücksspielangeboten würde weiter Vorschub geleistet.[1732] Damit würden sich die Zustände der Online-Glücksspiel-Regulierung aus der Vergangenheit, bei denen ausdrückliche Verbote nicht oder nur minimal durchgesetzt wurden, sodass ein unregulierter Online-Casino-Markt überhaupt erst entstehen konnte, wiederholen.[1733] Mithin würde der Sinn und Zweck des Mitwirkungsverbots nicht erreicht werden. Dies ist nur dann anders, wenn die Banken die von den Spielern eingezogenen Gelder wieder herausgeben

---

1728 Siehe Drittes Kapitel, C., II., 4., a), aa, b), bb; Vgl. Stellungnahme des Niedersächsischen Ministeriums für Inneres und Sport, Online-Glücksspiel: Innenministerium wendet sich an die Branchenverbände der Deutschen Kreditwirtschaft, https://www.mi.niedersachsen.de/startseite/aktuelles/presseinformationen/online-glucksspiel-innenministerium-wendet-sich-an-die-branchenverbande-der-deutschen-kreditwirtschaft-184716.html; Vgl. LT-Drs. 18/1569, S. 5.

1729 Vgl. LT-Drs. 18/1569, S. 2, LT-Drs. 18/607, S. 2.

1730 LT-Drs. 18/3543, S. 4; LT-Drs. 18/1569 S. 3; Siehe Drittes Kapitel, C., II., 4., a), aa.

1731 Siehe Drittes Kapitel, F., III., 4., b), bb.

1732 Vgl. NK-BGB/ *Prinz von Sachsen Gessaphe*, 4. Aufl. 2021, BGB, § 817, Rn. 24; Vgl. BeckOK BGB/*Wendehorst*, 58. Ed. 01.05.2021, BGB, § 817, Rn. 24.

1733 Zur Kritik an der Glücksspielregulierung in der Vergangenheit, siehe Zweites Kapitel, E., X.; *Ennuschat*, ¾/18, S. 202, 203; *Becker/Wuketich*, ZfWG 1/19, Sonderbeilage, S. 7, 20, 21.

müssten. In diesem Fall müssten sie die Anbieter für ihre Verluste in Regress nehmen, um nicht selbst auf den Kosten der Transaktionen sitzen zu bleiben und der beabsichtigte Druck auf die Anbieter illegaler Angebote würde postwendend ausgeübt.[1734] Bereits dies spricht für das Erfordernis einer teleologischen Reduktion von § 817 S. 2 BGB. Zudem dient auch das Mitwirkungsverbot aufgrund seiner Funktion im Zusammenhang mit § 4 Abs. 4 GlüStV zu einem beachtlichen Teil gerade dem Schutz der Spieler.[1735] Auch insofern steht ein Kondiktionsausschluss gem. § 817 S. 2 BGB nicht im Einklang mit dem Schutzzweck von § 4 Abs. 1 S. 2, 2 Hs. GlüStV.[1736]

In der Folge ist § 817 S. 2 BGB teleologisch zu reduzieren.[1737] Sodass ein Rückforderungsanspruch des Spielers selbst bei einer Strafbarkeit gem. § 285 StGB nicht ausgeschlossen ist.

5. *Durchsetzbarkeit*

Der Anspruch muss sodann durchsetzbar sein. Insofern lässt sich zunächst auf die Ausführungen des vorangehenden Abschnitts verweisen.[1738]

a) *Verjährung*

Wie bereits an anderer Stelle ausgeführt, gilt für die bereicherungsrechtlichen Rückabwicklungsansprüche die dreijährige Regelverjährung gem. § 195 BGB.[1739] Grundsätzlich beginnt die Verjährung gem. § 199 Abs. 1 Nr. 1, 2 BGB frühestens mit dem Schluss des Jahres, in dem der Bereicherungsanspruch entstanden ist und in dem der Bereicherungsgläubiger von der Person des Schuldners und den anspruchsbegründenden Tatsachen Kenntnis erlangt hat oder ohne grobe Fahrlässigkeit hätte erlangen müssen.[1740] Hiervon abweichend

---

1734 Vgl. *Hendricks/Lüder*, ZfWG ¾/20, S. 216, 220; Drittes Kapitel, C., II., 4., a), dd.

1735 Vgl. BeckOK BGB/*Wendehorst*, 58. Ed. 01.05.2021, BGB, § 817, Rn. 23; *Heintz/Scholer*, VuR 9/20, S. 323, 329.

1736 Vgl. BeckOK BGB/*Wendehorst*, 58. Ed. 01.05.2021, BGB, § 817, Rn. 23.

1737 a.A. *Kemper*, Verbotenes Online-Glücksspiel und verbotene Zahlungen, S. 201 ff.

1738 Siehe Drittes Kapitel, F., IV., 5.

1739 Zur Verjährung von Kondiktionsansprüchen, siehe Drittes Kapitel, F., III., 5., a); MüKoBGB/*Schwab*, 8. Aufl. 2020, BGB, § 812, Rn. 553; *Prütting*, in: Prütting/Wegen/Weinreich, BGB, 16. Auflage 2021, § 812 BGB, Rn. 108.

1740 Zur Verjährung von Kondiktionsansprüchen, siehe Drittes Kapitel, F., III., 5., a); MüKoBGB/*Schwab*, 8. Aufl. 2020, BGB, § 812, Rn. 553; *Prütting*, in: Prütting/Wegen/Weinreich, BGB, 16. Auflage 2021, § 812 BGB, Rn. 108.

könnte der Verjährungsbeginn für einen Kondiktionsanspruch gegen die Bank in den vorliegenden Fällen jedoch aufgrund einer bis heute bestehenden unsicheren Rechtslage gehemmt sein. Wie bereits ausgeführt, ist eine Klageerhebung als übergreifende Voraussetzung für den Verjährungsbeginn nur dann zumutbar, wenn sie „erfolgversprechend, wenn auch nicht risikolos möglich ist".[1741] Dies ist nach der Rechtsprechung des BGH jedenfalls dann nicht der Fall, wenn der Anspruchsdurchsetzung eine gegenteilige höchstrichterliche Rechtsprechung oder eine gefestigte Auffassung der Oberlandesgerichte entgegensteht.[1742] Daneben soll eine unsichere und zweifelhafte Rechtslage auch dann vorliegen, wenn zur Rechtssache ein „ernsthafter Meinungsstreit in Rechtsprechung und Schrifttum" geführt wird.[1743] Zur Frage des (Nicht-) Bestehens eines Kondiktionsanspruchs der Spieler gegen ihre Bank aufgrund eines Verstoßes gegen das Mitwirkungsverbot gem. § 4 Abs. 1 S. 2, 2 Hs. GlüStV liegt bisher noch keine höchstrichterliche Rechtsprechung vor. Allerdings hat der 19. Zivilsenat des OLG München I in seiner Entscheidung vom 06.02.2019 (Az.: 19 U 793/18) dem Mitwirkungsverbot aus § 4 Abs. 1 S. 2, 2 Hs. GlüStV den Verbotsgesetzcharakter abgesprochen und zudem dessen Tatbestandsvoraussetzungen für nicht erfüllt angesehen. Der erkennende Senat hat insofern alle denkbaren Rückforderungsansprüche der Spieler, mithin auch § 812 Abs. 1 S. 1 Alt. 1 BGB, abgelehnt.[1744] Zwar stellt dieses Urteil noch keine entgegenstehende gefestigte Rechtsprechung der Oberlandesgerichte dar[1745], allerdings haben sich in der Folge zunächst nahezu alle hierzu ergangenen landgerichtlichen Entscheidungen der Rechtsprechung des OLG München I angeschlossen und einen Rückzahlungsanspruch der Spieler gegen ihre Banken abgelehnt.[1746] Die aus der Rechtsprechung des OLG

1741 BGH, Urt. v. 19.03.2019 – XI ZR 95/17 –, Rn. 35, juris; BGH, Urt. v. 04.07.2017 – XI ZR 562/15 –, BGHZ 215, 172–200, Rn. 85; BGH, Urt. v. 28.10.2014 – XI ZR 348/13 –, BGHZ 203, 115–140, Rn. 56; Staudinger/*Peters/Jacoby*, 2019, BGB, § 199, Rn. 84a; siehe Drittes Kapitel, F., III., 5., a), cc.

1742 BGH, Urt. v. 19.03.2019 – XI ZR 95/17 –, Rn. 34, juris; BGH, Urt. v. 04.07.2017 – XI ZR 562/15 –, BGHZ 215, 172–200, Rn. 86; BGH, Urt. v. 28.10.2014 – XI ZR 348/13 –, BGHZ 203, 115–140, Rn. 35; Staudinger/*Peters/Jacoby*, 2019, BGB § 199, Rn. 84b, 84b_1; siehe Drittes Kapitel, F., III., 5., a), cc.

1743 BGH, Urt. v. 07.12.2010 – XI ZR 348/09 –, Rn. 21, juris.

1744 OLG München, Verf. v. 06.02.2019 – 19 U 793/18 –, Rn. 4–7, juris.

1745 Vgl. BGH, Urt. v. 18.12.2008 – III ZR 132/08 –, Rn. 14, juris.

1746 LG Nürnberg-Fürth, Urt. v. 22.10.2020 – 10 O 8632/19 –, juris; LG Bonn, Urt. v. 14.02.2020 – 2 O 144/19 –, juris; LG Hamburg, Urt. v. 03.01.2020 – 330 O 111/19 –, juris; LG Wuppertal, Urt. v. 30.10.2019 – 3 O 384/18 –, juris; LG Düsseldorf, Urt.

München I abgeleitete ablehnende Haltung hinsichtlich eines Rückforderungsanspruchs der Spieler gegen ihre Banken dürfte damit die derzeit herrschende Meinung in der instanzgerichtlichen Rechtsprechung darstellen.[1747] Gemessen hieran dürfte eine Klageerhebung bereits keine hinreichende Aussicht auf Erfolg haben und nach der Rechtsprechung des BGH bereits deshalb nicht zumutbar sein.[1748] Hinzu kommt, dass eine Reihe von überwiegend amtsgerichtlichen Urteilen bei der Bewertung von Rückzahlungsansprüchen der Spieler gegen ihre Banken zu einem völlig unterschiedlichen Ergebnis kommen.[1749] Beachtenswert ist auch, dass in Rechtsprechung und Literatur elementare Grundannahmen zum Mitwirkungsverbot aus § 4 Abs. 1 S. 2, 2 Hs. GlüStV zum Teil völlig unterschiedlich bewertet werden. So ist etwa, wie schon an anderer Stelle ausführlich dargestellt, der (Verbotsgesetz-) Charakter des Mitwirkungsverbots aus § 4 Abs. 1 S. 2, 2 Hs. GlüStV streitig.[1750] Einerseits wird vertreten, das Mitwirkungsverbot stelle lediglich eine Erweiterung bei der Störerauswahl für ein ordnungsrechtliches Vorgehen nach § 9 GlüStV dar. Dies habe zum einen zur Folge, dass die Tatbestandsmerkmale des § 4 Abs. 1 S. 2, 2 Hs. GlüStV um weitere ungeschriebene Merkmale ergänzt werden müssten, welche regelmäßig nicht vorlägen.[1751]

v. 10.10.2019 – 8 O 398/18 –, juris; LG München I, Urteil vom 28. Februar 2018 – 27 O 11716/17 –, juris.

1747 LG Nürnberg-Fürth, Urt. v. 22.10.2020 – 10 O 8632/19 –, juris; LG Bonn, Urt. v. 14.02.2020 – 2 O 144/19 –, juris; LG Hamburg, Urt. v. 03.01.2020 – 330 O 111/19 –, juris; LG Wuppertal, Urt. v. 30.10.2019 – 3 O 384/18 –, juris; LG Düsseldorf, Urt. v. 10.10.2019 – 8 O 398/18 –, juris; LG München I, Urteil vom 28. Februar 2018 – 27 O 11716/17 –, juris; a. A. LG Ulm, Urt. v. 16.12.2019 – 4 O 202/18 –, juris; AG Neuss, Urt. v. 30.11.2020 – 86 C 155/20 –, juris; AG Leverkusen, Urt. v. 19.02.2019 – 26 C 346/18 –, juris; AG München, Urt. v. 21.02.2018 – 158 C 19107/17 –, juris; AG Wiesbaden, Urt. v. 16.06.2017 – 92 C 4323/16 (41) –, juris.

1748 BGH, Urt. v. 04.06.2017 – XI ZR 562/15 –, BGHZ 215, 172–200, Rn. 100.

1749 AG Neuss, Urt. v. 30.11.2020 – 86 C 155/20 –, juris; AG Leverkusen, Urt. v. 19.02.2019 – 26 C 346/18 –, juris; AG München, Urt. v. 21.02.2018 – 158 C 19107/17 –, juris; AG Wiesbaden, Urt. v. 16.06.2017 – 92 C 4323/16 (41) –, juris; LG Ulm, Urt. v. 16.12.2019 – 4 O 202/18 –, juris.

1750 Zum Verbotsgesetzcharakter des § 4 Abs. 1 S. 2, 2 Hs. GlüStV, siehe Drittes Kapitel, C., II.; exemplarisch: *Hambach/Kienzerle*, ZfWG 1/20, S. 74; *Hendricks/Lüder*, ZfWG ¾/20, S. 216; *Rock*, RdZ 2/20, S. 115; *Postel*, in: Dietlein/Hecker/Ruttig, Glücksspielrecht, 2. Aufl. 2013, § 4 GlüStV, Rn. 26 ff.; *Bolay/Pfütze*, in Streinz/Liesching/Hambach, Glücks- und Gewinnspielrecht in den Medien, § 4, Rn. 38 ff.

1751 Insbesondere sei eine zusätzliche Mitteilung durch die zuständige Behörde erforderlich, LG Nürnberg-Fürth, Urt. v. 22.10.2020 – 10 O 8632/19 –, Rn. 25–27, juris; OLG München, Beschl. v. 20.02.2020 – 8 U 5467/19, LG Wuppertal, Urt. v. 30.10.2019 – 3

Zum anderen solle das Mitwirkungsverbot daher nicht in das Rechtsverhältnis zwischen Spieler und Bank eingreifen. Nach dieser Auffassung ist das Mitwirkungsverbot also schon kein eigenständiges Verbotsgesetz.[1752] Auch sonst seien die Banken nicht dazu verpflichtet die Zahlungsströme für Online-Glücksspiel eigenständig zu überwachen.[1753] Andererseits wird das Gegenteil vertreten; es erfolge keine Erweiterung der Tatbestandsmerkmale des § 4 Abs. 1 S. 2, 2 Hs. GlüStV durch jene von ordnungsrechtlichen Ermächtigungsgrundlagen. Das Mitwirkungsverbot sei ein eigenständiges, flankierendes Verbotsgesetz welches die Banken verpflichte Zahlungsströme für illegales Online-Glücksspiel eigenständig zu unterbinden. Ziel sei die Beseitigung der Finanzinfrastruktur des illegalen Online-Glücksspiels, auch um einer Effektivlosigkeit bei der bisherigen Durchsetzung des Internettotalverbots entgegenzuwirken.[1754] Hier erfolgt also eine völlig unterschiedliche Auslegung des § 4 Abs. 1 S. 2, 2 Hs. GlüStV, welche entscheidende Auswirkungen auf die Bewertung eines Aufwendungsersatzanspruchs der Banken gem. §§ 675c, 670 BGB hat.[1755] Daneben sind zahlreiche Folgefragen streitig. So wird eine Anwendbarkeit einer etwaigen Nichtigkeitsfolge auf die Rechtsverhältnisse beim Zahlungsverkehr ebenso unterschiedlich bewertet wie die Frage nach einem etwaigen Kondiktionsausschluss nach § 817

O 384/18 –, Rn. 35–40, juris; LG Düsseldorf, Urt. v. 10.10.2019 – 8 O 398/18; LG Berlin, Urt. v. 16.04.2019 – 37 O 367/18; LG Hamburg, Urt. v. 03.01.2020 – 330 O 111/19; LG München I, Urt. v. 28.02.2018 – 27 O 11716/17; sich anschließend: OLG München, Verf. v. 06.02.2019 – 19 U 793/18; dies wiederum sieht die zuständige Glücksspielaufsichtsbehörde anders und erteilt entsprechende Hinweise nur im Einzelfall, siehe Drittes Kapitel, C., II., 2., c), bb.; Siehe Drittes Kapitel, C., II., 2., c).

1752 LG Nürnberg-Fürth, Urt. v. 22.10.2020 – 10 O 8632/19 –, Rn. 25–27, juris; OLG München, Beschl. v. 28.02.2020 – 8 U 5467/19; LG Hamburg, Urt. v. 03.01.2020 – 330 O 111/19; LG Wuppertal, Urt. v. 30.10.2019 – 3 O 384/18 –, Rn. 35–40, juris; LG Düsseldorf, Urt. v. 10.10.2019 – 8 O 398/18; LG Berlin, Urt. v. 16.04.2019 – 37 O 367/18; OLG München, Verf. v. 06.02.2019 – 19 U 793/18; LG München I, Urt. v. 28.02.2018 – 27 O 11716/17; Siehe Drittes Kapitel, C., II., 2., c).

1753 LG Hamburg, Urt. v. 03.01.2020 – 330 O 111/19–, Rn. 18, juris, LG Wuppertal, Urt. v. 30.10.2019 – 3 O 384/18 –,Rn. 31, 32, juris, LG Düsseldorf, Urt. v. 10.10.2019 – 8 O 398/18 –, Rn. 13, juris, LG München I, Urt. v. 28.02.2018 – 27 O 11716/17 –, Rn. 30, juris; OLG München, Verf. v. 06.02.2019 – 19 U 793/18 –, Rn. 8, juris; LG Berlin, Urt. v. 16.04.2019 – 37 O 367/18 –, Rn. 41, juris.

1754 LT-Drs. 18/1569; LT-Drs. 18/3543; vgl. LT-Drs. 18/607; Siehe Drittes Kapitel, C., II., 2., c), bb.; Siehe Drittes Kapitel, C., II., 4.

1755 Siehe Drittes Kapitel, E.

S. 2 BGB.[1756] Folglich besteht eine der Klageerhebung entgegenstehende herrschende Meinung in der instanzgerichtlichen Rechtsprechung, welche durch oberlandesgerichtliche Rechtsprechung bestätigt wird. Zudem besteht ein ernsthafter Meinungsstreit in Rechtsprechung und Schrifttum zu elementarsten Fragen bei der deutschen Glücksspielregulierung. Damit steht, der ständigen Rechtsprechung des BGH folgend, einer zumutbaren Klageerhebung der Spieler gegen die Banken eine unsichere Rechtslage entgegen.[1757]

Solange diese unsichere Rechtslage für einen Rückforderungsanspruch der Spieler gegen die Banken gem. § 812 Abs. 1 S. 1 Alt. 1 BGB i. V. m. § 134 BGB, § 4 Abs. 1 S. 2, 2 Hs. GlüStV weiter fortbesteht und den Spielern insofern eine Klageerhebung unzumutbar ist, ist der Beginn einer dreijährigen Regelverjährung nach § 195 BGB folglich gehemmt.

b) § 242 BGB

Hinsichtlich eines möglichen Verstoßes gegen die Grundsätze von Treu und Glauben durch die Geltendmachung eines Rückforderungsanspruchs gem. § 812 Abs. 1 S. 1 Alt. 1 BGB i. V. m. § 4 Abs. 1 S. 2, 2 Hs. GlüStV lässt sich zunächst auf die Ausführungen des vorangehenden Abschnitts verweisen.[1758] Auch hier kommt grundsätzlich ein institutioneller bzw. individueller Rechtsmissbrauch durch die Geltendmachung eines Rückforderungsanspruchs in Betracht. Wie bereits ausgeführt, ist die 27. Zivilkammer des LG München I in ihrem Urteil vom 28.02.2018 (Az.: 27 O 11716/17) der Auffassung, ein Rückforderungsanspruch der Spieler gegen ihre Zahlungsdienstleister führe grundsätzlich zu unbilligen Ergebnissen.[1759] So führe ein Rückforderungsanspruch dazu, dass ein „gutgläubiges Kreditinstitut" auf ihren Aufwendungen sitzenbleibe. Zudem könnte ein „bösgläubiger Teilnehmer am Glücksspiel, der sich letztendlich nach § 285 StGB strafbar mache, gutgläubige Zahlungsinstitute für rechtswidrige

1756 Siehe Drittes Kapitel, D., II., 3–5, III., 2–5; LG Nürnberg-Fürth, Urt. v. 22.10.2020 – 10 O 8632/19 –, Rn. 25–27, juris; LG Wuppertal, Urt. v. 30.10.2019 – 3 O 384/18 –, Rn. 35–40, juris; siehe auch, Drittes Kapitel, F., III., 4. B), IV., 4., b).

1757 Vgl. BGH, Urt. v. 19.03.2019 – XI ZR 95/17 –, Rn. 34, juris; BGH, Urt. v. 04.07.2017 – XI ZR 562/15 –, BGHZ 215, 172–200, Rn. 86; BGH, Urt. v. 28.10.2014 – XI ZR 348/ 13 –, BGHZ 203, 115–140, Rn. 40 ff.

1758 Zu § 242 BGB bei § 812 Abs. 1 BGB i. V. m. § 4 Abs. 4 GlüStV, siehe Drittes Kapitel, F., III., 5., b).

1759 Siehe Drittes Kapitel, F., III., 5., b); vgl. LG München I, Urt. v. 28.02.2018 – 27 O 11716/17 –, Rn. 27, juris.

Aktivitäten einspannen".[1760] Überdies sei eine Überprüfung der Zahlungen durch die Zahlungsdienstleister technisch nicht möglich. Die Zahlungsdienstleister könnten nicht feststellen, ob die vom Spieler angewiesenen Zahlungen der Teilnahme an illegalem Online-Glücksspiel gelten würden.[1761] Jedenfalls würde eine mögliche Prüfung der Zahlungen im Einzelfall über den gewöhnlichen Prüfaufwand bei der Bearbeitung von Zahlungsvorgängen hinausgehen.[1762] Diesen Ausführungen muss jedoch in jeglicher Hinsicht widersprochen werden. Zunächst bleiben die Banken nicht auf ihren Aufwendungen sitzen. Sie können die Anbieter illegaler Online-Glücksspielangebote über eine Kette von Lizenzverträgen in Regress nehmen. Hierfür steht ihnen regelmäßig bereits ein vertraglicher Anspruch zu.[1763] Sodann geht die erkennende Kammer davon aus, dass ein Rückforderungsanspruch für die gutgläubigen Banken (welche im Prinzip nur ihre vertragliche Pflicht erfüllen würden) „aus heiterem Himmel" käme. Diese Vorstellung geht fehl. Sie missachtet, dass das Mitwirkungsverbot gem. § 4 Abs. 1 S. 2, 2 Hs. GlüStV den Zahlungsdienstleistern per Gesetz die Mitwirkung an Zahlungen zum Zwecke des illegalen Online-Glücksspiels verbietet und dass dieses gesetzliche Verbot eine Ausführungsbeschränkung i. S. d. § 675o Abs. 2 BGB darstellt.[1764] Bei Vorliegen einer gesetzlichen Ausführungsbeschränkung darf bzw. muss der Zahlungsdienstleister die Durchführung einer Zahlung ablehnen, da er andernfalls gegen geltende Rechtsvorschriften verstoßen würde.[1765] Um dieser Ablehnungspflicht gerecht werden zu können, müssen die Zahlungsdienstleister auch ohne Anlass prüfen, ob sie mit der Ausführung der Zahlung gegen ein gesetzliches Verbot verstoßen würden.[1766] Führen sie diese Prüfung nicht durch, können sie sich nicht berechtigterweise auf eine Gutgläubigkeit berufen. Hiergegen kann auch kein überdurchschnittlicher Prüfaufwand vorgebracht werden. Zum einen lassen sich die Zahlungsdienstleister diesen überdurchschnittlichen Prüfaufwand bereits jetzt mit hohen Sondergebühren

1760 LG München I, Urt. v. 28.02.2018 – 27 O 11716/17 –, Rn. 27, juris.
1761 LG München I, Urteil v. 28.02.2018 – 27 O 11716/17 –, Rn. 32, juris.
1762 LG München I, Urt. v. 28.02.2018 – 27 O 11716/17 –, Rn. 31, juris.
1763 *Martinek/Omlor*, in: Schimansky/Bunte/Lwowski, BankR-HdB, 2. Abschnitt. Bargeldloser Zahlungsverkehr 13. Kapitel. Kreditkartenverträge § 67. Das Kreditkartengeschäft Rn. 73.
1764 Siehe Drittes Kapitel, E., IV., 1, a), cc)
1765 Vgl. BeckOK BGB/*Schmalenbach*, 58. Ed. 01.05.2021, BGB, § 675o, Rn. 10a.
1766 Zur Prüfpflicht der Banken, siehe Drittes Kapitel, E., IV., 1, a), cc); Vgl. BeckOGK/*Zahrte*, 01.03.2021, BGB, § 675o, Rn. 22.

für Transaktionen zum Zwecke des Glücksspiels vergüten.[1767] Zum anderen kann ein solcher Einwand nur dazu führen, dass die Banken diese Transaktionen schlicht nicht durchführen wenn sie sich nicht sicher sein können, ob sie mit deren Durchführung gegen ein gesetzliches Verbot verstoßen.[1768] In jedem Fall kann nicht berechtigterweise von einer „Gutgläubigkeit" der Banken ausgegangen werden. Hinzukommt, dass die Zahlungsdienstleister regelmäßig bereits aus eigenem Interesse oder aber aufgrund anderer gesetzlicher Verpflichtungen Risikobewertungen durchführen. So vertreten *Rock* und *Seifert* die Auffassung, insbesondere Kreditkartenunternehmen würden den durch das Online-Glücksspiel hervorgebrachten Umsatz-Anteil durch vielfältige Marktanalysen genau unter die Lupe nehmen.[1769] Hierfür würde zum einen sprechen, dass der Umsatzanteil des Online-Glücksspiels am weltweiten Kreditkartenumsatz bei 10 % liegt und somit einen beachtlichen Teil ausmacht.[1770] Zum anderen erfordert bereits das sog. Know-Your-Customer-Prinzip aus §§ 10 ff. GwG, dass die Zahlungsdienstleister ihre Vertragspartner identifizieren, den Zweck und die Art der Geschäftsbeziehung feststellen und u. U. Transaktionen kontinuierlich überwachen.[1771] Es ist somit schwer vorstellbar, dass solche Marktanalysen keine Bewertung der Legalität der Online-Glücksspielangebote in Deutschland beinhalten und die Zahlungsdienstleister damit regelmäßig gutgläubig sind. Zuletzt ist, wie bereits an anderer Stelle ausgeführt, anzumerken, dass der deutsche Durchschnittsspieler keine positive Kenntnis von der Illegalität der Online-Glücksspiele hat. In der Folge machen sie sich die Spieler regelmäßig weder gem. § 285 StGB strafbar noch sind sie bösgläubig.[1772] Folglich liegt die geschilderte Situation, bei der ein Rückforderungsanspruch der Spieler gegen ihre Banken dazu führt, dass die gutgläubigen Banken von den Spielern für ihre bösgläubige Zwecke eingespannt werden, regelmäßig nicht vor. Mithin führt ein bereicherungsrechtlicher

---

1767 Siehe Erstes Kapitel, D., I; Vgl. *Rock*, ZfWG Sonderbeilage 3/18, S. 20; zudem sprechen bereits diese Sondergebühren für Transaktionen zum Zwecke des Glücksspiels dafür, dass die Banken genau über die Umstände beim Online-Glücksspiel Bescheid wissen.

1768 Zur Wahrscheinlichkeit für das Vorliegen von illegalem Online-Glücksspiel, siehe Drittes Kapitel, E., IV, 1., a), bb.

1769 Siehe Drittes Kapitel, E., IV., 2., b); *Rock/Seifert*, ZBB 4/08, S. 259, 264.

1770 *Rock/Seifert*, ZBB 5/09, S. 377, 378.

1771 *Walther*, in: Schimansky/Bunte/Lwowski, BankR-HdB, 1. Abschnitt. Allgemeine Grundlagen 6. Kapitel. Bankgeheimnis, Bankauskunft, SCHUFA, Geldwäsche § 42. Geldwäsche Rn. 210–214.

1772 Siehe Drittes Kapitel, F., III., 1., b), aa.

Anspruch der Spieler gegen ihre Banken gem. § 812 Abs. 1 S. 1 Alt. 1 BGB i. V. m. § 4 Abs. 1 S. 2, 2 Hs. GlüStV nicht zu einem institutionellen Rechtsmissbrauch. Dies deckt sich auch mit den Ausführungen von *Hendricks* und *Lüder.*[1773] Diese haben hierzu ausgeführt, dass ein Rückforderungsanspruch der Spieler gegen ihre Zahlungsdienstleister an sich grundsätzlich nicht zu untragbaren Ergebnissen führe. Ein Rückforderungsanspruch trage vielmehr langfristig dazu bei, „es den Glücksspielanbietern zu erschweren, ihr illegales Handeln fortzuführen." Gleichzeitig würden den Spielern „Hürden in den Weg gestellt, Spielguthaben zu erlangen".[1774] Dies spricht nicht für ein untragbares, sondern für ein vom Gesetzgeber gewolltes Ergebnis. Sodann könnte ein individueller Rechtsmissbrauch zu einem Durchsetzungshindernis führen. Wie bereits im vorangehenden Abschnitt ausgeführt, hat die 8. Zivilkammer des LG München I in ihrem Urteil vom 13.04.2021 (Az.: 8 O 16058/20) hierzu ausgeführt, „der Rückforderungsanspruch eines Spielers, der sehenden Auges und aus eigenem Handlungsantrieb heraus am illegalen Online-Glücksspiel teilgenommen und sodann Verluste eingespielt hat", verstoße gegen Treu und Glauben und müsse daher gem. § 242 BGB ausgeschlossen sein.[1775] Wie ebenfalls im vorherigen Abschnitt geklärt, ist diese Auffassung bereits deshalb abzulehnen, weil ihr die Fehlvorstellung eines umfassend informierten Spielers zugrunde liegt. Ein solch umfassend informierter Spieler entspricht nicht dem typischen Durchschnittsspieler.[1776] Der deutsche Durchschnittsspieler weiß regelmäßig nicht, dass Online-Glücksspiel in Deutschland verboten ist.[1777] Mithin kommt ein individueller Rechtsmissbrauch nur dann in Betracht, wenn ein Spieler hinsichtlich der Illegalität des von ihm wahrgenommenen Online-Glücksspiels bösgläubig war und einen Rückzahlungsanspruch gegenüber seiner Bank bewusst ausnutzt, um Verluste wieder auszugleichen. Die Beweislast hierfür tragen die Banken.[1778]

1773 *Hendricks/Lüder*, ZfWG ¾/20, S. 216, 220.

1774 *Hendricks/Lüder*, ZfWG ¾/20, S. 216, 220.

1775 Siehe Drittes Kapitel, F., III., 5., b); LG München I, Urt. v. 13.04.2021 – 8 O 16058/20 –, Rn. 37, juris; *Heintz/Scholer*, VuR 9/20, S: 323, 329.

1776 Siehe Drittes Kapitel, F., III., 5., b); *Hendricks/Lüder*, VuR 09/2021, S. 333, 336.

1777 Siehe Drittes Kapitel, F., III., 4, a), b), aa.

1778 Vgl. BeckOK BGB/*Sutschet*, 58. Ed. 01.05.2021, BGB, § 242, Rn. 177.

c) Zwischenergebnis

Mithin ist ein bereicherungsrechtlicher Rückforderungsanspruch der Spieler gegen ihre Zahlungsdienstleister nach § 812 Abs. 1 S. 1 Alt. 1 BGB i. V. m. § 4 Abs. 1 S. 2, 2 Hs. GlüStV regelmäßig durchsetzbar.

6. Rechtsfolge

Sofern dem Spieler ein Herausgabeanspruch aus § 812 Abs. 1 S. 1 Alt. 1 BGB zusteht, richtet sich die Herausgabepflicht nach § 818 Abs. 1, Abs. 2 BGB. Danach hat der Zahlungsdienstleister dem Spieler den von ihm für die Zahlungsabwicklung zum Zwecke der Teilnahme am illegalen Online-Glücksspiel eingezogenen Geldbetrag wieder herauszugeben. Diese empfangene Geldsumme ist grundsätzlich zurückzuzahlen.[1779] Kondiktionsgegenstand ist auch hier das Eigentum am konkret gezahlten bzw. abgebuchten Geld. Dies ist regelmäßig nur noch durch Wertersatz gem. § 818 Abs. 2 BGB kondizierbar. Neben dem Hauptanspruch sind gem. § 818 Abs. 1 BGB zudem Nutzungen i. S. d. § 100 BGB herauszugeben. Hierzu gehören insb. Zinsen auf den erlangten Geldbetrag.

7. Ergebnis

Mithin besteht im Falle einer verbotenen Mitwirkung an Zahlungen zum Zwecke der Teilnahme an unerlaubtem Glücksspiel ein Bereicherungsanspruch der Spieler gem. § 812 Abs. 1 S. 1 Alt. 1 BGB gegen ihre Zahlungsdienstleister wegen der Verletzung von § 4 Abs. 1 S. 2, 2 Hs. GlüStV. Die Herausgabepflicht ist nicht gem. §§ 814 Alt. 1, 817 S. 2 BGB ausgeschlossen. Selbst wenn den Spielern ein Verstoß gegen § 285 StGB vorwerfbar wäre, ist § 817 S. 2 BGB teleologisch zu reduzieren. Für einen Anspruch aus § 812 Abs. 1 S. 1 Alt. 1 BGB i. V. m. § 4 Abs. 1 S. 2, 2 Hs. GlüStV gilt die dreijährige Regelverjährung gem. §§ 195, 199 Abs. 1 Nr. 1, 2 BGB. Ein Fristlauf ist jedoch wegen der Unzumutbarkeit einer Klageerhebung aufgrund einer unsicheren Rechtslage bis zu deren gerichtlicher Klärung gehemmt.

G. Weitere Ansprüche

Aus den Ausführungen der vorangehenden Kapitel ergeben sich für die Spieler, neben einem bereicherungsrechtlichen Rückforderungsanspruch gegen die

---

1779 Staudinger/*Lorenz*, 2007, BGB, § 818, Rn. 3.

beteiligten Online-Glücksspielanbieter und Banken, zudem noch weitere Ansprüche aus anderen Anspruchsgrundlagen.[1780]

I. § 823 Abs. 2 BGB i. V. m. § 4 Abs. 4 GlüStV, § 284 StGB (gegen die Anbieter)

In Betracht kommt ein deliktischer Schadensersatzanspruch der Spieler gegen die Anbieter aus § 823 Abs. 2 BGB i. V. m. § 4 Abs. 4 GlüStV, § 284 StGB.

Ein Schadensersatzanspruch nach § 823 Abs. 2 BGB erfordert die schuldhafte Verletzung eines Gesetzes, welches zumindest auch dem Schutz eines anderen dient.[1781] Damit kommt zunächst jede Rechtsnorm nach Art. 2 EGBGB in Betracht.[1782] Welche Stellung die Norm in der Normenhierarchie hat, ob sie zivil-, straf- oder öffentlich-rechtlicher Natur ist oder ob sie selbst Sanktionen gegen den Schädiger vorsieht, ist dabei nicht von Belang.[1783] Ebenso genügt es, wenn die Norm primär das Interesse der Allgemeinheit im Auge hat und nur sekundär Individualinteressen schützen soll.[1784] Um keine ausufernde Bewertung zu erzeugen, darf der Individualrechtsschutz der Norm allerdings nicht nur bloßer Reflex ihrer Befolgung sein. Vielmehr muss der Individualrechtsschutz von der Norm explizit bezweckt werden.[1785] Dem folgend sind § 4 Abs. 4 GlüStV und § 284 StGB Individualschutz gewährende Schutzgesetze i. S. d. § 823 Abs. 2 BGB.[1786] Die Normen enthalten ein abschließendes Verhaltensprogramm für ihre Adressaten und dienen gezielt auch den Interessen des Einzelnen.[1787] Ausweislich der Gesetzesbegründung zum GlüStV 2012 sind die Kernziele des GlüStV „die Vermeidung und Bekämpfung von Glücksspielsucht (§ 1 S. 1 Nr. 1), die Kanalisierung und Begrenzung des Glücksspielangebotes (§ 1 S. 1 Nr. 2), der

1780 Da bereits die bereicherungsrechtlichen Rückforderungsansprüche der Spieler gegen die Anbieter bzw. gegen die Banken im Rahmen einer ausführlichen Darstellung bejaht werden konnten, erfolgt an dieser Stelle für die weiteren Zahlungsansprüche der Spieler nur noch eine oberflächliche Darstellung.

1781 BeckOK BGB/*Förster*, 58. Ed. 01.05.2021, BGB, § 823, Rn. 265.

1782 BeckOK BGB/*Förster*, 58. Ed. 01.05.2021, BGB, § 823, Rn. 267.

1783 BeckOK BGB/*Förster*, 58. Ed. 01.05.2021, BGB, § 823, Rn. 267, 268.

1784 BGH, Urt. v. 18.11.2003 – VI ZR 385/02 –, Rn. 12, juris.

1785 BGH, Urt. v. 18.11.2003 – VI ZR 385/02 –, Rn. 12, juris.

1786 LG Gießen, Urt. v. 25.02.2021 – 4 O 84/20 –, Rn. 19 ff., juris; LG Meiningen, Urt. v. 26.01.2021 – 2 O 616/20 – Rn. 25, juris; a. A. LG München I, Urt. v. 13.04.2021 – 8 O 16058/20 – Rn. 51–53, juris.

1787 Vgl. BeckOK BGB/*Förster*, 58. Ed. 01.05.2021, BGB, § 823, Rn. 270; Vgl. NK-BGB/*Katzenmeier*, 4. Aufl. 2021, BGB, § 823, Rn. 528.

Jugend- und Spielerschutz (§ 1 S. 1 Nr. 3) sowie die Sicherstellung eines fairen Spiels und der Schutz vor Kriminalität (§ 1 S. 1 Nr. 4)."[1788] Mit Ausnahme von § 1 S. 1 Nr. 2 GlüStV sind dies jeweils unmittelbar Individualschutz gewährleistende Ziele.[1789] Folglich kommt etwa auch die 2. Zivilkammer des LG Meinigen in ihrem Urteil vom 26.01.2021 (Az.: 2 O 616/20) zu dem Ergebnis, dass § 4 Abs. 4 GlüStV ein Schutzgesetz i. S. d. § 823 Abs. 2 BGB sei.[1790] Die erkennende Kammer führt hierzu aus:

„Auf einen solchen Zweck ist § 4 Abs. 4 GlückStV ausgerichtet, indem er das Angebot von Casinospielen (einschließlich Poker) auf Spielbanken begrenzt. Neben der Anfälligkeit für eine Nutzung zu Zwecken der Geldwäsche wurde das Internetverbot in Art. 4 Abs. 4 GlückStV nach der Gesetzesbegründung insbesondere angesichts der ‚hohen Manipulationsanfälligkeit solcher Spiele und ihrem herausragenden Suchtpotential' beibehalten. Damit bringt der Gesetzgeber zum Ausdruck, dass das Internetverbot zu einem überwiegenden Teil den Schutz des Einzelnen vor Augen hat, nämlich dessen Gesundheit zu schützen und ihn vor Falschspiel zu bewahren."[1791]

Gleiches gilt für § 284 StGB.[1792] So dient die Strafnorm laut *Hollering* neben der „staatlichen Kontrolle über die kommerzielle Ausbeutung der natürlichen Spielleidenschaft" insbesondere auch der „Gewährleistung einer manipulationsfreien Spielchance und dem Schutz [der Spieler] vor heimlicher Spielmanipulation".[1793] Damit dient auch § 284 StGB u. a. den Individualinteressen der Spieler. Auch sind Vermögensschäden als geltend gemachtes Interesse vom Schutzzweck beider Normen erfasst.[1794] Hierfür ist entscheidend, ob ein individueller Schadensersatzanspruch „sinnvoll und im Lichte des haftungsrechtlichen Gesamtsystems

---

1788 Erläuterungen zum GlüStV 2012, Drs. 16/11995, S. 16.

1789 Die 4. Zivilkammer des LG Ulm spricht insofern davon, die § 4 GlüStV dienten dem „Schutz des Spielers vor sich selbst". In § 1 GlüStV komme zum Ausdruck, dass die Spieler vor Sucht- und Überschuldungsgefahren, vor Beschaffungskriminalität und dem Abrutschen in prekäre Verhältnisse geschützt werden sollen, LG Ulm, Urt. v. 16.12.2019 – 4 O 202/18 –, Rn. 88, juris.

1790 LG Meiningen, Urt. v. 26.01.2021 – 2 O 616/20 – Rn. 18, juris.

1791 LG Meiningen, Urt. v. 26.01.2021 – 2 O 616/20 – Rn. 19, juris.

1792 Vgl. Begründung zum 6. StrRG, BT-Drs. 13/8587, S. 67; BayVGH, Urt. v. 30.08.2000 – 22 B 00.1833 –, Rn. 48, juris.

1793 BeckOK StGB/*Hollering*, 50. Ed. 01.05.2021, StGB, § 284, Rn. 5, 6; siehe auch *Heine/Hecker*, in: Schönke/Schröder/Heine/Hecker, 30. Aufl. 2019, StGB § 284 Rn. 3 ff.

1794 a. A. LG München I, Urt. v. 13.04.2021 – 8 O 16058/20 –, Rn. 45, juris; Vgl. NK-BGB/*Katzenmeier*, 4. Aufl. 2021, BGB, § 823, Rn. 530.

tragbar" erscheint.[1795] Der Gesetzesbegründung zum GlüStV 2012 folgend sollen die Spieler durch die Online-Glücksspielregulierung u. a. vor einer „hohen Manipulationsanfälligkeit der Spiele geschützt werden.[1796] Laut dem 1. Senat des BVerfG diene das Internettotalverbot aus § 4 Abs. 4 GlüStV zudem dem Schutz der Spieler vor einem Abgleiten in problematisches Spielverhalten. Durch das Internettotalverbot aus § 4 Abs. 4 GlüStV solle daher jedem einzelnen Spieler der Vorgang des Spielens und die reale Möglichkeit des Verlustes von Echtgeld bewusst gemacht werden.[1797] Den Ausführungen des EuGH zu den Gefahren des Online-Glücksspiels in der *Zeturf*-Entscheidung ist zudem zu entnehmen, dass ein Online-Glücksspielverbot grundsätzlich auch den Zweck hat, die Spieler vor übermäßigen Ausgaben durch Online-Glücksspiel und den mit den Spielen verbundenen negativen sozialen und moralischen Folgen zu schützen.[1798] Hieraus lässt sich ableiten, dass § 4 Abs. 4 GlüStV auch den Schutz des Vermögens der Spieler bezweckt. Da der Schutzzweck von § 4 Abs. 4 GlüStV mit dem Schutzzweck des § 284 StGB übereinstimmt, lassen sich diese Ausführungen entsprechend auf § 284 StGB übertragen.[1799] Aber auch unabhängig davon wird für § 284 StGB angenommen, die Norm bezwecke (ggf. auch nur mittelbar) den Schutz des Vermögens der Spieler.[1800] So liegt der Schutzzweck der §§ 284 ff. StGB laut *Lampe* unmittelbar in der „Bewahrung des Vermögens [der Spieler] vor leichtfertiger Gefährdung".[1801] Laut *Heine* und *Hecker* sichere § 284 StGB primär den ordnungsgemäßen Spielbetrieb und diene damit mittelbar dem Schutz

1795 NK-BGB/*Katzenmeier*, 4. Aufl. 2021, BGB, § 823, Rn. 528 unter Verweis auf BGH, Urt. v. 08.06.1976 – VI ZR 50/75 = BGHZ 66, 388 (390).

1796 Erläuterungen zum GlüStV 2012, Drs. 16/11995, S. 20; Dass § 4 Abs. 4 GlüStV daneben etwa auch der Kanalisierung der Spielsucht der Bevölkerung und der Bekämpfung der Spielsucht dient, lässt sich entgegen der Auffassung des LG München I. hier nicht entgegnen. Ausweislich der Gesetzesbegründung zum GlüStV 2012 sind dies nur Teile eines umfangreichen Zielekatalogs, Vgl. Erläuterungen zum GlüStV 2012, Drs. 16/11995, S. 16; a. A. vgl. LG München I, Urt. v. 13.04.2021 – 8 O 16058/20 – Rn. 51–53, juris.

1797 BVerfG, Nichtannahmebeschl. v. 14.10.2008 – 1 BvR 928/08 –, Rn. 40, juris.

1798 EuGH, Urt. v. 30.06.2011 – C-212/08 – *Zeturf*, Rn. 80, juris; EuGH, Urt. v. 08.09.2010 – C-46/08 – *Carmen Media*, Rn. 103, juris.

1799 Vgl. Begründung zum 6. StrRG, BT-Drs. 13/8587, S. 67; BayVGH, Urt. v. 30.08.2000 – 22 B 00.1833 –, Rn. 48, juris.

1800 BeckOK StGB/*Hollering*, 50. Ed. 01.05.2021, StGB, § 284, Rn. 5, 6; vgl. *Heine/Hecker*, in: Schönke/Schröder/Heine/Hecker, 30. Aufl. 2019, StGB § 284 Rn. 5.

1801 *Lampe*, JR 9/1887, S. 381, 384.

der Spielervermögen vor den Gefahren durch Spielmanipulationen.[1802] In jedem Fall bezweckt auch § 284 StGB dem Schutz der Spieler vor Vermögensschäden. Insofern kann nicht davon ausgegangen werden, dass sich der Gesetzgeber bei § 4 GlüStV und § 284 StGB gegen eine allgemeine Haftung für Vermögensschäden entschieden hätte.[1803] Die Spieler sollen durch § 4 GlüStV und § 284 StGB gerade vor den wirtschaftlichen Folgen des illegalen Online-Glücksspiels geschützt werden.[1804] Insofern erscheint es auch „im Lichte des haftungsrechtlichen Gesamtsystems tragbar", den Spielern einen Schadensersatzanspruch zu gewähren, wenn sich bei ihnen durch den Verstoß gegen § 4 GlüStV und § 284 StGB ein Vermögensschaden realisiert hat.[1805] Dass die Spieler, wie vom LG München I. angenommen, aufgrund einer möglichen eigenen Strafbarkeit nach § 285 StGB weniger schutzwürdig seien, ist für die Bewertung des Schutznormcharakters bzw. der Entstehung einer entsprechenden Einstandspflicht hingegen unbeachtlich.[1806] Sofern im Einzelfall eine nachgewiesene Strafbarkeit des Spielers nach § 285 StGB vorliegt, kann eine entsprechende Argumentation allein bei der Frage relevant werden, ob eine Einstandspflicht der Anbieter im Einzelfall aufgrund eines Mitverschuldens der Spieler gem. § 254 BGB reduziert oder sogar ausgeschlossen werden muss. Sobald die Anbieter entgegen § 4 Abs. 4 GlüStV, § 284 StGB ihre Onlineangebote (ohne behördliche Erlaubnis) den Spielern außerhalb von Schleswig-Holstein zugänglich machen, verstoßen sie gegen die genannten Schutzgesetze. Dies erfolgt auch schuldhaft, da die Anbieter die Schutzgesetzverletzungen mindestens fahrlässig begehen.[1807] Ob sie darüber hinaus ein Verschulden hinsichtlich des damit verbundenen Schädigungserfolgs trifft, ist indes unbeachtlich.[1808] Die Rechtswidrigkeit des Handelns der Anbieter wird bereits

---

1802 *Heine/Hecker*, in: Schönke/Schröder/Heine/Hecker, 30. Aufl. 2019, StGB § 284 Rn. 5; diese Argumentation lässt sich auch auf § 4 Abs. 4 GlüStV übertragen.

1803 Vgl. NK-BGB/*Katzenmeier*, 4. Aufl. 2021, BGB, § 823, Rn. 528.

1804 Vgl. auch § 762 f. BGB, womit der Gesetzgeber zum Ausdruck bringt, dass er den Spieler vor den wirtschaftlichen Gefahren solcher Verträge schützen möchte, Zweites Kapitel, D., II.

1805 Vgl. LG Meiningen, Urt. v. 26.01.2021 – 2 O 616/20 – Rn. 27, juris; NK-BGB/*Katzenmeier*, 4. Aufl. 2021, BGB, § 823, Rn. 528 unter Verweis auf BGH, Urt. v. 08.06.1976 – VI ZR 50/75 = BGHZ 66, 388 (390).

1806 Vgl. LG München I, Urt. v. 13.04.2021 – 8 O 16058/20 – Rn. 51, juris.

1807 Vgl. BeckOK BGB/*Förster*, 58. Ed. 01.05.2021, BGB, § 823, Rn. 283, 284; LG Meiningen, Urt. v. 26.01.2021 – 2 O 616/20 –, Rn. 20, juris.

1808 BeckOK BGB/*Förster*, 58. Ed. 01.05.2021, BGB, § 823, Rn. 283.

durch die Verletzungen der § 4 Abs. 4 GlüStV, § 284 StGB indiziert.[1809] Die Spieler erleiden ihre Verluste sodann als kausale Folge des angebotenen illegalen Online-Glücksspiels, mithin durch die Verletzung der Schutzgesetze.[1810] Auf Rechtsfolgenseite sieht § 823 Abs. 2 BGB die Naturalrestitution nach §§ 249 ff. BGB vor. Die Anbieter haben also einen gedachten schadensfreien Zustand wiederherzustellen.[1811] Dabei sind im Gegenzug jene Beträge zu berücksichtigen, die die Spieler durch Gewinnauszahlungen erhalten haben.

Folglich steht den Spielern gegen die Anbieter ein Anspruch auf Rückzahlung geleisteter Einsätze nach § 823 Abs. 2 BGB i. V. m. § 4 Abs. 4 GlüStV, § 284 StGB, §§ 249 ff. BGB zu.[1812]

II. § 823 Abs. 2 BGB i. V. m. § 4 Abs. 1 S. 2, 2 Hs. GlüStV (gegen die Banken)

Sodann kommt ein deliktischer Schadensersatzanspruch der Spieler gegen die an der Zahlungsabwicklung zum Zwecke des illegalen Online-Glücksspiels beteiligten Zahlungsdienstleister aus § 823 Abs. 2 BGB i. V. m. § 4 Abs. 1 S. 2, 2 Hs. GlüStV in Betracht.

Mit Blick auf einen Anspruch der Spieler gegen ihre Zahlungsdienstleister gem. § 823 Abs. 2 BGB i. V. m. § 4 Abs. 1 S. 2, 2 Hs. GlüStV lässt sich zunächst auf die Ausführungen des vorangehenden Unterabschnitts verweisen. Insbesondere stellt auch das Mitwirkungsverbot aus § 4 Abs. 1 S. 2, 2 Hs. GlüStV ein Schutzgesetz i. S. d. § 823 Abs. 2 BGB dar.[1813] Es soll dem Internettotalverbot aus § 4 Abs. 4 GlüStV zur Umsetzung verhelfen, indem es die Finanzinfrastruktur des illegalen Online-Glücksspiels beseitigt und verfolgt damit ebenfalls jene Ziele aus § 1 GlüStV, welche schon § 4 Abs. 4 GlüStV zu einem Schutzgesetz i. S. d.

1809 BeckOK BGB/*Förster*, 58. Ed. 01.05.2021, BGB, § 823, Rn. 282; BGH, Urt. v. 26.02.1993 – V ZR 74/92 –, BGHZ 122, 1–9, Rn. 19.

1810 Vgl. LG Meiningen, Urt. v. 26.01.2021 – 2 O 616/20 –, Rn. 20.

1811 BeckOK BGB/*Flume*, 58. Ed. 01.05.2021, BGB, § 249, Rn. 2.

1812 LG Gießen, Urt. v. 25.02.2021 – 4 O 84/20 –, juris; LG Meiningen, Urt. v. 26.01.2021 – 2 O 616/20 –, juris; a. A. LG München I, Urt. v. 13.04.2021 – 8 O 16058/20 –, juris, welches einen Individualrechtsschutz durch § 4 Abs. 4 GlüStV bzw. § 284 StGB ablehnt.

1813 LG Ulm, Urt. v. 16.12.2019 – 4 O 202/18 –, Rn. 89., juris; AG Leverkusen, Urt. v. 19.02.2019 – 26 C 346/18 –, Rn. 14 ff., juris; a. A. LG Hamburg, Urt. v. 03.01.2020 – 330 O 111/19, juris, LG Wuppertal, Urt. v. 30.10.2019 – 3 O 384/18, juris (jeweils kein Verbotsgesetz bzw. Tatbestand nicht erfüllt), *Kemper*, Verbotenes Online-Glücksspiel und verbotene Zahlungen, S. 291.

§ 812 Abs. 2 BGB machen.[1814] Die 4. Zivilkammer des LG Ulm führt insofern in ihrem Urteil vom 16.12.2019 (Az.: 4 O 202/18) aus, § 1 Nr. 3 und Nr. 4 GlüStV definiere die Vorschriften aus § 4 GlüStV als spielerschützende Schutzvorschriften.[1815] Danach dienten die § 4 GlüStV dem „Schutz des Spielers vor sich selbst". In § 1 GlüStV komme insofern zum Ausdruck, dass die Spieler vor Sucht- und Überschuldungsgefahren, vor Beschaffungskriminalität und dem Abrutschen in prekäre Verhältnisse geschützt werden sollen.[1816] § 4 Abs. 1 S. 2, 2 Hs. GlüStV verpflichtet die Zahlungsdienstleister auch unmittelbar und erfordert insbesondere keine weiteren, ungeschriebenen Tatbestandsmerkmale.[1817] Sofern die Zahlungsdienstleister die Erforderlichkeit der Aufwendungen zum Zwecke des illegalen Online-Glücksspiels nicht nachprüfen, verstoßen sie sodann schuldhaft gegen das Schutzgesetz aus § 4 Abs. 1 S. 2, 2 Hs. GlüStV.[1818] Hierdurch entsteht den Spielern auch ein adäquat kausaler Vermögensschaden.[1819] Ein Schutzgesetzverstoß ist für einen Vermögensschaden auch dann adäquat kausal, wenn das schädigende Verhalten den Schaden nicht unmittelbar, sondern erst nach Hinzutreten weiterer Umstände mittelbar verursacht hat.[1820] Solange die Ursächlichkeit des einen Umstandes für den anderen Umstand nicht völlig unerheblich ist (sog. Unterbrechung des Kausalzusammenhangs), ist es bedeutungslos, welcher der beiden Umstände den Schaden letztendlich ausgelöst hat.[1821] Beim Online-Glücksspiel führen sowohl das Angebot der Anbieter, als auch die Entscheidung der Spieler zur Spielteilnahme und die Zahlungsabwicklung der Banken hierzu im Ergebnis zu einem Vermögensschaden bei den Spielern. Die Verstöße der Anbieter gegen § 4 Abs. 4 GlüStV bzw. § 284 StGB

1814 Vgl. Drittes Kapitel, G., 2., a), aa.; Vgl. Drittes Kapitel, C., II., 4.; LG Ulm, Urt. v. 16.12.2019 – 4 O 202/18 –, Rn. 87, 88, juris.

1815 LG Ulm, Urt. v. 16.12.2019 – 4 O 202/18 –, Rn. 87, juris, a.A. *Kemper*, Verbotenes Online-Glücksspiel und verbotene Zahlungen, S. 149, 290.

1816 LG Ulm, Urt. v. 16.12.2019 – 4 O 202/18 –, Rn. 88, juris.

1817 Siehe Drittes Kapitel, C., II., 2, c), d); a. A. LG Hamburg, Urt. v. 03.01.2020 – 330 O 111/19 – juris, LG Wuppertal, Urt. v. 30.10.2019 – 3 O 384/18 –, juris, aufgrund einer Erweiterung der Tatbestandsmerkmale von § 4 Abs. 1 S. 2, 2 Hs. GlüStV.

1818 Vgl. Drittes Kapitel, E., IV.; vgl. auch LG Ulm, Urt. v. 16.12.2019 – 4 O 202/18 –, Rn. 115, juris.Mitt

1819 LG Ulm, Urt. v. 16.12.2019 – 4 O 202/18 –, Rn. 120, juris; a. A. LG Köln, Urteil vom 17.12.2020 – 22 O 482/19 –, Rn. 31, juris, das auf eine auf den eigenen Willensentschluss der Spieler zurückzuführende Selbstschädigung abstellt.

1820 MüKoBGB/*Oetker*, 8. Aufl. 2019, BGB, § 249, Rn. 141.

1821 MüKoBGB/*Oetker*, 8. Aufl. 2019, BGB, § 249, Rn. 141, 142.

sind dabei in gleicher Weise adäquat kausal für den darauffolgenden Schadenseintritt bei den Spielern wie die Verstöße der Zahlungsdienstleister gegen § 4 Abs. 1 S. 2, 2 Hs. GlüStV. So wie illegales Online-Glücksspiel ohne die Spiele der Anbieter nicht möglich ist, ist die Teilnahme der Spieler an den Angeboten ohne die Mitwirkung der Zahlungsdienstleister an Zahlungen hierzu technisch nicht möglich. Keiner der Beiträge kann hinweggedacht werden, ohne dass der Vermögensschaden entfiele. Auch kann ein freiwilliger Entschluss der Spieler zur letztendlich illegalen Verwendung eingezahlter Spieleguthaben nicht dazu führen, dass die Zahlungsdienstleister im Rahmen einer Abwägung von Verursachungs- und Verschuldensbeiträgen nach § 254 BGB enthaftet werden.[1822] Zum einen führt der freiwillige Entschluss der Spieler zur Teilnahme an (legalen) Online-Glücksspielen[1823] nicht dazu, dass die Ursächlichkeit der Mitwirkungshandlungen der Zahlungsdienstleister am Zustandekommen der illegalen Online-Glücksspiele verdrängt wird.[1824] Zum anderen würde eine Enthaftung der Zahlungsdienstleister im Rahmen einer Abwägung nach § 254 BGB dem Normzweck des § 4 Abs. 1 S. 2, 2 Hs. GlüStV zuwiderlaufen, denn dann müssten die (gutgläubigen) Spieler für die Verstöße der (bösgläubigen[1825]) Banken und Anbieter gegen das Mitwirkungs- und das Internettotalverbot aufkommen. Die

1822 Vgl. MüKoBGB/*Oetker*, 8. Aufl. 2019, BGB, § 249, Rn. 143.

1823 Die Spieler wissen regelmäßig nicht, dass sie an illegalen Glücksspielen teilnehmen bzw. dass Online-Glücksspiel in Deutschland gem. § 4 Abs. 4 GlüStV grds. verboten ist. Ihr freiwilliger Entschluss ist daher regelmäßig auf die Teilnahme an legalen Glücksspielen gerichtet.

1824 Vgl. MüKoBGB/*Oetker*, 8. Aufl. 2019, BGB, § 249, Rn. 143; es entspricht zudem nicht der Lebenswirklichkeit, dass Spieler zuerst ein Guthabenkonto bei einem Anbieter auffüllen, der regelmäßig sowohl legale als auch illegale Online-Glücksspiele im Portfolio hat, um dann in einem zweiten Schritt – unter vollständiger Unterbrechung des Kausalzusammenhangs – zu wählen, dass das bisher „neutrale" Guthaben nun für ein illegales Spiel verwendet werden soll. Die Online-Angebote der Anbieter sind regelmäßig allesamt illegal, sodass schon beim Aufladen des Spielkontos feststeht, dass dieses Guthaben für illegales Online-Glücksspiel verwendet werden wird. Darüber hinaus dürften die Vorgänge Aufladen und Spielen bei den modernen und sehr schnellen Zahlungsdiensten und Spielformen regelmäßig einen fließenden Übergang darstellen, sodass es schon in zeitlicher Hinsicht zu keiner Zäsur kommt; a. A. LG Köln, Urteil vom 17.12.2020 – 22 O 482/19 –, Rn. 31, juris.

1825 Neben einer möglichen positiven Kenntnis der Banken (siehe Sondergebühren), ließe sich argumentieren, dass die Banken durch den bewussten Verzicht auf eine Prüfung der Zahlungen infolge grober Fahrlässigkeit gegen § 4 Abs. 1 S. 2, 2 Hs. GlüStV verstoßen, vgl. Legaldefinition des § 932 Abs. 2 BGB.

Spieler müssten für die Folgen des illegalen Online-Glücksspiels haften, obwohl sie selbst auf ein legales Glücksspiel vertraut haben. Sie würden nicht vor den negativen Folgen des illegalen Online-Glücksspiels geschützt. Gerade das ist jedoch der Zweck des § 4 GlüStV.[1826] Daraus resultiert, dass die Zahlungsdienstleister bei einem Verstoß gegen das Mitwirkungsverbot gem. § 823 Abs. 2 BGB i. V. m. § 4 Abs. 1 S. 2, 2 Hs. GlüStV, §§ 249 ff. BGB in vollem Umfang zum Schadensersatz verpflichtet sind.

Folglich steht den Spielern auch gegen die beteiligten Zahlungsdienstleister ein Anspruch auf Rückzahlung geleisteter Aufwendungsersatze nach § 823 Abs. 2 BGB i. V. m. § 4 Abs. 1 S. 2, 2 Hs. GlüStV, §§ 249 ff. BGB zu.[1827]

III. § 826 Abs. 1 BGB (gegen die Anbieter)

Sodann kommt ein Schadensersatzanspruch der Spieler gegen die Anbieter illegaler Online-Glücksspiele aus § 826 BGB wegen vorsätzlicher sittenwidriger Schädigung in Betracht.

Gem. § 826 BGB ist derjenige, der in einer gegen die guten Sitten verstoßenden Weise einem anderen vorsätzlich Schaden zufügt, zum Schadensersatz verpflichtet. Für eine entsprechende Schadensersatzpflicht müsste den Anbietern zunächst ein objektiver Sittenverstoß zur Last gelegt werden können.[1828] Was die „guten Sitten" genau sind, ist bis heute in Rechtsprechung und Literatur nicht vollständig geklärt.[1829] In der Rechtsprechung des BGH wird hierfür die sog. Anstandsformel als Maßstab herangezogen.[1830] Danach ist ein Verhalten sittenwidrig, wenn es gegen das Anstandsgefühl aller billig und gerecht Denkenden

---

1826 Vgl. § 1 S. 1 Nr. 1, 3, 4 GlüStV; Vgl. LG Gießen, Urt. v. 25.02.2021 – 4 O 84/20 –, Rn. 27, juris; Vgl. LG Ulm, Urt. v. 16.12.2019 – 4 O 202/18 –, Rn. 87 f., juris; Zudem würde eine Enthaftung der Beteiligten aufgrund eines finalen Willensentschlusses der Spieler dazu führen, dass in allen Fällen, d. h. auch in den Fällen des § 823 Abs. 2 BGB i. V. m. § 4 Abs. 4 GlüStV, eine Enthaftung gem. § 254 BGB eintreten müsste, da in allen Fällen am Ende der Kausalkette ein „freier Willensentschluss" der Spieler zum illegalen Online-Glücksspiel führt.

1827 LG Ulm, Urt. v. 16.12.2019 – 4 O 202/18 –, Rn. 89., juris; AG Leverkusen, Urt. v. 19.02.2019 – 26 C 346/18 –, Rn. 14 ff., juris; a. A. LG Hamburg, Urt. v. 03.01.2020 – 330 O 111/19, juris, LG Wuppertal, Urt. v. 30.10.2019 – 3 O 384/18, juris (jeweils kein Verbotsgesetz bzw. Tatbestand nicht erfüllt).

1828 Vgl. MüKoBGB/*Wagner*, 8. Aufl. 2020, BGB, § 826, Rn. 8.

1829 BeckOK BGB/*Förster*, 58. Ed. 01.05.2021, BGB, § 826, Rn. 9.

1830 BeckOK BGB/*Förster*, 58. Ed. 01.05.2021, BGB, § 826, Rn. 10.

verstößt.[1831]. Für die rechtliche Beurteilung sei darauf abzustellen, ob sich Inhalt, Beweggrund und Zweck des Verhaltens in einer Gesamtschau als mit den guten Sitten unvereinbar darstellen.[1832] Der 9. Zivilsenat des BGH hat in seinem Urteil vom 20.07.2017 (Az.: IX ZR 310/14) insofern ausgeführt:

> *„Für die Annahme einer Sittenwidrigkeit genügt es im Allgemeinen nicht, dass der Handelnde vertragliche Pflichten oder das Gesetz verletzt oder bei einem anderen einen Vermögensschaden hervorruft. […] Es müssen besondere Umstände hinzutreten, die das schädigende Verhalten wegen seines Zwecks oder wegen des angewandten Mittels oder mit Rücksicht auf die dabei gezeigte Gesinnung nach den Maßstäben der allgemeinen Geschäftsmoral und des als ‚anständig' Geltenden verwerflich machen […].“*[1833]

Damit kommt es für die Rechtswidrigkeit eines Verhaltens entscheidend auf das Verhältnis von Zwecksetzung und eingesetztem Mittel an, bzw. auf die Rechtswidrigkeit des Mittels im Hinblick auf den angestrebten Zweck.[1834] Die Anbieter der in Deutschland illegalen Online-Glücksspiele bieten ihre Spiele für den deutschen Markt an, obwohl sie genau wissen, dass ihre Angebote in Deutschland aufgrund des § 4 Abs. 4 GlüStV ausdrücklich verboten sind. Sie ignorieren also bewusst geltendes Recht. Der Rechtsprechung des BGH folgend, resultiert aus dem bewussten Ignorieren geltender gesetzlicher Verbote für sich genommen jedoch noch kein sittenwidriges Verhalten der international agierenden Betreiber, auch wenn den deutschen Spielern hierdurch im Ergebnis Vermögensschäden entstehen. Auch liegt mit einer von den Anbietern beabsichtigten Gewinnmaximierung noch keine übergeordnete Zwecksetzung vor, welche als besonders verwerflich gilt. Eine verwerfliche Gesinnung der Anbieter zeigt sich aber dann, wenn man berücksichtigt, dass die Anbieter auf ihren Webseiten, mit denen sie bewusst gegen § 4 Abs. 4 GlüStV verstoßen, bzw. auf Rückfrage die geltende Rechtslage gegenüber den gutgläubigen Spielern bewusst verdunkeln.[1835] Wie bereits an anderer Stelle ausgeführt, finden sich auf den Glücksspiel-Seiten der Anbieter jeweils Ausführungen zu einer vermeintlichen Regulierung

---

1831 BGH, Urt. v. 20.07.2017 – IX ZR 310/14 –, Rn. 16, juris; BGH, Urt. v. 19.10.2010 – VI ZR 124/09 –, Rn. 12, juris; BGH, Urt. v. 19.07.2004 – II ZR 402/02 –, BGHZ 160, 149–159, Rn. 48; BGH, Urt. v. 06.05.1999 – VII ZR 132/97 –, Rn. 14, juris.

1832 BGH, Urt. v. 20.07.2017 – IX ZR 310/14 –, Rn. 16, juris; BGH, Urt. v. 19.10.2010 – VI ZR 124/09 –, Rn. 12, juris.

1833 BGH, Urt. v. 20.07.2017 – IX ZR 310/14 –, Rn. 16, juris.

1834 MüKoBGB/*Wagner*, 8. Aufl. 2020, BGB, § 826, Rn. 21.

1835 Zur Verdunkelung der Rechtslage durch die Anbieter, siehe Drittes Kapitel, F., IV., 5., a), dd.

und Lizensierung der Angebote durch ausländische Glücksspielbehörden oder zu einer vermeintlich ausschließlichen Gültigkeit ausländischer Rechtsordnungen, woraus die Spieler schließen sollen, dass die Angebote in Deutschland nach europäischem Recht legal sind.[1836] Es soll nicht darüber aufgeklärt werden, dass die Online-Glücksspielangebote in Ländern wie Malta, Gibraltar oder Curacao legal sind. Vielmehr soll sich der zweifelnde Spieler keine Sorgen mehr machen und stattdessen, im Vertrauen auf die Redlichkeit des Anbieters, unbeschwert am Spiel teilnehmen.[1837] Sofern das nicht ausreicht, erhalten die Spieler in Einzelfällen daneben auf Rückfrage von den Anbietern zudem tiefergehende Ausführungen zur vermeintlich geltenden Rechtslage.[1838] Wie bereits an anderer Stelle ausführlich dargestellt, führt etwa das Online-Casino Partyslots.de auf Kundenanfrage wahrheitswidrig aus, ihre faktisch gegen § 4 Abs. 4 GlüStV verstoßenden und damit in Deutschland tatsächlich illegalen Online-Glücksspiele würden „auf Grundlage einer innerhalb der Europäischen Union erteilten Glücksspiellizenz zur Verfügung gestellt". Daneben handele das Unternehmen auf Grundlage „europarechtlicher Grundfreiheiten". Zudem handele man „im Einklang mit den Richtlinien, welche von den Deutschen Bundesländern für das Betreiben von Online Slot- und Pokerangeboten eingeführt wurden". Darüber hinaus habe der Gerichtshof der Europäischen Union entschieden, dass eine fehlende deutsche Glücksspielerlaubnis aufgrund der Unionsrechtswidrigkeit der deutschen Glücksspielregulierung unbeachtlich sei. Hieraus ergebe sich im Ergebnis die Zulässigkeit des konkreten Online-Glücksspiels auch für den

---

1836 Vgl. Onlinepräsenz Wunderino unter der Überschrift „DU KANNST UNS VERTRAUEN: EU-Lizenz", abrufbar unter https://www.wunderino.de/, https://www.wunderino.de/de/about/ zuletzt abgerufen am 01.07.2021; Vgl. Onlinepräsenz Wildz, abrufbar unter https://www.wildz.com/de/, zuletzt abgerufen am 22.05.2021; Vgl. Präambel der Onlinesoftware-Endnutzer-Lizenzvereinbarung von Pokerstars, abrufbar unter https://www.pokerstars.de/tos/, zuletzt abgerufen am 22.05.2021; Vgl. Ziff. 1.1 der Allgemeinen Geschäftsbedingungen zur Nutzung der Angebote der Wildz Online Spielothek (Version 3.0, Stand: 05.08.2020), abrufbar unter https://www.wildz.com/de/info/agb/, zuletzt abgerufen am 22.05.2021; Vgl. Ziff. 1.1, 1.3 der Allgemeinen Geschäftsbedingungen der Sunmaker Online-Spielothek, abrufbar unter: https://www.sunmaker.de/de/terms-and-conditions; siehe Drittes Kapitel, F., IV., 5., a), dd.

1837 Vgl. DU KANNST UNS VERTRAUEN: EU-Lizenz", abrufbar unter https://www.wunderino.de/, https://www.wunderino.de/de/about/ zuletzt abgerufen am 01.07.2021.

1838 Zur Stellungnahme des Online-Casinos Partyslots.de auf Kunden-Anfrage, siehe Drittes Kapitel, F., IV., 5., a), dd

deutschen Markt. Abschließend hoffe der Anbieter, dass mit diesen Ausführungen verbliebene Zweifel der Spieler hinsichtlich der Rechtmäßigkeit der Angebote in Deutschland ausgeräumt seien.[1839] Hierdurch zeigt sich die Absicht der Anbieter, die Spieler bewusst über die geltende Rechtslage zu täuschen und von einer Spielteilnahme zu überzeugen. Die Aussagen der Anbieter spiegeln die geltende Rechtslage zu Online-Glücksspielen in Deutschland nicht im Ansatz wahrheitsgemäß wider.[1840] Dass das Online-Glückspiel in Deutschland grundsätzlich verboten ist und dass das konkrete Angebot trotz einer etwaigen Rechtswahlklausel weiterhin gem. § 4 Abs. 4 GlüStV illegal ist, erfahren die Spieler zu keiner Zeit.[1841] Damit ist der Zweck dieser Angaben, Spieler, die an der Teilnahme an einem legalen Glücksspiel interessiert sind, über die Legalität der Angebote in Deutschland zu täuschen und von der Teilnahme an einem tatsächlich illegalen Glücksspiel zu überzeugen. Man kann insofern von einer arglistigen Täuschung sprechen.[1842] Die hierzu verwendeten Mittel sind wissentliche Falschbehauptungen über die geltende Rechtslage. Bereits die angewendeten Mittel und der herausgestellte Zweck für sich dürften eine verwerfliche Gesinnung der Anbieter offenbaren. Hinzu kommt, dass die Anbieter in Kauf nehmen, dass sich die Spieler wegen einer strafbaren Teilnahme an illegalem Online-Glücksspiel nach § 285 StGB verantworten müssen. Auch sind etwaige soziale Folgen zu berücksichtigen.[1843] Neben offensichtlichen Folgen wie das Erzeugen von Spielsucht oder dem Abrutschen in eine finanzielle Schieflage, ist das Verhalten der Online-Glücksspielanbieter geeignet das Vertrauen der Verbraucher in den Rechtsstaat zu untergraben. Bei den Verbrauchern könnte das Bild entstehen, dass die Anbieter nahezu folgenlos das Internettotalverbot ignorieren und die deutschen Spieler täuschen können. In einer Gesamtschau zeigt sich daher, dass sich Inhalt, Beweggrund und Zweck des Verhaltens der Anbieter als mit den guten Sitten bzw. mit dem Anstandsgefühl aller billig und gerecht denkenden Deutschen als unvereinbar darstellen. Folglich liegt ein objektiver Sittenverstoß vor. Den Spielern entsteht hierdurch auch ein

---

1839 Stellungnahme des Online-Casinos Partyslots.de auf Kunden-Anfrage, siehe Drittes Kapitel, F., IV., 5., a), dd.

1840 Zu den EU-Lizenzen, siehe Zweites Kapitel, E., V.; zum Internettotalverbot in Deutschland, siehe Zweites Kapitel, E., II.; zu den Wegweisenden Entscheidungen des EuGH, siehe Zweites Kapitel, B., I., 4., b); Zur Zusammenfassung – System der Glücksspielregulierung in Deutschland, siehe Zweites Kapitel, A–E.

1841 Siehe Drittes Kapitel, F., IV., 5., a), dd.

1842 Vgl. BeckOK BGB/*Wendtland*, 58. Ed. 01.05.2021, BGB, § 123, Rn. 7.

1843 Vgl. MüKoBGB/*Wagner*, 8. Aufl. 2020, BGB, § 826, Rn. 22.

Vermögensschaden.[1844] Ein solcher wird für einen Anspruch aus § 826 Abs. 1 BGB bereits bei der Eingehung einer „ungewollten" Verbindlichkeit gesehen.[1845] Die Spieler wollen an einem legalen Glücksspiel mit bestehender und durchsetzbarer Gewinnchance im Internet teilnehmen. Ein solches liegt jedoch zu keiner Zeit vor.[1846] Daneben müssen den Anbietern zudem die Umstände subjektiv bewusst sein, die eine Sittenwidrigkeit im konkreten Fall begründen; sie müssen wissen, dass den Spielern ein Schaden entsteht sowie dass ihr Verhalten dafür ursächlich ist.[1847] Hierbei ist dolus eventualis ausreichend. Ein Vorsatz bezogen auf die Sittenwidrigkeit selbst ist nicht erforderlich.[1848] Die Anbieter wissen, dass sie ihre Angebote in Deutschland entgegen des Verbotes aus § 4 Abs. 4 GlüStV illegal anbieten und sie wissen auch, dass die Informationen, die sie den Spielern mitteilen falsch oder zumindest irreführend sind. Sie nehmen mindestens billigend in Kauf, dass die Spieler hierdurch von der Legalität der Spiele ausgehen, von einer Spielteilnahme überzeugt werden und hierdurch einen Vermögensschaden erleiden. Auch ist das vorsätzliche und sittenwidrige Verhalten der Anbieter für die Verursachung dieses Vermögensschadens adäquat kausal.[1849] Hierbei wird kein besonders enger Zusammenhang vorausgesetzt. Vielmehr genügt sogar ein mittelbarer Zusammenhang.[1850] Beschränkt wird ein Haftungsumfang nach § 826 BGB nach dem Schutzzweck der konkret verletzten Verhaltensnorm.[1851] Die Rechtsgutsverletzung auf Seiten der Spieler wird erst dadurch ermöglicht, dass die Spieler in den Glauben versetzt werden, die von den Anbietern unter Verstoß gegen § 4 Abs. 4 GlüStV angebotenen Spiele seien legal. § 4 Abs. 4 GlüStV soll die Spieler vor den negativen Folgen des illegalen Online-Glücksspiels und damit auch vor entsprechenden Vermögensschäden schützen. Glücksspiele im Internet sollen mit Nachdruck bekämpft und die Glücksspielnachfrage auf den „zahlenmäßig stark limitierten und mit besonderen Schutzvorkehrungen versehenen" terrestrischen Glücksspielmarkt gelenkt werden.[1852] Darüber hinaus lässt das Verhalten der Anbieter auf eine arglistige Täuschung

1844 Vgl. MüKoBGB/*Wagner*, 8. Aufl. 2020, BGB, § 826, Rn. 44.

1845 Vgl. MüKoBGB/*Wagner*, 8. Aufl. 2020, BGB, § 826, Rn. 44.

1846 Vgl. auch Drittes Kapitel, D., I.

1847 MüKoBGB/*Wagner*, 8. Aufl. 2020, BGB, § 826, Rn. 26; BeckOK BGB/*Förster*, 58. Ed. 01.05.2021, BGB, § 826.

1848 Vgl. MüKoBGB/*Wagner*, 8. Aufl. 2020, BGB, § 826, Rn. 26.

1849 Vgl. MüKoBGB/*Wagner*, 8. Aufl. 2020, BGB, § 826, Rn. 48.

1850 MüKoBGB/*Wagner*, 8. Aufl. 2020, BGB, § 826, Rn. 8.

1851 MüKoBGB/*Wagner*, 8. Aufl. 2020, BGB, § 826, Rn. 49.

1852 Drs. 16/11995, S. 20; Vgl. Drittes Kapitel, C., III., 1; Vgl. Drittes Kapitel, G., 2., a), aa.

schließen. Hierbei ist anerkannt, dass die Getäuschten gerade vor den Folgen eines solchen Verhaltens geschützt werden sollen, d. h. sie sollen keinen Nachteil daraus erleiden, dass ihnen durch arglistige Täuschung eine Leistung „aufgeschwatzt“ worden ist.[1853] Folglich steht den Spielern ein Schadensersatzanspruch gegen die Anbieter aus § 826 BGB zu.[1854] Auf Rechtsfolgenseite sieht ein Anspruch aus § 826 BGB Schadensersatz nach Maßgabe der §§ 249 ff. BGB vor. In den Fällen des illegalen Online-Glücksspiels ist der Anspruch auf die Befreiung von der ungewollten Verbindlichkeit gerichtet.[1855] Damit sind die gezahlten Einsätze zurückzugewähren. Auch bei § 826 BGB gelten die Grundsätze der Vorteilsausgleichung, sodass auch hier ausgezahlte Gewinne anzurechnen sind.[1856]

Folglich steht den Spielern ein Anspruch auf Rückzahlung geleisteter Einsätze auch nach §§ 826, 249 ff. BGB zu.

H. Fazit

Zusammenfassend lässt sich aufführen, dass den Spielern gegen die Anbieter illegaler Online-Glücksspiele durchsetzbare Rückzahlungsansprüche bezogen auf die geleisteten Spieleinsätze sowohl aus § 812 Abs. 1 S. 1 Alt. 1 BGB als auch aus § 823 Abs. 2 BGB i. V. m. § 4 Abs. 4 GlüStV, §§ 284 ff. StGB und § 826 BGB zustehen. Daneben stehen den Spielern gegen ihre Zahlungsdienstleister durchsetzbare Rückzahlungsansprüche bezogen auf geleistete Aufwendungszahlungen sowohl aus § 812 Abs. 1 S. 1 Alt. 1 BGB als auch aus § 823 Abs. 2 BGB i. V. m. § 4 Abs. 1 S. 2, 2 Hs. GlüStV zu.

1853 BGH, Urt. v. 14.10.1971 – VII ZR 313/69 –, BGHZ 57, 137–153, Rn. 34.
1854 a. A. OLG München, Beschl. v. 28.02.2020 – 8 U 5467/19 –, Rn. 29, juris.
1855 MüKoBGB/*Wagner*, 8. Aufl. 2020, BGB, § 826, Rn. 57.
1856 MüKoBGB/*Wagner*, 8. Aufl. 2020, BGB, § 826, Rn. 58.

Viertes Kapitel – Zusammenfassung der Ergebnisse

Der Gesetzgeber will den deutschen Bürger vor den besonderen Gefahren des Online-Glücksspiels schützen und hat sich daher auch im Rahmen des GlüStV 2012 erneut dazu entschlossen, den Vertriebsweg Internet für Glücksspiele gänzlich zu sperren. Dieser Entscheidung scheinen sich aber nicht alle Beteiligten unterordnen zu wollen. Während sich der Online-Glücksspielmarkt auch in Deutschland weiter zu einem Milliardengeschäft fortentwickelt, ignorieren die Anbieter illegaler Online-Glücksspiele fortwährend und vor den Augen aller geltendes Recht. Nicht nur bieten sie ihre unerlaubten Online-Glücksspiele in Deutschland weiter an, sie täuschen den Spielern auch noch eine vermeintliche Legalität ihrer Angebote vor, um sie entweder endgültig von einer Spielteilnahme zu überzeugen oder um sie in ihrer bereits getroffenen Entscheidung in Sicherheit zu wiegen. Für den Durchschnittsspieler ist die deutsche Online-Glücksspielregulierung zu undurchsichtig. Die Spieler wissen regelmäßig nicht, dass Online-Glücksspiele in Deutschland grundsätzlich per Gesetz verboten sind. Sie verstehen oftmals nicht, warum für grenzüberschreitendes Online-Glücksspiel sowohl innerhalb Europas als auch innerhalb der Bundesrepublik unterschiedliche Regeln gelten sollen. Auch können sie sich nicht erklären, warum es bundesweite Fernsehwerbung für Online-Glücksspiele gibt, die in mindestens 15 von 16 Bundesländern illegal sind, warum Online-Sportwetten geduldet werden, ob hieraus eine Legalität der Online-Sportwetten erwächst oder was der Unterschied zwischen einer legalen Online-Lotterie und einer illegalen Online-Zweitlotterie ist. Diese Fragen können mitunter nicht einmal von Juristen einheitlich beantwortet werden. Die Anbieter illegaler Online-Glücksspiele machen sich diese Unsicherheit indes zu Nutze. Sie suggerieren den Spielern, dass ihre Angebote aufgrund ausländischer Lizenzen auch in Deutschland legal seien oder behaupten, dass die deutsche Online-Glücksspielregulierung aufgrund einer angeblichen Unionsrechtswidrigkeit schon gar nicht zur Anwendung käme. Dass sich mit einem solchen Geschäftsgebaren gutes Geld verdienen lässt, zeigen die Umsatzzahlen des illegalen Online-Glücksspielmarktes. Auch das im Rahmen des GlüStV 2012 neu eingeführte Mitwirkungsverbot aus § 4 Abs. 1 S. 2, 2 Hs. GlüStV, mit welchem den Zahlungsdienstleistern als unverzichtbares Bindeglied zum Online-Glücksspiel per eigenständigem gesetzlichen Verbot die Mitwirkung an Zahlungen zum Zwecke des illegalen Online-Glücksspiels verboten worden ist, vermochte daran in den vergangenen annähernd

10 Jahren nichts zu ändern. Dabei erweisen sich die bestehenden Verbote des GlüStV 2012 als keineswegs ungeeignet zur Erreichung der ausgewiesenen Ziele. Vielmehr hat eine konstante Nichtanwendung des Gesetzes und gute Lobbyarbeit der Interessenvertreter dazu geführt, dass entsprechende Gesetzesverstöße für die Beteiligten folgenlos geblieben sind. Dabei hat die Untersuchung gezeigt, dass die Online-Glücksspielregulierung in Deutschland auf ausreichend rechtssicheren Füßen steht, sodass Behörden, Rechtsprechung und Politik nicht vor der Übermacht der Lobbyvertreter kapitulieren müssten. Bei einer intensiven Auseinandersetzung erweisen sich die Normen des GlüStV 2012 als standhaft und deutlich. Durch eine konsequente Anwendung der bestehenden Regelungen ließe sich der „Wilde Westen" des illegalen Online-Glücksspielmarkts leicht in den Griff bekommen und das vom Gesetzgeber gewünschte Schutzniveau für den Bürger gewähren.

Hierzu lassen sich die wesentlichen Ergebnisse der Untersuchung in folgende Thesen zusammenfassen:

1. Auf die „Online-Glücksspielverträge" findet im Regelfall deutsches Recht Anwendung, auch wenn die Dienstleistungen ausschließlich über das Internet angeboten werden und die Online-Glücksspielanbieter in ihren AGB per Rechtswahlklausel die Anwendung von ausländischem Recht vereinbaren.[1857]
2. Die für die deutsche Glücksspielregulierung zentralen Vorschriften aus § 4 Abs. 1 S. 1, S. 2, 1 Hs. GlüStV, § 4 Abs. 1 S. 2, 2 Hs. GlüStV und § 4 Abs. 4 GlüStV erweisen sich nach einer ausführlichen Auslegung, unter Berücksichtigung aller zur Verfügung stehenden Auslegungsmittel, als Verbotsgesetze (mit Nichtigkeitsfolge) i. S. d. § 134 BGB.[1858]
3. Das Mitwirkungsverbot aus § 4 Abs. 1 S. 2, 2 Hs. GlüStV erweist sich als eigenständiges Verbot, welches die beteiligten Zahlungsdienstleister dazu verpflichtet den Finanzfluss des illegalen Online-Glücksspiels proaktiv zu unterbinden. Insbesondere soll das Mitwirkungsverbot – anders als von Teilen der Rechtsprechung vertreten – nicht allein der Erweiterung der Störerauswahl für ordnungsbehördliche Maßnahmen nach § 9 Abs. 1 S. 3 Nr. 4 GlüStV dienen und erfordert überdies auch keine behördliche Mitteilung als

1857 Siehe Drittes Kapitel, A.
1858 Siehe Drittes Kapitel, C.

ungeschriebenes Tatbestandsmerkmal aus § 9 Abs. 1 S. 3 Nr. 4 GlüStV. Diese Auffassung ist auf ein unrichtiges Verständnis eines BGH-Urteils bzw. auf eine ungenügende Auslegung der Norm, hierbei insbesondere auf die Missachtung der Gesetzessystematik, der vollständigen Gesetzesbegründung und ihrer Grammatik sowie der Historie der §§ 4, 9 GlüStV, zurückzuführen und lässt sich bei ordentlicher Auslegung der Norm nicht belegen.[1859]

4. Die deutsche Glücksspielregulierung, allen voran das Internettotalverbot aus § 4 Abs. 4 GlüStV, wurde von der Rechtsprechung geschlossen als unions- und verfassungsrechtskonform anerkannt. Überdies hat der EuGH die Rechtmäßigkeit der deutschen Online-Glücksspielregulierung zu keiner Zeit in Frage gestellt. Die Gültigkeit und Anwendbarkeit der § 4 Abs. 1 S. 1, S. 2, 1 Hs. GlüStV, § 4 Abs. 1 S. 2, 2 Hs. GlüStV und § 4 Abs. 4 GlüStV stehen außer Frage.[1860]
5. Das Anbieten von Online-Glücksspielen unter Verstoß gegen § 4 Abs. 4 GlüStV hat zur Folge, dass die Rechtsgeschäfte zwischen den Spielern und den Anbietern im Valutaverhältnis gem. § 134 BGB i. V. m. § 4 Abs. 4 GlüStV, §§ 284 ff. StGB nichtig sind. Die „Online-Glücksspielverträge“ entfalten somit zu keiner Zeit rechtliche Wirksamkeit.[1861]
6. Wickeln die Zahlungsdienstleister der Spieler im Rahmen des Deckungsverhältnisses Zahlungen zum Zwecke des illegalen Online-Glücksspiels ab, verstoßen sie gegen das gesetzliche Mitwirkungsverbot aus § 4 Abs. 1 S. 2, 2 Hs. GlüStV. Dies hat zur Folge, dass hierzu eingesetzte Einzelzahlungsverträge nach § 675f Abs. 1 BGB sowie die hierzu vorgenommenen Zahlungsvorgänge nach § 675f Abs. 4 S. 1 BGB gem. § 134 BGB i. V. m. § 4 Abs. 1 S. 2, 2 Hs. GlüStV (analog) nichtig sind. Die entsprechenden Einzelzahlungsverträge und Zahlungsvorgänge entfalten somit zu keiner Zeit rechtliche Wirksamkeit.[1862]
7. Erfolgt die Zahlungsabwicklung aufgrund des Einsatzes einer Kreditkarte, so hat dies innerhalb des Vollzugsverhältnisses zur Folge, dass die hierzu abgegebenen abstrakten Zahlungsversprechen der Zahlungsdienstleister nach § 780 BGB gem. § 134 BGB i. V. m. § 4 Abs. 1 S. 2, 2 Hs. GlüStV nichtig sind.[1863]

1859 Siehe Drittes Kapitel, C., II.

1860 Siehe Zweites Kapitel, B., I., 4.

1861 Siehe Drittes Kapitel, D., I.

1862 Siehe Drittes Kapitel, D., II.

1863 Siehe Drittes Kapitel, D., III

8. Die Zahlungsdienstleister trifft im Rahmen von §§ 675c Abs. 1, 670 BGB eine Pflicht zur Prüfung der Erforderlichkeit ihrer Aufwendungen. Ein Aufwendungsersatzanspruch nach §§ 675c Abs. 1, 670 BGB besteht nur dann, wenn entsprechende Aufwendungen entweder objektiv notwendig waren oder wenn der Beauftragte diese Aufwendungen nach allgemein verständigem Ermessen subjektiv für erforderlich halten durfte. Auch im Zahlungsverkehr ergibt sich bei objektiv nicht erforderlichen Aufwendungen eine gerechtfertigte, anderslautende subjektive Beurteilung nicht schon aus der Natur der Sache oder aus entsprechenden Weisungen des Zahlungsdienstnutzers. Vielmehr ist auch hier eine anderslautende subjektive Beurteilung der Erforderlichkeit der Aufwendungen nur dann gerechtfertigt, wenn diese auf einer sorgfältigen, den Umständen des Falles nach gebotenen Prüfung des Sachverhalts beruht. Eine solche Prüfung ist im vorliegenden Fall bereits deshalb schon geboten, weil bei Zahlungen zum Zwecke des Online-Glücksspiels eine hohe Wahrscheinlichkeit für das Vorliegen eines Verstoßes gegen § 4 Abs. 4 GlüStV im Valutaverhältnis sowie eines Verstoßes gegen § 4 Abs. 1 S. 2, 2 Hs. GlüStV im Deckungsverhältnis besteht. Aus letzterem resultiert zudem eine Prüfpflicht der Zahlungsdienstleister, da das Mitwirkungsverbot aus § 4 Abs. 1 S. 2, 2 Hs. GlüStV eine Ausführungsbeschränkung nach § 675o Abs. 2 BGB darstellt. Im Falle einer solchen Ausführungsbeschränkung darf der Zahlungsdienstleister die Zahlung nicht ausführen und hierfür erbrachte Aufwendungen dürfen aus subjektiver ex-ante-Sicht auch nicht ungeprüft für erforderlich gehalten werden.[1864]

9. Den Spielern steht gegen die Anbieter illegaler Online-Glücksspiele ein Rückforderungsanspruch hinsichtlich ihrer (verspielten) Einsätze aus § 812 Abs. 1 S. 1 Alt. 1 BGB zu. Eine entsprechende Forderung der Online-Glücksspielanbieter hat zu keiner Zeit bestanden. Ein solcher Rückforderungsanspruch ist auch durchsetzbar. Insbesondere ist eine Rückforderung nicht gem. § 817 S. 2 BGB ausgeschlossen, da den Spielern in der Regel selbst kein Gesetzesverstoß (insb. gegen § 285 StGB) zur Last gelegt werden kann und § 817 S. 2 BGB überdies teleologisch zu reduzieren ist. Auch steht einer Einrede der Verjährung regelmäßig aufgrund der Verdunkelung der Rechtslage durch die Anbieter ein Arglisteinwand entgegen.[1865]

1864 Siehe Drittes Kapitel, E.

1865 Siehe Drittes Kapitel, F., IV.

10. Sodann stehen den Spielern Schadensersatzansprüche gegen die Anbieter illegaler Online-Glücksspiele zu. Diese ergeben sich zum einen aus § 823 Abs. 2 BGB i. V. m. § 4 Abs. 4 GlüStV, §§ 284 ff. StGB. Dabei erweisen sich § 4 Abs. 4 GlüStV und §§ 284 ff. StGB als (zumindest auch) individualschützende Schutzgesetze. Sie dienen u. a. dem Gesundheitsschutz der Spieler sowie dem Schutz der Spieler vor Spielmanipulation. Die Normen schützen zudem vor Vermögensschäden. So bezwecken sie den Schutz der Spieler vor übermäßigen Ausgaben und den Schutz der Spielervermögen vor den Gefahren durch Spielmanipulation.[1866] Sodann können sich Schadensersatzansprüche der Spieler gegen die Anbieter illegaler Online-Glücksspiele aus § 826 BGB ergeben. Das ist dann der Fall, wenn die Anbieter die gutgläubigen Spieler auf ihren Websites und auf Rückfrage im Einzelfall über die Legalität ihrer Angebote durch irreführende oder falsche rechtliche Ausführungen bewusst falsch informieren bzw. arglistig täuschen, um diese im Ergebnis von der Teilnahme an einem tatsächlich illegalen Online-Glücksspiel zu überzeugen.

11. Daneben steht den Spielern gegen ihre Zahlungsdienstleister ein durchsetzbarer Rückforderungsanspruch hinsichtlich bereits erstatteter Aufwendungen aus § 812 Abs. 1 S. 2 Alt. 1 BGB zu. Ein Aufwendungsersatzanspruch der Zahlungsdienstleister gem. §§ 675c, 670 BGB besteht im Falle einer ungeprüften Zahlungsabwicklung zum Zwecke der Teilnahme an illegalem Online-Glücksspiel nicht. Aufwendungen für entsprechende Zahlungen sind objektiv nicht erforderlich und dürfen auch nicht ohne Weiteres für erforderlich gehalten werden. Für eine gerechtfertigte anderslautende subjektive Bewertung ist eine Prüfung der Erforderlichkeit der Aufwendungen im Einzelfall durch die Zahlungsdienstleister erforderlich, welche im Regelfall fehlt. Ein Rückforderungsanspruch der Spieler ist auch durchsetzbar. Insbesondere ist eine Rückforderung nicht gem. § 817 S. 2 BGB ausgeschlossen, da den Spielern in der Regel selbst kein Gesetzesverstoß (insb. gegen § 285 StGB) zur Last gelegt werden kann und § 817 S. 2 BGB überdies teleologisch zu reduzieren ist.[1867]

12. Auch gegenüber den Zahlungsdienstleistern steht den Spielern ein Schadensersatzanspruch gem. § 823 Abs. 2 BGB i. V. m. § 4 Abs. 1 S. 1 S. 2, 2 Hs. GlüStV zu. Das Mitwirkungsverbot aus § 4 Abs. 1 S. 2, 2 Hs. GlüStV

1866 Siehe Drittes Kapitel, G., I.
1867 Siehe Drittes Kapitel, F., V.

dient der Umsetzung des Internettotalverbots aus § 4 Abs. 4 GlüStV. Daraus ergibt sich, dass auch das Mitwirkungsverbot Individualschutz vermittelt und vor den (u. a. wirtschaftlichen) negativen Folgen des illegalen Online-Glücksspiels schützt. Daneben führt ein eigener Verursachungs- bzw. Verschuldensbeitrag der Spieler nicht zu einer Enthaftung der Zahlungsdienstleister gem. § 254 BGB. Zum einen, da ein solcher freiwilliger Entschluss der Spieler auf die Teilnahme an einem legalen Online-Glücksspiel gerichtet ist und zudem nicht die Ursächlichkeit der Zahlungsabwicklung für das Zustandekommen des illegalen Online-Glücksspiels verdrängt und zum anderen, da eine entsprechende Enthaftung im Rahmen einer Abwägung nach § 254 BGB dem Normzweck des § 4 Abs. 1 S. 2, 2 Hs. GlüStV zuwiderlaufen würde. Andernfalls müssten die (gutgläubigen) Spieler, denen selbst kein strafbares Verhalten vorgeworfen werden kann, gleichwohl für die negativen Folgen des illegalen Online-Glücksspiels aufkommen, obwohl allein die (bösgläubigen) Banken und Online-Glücksspielanbieter verbotswidrig handeln.[1868]

1868 Siehe Drittes Kapitel, G., II.

Literaturverzeichnis

Assies, Paul/ Beule, Dirk/ Heise, Julia/ Strube, Hartmut/ Ackermann, Thomas (Hg.), Handbuch des Fachanwalts Bank- und Kapitalmarktrecht. 5. Auflage 2019, Köln (zit.: *Assies/Beule/Heise/Strube*, Handbuch des Fachanwalts Bank- und Kapitalmarktrecht).

Banz, Markus/ Becker, Tilman, Glücksspielsucht in Deutschland: Häufigkeit und Bedeutung bei den einzelnen Glücksspielformen. In: Zeitschrift für Wett- und Glücksspielrecht, 2019, S. 212–223 (zit.: *Banz/Becker*, ZfWG 3/4/19).

Banz, Markus/ Lang, Peter, Glücksspielverhalten und Glücksspielsucht in Deutschland, 2018 (zit.: *Banz/Lang*, Glücksspielverhalten und Glücksspielsucht in Deutschland).

Becker, Florian/ Hilf, Juliane/ Uwer, Dirk/ Nolte, Martin (Hg.), Glücksspielregulierung. Glücksspielstaatsvertrag und Nebengesetze, Köln 2017 (zit.: *Bearbeiter*, in Becker/Hilf/Nolte/Uwer, Glücksspielregulierung).

Becker, Jens/ Häusler, Joachim/ Spitze, Julia, Online-Glücksspiele: Warum die Selbstreferenzialität der deutschen Rechtsprechung und die Regulierungsmechanik grundlegende Reformen verhindert. In: Zeitschrift für Wett- und Glücksspielrecht, 2020, S. 102–115 (zit.: *Becker/Häusler*, ZfWG 2/20).

Becker, Tilman, Warum scheitert die Regulierung des Glücksspielmarktes? In: Zeitschrift für Wett- und Glücksspielrecht, 2015, S. 410–419 (zit.: *Becker*, ZfWG 6/15).

Becker, Tilman/ El Abdellaoui, Najat, Entwicklung eines pathologischen Spielverhaltens, Bericht über das Forschungsvorhaben des zweiten Jahres zur Vorlage für das Ministerium für Arbeit und Sozialordnung, Familien und Senioren, Baden-Württemberg, Stuttgart-Hohenheim 2011 (zit.: *Becker/El Abdellaoui*, Entwicklung eines pathologischen Spielverhaltens).

Becker, Tilman/ Wuketich, Marius, Voraussetzungen für eine erfolgreiche Regulierung. In: Zeitschrift für Wett- und Glücksspielrecht 2019, S. 7–21 (zit.: *Becker/Wuketich*, ZfWG, Sonderbeilage 1/19).

Benter, Ronald, Glücksspielregulierung in Schleswig-Holstein – Erfahrungen aus Sicht der Glücksspielbehörde. In: Zeitschrift für Wett- und Glücksspielrecht, 2019, S. 26–33, (zit. *Benter*, ZfWG, Sonderbeilage 1/19).

Berberich, Bernd/ Kudlich, Hans, Zahlungsdienstleistungen im Zusammenhang mit Glücksspiel-Angeboten im Internet als Geldwäsche? In: Zeitschrift für Wett- und Glücksspielrecht 2016, S. 179 ff. (zit.: *Berberich/Kudlich*, ZfWG 3/4/16).

Beyer, Tony, Im Spannungsverhältnis zwischen dem Recht des Zahlungsverkehrs und dem Glücksspielrecht. In: Zeitschrift für Wett- und Glücksspielrecht 2019, S. 235–239 (zit.: *Beyer*, ZfWG 3/4/19).

Bischof, Anja/ Meyer, Christian u. a., Inanspruchnahme von Hilfen bei Pathologischem Glücksspielen. In: SUCHT – Interdisciplinary Journal of Addiction Research, 2012, S. 369–377 (zit.: *Bischof/Meyer*, SUCHT 6/12).

Boujong, Karlheinz/ Joost, Detlev/ Strohn, Lutz (Hg.), Handelsgesetzbuch. 4. Auflage 2020 (zit.: *Bearbeiter*, in Ebenroth/Boujong/Joost/Strohn).

Brock, Oliver, Online-Sportwetten im neuen (Glücks-) Spielrecht. In: Computer und Recht, 2011, S. 517–525 (zit.: *Brock*, CR 8/11).

Bronder, Thomas, Einteilung der Spiele mit Gewinnmöglichkeit. In: Zeitschrift für Wett- und Glücksspielrecht, 2018, S. 219–231 (zit.: *Bronder*, ZfWG 3/4/8).

Brugger, Christina, Abbruch der Zahlungsströme als Mittel zur Bekämpfung unerlaubter Internetglücksspiele, Frankfurt 2013 (zit.: *Brugger*, Abbruch der Zahlungsströme als Mittel zur Bekämpfung unerlaubter Internetglücksspiele).

Buchholz, Dario/ Rübenstahl, Markus, Der unvermeidbare Verbotsirrtum des Glücksspielveranstalters. In: Zeitschrift für Wett- und Glücksspielrecht, 2015, S. 97 ff. (zit.: *Buchholz/Rübenstahl*, ZfWG 2/15).

Dauner-Lieb, Barbara/ Langen, Werner (Hg.), Nomos-Kommentar BGB. 3. Aufl. 2016, Baden-Baden, Berlin (zit.: NK-BGB/ *Bearbeiter*).

Dederer, Hans-Georg, Stürzt das deutsche Sportwettenmonopol über das Bwin-Urteil des EuGH? In: Neue Juristische Wochenschrift, 2010, S. 198–201 (zit.: *Dederer*, NJW 4/10).

Diegmann, Heinz/ Hoffmann, Christof/ Ohlmann, Wolfgang, Praxishandbuch für das gesamte Spielrecht, Stuttgart 2008 (zit.: *Diegmann/Hoffmann u. a.*, Praxishandbuch für das gesamte Spielrecht).

Dietlein, Johannes/ Hecker, Manfred/ Ruttig, Markus (Hg.), Glücksspielrecht. Glücksspielstaatsvertrag – §§ 33c ff. GewO – SpielV – RennwLottG; Kommentar. 2. Aufl. 2013 (zit.: *Dietlein/Hecker/Ruttig*, Glücksspielrecht).

Duisberg, Alexander, Recht der Computer- und Videospiele. The Law of Video and Computer Games, 2013 (zit.: *Duisberg/Picot u. a.*, Recht der Computer- und Videospiele).

Dünchheim, Thomas, Unions- und verfassungsrechtliche Vereinbarkeit eines Lotterieveranstaltungsmonopols im Gefüge einer kohärenten Glücksspielregulierung. In: Zeitschrift für Wett- und Glücksspielrecht, 2019, S. 418–426 (zit.: *Dünchheim*, ZfWG 6/19).

Dünchheim, Thomas/ Bringmann, Carsten, Schwarze Lotteriewetten – Zur Strafbarkeit der Anbieter gem. § 284 Abs. 1 StGB. In: Zeitschrift für Wett- und Glücksspielrecht, 2019, S. 502 ff. (zit.: *Dünchheim/Bringmann*, ZfWG 6/18).

Engel, Martin/ Hornuf, Lars, Das deutsche Glücksspielmonopol – Eine ordnungspolitische und rechtsökonomische Analyse. In: Zeitschrift für Wirtschaftspolitik, 2011, S. 86–109 (zit.: *Engel/Hornuf*, Zeitschrift für Wirtschaftspolitik 1/11).

Ennuschat, Jörg, Gesetzgeberische Optionen zur Regulierung von Online-Casinos. In: Zeitschrift für Wett- und Glücksspielrecht, 2018, S. 202–208 (zit.: *Ennuschat*, ZfWG 3/4/18).

Ennuschat, Jörg, Das Lotteriemonopol – steht es stabil oder beginnt es zu wanken? In: Zeitschrift für Wett- und Glücksspielrecht, 2019, S: 2–8 (zit.: *Ennuschat*, ZfWG 1/19).

Ennuschat, Jörg, Die Verteidigung der digitalen Souveränität im Bereich des Online-Glücksspiels. In: Zeitschrift für Wett- und Glücksspielrecht, 2020, S. 2–8 (zit.: *Ennuschat*, ZfWG 1/20).

Ennuschat, Jörg/ Klestil, Stephanie, Sperrverfügungen gegenüber dem Access-Provider als Instrument zur Bekämpfung des illegalen Online-Glücksspiels? In: Zeitschrift für Wett- und Glücksspielrecht, 2009, S. 389 ff. (zit.: *Ennuschat/ Klestil*, ZfWG 6/09).

Erbguth, Wilfried/ Guckelberger, Annette, Allgemeines Verwaltungsrecht. Mit Verwaltungsprozessrecht und Staatshaftungsrecht. 10. Auflage 2020, Baden-Baden (zit.: *Erbguth*, Allgemeines Verwaltungsrecht).

Esser, Robert/ Rübenstahl, Markus/ Saliger, Frank/ Tsambikakis, Michael (Hg.), Wirtschaftsstrafrecht. Kommentar mit Steuerstrafrecht und Verfahrensrecht, Köln 2017 (zit.: *Esser/Rübenstahl/Saliger/Tsambikakis*, Wirtschaftsstrafrecht).

Fahl, Christian, Der Warnschuss: zwischen Erforderlichkeit und Gebotenheit. In: Juristische Arbeitsblätter, 2020, S. 102–105 (zit.: *Fahl*, JA 2/20).

Ferrari, Franco u. a., Internationales Vertragsrecht, Rom I-VO, CISG, CMR, FactÜ: Kommentar, 3. Auflage 2018, München (zit.: *Bearbeiter*, in: Ferrari, IntVertragsR).

Fiedler, Ingo/ Steinmetz, Fred u. a., Regulierung von Onlineglücksspielen, Wiesbaden 2020 (zit.: *Fiedler/Steinmetz u. a.*, Regulierung von Onlineglücksspielen).

Fiedler, Ingo/ Krumma, Isabel u. a., Das Geldwäscherisiko verschiedener Glücksspielarten, Wiesbaden 2017 (zit.: Fiedler/Krumma u. a., Das Geldwäscherisiko verschiedener Glücksspielarten)

Fikentscher, Wolfgang/ Heinemann, Andreas, Schuldrecht – Allgemeiner und Besonderer Teil, Berlin, Boston 2017 (zit.: *Fikentscher/Heinemann*, Schuldrecht Allgemeiner und Besonderer Teil).

Fischer, Peer, Glücksspielrechtliche Aspekte in Online-Spielen. In: Computer und Recht, 2014, S. 587–594 (zit.: *Fischer*, CR 9/14).

Fischer, Thomas/ Schwarz, Otto Georg, Strafgesetzbuch, Mit Nebengesetzen, 67. Auflage 2020, München (zit.: *Fischer/Schwarz*, Strafgesetzbuch).

Fremuth, Michael Lysander, Vermittlung von Sportwetten. In: Neue Zeitschrift für Verwaltungsrecht, 2010, S. 1409–1419 (zit.: *Fremuth*, NVwZ 2010).

Frenzel, Matthias, Guère ne va plus – zumindest im europäischen Internet Das EuGH-Urteil im Fall Liga Portuguesa vom 08.09.2009 (Rs. C-42/07). In: Zeitschrift für Gemeinschaftsprivatrecht, 2010, S. 183–187 (zit.: *Frenzel*, GPR 4/10).

Frey, Dieter u. a. (Hg.), eSport und Recht. Handbuch, Baden-Baden 2021 (zit.: *Bearbeiter*, in: eSport und Recht).

Frey, Tobias/ Pelz, Christian (Hg.), Beck'scher Online-Kommentar GwG, 8. Edition München, Stand: 01.12.2021 (zit.: BeckOK GwG/*Bearbeiter*).

Föhlisch, Carsten/ Stariradeff, Tanya, Zahlungsmittel und Vertragsschluss im Internet. In: Neue Juristische Wochenschrift, 2016, S. 353–359 (zit.: *Föhlisch/ Stariradeff*, NJW 2016).

Fuchs, Stefanie Ruth, Das neue Glücksspielrecht unter besonderer Berücksichtigung von Online-Glücksspielen, Frankfurt a.M 2017 (zit.: *Fuchs*, Das neue Glücksspielrecht unter besonderer Berücksichtigung von Online-Glücksspielen).

Gebhardt, Ihno/ Korte, Stefan (Hg.), Glücksspiel, Ökonomie, Recht, Sucht, 2. Auflage 2018, Berlin, Boston (zit.: *Gebhardt/Korte*, Glücksspiel).

Gersdorf, Hubertus/ Paal, Boris (Hg.), Beck'scher Online-Kommentar Informations- und Medienrecht, 32. Edition, München, Stand: 01.05.2021 (zit.: BeckOK InfoMedienR/Paal/*Beabreiter).*

Gundel, Jörg, Anmerkung zu EuGH, Urteil vom 8. September 2010 – C-46/08. In: Zeitschrift für Urheber- und Medienrecht, 2010, S. 955–960 (zit.: *Gundel*, ZUM 2010).

Hambach, Claus/ Berberich, Bernd, Strafbarkeit von Online-Glücksspiel nach aktueller Rechtslage. In: Zeitschrift für Wett- und Glücksspielrecht, 2015, S. 150 ff. (zit.: *Hambach/Berberich*, ZfWG 2/15).

Hambach, Claus/ Berberich, Bernd, Eckpfeiler für Neuordnung des Internet-Glücksspiels auf Basis der EU-Kommission. In: Zeitschrift für Wett- und Glücksspielrecht, 2019, S. 463–469 (zit.: *Hambach/Berberich*, ZfWG 6/19).

Hambach, Claus/ Fuchs, Stefanie/ Berberich, Bernd, Zahlungsabwicklung für Online-Glücksspiele – „Sehenden Auges" ins Unrecht? In: Zeitschrift für Wett- und Glücksspielrecht, 2018, S. 532–537 (zit.: *Hambach/Fuchs/Berberich*, ZfWG 6/18).

Hambach, Claus/ Kienzerle, Maximilian, Kein Ersatz von Spielverlusten bei Online-Glücksspielen. In: Zeitschrift für Wett- und Glücksspielrecht, 2020, S. 74–77 (zit.: *Hambach/Kienzerle*, ZfWG 1/20).

Hambach, Wulf/ Münstermann, Susanna, 50-Cent-Gewinnspiele: Im TV erlaubt, im Internet verboten? In: Kommunikation & Recht, 2009, S. 457–461 (zit.: *Hambach/Münstermann*, K&R2009).

Harman, Dan, Neue Instrumente des Zahlungsverkehrs: PayPal & Co. In: Zeitschrift für Bank- und Kapitalmarktrecht, 2018, S. 457–465 (zit.: *Harman*, BKR 2018).

Hartmann, Bernd/ Barczak, Tristan, Online-Glücksspiel: Verbot oder Regulierung? In: Zeitschrift für Wett- und Glücksspielrecht, 2019, S. 8–13 (zit.: *Hartmann/Barczak*, ZfWG 1/19).

Hartmann, Bernd/ Kemper, Hanna, Befristung und Fortgelten des Glücksspielstaatsvertrags. In: Zeitschrift für Wett- und Glücksspielrecht, 2020, S. 8–13 (zit.: *Hartmann/Kemper*, ZfWG 1/20).

Hau, Wolfgang/ Poseck, Roman (Hg.), Beck'scher Online-Kommentar BGB, 58. Edition München, Stand: 01.05.2021 (zit.: BeckOK BGB/*Bearbeiter)*.

Heeg, Volker, OVG Münster wertet Schleswig-Holsteinische Glücksspiellizenzen auf. In: Zeitschrift für Wett- und Glücksspielrecht, 2015, S. 28 (zit. *Heeg*, ZfWG 1/15).

Hefendehl, Roland/ Hohmann, Olaf/ Alt, Ralph/ Radtke, Henning/ Sander, Günther/ Zeng, Claus (Hg.), Münchener Kommentar zum Strafgesetzbuch. 3. Auflage 2019, München (zit.: MüKoStGB/*Bearbeiter*).

Heidfeld, Christian, Sportwettenmonopol und Europarecht – wirklich „Rien ne va plus“? In: Deutsches Verwaltungsblatt, 2010, S. 1547 ff. (zit.: *Heidfeld*, DVBl 24/10).

Hein, Jan von/ Oetker, Hartmut/ Rixecker, Roland/ Säcker, Franz Jürgen/ Limperg, Bettina/ Artz, Markus u. a. (Hg.), Münchener Kommentar zum Bürgerlichen Gesetzbuch. Band 13: Internationales Privatrecht II, internationales Wirtschaftsrecht, Einführungsgesetz zum Bürgerlichen Gesetzbuche, 8. Auflage 2021, München (zit.: MüKoBGB/*Bearbeiter*, Rom I-VO).

Heintschel-Heinegg (Hg.), Beck'scher Online-Kommentar StGB, 50. Edition, München, Stand: 01.05.2021 (zit.: BeckOK StGB/*Bearbeiter*).

Heintz, Veris-Pascal/ Scholer, Pascal, Rückforderung von Zahlungen im Zusammenhang mit Online-Glücksspiel – Spielen ohne Risiko? In: Zeitschrift für Wirtschafts- und Verbraucherrecht, 2020, S. 323–330 (zit.: *Heintz/Scholer*, VuR 09/20).

Hendricks, Jan David/ Lüder, Tobias, Gesetzliche Rückforderungsansprüche gegen Zahlungsdienstleister beim illegalen Online-Glücksspiel. In: Zeitschrift für Wett- und Glücksspielrecht, 2020, S. 216–222 (zit.: *Hendricks/Lüder*, ZfWG 3/4/20).

Hendricks, Jan David/ Lüder, Tobias, Die bereicherungsrechtliche Rückforderung von Verlusten beim illegalen Online-Glücksspiel im Kontext des § 817 Satz 2 BGB. In: Zeitschrift für Wirtschafts- und Verbraucherrecht, 2021, S. 333–340 (zit.: *Hendricks/Lüder*, VuR 09/21).

Herresthal, Carsten/ Brink, Ulrich (Hg.), Münchener Kommentar zum Handelsgesetzbuch. 4. Auflage 2019, München (zit.: MüKoHGB/*Bearbeiter).*

Hoeren, Thomas/ Bensinger, Viola, Haftung im Internet, Berlin, Boston 2014 (zit.: *Hoeren/Bensinger*, Haftung im Internet).

Hofmann, Franz, Private Enforcement im Wett- und Glücksspielrecht. In: Zeitschrift für Wett- und Glücksspielrecht, 2016, S. 304–310 (zit.: *Hofmann*, ZfWG 5/16).

Hofmann, Franz, Mittelbare Verantwortlichkeit im Internet. In: Juristische Schulung, 2017, S: 713–720 (zit.: *Hofmann*, JuS 8/17).

Holznagel, Bernd/ Hoeren, Thomas u. a., Handbuch Multimedia-Recht, Rechtsfragen des elektronischen Geschäftsverkehrs, 55. Auflage 2020, München (zit.: *Holznagel/Hoeren u. a.*, Handbuch Multimedia-Recht)

Hopt, Klaus/ Kumpan, Christoph/ Merkt, Hanno/ Roth, Markus (vormals Baumbach/ Hopt), Handelsgesetzbuch. Mit GmbH & Co., Handelsklauseln, Bank- und Kapitalmarktrecht, Transportrecht (ohne Seerecht), 39., neubearbeitete Auflage 2020, München (zit.: *Bearbeiter*, in: Baumbach/Hopt, HGB).

Hörnle, Julia/ Schmidt-Kessen, Maria José, EU-Kommissionsstudie zur Durchsetzung von Online-Glücksspielregulierung: Kanalisierung des Spielbetriebs hin zu kontrollierten Angeboten. In: Zeitschrift für Wett- und Glücksspielrecht, 2019, S. 22–26 (zit.: *Hörnle/Schmidt-Kessen*, ZfWG 5/2019).

Huber, Christopher/ Röll, Marcus, Die Kollision von Landesrecht mit Staatsverträgen – „pacta sunt servanda" oder „lex posterior"? In: Zeitschrift für Wett- und Glücksspielrecht, 2018, S. 9–14 (zit.: *Huber/Röll*, ZfWG 1/18).

Hüßtege, Rainer/ Mansel, Heinz-Peter/ Bach, Ivo/ Brand, Peter-Andreas/ Leible, Stefan/ Limbach, Francis u. a. (Hg.), Bürgerliches Gesetzbuch: BGB, Band 6: Rom-Verordnungen – EuGüVO – EuPartVO – HUP – EuErbVO, 3. Auflage 2019, Baden-Baden, Berlin (zit.: *Bearbeiter/* BGB, Rom-Verordnungen – EuErbVO – HUP, Rom I-VO).

Isensee, Josef/ Kirchhof, Paul, Handbuch des Staatsrechts der Bundesrepublik Deutschland, Band 11: Internationale Bezüge, 3. Auflage 2013, Heidelberg (zit.: *Bearbeiter*, in: Isensee/Kirchhof, Handbuch des Staatsrechts).

Jauernig, Othmar/Berger, Christian u. a., Bürgerliches Gesetzbuch, Mit Rom-I-, Rom-II-VO, EuUnthVO/HUntProt und EuErbVO: Kommentar, 17. Auflage 2018, München *(zit.: Jauernig/Berger u. a.*, Bürgerliches Gesetzbuch*)*

Kalhamer, Stephan, Glücksspiel oder Denksport? Oder beides? In: Zeitschrift für Wett- und Glücksspielrecht, 2019, S. 101–102 (zit.: *Kalhamer*, ZfWG 2/19).

Katko, Peter, Unlawful Internet Gambling Enforcement Act – Das Aus für das Internetglücksspiel in den USA? In: Zeitschrift für IT-Recht und Digitalisierung, 2007, S. 278–282 (zit.: *Katko*, MMR 5/07).

Kemper, Patrick, Verbotenes Online-Glücksspiel und verbotene Zahlungen, 2022, (zit.: *Kemper*, Verbotenes Online-Glücksspiel und verbotene Zahlungen).

Kindhäuser, Urs/ Böse, Martin, Strafrecht Besonderer Teil II, 10. Auflage 2019, Baden-Baden (zit.: *Kindhäuser/Böse*, Strafrecht Besonderer Teil II).

Kindhäuser, Urs/ Zimmermann, Till, Strafrecht Allgemeiner Teil, 9. Auflage 2020, Baden-Baden (zit.: *Kindhäuser/Zimmermann*, Strafrecht Allgemeiner Teil).

Kirchner, Hildebert, Abkürzungsverzeichnis der Rechtssprache, 9. Auflage 2018, Berlin.

Kleibrink, Jan/ Köster, Bernhard, Der Glücksspielmarkt in Deutschland, Eine volkswirtschaftliche Betrachtung, 2017 (zit.: *Kleibrink/Köster*, Der Glücksspielmarkt in Deutschland).

Klöhn, Lars, Die Kondiktionssperre gem. § 817 S. 2 BGB beim beidseitigen Gesetzes- und Sittenverstoß. Ein Beitrag zur Steuerungsfunktion des Privatrechts. In: Archiv für die civilistische Praxis, 2010, Band 6, S. 804 (zit.: *Klöhn*. AcP 210).

Koenig, Christian, Das Urteil Liga Portuguesa – nicht nur deutsche Glücksspieler warten weiter! In: Europäische Zeitschrift für Wirtschaftsrecht, 2009, S. 673 (zit.: *Koenig*, EuZW 19/09).

Koenig, Christian, Totalverbote von Online-Poker und -Casinospielen – Was nun nach Digibet und Albers. In: Zeitschrift für Wett- und Glücksspielrecht, 2015, S. 10 (zit.: *Koenig*, ZfWG 1/15).

Kopp, Fridtjof, Offensichtlichkeit des Rechtsmissbrauchs und „liquide Beweisbarkeit" bei der Bürgschaft auf erstes Anfordern. In: Zeitschrift für Wirtschafts- und Bankrecht, 2010, S: 640–647 (zit.: *Kopp*, WM 14/10).

Korte, Stefan, Die Regulierung des Online-Glücksspiels aus der Perspektive des Rechts. In: Zeitschrift für Wett- und Glücksspielrecht, 2018, S: 507–512 (zit.: *Korte*, ZfWG 6/18).

König, Dominik/ Beckdominik, Benjamin, Bitcoins als Gegenstand von sekundären Leistungspflichten Erfassung dem Grunde und der Höhe nach. In: Archiv für die civilistische Praxis 2015, Band 5, S. 655 (zit.: *König*/ AcP 215).

Köstler-Messaoudi, Lora, Zurück auf Null – 2. Glücksspieländerungsstaatsvertrag tritt nicht in Kraft. In: Beiträge zum Glücksspielwesen 2017 (zit.: *Köstler-Messaoudi*, Beiträge zum Glücksspielwesen, 2/17).

Kraatz, Erik, Ordnungswidrigkeitenrecht, Baden-Baden 2020 (zit.: *Kraatz*, Ordnungswidrigkeitenrecht).

Krimphove, Dieter, Keine effiziente „Öffnung" staatlicher Glücksspielmonopole durch intransparente und diskriminierende nationale Erlaubniserteilungsverfahren an Private. In: Europarecht, 2016, S. 313, EuR 2016, 313–325 (zit.: *Krimphove*, EuR 3/16).

Krimphove, Dieter, Fintechs: Rechtliche Grundlagen moderner Finanztechnologien, Stuttgart 2019 (zit.: *Krimphove*, Fintechs: Rechtliche Grundlagen moderner Finanztechnologien).

Kubiciel, Michael, Unionsrechtliche Anforderungen an die Rechtfertigung des Verbots von Online-Casinos. In: Europäische Zeitschrift für Wirtschaftsrecht, 2017, S. 494–500 (zit. *Kubiciel*, EuZW 13/17).

Lampe, Ernst-Joachim, Anmerkungen zu §§ 284, 284a, 286 StGB. In: Juristische Rundschau, 1987,S. 381–385 (zit.: *Lampe*, JR 9/1987).

Langenbucher, Katja, Die Risikozuordnung im bargeldlosen Zahlungsverkehr, München 2001 (zit.: *Langenbucher*, Die Risikozuordnung im bargeldlosen Zahlungsverkehr).

Langheid, Theo/ Wandt, Manfred (Hg.), Münchner Kommentar zum Versicherungsvertragsgesetz. Kommentar, 2. Auflage 2016 (zit. Langheid/Wandt/ *Bearbeiter).*

Leipold, Klaus/ Tsambikakis, Michael u. a. (Hg.), AnwaltKommentar StGB, 3. Auflage 2020, Heidelberg (zit.: *Leipold/Tsambikakis u. a.*, AnwaltKommentar StGB).

Liesching, Marc, EuGH: Beschränkung der Dienstleistungsfreiheit durch Internetglücksspiel-Monopol. In: Zeitschrift für IT-Recht und Recht der Digitalisierung, 2009, S. 823 ff. (zit. *Liesching*, MMR 12/09).

Lippert, André, Das Kohärenzerfordernis des EuGH. In: Europarecht, 2012, S. 90–100 (zit.: *Lippert*, EuR 1/12).

Magnus, Ulrich/ Armbrüster, Christian/ Ebke, Werner/ Hausmann, Rainer (Hg), J. von Staudingers Kommentar zum Bürgerlichen Gesetzbuch. Mit Einführungsgesetz und Nebengesetzen. Neubearbeitung 2016, Berlin (zit.: Staudinger/*Bearbeiter).*

Makswit, Jesko-Aleksander, Auswirkungen des Föderalismus im Glücksspielrecht, Berlin 2015 (zit.: *Makswit*, Die Auswirkungen des Föderalismus im Glücksspielrecht).

Maiwald, Christian, Gesetzgebung im Strafrecht. In: Zeitschrift für Rechtspolitik. 2006, S. 18–22 (zit.: *Maiwald,* ZRP 1/06).

Marberth-Kubicki, Annette, Computer- und Internetstrafrecht. 2. Auflage 2010, München (zit.: *Marberth-Kubicki,* Computer- und Internetstrafrecht).

Nobbe, Gerd, Neuregelungen im Zahlungsverkehrsrecht – Ein kritischer Überblick. In: Zeitschrift für Wirtschafts- und Bankrecht, 2011, S. 961–968 (zit.: Nobbe, WM 21/2011).

Pagenkopf, Martin, Der neue Glücksspielstaatsvertrag – Neue Ufer, alte Gewässer. In: Neue Juristische Wochenschrift, 2012, S: 2918–2924 (zit.: *Pagenkopf,* NJW 40/2012).

Palm, Ulrich/ Gaibler, Benjamin, Wetten auf die Ziehungsergebnisse staatlich erlaubter Lotterien: „Zweitlotterien" oder „Schwarzes Glücksspiel"? In: Zeitschrift für Wett- und Glücksspielrecht, 2019, S. 330 ff. (zit.: *Palm/Gaibler,* ZfWG 5/19).

Peren, Franz, Zahlen und Fakten zum Glücksspielverhalten und zur Glücksspielsucht in Deutschland – Ordnungspolitische Implikationen für das gewerbliche Geldspiel. In: Zeitschrift für Wett- und Glücksspielrecht, 2018, S. 513 ff. (zit.: *Peren,* ZfWG 6/18).

Postel, Dirk, Glücksspiel im europäischen Binnenmarkt nach „Gambelli" und „Placanica" und vor „Winner Wetten". In: Europarecht, 2017, S. 317–349 (zit. *Postel,* EuR 3/07).

Prölss, Erich u. a., Versicherungsvertragsgesetz. Mit Nebengesetzen, Vertriebsrecht und Allgemeinen Versicherungsbedingungen. 31. überarbeitete Auflage 2021, München (zit.: *Bearbeiter,* in: Prölss/Martin/Voit).

Prütting, Hanns/ Wegen, Gerhard/ Weinreich, Gerd (Hg.), Bürgerliches Gesetzbuch. Kommentar, 16. Auflage 2021, Köln (zit.: Prütting/Weinreich/ *Bearbeiter,* BGB).

Rauscher, Thomas (Hg.), Münchener Kommentar zum FamFG. 3. Auflage 2018, München (zit.: MüKoFamFG/*Bearbeiter*).

Reeckmann, Martin, Illegales Glücksspiel – Forschungs- und Handlungsbedarf. In: Zeitschrift für Wett- und Glücksspielrecht, 2015, S. 106–111 (Zit.: *Reeckmann,* ZfWG 2/15).

Reeckmann, Martin/ Benert, Miriam, Spielbanken gegen Spielhallen – eine Entgegnung. In: Wettbewerb in Recht und Praxis 2011, S. 538–542 (zit.: *Reeckmann/Benert,* WRP 2011).

Riedel, Gert, Onlinevertriebsrecht, 1. Auflage 2014, Köln (zit.: *Riedel,* in: Onlinevertriebsrecht).

Robin, Dominik/ Berger, Fabian, Online-Glücksspiel und Prävention. In: Sucht-Magazin 2015, S. 37–40 (zit.: *Robin/Berger,* SuchtMagazin 6/15).

Rock, Jan-Philipp, Cutting the Cash Flow: Mit Bankrecht gegen illegale Glücksspielanbieter. In: Zeitschrift für Wett- und Glücksspielrecht, 2018, S. 20–30 (zit.: *Rock*, ZfWG, Sonderbeilage 3/18).

Rock, Jan-Philipp, Aktuelle Rechtsprechung zum Glücksspielrecht. In: Zeitschrift für Wett- und Glücksspielrecht, 2019, S. 427–442 (zit.: *Rock*, ZfWG 6/19).

Rock, Jan-Philipp, Kein Rechtsschutz für illegales Glücksspiel: Zur Rückforderung rechtsmissbräuchlich abgewickelter Kreditkartenzahlungen. In: Zeitschrift für Wett- und Glücksspielrecht, 2019, S. 412–415 (zit.: *Rock*, ZfWG 5/19)

Rock, Jan-Philipp, Pflichten der Zahlungsdienstleister beim Online-Glücksspiel. In: Recht der Zahlungsdienste, 2020, S. 115–122 (zit.: *Rock*, Rdz, 2/20).

Rock, Jan-Philipp/ Seifert, Mareike, „Spiel ohne Reue" – Widerrufsmöglichkeiten von Zahlungen bei Online-Glücksspielen. In: Zeitschrift für Bankrecht und Bankwirtschaft, 2008, S. 259 ff. (zit.: *Rock/Seifert*, ZBB-Report).

Rock, Jan-Philipp/ Seifert, Mareike, Abwicklung von Kreditkartenzahlungen für unerlaubtes Glücksspiel – ein Fall strafbarer Geldwäsche? In: Zeitschrift für Bankrecht und Bankwirtschaft, 2009, S. 377 ff. (zit.: Rock/Seifert, ZBB 5/09).

Ruttig, Markus, Online-Casinospiele – Gesellschaftspolitisch besonders unerwünschte Angebote. In: Zeitschrift für Wett- und Glücksspielrecht, 2018, S. 501, 502 (zit.: *Ruttig*, ZfWG 6/18).

Rüßmann, Helmut (Hg), juris Praxiskommentar BGB Gesamtausgabe / Internationales Privatrecht, 5. Auflage 2011, Saarbrücken (zit.: *Bearbeiter*, jurisPK-BGB).

Sack, Rolf, Internationales Lauterkeitsrecht, 1. Aufl. 2019, Köln (zit.: *Sack*, in: Internationales Lauterkeitsrecht).

Saliger, Frank/ Tsambikakis, Michael, Neutralisiertes Strafrecht, Zum 10-jährigen Bestehen der Anwendungssperre zur Strafvorschrift der unerlaubten Veranstaltung von Glücksspielen (§ 284 StGB) durch private, im EU-Ausland lizensierte Sportwettenanbieter, insbesondere im Hinblick auf Online-Casinospiele, Baden-Baden 2017 (zit.: *Saliger/Tsambikakis*, Neutralisiertes Strafrecht)

Schenke, Ralf, Online-Casinospiele: Rien ne va plus? – Das Verbot des § 4 Abs. 4 GlüStV auf dem Prüfstein des Europa-Verfassungsrechts. In: Zeitschrift für Wett- und Glücksspielrecht, 2015, S. 170 ff. (zit.: *Schenke*, ZfWG 03/04/15).

Schenke, Ralf, Das Verbot von Online-Casino- und Pokerspielen im Lichte der neuen Rechtsprechung des BVerwG. In: Zeitschrift für Wett- und Glücksspielrecht, 2018, S. 21 ff. (zit.: Schenke, ZfWG Sonderbeilage 4/18).

Schimansky, Herbert/ Bunte, Hermann-Josef/ Lwowski, Hans-Jürgen (Hg.), Bankrechts-Handbuch, 5. Auflage 2017, München (zit.: *Bearbeiter*, in Schimansky/Bunte/Lwowski, BankR-HdB).

Schmalenbach, Philipp, Die Digitalisierung des Zahlungswesens, Innovative Bezahlverfahren im Lichte des novellierten Zahlungsdiensterechts, Berlin/ Boston 2019 (zit.: *Schmalenbach*, Die Digitalisierung des Zahlungswesens):

Schippel, Robert, Handeln mit virtuellen Gütern in Online-Games kein Glücksspiel – Eine kritische Auseinandersetzung mit der Legaldefinition des Glücksspiels. In: Computer und Recht, 2017, S. 728 ff. (zit.: *Schippel*, CR 11/17).

Schmitt, Christian, Das deutsche Glücksspielrecht und der EuGH – Auswirkungen der Entscheidungen Winner Wetten, Stoss u. a. und Carmen Media Group auf den Umgang mit dem Europarecht. In: Zeitschrift für Gemeinschaftsprivatrecht, 2010, S. 303–307 (zit.: *Schmitt*, GPR 6/10).

Schmittmann, Jens, Glück oder Geschicklichkeit? Der BFH nimmt neuerlich zur einkommenssteuerlichen Qualifikation von Preisgeldern aus Turnierpokerspielen Stellung. In: Zeitschrift für Wett- und Glücksspielrecht, 2019, S. 360–362 (zit.: *Schmittmann*, ZfWG 5/19).

Schnauder, Franz, Risikozuordnung bei unbefugter Kreditkartenzahlung. In: Neue Juristische Wochenschrift, 2003, S. 849–853 (zit.: *Schnauder*, NJW 12/03).

Schönke, Adolf/ Eser, Albin/ Perron, Walter u. a., Strafgesetzbuch, Kommentar, 30. Neu bearbeitete Auflage 2019, München (zit.: *Bearbeiter*, in: Schönke/ Schröder/Heine/Hecker).

Schur, Raimund/ Schur, Fabian, Kreditkartenzahlungen – eine zivil- und strafrechtliche Betrachtung. In: Juristische Arbeitsblätter, 2017, S. 739–745 (zit.: *Schur/Schur*, JA 10/17).

Schwiddessen, Sebastian, Lootboxen nach deutschem Glücksspiel- und Jugendmedienschutzrecht (Teil 1). In: Computer und Recht – Zeitschrift für die Praxis des Rechts der Informationstechnologie, 2018, S. 444 ff. (zit.: *Schwiddessen*, CR 7/18).

Schwintowski, Hans-Peter, Bankrecht. 5. Auflage 2018, Köln (zit.: *Schwintowski*, Bankrecht).

Spindler, Gerald, Haftung ohne Ende? Über Stand und Zukunft der Haftung von Providern. In: Zeitschrift für IT-Recht und Recht der Digitalisierung, 2018, S. 48 ff. (zit.: *Spindler*, MMR 1/18).

Spindler, Gerald/ Schuster, Fabian (Hg.), Recht der elektronischen Medien, Kommentar, 4. Auflage 2019, München (zit.: *Bearbeiter*, in: Recht der elektronischen Medien).

Steegmann, Matthias, Die Haftung der Basisinfrastruktur bei rechtswidrigen Internetangeboten, 2010 (zit.: *Steegmann*, Die Haftung der Basisinfrastruktur bei rechtswidrigen Internetangeboten).

Steinmetz, Fred/ Fiedler, Ingo, Konzept eines staatlichen Blockchain-basierten Systems zur transparenten Zahlungsabwicklung bei Onlineglücksspielen. In: Zeitschrift für Wett- und Glücksspielrecht, 2019, S. 456 ff. (zit.: *Steinmetz/ Fiedler*, ZfWG 6/19).

Streinz, Rudolf/ Liesching, Marc/ Hambach, Wulf (Hg.), Glücks- und Gewinnspielrecht in den Medien, GlüStV, AEUV, GG, StGB, RStV, GWS, JuSchG, JMStV, TMG, GWG, SteuerR u. a.; Kommentar, München 2014 (zit.: *Streinz/ Liesching/Hambach.*, Glücks- und Gewinnspielrecht in den Medien).

Streinz, Rudolf/ Kruis, Tobias, Unionsrechtliche Vorgaben und mitgliedstaatliche Gestaltungsspielräume im Bereich des Glücksspielrechts. In: Neue Juristische Wochenschrift, 2010, S. 3745–3750 (zit.: *Streinz/Kruis*, NJW 52/10).

Stulz-Herrnstadt, Michael, EuGH: Faktischer Fortbestand des EU-rechtswidrigen Sportwettenmonopols. In: GRUR-PRAX – Praxis im Immaterialgüter- und Wettbewerbsrecht, 2016, S. 106–107 (zit.: *Stulz-Herrnstadt*, GRUR-PRAX 5/ 16).

Sura, Martin, Die gemeinschaftsrechtliche Beurteilung eines Lotterieverbots. In: Neue Juristische Wochenschrift, 1995, S. 1470 ff. (zit.: *Sura*, NJW 22/95).

Thiel, Markus, Polizei- und Ordnungsrecht, 4. Auflage 2020, Baden-Baden (zit.: *Thiel*, Polizei- und Ordnungsrecht).

Tonner, Martin/ Krüger, Thomas, Bankrecht, 3. Auflage 2020, Baden-Baden (zit.: *Tonner/Krüger*, Bankrecht).

Ukrow, Jörg, Online-Glücksspiel in der Regulierung – Kohärenz im Werden? In: Zeitschrift für Wett- und Glücksspielrecht, 2019, S. 223 ff. (zit.: *Ukrow*, ZfWG 3/4/2019).

Vetter, Birger, „Steuerflucht als Geschäftsmodell – Illegales Glücksspiel untergräbt das Gemeinwohl", Fachdiskussion: Online-Glückspielunternehmen aus Steueroasen wildern illegal auf dem deutschen Markt – und das erstaunlich unbehelligt. In: Zeitschrift für Wett- und Glücksspielrecht, 2018, S. 2 ff. (Zit.: *Vetter*, ZfWG Sonderbeilage 2/18).

Voßkuhle, Andreas/ Bumke, Christian, Rechtsfragen der Sportwette, Berlin 2002 (zit.: *Voßkuhle/Bumke*, Rechtsfragen der Sportwette).

Weber, Klaus u. a. (vormals Creifelds, Carl), Rechtswörterbuch, 24. Auflage 2020, München (zit.: *Creifelds/Weber u. a.*, Rechtswörterbuch).

Weidemann, Clemens, Vermittlung von Sportwetten. In: Neue Zeitschrift für Verwaltungsrecht, 2016, S. 369–375 (zit.: *Weidemann*, NVwZ 6/16).

Weidemann, Clemens/ Schlarmann, Hans, Die Prüfung überwiegender Zufallsabhängigkeit im Glücksspielrecht – dargestellt am Beispiel von Hold'em-Poker und anderen Kartenspielen. In: Neue Zeitschrift für Verwaltungsrecht – Extra, 2014, S. 1 ff. (zit.: *Weidemann/Schlarmann*, NVwZ-Extra 20/14).

Westermann, Harm Peter/ Grunewald, Barbara/ Maier-Reimer, Georg (Hg.), Bürgerliches Gesetzbuch. Handkommentar mit AGG, EGBGB (Auszug), ErbbauRG, LPartG, ProdhaftG, VBVG, VersAusglG und WEG, 16. neu bearbeitete Auflage 2020, Köln (zit.: *Bearbeiter*, in: Erman, BGB).

Westphalen, Friedrich/ Thüsing, Gregor (Hg.), Vertragsrecht und AGB-Klauselwerke, 46. Ergänzung 2020, München (zit.: *v. Westphalen/Thüsing*, VertrR/AGB-Klauselwerke).

Winkelmüller, Michael, Gemeinschaftsrechtkonformes Verbot von Glücksspielangeboten im Inland durch Anbieter im Ausland. In: Europäische Zeitschrift für Wirtschaftsrecht, 2009, 689 -694 (zit.: *Winkelmüller*, EuZW 19/09).

Wöhr, Andrea/ Wuketich, Marius, Multidisziplinäre Betrachtung des vielschichtigen Phänomens Glücksspiel. Festschrift zu Ehren des 65. Geburtstags von Prof. Dr. Tilman Becker. Mit einem Geleitwort von Prof. Dr. Stephan Dabbert, Wiesbaden 2019 (zit.: *Wöhr/Wuketich*, Multidisziplinäre Betrachtung des vielschichtigen Phänomens Glücksspiel).

Würdinger, Markus/ Herberger, Maximilian/ Martinek, Michael/ Rüßmann, Helmut/ Weth, Stephan (Hg.), Internationales Privatrecht und UN-Kaufrecht. 9. Auflage 2020, Saarbrücken (zit.: *Bearbeiter*, in: Herberger/Martinek/Rüßmann/Weth/Würdinger, jurisPK-BGB).

Zimmermann, Sören/ Franzmeier, Manuel, Zur glücksspielrechtlichen Relevanz von Lootboxen – Ein Beitrag unter besonderer Berücksichtigung des Gesetzestelos. In: Zeitschrift für Wett- und Glücksspielrecht, 2018, S. 528 ff. (zit.: *Zimmermann/Franzmeier*, ZfWG 6/18).

Quellenverzeichnis

Banken

N.N.: Postbank Preis- und Leistungsverzeichnis, https://www.postbank.de/privatkunden/docs/Postbank-Preis-und-Leistungsverzeichnis-923-959-000-1019.pdf, zuletzt abgerufen am 29.01.2020.

N.N.: Comdirect Preis- und Leistungsverzeichnis, https://www.comdirect.de/pbl/member/formcenter/DownloadPdfDocumentRH.do?&redirected=184301&ePdfInstance=507531&ePageId=cori7105&pdf=&name=&combined=true,%20zuletzt%20abgerufen%20am%2029.01.2020, zuletzt abgerufen am 29.01.2020.

N.N.: Merchant Category Codes der Citibank, https://www.citibank.com/tts/solutions/commercial-cards/assets/docs/govt/Merchant-Category-Codes.pdf.

Bundeskriminalamt

Bundeskriminalamt, Polizeiliche Kriminalstatistik-Zeitreihen 1987 bis 2018, https://www.bka.de/DE/AktuelleInformationen/StatistikenLagebilder/PolizeilicheKriminalstatistik/PKS2019/PKSTabellen/Zeitreihen/zeitreihen_node.html.

Bundeszentrale für gesundheitliche Aufklärung

N.N.: Jugendschutz im Glücksspielrecht, https://www.spielen-mit-verantwortung.de/rechtliches/jugendschutz-gluecksspielrecht/, zuletzt abgerufen am 14.02.2020.

BZgA, Glücksspielverhalten und Glücksspielsucht in Deutschland 2017, Ergebnisse des Surveys 2017 und Trends, https://www.bzga.de/fileadmin/user_upload/PDF/studien/ergebnisbericht_gluecksspielsucht_2017--3b979848c42a0a54b3991d67d46f5e0f.pdf.

Casino.org

Schäfer, Kerstin, Paddy Power soll in Deutschland 40 Mio. Euro Steuern nachzahlen, https://www.casino.org/de/nachrichten/paddy-power-soll-in-deutschland-40-millionen-euro-steuern-nachzahlen/, zuletzt abgerufen am 27.01.2020.

deraktionaer.de

Quaß, Tobias, Electronic Arts: Mikrotransaktionen – erst Flop, nun Top, https://www.deraktionaer.de/artikel/medien-ittk-technologie/electronic-arts-mikrotransaktionen-erst-flop-nun-top-20196103.html, zuletzt abgerufen am 09.03.2020.

Deutscher Lottoverband

N.N.: Pressemitteilung – Hessischer Verwaltungsgerichtshof: Glücksspielkollegium verfassungswidrig – Deutscher Lottoverband: Glücksspielstaatsvertrag ist nicht länger zu halten, https://www.deutscherlottoverband.de/pressemitteilung/hessischer-verwaltungsgerichtshof-gluecksspielkollegium-verfassungswidrig/, zuletzt abgerufen am 04.04.2020.

Deutscher Sportwettenverband

N.N.: Glücksspielneuregulierungsstaatsvertrag: DSWV lobt Fortschritte und kritisiert Versäumnisse, DSWV, https://dswv.de/gluecksspielneuregulierungsstaatsvertrag-dswv-lobt-fortschritte-und-kritisiert-versaeumnisse/, zuletzt abgerufen am 07.02.2020.

Europäische Kommission

Europäische Kommission, Grünbuch Online-Glücksspiele im Binnenmarkt, https://www.bundesgerichtshof.de/SharedDocs/Downloads/DE/Bibliothek/Gesetzesmaterialien/17_wp/geldwaescheergg/gruenbuch.pdf?__blob=publicationFile&v=1.

Express.de

N.N.: Wett-Anbieter zahlt 10.900 Euro nicht an Kunden aus, Express, https://www.express.de/sport/fussball/was-hat-er-falsch-gemacht--wett-anbieter-zahlt-10-900-euro-nicht-an-kunden-aus-36215386, zuletzt abgerufen am 16.02.2020.

Gameswirtschaft.de

N.N.: Games-Umsatz 2018 im Vergleich: Abstand zum Film wächst, https://www.gameswirtschaft.de/wirtschaft/games-umsatz-2018-vergleich-film-musik/, zuletzt abgerufen am 09.03.2020

Glücksspielaufsichtsbehörden der Länder

Jahresreport 2017 der Glücksspielaufsichtsbehörden der Länder, abrufbar unter: https://innen.hessen.de/sites/default/files/media/hmdis/jahresreport_2017.pdf, zuletzt abgerufen am 11.06.2020.

Leitlinien zum Vollzug im Bereich Sportwetten während des laufenden Konzessionsverfahrens (Stand: 28.01.2016), https://www.im.nrw/sites/default/files/media/document/file/160129ll_Leitlinien%20Sportwetten_.pdf, zuletzt abgerufen am 30.03.2020

N.N.: Online-Glücksspiel: Innenministerium wendet sich an Branchenverbände der Deutschen Kreditwirtschaft – Pistorius appelliert an Finanzbranche: „Geschäftsverbindungen mit illegalem Glücksspiel überprüfen", https://www.mi.niedersachsen.de/startseite/aktuelles/presseinformationen/online-glucksspiel-innenministerium-wendet-sich-an-die-branchenverbande-der-deutschen-kreditwirtschaft-184716.html.

Länderübergreifende Glücksspielaufsicht, Hessisches Ministerium des Innern und für Sport, https://innen.hessen.de/buerger-staat/gemeinsame-geschaeftsstelle-gluecksspiel/gluecksspielkollegium2/laenderuebergreifende, zuletzt abgerufen am 04.04.2020.

Gemeinsame Geschäftsstelle Glücksspiel – Glücksspielkollegium, Hessisches Ministerium des Innern und für Sport, https://innen.hessen.de/buerger-staat/gemeinsame-geschaeftsstelle-gluecksspiel2/gluecksspielkollegium2, zuletzt abgerufen am 04.04.2020.

Entwurf für einen Staatsvertrag zur Neuregelung des Glücksspielwesens in Deutschland und zur Errichtung der Gemeinsamen Länderanstalt für Glücksspielaufsicht https://innen.hessen.de/sites/default/files/media/hmdis/entwurf_eines_staatsvertrages_zur_neuregelung_des_gluecksspielwesens_in_deutschland.pdf, zuletzt abgerufen am 06.04.2020.

White List; https://innen.hessen.de/sites/default/files/media/hmdis/white_list_0.pdf, zuletzt abgerufen am 06.04.2020.

Umlaufbeschluss der Chefinnen und Chefs der Staats- und Senatskanzleien der Länder vom 08.09.2020, https://www.bayern.de/wp-content/uploads/2020/10/Umlaufbeschluss-Gluecksspiel.pdf, zuletzt abgerufen am 01.05.2021.

N.N.: Illegales Glücksspiel: Niedersachsen verbietet weiterem internationalen Zahlungsdienstleister die Mitwirkung am Zahlungsverkehr – Pistorius: „Die Zahlungsdienstleister müssen endlich ihrer Verpflichtung gerecht werden und Zahlungen im Zusammenhang mit unerlaubtem Glücksspiel einstellen", https://www.mi.niedersachsen.de/startseite/aktuelles/presseinformationen/illegales-glucksspiel-niedersachsen-verbietet-weiterem-internationalen-zahlungsdienstleister-die-mitwirkung-am-zahlungsverkehr-187810.html.

N.N.: Online-Casino: Niedersachsen untersagt erstmals Zahlungsanbieter Mitwirkung an Zahlungsverkehr – Pistorius: „Wir setzen damit gegenüber der gesamten Branche ein Zeichen“, https://www.mi.niedersachsen.de/startseite/aktuelles/presseinformationen/online-casino-niedersachsen-untersagt-erstmals-zahlungsanbieter-mitwirkung-an-zahlungsverkehr-177732.html.

Jahresreport 2018 der Glücksspielaufsichtsbehörden der Länder: https://innen.hessen.de/sites/default/files/media/hmdis/jahresreport_2018.pdf, zuletzt abgerufen am 11.06.2020.

Gemeinsame Geschäftsstelle Glücksspiel, Jahresreport 2018 der Glücksspielaufsichtsbehörden der Länder, https://www.im.nrw/system/files/media/document/file/gs_jahresreport2018.pdf.

Glücksspielwesen.de

N.N.: Die verfassungsgeforderte Reform des Glücksspielwesens, Beiträge zum Glücksspielwesen, https://www.gluecksspielwesen.de/2016/05/24/die-verfassungsgeforderte-reform-des-gluecksspielwesens/, zuletzt abgerufen am 04.04.2020.

GVC Holdings

Geschäftsbericht der GVC Holdings, abrufbar unter: https://www.eu2007.de/gvc-holdings-konzern-vermeldet-umsatzplus-in-2018/, zuletzt abgerufen am 27.01.2020.

Handelsblatt

Holtermann, Felix, Länder wollen Online-Glücksspiele erlauben, https://www.handelsblatt.com/politik/deutschland/neuer-staatsvertrag-laender-wollen-online-gluecksspiele-erlauben/25459566.html, zuletzt abgerufen am 16.02.2020.

Handelsblatt Research, Die Digitalisierung des Glücksspiels, https://research.handelsblatt.com/assets/uploads/Gl%C3%BCcksspiel%20Studie2_20171024.pdf.

Hannoversche Allgemeine Zeitung

Morchner, Tobias, Immer mehr süchtig nach Sportwetten, https://www.haz.de/Hannover/Aus-der-Stadt/Uebersicht/Immer-mehr-suechtig-nach-Sportwetten, zuletzt abgerufen am 24.01.2020

Hochgepokert.com

Martzen, K., Poker Stars und Paddy Power Betfair Gruppe fusionieren, https://www.hochgepokert.com/2019/10/02/poker-stars-und-die-paddy-power-betfair-gruppe-fusionieren/, zuletzt abgerufen am 28.01.2020.

Kölnische Rundschau

N.N.: Glücksspielmonopol gekippt, https://www.rundschau-online.de/europaeischer-gerichtshof-gluecksspiel-monopol-gekippt-11482772, zuletzt abgerufen am 11.02.2020.

Legal Tribune Online

Rath, Christian, Neuregulierung des Glücksspiel-Staatsvertrags – Die Liberalisierer setzen sich durch, https://www.lto.de/recht/hintergruende/h/gluecksspiel-staatsvertrag-online-casinos-wetten-poker-sport-bverfg-eugh/, zuletzt abgerufen am 06.02.2020.

Hecker, Manfred, Nach den EuGH-Entscheidungen – Zeitungsenten über das Ende des Glücksspielmonopols, https://www.lto.de/recht/hintergruende/h/nach-den-eugh-entscheidungen-zeitungsenten-ueber-das-ende-des-gluecksspielmonopols/, zuletzt abgerufen am 17.02.2020.

Lotto24.de

Lotto24, Geschäftsbericht 2018, https://www.lotto24-ag.de/websites/lotto24-ag/German/3100/finanzberichte.html.

NDR

N.N.: Online-Glücksspiel: Sonderweg von SH geht weiter, https://www.ndr.de/nachrichten/schleswig-holstein/Online-Gluecksspiel-Sonderweg-von-SH-geht-weiter,gluecksspiel294.html, zuletzt abgerufen am 05.02.2020.

Online-Glücksspielseiten

Darstellung verfügbarer Online-Glücksspielseiten in deutscher Sprache, zahlbar in Euros, https://www.online.casinocity.com, zuletzt abgerufen am 24.01.2020.

N.N.: Sind die „Zweitlotterie“-Angebote seriös?, https://www.lotto.de/ueber/gluecksspielstaatsvertrag/zweitlotterien; Checkliste: Wie erkenne ich seriöse Lotterie-Anbieter, https://www.lotto.de/ueber/gluecksspielstaatsvertrag/checkliste-serioese-lotto-anbieter, zuletzt abgerufen am 31.05.2019.

Geschäftsbedingungen des Online-Casinos Wunderino.de (Rhinoceros Operations Ltd.), https://www.wunderino.de/de/about/terms/, zuletzt abgerufen am 01.05.2021.

Allgemeine Geschäftsbedingungen für die Wildz Online Spielothek (Rootz Limited), Version 3.0, Stand: 05.08.2020, https://www.wildz.com/de/info/agb/, zuletzt abgerufen am 24.05.2021.

Allgemeine Geschäftsbedingungen von Hyperino (Rhinoceros Operations Ltd.), Version 2.0, Stand 02.09.2020, abrufbar unter https://www.hyperino.com/terms-and-conditions, zuletzt abgerufen am 24.05.2021.

Onlinesoftware-Endnutzer-Lizenzvereinbarung von Pokerstars, abrufbar unter https://www.pokerstars.de/tos/, zuletzt abgerufen am 22.05.2021.

Allgemeinen Geschäftsbedingungen der Sunmaker Online-Spielothek, https://www.sunmaker.de/de/terms-and-conditions.

Presseportal

Pressemitteilung Lottoland Baden-Württemberg, Illegale Zweitlotterien im Internet – Staatliche Toto-Lotto GmbH Baden-Württemberg informiert – Bei der Samstagsziehung rund 19 Millionen Euro im Jackpot, https://www.presseportal.de/pm/110923/3250891, zuletzt abgerufen am 01.05.2020

Pressemitteilung Deutscher Lotto- und Totoblock, Wer mit dem Teufel spielt… Kreditkartenfirmen, die illegales Glücksspiel unterstützen, bleiben oft auf ihren Forderungen sitzen, https://www.presseportal.de/pm/53260/3830979, zuletzt abgerufen am 06.04.2020.

Prof. Lorenz

Lorenz, Stephan, Rechtsverhältnis zwischen Kreditkartenunternehmen und Kreditkarteninhaber; Unwiderruflichkeit der Weisung des Kreditkarteninhabers an das Kreditkartenunternehmen; Rechtsverhältnis zwischen Kreditkartenunternehmen und Vertragsunternehmen, Anmerkungen zu BGH, Urt. v. 24.09.2002 – XI ZR 420/01 http://lorenz.userweb.mwn.de/urteile/njw02_3698.htm, zuletzt abgerufen am 06.07.2020.

Rheinische Post Online

Arenz, Ralf, Warnung der Verbraucherzentrale „Nicht alle Online-Lotterien sind seriös“, https://www.general-anzeiger-bonn.de/news/wirtschaft/ueberregional/verbraucherzentrale-warnt-nicht-alle-online-lotterien-sind-serioes_aid-49159007, zuletzt abgerufen am 06.04.2020.

Schleswig-Holstein.de

N.N.: Online-Casinospiele https://www.schleswig-holstein.de/DE/Fachinhalte/G/gluecksspiel/_documents/onlineCasinospiele.html, zuletzt abgerufen am 05.02.2020.

Sngopokerstrategie.com

N.N.: Fünf Online Poker Betrugsmöglichkeiten, https://www.sngpokerstrategie.com/poker-strategie/online-poker/funf-online-poker-betrugsmoglichkeiten/, zuletzt abgerufen am 17.12.2019.

Spiegel Online

N.N.: Virtuelles Zocker-Portal verliert Lizenz, Spiegel, https://www.spiegel.de/wirtschaft/service/full-tilt-poker-virtuelles-zocker-portal-verliert-lizenz-a-771672.html, zuletzt abgerufen am 15.02.2020.

Lubbadeh, Jens, Zocken bis zum Zusammenbruch, https://www.spiegel.de/gesundheit/psychologie/gluecksspiele-machen-suechtig-vor-allem-geldspielautomaten-a-814173.html, zuletzt abgerufen am 06.03.2020.

Statistisches Bundesamt

StBA, April 2019, Finanzen und Steuern-Steuerhaushalt 2018, https://www.destatis.de/DE/Themen/Staat/Steuern/Steuereinnahmen/Publikationen/Downloads-Steuerhaushalt/steuerhaushalt-jahr-2140400197004.pdf?__blob=publicationFile.

Süddeutsche Online

Willmroth, Jan, Strafjustiz legt sich mit Online-Casinos an, https://www.sueddeutsche.de/wirtschaft/online-casino-lottoland-tipico-staatsanwaltschaft-1.5105994, zuletzt abgerufen am 01.05.2020.

Tagesschau.de

Eckstein, Philipp/ Strozyk, Jan Lukas, Streit um Werbung für Online-Casinos, Tagesschau, https://www.tagesschau.de/investigativ/ndr/online-casinos-105.html, zuletzt abgerufen am 24.02.2020.

Eckstein, Philipp/ Strozyk, Jan Lukas, Zahlungen für Online-Casinos – Die deutschen Banken und das Online-Glücksspiel, https://www.tagesschau.de/ausland/paradisepapers/paradisepapers-101.html, zuletzt abgerufen am 11.06.2020.

Eckstein, Philipp/ Strozyk, Jan Lukas, Duldung beginnt – Bewährung für Online-Casino-Anbieter, abrufbar unter: https://www.tagesschau.de/investigativ/ndr/gluecksspiel-113.html, zuletzt abgerufen am 01.05.2020.

Universität Hohenheim

Pressemitteilung der Forschungsstelle Glücksspiel der Universität Hohenheim, „Länder haben versagt“: Forscher fordern Bundesbehörde zu Regulierung des Online-Glücksspiels. https://www.uni-hohenheim.de/pressemitteilung?tx_ttnews%5Btt_news%5D=39437&cHash=0645ac11e5d93cc19aab802acf16e4b5, zuletzt abgerufen am 04.04.2020.

Positionspapier der Forschungsstelle Glücksspiel der Universität Hohenheim vom 29.02.2020, https://gluecksspiel.uni-hohenheim.de/fileadmin/einrichtungen/gluecksspiel/Start/Positionspapier_Symposium-1.pdf.

WDR/ ZDF

TV-Beitrag vom 10.10.2019, Neo Magazin Royale, ZDF Neo; Coin Master: Kinder abzocken in bunt, WDR, https://blog.wdr.de/digitalistan/coin-master-kinder-abzocken-in-bunt/, zuletzt abgerufen am 14.02.2020.

Wissenschaftlicher Dienst des Bundestages

Wissenschaftlicher Dienst des Bundestages, Gutachten und Ausarbeitungen, Nr. 216/18, Gesetzgebungskompetenzen für das Strafrecht, https://www.bundestag.de/resource/blob/569268/0133663867c111160715bc6b1a422916/WD-3-216-18-pdf-data.pdf.

Wikipedia

N.N.: Gründerin von Bet365, Denise Coates, https://de.wikipedia.org/wiki/Denise_Coates, zuletzt abgerufen am 28.01.2020.

N.N.: Banklizenzen, https://de.wikipedia.org/wiki/Banklizenz, zuletzt abgerufen am 30.01.2020.

N.N.: PayPal, https://de.wikipedia.org/wiki/PayPal, zuletzt abgerufen am 30.01.2020.

N.N.: UltimateBet, https://de.wikipedia.org/wiki/UltimateBet, zuletzt abgerufen am 17.12.2019.

N.N.: Spielautomat, https://de.wikipedia.org/wiki/Spielautomat, zuletzt abgerufen am 06.01.2020.

Wirtschaftswoche.de

Imöhl, Sören, Bitcoin in der Kurshistorie – Der Kurs der ältesten Kryptowährung in der Chronologie, https://www.wiwo.de/finanzen/boerse/bitcoin-in-der-kurshistorie-der-kurs-der-aeltesten-kryptowaehrung-in-der-chronologie/27269248.html.

ZAG-Recht.de

N.N.: Zahlungsdienste, http://www.zag-recht.de/zahlungsdienste/zahlungsdienste.html, zuletzt abgerufen am 30.01.2020.

Zeit Online

N.N.: Schleswig-Holstein öffnet Glücksspielmarkt, https://www.zeit.de/politik/deutschland/2011-09/gluecksspiel-schleswig-holstein, zuletzt abgerufen am 05.02.2020.

www.ingramcontent.com/pod-product-compliance
Ingram Content Group UK Ltd.
Pitfield, Milton Keynes, MK11 3LW, UK
UKHW021924290926
8980IPUK00016B/1446

9 783631 905678